成就销售精英的业务指南　打造卓越团队的必备手册

销售圣经

翟文明　郝秀花　编著

中国华侨出版社
北京

图书在版编目(CIP)数据

销售圣经/翟文明,郝秀花编著.—北京:中国华侨出版社,2010.3(2018.8重印)
ISBN 978-7-5113-0284-7

Ⅰ.①销… Ⅱ.①翟…②郝… Ⅲ.①销售—通俗读物 Ⅳ.①F713.3-49

中国版本图书馆CIP数据核字(2010)第039978号

销售圣经

编　　著：翟文明　郝秀花
责任编辑：侯　蕾
封面设计：李艾红
文字编辑：潘　静
美术编辑：滕　霞　张　诚
经　　销：新华书店
开　　本：787mm×1092mm　1/10　印张：44　字数：827千字
印　　刷：北京市松源印刷有限公司
版　　次：2010年5月第1版　2018年8月第4次印刷
书　　号：ISBN 978-7-5113-0284-7
定　　价：58.00元

中国华侨出版社　北京市朝阳区静安里26号通成达大厦3层　邮编：100028
法律顾问：陈鹰律师事务所
发 行 部：(010)58815874　　　　　　　传　真：(010)58815857
网　　址：www.oveaschin.com　　　　　E-mail：oveaschin@sina.com

如果发现印装质量问题,影响阅读,请与印刷厂联系调换。

前　言

　　销售是一项极具挑战性的工作，也是一项能快速创造财富的工作。世界上，那些获得显赫声誉和雄厚资产并且能够为社会做出一定贡献的商界人士，几乎都将他们的成功更多地归因于销售，而不是任何其他的因素。像香港首富李嘉诚一样，大多数成功的商界人士一开始都是从销售做起的。毋庸置疑，销售领域可以为每一个人提供实现财富梦想的机会。

　　销售人员往往为丰厚的报酬所激励，收入的多少标志着他们成功的大小。但在销售队伍中，顶尖销售精英与普通销售员之间的收入可以用天壤之别来形容。在同样的市场领域从事同样产品的销售，有的人年收入可高达百万甚至千万，而有的人可能一分钱也赚不到。究竟是什么造成了如此巨大的差别？难道销售只是少数别具天赋的人才能从事的工作？

　　调查表明，大部分销售人员并非缺乏天赋，相反他们都有很强的表达能力，具备良好的口才和形象，但致命的一点是，他们中很少有人接受过专业的销售培训，没有掌握一套系统全面而强有力的销售知识与技能。有时候，他们离超级销售明星只有一步之遥！

　　此外，对于各企业中的销售经理、销售教练而言，还面临着怎样改进自己所管理的销售团队的业绩、如何在最短的时间内为企业打造一支所向披靡的销售队伍等问题。领导销售团队如同领导运动团队一样，只有好的教练才能充分发挥其潜力。但如果没有掌握全面的销售技巧和销售培训知识，作为一名管理者，你将无法做到这一点。提高团队销售业绩的关键是适当地引导和培训你的员工走向卓越。团队成员需要启迪、激励，需要最好的技巧、策略和大量的实践，作为管理者，你的职责就是给予他们这些完整的内容。

　　为了帮助广大销售人员、企业销售管理和培训人员掌握一套系统全面的销售知识和技巧，找到一条通向成功和卓越的道路，我们精心编写了这本《销售圣经》。

　　全书分为上、中、下三篇。上篇"成功销售全攻略"通过销售计划、销售流程、销售实践三个紧密联系、互相贯通的成功销售理念建立了一套完整的销售体系和战略思想，涵盖了成功寻找、赢取、留住客户的全部最佳策略和技能。销售计划、销售流程、销售实践对于成功销售都是一样重要的，它们共同构成了一个强有力的销售三脚架。事实上，你只要掌握了其中之一就足以帮助你在销售业中取得成果，但如果你想成为一名顶尖的销售精英，就必须要全面掌握这三个销售理念，缺一不可。同时上篇还详细介绍了"世界上最伟大的推销员"奥格·曼狄诺，"推销之神"原一平，全球"销售之冠"乔·吉拉德，美国销售史上评价最高、薪酬最高的推销员之王贝特格，以及托德·邓肯等世界顶级推销大师的推销秘诀和成功之道。

　　在现代市场经济条件下，无论是对企业而言，还是对营销人员而言，要想在激烈的竞争中脱颖而出，必然要透彻地理解营销，娴熟地应用营销工具。营销方法是对营销实践的科学总结，是处理特定问题的利器，是各路营销精英解决现实问题的精髓所在。可以说，了解与掌握各种营销方法已然成为商界精英们必须具备的一种商业素质。为此，本书中篇"最有效的营销方法"部分从营销环境分析、市场机会选择、确定产品竞争优势、价格定位与营销推广、市场营销策略、营销执行与管理等方面精选数十种营销方法，涵盖营销工作的整个流程，这些方法集中体现了营销大师和商业精英们的经营智慧和营销艺术，其高效性经过了实践反复检验，可以帮助企业和营销人员解决营销中遇到的各种难题，更科学地做出营销工作中的各项重大决策，从而渡过危机，创造辉煌业绩。

下篇"必读的经典营销书"收录了过去几十年里世界顶级营销大师的十四部经典著作，包括杰弗里·吉特默的《销售圣经》、尼尔·雷克汉姆的《销售巨人》、奥格·曼狄诺的《世界上最伟大的推销员》、菲利普·科特勒的《营销管理》、伯尔尼·H·施密特的《体验营销》、里吉斯·麦克纳的《关系营销》、艾略特·艾登伯格的《4R营销》、伊曼纽尔·罗森的《营销全凭一张嘴》、盖伊·川崎的《胜算——用智慧击垮竞争对手》、迈克尔·特里西和弗雷德·维尔斯马的《市场领袖的法则》、克里斯·安德森的《长尾理论》等，在这些里程碑式的营销著作中，各位大师都对市场营销提出了自己天才式的独到见解，其影响力波及全球，极大地推动了营销学的发展。这些作品将销售与销售管理很好地结合在一起，系统讲述了人员推销和销售管理的关系以及销售管理的各种实用方法，几乎涵盖了销售与销售管理的所有重要问题，反映了销售理论与实践方面的最新发展。不论是个人还是企业，都可以从本书广征博取，借鉴大师的经验教训，找到最适合自己的营销观念、策略和技巧，显著提高自己的营销水准，赢得财富。

成功的销售不仅仅依靠销售人员的艰苦努力，更需要智慧，需要动脑，需要思考。对于广大销售和销售管理人员、企业家和商界人士来说，《销售圣经》无疑是他们全面、系统的业务指南。本书内容专业、实用，基于常识，便于读者理解。它接受了长久以来销售实践的检验，所涵盖的销售理念、方法、原则和技巧，如同一个全方位的向导，指引所有销售从业人员成为八面玲珑的销售精英。阅读本书，你将会发现它不仅与你息息相关，而且易于执行。本书不但适用于初涉销售行业的新手，也适用于销售行业的行家里手。同时，对于那些想让自己和团队的业绩上一个新台阶的销售教练和销售经理而言，本书正是他们苦苦寻觅的指导手册，书中传授了具体的策略、分步指导和最前沿的思想，可以帮助他们领导团队、提高业绩、打造具有优秀特质的销售人员。

目 录

上篇 成功销售全攻略

第一章 制订销售计划与目标

分析销售业务的现状 ... 3
一、我们怎样才能实现目标 ... 3
二、我们的优势、劣势、机遇和挑战 ... 3
三、竞争对手的优势、劣势、机遇和挑战 ... 4
四、创立价值服务理念 ... 4
五、现有业务状况 ... 5
六、业务缺口分析 ... 5
七、弥补业务缺口所必需的新业务量 ... 6

有计划才能达到目标 ... 6
一、销售计划很重要 ... 6
二、好的开始是成功的一半 ... 7
三、万丈高楼起于平地 ... 7
四、挖掘我们的核心竞争力 ... 7
五、成功销售,永不为迟 ... 8

设定销售目标 ... 8
一、做正确的事 ... 8
二、设定销售目标 ... 8
三、"没有"目标的神话 ... 8

第二章 建立稳固的销售

寻找目标顾客 ... 10
一、寻找潜在顾客的方法 ... 10
二、"上门"机遇 ... 11
三、最好的献给最高级的客户 ... 11
四、你最有潜力的市场就是你的现有客户 ... 12
五、对客户进行精确定位 ... 13
六、发掘有希望购买产品的顾客 ... 13

1

约见客户 14
- 一、事前准备 14
- 二、初次与客户会面 14
- 三、约见：确定会谈氛围 15
- 四、2分钟电钻法 15

有技巧地激发购买欲望 16
- 一、问准问题 16
- 二、用耳朵聆听，用眼睛观察，以及明确销售目标 17
- 三、如何陈述产品特色和产品优势 17
- 四、向客户陈述解决方案 19
- 五、解决方案的陈述风格 20
- 六、确定解决方案 20

克服障碍，促成交易 20
- 一、销售人员的悖论 20
- 二、克服对客户异议的错误观念 21
- 三、问客户具有约束力的问题 21
- 四、让客户作出承诺 22
- 五、沉默的力量 22

第三章　维护并拓展你的销售业务

维护你的客户 24
- 一、三大特征 24
- 二、问客户使销售额递增的两个最重要问题 25
- 三、利用各种渠道与客户交流 26
- 四、以正确的方式开展业务活动 26

培养长期顾客 30
- 一、了解顾客发展阶段，培养顾客的忠诚 30
- 二、如何长期维护老顾客 31
- 三、让渡顾客价值，达到顾客满意 33
- 四、并不是所有的顾客都值得保留 35

业务拓展 36
- 一、为什么现在拓展新业务比过去更加重要 36
- 二、注意环境因素 38
- 三、在危机中拓展业务 38
- 四、引进新业务 39
- 五、如何成功建立业务关系人际网 40

第四章　电话销售

销售过程的PLAYING模型 44
- 一、过程策略 44

二、做出电话计划..45
三、倾听客户讲话..45
四、提问正确的问题..45
五、少说废话..46
六、让客户参与谈话..47
七、交易谈判..47
八、获得承诺..48

识别客户的性格类型..48
一、精确型客户..48
二、兴奋型客户..49
三、果断型客户..50
四、温和型客户..51
五、性格匹配..52
六、性格匹配指南..52

提问高价值问题..53
一、建立关系..53
二、用问题识别需求..54
三、用问题建立信任..54
四、用问题揭示需求..55
五、用问题加深关系..55
六、提问高价值问题..56
七、对不同性格客户的提问..59

化解异议，完成销售..60
一、异议的价值..60
二、永远不要让客户"听"到你的紧张..61
三、处理异议的技巧..62
四、确认..63
五、压力管理..64
六、不同性格类型的客户的异议..64

第五章　世界上最伟大的推销员的销售秘诀

奥格·曼狄诺教你怎样成为最伟大的推销员..67
一、用全心的爱迎接今天..67
二、坚持不懈直到成功..71
三、相信自己是自然界伟大的奇迹..74
四、永远沐浴在热情之中..78
五、珍惜生命中的每一天..80
六、在困境中寻找机遇..84
七、每晚反省自己的行为..86
八、控制情绪笑遍世界..88

原一平给推销员的 10 个忠告 91
- 一、培养自身，做一个有魅力的人 91
- 二、处处留心，客户无处不在 92
- 三、关心客户，重视每一个人 94
- 四、定期沟通，紧密客户关系 96
- 五、主动出击，打开客户大门 98
- 六、赢得客户，好好对待"上帝" 102
- 七、管好客户资源，让客户连成片 106
- 八、对生意介绍人必须信守承诺 109
- 九、重视 250 法则，客户不再遥远 111
- 十、拥有感恩的心，与家人分享成功 113

乔·吉拉德能将商品卖给任何人的秘密 115
- 一、让产品成为你的爱人 115
- 二、精心地准备销售工具 117
- 三、记录与客户交流的信息 119
- 四、使用气味来吸引顾客 120
- 五、抓住顾客心理促成交 122
- 六、全方位获取销售信息 124
- 七、积极为成交做好准备 126
- 八、成功结束推销的艺术 129

贝特格的无敌推销术 132
- 一、听到"不"时要振作 132
- 二、最重要的销售秘诀 136
- 三、极短时间内达成销售 138
- 四、必须学会的销售技巧 140
- 五、如何确保顾客的信任 142
- 六、让人们愿意和你交流 144
- 七、不要害怕失败 146

托德·邓肯告诉你如何成为销售冠军 148
- 一、排练法则——排练好销售这幕剧 148
- 二、靶心法则——开发高回报的顾客 151
- 三、杠杆法则——让对手成为杠杆 153
- 四、求爱法则——用真诚打动顾客 156
- 五、钩子法则——吸引顾客守候到底 158
- 六、催化法则——建立成熟客户关系 161
- 七、加演法则——不断提升服务质量 163
- 八、80/20 法则——重点出击，高利回报 165

中篇 最有效的营销方法

第一章 营销环境分析

市场机会分析法 169
   一、机不可失，相机而动 169
   二、奥纳西斯、肯德基抓住市场机会 170

环境威胁机会矩阵 171
   一、发现机会，规避风险 171
   二、某汽车生产企业所作的环境威胁机会分析 172

市场潜力分析 173
   一、为营销寻找宽广的舞台 173
   二、一次失败的市场潜力分析 174

销售预测分析法 175
   一、凡事预则立，不预则废 175
   二、奥伯梅尔的销售预测方法 175

市场占有率分析法 176
   一、重视市场占有率的"含金量" 176
   二、宝洁兵败日本市场 177

核心能力分析法 178
   一、核心能力，企业基业长青的根本 178
   二、三星强化核心竞争力 179

BCG 矩阵业务组合分析法 181
   一、对不同的业务，采取不同的策略 181
   二、BCG 矩阵的实际应用 182

GE 矩阵业务组合分析法 183
   一、根据各业务的特点，规划产品组合 183
   二、GE 矩阵在通用电气公司的运用 184

第二章 市场机会选择

竞争对手界定法 186
   一、正确界定竞争对手 186
   二、麦当劳的汉堡包之战 186

竞争性路径分析法 188
   一、知己知彼，方能百战不殆 188

二、雅马哈轻敌，遭遇惨败 188

市场细分营销 190
一、市场细分，营销成功的核心 190
二、汇源果汁的市场细分策略 191

利益细分法 193
一、最有效的市场细分方法 193
二、牙膏市场的利益细分及其营销策略选择 193

目标市场选择法 194
一、选择合适的细分市场 194
二、通用汽车在中国的目标市场选择 195

差异化营销 197
一、使产品别具一格 197
二、农夫山泉的差异化营销 197

利基营销 198
一、利基营销，寻找未被发掘的处女地 199
二、利基营销成就"嘻哈帝国" 199

营销战略设计 200
一、营销战略，成功营销之源 200
二、派克的战略之失 201

第三章　确定产品竞争优势

产品生命周期及其营销策略 203
一、产品生命周期，制订营销目标和营销策略的依据 203
二、产品生命周期理论在杜邦公司战略管理中的应用 204

品牌定位四步法 205
一、好的定位是品牌成功的基础 205
二、奶球品牌重新定位 206

品牌价值模型分析法 207
一、了解品牌的价值构成 207
二、"红旗"品牌价值的挖掘 208

产品与品牌的关系模型 209
一、选择合适的产品与品牌组合 209
二、松下公司的品牌组合战略 211

品牌经理制管理方法 212
一、一种有效的品牌管理方法 212
二、宝洁的品牌经理制 213

品牌延伸策略 214
一、使品牌利益最大化 214
二、Sanrio 成功实施品牌延伸 215

产品组合策略 216
一、形成产品群体优势 216
二、华龙集团的产品组合策略 216

ABC 分析法 218
一、为不同类别的产品制定相应的管理办法 219
二、ABC 分析的实用案例 219

新产品成功上市法 220
一、为后续的营销活动开个好头 220
二、宝洁新产品上市的方法 221

第四章　价格定位与行销推广

认知价值定价法 224
一、制定一个消费者认同的价格 224
二、阿尔法计算机公司提高顾客认知价值 224

逆向定价法 225
一、让消费者来"制定"价格 225
二、宜家的定价策略 226

动态定价法 227
一、价格也是可以随时变动的 227
二、美洲航空公司开创最优动态定价法 227

价格调整策略 228
一、价格调整，营销竞争的重要手段 228
二、西南航空公司的低价策略 229

促销组合策略制定法 230
一、促销组合策略，营销成功与否的关键之一 230
二、法国白兰地开发美国市场 231

广告促销策略 232
一、让消费者无处可逃 232
二、万宝路香烟广告 233

销售促进策略 235
一、商家决胜售点的"临门一脚" 235
二、可口可乐的销售促进策略 236

分销渠道决策法 237
   一、渠道稳固则营销畅通 237
   二、康师傅的渠道策略 238

第五章　市场营销策略

营销 4Ps 组合分析法 240
   一、最经典的营销理论和营销方法 240
   二、联通 CDMA 发展新用户时的 4Ps 组合策略 241

4C 和 4R 营销 242
   一、让消费者成为营销的中心 242
   二、宝洁用 4C 打造"美发店中店" 243

7P 服务营销 244
   一、让顾客感觉受到重视 244
   二、德国慕尼黑机场的服务营销 245

关系营销 247
   一、致力于构建"忠诚"的关系营销 247
   二、马狮百货集团的全面关系营销 247

深度营销 249
   一、关注消费者的隐性需求 249
   二、雪洋食品的深度营销 249

绿色营销 251
   一、强调人与自然和谐统一的营销模式 251
   二、富顿公司和本田汽车的绿色营销 252

文化营销 253
   一、与消费者进行深层次的交流 253
   二、洞宾酒，成功源于文化营销 254

比附营销 255
   一、攀强者关系 255
   二、蒙牛比附伊利 256

逆向营销 257
   一、让顾客来主导一切 257
   二、联想集团的逆向营销 257

合作营销 258
   一、互惠互利的合作营销 258
   二、安利与 NBA 的合作营销 259

体验营销 **260**
　一、给消费者美妙的体验 260
　二、星巴克的体验营销 261

品牌营销 **262**
　一、将品牌的长远发展作为营销活动的目的 263
　二、惠州雷士的品牌营销 263

第六章　营销执行与管理

年度营销计划制订法 **265**
　一、制订切实可行的营销计划 265
　二、麦当劳的1990年度营销计划摘要 266

营销组织构建法 **268**
　一、使营销组织结构适应市场的需要 268
　二、联想集团的组织结构发展历程 269

营销人员绩效考核法 **271**
　一、使员工行为与企业期望相吻合 271
　二、A公司营销人员绩效考核法 272

营销人员薪酬设计法 **273**
　一、薪酬设计，实现公司战略的重要工具 273
　二、某公司营销人员薪酬设计体系 274

销售人员管理法 **275**
　一、锻造销售队伍 275
　二、IBM公司的"苦行僧"式培训 276

销售业务管理法 **277**
　一、使企业的经营策略在销售活动中得到体现 277
　二、麦德龙的消费业务管理 278

销售通路管理法 **279**
　一、建立稳固通畅的销售通道 279
　二、娃哈哈的销售通道管理 280

营销业务流程规划法 **281**
　一、从提高顾客价值的角度设计营销业务流程 281
　二、错误的业务流程所带来的问题 282

年度计划控制法 **283**
　一、使年度计划顺应外部环境的变化 283
　二、格兰仕亡羊补牢 284

盈利能力控制法 ... 285
- 一、保持强大的盈利能力 ... 285
- 二、雀巢遭遇财务危机 ... 286

效率控制法 ... 287
- 一、提高营销工作的效率 ... 287
- 二、华为的效率控制措施 ... 288

战略控制法 ... 289
- 一、确保营销战略与营销环境相适应 ... 289
- 二、英特尔果断进行营销战略转移 ... 290

下篇 必读的经典营销书

- 一、《销售圣经》 ... 293
- 二、《销售巨人》 ... 303
- 三、《世界上最伟大的推销员》 ... 317
- 四、《就这样成为销售冠军》 ... 327
- 五、《营销管理》 ... 338
- 六、《水平营销》 ... 351
- 七、《体验营销》 ... 357
- 八、《关系营销》 ... 368
- 九、《4R营销》 ... 376
- 十、《营销全凭一张嘴》 ... 387
- 十一、《登上忠诚的阶梯》 ... 394
- 十二、《胜算——用智慧击垮竞争对手》 ... 402
- 十三、《市场领袖的法则》 ... 410
- 十四、《长尾理论》 ... 416

上 篇

成功销售全攻略

第一章

制订销售计划与目标

分析销售业务的现状

一、我们怎样才能实现目标

必须弄清楚我们怎样才能够前往我们想要"到达的地方"。我们后面介绍的几种方法可以拓展你的销售业务。这几种方法能够使你现在拥有的业务得以维护,使你的现有业务得以进一步拓展,也能够帮助你发现并且找到新的业务。

我们必须问问自己我们分配给这几种业务行为的时间比例是多少。例如,如果我们拥有强大的客户基础,并且在我们的计划期内我们的客户群将大幅度增长,在这种情况下我们就会发现我们将很难走出去拓展我们的新业务。有时候一些新业务的获取将花费我们 1 年左右的时间才能够争取到。如果我们忙于服务和发展现有客户的话,我们将不能够通过发展新业务来实现我们的业务目标。

我们必须了解我们将去何处以及怎样到达那里。

二、我们的优势、劣势、机遇和挑战

从优势、劣势、机遇和挑战等方面来准确弄清楚我们现在身在何处可以更好地理解我们是谁,我们在做什么,我们的优势是什么以及我们的劣势是什么。传统的业务分析方法是运用包含优势、劣势、机遇和挑战在内的所谓 SWOT 分析法。对于销售人员来说,我们建议用一种稍微不同的 SWOT 分析。我们应该做几个 SWOT 分析:

(1)集中于我们公司的 SWOT 分析。
(2)集中于我们个人的 SWOT 分析。
(3)集中于我们主要竞争对手的 SWOT 分析。

在一张纸的左上方写上"优势",在右上方写上"劣势",在左下方写上"机遇",在右下方写上"挑战"。

开始用纸的左半部分来分析作为销售人员的你自己和你的业务。首先写下不同领域作为个人的你和公司的业务优势。这里将列出你在产品、服务、供应、保障、保险、形象、交货、

优势	劣势
机遇	挑战

付款条件以及所提供的特殊服务等方面的竞争优势。尽量写下你们公司所有可能的业务特色(你所在的公司是从事什么业务的或者公司的业务特点是什么)或者优势(为什么人们要购

买你们公司的产品或者服务）。

千万不要在这一栏故作谦逊，要有多少写多少，直到写完你们公司所有竞争优势以及给市场所带来的所有好处。

积极地思考你们公司的机遇，并同样在纸的左半部分写下"机遇"的地方把它们写出来。就你们公司的机遇而言，你要考虑现有的客户、现有客户的增加销售量、介绍的客户、目标客户、新的业务机会，要无所顾忌地去思考。因为你们公司所提供的产品或服务有可能适用于新业务的开发，也有可能进一步满足现有客户群的业务需求。就公司所面临的机遇而言，你需要任凭你的想象力自由地驰骋。

现在轮到在纸的右上角写公司劣势的时候，我们要现实地去面对，但不要为难自己。之所以会提到这一点是因为在一些研讨会上，让人们做SWOT分析时，他们只在左边格子内（优势和机遇两处）写了三四条内容，然后感觉像是用了20年的时间去写右边的内容。我们往往急于要减少自己的优点，多讲自己的不足，但殊不知，这些不足反而通常是竞争中的优势所在。

我们要做的就是要打破这种模式，在左半边要集中精力，在右半边要面对现实。所以我们要写下在市场上我们公司的竞争优势和竞争劣势，从而写出一份合理的SWOT分析单。

然后是在纸的右下方列出你们公司所面临的挑战。它可以是环境所带来的挑战或者宏观经济形势给公司业务所带来的挑战。这里再次强调要真实，不要臆想。

三、竞争对手的优势、劣势、机遇和挑战

现在我们要来个180°的大转弯，为我们的竞争对手做一个SWOT分析。在这个分析中我们要集中精力在右半边写下我们或环境对竞争对手造成的所有挑战，而在左半边我们要真实而不是夸大其词地写出竞争对手主要的优势和机遇。

建议你可以为你的一个、两个或者三个主要竞争对手做这样的分析。因为我们这样做将首先能够使我们更好地理解我们的市场价值，与此同时也将有助于我们树立信心。其次，在分析竞争对手过程中我们将感受到我们自己有多么强大，因为我们的竞争对手并不是一脚就能踩死我们的长毛怪，而是与我们水平相当的竞争对手。

四、创立价值服务理念

有人曾经说过这么一句话："一个没有价值服务理念的人，任何事情都可以把他打垮。"一想到公司的价值服务理念，应该在脑海里首先浮现的就是上面这句名言。这个问题应该这么问："我们的服务理念是什么？"我们认为公司在市场上从事经营业务的最根本原因是什么？

比如，就拿某人所从事的销售培训教育为例，他的服务理念就是为客户提供客观、专业、实用且易于理解的销售理念和销售技巧。当有人询问他是否能够提供客户服务培训项目的时候，他知道他可以提供；当有人询问他是否能够总结出15个最有效的销售秘诀并传授给他们的销售人员的时候，他知道他能够总结出；当人们询问他是否能够总结出一些新奇且独一无二的销售方法来教授他们的销售人员，使他们能够像演员打动观众那样打动客户，他知道他能够总结出。

这里所要表达的就是你要清楚地知道你的价值服务理念是什么。一旦你知道了你的价值服务理念是什么，那么它将会帮助你在销售中取得成功。在当今市场中大多数企业通常都崇尚着3种不同的价值服务理念。

公司所崇尚的第一个价值服务理念是高效运营。所谓高效运营就是指你所在的公司能够比竞争对手更加有效地从各处获取项目、设备、产品及服务等。当我们一提到高效运营的价值服务理念时，我们脑海里浮现出了很多以此为例的公司，其中沃尔玛最为典型。

人们崇尚的第二个价值服务理念就是优质的客户服务。这意味着客户知道，不论发生什么，不管有什么情况，客户总是第一位的。

这方面的典型是罗德斯托姆公司。他们的员工能为每一个顾客多跑额外的路。有许多关

于它的故事，如有一个关于服装顾问在风雪中驱车去送被遗留在店里的燕尾服衬衫，以确定让新郎在结婚那天不会露出胸脯站在教堂走廊的尽头的故事。

公司所崇尚的第三个价值服务理念是技术优势。他们崇尚创新、崇尚先进的科技（有时崇尚尖端科技）。在市场中，他们保持着创造性。而对于这一理念，最符合的一个公司便是早期的微软公司，他们的价值服务理念就是把先进的技术应用于每一个人的台式电脑。

所以你要知道你可以在任何企业的不同方面去创造你的价值理念，而方法就是问你自己：我的价值服务理念是什么？

五、现有业务状况

这里再次在此强调我们一定要与时俱进以准确把握住时代的脉搏，从而更好地了解我们今天在业务中处于什么位置，这对我们了解现在的情况很重要。有一些企业，它们并不真正知道自己和客户的位置在哪里，以及在未来几年的情况又将怎样，或者不知道它们是否可以得到与去年同样多的业务量，或者只是其中一部分，或者它们必须从头再来。

你想把你的业务引领到何处的任何分析都始于对现有业务状况的讨论。做这件事的最好的方法就是浏览一下你的客户清单，并把他们从最好到最差的，从最高的业务额到最低的业务额，或者从最大的利润额到最小的利润额来分成几个不同的等级。

这样的话你会像大多数公司一样发现二八法则将适用于对公司现有业务状况的分析。这意味着公司80%的销售额是从20%的主要客户那里产生的，同样也意味着你80%的问题、担忧或价格战也来自那20%的主要客户。看看你最好的客户，20%的主要客户产生了80%的销售额，你将不得不决定在接下来的销售计划时期是否将从他们那里获取同样多的销售业务，或者是否在什么地方存在着业务风险。

在我们能够预测我们将在哪儿止步之前，我们必须清楚地知道我们现在在哪儿。而这将开始于我们对现有业务现状和现有客户的分析。

六、业务缺口分析

业务差距分析是我们制订战略销售计划的一个工具。它将使我们的专业销售人员权衡我们今天在哪里，而且把它跟我们的销售目标进行比较，从而使我们能够采取具体行动来实现目标最大化。

例如，销售人员史密斯想知道他怎样才能使他与过去客户之间的业务在2003年的基础上，在2004年得到进一步拓展。他2003年的业务情况如下：

a.2003年的实际销售额	1000000美元
b.5年来平均每年失去的销售业务	10%（100000美元）
c.在没有改变的情况下2004年的销售计划	900000美元
d.2004年销售业务期望增长率	15%（1150000美元）
e.业务缺口为115万美元—90万美元	250000美元
f.过去5年来平均每年客户增长率	10%（90000美元）
g.包括现有客户业务因素在内的业务缺口为	160000美元
h.平均每个新客户的销售额	10000美元
i.填补缺口所需的客户量	16

现在史密斯准确地知道为完成2004年的销售业务目标他该做什么事情，即他需要开发16个新的客户，与此同时与现有客户之间的业务量需要增加10%。

七、弥补业务缺口所必需的新业务量

一旦我们完成了销售业务缺口分析，我们就能够清楚地知道我们需要多少新客户。然而大部分销售人员都因低估了发展新客户从而减少了为公司带来新的业务所需的努力。发展新客户的技巧在任何一个企业里面都是必需的，然而只有很少的销售人员才具备发展新客户的技巧和能力。大部分发展新客户的业务行动往往都是以拒绝收场。这主要是因为我们必须努力拜访那些对我们公司及其经营业务不是太熟悉的全新客户，前去拜访那些业已与我们的竞争对手建立了业务关系的潜在客户。

所以除非是出了什么问题，如我们联系的潜在客户与他们的供应商或卖方存在着矛盾，否则我们将面临一场从竞争对手那里赢得业务的艰苦战斗。按惯例如果我们与一些没有经人介绍的企业发展我们的业务的话，我们需要与100家与我们没有关系的企业联系，而我们将有可能把其中10家发展成为在未来会有兴趣和我们做生意的企业。

所以我们需要寻找的是那大约10%的对我们感兴趣的公司。所以，我们正处于一个10-3-1法则影响下的位置。也就是说，在10个有兴趣和我们做生意的企业中，大概会有3个企业会同意和我们谈他们的需求，以及我们的产品或者服务是否能够达到他们的要求，在这3个企业中将只有1个企业最终会在销售循环中与我们做生意。

有计划才能达到目标

一、销售计划很重要

还记得玩大富翁游戏的时候吗？你是以一个孩子还是大人的身份参加的呢？游戏开始后，玩家选定棋子，得到一笔钱，然后通过掷骰子在棋盘上大肆进攻，掠夺财产和租金，独占房地产市场，意图置对手于死地。在游戏中，你清楚自己的目标，熟悉游戏规则，知道预期的结果。你也知道自己从何处开始，何时进行到了一半，以及结局是什么。相同的，营销策略或计划与此如出一辙。要知道该往哪里去，必须先有目标。大部分做销售的人关心的往往是付出汗水后得到多少钱，创造多少销售量和总利润，以及是否能在给定的时间内将产品和服务原价售出。明白了这一点，我们就得将棋子集中起来，这就像是前面提到的销售过程，也是现在讨论的销售计划和下面将谈到的销售实践。前面曾说过，如果通过日常的重复订单能够从现有的客户中带来足够多的生意，并以每年10%、12%或15%的速度提高业务量，也就无须销售计划。我们只要在清晨醒来，查看星期一的电话、星期二的电话，在星期三会见那些每隔一个礼拜都会见面的客户，然后在年终最后一个月的最后一天正好签下一笔单，实现了全年目标。但是，对大部分人来说这都是不可能的。

众所周知，任何只要做过半小时以上销售工作的人都会知道，这种办法在现实中是行不通的。因此，每个人都该想想若用美元统计销售额（其他任何币种皆可），我们要努力达到多少数字。接着针对即将采取的行动、服务的客户、创造的价值及在市场上拿什么来交换付出的劳动，我们都要有精确的定位，然后就是把计划付诸纸上。有太多的人想着自己将会干一番事业，有一番成就，或至少渴望有所作为。那时，一切听起来都是十分美好，而自己也确实想走向成功。但一些新思想分散了我们的注意力，或者市场发生了一些变化，梦想也就随之破灭——像是浴缸里的泡泡转瞬即逝。所以有一个每日、每周、每月、每季度，或每年都能够参考的计划就显得尤为重要。

拟订一个营销策略或营销计划是相当关键的。我们将从一个很泛的层面讨论这个问题。这主要是因为有许多问题亟待解决：

◇哪些是我最具销售潜力的客户？为什么？
◇制造商、分销商、零售商、服务公司是最适合我的业务对象吗？

◇销售对象的公司规模有多大？
◇他们有多少员工？
◇他们的销售额是多少？
◇他们的销售总值有百分之多少的比例可能是源于我们的产品或服务？
◇他们的地理位置如何？
◇我们要寻找什么水平的决策者？是总经理、老板、采购代理、专业人士，还是幕后操作者？
◇面对成功的机遇，我们将如何定位自己？
◇同竞争对手相比，我们有哪些优势和劣势？
◇市场上存在哪些威胁会影响到我的业务行为以及本营销计划的实施？
◇我们的竞争对手怎么样？他们优势是什么？劣势是什么？他们强占我们市场占有率的几率有多大？我们如何才能对他们构成威胁？

换而言之，即使是我们在心里盘算着要去会见一个陌生的目标客户，也要准备着成功，而不是失败。掌握了我们独特的定位——占据我强敌弱之处——则又增加了成功的筹码。有那样一个销售策略，并有的放矢，成功就将近在眼前！

有句谚语说得好："如果一个人不知道自己该怎么走，那么他很可能会止步于一个从没想过的地方。"

这就是有一个行之有效的销售计划如此重要的原因。

二、好的开始是成功的一半

因为混淆了销售行为与销售结果的问题，一些销售人员没有实现他们的销售目标。大部分销售人员都想知道他们是否为公司和自己的职业做出了贡献，以至于我们只注意到忙碌而没有把精力集中在做正确的事上。

这是导致销售失败的最大的悲剧，是否拥有一份行之有效的销售计划对一个销售人员的成败起着决定性作用。就像古希腊哲学家亚里士多德早在2300多年前所说的那样："好的开始是成功的一半。"这个真理告诉我们，如果拥有一份行之有效的计划，我们将会朝着我们的目标或计划的方向发展，这种好的开始将会帮助我们实现所预先设定的目标。

我们能够决定自己在销售电话中说什么，给谁打电话，我们的市场价值是什么，与潜在客户进行合作的最佳切入点在哪里，以及其他我们能控制的因素。只要事先做好计划，一旦我们开始按照计划行事，计划将引导我们自己走向成功，避免失败。

三、万丈高楼起于平地

如果我们和客户建立业务关系就像给他们建房子一样，那么我们是不是要了解一下基础设施、建筑用料和建房规则呢？回答是肯定的。

就像建一座坚实的房子一样，成功的销售始于有效的销售计划。销售计划是地基，是平衡我们销售行为的结构框架。

如果我们撰写销售计划能够像建筑承包商建造高楼大厦那样、能够像医生进行术前准备工作那样、能够像建筑师设计摩天大楼那样，那么我们将能够在销售领域最终取得成功。

四、挖掘我们的核心竞争力

将我们的焦点集中在我们的核心竞争力上对我们来说很重要。当然这并不意味着我们将对我们的不足之处视而不见，可以忽视缺点，也不意味着对于我们并不太擅长的领域，我们就将像鸵鸟一样就把头埋在沙子里。我们必须知道为什么客户愿意和我们做生意，并且把我们的焦点和注意力都集中在我们最擅长的领域或核心竞争力上。

虽然你是一位擅长于曲线球和变速球而不是快速球的掷手，当比赛快要结束的时候，在有两人在垒线上、两人在垒线外的情况下，你知道只有最后一球可以击败对手，那么在第九回合时，你会投什么球？很明显你会投快球。就像板球投手试图让别人出局一样，销售人员需要最终全力一击。

你不可能提供所有人他们想要的东西，你也不可能是最低价产品的提供者，或者最好服务的提供者，或者运营最有效的公司。我们怎样才能确信我们向客户传达了我们会为他们做得最好的意思，我们怎样才能突出自己的优势呢？

五、成功销售，永不为迟

沃伦·威奇斯勒是全球公认的销售专家，他曾和一个因为太年轻而不知道自己是否能够在销售领域取得成功的销售人员共事过。

沃伦·威奇斯勒问她："你所在的公司从事这个领域的经营业务多少年了？"她回答说50多年了。然后又问："在你们公司工作的其他人在这一行做了多少年？"她告诉沃伦·威奇斯勒她们公司在业内声誉很好，且有好几笔很大的交易记录。

然后沃伦·威奇斯勒问她，你认为他们为什么雇用你。接下来问她，当客户知道你们公司的情况和你这么年轻会有什么反应？是否想从这个行业里撤出，她回答说不确定。

在沃伦·威奇斯勒看来，成功销售，永不为迟。你不会因为年纪太大，也不会因为太小；不会因为所接受的教育水平太低，也不会因为所接受的教育水平太高；当然也不会因为你太穷、太缺乏热情、太有妒忌心、太不单纯或者是太愚昧而不能够在销售领域取得成功。成功销售，永不为迟。你完全可以成功制订销售计划，完全可以成功地开始在销售领域取得成功。

设定销售目标

一、做正确的事

销售计划等同于一个销售领导。在商业领域，所谓的领导就是为一个组织建立一个人人都为之而奋斗的目标。这就是所说的"做正确的事"。现在在大企业里，组织管理都按照不同的功能进行了部门分类，做自己管辖范围内的事就是所说的"做事正确"。销售计划就是有关做正确的事。

二、设定销售目标

设定销售目标听起来很简单，但实际操作起来却十分复杂。销售人员是从一个巨大范围内的一连串目标开始的。与其说是目标，倒不如说它是一份愿望表。成为一个成功的目标制订者的关键之一就是学会改进和专注于上述系列任务目标列表。

在目标设定过程中，我们同样需要这样做。你需要真正理解我们想达到的目标是什么，并且使它简化以至于我们能够解释给第三方听。

三、"没有"目标的神话

我们真的需要去喜欢我们的身份和工作，我们不能自责和悔恨过去，也不能急切地盼望未来，因为这都是无济于事的。

把握住现在很重要。然而我们在把握住现在的同时必须了解我们从哪里来，到哪里去。这就是目标对我们如此重要的根本原因。想象一下，如果一架从纽约到洛杉矶的飞机失去了目标的话，会是一件多么荒谬的事，它将会曲折地飞过美国的上空，用光燃料，置乘客于危险的境地。飞机是有目标的，它的目标就是在特定的时间里从纽约飞往洛杉矶。

甚至松鼠也有自己的目标。它们的目标就是在秋天里寻找到并吃掉大量的坚果，与此同时将更多的带有坚果的树枝埋藏于地下。这样在树上不结果实的冬季，它们就可以安全过冬了。一只没有目标的松鼠在冬天里会被饿死的。

对于大部分人来说，专注于一个或几个目标会做得更好。我们必须自问，我们为什么要做现在所做的事，为什么我们要试图完成一件事，我们的目标是什么？我们必须专注的目标背后的真正意义是什么。

制订好目标后，我们要学会把目标细分。曾和一些有远大目标的销售人员共事过几年，当把计划付诸行动时，他们就变得呆头呆脑，因为他们根本就不知道从哪里着手做起。

想象一下，如果你决定在一天内写完一本书的话，你坐在书桌前思考所有的观点，到第二天书就写好了，这将会是骇人听闻的，同时也是不可能的。

你必须有一个怎样写这本书的明确计划且要规划好每天用多少时间来写。这本书概念的形成、提纲的构建和每天在电脑旁的写作都是行动计划。在大部分情况下，一份销售计划的失败都是因为我们没有很好地分配我们的时间。

下一步就是要采取实际行动。一旦我们做好了销售计划，或者在心中有了销售目标后，我们就要把它和实际行动计划结合起来。促使目标的实现，最重要的任务就是采取实际行动促使事件的发生。这就是为什么耐克的宣传口号"只要做就行"会在全球数十亿人口中引起轰动的原因。我们别无选择时，计划和行动一个都不能少。这就是为什么"准备——瞄准——开火"这个口令中要有开火的原因。这就是为什么在长跑比赛中发令员要喊，"各就各位，预备，跑！"而不是喊，"各就各位，预备，原地不动"的根本原因。当然发令员也不会喊，"各就各位，预备，预备，再预备！"

因为这是不可能的。为了参加比赛，为了赢得比赛，你不得不拼命地跑。其实这也正是一个成功销售计划最重要最核心的部分。

第二章

建立稳固的销售

寻找目标顾客

一、寻找潜在顾客的方法

科特勒在《科特勒谈营销》一书中，把营销的定义扩展成："营销是发掘、维系并培养其获利性顾客的科学和艺术。"他认为，伟大的公司之所以伟大，在于它擅长发掘、维系新顾客，而这个过程主要分三步完成：

（1）找出潜在客户。
（2）对潜在客户进行首次推销。
（3）维系并培养新顾客。

所谓潜在顾客，是指有购买可能或希望的顾客。其特征是具有较大的付款能力，有某种潜在的购买需求，有购买决定权，认同推销员的推销工作。

科特勒说，现在市场上充斥着大量的产品，而非顾客，因此，寻找潜在顾客就成了营销的一个重要问题。根据估计，欧洲的汽车制造商一年可生产7500万辆汽车，但市场的需求量只有4500万辆。这样，汽车公司不得不为剩下的3000万辆汽车而奋力争取顾客。

科特勒认为，潜在的顾客始终是存在的，问题在于你是不是知道要发现潜在客户，除了利用数据库外，还有很多方法。

寻找准顾客的方法很多，推销员可依据所要推销的产品以及所要接触的顾客类型加以选择。常用的方法有以下几种：

1. 卷地毯式访问法

卷地毯式访问法是指推销人员对推销对象的情况一无所知或知之甚少时，直接走访某一特定区域或某一特定职业的所有个人或组织，以寻找准顾客的方法。采用这种广泛搜寻的方法，可以捕捉到一定数量的准顾客。这一方法的理论依据是平均法则，即在推销人员走访的所有人中，准顾客的数量与走访的人数成正比，要想获得更多的准顾客，就要访问更多数量的人。

卷地毯式访问法比较形象地说明推销人员寻找准顾客的过程，就像家庭主妇清洗地毯一样逐一检查。采用卷地毯式访问法寻找顾客，首先要挑选一条合适的"地毯"，也就是先要划定适合的访问范围。推销人员应该根据自己所推销商品的特性和用途，进行必要的推销区域可行性研究，确定一个较为可行的推销地区或推销对象范围。例如，你是一次性尿布的推销员，你挑选的"地毯"可能是妇幼保健院、医院等；你推销的是某种特效洗衣粉，你确定的"地毯"可能是某一社区的居民或宾馆客房部等。为了得到被访者的合作，走访前最好事先与之联系。此外，还需与其他方法配合使用。

2. 链式引荐法

链式引荐法，也叫"无限连销介绍法"，就是推销人员在访问顾客时，请求为其推荐可能购买同种商品或服务的准顾客，以建立一种无限扩展式的链条。这是西方国家的推销人员经常使用的一种方法。

链式引荐法的关键在于推销人员首先要取信第一个顾客，并请求他引荐其余的顾客，由其余的第二链节发展更多的顾客，最终形成可无限扩大的"顾客链"。要使"顾客链"长久运转下去，推销人员必须不断地向链传动系统添加"润滑油"，以维持各链节之间的正常运转，通过链式的传动使推销品能畅通无阻地进入客户手中，其采用链式引荐法寻找无形产品（旅游、教育、金融、保险等）的潜在顾客尤为适合，因为在服务领域里，信誉、感情和友谊显得尤为重要。但从使用范围看，工业用品更多地使用这种方法寻找潜在用户，因为同行业的工业品用户之间通常较为熟悉，且相互间有广泛的联系。

3. 关系拓展法

关系拓展法是指推销人员利用自身与社会各界的种种关系寻找准顾客的方法。任何一个人都不可能在真空中生活与工作，必然要与各种各样的人发生方方面面的联系，例如，同学关系、师生关系、同事关系、上下级关系、亲属关系、老乡关系等各类人际关系。在这些关系中，有些你非常亲密和熟悉，有些仅是初次结识，交往甚少，不管怎样，他们都可能是你的准顾客，你应该把他们列入你的准顾客名单。

关系拓展法也是链式引荐法的一种，只是这种方法首先开始启动的链节是推销人员自己的关系户，然后逐步扩展渗透，形成一张推销某一商品的关系网，关系网中的人员可能就是你的准顾客了。

采用关系拓展法主要是寻找日用消费品的准顾客。

4. 个人观察法

它是指推销人员根据自身对周围环境的直接观察、判断、研究和分析，寻找准顾客的方法。

利用个人观察法寻找顾客，关键在于培养推销人员个人的灵感和洞察力。推销人员还应具备良好的观察能力与分析能力，善于从报纸杂志、广播电视、人们的言谈举止、一些杂乱无章的闲谈中搜寻你的准顾客。在实际生活中，准顾客无处不在，有心的推销人员只要"睁大眼睛"、"竖起耳朵"，留心周围的任何事，就能找到可能的买主。例如，美国一个成就卓著的汽车推销员，整天开着一辆新汽车在住宅区街道上转来转去，寻找旧汽车，当他发现一辆旧汽车时，就通过电话和该汽车的主人交谈，并把这辆旧汽车的主人看作一位准顾客。

二、"上门"机遇

在寻找顾客的过程中，我们是"上门"供货商。我们掌握着80%或者更多的生意，很明显，我们花很多的时间在这种类型上，下一种类型是客户只从我们这儿买了一些产品或服务，典型的是少于50%。我们并不直接上门。在这种情况下，我们花费很长的时间和客户沟通，尝试着明确今天我们和客户处于什么关系，我们如何提高自己的位置，又怎么样把我们今天的生意变成我们所期望的明天的生意。

三、最好的献给最高级的客户

好的销售流程应以了解谁是你最具潜力的客户开始。最具潜力的客户并非完全是陌生人——那些你设为目标的客户。实际上，他们往往是你目前已经拥有的客户。

你的目前客户是三番五次地从你这买一些东西的而非从未买过东西的人。当他们已经通过了任何潜在客户都曾通过的最重要的门槛，他们喜欢你且相信你。

基本上，若你有客户，只要料理好你目前的客户，你就可以实现你为自己设定的每一个目标。如果你又另辟生意，你会被迫从你的目前生意中退出而整天和完全陌生的人打交道。

然而，大部分销售人员并不是这样的。之所以和你目前的客户维护联系，把他们视为你最好的潜在客户，那是因为你想尽最大的努力留住他们的生意。事实的另一面是三番五次地劝你目前的客户从你这购买产品要容易得多。因此，一个强有力的战略就是，和你目前的客户维护好联络。

事实上，在大多数生意中，销售中的75%～80%都是源于目前客户的重复订购。让我们假设一个销售人员，他一年做200万美元的生意。在下一年中，很可能那200万美元中的160万美元都是来自目前客户的重复生意。

四、你最有潜力的市场就是你的现有客户

戴尔和一位来自北达科他州的卖建筑工具的销售人员一起旅行，他做所有你可在建筑工地上看到的事：卖工具、租借、修理。他还卖手动工具、电动工具、脚手架、梯子、安全设备。他们在私人工地上开着车，戴尔不断地看着这些大工程。在旁边的一间移动工作室上印着包工头的名字，戴尔第一次看到这种移动工作室，问道："那是你的客户吗？"他说："不，我还没有打电话给他们。"

戴尔想那儿肯定有包工头，他们到了一所学校，那包工头的名字这儿也有。5分钟之后，他们站在了一个大的生产工厂的前面，同样，那包工头的名字也印在了移动办公室的上面。

"好，"戴尔说，"这包工头的来头究竟有多大？"结果证明他是他私人业务范围内的最大的包工头。之前，这位销售人员从未给他打过电话。

"为什么不打？"

"我听说15年前我们和他们做过生意，他们对我们并不满意，就停止从我们这购买货物了。"

"15年是一段很长的时间，我们应该回去！"

你会从他的眼中看到忧虑。为什么我们回头给一位15年前和我们有不愉快经历的客户打电话呢？

问题的关键是那人出售工具。谁会比其他人购买更多？总包工头、电器包工头、机械包工头——任何在位的包工头都会买很多的工具，从战略考虑，这样做很合适。在这种情况下，真是一个巨大的合适的机会。

戴尔问他："对这个公司你了解多少？我们进了公司之后你会说什么？你如何自我介绍？你又如何介绍你们的公司？你会带上什么东西吗？你会问些什么吗？等到了那儿后若遇到什么抵制，你又如何处理？"

他回答道："我会告诉他们我们的身份，我们做什么，我们和许多像他们一样的生意人合作。我知道很久之前我们彼此之间就做过生意。如果有任何疑问，在这儿我会万分小心地处理好。或者从未听说过我们，我想再重新开始发展关系，以前的事情一笔勾销，现在重新开始。"

"我们什么时候去？"戴尔问，"我们想确定谁是管事的，谁是CFO，谁是副总裁，谁是总经理，这些就是我们新找的人，目标很高，你会惊奇，你需要多少信息才能找到你所要寻找的人。"

他们在非常友善的接待员面前做了自我介绍，她曾听说过他们的公司，他们想见总经理，她去通报了。销售人员坐立不安，他也不确定会发生什么事。

不一会，一个人走了出来，说："啊，我曾听说过你们的公司，我想知道一切关于你们的事，很多年前你们似乎从地球上消失了，你们在这儿有很好的信誉，我想知道为什么你们停止打电话给我们了呢？"

你能想象吗？他竟被数十年前的一句道听途说给误导，他竟害怕打电话。这个人说："我带你们去见我的老板，给我们详细的信息，我知道我们这现在就有需求，我们又接到了很多的生意，过去我们合作得很成功，我们应该重新开始。"

丢失的客户对于销售人员重新建立生意是一个巨大的机遇。在很多的例子中，同那些失去联系的客户的心态相比，销售人员的心态更加消极。

有很多的销售人员有这样的例子，都是关于曾购买他们产品而现在不再购买的例子——的确是个大问题，事情发展得很糟糕。因此，他们恨我们，不再愿意从我们这购买任何的东西。

在很多这种情况下，应该勇敢地说："让我们去瞧瞧他们！"为什么？因为爱的相反面（以前客户）是不会在意的。如果之前他曾爱过你，而现在恨你，至少还是会有点感情的。

最好的方法就是道歉，通过你自己的努力来让客户达成理解，你至少和他们回到了培养阶段，你们也可重新建立联系。不要忽视了以前客户。

五、对客户进行精确定位

我们一旦决定和一位特殊的客户联系，做附加生意，或者我们尝试同以前的客户做生意，如果是这样，那么认准4种合格客户的特征就非常重要了。

这4种特征可代表一个组织内部不一样的人。在很多小公司中，4个特征都会在同样的人身上有所体现。在较大的组织内部，我们会发现1~2个人可能具备其中1~2个特征。在公司内，我们需要同5、6个或者7、8个人见面，依次了解我们身边那些可以代表公司做决策的人。让我们逐个看这些特征。

一位合格的决策者的第一特征就是有能力判断他们是否需要我们的产品和服务。最重要的是，这个人有能力来帮助下属更快、更安全、更简单地完成工作，确保公司没有落后于同行业的竞争者。

第二特征是权威高低。他是有足够的能力做出有助于推动公司发展的人吗？他是公司的所有者或是在公司某一特殊领域的最高级别的决策者，此人可作出重要决定，从战略上推动公司发展吗？

此人通常对大生意感兴趣，他从更高水平看待生意，并非对每天的琐事喋喋不休。此类决策者经常问"这样决策可以使公司发展得更快、更好、得到更多利益吗"此类问题。

第三特征就是那个人是否掌控财政。他们通常是买单人。这种类型的人对能让公司的财政取得最大的价值的方案感兴趣。可这也并不能说明他一直寻找便宜的解决之道或最低的价格。通常，此人明了你该付多少，他只是确定使公司投资的每一元钱都花得明智，以实现它的价值最大化。

第四特征是能想到那些我们没有立即想到的人。他们堪称"斗士"。他们的确是没有足够的权威使事情在公司内部得到解决，但他们可能会愿意把我们的主张带进公司，促使事情发展，同决策者相比，他们是影响决策的人。

六、发掘有希望购买产品的顾客

科特勒将"发掘有希望购买产品的顾客"的过程分为3个步骤：确定目标市场，运用传播工具发现有希望购买产品的顾客，找出有希望购买产品的顾客。

1. 确定目标市场

如果吉列公司打算向十二三岁的小鬼行销刮胡刀，金百利—克拉克公司试图把好奇纸尿裤卖给没有小孩的家庭，我们会感到不可思议。具有正确心态的公司，不会试图对所有人进行行销。头脑清楚的钢铁公司，不会试图把钢铁卖给所有使用钢铁的公司。假设一家钢铁公司已完成"区隔、目标、定位"的工作，并已选定目标市场，它应该把重心放在汽车业、办公用品制造业或厨具业所需的钢铁上。一旦选定目标市场，要找出潜在的顾客，也就不再是非常困难的事，随着该公司逐渐对目标市场的了解——欲求为何、购买何种物品、在何时何地购买、以何种方式购买等，便可提高它发掘优良潜在客户的能力。

2. 运用传播工具争取顾客

企业可运用各种工具搜集潜在客户的名单，例如广告、直接信函、电话营销、商展等，甚至可以向名单经纪商或是无意间拥有企业需要的名单的其他人购买。

例如，有一家猫食制造商玛氏公司，希望能拿到德国境内养猫人士的名单。其中一种方式，便是在一家销路甚佳的报纸上刊登广告，宣称可免费提供题为"如何照顾您的爱猫"

的手册。任何养猫人士只要填妥回函卡,并注明饲主姓名、猫的名字、猫龄与出生日期以及其他玛氏公司认为有用的信息,便可获赠此手册。大部分看到广告的养猫人士,可能都会索取这份手册。

3. 找出有希望购买产品的顾客

并不是所有的潜在客户都会购买公司的产品,这就要对顾客进行资格审查。所谓顾客资格审查,是指推销员对有可能成为顾客的某人或某组织进行考查和审核,以确定该对象是否能真正成为准顾客以及成为哪一类准顾客的过程。在采用各种方法获得潜在顾客名单后,为了提高工作业绩和成功概率,推销员还需要对这些"准顾客"进行评定审查,以论证他们是否具有挖掘开拓的潜力。顾客资格审查的实质是推销员为自己选择、确定特定的推销对象和范围,因为随着市场经济的发展,竞争日益激烈,推销工作日趋复杂和艰难。一个企业的规模再大,竞争能力再强,推销方法和技巧再精明,也不可能赢得市场上所有的潜在顾客,而只能满足其中一部分潜在顾客的需求。所以,推销员应根据自己的产品特点和宣传优势等实际情况,从整体市场中选择恰当的推销对象,从而利用有限的时间和费用,全力说服那些购买欲望强烈、购买量大、社会影响力大的顾客购买,以减少推销活动的盲目性,收到事半功倍的效果。

约见客户

一、事前准备

一旦我们弄明白了在某一特定公司内部决策是如何作出的,我们要做的下一步就是要搞清楚如何有策略地把握这次销售业务机会。我们要对这家公司及其合作伙伴和该公司的市场地位和市场环境进行调查研究。我们千万不可以忽视这一步骤。

在当今这个年代,信息技术无处不在,因此我们要尽可能多地获取有关这家公司的相关资料。这并不是说我们在接触这家公司的时候犹豫不决,而是因为我们需要等待获取有关这家公司的更多资料。我们一定要确保我们做好了家庭作业,即完全搞清楚这家公司的经营范围,他们的客户是谁,谁有可能是我们的竞争对手,以及这家公司的潜在需求是什么等,然后再进入我们销售流程的下一步。

二、初次与客户会面

随着销售流程的逐步展开,既然我们弄清楚了谁是这场游戏的玩家,也对这家公司有了相当的了解,那么现在是进入我们销售流程下一步的时候了。在大部分情况下,这意味着我们将给在这家公司中决策层中的一个人打电话进行业务联系。在有些时候,我们的初次接触实际上有可能是没有事先预约而直接拜访这家公司,虽然这样做值得商榷。开始我们第一次面对面的初次接触的最好的方法是使你情绪激昂且神志清醒,以更好地第一次和一个陌生人打招呼,使其对你进入他的视野倍感舒服、亲切和温暖。这就意味着需要你走起路来昂首挺胸、面带微笑且充满信心。

你必须要做的下一步骤就是用自己的眼睛观察眼前发生的一切并设法弄清楚谁是这家公司的总台接待人员或者行政助理并去接近这个人。如果总台电话一直响个不停或者接待人员一直忙个不停。在这种情况下,在你有机会跟接待人员打招呼之前,你唯一要做的事情就是静静地等待。当一切忙碌暂告一段落的时候,你就可以径直走上前去,用非常清楚且直接的方式介绍自己,并告诉接待人员你及你所代表公司的名字,并进一步询问是否可以与该公司直接负责你公司所提供的商品或服务的相关人员见一面。如果你被告知相关负责人必须提前预约才予以接见的话,你就把你的名片递给接待人员,并力争索取到你想面见的相关人员的名片、电话号码或者电子邮箱地址。然后告诉接待人员你将很快与其打电话,提前进行预约。最后对接待人员或者行政助理的接待表示感谢,并且一定不能忘记询问其尊姓大名。因为在下次进行电话预约的过程中，当接待人员接听电话的时候，你将成为成千上万个销售人员中唯一一个能够以直呼其名的方式礼貌地问候他的人。

在任何情况下，我们必须牢记当我们每次与客户进行业务联系的时候，我们一定要有一个非常明确的目的，我们一定要乐意并且能够把下面这句话补充完整，即"我今天拜访客户的原因或目的是……"

大多数的销售人员在与客户进行业务洽谈时毫无目的性，或者初次会面就试图把商品或者服务销售给客户。恰恰相反，我们应该在对外销售的过程中将我们的注意力集中在获得与客户进行面对面的业务洽谈的预约上，或者在对外电话销售过程中要注意之前与客户进行联络了相当长的时间。

当我们再和客户约见的时候，我们一定要弄清楚此次约见的目的或者原因是什么，并且一定要考虑清楚什么对客户很重要以及我们能为客户带去什么潜在的益处。想象一下，如果有人打电话给你说："我想与你见面，因为我想为自己赚钱。"你认为这是他接近你这个客户的恰当方式吗？当然不是。

然而，很多销售人员在销售行为中满脑子里面都是"我，我，我"，或者是"我们公司这样，我们公司那样"，但根本就不去考虑什么对他们的客户很重要。例如，客户关注的益处有可能包括：

◇增加利润。
◇提高生产率或者改进流程。
◇节约时间。
◇获取竞争力。
◇降低生产成本。

就什么对我们的客户很重要而言，以上这些就是我们在和客户进行业务洽谈过程中吸引其注意力的正确方法。

三、约见：确定会谈氛围

过了公司总台这一关，你要做的下一步是什么呢？下一步就是一定要完整地把自己介绍给你要见面的相关负责人。在他们的工作环境中，你将成为一个不速之客。在这种情况下，你一定要让他们知道你是谁，你代表着哪家公司。

让他们简要了解你所做的业务。要用一句简短的话做开场白让他们了解你所代表的公司，特别是你自己所从事的业务。

在面谈的过程中，我们一定要询问并重复客户的名字，比如："请问怎么称呼您呢？""多拉斯。""噢，多拉斯。你好，多拉斯。见到你真的很高兴。"

四、2分钟电钻法

对于初次约见，当销售人员坐在他们面前的时候，任何一个买方或客户一直都在问自己3个问题：你是谁？为什么你在这儿？你能为我做什么呢？客户所期待的正是能明确回答这3个问题的销售人员。客户想知道你是否能够胜任，是否够正直，以及你的目的是什么。

这也是为什么当著名推销员汤姆首次与一个客户见面的时候会做出如下的陈述的原因："您可能很想知道我是谁，为什么我在这儿以及为什么你将会对这次面谈很感兴趣，难道说不是吗？"在他过去多年做业务员的生涯中，他一直在观察当他作出以上陈述时客户的反应是什么，他们实际上是在点头同意他的看法，即使客户不给出点头这一身体语言，他们也确实同意他的看法，因为这正是他们大脑中所考虑的东西，他们想知道你究竟是谁，为什么你在那儿，以及为什么他们应该很重视这次业务合作。

运用"2分钟电钻法"，当你说出"你可能很想知道……"这段开场白的时候，可以继续说下去了："我想耽搁你几分钟的时间介绍一下我们公司的经营范围和我的工作，我们能为客户做什么，我们有可能为你们公司做什么，然后我再和你聊一下你们的公司，你们的需求，你们公司目前所处的形势，以及你们所关心的话题，等等。在此之后，如果你认为继续我们的会谈很重要的话，或者你认为我们公司对你们会有所帮助的话，我们可以再看一下有没有必要继续进行我们的会谈。你看这样怎么样？"当你使用上面的这种方法去初次接触新客户时，你将会对你获取了如此多的客户信息而惊讶不已。

有技巧地激发购买欲望

一、问准问题

在20世纪70年代，一个称作卡罗慕玻的电视秀节目使得彼得·弗克成了一位糊里糊涂、衣冠不整的侦探家。当卡罗慕玻剧组的经营方式杂乱无章的时候，他却每星期破一起谋杀案。他成功的关键在于众所周知的问准问题的能力。他从不假设自己了解任何事情。

他就像一个医生：问问题，然后听病人的陈述。他使用的是"苏格拉底问题法"。为什么我们不使用这种方法呢？为什么我们不能问更多的问题呢？这是因为我们认为自己一定要有所有问题的答案，因此在我们问准问题之前，我们实际上已经主导了我们向客户的陈述。这就像把车子放在拉车的马前一样本末倒置，因此导致我们大量失败的原因关键还在于我们自己。

你现在拥有什么

我们现在需要向客户问的第一个系列问题应该紧紧围绕着目前的情势而展开，这些问题包括：

◇请问目前谁是贵公司的合作伙伴？
◇请问贵公司购买什么类型的产品？
◇请问什么类型的服务对贵公司最重要？
◇请问贵公司购买产品/服务的频率是多少？
◇请问贵公司实际上购买的是什么产品/服务？
◇请问贵公司已经购买这种产品/服务多长时间了？
◇请问什么对贵公司很重要？
◇请问贵公司想成功获取的是什么？
◇请问贵公司的目标是什么？

现在你已经把握住了问问题的要点。我们要对客户公司目前所处的情势感兴趣并充满好奇心。如果在我们问问题之前已经有了所问问题的正确答案，那么我们将是专横霸道的。这样做就像是去看庸医一样。当我们在医生房间里来回走动的时候，他/她就上下打量一下我们说："你腿有问题，马上到这儿来，我们将给你换上一只假肢！"如果你来看医生是因为你的脖子扭了，医生的行为将会是多么的荒谬。当然一位医生从来都不会这么做的，那么我们也不应该这么做。

客户最喜欢的是什么

第二个需要问的系列问题将就公司目前所处的情势而言紧紧围绕客户最喜欢的是什么来展开。你有可能会说："你很荒谬，客户将赞扬他们目前的合作伙伴，我们这样能够进一步确信他们将继续从那儿购买产品或服务。"好，你的这种质疑是对的但也是错的。

说你是对的，这是因为客户应该告诉我们他们最喜欢他们现有客户的哪些方面。说你是错的，这是因为我们这么做并不会损及我们的利益。恰恰相反，我们这样做将能够给我们提供一个机会来看一下我们的产品或服务解决方案是否是基于客户目前的需要之上的。

与此同时，这也表明我们去拜访客户并不是把一个解决方案强加给他。但我们真正感兴趣的是客户认为他们在目前的形势下成功之处在哪里。

二、用耳朵聆听，用眼睛观察，以及明确销售目标

当我们每次打销售电话的时候，我们都要有一个明确的目标，这一点对销售人员很重要。即每一次业务接触都要有一个目的。然而，我们客户所陈述的目标或尚未陈述的目标有可能凌驾于我们与之进行业务联系的目标之上，下面就来具体解释。

在大部分情况下，当我们即将与客户就某一种商品或服务进行电话联系的时候，我们往往对打电话时所要谈及的内容有一个先入为主的成见。但是如果我们能够仔细用耳朵聆听，用眼睛观察，明察秋毫，我们会发现我们确实应该追求一些除先入之见以外的其他东西。

例如，一位销售人员很想把某特定型号的榔头钻销售给某建筑承包商并尝试与之进行业务洽谈。当他见到这个承包商的时候，他发现承包商那儿有着数都数不清的灭火器材。这种商品能够像打包带一样缠绕在管道的周围，从而有效避免烟火四处逃窜。毫无疑问，许许多多的建筑工地上都急需这种商品。当他看见这种灭火器材的时候，他发现今天与客户的业务洽谈将遭遇巨大的挫折。因为他所服务的公司能够向客户提供的并不是这种商品，而是他们所预先设定的榔头钻。因此，他此次拜访客户的目标也随之发生了变化，即询问客户生产这种商品的厂商以及他们如何才能竞争中标类似的业务。以上的例子就很直白地告诉我们应该如何仔细用耳朵聆听，用眼睛观察，明察秋毫，以及如何才能更好地把握住商业机会。

三、如何陈述产品特色和产品优势

吉尔曾经为一家主营化工产品的公司做销售培训，讲座的标题是"产品特色和产品优势"。在讲座开始之前，他给来听讲座的每一个人发了一个衣服架子。他说："在座的诸位朋友，大家好。假如你们在下面的两家公司中的一家从事销售业务工作，即你们中的一半在一家木头制品公司工作，另外一半则在一家生产弹簧的公司上班。而我则是一家生产衣服架子公司的老板。现在你们的工作就是告诉我，为什么你们公司生产的衣服架子的木制构件或弹簧对我们公司有利？我希望你们的陈述能够集中在产品优势，而不是产品特色上。"此时此刻，每一个人都看着他说："您是什么意思？难道产品特色和产品优势之间有什么区别么？"他紧接着就跟他们解释两者之间的不同。

产品特色是指产品是什么，或者产品是怎么做出来的。让我们还拿衣服架子做例子。你可以说："这衣服架子是木头做的，而且木头已经被磨光。"因此，现在我们都知道这衣架是用磨光的木头做成的，这就是这种产品的特色。我们一定要理解产品特色是指产品是什么，或者产品是怎么做出来的。

事实上，许多销售人员把他们向客户的陈述集中在了公司的产品或服务的特色上，而不是产品优势上。因此，我们将使得客户很难弄清楚我们产品的优势是什么。人们买电钻不是因为它是一块坚固无比的带尖的铁块，而是因为我们可以用它在墙上或木头上钻孔。

下面解释一下什么是产品优势。产品优势是指为什么产品特色很重要，即该产品对购买它的客户意味着什么。例如，如果别人告诉你这衣服架子是由磨光的木头制成的，你可能会说："这是产品特色。那么什么是它的优势呢？"

"那又有什么关系呢"测试

现在给你一个很好的提示。为了验证你所陈述的是产品特色还是产品优势，你可以应用"那又有什么关系呢"测试。如果你能够对某个人的陈述说："那又有什么关系呢？"那么他所陈述的内容对你来说就不是什么产品优势。

让我们在回到衣服架子的例子。这是一个衣服架子，它是用磨光的木头制作而成。那么对我们而言，他的优势是什么呢？那又与我们有什么关系呢？衣服架子的优势是什么？它的优势就是我们将能够使用它把衣服晾晒起来，而且不会损伤衣物，此外我们也不用担心它会断裂。这时候，难道我们还能对此说："噢，那又有什么关系呢？我宁愿被断裂的衣服架子划破流血，宁愿所有的棉料、丝料以及洋绒面料的衣服都被衣服架子弄得有褶皱。"

现在我们就已经很清楚地知道用磨光的木头制成的衣服架子的优势是：衣架无断裂（安

全），衣物无损伤（保护你的投资）。因此我们当然不能对此说："那又有什么关系呢？"

举例说明产品优势

然而，许多销售人员都花了大量的时间来跟客户谈论产品的特色，而不是产品优势。产品优势使客户不能说："那又有什么关系呢？"因此客户将集中注意力倾听你所陈述的内容。举例说明产品的优势将使客户更加容易作出购买决定。

第一，人们喜欢节约时间。如果你向客户提供的产品或服务能让客户节约时间，这将是该产品的最大优势。比如说你正在销售一种会计服务系统。这种软件程序能够安装在客户的电脑上，这是该产品的特色。而能够节约客户的时间则是该产品的优势。这样我们将能够更加快速地向客户进行产品陈述。我们的陈述将准确无误且简明扼要，即客户购买它将节约时间。因此，节约时间是该会计服务软件程序的最大优势。

第二，节约金钱将是产品的另一大优势。现在节约金钱并不总是意味着"价格低廉"，而是意味着你所提供给客户的全套解决方案将帮助他节约开支。这也是我们不能够对此说"那又有什么关系呢"的一大产品优势。

第三，还有一个产品优势的切入点与客户的现有生活方式或他们想拥有的生活方式密切相关。他们怎样才能够生活得更加安全呢？他们怎么样才能够拥有他们向往的个人形象呢？他们怎么样才能够与领先者们步调一致呢？他们怎么样才能够成为技术更新专家或者是他们团队的领头羊呢？

以上都是与客户生活方式提高有关的例子——个人形象、个人安全保障以及个人安全感等。客户不能对此说："那又有什么关系呢？"因此提高客户生活品质是产品优势的又一大切入点。

当我们与客户进行业务洽谈的时候，我们需要谈及产品特色和产品优势。例如，你可能会对一个客户说："我是一个专业销售业务教育工作者、演讲家、销售助手。我是管理知识的源泉。我举办过形形色色的研讨会、各种演讲，也组建过许多工作组。我拥有全套销售从业人员能够用得到的培训材料。"

如果这就是你给客户所讲的全部，你实际上只是谈及到了前面所说的产品特色，而没有告诉客户任何产品优势。那么什么是产品优势呢？你的优势就是当你有机会和销售人员一起工作的时候，你可以帮助他们增加收入，帮助他们更有效地管理他们的时间，帮助他们获得更大的职业满足感，帮助他们发挥潜力成为最佳销售人员，帮助他们提高销售额进而为公司创造更多的利润。所有的这些都是当你谈及公司服务特色时一定要谈到的服务优势。

仔细审查一下你们的公司及其产品，然后理清楚公司所经营的业务及所提供的解决方案中哪些方面是产品特色，并把这些特色转换成优势向客户予以陈述。万万不可让客户搞不清楚你们公司的产品或服务优势是什么？

再给大家举一个例子。当你看到你桌子上的定时器时，你就会想到它的特色之一就是它有3个按钮。别人可能会说："那又有什么关系呢？""为什么它有3个按钮很重要呢？"

实际上，这3个按钮的设置非常符合人类工程学的相关原理。因为这个定时器正好能够放在你的掌心中，与此同时其中的2个按钮正好能够用你的大拇指和食指按住。这就是这个定时器的产品特色，那么它的优势是什么呢？

它的优势就是它能够使你在演讲的过程中不必去太在意时间，并且使你能够准确地把你的演讲分成不同的时段进行，中间暂停休息。它便于使用，一目了然，因此它将使你在演讲的过程中很少犯时间分配方面的错误。因为它能够使你看都不用看一眼便能准确记录下你演讲时间的长短。因此，它能使你更加高效率地进行自我演讲训练，而不需要再去劳神看你的手表。这按钮设置得如此科学合理，以至于把它拿在手中时，你的大拇指和食指正好很自然地按在按钮上面。

销售人员的工作就是为客户描绘图画，就像在上面举例子向你论述产品特色和产品优势之间的区别那样。在你的销售业务中，你对公司所能够提供给客户的产品或服务的特色和优势更加了解。因此建议你现在就拿出一张纸和一支笔开始把它们都记录下来。

吉尔至今还记得，当他于1987年开始从事销售业务工作的时候，他经常坐在他家的地下室里写出他所在公司的产品特色及其优势。你有可能会问:"作为一位销售从业人员,为什么他有这么大的紧迫感需要经常坐在自己家里的地下室里把公司的产品特色和产品优势都写出来呢?"原因很简单,就是"再好的记性不如一个烂笔头"。这是一句很有名的中国俗语。

问题的关键是如果你在走出公司去拜访客户之前就把产品特色和产品优势都写下来的话,你就能更好地记住你所写下来的内容。

与客户谈论"蓝色"对我们的启发

一个共识就是不要太急于向客户陈述我们的解决方案。在许多情况下,当一个客户说"我真的很喜欢蓝色"的时候,我们总是急于插话,在时机还没有成熟的情况下就向客户陈述解决方案。在这种情况下,如果这个客户说:"你知道,我之所以在这家公司上班是因为我确实喜欢蓝色。"如果我们插嘴说:"蓝色,我们出了一本有关于蓝色色彩的书。我们向客户提供海蓝色、天蓝色、粉蓝色、皇家蓝色、蓝色波尔卡舞裙,以及蓝色脱衣舞裙等,不一而足。从来没有哪家公司能像我们这样经营过蓝色。

如果你这么与客户交谈,你的客户将转转眼珠,闭上嘴,停止与你的谈话。为什么呢?因为他们认为你试图超越他们喜欢的一切。

下面才是正确的与客户谈话的技巧:当客户说他们喜欢什么东西的时候,你要控制住自己的情绪,让客户继续谈下去,并时不时地做一下记录。客户的讲话时间应该占据你与客户之间谈话全部时间的80%,而你仅仅需要占到时间的20%就足够了。谈完一个话题,你要简单地引导客户进入下一个话题。

四、向客户陈述解决方案

陈述解决方案可能是我们在开展业务时最容易切入的一个主题,但与此同时也是一个最难以应用到销售实践中去的一个主题。这主要是因为我们在销售过程中花费了太多的时间向客户陈述。我们认为向客户陈述解决方案的时候可以利用言辞、服务、商品、幻灯片,以及网页浏览等手段打动客户,但是作为销售流程中的一个环节,解决方案的陈述实际上应该尽可能地简明扼要。

简而言之,向客户陈述解决方案的过程实际上就是解决问题的过程。许多销售人员使用了太多的方法和华丽辞藻来谈及所能够提供商品或服务的特色和好处。最有效的陈述之法就是首先在问题阶段准确把握住客户所想,即客户的需求是什么,客户所关注的是什么,以及客户为什么需要有所改变等,然后再向客户陈述解决方案,想客户之所想,急客户之所急,从而使我们所提供给客户的解决方案与客户的需求相一致。

如果客户对我们公司的历史及营销网络毫无兴致,那么我们在向其陈述解决方案的过程中又何必提及它们呢?很多时候,正是因为我们过度地陈述,所以我们失去了一个又一个的商业机会。

解决方案的陈述需要简明扼要

在我们更多地谈及解决方案之前,想先与你探讨一下在我们陈述解决方案的时候什么应该被提及。毫无疑问,解决方案的陈述对赢得客户一直扮演着至关重要的角色,但是实际上只不过是形式和内容的问题。太多的公司在陈述解决方案的时候使用的是些华而不实的牛皮纸精美装订的宣传材料以及尽善尽美的幻灯片等。但是这并不是我们把握商业机会的正确方法。最佳的陈述解决问题的方式就是拿着一张纸、一支笔和一颗天生好问的心进行解决方案的陈述就行了。

对于一些视觉辅助展示手段的使用,我们也要注意技巧和方法。如果你将发给客户视觉辅助材料,那么在客户浏览所发材料的时候一定要保持安静。如果销售人员就一款新车在向你陈述展示的时候,同时发给了你一张宣传材料,这时候你将马上处于一种矛盾尴尬局面之中。因为此时此刻,你将不知道你是应该观看他的展示,还是浏览阅读手中的宣传材料,还是听他的解说陈述。

有些销售人员不恰当地使用了一些视觉辅助展示手段。但是我们一定要想清楚一点,即这一切只不过是工具,是辅助手段而已。如果你想让客户倾听你的陈述解说的时候,那么就不要发给他们任何视觉辅助材料；如果你想让客户阅读浏览你所发的材料，那么你只需向他们展示一下，然后让客户自己阅读浏览就行了。

五、解决方案的陈述风格

我们不得不陈述大量的信息内容，以此来向潜在的客户显示我们明白他们的需求。我们必须向客户陈述展示一个灵活的解决方案，以解决客户的实际问题。除了要向客户陈述展示我们所能提供的内容之外，我们还必须能够以一种充满活力和自信且生动形象的风格向客户进行陈述和展示。比如，使用具体的例子确保潜在客户完全明白我们所能够提供给他们的商品或服务。换而言之，我们应该以符合逻辑且充满激情的方式去吸引客户，去打动客户。或许有人认为，在销售过程中，一切的一切都是客观的、冷冰冰的，是基于复杂的计算之上的。这完全是一派胡言。一个人从另外一个人那里购买东西，情感的成分，即热情、自信且充满活力的形象生动的陈述是成功销售的关键。

六、确定解决方案

解决方案要能够解决问题，直白且简明扼要。这就是我们作为专业销售人员要做的。鲍勃讲的一件事应该会给我们很大的启发：

当我买房子的时候，我买了一桶油漆粉刷墙面。没有用完的油漆一直被放在家里的某个角落。当我找到的时候，油漆桶早已生锈、破旧不堪，而且这个牌子的油漆在我们镇上现在没有销售。我们家墙粉刷的颜色是平光乳白色，而我们希望把家里的木制构件全部油漆成光亮乳白色，因此我们需要配色。这主要是因为我们家8岁的女儿希望家里木制构件的颜色能够跟墙壁的颜色一致，都油漆成乳白色。

因此我打电话给我们镇上的油漆店说："您好，请您帮个忙。我们家里现有舒文·威廉姆斯牌的油漆，色系属于格力登色。我知道你们店里不销售舒文·威廉姆斯牌的油漆，也没有格力登色，但是请问你们能够帮助我配色么？"

店里的销售人员回答说："我们当然能够帮助您配色。我们是油漆问题解决专家。我们一直为客户提供配色服务，而且颜色配的也相当完美。你知道，我们现在使用电脑配色。请问你有一小片剥落的油漆么？"听到这样的回答后，我说，"太好了，我将马上把家里剩下的油漆桶带过去配色。"

因此在这家油漆店里，销售员大卫帮了我一个大忙。大卫从油漆桶内壁刮下一小片油漆，然后把油漆片放进一个色谱分析仪里，很快配色成功了。5分钟后，我买到了不同厂家生产的同一颜色的油漆回家了。

作为销售人员，如果我们每次都能够如此准确地满足客户的需求，那该多好呀！

克服障碍，促成交易

一、销售人员的悖论

销售人员的悖论就是客户希望作为销售人员的你能够提供给他们所提供产品和服务的一切。

让我们再回到油漆配色的那个例子。众所周知，销售人员清楚地知道什么样的油漆适宜涂抹于什么东西的表面；需要多长时间油漆才能干；如何粉刷油漆；在什么温度下最适宜油漆，以及什么样的产品适宜油漆铁制品、崭新的木制品、破旧的木制品、破损的木制品等。如果你走进这家油漆店，问一个非常简单的问题："请问我应该使用柔和的颜色还是略带灰色的颜色来油漆我们家的阳台呢？"

你所询问的知识只是冰山一角，只是这些油漆专家所知晓知识中的一点点。这些油漆专家是如此的了解油漆以至于他们都可以举办一个关于油漆的讲座。实际上，他们或许都可以在当地社区大学教授有关油漆的课程。但是他们能够给你上面的问题提供一个满意的答复吗？

那么什么才是销售人员的悖论呢？销售人员的悖论就是你的客户希望自己对你提供的产品或服务能百分之百地了解。但是问题是在任何时候，任何一个客户需要的只是你全部知识的1%，或者2%，最多3%就足够了。

销售人员所面临的问题是，当一个客户走进店里随便问一个问题，比如"请问把我们家的阳台油漆成柔和的颜色还是略带灰的颜色好看呢？"我们应该针对问题本身给予简洁的回答就行，没有必要卖弄你知识的渊博。

二、克服对客户异议的错误观念

当今市场上到处充斥着有关于如何预测并克服客户不同意见的书和各式各样的研讨会。这给人的第一感觉就是销售似乎已经演变成了一场拳击赛。作为销售人员的我们应该一直试图将客户打倒在地，然后给他们一顿暴打。当我们赢得了这场比赛的时候，客户就输掉了这场比赛，或者说当我们赢得了这场比赛的时候，他们已经失去了知觉。这种对待销售的观念简直荒谬至极。恰恰相反，在销售中，应该创造一种客户与我们双赢的局面。因此，我们在销售过程中不是思考着如何去战胜谁，而是思量着如何才能与客户平等相处，通力合作。

我们要与客户一道帮助他们理解、找出，进而克服他们有可能在任何领域遇到的任何问题。我们与客户实际上属于谈判桌的同一方。销售人员不再是像党派的拥护者那样极力去游说，而是为了共同的目标做着同样的事。让我们忘记当今市场上无处不在的有关于如何克服客户异议的错误理念吧。取而代之的是与我们的客户一道通力合作，平等相处，共同去理解正在发生的一切。

三、问客户具有约束力的问题

每次当我们让客户来决定是否购买我们产品或服务的时候，就是我们要问客户对其具有的问题的时候。我们要问客户对其具有约束力的问题。这里指的是那些很容易回答的简单问题，例如：

◇有什么阻止我们之间业务的进一步开展吗？
◇您看我们什么时候再次见面以便进一步磋商我们彼此之间合作的具体事宜？
◇您想让我们在这个礼拜二就交货吗？
◇您乐意看见我们之间的业务进一步开展吗？
◇请问你们是先买一整箱呢，还是半箱？

以上这些就是对客户具有约束力的问题，因为这些问题需要客户对此作出回应，而我们将能从客户的回应中理解客户是想向前走、向后退，还是原地踏步呢，或者将提出一些有待商榷的具体事宜——困难、抵制，或者是延期。

下面具体讲解一下问这类问题的技巧。我们难于开口问客户这类问题的原因是我们害怕客户的回应。很显然，我们希望客户的回应是肯定的，然而有时候客户的回应也有可能是"我不知道"，"我不是太有把握，让我再考虑一下"，"让我稍后再给你回复"，"让我跟××再商量一下"。客户的以上这些回应实际上是在告诉我们这个客户不在决策层的位置上，他这事当不了家，做不了主，当然也拍不了板。当然客户也有可能直接对我们的问题说"不"。

想象一下，有些销售周期较长。我们有可能已经投入了一年或者更长的时间才进展到现在的这地步，但是其中一个潜在的结果有可能是否定的。因此销售人员都不乐意问客户具有约束力的问题，这也就不足为奇了。克服不敢问客户具有约束力问题心理的唯一办法就是去思考什么是我们所能够控制的，而什么是我们所不能控制的就行了。我们可以控制的是我们是否问客户具有约束力的问题，但我们不能控制的是客户那时那刻对我们问题的答复。

哪一天，哪一个星期，哪一个月，或者是哪一年，只有客户才能决定他们是否从我们这里购买产品或者服务。我们要对客户对这类问题的回应保持一颗平常的心。当然这并不意味着我们并不在乎客户是否从我们这儿购买。显然，我们非常相信我们自己，相信我们的公司，相信我们公司所提供给客户的产品，相信我们公司所提供给客户的服务；但是如果客户最终决定从其他地方购买，那么我们只能认为客户犯了一个巨大的错误。

我们应该把客户对我们问题的回应放在一边。这是成功销售的核心理念——不仅仅是在销售流程的最后冲刺阶段，而应该是在整个销售流程中，我们都要乐意问客户对其具有约束力的问题。

这是销售流程中的一个全新理念。我们不仅在销售的最后阶段寻求客户的承诺，而且在整个销售流程中都应该问客户具有约束力的问题。当我们想看看某个客户是否是真正客户的时候就可以问他这类的问题。当我们与客户预约见面的时候，当我们试图弄清楚客户需求的时候，当我们想确认我们的产品是否能满足客户的需求的时候，我们都可以问客户对其具有约束力的问题。

其实在整个销售流程中，我们有很多的机会去问客户这类问题。就像在前面所说的那样，这就是普通销售人员和优秀销售人员之间存在的最大区别。

四、让客户作出承诺

让客户作出承诺是销售流程最重要的一个环节。经常有这样的事情发生：一位专业客户拜访者在销售流程的前面环节都一直做得非常好。但一天工作下来，他们既没有从客户那儿得到订单，也没有让客户作出进一步的承诺，也没能询问客户是否可以进入销售流程的下一个环节。

这就是普通销售人员和专业销售人员之间的不同。你知道两者之间的区别是什么吗？这个问题的答案将无关乎这笔交易的最终敲定，因为交易的最终敲定的决定权并不在你手上。

最好的销售人员懂得如何在结束向客户的陈述时很自然地过渡到销售流程的下一个环节。但这不是最终敲定交易。两者或许有相同之处，但是在有些方面两者则完全不同。销售流程的最后一个环节就是简单地让客户作出承诺。

有时候，这意味着请求客户再次会面或者索取相关资料，或让客户承诺给出更多的时间等。在另外一些时候则意味着请求客户给我们竞争某一项业务的机会。

五、沉默的力量

销售业务中很少有绝对的事情，但其中有一件事情例外，那就是当你询问客户具有约束力的问题后一定要保持沉默。

有时候客户有可能会很不自在。这很正常。因为当客户每次被问及具有约束力的问题时，他们必须作出决定："这是我想做的事情吗？""我想买下这块地皮吗？""我想雇用这个人在我主办的全国性会议上发言吗？""这种款式的家具与我家的房子相搭配吗？""这就是我想为我自己和家庭购置的汽车吗？"

在沉默的时间里，在座的每一个人都会各有所思。在作出决定之前，任何一个买主都会暂时性地慌乱。其实我们都一样，都会有点疯狂和不知所措。销售人员在询问客户具有约束力的问题后保持沉默的原因是，这将留给客户一个机会去思考他们买了我们的产品或服务后将会怎么样，或者思考是否与我们一道继续推进销售流程的进一步发展。

不要害怕沉默，不要对沉默感到不舒服。你知道为什么吗？因为这对任何一方都不是操纵或控制交易。销售业务中有一句老套话是："让对方下订单，然后闭嘴。因为先谈及订单的一方将输。"

询问客户具有约束力的问题，然后保持沉默，这并不因为我们力图创造一个要么你输要么我赢的局面。我们这样做是让客户有时间去思考我们所问的问题，然后再作出决定：他们的决定可以是肯定的，即与我们继续开展业务合作；也可以是否定的，即与我们分道扬镳。但当我们从客户的答复中找不到任何肯定或否定决定的时候，大部分销售人员都会很沮丧。

没有决定的答复就是否定的答复。我们都喜欢肯定的答复。我们其实是能够学会喜欢客户否定答复的。客户可能会说："我不知道，让我再考虑一下，回头我给你答复。"当然这是我们要尽力避免发生的事情。我们保持沉默的原因是让客户自己作出决定。

关键问题是我们要问客户具有约束力的问题。这是销售业务的最高级技巧。还有一点必须强调的就是，如果我们对客户的答复结果保持一颗平常的心，这样我们将会更加善于询问客户这类问题。正如前面所解释的那样，这是因为我们对一笔交易的达成没有最终发言权。你无法控制客户的答复结果，但我们可以控制自己询问客户这类问题的能力。

如果你把问客户这类问题的理念应用于你的销售实践，你定将能够从中受益。你将能够提高你的销售额二成、三成或者四成。你将能够在你的业务生涯中看到把询问客户具有约束力问题当作销售策略的巨大优势和无限魅力。我们要切记，如果我们不能够学会询问客户具有约束力的问题的能力，我们将什么也得不到。

第三章

维护并拓展你的销售业务

维护你的客户

一、三大特征

如果你不关心你的客户，将会有两种事情发生：第一，其他人将会关心你的客户；第二，他们会把和你交易过程中产生的不愉快经历告诉身边的人。总的来说，如果客户在与你的交易过程中有糟糕的经历；如果某些方面未向正常方向发展；如果客户感觉销售人员行为粗鲁，或不了解他们，或者没考虑他们的需求，他们就会把他的经历告诉他们身边的 9～20 个人。作为销售人员，我们想要避免这种事情的发生其实是很简单的。

出现在客户需要你的地方

比如说当你走进银行的时候，银行职员正在核对支票或者处理一些文案工作。这时候你只好站在那里耐心地等待服务，但如果那个职员认为他的文案工作比你的事情更重要而将你冷落，你将会做何感想。你不会对此感觉良好吧？为什么在这儿举这个例子呢？原因其实很简单，那就是：在你 90% 的时间中，要想在你的销售业务中取得成功其实很简单，那就是当客户需要你时，你就应该在客户那里出现。

伍迪·艾伦总是扮演同一角色——卑微、神经质，脑海中总装着纽约自由主义。在电影《山姆，让我们再玩一次》中，他对由戴安娜·理顿扮演的角色说：我已经彻底懂得了在生活中成功的秘密。她看着他，似乎在说你甚至都不能系鞋带，对于生活中成功的秘诀你能知道什么？伍迪·艾伦此时却说出了最令人惊讶的话，即"生活中 80% 的成功在于在需要你的时候就及时出现在那里"。

关心客户的最佳方式是什么？就此问题，我们曾成千上万次地询问过客户，他们对这个问题的普遍地回答是："在我需要你的时候，你就应该出现在那里。"这就意味着你不必是最快的，不必是最便宜的，也不必是最高档的，但倘若你在客户需要你的时候，你就出现在了那里，你就能够不断满足你的客户的需求。

如果客户需要你时你能出现，你就会成功，这不是尖端科学，这是非常简单的常识。例如有个客户在下午两点打电话说想要你在第二天上午 10 点交付所订购的产品，并且你答应会给予安排，那你就必须按照约定办事，确保你预知此承诺不会使你所在公司的任何一个人员失望，并且在第二天上午 10 点交付所订购的产品是切实可行的。

我们为什么不能够按照一句哲学格言行事呢？即"我为你而存在"。我们如何实现这一个承诺？我们要对那些买你东西的人说："你是我的客户，我为你而存在。这是我的手机号码和电子邮箱地址，这是我的呼机号码，这是24小时免费热线，这是我的网址，即使在我在睡觉的时候，你也能够联系上我。"当客户有疑问、问题，或者抱怨的时候，我们要确保你所在的工作团队的其他人员知道怎样才能及时联系到你，还有你去了哪里，以及你什么时候才能回来。

看看联邦快递公司是怎样成功的吧？当你的确需要某种产品的时候，他们第二天就可以为你送达。这在以前的物流业是闻所未闻的，直到他们创造出这一理念。

"是的，客户，我为你而存在。"这不仅仅是精妙的广告语。

要有颗感恩的心

另一个关心客户的最佳方法是什么呢？说感谢如何呢？谢谢你成为我的客户；谢谢你给我订单；谢谢你为我提供获利的机会；谢谢你确保我们之间能够如此顺畅地履行合约；谢谢你为我提供信息。

想想当你买过那么多东西的时候，有多少人对你表示感谢。谢谢你成为客户；谢谢你通过我买下了这套房子；谢谢你通过我买下了这份保险、这份保障；谢谢你在我所工作的电台为你的产品和服务做广告宣传。

在每个人生活中，在各种商业活动中，谢谢这两个字是在我们所认识的单词中最没有被充分使用的。谢谢拉近了你与客户的距离。有很多种不同的情况需要我们感谢客户，我们绝不能不把客户当回事。

要有责任感

维护客户的最后一点是我们要对客户负责。对他们说："我为你负责。"意思是如果有什么出了问题，我来解决。不要说："唉！要不是那些客户，我早就完成任务了。"你曾听到过的这些都是错误的，因为若不是那些客户，我们早就已经失业了。

有责任感的最基本要素是要按时交货。如果你说你用5个音符就能定调，这时你的客户就对你建立了期望，即他们希望你能用5个音符定调。因此如果你需用8个、10个，或更多的音符才能定调，你就将会完全让客户失望。要对你的承诺负责，要有责任感。

二、问客户使销售额递增的两个最重要问题

正如我们在先前的关于潜在客户的讨论中所发现的一样，明白"现有客户是最好的客户"是很重要的，我们发现大多数销售组织仅通过问客户两个简单问题，便可以使销售业务每年以5%~10%的速度增长。

还有什么

第一个问题是："我还可以为你做什么？"我们知道，销售部门往往会散发精美的宣传册和产品目录，以及在电视、电台和互联网上做广告。但购买者对供货商真正卖些什么还是知之甚少。举个例子，比如你是经营办公用品商店的，有个客户要买各种电子产品，如计算器、计算机、打印机和外部设备等，但你主要经营的是钢笔、铅笔和便笺，但他们可能不会把你当成文具供应商，而是当成高科技产品供应商，他们甚至不知道你经营文具，因为这不是他们所关注的。我们的工作就是坚持不懈、始终如一地提出能让客户与我们做生意的其他方式，以便我们能一直提供给他们可以从我们公司购买的任何产品。绑定销售和越区销售是销售人员未充分利用的方式，它们不可忽视。以下问句就是"还有什么"的具体形式。

◇我还能为您做什么呢？
◇还有别的产品需要我展示给您吗？
◇您希望我为您提供什么服务呢？
◇您想让我怎样帮助您呢？
◇是解决问题，还是在其他方面有忧虑呢？

还有谁

第二个我们要问客户的问题是："还有谁？"我们总想扩大对客户群的影响，以便使我们能与客户的同伴建立起更多的业务联系。

问客户这个问题不会使你疏远现有客户。你可以说："在你们公司，除了您，我还可以跟谁联系呢？"或者："除了您之外，在你们的单位，我还可以跟谁联系？"在特定的客户

群体中，我们可以询问多种类型的人以了解我们还可以和谁合作是很重要的。与此同时，这也是我们得到内部介绍人的重要途径。

三、利用各种渠道与客户交流

毋庸置疑，使用新技术是拓展销售业务和维护客户的神奇方法。其实每天都有对销售人员有用的新技术问世。然而遗憾的是，许多销售人员不敢于接受并利用新技术，而是选择墨守成规。

过去很多年里，许多新技术的出现帮助了销售人员。20世纪70年代末80年代初，便携式电话是个新发明。而后它被称为"移动电话"，或汽车无线电话，因为你必须把它安装在汽车上。当时很多积极进取的销售人员都在车里安装了这种电话，即使当时的价格是当今的20～30倍。为什么当时这些销售人员愿意花费巨资在移动电话上呢？因为他们知道这项新技术不仅能够节约他们时间，而且还能够帮助他们联系客户。他们不用再把车停靠在路边，然后去使用公用电话。积极进取的销售人员能接受新技术。

个人电脑的问世又是怎样的情况呢？1983年之前，没有个人电脑，1993年电脑如雨后春笋般大量出现。想象一下当你带着笔记本电脑到你客户的办公室去拜访，你的电脑里面存储着大量的数据，并且能够随时随地获取大量信息，那将会对你有多大的帮助啊。

接着，我们目睹了电子邮件和万维网的问世。这是聪明且有进取心的销售人员非常欢迎的新技术。这是与客户联系的最好方式。你不可能每天都给每个客户打电话，就连每周或每月给他们打一次电话都不可能。而且很多时候由于他们不在，我们只能留言。电子简讯可以让你把一些有价值的东西发送给你的客户群，他们收到时既可以当即查看，又可以放在一边稍后再看，也可以随心所欲将其删除。

你可以每隔2～3星期向你的客户群发一份电子简讯。所发的信息内容既简单易懂，又能激发他们给你回电话，或在需要更多信息时通过写电子邮件回复你。你每发一份简讯都能给你带来5～10个商机，其中有很多来自现有客户。

专业销售人员必须乐于接受新技术，并且敢于冒险。说销售人员要成为有计划的冒险家并不是指我们什么都可以豁出去，而是指我们愿意尝试新事物。我们经常反复做着同样的事情却期待不同的结果，而那些锐意进取的销售人员总是尝试并且乐于接受新事物、新技术以推动他们业务的拓展。接受改变对我们来说是必需的，而许多新技术则不断地向我们证明它们是让我们接受市场地位、市场环境和商业的变化的有效途径。

技术应用

这里所提到的一种有影响力的技术，其实就是使用电子邮件与客户进行业务交流，使用各种网络信息资源来提升我们的销售业务量。使用电子邮件最有意思的是，我们可以在原本不是真实的时间里与客户进行业务交流。意思是说，如果我们给某些人打电话而他们不在，我们就得留言。而当他们回电话时，我们却因为在路上而接不到电话。然而，使用电子邮件我们可以把信息资料发送到他们的电子信箱，他们就可以在空闲的时候浏览（也就是说在他们"真实的时间里"），然后对我们的电子邮件予以回复。

比如说，如果这时我们还在路上，那么两个小时以后回到办公室，我们就可以打开他们的回复邮件，然后在我们"真实的时间"里给以答复。对于销售人员来说，大部分时间都需要使用电子邮件与客户进行业务联系。

四、以正确的方式开展业务活动

现在让我们看一下我们应该如何规划我们的时间。我们时间的安排应该是把适当的时间使用在适当的商业机会之上。首先我们必须先回顾一下我们在前面所提出的几个概念。正如我们所讨论的，一个八面玲珑的销售人员有3项基本的工作要做：第一，必须维持好现有的销售业务；第二，必须不断开拓其现有的销售业务；第三，必须寻找并创造新的销售业务机会。当把这3点综合在一起，它们就成了现在和将来塑造八面玲珑销售人员的金科玉律。

另一个我们讨论了很多的概念是确保在适当的销售业务活动上花费适当的时间。我们也明白，适当的业务活动不可避免地导致我们所追求的较高生产率的产生。较高的生产率将有助于我们实现销售目标，但这是建立在销售计划之上的。现在让我们看看这几个概念在一起是如何相互作用的。我们必须保证都在适当的时间做着正确的事情。这就是以正确的方式开展业务活动。

A级和B级客户的销售实践

对于我们的A级和B级客户而言，我们必须问我们自己3个问题。这里的A级和B级客户是指那些正在和我们有大量业务联系的客户或者有潜力成为我们核心客户的客户。

第一个问题，我们怎样才能够维持我们现在所拥有的业务？这意味着我们必须要做下面的诸多事情：

◇和客户一起工作，确保与客户公司的所有决策人员都维持着一定的关系。
◇了解谁是我们的业务竞争对手以及竞争激烈程度。
◇了解某一特定客户的战略方向选择。
◇了解客户是否对我们的服务满意。
◇了解我们在开展销售业务活动中所碰到障碍的类型。
◇了解我们怎么做才能够使得我们与客户间的业务往来更加顺畅。
◇询问我们怎样做才能够维持我们与客户间的业务往来。

第二个问题是，我们怎样才能够进一步挖掘客户的销售潜力？这是一个很简单却很深刻的问题。你可以这样做：首先，掏出一张纸，在纸的一面写下你的某一个客户从你那所购买的所有商品或服务的不同种类；然后在纸的另一面写下与这个客户一样的其他客户可能从你那儿购买的所有商品或服务。

接下来把纸这一面客户的新主意、新观点介绍给纸另一面的客户，让他们知道你所介绍的这些观点和主意能够帮助他们更好地开展他们的业务，节省他们的时间，节约他们的金钱，为他们的事业营造一个更加安全的环境，提高他们的职业素质等。

第三个我们需要问我们所有A级和B级客户的问题是：是不是存在这样的机会呢，即这类客户能否把我们推荐给与他们有业务联系而与我们没有业务联系的公司呢？这就是客户推荐的关键——找出现有客户认识而我们不认识的新客户，并力争得到现有客户的介绍。

C级客户的销售实践

对于C级客户，我们销售实践所关注的焦点稍有不同。顺便说一下，你可能会问为什么我们还要去拜访C级客户。问题的答案是我们想把C级客户当作我们明天的A级客户和B级客户的培育基地。

对于C级客户群，我们需要问我们自己这些问题：

"我们起初与这类客户接触的出发点是什么，以及他们为什么愿意先与我们会面？"如果他们属于C级客户群，他们可能对我们并不是特别了解。他们现在有供应商，因此我们需要想清楚当我们初次接触他们的时候，我们到底应该与他们谈些什么。

我们需要问我们自己的第二个问题是：什么是我们与客户接触的导入媒介，以及我们说什么才能够说服他们至少与我们会面，共同分享想法，或者甚至回答一些不利于使他们与我们进行业务合作的问题（例如：他们规模太小；他们打算一直小规模经营；或者他们同我们一直未打败的竞争对手存在着家族式的业务往来关系等）。我们需要问的这些问题将能够帮助我们去判断我们是否能够把这些C级客户转化为A级或B级客户。

另一个我们需要问自己的问题是：我们获取市场份额的主意是什么？一个有助于回答该问题的好方法就是问我们自己：现在与他们存在业务往来的最弱的竞争对手是谁？你知道，人们说一个链子的强度取决于连接它的最弱部分的强度。当我们可以很容易打败薄弱的竞争对手的时候，为什么却去跟实力最强、竞争也最激烈的竞争对手同台竞争呢？

现在，你可能会说："那不是以一种巧取豪夺的方式去进行你的销售业务吗？"答案是肯定的。我们要先跟最弱的竞争对手进行竞争。因为这将使我们能够在我们的C级客户群中铸就信誉、忠诚和影响力，然后再与相对较强的竞争对手进行业务竞争。

如果我们没有能够和客户正确地进行业务往来，那么我们的 A 级或 B 级客户群中可能就存在着 C 级客户。因此，我们需要问自己的最后一个问题是，我们还需要与哪些决策层的人员进行会面以实现我们销售业务的突破？如果你没有从一家公司获取大部分的业务，那么与该公司一些其他新的决策层人员会面并不存在什么风险。你是一位决策影响者而不是决策者，因为你想接近那些具有决策权的上层人员。

与客户进行业务联络的频率

很多人经常问这个问题：我们应该多长时间拜访客户一次？多年前，当汤姆和一个销售人员一起工作的时候，汤姆问他："我们今天将去拜访哪家客户？为什么去拜访？"他回答道，"今天是星期二，这是我星期二的日程安排。"汤姆注意到他将要去拜访许多小的客户。这些客户与他们的业务量很少，或许永远都不可能会很多。我们称他们为 C 级客户。

汤姆问他："你为什么每个星期都和这些客户进行电话联系？"他确实没有一个很好的答案。如果你知道一些客户在过去的 10 年里仅仅从你这里买了少量的货物，那么他们将是最谦虚的玩家，而且在未来 10 年他们仍只会向你买些少量货物。既然这样，那么为什么还要给这类客户每个星期都打电话呢？为什么不问一下这类客户："你认为我多久给你打电话一次合适呢？你看我们每月做一次面对面的交流，而在其他时间进行电话预约交流，你认为可以吗？"如果销售人员采用了询问这类客户应该多长时间给他们打一次电话这样的战略，那么该销售人员节省的时间将会是令人惊讶的。

那么他花时间都是用来做什么呢？他每天忙于联络他的 A 级客户群和 B 级客户群中那些并不活跃的前景客户。而在此之前，他却从不给他们打电话进行业务联系。很显然，他这样做等于是拾到芝麻而丢了西瓜。

持之以恒，坚持不懈，一如既往

曾遇到过很多有关于销售人员要"持之以恒，坚持不懈，一如既往"的故事。我们也曾就这个问题咨询了无数的销售人员。最近我们还与一个客户还有一群销售人员一起就"持之以恒，坚持不懈，一如既往"对我们追求销售机会的重要性进行了有益的探讨。很明显，这种精神对我们的客户以及我们所在的公司都是很重要的。

在探讨过程中，其中一个销售人员问："在我们追求一个客户的过程中，坚持多长时间才算是太长时间了？还有我们在什么时候才应该放弃追求这个客户？"答案是：如果这个客户是一个潜在 A 级客户或 B 级客户，我们应该永不放弃。我们应该持之以恒地、一如既往地拜访这个客户，直到他实际上开始给我们一些业务做的时候，或者对我们说"不"，并且这是他对我们的最终答复的时候，才肯罢休。

需要提醒你的是，客户一般很少对我们希望与他们开展业务的请求一口拒绝。在绝大多数情况下，只要我们"持之以恒，坚持不懈，一如既往"，我们就能够把我们的销售业务开拓得更大。

其中另外一个销售人员说："是的，我们业已与一个特定的商业合作伙伴建立业务关系，然而一个极具竞争力的供应商在过去两年期间每个月拜访我们一次。我们不断地告诉他，'我们已经有固定供货商了，而且我们也不打算改变我们目前的业务关系，你是在浪费你的时间'。但是这个销售代表却说，'我们不是想做一个惹人讨厌的家伙。我们只是想让你知道，我们就在这儿等着，有可能会发生一些事情，而你们也有可能在这段时间的任何一天寻找一个不同的供货商。我只是想让你知道，如果确实因为发生了这类的事情而你想物色新的供货商的时候，我们能够帮助你。'"

我们必须一直问我们自己这个问题："我们是不是做到了足够的'持之以恒，坚持不懈，一如既往'，从而没有错过客户因为需要有所改变而需要我们帮助的那一天呢？"事实上，我们应该在"持之以恒，坚持不懈，一如既往"和惹人讨厌之间找到了一条适当的界线，即让客户知道我们一直都会以一种"持之以恒，坚持不懈，一如既往"的方式在客户需要有所改变的时候给他们提供帮助。如果你超越了这条线，那么你就会变成一个惹人讨厌的家伙。如果是这样，你要让客户告诉你他能够接受的方式方法，这样你才不会变成一位惹客户讨厌的家伙。

发起成功销售活动

我们必须集中注意力，才能把企业做大做强。这对于我们拉动未来销售前景活动尤其适用。我们中有太多人花过多精力在给太多人打电话之上。我们应当减少花在接触客户之上的努力量，相反应集中精力打一系列大的销售战。

建议要拥有3～4场销售活动，不管在何时都应该这样。这里有一些例子：

◇增加对现有客户的销售活动。

◇保持对现有客户的销售活动。

◇对我们所希望发展的新的地区开展地域销售活动。

这些活动既可以是围绕我们所提供的产品或服务所展开的活动，也可以是获取介绍人的活动，还可以是对那些有影响力的人展开的活动。也就是说，我们可以开展各种各样的活动。我们每一次开展3～4次销售活动，并在我们转而开展一系列新的活动之前，花30天、60天、90天，甚至6个月的时间把精力投入到这些活动里面。

制订客户回顾计划

如果你因做对事情而使机会增加或因做错事情所导致未来的风险，那么花时间查询客户名单是很重要的。建议你在A、B级客户中每一季度进行一次客户回顾。这种客户回顾应包括一些具体的行动。

首先，你应当感谢客户在过去的1个月、1个季度或1年中给你带来的业务——你可以提及具体的业务。你应该带去你的报告，并让他们看看他们从你那儿购买了什么，并告诉他们你对此有多感激。

其次，提供给客户如何更好利用你的产品与服务的意见。对于客户，应该有从质或量的角度去购买的更佳的方式。实际上你能提供的不同产品或服务对这种客户可能会更合适，当你有机会去看上季度、上个月或去年的销售总额，你便会对他们更加有策略。

再次，进行更加深入的战略讨论，问诸如此类的问题：

◇你们公司的战略计划是什么？

◇你们公司今年率先开展的业务是什么？

◇对你们来说什么才是重要的？

◇你们生意所面临的最富有挑战性的问题是什么？

◇你们承受着哪些业务所带来的令你们担忧的竞争压力？

◇你们行业贸易的具体报告所揭示的哪些问题是你们当前应该考虑的？

真正从战略上去找寻出什么对客户来说是重要的，以及你们公司如何能够跟上脚步。客户回顾的另一部分是探索新的其他需求。问诸如此类的问题：

◇是否存在这样一些地区，因为要与一个商人接触而能够让你在凌晨3点醒来大声尖叫？

◇我们如何能更好地为你服务？

不进行反对竞争的演说和对你自己产品或优质服务的独白，你可能会发现你在向素食主义者卖肉。很显然那是不奏效的。为什么不问一下客户？那就是客户回顾的第三部分所要探索新的其他需求的原因。问客户开放性的问题。

最后，你应该提出新的观点。给客户显示你公司将要努力的方向，以及让他们知道你正在做的那些令人兴奋的希望维持或增长业务量的事情。你还得告诉他们可以为他们创造使用你们产品或服务的新方法。举例说明怎么样能够节省时间，使作业按流水线进行，减少错误，减少令人烦恼之事的发生或在他们的底线上为他们增加利润。并且，因为前期在讨论中你已经花了大量时间谈论他们的需求，他们便乐于听取你公司里的新事物。

这是客户回顾的本质，销售人员做到这点是至关重要的。

培养长期顾客

一、了解顾客发展阶段，培养顾客的忠诚

企业若想将新顾客培养成购买量更大且更为忠诚的顾客，必须要了解顾客要历经的阶段。根据科特勒的看法，顾客发展阶段主要包括如下几个：首度惠顾顾客、续购顾客、客户、大力提倡者、会员、合伙人和部分持有人，这几个阶段是层层递进的。科特勒认为企业需要做的就是设法把顾客从前一个阶段推向后一个阶段。

1. 首度惠顾顾客

首度惠顾顾客——无论是购买网球拍、汽车、法律服务还是投宿旅馆，都会对此笔交易与供应者形成一种感受。在交易发生前，由于朋友等人的告知、卖方的承诺以及过去相似交易的一般经验，顾客会产生某种期待。科特勒认为，在交易发生后，顾客会体验到5种满意度中的一种：极为满意、满意、没感觉、不满意、非常不满意。

科特勒发现，新顾客是否会再次与供应商交易，与他初次购买的满意度的关系很大。根据公司的报告，完全满意的顾客在一年半后再度购买该产品的机会是满意顾客的6倍之多。因此，如果企业想要吸引顾客再度上门，就必须定期对顾客满意度进行调查。最理想的结果是，顾客满足度指标显示大部分的顾客都感到满意或极为满意，但这种情况很少发生。如果顾客满意度指标显示感到不满的顾客人数众多，科特勒认为企业应该反省，找出其中的原因，有一种可能是该公司的业务员得寸进尺试图说服顾客购买他们不需要的产品，另一种可能是业务员过分夸张产品或服务，结果顾客大感失望而产生不满。

科特勒指出，感到不满的顾客所造成的损害，远不止这些顾客的终身消费金额。他警告企业千万不可低估愤怒的顾客所产生的力量。"技术性协助研究计划"（TARP）的研究发现，一位非常不满的顾客会向其他的11位朋友诉说其失望感，而这11人又会再告诉其他人，最后听过此公司不良事迹的潜在顾客人数会呈指数型增加。

为了有效挽回这批顾客，企业应该建立起某些机制，使得感到不满的顾客能轻易地与公司取得联系，如果有顾客投诉，应该快速有效地解决问题。科特勒发现了一个有趣的现象，即提出抱怨但得到满意解决的顾客比起那些从未感到失望的顾客有更高的忠诚度。

迪士尼公司建立了一种对顾客投诉"马上解决"的体系，这要求所有的员工在与顾客打交道时，公司授予他们一定的权力，并且让他们依情况决定该怎样做。在英国航空公司，所有员工都被赋予这样的权力：可以自行处理价值5000美元以内的投诉案，并且有一个包括了12种可供挑选礼物的清单。

Grandvision，一家光学与冲印摄影制品公司，在15个国家拥有800间零售店，宣称员工十大权利的一部分是"无论什么，只要让顾客满意，你都有权去做"。迪士尼和Grandvision的做法为他们的企业获得了大批忠诚的顾客。

2. 续购顾客

对于企业来说，首度惠顾顾客所带来的利益各不相同。有些顾客会大量采购，并且有财力与兴趣购买更多的东西；有些人的采购金额并不大，而且以后可能也不会再度采购。因此，营销人员必须把重心放在首度惠顾的顾客上，并想方设法将他们转变为续购顾客。

企业发现，在公司购物越久的顾客越具有获利性。科特勒指出老主顾具获利性的因素有4个方面：

（1）假如高度满意的话，留下来的顾客会随着时间增加而购买更多的物品。一旦顾客与卖方建立起购买关系，他们便会持续地向同一卖方采购，部分原因是顾客懒得另寻其他供应商。假如需求增长，顾客便会购买更多。

（2）用于服务老顾客的成本，会随着时间的增加而递减。续购顾客的交易行为会变成例行公事，许多事情不必签署一大堆文件，双方也能互相了解。信赖感一旦建立，可为双方省下大量的时间与成本。

（3）高度满意的顾客，经常会把卖方推荐给其他的潜在顾客。
（4）在面对卖方合理的价格调涨时，老顾客对价格的反应会相对弱一些。

3. 客户

一个拥有许多顾客的企业，开始将顾客视为客户，并以"客户"的方式对待他们，那么，顾客和客户之间有什么不同？

（1）专业性事务所的成员，更了解他们的客户。
（2）他们付出更多的时间，以协助并满足客户。
（3）他们与客户之间的关系更有持续性，并因此对客户更加熟悉，更能为客户着想。

4. 大力提倡者

如果客户对某家公司十分欣赏，他就愈加赞美它，无论在主动还是邀请的情况下都一样。"满意的客户便是最佳的广告。"依据帕克—汉尼芬公司首席执行官杜安·柯林斯的说法："满意的顾客会变成你的信徒。"许多公司把目标放在创造出狂热者，而非顾客。人们对朋友与相识者意见的信赖，远超过他们在媒体上所看到的广告或是代言人对产品的大肆宣传。真正的问题在于，企业是否能采取额外的措施，以刺激正面口碑的产生。

5. 会员

厂商为了维护客户，也许会推出享有特殊优惠权利的会员计划。此创意的高明之处在于假如会员享有足够的特殊利益，他们便不愿意转换品牌，以免失去原来享有的权利。

6. 合伙人

有些公司更进一步地将顾客视为合伙人，请顾客对新产品的设计提供协助，对该公司的服务提出改善的建议，或邀请顾客担任顾客小组成员，科特勒非常赞赏这种做法。很明显，这样做有利于赢得顾客的认同，从而为企业培养更多的忠诚顾客。

7. 部分持有人

让顾客变得忠诚的最高境界便是让顾客成为股东，也就是公司的部分持有人。事实上，在某些企业中，顾客便是其法律上的持有人。如有一种相互保险公司便是由顾客持有（相互保险公司未必对投保顾客特别殷勤，但原则上如此），消费合作社的顾客，同时也就是该合作社的持有人。在由批发商出资成立的合作社中，零售商也持有该合作社的股份。零售商通过合作社采购物品，所收到的股利便是基于当初的采购金额而定。在消费合作社中，消费者对合作社的政策拥有发言权，并以消费的程度来决定股利所得的多寡。

对主要顾客发展阶段进行深入思考可以帮助企业终身维系顾客，针对不同程度、不同阶段的顾客制订优惠方案。

二、如何长期维护老顾客

科特勒指出，企业最容易犯的一个错误是认为最大的顾客就是能为企业带来最多利润的顾客。事实上，中型顾客为企业所带来的投资回报率常常比最大的顾客还高。

顾客是企业生存和发展的基础，市场竞争的实质是一场争取顾客资源的竞争，因此，任何企业都必须依赖于顾客。

经过潜在顾客的挖掘和首度惠顾之后，企业可以将这些顾客全部归为老顾客的行列。

据研究发现，吸引一位新的消费者所花的费用是保留一位老顾客的5倍以上。

美国《哈佛商业评论》发表的一项研究报告指出：再次光临的顾客可为公司带来25%～85%的利润，吸引他们再来的因素中，首先是服务质量的好坏，其次是产品的本身，最后才是价格。

另据美国汽车业的调查：一个满意的顾客会引发8笔潜在的生意，其中至少有1笔成交；一个不满意的顾客会影响25个人的意愿。争取一位新顾客所花的成本是保住一个老顾客的费用的6倍。

美国可口可乐公司称，一听可口可乐才0.5美元，而锁定一个顾客买10年（假定该顾客平均每天消费3听可口可乐），即代表了5000多美元的销售额。

由上可以看出，如果今天的公司仍采用传统的营销方法，将重点放在吸引新的消费者上面，而忽视老顾客的利益，这必然导致公司利润的下降与市场份额占有率的降低。

因此，竞争所导致的争取新顾客的难度和成本的上升，使越来越多的企业把重点转向保持现有的顾客。建立与顾客的长期友好关系，并把这种关系视为企业最宝贵的资产，成为现代市场营销的一个重要趋势。

简单地说，没有稳定的顾客，就没有稳定的财源；竞争越是激烈，越要保持与顾客的联系；找到顾客并不难，难的是维系顾客。

要维系一个老顾客，使之长期忠诚于企业，科特勒建议企业从3个方面下手：

1. 发现老顾客的期望

如果企业把行销的重点放在最重要的老顾客身上，就要找出企业心目中的优质服务与他们的期望差距何在。在做这项工作时，要从开放式问题以及所选定的一群人开始着手，然后转向比较正式的研究方法——前后都要注意"精确地观察"，而非一味寻求一大堆可能具有误导作用的正确数字。

企业要研究什么呢？要研究竞争对手所采取的行销策略，设法了解其处在服务生命周期中的阶段。然后如何有针对性地一举超越他们，以及如何抓住他们的弱点，削弱他们的优势，避免自己陷入恶性的服务循环中。据一项权威的调查研究显示，在"老顾客为何转向竞争对手"的项目里，大约只有15%的老顾客是由于"其他公司有更好的商品"。另有大约15%的老顾客是由于发现"还有其他比较便宜的商品"。但是，70%的老顾客并不是因为产品因素而是因为其他原因转向竞争对手。其中，自己不被公司重视占20%，服务质量差占45%。可见，导致顾客流失的罪魁祸首是企业的服务。

一般而言，企业留住老顾客的首要条件是不断地向他们提供优质产品。但除此之外，现在的顾客，更看重的是企业是否能提供优质服务和满足他们的特殊要求，如一系列的售后服务维修保养、贷款支付方式及交货时间等。假如现有顾客所期望的各种服务在某种程度上获得满足，那么可以预期他们会继续购买企业的产品，成为企业的顾客。但是，现在有的企业，尤其是那些供不应求、产销形势乐观的企业，把这些服务看作是额外不合理的要求予以拒绝。但是他们想错了，即使是你的产品在市场中存在某些优势或已经形成卖方市场，但这也是暂时的，因为一旦产品有利可图，竞争者就会蜂拥而来，与你争夺顾客。你满足不了顾客的需求自然有人能满足，或者是顾客仅仅由于对你的反感也会转向其他新企业，这样你的顾客就会在不知不觉中流失。

现实中，顾客对企业的服务抱怨是难免的，因为即使是再好的企业也不可能做到十全十美，问题在于怎样对待这些抱怨。事实上，"顾客抱怨就是商机"，只要抓住机会，赢得顾客的满意和忠诚，才能留住更多的老顾客。

科特勒指出，顾客的抱怨，尤其是老顾客的抱怨，说明他心中比较看重他所得到的服务，企业就应把握机会，请顾客特别是老顾客说明如何做才能让其满意，才能弥补现在的不足。只要顾客感到自己被重视，他们就会诚恳地告诉企业一些改进之道。这比请任何管理顾问都有效，因为顾客是直接使用者、直接受益人或直接受害者，一般的顾问只是旁观而已，他们缺乏亲身的体验。

其实，请顾客特别是老顾客帮助改善，不仅可以提高服务质量，还可以为企业节约管理成本，提高顾客的信心，增进顾客对企业产品和服务的认同。这样，顾客的满意度、忠诚度将随之提高，便会在留住老顾客的同时，迎来更多的新顾客。

2. 设定老顾客的期望值

科特勒认为，企业在拟订服务策略时，一个非常重要的步骤是设法影响老顾客的期望，使老顾客所期望的服务水准稍低于企业所能提供的水准。如果老顾客的期望超过企业提供的服务标准时，他们会感到不满；当服务标准超出老顾客的期望时，他们必然会喜出望外，深感满意。假如企业可以在接到通知之后18小时内提供服务，就不要承诺保证18小时内提供服务，而只应保证24小时之内提供服务；如果维修人员能接到电话后2小时内赶到，那么就承诺3个小时之内赶到。

芝加哥大学的一位行销专家曾研究过15家使老顾客感到满意的企业，发现这些企业都严格控制广告和行销对老顾客的承诺，不使老顾客产生过高的期望。然而，这些服务领先的企业所提供的服务却超过了老顾客的期望。对此，老顾客当然会成为企业的忠诚顾客了。

由此可知，设定并控制老顾客的期望值是企业应当好好研究的大学问。

3. 超越老顾客的期望值

科特勒发现，许多优秀企业的实践证明，成功的服务都符合两项标准：一是要使企业有别于竞争者，而且是以独特的方式；二是要引导顾客特别是老顾客对服务的期望，使其"稍低于"企业所能提供的服务水准。例如，数年之前，艾维斯租车公司把自己定位为租车市场的第二名，并强调自己会努力做得更好。到了今天，它仍采用同一策略，把自己描绘成一家勤奋不懈的租车公司，原因是这家公司是员工自己的。又如，梅泰公司把所生产的洗衣机定位为十分可靠的产品，以致维修人员闲着没事，打起瞌睡；苹果公司则强调它的"麦金塔"电话远比IBM个人电脑容易使用。这些企业实际提供的产品质量或服务都超过了老顾客的期望值，当然也就深受他们的欢迎。

服务定位的关键之处在于，不要把老顾客对服务的期望值升高到超过企业所能提供的水准。当老顾客逐渐有了经验，竞争也日趋激烈时，顾客的期望必然会逐渐升高。例如在电脑业，售后服务在近几年有很大的改进，但由于顾客期望值日益提升，心中的不满也随之提高。

三、让渡顾客价值，达到顾客满意

由于社会的不断发展，商品生产能力极大提高，如今的消费者面临着纷繁复杂的商品和品牌选择，这就使企业必须关注顾客是如何作出选择的。显然，从经济学的观点看，消费者既然是社会经济的参与者和商品价值的实现者，他必然按"有限理性者"行事，亦即顾客是按所提供的最大价值进行估价的，因而，现代营销理论的前提是买方将从企业购买他们认为能提供最高顾客让渡价值的商品或服务。而所谓顾客让渡价值是指整体顾客价值与整体顾客成本之间的差额部分。

科特勒指出：顾客让渡价值就是顾客拥有和使用某种产品所获得的利益与为此所需成本之间的差额。如联邦快递的顾客获得的利益是快速而且可靠的递送服务。同时科特勒也指出，顾客常常是根据他们的感知价值来衡量自己获得的价值，因为顾客并不能很精确地分析某种产品的价值和成本。还拿联邦快递说，很少有顾客能回答这样的问题："联邦快递的服务真的是快速而且准确吗？"即便如此，他们的服务值得我们花费这么多的代价吗？所以顾客让渡价值挑战的就是要改变顾客的感知价值。

1. 顾客让渡价值内涵

科特勒将整体顾客价值分解为产品价值、服务价值、人员价值和形象价值。同时，整体顾客成本优势由货币成本、时间成本、体力成本和精神成本四部分组成。

整体顾客价值是指顾客从给定产品和期望得到的全部利益，是基于感知利得与感知利失的权衡或对产品效用的综合评价之上的。从顾客价值的概念中，我们不难总结出顾客价值的几个基本特征：

（1）顾客价值是顾客对产品或服务的一种感知，是与产品和服务相挂钩的，它基于顾客的个人主观判断。

（2）顾客感知价值的核心是顾客所获得的感知利益与因获得和享用该产品或服务而付出的感知代价之间的权衡，即利得与利失之间的权衡。

（3）顾客价值是从产品属性、属性效用到期望的结果，再到客户所期望的目标，具有层次性。

整体顾客成本是指顾客为了购买产品或服务而付出的一系列成本，包括货币成本、时间成本、精神成本和体力成本。顾客是价值最大化的追求者，在购买产品时，总希望用最低的成本获得最大的收益，以使自己的需要得到最大限度的满足。

我们可以用一个例子来解释顾客让渡价值。

某顾客欲购买一台200升左右的冰箱，现该顾客在A品牌和B品牌之间作选择。假设他比较了这两种冰箱，并根据款式、工艺及主要性能（节能、保鲜等），压缩机的COP（制冷系统性能系数）、噪音等指标作出判断——B品牌具有较高的产品价值。他也发觉了在与B品牌人员沟通时，促销导购介绍产品耐心，知识丰富，并有较强的责任心及敬业精神，结论是，在人员价值方面，B品牌较好。但在顾客的印象中，A品牌的价值及知名度、整体形象等方面优于B品牌，同时A品牌售后服务，承诺等服务价值也高于B品牌。最后他权衡了产品、服务、人员、形象等4个方面，得出了A品牌的总顾客价值高于B品牌（假设该顾客偏重于品牌及服务）。

那么，他就一定会购买A品牌吗？不一定，他还要将两个品牌交易时产生的总顾客成本相比较，总顾客成本不仅指货币成本（产品价格），正如亚当·斯密曾说过的"任何东西的真实价格就是获得它的辛劳和麻烦"，它包括购者预期的时间、体力和精神费用。购者将这些费用与货币价格加在一起，就构成了总顾客成本。

这位顾客要考虑的是，相对于A品牌的总顾客价值，其总顾客成本是否太高，如果太高，他就不会购买A品牌产品，我们就认为其让渡价值小。反之，相对于B品牌的总顾客价值，若其总顾客成本较小，则这位顾客就可能会购买B品牌产品，我们就说其让渡价值大。通常情况下，理性的顾客总会购买让渡价值大的产品，这就是顾客让渡价值理论的意义。

假设该顾客对B品牌冰箱进行了分析，认为B品牌冰箱总顾客价值为2150元（顾客认为此冰箱至少能值这个价），再进一步假设其净厂供价为1850元，除商场合理利润100元外，若零售标价为1950元，则顾客购买这台冰箱获得了200元的附加值（让渡价值）。

同样对A品牌冰箱分析认为，该冰箱的总顾客价值为2300元，净厂供价为2200元，除商场合理利润100元外，若零售标价为2300元，则顾客购买此冰箱将无任何附加值（即让渡价值为0元）。

若顾客是理智的，则不难在A品牌与B品牌之间作出选择。

正常情况下，顾客都是成熟的、理性的，若某种产品的让渡价值大，则该产品对顾客的吸引力就大，购买该产品的可能性就越大。当然，让渡价值越大，顾客得到的实惠就越多，但提供产品的公司利润就会减少，故根据市场及竞争产品情况，合理定出供价至关重要，遵循的前提就是，既要保证有吸引顾客的让渡价值，又要兼顾公司的利润。

顾客价值与顾客成本共同决定了交换能否进行。当顾客价值大于顾客成本时，顾客才愿意进行交换。否则，交换不可能进行。

顾客让渡价值概念的提出为企业决定经营的方向提供了一种全面的分析思路。

首先，企业要让自己的商品能为顾客接受，必须全方位、全过程、纵深地改善生产管理和经营。企业经营绩效的提高不是一种行为的结果，而是多种行为的函数，以往我们强调营销只是侧重于产品、价格、分销、促销等一些具体的经营性的要素，而让渡价值却认为顾客价值的实现不仅包含了物质的因素，还包含了非物质的因素，不仅需要有经营的改善，而且还必须在管理上适应市场的变化。

其次，企业在生产经营中创造良好的整体顾客价值只是企业取得竞争优势、成功经营的前提，一个企业不仅要着力创造价值，还必须关注消费者在购买商品和服务中所倾注的全部成本。由于顾客在购买商品和服务时，总希望把有关成本，包括货币、时间、体力和精神降到最低限度，而同时又希望从中获得更多实际利益。

因此，企业还必须通过降低生产与销售成本，减少顾客购买商品的时间、体力与精神耗费，从而降低货币非货币成本。显然，充分认识顾客让渡价值的含义，对于指导工商企业如何在市场经营中全面设计与评价自己产品的价值，使顾客获得最大限度的满意，进而提高企业竞争力具有重要意义。

2. 顾客满意

有一种感知效果与顾客的期望密切相关，科特勒称这种感知效果为顾客满意，它主要取决于产品的感知使用效果。一般而言，顾客满意是顾客对企业和员工提供的产品和服务的直接性综合评价，是顾客对企业、产品、服务和员工的认可。顾客根据他们的价值判断来评价产品和服务，因此，科特勒认为，"满意是一种人的感觉状态的水平，它来源于对一件产品所设想的绩效或产出与人们的期望所进行的比较。"从企业的角度来说，顾客服务的目标并不仅仅止于使顾客满意，使顾客感到满意只是营销管理的第一步。美国维特化学品公司总裁威廉姆·泰勒认为："我们的兴趣不仅仅在于让顾客获得满意感，我们要挖掘那些被顾客认为能增进我们之间关系的有价值的东西。"在企业与顾客建立长期的伙伴关系的过程中，企业向顾客提供超过其期望的"顾客价值"，使顾客在每一次的购买过程和购后体验中都能获得满意。每一次的满意都会增强顾客对企业的信任，从而使企业能够获得长期的赢利与发展。对于企业来说，如果对企业的产品和服务感到满意，顾客也会将他们的消费感受通过口碑传播给其他的顾客，扩大产品的知名度，提高企业的形象，为企业的长远发展不断地注入新的动力。

顾客满意程度与产品和服务的质量密切相关。科特勒举了摩托罗拉某位副总经理的话来说明什么样的质量可以达到顾客满意，"我们对缺陷的定义就是顾客如果不喜欢产品的某一点，那么这点就是缺陷"。因此，科特勒认为当代全面质量管理的基本目标已经变成实现顾客的全面满意。他说："除了满足顾客以外，企业还要取悦他们。"我国著名家电巨头海尔认为，决定市场竞争胜负的关键在于顾客满意度，只有不断提高顾客的满意度，才能建立起消费者对海尔品牌的忠诚度，海尔才能具有长久的竞争力。而在产品同质化的今天，提高顾客满意度的主要方法就是努力提高服务质量。在这种战略思想的指导下，海尔在顾客服务方面实行了一系列创造性的做法，达到了中国家电业的一个高峰，在消费者中间建立起了"海尔服务"的良好口碑。海尔星级服务的宗旨是：用户永远是对的。海尔的服务承诺是：服务热线，在您身边，只要您拨打一个电话，剩下的事由海尔做。

四、并不是所有的顾客都值得保留

"所有的顾客都值得保留吗？答案是：否！"这是科特勒给出的理论。

尽管维系顾客的意义如此重要，但科特勒仍然提醒企业，并不是所有的顾客都值得保留。企业必须分析"顾客获致成本"与是否能被"顾客终身受益"所抵消。科特勒认为企业可以通过以下4个步骤来测定维系老顾客的成本：

1. 测定老顾客的维系率

企业应测定老顾客的维系率。对于一本杂志而言，维系率就是再订阅率；对于一所大学而言，维系率维系率就是班级的升级率或毕业率；对于一个企业而言，则是发生重复购买的顾客比率。

2. 找出老顾客流失的原因

企业必须找出造成老顾客流失的各种原因，并且计算流失的老顾客的比率。如可以指定一种频率分布统计表以反映由各种原因造成老顾客流失的百分比。其中不包括那些离开了所在区域或脱离了所经营业务范围的顾客。但是对于那些对产品、价格、服务等方面意见很大的老顾客，企业应明确今后工作中加以改进的措施，尽力让他们感到满意。

3. 计算老顾客流失的损失

企业应当计算出由于老顾客的流失，企业的利润将损失多少。这一利润其实就是老顾客生命周期价值的总和。例如，针对流失的老顾客群，一家大型的交通企业对企业失去老顾客的损失进行如下估算：企业拥有 64000 个老顾客，由于劣质服务等原因，企业将损失 5% 的老顾客，即 3200（0.05×64000）个老顾客。平均每个老顾客流失给企业收入造成的损失达 4000 元，因此企业老顾客的流失损失了 1280 万元的收益。企业的平均边际利润是 10%，因此企业将损失 128 万元的利润，而这都是由于企业自身的原因造成的不必要损失。

4. 支付维系老顾客的费用

企业维系老顾客的成本只要小于损失的利润，企业就应当支付降低老顾客损失率的费用。亦即，如果这家交通运输企业能以小于损失 128 万元的费用保留住所有的老顾客，这些老顾客就值得维系。

企业应仔细计算个别用户为企业提供的利润贡献来决定顾客是否值得保留。依据 20/80/30 法则，20% 的顾客贡献企业 80% 的利润，最差的 30% 的顾客使企业的利润减半，因此只有能为公司带来利润的顾客才值得保留。

业务拓展

一、为什么现在拓展新业务比过去更加重要

在一个组织中，没有谁比那些能够成功找到客户、赢得客户并且能够很好维护客户的人更重要。没有人比他们更重要！如今这一点比以往任何时候都更重要。拓展新业务是任何人或公司都在探求的要求最高、最有价值、最受欢迎的技能。

为什么呢？下面让我们分析一下其中的原因。

客户忠诚度的下降

在过去，客户更看重对供应商的忠诚。长期的关系是一种准则，获取信息也不像今天这么容易，技术的影响范围也不及今天宽广。现在不同了。许多客户曾经说，长期的业务关系由于种种因素而消失得无影无踪了——因特网的使用，新买主为建立业务关系而付出的持续的努力，市场全球化，生产商调拨人员到自己的销售网络中将货物直接出售给最终用户，卖主维持哪怕是非常小的价格优势的趋势——原因列起来几乎是无穷尽的。我们生活在一个节奏很快却又遍地是黄金的时代，人们经常四处走动，流动性很强。公司可以随意扩大或缩小规模，以及重新组合职员和他们的工作职责。一切都加快了，计算机更快了，运动员更快了，电子游戏更快了。我们喜欢快速的电子游戏、快速的计算机，以及快速地解决问题。过去的慢节奏已经一去不复返了。

过度竞争

今天，大家都在激烈竞争，依靠固定业务渠道经销产品或服务的时代已经一去不复返了。金融机构收购会计公司；持有巨大购买优势的大零售商试图取代主流产业；公司试图涉足竞争对手的领域；利用生产线和客户群来提高市场占有率。由于互联网、国内外电话销售、直接邮寄、全球竞争、大公司和小个体并存，竞争将变得空前激烈。

暂时的竞争优势法则

在过去，一个竞争优势能够维持和发展数年。而如今，如果某项产品或服务在市场中展现出了竞争优势，那么竞争对手就会立即或在几天内进入那个市场。因此要使我们在产业中永远处于一流地位的竞争优势是很困难的。

最近有一个流行的电视广告，在广告中，时装设计师在巴黎的飞机跑道上展示她的新款女装系列，在炫目的灯光中，其中一个摄影师独自从多角度抢拍了最流行的服装，几分钟后，画面切换成了那个摄影师正把拍摄的图像上传到手提电脑上，并通过互联网发送到千里之外的一家工厂。片刻工夫，这些图像在厂方的电脑屏幕上被巧妙处理的时候，厂方也制定出了服装的规格。随着广告的结束，一辆卡车便开向廉价商场，数百万件同一款式的服装被卸下来准备向大众市场销售，难以置信吧？

产品和服务生命周期的缩短

产品和服务的生命周期比以往大大缩短了。在过去，较长的产品周期为现有供货商提供了超越竞争对手的优势，因为在通常情况下把钱花在评估新卖主的长期运营上不符合客户的利益，现有供货商拥有一个优势——规模经济使得他们的花费更具实效性。

就在生产占主导的今天，毫无例外，规格的变化给新的竞争者提供了一个在新的机遇中与客户重新建立关系的机会。了解客户需求，拥有生产、销售、原料以及信息系统正常运作的优势消失了。每个潜在的供货商大多从白手起家，正如我们买的多数产品，一打开盒子就成旧的一样，客户的喜好就像天气一样易变。短的产品生命周期成了准则，长期运作产品生

命周期的时代业已结束。

目标客户缩小和市场分化

我们生活在一个专门化的时代。丹·阿克罗伊开了一家商店专门经营透明胶带。当客户接二连三地进入这家商店询问有没有自动胶带器、遮蔽胶带等一切不同于透明胶带的物品时，他的回答都是相同的：没有自动胶带器，没有遮蔽胶带，没有胶水，我们卖的是带自动分割器的 3/4×650 英尺的透明胶带卷，别的什么也没有。人们笑着离开了他的商店，都说他真是个怪人。

现在它不再那么可笑了，许多商店专卖电池，许多商店专卖辣番茄酱，或只卖布绒的动物熊和磁铁，也有公司只经营一个特别型号的轴承或某些电子产品。

互联网

总而言之，互联网改变了一切。与以前专业销售中所见到的一些现象相比，互联网和万维网给我们的商业活动带来了更大的变化。很显然，在商业活动中，互联网及其所带来的一切都具有强大的影响力。发订单、跟单、查看说明、答疑、检查交付情况以及议价等，客户都可通过点击鼠标来完成。现在信息共享实际上就是瞬间的事。

市场准入壁垒的降低

所有或者说大多数资本密集型企业，进入大多数市场的壁垒都大大降低了。小企业主可以和大企业集团竞争，但是大企业集团可以迅速运营业务，而且通常资本雄厚，贷方愿意冒更大的风险，因此成为一个竞争者比以往任何时候变得更简单了。

由于对所有的公司而言，任何领域都充满着竞争，所以越来越多的经营良好而传统上与参与我们行业的公司正意识到他们必须进入新市场以求得发展。地域保护的时代已经过去，生产商可以毫无负罪感地在市场空隙中建立额外的销售渠道。有足够业务量进行平均分配的时代过去了，这给许多不同的公司提供了涉入我们行业的机会，再加上公众市场愿意将更多的资金投资给膨胀中的公开招股公司这一事实，不同的竞争者将从你最好的客户入手，给你一个釜底抽薪，你就会很快陷入进退维谷的危险之中。

例如，有一个公司从事大型建筑设备租赁业务，为了发展，这个公司决定向新领域扩展，该领域涉及到小型工具和消费品的销售和服务。无论如何，许多从事小型工具领域的公司感到这家有公款支持的国字号公司的威胁。这家公司从原来所从事的业务突然转向涉足小型工具和销售品的销售和服务领域，这无异于在某种程度上威胁到许许多多从事小型工具领域公司的生计。这是一个很能说明你所保护的市场并不像你想象的那样能够得到很好保护的例子，其他许许多多资本雄厚有实力的公司会伺机以牺牲你的利益来拓展他们的业务。

竞争对手的并购

有时我们失去业务完全不是我们的错误。在那种情况下，失去客户仅仅是购得者决定提供什么样的服务及你与被购得者之间合作的问题。有好多次并购热潮主导了我们的经济。我们公司的业务看似有所增长，使公开投资方相信他们的生意处于积极上升的势头，而在那时，兼并和收购就盛行起来。

发生并购现象的另一个原因是两个相似的公司合并可以节约经营开支。因此把我们努力的重心放在引进新业务上通常是一个好方法。你永远不会知道当你最好的客户被别人争取过去时，你的客户已经不再需要你。

企业倒闭和搬迁（重新布置）

如今公司宣布破产比以往更容易了，在快速运转的经济部门，承认曾经破产过一两次几乎成了有勇气的标志。

这可能是双重的严重打击，因为不仅那些宣布破产的公司不再有购买我们产品的能力，而且我们有时会发现我们为收不回钱承担了全部责任，因为通常我们是无担保债权人（随便提一下，谨防你的新客户，打电话给你什么也不问，就迫不及待地要买货，没有提出什么异议，对你的定价也不感兴趣，这种情况下，一般建议你跑得越快越好，你很可能重蹈你竞争对手的信用问题的覆辙）。

公司的破产，有时是因为非竞争性导致的，有时则是由于管理不善，或者仅仅是运气不好而出现在错误的时间和错误的地点所致。那样的公司非常值得同情,但卖给他们产品和服务的公司和销售人员更值得同情,因为他们不仅失去了业务,而且通常还要承担损失应收账款的责任。

获得业务和经营业务都是非常简单的,这使得业务至上的销售人员能够维持成功,但赢利的业务变得日益困难。地方之间正在为境内的企业重新布置而激烈地竞争着,凡是你想得到的,如税收鼓励基金区、自由保税区、规划好的城市经济技术开发区等。市政府、城市、州都会引诱企业从一个地方搬迁到另一个地方,其手段是如此之多。我们可能什么也没有做错就失去大量业务,如果我们的客户决定在我们的交易区外重新安置的话。即使他们仍然和我们公司保持联系,我们也会意识到我们必须发展新的业务,因为受地理因素的限制,我们很难和公司所在地区之外的公司签订合约。

二、注意环境因素

有时由于宏观经济因素的影响,我们的业务受到威胁或者减少,突发的或未知的消费者信心的下降,全国性的灾难,或者一场自然灾害都能给我们的业务以毁灭性的打击。如果我们不集中精力开拓新的业务,就很难或不能从环境因素的打击中恢复过来。

鉴于以上原因,对于企业和销售员来说,掌握引进新业务的能力是极为重要的。如果我们停止寻找新业务,我们就会破产。但很多人好像就是不明白这个道理。

三、在危机中拓展业务

许多时候,你要做的事情就是拿起报纸去了解许多企业由于危机而受到的打击。航空公司、宾馆、零售店、股市等,只要是你能够想到的,都陷入了危机。于是乎,当看到所有的坏消息时,人们会说:"现在是时候跑向山顶了。"

其实,我们和市场总是反应过度。市场对好消息或坏消息都反应过度;作为人类的我们对上升趋势反应过度——从高兴到极度兴奋,我们也对下降趋势反应过度——从不快乐到极度绝望。

"四不要"和"二要"

2001年世贸中心和五角大楼的爆炸,以及随之而来的我们随时都会遭到恐怖分子袭击的感觉并非打击商业的唯一危机。谨记,不一定要较大程度的危机才能影响我们的销售,仅是提供不完善的服务就可以使我们失去大量业务。

其他的不幸也会发生,正如前面所提到的那样,客户流失且公司被兼并或破产。不管什么危机,当业务开展缓慢下来的时候,当销售收入下降的时候,当利润流失而开支却仍然存在的时候,你的经营就出现了危机。当危机影响到你的业务时,你要考虑到4个"不要":

◇不要惊慌(保持冷静,关注仍在正常运作的)。
◇不要为改变而改变(大的变化会使你翻船)。
◇不要被孤立或独处(和你头脑冷静的同事谈论你的情况)。
◇不要往复(滚石不生苔)。

危机中积极的一面还是有的。有两件事件可以帮你重新回到轨道上来(这就是"二要")。首先是要积极主动。如果没有人打电话给我们,那是因为他们被吓昏了头,那么我们的工作就是拿起电话主动给他们打电话。把你的客户按收益或忠诚度的高低分成3类,排在前面10%的客户是你的A级客户,接下的20%是你的B级客户,再接下来的70%是你的C级客户。你需要把你70%的时间花在与你的A级客户和B级客户的业务联系上。

给他们打电话,与他们交谈,询问他们的想法,必须让他们知道你很关心他们的事情。你打电话给他们是为了和他们再接触,你甚至不用谈及业务上的事,只是与你的客户再接触。如果状况良好,话题谈到业务上,尽一切办法,谈论当前及未来的机会,努力寻求别人介绍的业务、附加的业务和新的业务。主导思想和主要理念是:积极主动地打电话。

其次要做的是像集中你的竞争优势,弄清楚是什么让你能够有今天。万万不可贸然涉足那些你完全陌生的领域。你是否应该进入一个全新的商业领域或者为客户提供一些新的产品或服务呢？很显然，你应该继续从事现在所拥有的业务。也就是说，与带你来到现在所处地方的马一路前行。

弄清楚"我的强项是什么"，是客户服务？是我跟客户打交道的方式？还是信息或技术？

现在不是在不相关的领域进行多样化投资的时候，而是回到核心竞争力上的时候，你到底擅长什么？那才是你应该做的——专注于你的竞争优势。

因为危机的出现，许多公司和销售人员都认为他们应该袖手旁观。因此越是在这时候，我们的工作就越应该继续下去。我们应该给那些曾经拒绝过我们的客户打电话联系业务，给那些曾经说过以下话语的客户打电话联系业务。

"不，我们真的不需要这种技术。"
"不，我们正打算去度假。"
"不，我们刚度假回来。"
"不，我们现在什么也不需要。"
"不，我们已经和客户安排好了。"
"不，我们对此不感兴趣。"
"不，我们正在开会。"
"不，我们真的很忙。"

现在是跟所有曾经拒绝过你的人联系的时候了，因为你所提供的产品和服务销路很好。

我们所需要攻克的最好的客户就是那些曾经给我们带来很多次不同障碍、耽搁和阻力的客户。现在我们要比竞争对手更加执着、更加果断地给客户打电话，要么给同一个公司打5次电话，要么分别给5个新的公司各打一个电话，坚持不懈地拓展业务，持之以恒与客户加强联系。当我们深陷危机之中的时候，也就是我们最应该加强有望成功的业务联系的时候。

四、引进新业务

众所周知，许多业务主管和销售经理都一直想知道哪里会有新业务。可是，亲爱的读者，您知道吗？其实很少有人是引进新业务的专家。

那些引进新业务的人——人工造雨者，就像是为部落的生存而四处奔波觅食的猎人。他们是销售组织中最有价值的人。当然那些信守诺言、为公司尽力服务的员工也是相当重要的。现在讨论的是另一种标准，即那些敢于面对拒绝的员工，他们才是公司最有价值的员工。

这是为什么呢？拓展新业务是任何一个销售人员都曾被要求去做的最棘手的事。考虑一下，如果你联络你的现有客户，他们会记住你，甚至可能会喜欢你。是的，有问题，你能解决，接着你就能言归正传：今天好吗？你还需要什么？当前的产品性能如何？我有个新的建议给你，通常打这样的电话是很容易的。

棘手的新业务电话应该怎样打呢？我们要省出时间，计算一下我们需要打多少电话，并跟踪进展情况。这听起来很简单，但你有可能不知道有多少人曾经有多少次被那个谚语所欺骗，即"通往地狱的道路是好心铺成的"。"我本打算给那些人打电话的，我也打算今天拿起电话进行业务联系。但……但……但是一个好客户打来电话给我，必须要处理，我得去追加他的订单，所以就不得不取消那些计划，另外我还得上网浏览并查收邮件。"

当一天工作结束时，你会意识到你没有联系到任何新业务，你至少会有一半或80%的时间遭到了拒绝。早上醒来你会这样说吗？"噢，今天我要给我的客户打4个小时的电话，可能会有3小时52分都会被人拒绝。"显然没有人喜欢这样。我们要做的就是安排好时间打客户电话。

一个客户曾说："你看，这其实很简单，你只要在早上10点钟之前打10个电话，想想看，如果你每个工作日都能在10点钟之前打10个电话，那么你成功的可能和你的客户群就会以令人惊奇的速度增加了。"

如果你跟踪与客户进行业务联系的进展情况，你发现打了10个电话只联系上一个客户，那么你就需要调整你在电话中说话的内容，或者是因为你没有联系到决策者，或者是因为你是在一天中并不合适的时间给客户打了电话，或者是因为你与客户打交道的方式不是很有效。这就是给客户打电话进行业务联系和跟踪业务进展为什么如此重要的原因。

五、如何成功建立业务关系人际网

每个人都能够学会成功地建立业务关系人际网的技巧。无论你是想维护现有客户还是寻找新客户，通过引进新业务都是你拓展业务的最佳方法。

轻松建立业务关系人际网的艺术

让我们马上讨论一下重要细节吧。我们怎样才能成功建立销售业务人际关系网呢？第一要务是"重要的事情先做"。我们必须懂得在得到我们想要的东西之前要帮助别人得到他们想要的东西。当你在建立业务关系时，首先弄清对方的需求并在业务上帮助他们。对其他客户开放你的业务关系人际网并找出你能够为他们提供服务的方法，这样做通常会事半功倍。

具体化

成功建立销售业务关系人际网的关键之一是具体化。许多人尝试建立人际关系网但并不奏效。为什么呢？因为他这样说："你知道谁在寻找一份好的保险吗？""你知道谁想投资这个新建工程吗？"问题在于我们有太多的名字浮现在脑海。据说我们成年以后，我们的记忆中储存了2000多个名字和面孔。如果有人走过来只是简单地问我们知道谁吗？我们的回答通常是："对不起，我想不起任何人。"所以具体化很重要，我们要按行业、区位、公司类型、收入规模、公司名称，甚至具体的人名来询问。

一个接一个

如果我们在大的集团公司工作，我们将能够与许多人建立紧密的人际关系，因为每个人都想与对方建立业务关系。只不过我们必须每次只专注于与其中的一个人建立业务关系。万万不可尝试在你所在的10人工作组中同时挖掘介绍人或者人际关系网（假如该组有10个人）。在几个星期内专注于一个人，看你能否在这几周内成为他业务的支持者。然后换下一个人，接着再换下一个，以此类推。

收集

怎样把所有的都收集起来？答案是：通过计划。我们必须知道我们的业务是什么以及我们最好的销售对象是谁。我们必须明白自己追求的东西是什么，并且能够使我们希望与之建立销售业务关系的人也同样明白。其次，我们必须愿意采取行动。我们很渴望拥有一些业务介绍人。然而要拥有业务介绍人，我们就必须采取行动。这就是为什么"积极主动"的概念如此有力的原因，这也是"去做吧"会在全世界引起共鸣的原因。如果我们要把销售业务人际网建立起来，我们就必须拿起电话，打给一个你认识的人并约他出来吃一顿午饭，以此开始建立自己的销售业务关系人际网，并推动它向前发展。

有这样一个会计公司，他们在建立销售业务人际网方面的实践非常成功。他们的公司有着大量的客户跟踪记录，以至于他们的许多客户都想挖走他们公司的专业会计师。结果10多年后，在美国该公司的上百位专业会计师工作于各个地方。为了公司的信誉，他们十分了解建立销售业务人际关系网这个概念的精髓。

每年他们都邀请所有业已毕业的校友进行为期3天的盛大庆祝。他们将就他们所在的工作领域最新或最热门的事项举办各种再教育申请、研讨会以及成立各种工作组等。在早上、午后和晚间，他们还将获取建立业务关系人际网的机会——那些曾在公司工作过的人员可以与现在仍在公司上班的员工进行交流。

你对那些仍在公司工作的人的议程有何看法？很显然，他们是想了解其他公司的内部运作情况。尽管许多公司仍是他们的客户，但他们当中有许多别的客户是这家会计公司所没有的。这种销售业务人际关系网逐渐演变成为这家会计公司拓展业务关系的最有效工具。

如何建立业务关系人际网，怎样与同一房间的其他人员打交道？你肯定认为这很容易。难道不是每一个人都知道怎样去做吗？答案是否定的。

业务关系人际网项目

在"去跟他们打交道吧"模式下，业务关系人际网教育是这样表现的：这个大的房间里面坐满了人。你既知道该说什么，也知道该怎么去接近他们。既然这样，那么采取行动去跟他们打交道吧。

事实上，专业销售人员在一个房间里面跟其他人打交道会用一些专门的技巧。

首先要区分在社交场合和生意场合与周围人打交道的不同。比如说你应邀参加你表兄约伦的婚礼。如果你带着很多名片、雕刻钢笔和笔书本出席，并且在整个婚宴中你都在接待处发放名片，约伦的新娘、父亲、叔叔、表兄或兄弟可能会揪着你的耳朵把你给扔出去。因为这是一个社交场合，你却使用了这种在商业场合中与人打交道的方法。

然而在生意场合，人们希望你去与人建立业务关系人际网，去与同一房间的其他人员搭讪、闲谈等。在这种场合随便你怎么都行。此时与人交换名片是绝对合适的。与此同时也可以利用这个机会加入正在聊天的人群，特别是其中有你一直希望与之进行业务联系的人。一旦发现，那就按照下面给你的步骤去做。

记住，尽管在社交场合和生意场合存在一定的差别，但这并不是说当你在社交场合遇到想要与之进行业务联系的潜在客户时只能按兵不动。关键在于社交场合中要使人际交流有节制，简单轻松，因为人们去那儿是为了放松，而不是为了与你谈生意。

即使在某些生意场合，请求与人做生意也是不合适的。这里给你举个例子。

假如在国际 Rotary 集团中有一个员工是银行家或者会计师，他并不希望以一个 Rotary 成员的身份接近你与你做生意。假如你有一个关于会计方面或者金融方面的问题，可以在一群人中径直走到这位银行家或者会计师面前，询问他是否愿意回答你的问题，或者考虑给你提供相关服务。

还有许多其他组织鼓励人们建立业务关系人际网，相互交易。商会就是一个很好的例子。你应该能够期望那些参加商会的人过来向你解释他们的产品和服务。如果你考虑与他们做生意，他们很可能会询问前去拜访你是否合适。

因此在参加贸易协会或者商会的时候，每个成员之间都在彼此寻找商机。除了有些组织不允许建立业务关系人际网和商业关系外，其他的大部分组织都是允许的。

现在，我们来谈谈当你去了适合建立人际关系的场合时，你该做些什么。首先你要做好准备，带上3样东西——去每个存在商机的会议时的必需品。

第一，确定你带了业务名片。你一定遇到过这种情况：出席一些活动，通过和一些人员交谈，你发现对他们提供的产品或服务很感兴趣，但当你向他们索取名片的时候，他们顿时手忙脚乱，因为他们没带名片。没有名片这个标准的商业工具，将会使人显得非常不专业。

如果别人向你索要名片，你要能够从任何一个口袋里掏出来一张名片。可以把你的名片放在钱包里，放在日志本里，放在公文包里，放在手提箱里。

第二，你需要一支钢笔或者铅笔记下一些东西。在大部分情况下，你需要对你所听的快速谈话作一些笔记。你也可以拿出你的名片，在背面简要地记录一下；或者在与客户交换名片时，你也可以在别人名片上面简单记录一下。当你和一些人见面并有机会交换名片的时候，你可以站到一边，简单记下见面的日期、事件还有跟那个人交谈的一些具体内容等。

第三，你需要带一些纸，如果你觉得需要对谈话做详细的记录，你可把它们记在纸上。

你可带上你的日程计划表或者电子记事簿去一些具有商机的场合。在一些商务场合，当你在交际时可能你有机会与一些人预约会面。如果你没带日程计划，你很难知道什么时候你能够预约，你一定不想在已经和别人安排好的时间里去安排别的会面。

如今的电子记事簿都很小，我们中大部分人都可以把它塞进钱包或衬衣口袋里。因此由于没带上日程安排表而错失机会的事，对我们来说很少发生。

所以再提醒一下：带上名片、笔纸和一个电子记事簿。

现在你若出现在这样的场合中，你打算怎么办呢？首先要做的事就是从战略的角度去思考在这次与客户的业务洽谈中将会发生什么。

你可以环顾一下房间。当你知道一些你想加以影响的人会出席某个特别的会议时，你要搜寻这些人所处的位置，这样你就可以有机会去进行你的工作了。那些你想与之交谈的人就是你要搜寻的对象。

如果你是一个集团的新人，集团里的很多人你都不认识，那么你就要利用任何可行的工具手段去帮助你了，诸如胸卡或者出席者名册之类的。你也可以寻找具体的工业团体、董事长和业主，高大肥胖的人或浮夸的年轻企业家，关键是确定谁是会议中最能让你成功的人，然后努力向目标迈进，从而确保你有机会同那些人交谈。

所以建议首先环顾房间，然后从一小群人中走到另一小群人中去与陌生人交谈。

大多数人参加一些活动会寻找他们的"舒适区"，他们出席一个有200、50或10个他们不认识的人参加的会议，他们会寻找他们认识的人，因为他们想要待在他们的"舒适区"内。可我们要说的是："走出你的舒适区，去和陌生人交谈。"

你可能说："如果我看到一群人，有三四个左右，他们的胸卡或他们展现自己的方式让我相信他们就是我应该接近的人，我该怎么办？我能做些什么？只是贸然插入他们的谈话中吗？"

答案是否定的。你要做的是加入到那群人里面并找到最适合你的位置站好。

换句话说，他们并不是肩并肩紧靠在一起的，总会有一些缝隙，通常一小群谈话的人是不会对称分布的，你只要走向他们，站在他们旁边，礼貌地微笑就行。

当人们觉得有人站在那里和他们进行眼神交流时，你要对着他们微笑。最终，他们的谈话会结束，并且有人会转过来面向你介绍他们自己，或者在他刚转向你的时候你就可以开始自我介绍了。

是的，这样听起确实有点奇怪甚至有点厚脸皮，但那就是进入一群人当中与完全陌生的人交谈的方法。

现在要是你站在一群人中，你很容易说太多关于自己的话。但在这种特殊的场合，你要把注意力放在其他的人身上。

你可以询问：

"请谈谈您自己吧。"

"请问是什么原因让您今晚到这儿来的呢？"

"请问您是做什么工作的？"

"请问您是在哪里工作啊？"

"请问您在那里做什么？"

"请问你们生产和销售哪些类型的产品和服务？"

"请问你们都有哪些客户呢？"

"请问您业务工作中遇到了哪些问题？"

"您认为刚才那个说话的人怎么样？"

"您认为这里的饭菜如何？"

"您认为今天天气怎样？"

"您认为这些年轻人今年打算做什么呢？"

你基本上会问一些关于他们兴趣爱好的问题。当他们说一些觉得对他们重要的事情以后，你想他们接着会做什么呢？他们会问你是做什么的。

所以现在你就有机会告诉他们你是谁，你是做什么的，你提供哪些服务，你有哪些类型的客户或在市场上你提供哪些价值。不过最好的方法还是有人首先介绍他们的情况。

比方说，你觉得某人对你所做的事情感兴趣，你是否应该放下手上的一切工作，把他拉出来，然后花四五十分钟来和他交谈？答案是否定的。如果你是在一对一的情况下和一个对你内容很感兴趣的人交谈，那么你就可以对他或她说："嘿，这真是太好了。我很高兴我们能有机会在这样的场合中这么快就相识了。我想有机会我会打电话给你的，或许我们可以聚一下，进一步谈一下你们的公司和公司需要，以及我公司的产品或服务对你有什么帮助。我们可以预约一个时间具体谈一下吗？"

他们会说："当然可以。"然后你说："太好了，我们可以交换一下名片吗？这是我的。"你递上你的名片，然后要他们其中一个人的名片。如果别人没有名片时，你可以随便拿一张你自己的名片，翻过来，写下他（她）的信息、姓名、职务、公司名称、地址电话号码、邮箱和网址。

做完这些事以后，你便可以说："嘿，太棒了。很高兴能认识你。我想这儿一定有许多你想谈话的人吧。我就不打扰你了。再次谢谢你。"当他们离开后，你就可以在那房间继续寻找其他的人。这就是我们建立人际关系网应该做的，也是我们在那房间里应该做的事。

我们谈话的关键是：

◇知道生意场合和社交场合之间的区别。

◇随身带上适当的东西。

◇知道如何开启对话。

◇知道应该说什么，而不应该说什么。

◇谨记你的目标：会见一些人并了解他们的兴趣爱好。不要占用他们的时间，不要妨碍他们参加这些商业场合或社交场合的主要目的。

第四章

电话销售

销售过程的PLAYING模型

一、过程策略

真正的职业销售员能够应对任何销售环境并完成销售目标。成为职业销售员无须天赋，所需要的只是一种来自于实践的可操作的策略，经过证明的可运用的技巧，以及如何用电话和不同类型的人和谐交谈以达成更多交易的知识。

我们在这里提供一种销售过程的PLAYING模型，这一过程的首字母有助于你加深记忆：
P-L-A-Y-I-N-G

该过程适用于所有电话销售和各种不同性格的客户，其结果是完成更多的销售。在音乐里，音符、线条和五线谱都是一样的，但是当调子改变时，演奏出的乐曲就会发生微妙的变化，可能会升半音或者降半音，曲调可能会高于或者低于五线谱八度。PLAYING过程也是类似的，基本技能是固定的，但是一旦将这些技能加以变化，就能应用于不同性格的客户。

该过程包括下面几点：

（1）做出电话计划（Plan for your call）。
（2）倾听客户讲话（Listen to your customer）。
（3）提问高价值问题（Ask high-value questions）。
（4）少说废话（Yak less）。
（5）让客户参与谈话（Involve your customer）。
（6）交易谈判（Negotiate the close）。
（7）获得承诺（Gain a commitment）。

这一基本过程适用于各种性质的电话，例如初次打给潜在客户、跟踪客户回访、打礼貌性的服务电话或者感谢客户。该过程会让你的每个电话都产生价值。客户们都很忙，但他们会期待着你再次来电；你也忙于工作，所以不能浪费任何一个电话。在如今竞争激烈的销售环境中，得到客户的关注就意味着销售完成了90%。

采用这种经过实践检验的方法，你将发现自己在所有的电话中都更加自信和放松了。原因如下：

（1）每个电话都遵循经过实践证明的PLAYING过程，所以你知道每一步该做什么。
（2）客户会不自觉地对该过程做出响应，甚至连他们自己也不知道为什么。
（3）你的大脑严格遵循该过程，这确保你不会遗忘销售过程中的关键元素。

一旦 PLAYING 过程在你的头脑中根深蒂固，成为自发的习惯，你就能更轻松地和客户保持联系，减轻压力，更快地完成订单。对你来说，电话销售将更加和谐。

学会这种系统的方法，你就用不着再冥思苦想该如何销售了，而是将注意力全部集中在客户身上，进而完成更多的销售。你会发现，当你使用自然而有逻辑的方法时，客户会更加轻松地回答你的问题。

下面，按顺序对该系统方法加以介绍。

二、做出电话计划

打电话的目的是将产品销售给客户，无论是通过这个电话还是以后的电话。打电话之前你应该已经对客户进行过调查，掌握了足够的信息，你应当知道以下几点：

（1）联系客户的最佳时间是什么时候？
（2）看门人是谁？
（3）客户面临哪些挑战？
（4）之前与客户联系时发生过什么？
（5）客户现在使用的产品或服务是什么？
（6）上次试图向客户推销时情况如何？
（7）客户在工作之余有什么特殊爱好？
（8）客户如何参与决策制定过程？
（9）谁有可能影响客户？
（10）客户的性格类型是什么？
（11）根据客户的性格类型制定怎样的电话策略？

那么你自己呢？在身体上和精神上都准备好了吗？拿起话筒之前快速检查一下。

（1）你是坐着的还是站着的？
（2）你是否掌握了客户的最近信息？
（3）你是否准备了积极的方法？
（4）打电话之前你是否清理了一切干扰？
（5）此刻你的精神状态和心情如何？

计划是一种主动的过程，包括目标、预期、态度和组织等元素。在打电话的时候加强职业意识和自我控制，就可以提高计划水平。

三、倾听客户讲话

做出计划、整理好自己的思路之后，你应当仔细听客户在说什么，不要遗漏听到的任何内容。当客户透露了与你的预期有差异的信息时，你就要对自己的计划做出修正。还记得你曾经因为过于关注交易，以至于忽视了客户透露的机会或者一句关键的话吗？打电话时你聆听的水平如何？你必须关注那些隐藏在言语背后的信息。

让客户大谈自己的兴趣是一种交谈策略。当有机会讲话时，客户更容易进入角色。然后，自然而然地引导客户谈论你设计好的话题。一旦客户知道你会从内心深处对他们的讲话做出响应时，他们就更愿意接你的电话。

在电话里所有的销售员都是相似的。客户每天要接听无数来自公司内部员工和外部推销员的电话，很容易将你混淆为其他人，但细微的差异会让客户记住你。

学会倾听，在打电话时你就不会滔滔不绝地谈论产品的特点了。与那些采用传统审问方式的销售员相比，你就建立了自己的差异。你会成为那种让客户一直讲话，最后却完成交易的销售员。

四、提问正确的问题

问题有好坏之分。此外，提问还有正确的时间。许多优秀的销售员都知道如何判断问题的优劣，但只有真正杰出的销售员才知道提问的顺序。

一般来说，好问题有以下作用：

（1）揭示能被产品或服务满足的需求。
（2）帮助自己和客户建立融洽的关系。
（3）有助于联系决策者或参与决策过程。
（4）发现有可能产生异议的地方。
（5）促进交谈向销售的方向进行。
（6）让每个电话都离销售更进一步。

相反，坏问题通常有如下效果：

（1）让消费者感觉受到强迫，因此提前结束电话。
（2）关闭了信息来源之门，妨碍了进一步挖掘需求。
（3）破坏了信任和坦诚交流，让融洽的关系恶化。
（4）提问过于私人或者攻击性的问题，导致对方撒谎。
（5）冒犯了对方，扼杀了所有的销售机会。
（6）给客户留下负面印象。

经验丰富的职业销售人士必须具备深层次倾听、提问正确问题的能力。该技能对成功销售至关重要。好问题能够区分出职业销售员和业余销售员，通过好问题，我们能够获得以下好处：

（1）从潜在客户那里发现关键信息。
（2）建立相互的尊敬和信任。
（3）引导销售过程完成。

当问题表明你对客户的职业或者行业有一定了解时，你就成为对客户有价值的朋友。同时，客户也会对你心生敬意，知道你不会用傻瓜问题浪费他的时间。

用问题引导客户发现问题或者发现解决问题的方法，客户就会优先接听你的电话，你也会更迅速地完成更多的订单。好问题一般以"谁"、"哪些"、"什么时候"、"哪里"、"如何"引导。那么，为什么不用"为什么"引导呢？"为什么问题"往往引起人们辩解。为什么呢？随便问一个人为什么迟到，听听这个人怎么回答你就会明白了。

不过，你可以换个方式提问"为什么问题"，例如"告诉我……"。因此，在自己的问题清单中加入"告诉"这个词。事实上，你询问的"告诉"问题越多，从客户那里获得的信息就越多，这就是我们所说的"高价值问题"。毕竟，让客户谈自己的问题是我们的目标。

五、少说废话

很多优秀的销售员读书期间都曾不止一次因为讲话太多而惹上麻烦。不过现在看来，他们都将这种语言能力转化为了一种资产，用以谋生。实际上，销售员乐于讲话是因为他们喜欢人，否则他们也不会从事销售工作。

作为职业销售员，为了完成分配的工作任务，赚取佣金，我们必须控制迫切的讲话欲望。说话是为了建立关系，让客户喜欢我们以及向客户传达信息。但是注意不要让自己在大部分时间里唱独角戏！记住，你在说的时候客户是沉默的，当客户不讲话的时候，你就不能确定他是否在听你说。在电话中，你无从得知客户是在听你讲话、查看邮件、翻阅菜单抑或是与其他人无声地交流。如果客户在讲话，那么表明他的注意力一定在你身上。

在销售中，"不讲话"是一种有用的工具。说完重点之后沉默一两秒，让客户消化一下这些内容。句中停顿会让客户产生一种期待，提问之后的沉默给客户时间思考，这样可以引出更多有价值的信息。同样，在销售之后继续讲话可能导致客户取消交易。

苏珊与一位大客户在电话中交谈，在最初的3分钟内就得到了客户的承诺。出于热情，苏珊继续列举产品的优点。最后，客户却取消了交易。也许客户是因为听到了一些触动神经的东西，或者只是对苏珊喋喋不休的声音感到厌烦。无论出于什么原因，结果就是苏珊破坏了自己所有的努力。

很多时候，讲话太多或者太快会显得自己过于强势。这类教训太多了。有时候很难确定什么是"太多"，什么是"恰到好处"。但是电话另一端长时间的沉默，无论是由于你一直在讲话还是由于客户没有响应，都说明你没有认真倾听。反问自己："我是在为自己讲话还是在为客户讲话？"至少，如果客户不得不通过打断你来插一两句话就是一个线索。

你了解产品的很多信息，这并不意味着客户需要所有这些信息。事实上，客户只需要听到一件事情："你怎样做会让我开心？"

六、让客户参与谈话

无论何时，只要能向客户展示你的产品或者服务，那么就引导客户了解它们。互联网和公司网站使你可以一边和客户通电话，一边向客户介绍网站上的幻灯片陈述。此外，你可以带领客户体验订货的整个过程，引导他进行网上比较或者浏览网上视频，说不定你会因此获得向客户当面介绍样品的机会。

这是寻找客户兴趣点的一种方法。一旦发现客户感兴趣的地方，就立刻采用某种方式让客户使用或者体验你的产品或服务，例如邀请客户和你一同浏览样品网站。

每次向客户介绍完产品或服务的特点之后，要随即附上这一特点能给客户带来的利益。每个销售员都有利益的理念。但是你提供给客户的利益是来自于营销部门的清单呢，还是直接与客户的独特情况相关？

真正的利益是"能为客户带来什么"。遗憾的是，很多销售员只提供给客户一份"清单"，详细介绍了产品或服务的特点，却忽略了这些特点与客户的关系。例如，单说"我们从1909年就开始从事这项业务"对客户而言是无用的。说了这句话之后你应该再加上一句："这意味着我们已经存在近一百年了，因此您对我们的服务尽可以放心。我们会缩短订货到交货的时间，减轻您的压力。"说完利益之后，向客户确认，保证他在听你讲话。我们将这称为"检查"或者"F-B-C"模式：特点(Feature)—利益(Benefit)—检查(Check-in)。

七、交易谈判

如果交易即将发生，你可能会与客户商讨一些轻松的事项，例如"星期四送货可以吗？""是要红色的吗？""产品交付期是什么时候？"

另一方面，客户可能会用一些难回答的问题作为异议。经典的异议如下：

（1）惰性："我们对目前的供应商很满意。"
（2）预算："这不在预算之内。"
（3）质量："我不确定你们的质量能否满足我们的要求。"
（4）价格："您给出的价格太高。"

提问和口头异议说明谈判正在进行。

"异议"的定义很简单：任何否定的回答都是异议，无论是有声的还是无声的。不过，如果客户没有问题，说明他并没有进入销售角色。你听到过多少次下面的回答：

销售员："请问，您有什么问题吗？"
客户："没有问题了。"

有问题至少说明谈判仍在进行，一个聪明的销售员能巧妙地利用这个机会完成交易。当客户回答"没有问题了"之后，你只能说"好的。耽误您时间，实在对不起"。你认为从这个电话中能得到什么承诺呢？更糟糕的是，当你试图再次和该客户联系时，接触到对方的机会几乎为零。

有时候很难确定客户的口头异议或者提问是真的关心还是敷衍，抑或是让你挂掉电话的一种手段。无论问题或者拒绝的理由是什么，即使你已经听到过无数次，都把它当作真实的问题并予以解决。在谈判中你表现得越优秀，结束交易的时间就越短，意味着你每天完成的交易就越多。

八、获得承诺

获得承诺意味着电话销售结束。正如上文提到的，"耽误您时间，实在对不起"并不是我们所希望的结束方式。结尾有很多种方式，如下：

（1）签署订单。
（2）同意当面商谈。
（3）约定正式陈述的时间。
（4）接受或使用样品或实验品。

如果无效地结束电话，那么你就失去了这单生意。你可以通过约定或核实日期来创造或者保证电话回访的机会。记住，客户不会惦记着你的，因此你必须以某种方式提醒客户你们之间的承诺。例如，打电话的时候请客户在台历上做记录。这样，你们两个都很清楚地知道接下来要发生什么。

打破僵局完成交易的关键是向前迈一步，超越最基本的"同意"阶段，例如告诉客户实际销售过程中的一些技术性细节。为了符合公司的财务预算，客户可能在某一特定时间才能签署订单。如果你们约定了后续联系的时间，你就可以监控整个进程。

例如，你可能会说："根据您的执行时间，您要在17号之前做出决策。那么我会在周四打电话给您。早上方便还是下午方便？下午2：30如何？""好的，我会在周四下午2：30打电话给您。"之后，你必须完全按照这个约定进行，客户也许会据此考查你履行承诺的能力。

如果对客户说"我以后会给您打电话"，你就不太可能再次接触到该客户了。约定时间并遵守约定是真正职业化的标志，一旦做到了这一点，你的客户会更加尊重与你的承诺。

识别客户的性格类型

一、精确型客户

描述这类客户的关键词见下图。

特点

这类客户作出的决定及决定的意图必须是正确的而且必然的。因此，他们会认真地研究和分析，从来不会根据自己对销售员的印象或直觉作出决策。因为强烈地要求自己"不犯错"，所以他们很认真，从不冲动。为了得到更多的信息，作出完全正确的决定，他们有时甚至冒着超过截止期限的风险寻找有力证据。

打电话给这类客户之后，即使你得到了口头承诺，他们也会希望看到正式的建议书。如果你让客户感觉受到强迫，他们就会躲避你。在精确型客户作出决定之前，你的电话对他们而言就是一种压力。

精确型是电话销售中最难对付的客户。即使你已经扫清了完成销售的所有可能的障碍，他们仍然希望看到书面建议。事实和电脑的逻

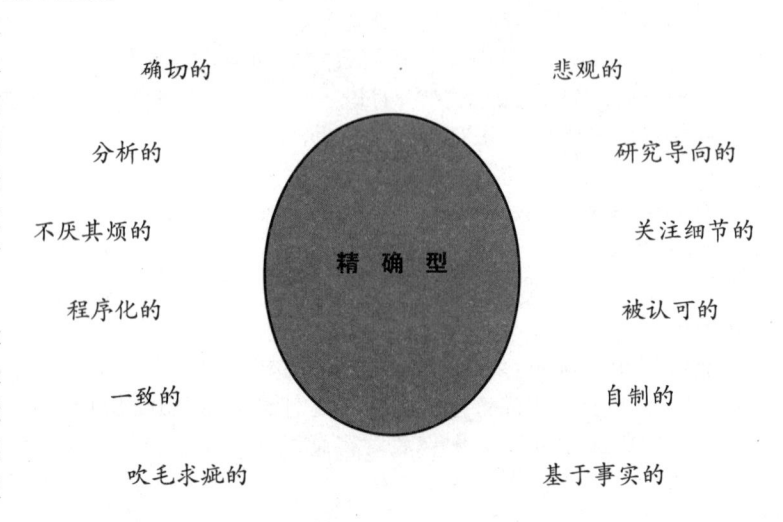

	精确型	
确切的		悲观的
分析的		研究导向的
不厌其烦的		关注细节的
程序化的		被认可的
一致的		自制的
吹毛求疵的		基于事实的

辑本质让他们感觉处理电子邮件比处理人际关系更轻松。精确型客户是任务导向型的，一般来说他们总是有条不紊，特别是，他们对打乱自己安排的电话非常反感，因此，与这类客户打交道最好事先预约，哪怕只是一个简单的电话。

这类人一般精通技术，工程、电脑软硬件、会计和财务等领域的很多人都是精确型的。因为专业知识精深，上司做决策时会经常向他们咨询，但是他们从来不会代表公司利益作出任何重要决策。

在电话里，这类客户的声音听起来单调平淡，这也反映在他们的语音邮件中，即使他们对你的产品非常感兴趣。你也可能会因为对方没有表露任何感情而沮丧。为了迎合精确型客户，在交流过程中你必须竭力避免过于热情，打电话的方式应该是深思熟虑的、从容不迫的、有所控制的。

这类客户在讲话之前必定思考过（不像很多销售员那样边说边想），因此在你提问之后对方沉默是正常现象，虽然有时候会沉默太久甚至让你感到不安。精确型客户需要充裕的时间分析信息。

这类人对自己的专业技术非常自信。他们为人非常正直，尽管作决定很慢，但的确是可以信赖的对象。他们是公司中工作最勤劳的人，经常过度操劳，但往往得不到重视。

策略

尽管在电话里和精确型客户打交道非常困难，但是也不是绝无可能。一定要给精确型客户时间来消化信息。他们需要信息支持自己的决策，例如，他们会在通话的过程中浏览公司网站上的幻灯片介绍。

在电话里，销售员最常犯的错误就是不给对方足够的时间阅读和研究这些信息。这是非常严重的错误！如果你已经成功地引导客户打开公司网站，那么在他充分阅读了信息之后，就有可能同意购买。所以你要安静一点，让客户阅读网站上的信息。与精确型客户打交道时，电话另一端的沉默并不总是坏事。

精确型客户需要大量信息，所以要向他们提供有条理的信息以便于对方轻松理解。作为专家，他们在决策会议上不会为你或者你的产品做任何辩解，除非有充足的证据让他们觉得值得推荐。他们不会为了表达对某个自己并不支持的产品的热情，而冒险失去专家的头衔。

冒昧地向这类客户提问或者打电话绝非良策。最好先用电子邮件预约，提前告知对方电话的性质。如果你不是精确型，那么要放慢语速来匹配精确型客户从容不迫、慎重考虑的节奏。同样也要调节自己的热情，控制急于求成或者让客户感到被约束的行为。

（1）打电话给精确型客户之前，掌握相关的事实和数字。

（2）尽可能全面地回答所有问题。如果你不能立即给出答案，有必要的话就再次打电话解释，当然越快越好。

（3）避免模糊的陈述和找人推荐，除非你的推荐人是这位客户知道的某位权威。

（4）准备好可用做证据的第三方证明、文件和文献（不是来自公司内部的新闻稿，而是来自行业杂志或者独立机构的检测报告），精确型客户不会相信你在电话里所讲的话。

（5）使用认真的、有策略的销售方式，然后定期拜访。

（6）陈述完毕后，给对方时间思考和检查错误。否则，他们可能会将陈述中的错误记下来，在你挂了电话之后核对你提供的数字。

二、兴奋型客户

描述这类客户的关键词见下页图。

特点

兴奋型客户拥有极富感染力的乐观情感，在你意志消沉的时候，他们会帮你重拾信心。友好，但是匆忙，他们讲起话来口若悬河，而且语速很快；多使用色彩化的语言，他们愿意和你分享自己的事情或者工作。这种人不是最佳倾听者（哎呀，糟糕，作为销售员，你是不是就是这样的呢？留意自己的表现）。他们往往很武断，甚至在考察了各种可能性之后自己同意购买产品。你只要安静地听他们说话就好了。

令人振奋的

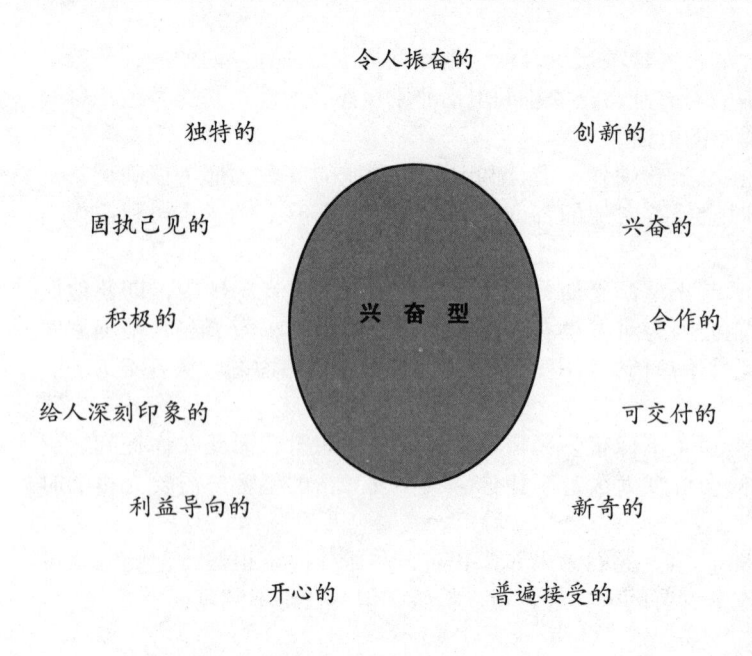

独特的　　　　　　　创新的

固执己见的　　　　　　　兴奋的

积极的　　　**兴奋型**　　　合作的

给人深刻印象的　　　　　可交付的

利益导向的　　　　　　新奇的

开心的　　　普遍接受的

虽然他们节奏很快，但却是糟糕的时间管理者，很容易被打乱计划（你最好确保他们没有将你发过去的资料弄丢）。他们也不太会在打电话的时候做记录，因而有可能遗忘重要信息。因为这类客户对自己喜欢的人会做出积极的响应，所以作为决策者他们往往会冲动行事。如果和这类客户建立了友谊，你就能获得利益；但是如果惹怒了他们，你就会失去这笔生意。

和这类客户打交道必须多打电话，因为他们喜欢在谈生意之前先建立关系。兴奋型客户天性善于说服，固执己见，他们会主动向你介绍生意，你只需提问就可以了。

策略

兴奋型客户对寻求帮助的请求会做出响应，例如"能否请您花点时间看一些东西？我会非常感激您的判断和评论。"要称赞这类客户，他们喜欢得到别人的赞赏。如果你请求他们为你的产品或服务做推荐，他们会欣然同意。尽管面临压力，他们也会将责任归为外界原因，因为他们真的不认为这是自己的过错。

如果你的公司有精致的促销礼品，可以送给兴奋型客户，他们会非常开心。善意的个人问候也有同样的效果，例如："我记得您说起过您的儿子喜欢歌手吹牛老爹。我们大楼的电台正在播放他的单曲，我放出来给您听一下。"

（1）尽可能多地寄给兴奋型客户宣传册和用户化的材料；运用各种色彩；电子邮件措辞要友好，多用短句。

（2）强调你们公司的服务或产品能给对方带来的利益。

（3）确保自己的声音在电话里听起来乐观、热情。使用较多的语音变化，语速稍微快一些，这样听起来似乎有些夸张，但是电话会削弱声音的变化效果。

（4）强调与客户之间的关系，告诉对方他们的生意对你有多么重要。传达一种团队理念：客户的成功和你的成功是相辅相成的，你们之间是一种共赢的关系。

（5）使用"谢谢您"，而且要频繁使用。有时打电话给兴奋型客户表示感谢是一种有效的感情建立方式。手写感谢信也是一种不错的联络方式。

三、果断型客户

描述这类客户的关键词见下页上图。

特点

独断，专注，这类客户完全商务化。尽管固执己见，但是他们清楚地知道自己喜欢的和不喜欢的，所以非常独断。只要符合自己的愿景，他们就愿意改革和试验。

果断型客户全身心地为目标而奋斗，他们会选择那些支持自己目标的产品或服务。然而，他们不太会对某个销售员或者供货商保持忠诚。

果断型客户本身是强势的领导者，他们尊重那些通过考查、证明自己价值的人。他们不会回电话，目的是为了看看你有没有足够的勇气说服他们；或者以一种粗鲁的方式吓走那些怯懦的销售员。他们将电话里的冷淡作为自己的优势。但是经过考验的胜利者往往能够签下协议，因为这类人通常是主要的决策制定者，具有成为最佳客户的潜力。

相对于钱而言，他们更看重时间和效率。讨价还价的方法对这类客户不适用，因为他们非常在意时间，一旦他们怀疑你在浪费他们的时间，他们就会毫不迟疑地挂掉电话。果断型客户并不是本性粗鲁，他们只是对事业非常严肃，不允许毫无意义的闲聊。因此他们避免细枝末节，希望听到简短的说明或者总结。换言之，如果你在电话里言简意赅地讲述，而其他销售员则恳求面谈或者随意闲聊，那么你就很有可能战胜竞争对手完成交易。

果断型关键词：权威的、珍惜时间的、结果导向的、收入创造者、注重双赢的、看重成本效率的、有目标的、市场领导者、机会主义的、竞争的、敏捷的、有效的

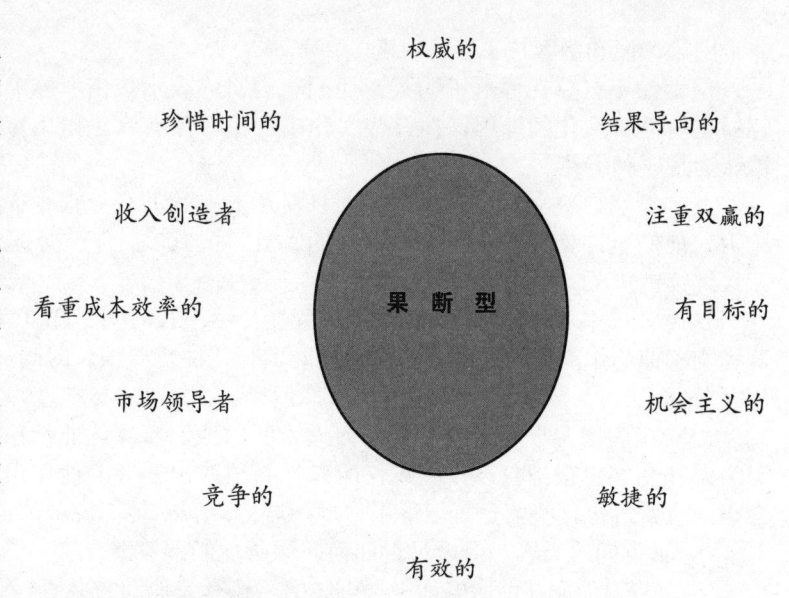

策略

了解客户的愿景。果断型根据自己的目的是什么、什么能帮助自己达到目的作出决策。迅速切入主题，不要将时间浪费在"您好"或者任何无关的寒暄上。

如果请求客户给你10分钟的时间，那么当10分钟结束的时候你要主动提出挂电话。他们在接电话的同时一定还在做别的事情，所以要偶尔询问一下对方，做个快速的反馈，以确保他们仍然在听你的电话。

（1）尊重对方的时间，他们就会更愿意接听你的电话。因为这些人是出了名的"不回电话"，所以最好多打几次来完成交易。

（2）录制简洁的语音邮件，加速说话的节奏。

（3）由于时间有限，用对方喜欢的语言迅速建立关系。使用有力度的单词，例如"机遇"、"重要的"、"您的目标"、"节省时间"、"竞争性的"等。

（4）避免使用"请"、"我希望"等听起来显得奉承的字眼。讲话的速度也很重要，如果语速快一些也许就能谈成这笔交易。

四、温和型客户

描述这类客户的关键词见右图。

特点

热情，有同情心，以人为本，这就是温和型客户。他们是优秀的倾听者，和一些强硬的人交谈之后再和这类人谈话简直就是一种放松。他们接电话时总是从容不迫，极其有耐心，即使正经受着压力也不会忧心忡忡。然而，这种类型的人有时恰恰是最具挑战性的客户，因为他们作决定的速度实在太慢了。

温和型客户很忠诚，经常会向你买东西。但是如果他们已经成为了竞争对手的客户，那么想争取到他们就

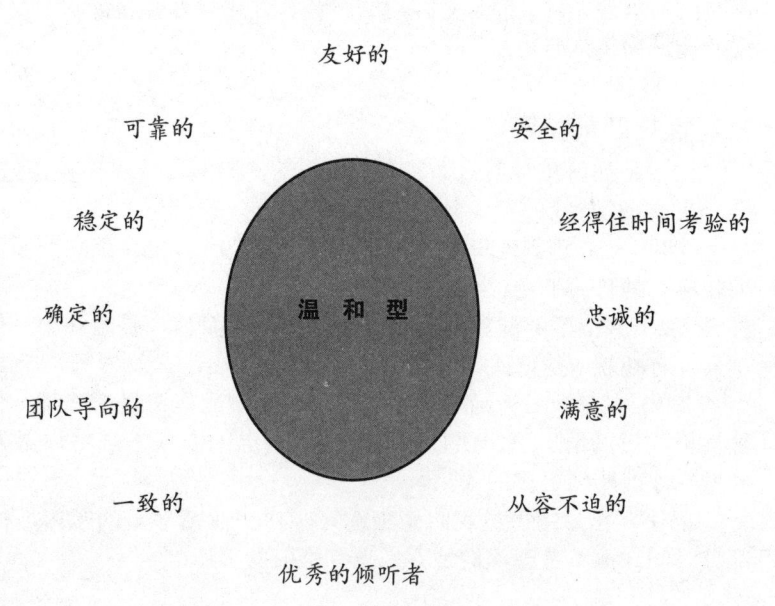

温和型关键词：友好的、可靠的、安全的、稳定的、经得住时间考验的、确定的、忠诚的、团队导向的、满意的、一致的、从容不迫的、优秀的倾听者

非常困难，温和型客户不喜欢改变。

但即使不打算在你这里购买，他们也会对你表示热情、体谅和赞同。不过，这种表现的背后也可能有文化的原因，在有些文化中无论有没有真正做生意的打算，对人粗鲁、冷漠都被认为是一种失礼。

温和型客户更喜欢群体决策，而且对达成一致的意见很少提出反对。对温和型客户施加压力，他们也许就会让步，给出肯定的答复，但其实"不"才是真正的答案，这样一来你就无法继续销售了。

这类客户作决定需要时间，决策过程会持续很长时间。温和型客户经常借鉴过去的经验，这影响了他们作决定的速度。获得他们的信任往往需要很长时间。

策略

由于温和型客户不愿意得罪任何人，所以他们希望你能帮他在决策过程中说服其他人。因为温和型客户很少自己作决策，所以你必须找出能影响他作出决策的其他人，温和型客户会很乐意告诉你这些信息。记得用你最耐心的声音对他们说："占用您时间了。"

（1）询问这类客户今天过得如何，倾听他们的答案。

（2）提及他们在前次电话中告诉你的一些有关他们的事情（温和型客户是优秀的数据库，能够帮助你跟踪这些细小的个人信息）。

（3）让他们了解你、了解你的公司，你会发现他们很真诚。对他们来说，产品包括了销售人员、公司及产品本身，知道这些信息会降低风险。

（4）最重要的是：不要强迫温和型客户接听电话。他们会屈于压力，但这对你来说是徒劳的。他们不会进一步跟进，你还是会失去这笔生意。

五、性格匹配

作为销售员，你有自己的性格类型和销售方式。如果你知道如何调整声音和销售方式，最有效地匹配客户的性格类型，你将会受益匪浅。

记住，恋爱时，相反的性格相互吸引；在工作中，性格相同的人才能和谐共处。因此，和性格相似的人最能合拍。如果遇到与自己的性格类型相同的人，那么诸事顺利，尤其当这个人恰好成为你的客户时。你们的交往会非常和谐，你们会保持同样的节奏，电话线几乎成了两种思想之间的桥梁。

如果碰到与自己性格相异甚至相反的人，你也可以寻找一些共同的元素。过去，电话销售员被告知要让客户大谈个人爱好，这样就可以发现共同元素：体育、爱好、孩子，等等。如今，客户可没有这么多闲聊的时间，但是你仍然可以在谈生意之前建立关系。不是通过谈论共同的兴趣爱好，而是对客户的声音、方式、力度和音调的变化给予关注，从中发现线索，据此选择销售策略。

六、性格匹配指南

以下是如何应对不同类型客户的指南。当然，首先你要知道自己的性格类型。

兴奋型销售员

（1）兴奋型＋果断型。如果你是兴奋型而客户是果断型，你们拥有如下的共同元素：精力旺盛、强势、不在意细节。

（2）兴奋型＋温和型。如果你是兴奋型而客户是温和型，你们拥有如下的共同元素：喜欢人、有礼貌、热情。

（3）兴奋型＋精确型。如果你是兴奋型而客户是精确型，你们本性上没有共同点。在这种性格相反的情形下，你必须彻底改变自己的方式。虽然你得为此付出大量精力，但只有这样做你才能赚到更多的钱。

记住，作为销售员我们无法选择客户。业绩平平的销售员往往对自己喜欢的客户投入大部分时间，而不考虑他们是不是最有价值的客户。

举个例子来说,某位销售员的客户是牙医。这位销售员和她的许多同事要么是果断型,要么是兴奋型,而她们的客户则几乎都是精确型。她们必须更加勤奋地工作,才能与这些牙医客户建立牢固的关系。通过调整陈述方式来适应客户,她们完成了数量可观的销售。

大额订单是你的目标,你很容易对一个愿意花大笔钱购买产品的客户产生好感。因此,改变自己的方式,更有策略地应对客户还是值得付出的。

果断型销售员

(1)果断型+兴奋型。如上文所述,你们共同拥有的元素同样是精力旺盛。

(2)果断型+精确型。你和客户都是注重结果导向和目标导向的。

(3)果断型+温和型。相反的性格类型。你要注意的是,果断型销售员对于温和型客户迟缓的决策方式天生没有耐心。你会不断地反问自己,"为什么他还不作决定?哪里出了问题?"如果你不努力克制自己强迫的冲动,客户会感觉受到逼迫。同样记住,温和型客户非常忠诚,你需要花很多时间才能从竞争对手那里抢过这个客户。

在这种组合里,如果你太早放弃,就永远谈不成生意了。然而,如果你坚持下去就会得到丰厚的回报。

精确型销售员

(1)精确型+果断型。你和客户的共同点是有目标、结果导向以及将工作正确完成的意愿。

(2)精确型+温和型。二者都不会草率地作决定,都很被动、精确,都具有良好的倾听技巧。由于不同的原因,双方都有些小心翼翼。

(3)精确型+兴奋型。你和客户的性格相反。如果你没有激情地推销自己的产品或服务,通常不会打动兴奋型客户。他们讲话快,更加情绪化,也许你会感觉不适应。你要控制自己的喜好。

记住,兴奋型客户会迅速作出决定。你要避免提供信息和细节,兴奋型对这些没兴趣,如果你提供这些的话,你可能会失去这笔交易。

温和型销售员

(1)温和型+兴奋型。你和客户拥有的共同元素就是你们都对人本身感兴趣,这是良好的开端。

(2)温和型+精确型。你和客户都渴望得到事实,不会冲动行事。

(3)温和型+果断型。你和客户性格相反。在温和型销售员看来,果断型客户显得专横、匆忙。他们会对你粗暴无礼,过分要求,尤其是会痛恨你闲聊的欲望。所以,你最好向果断型客户迅速提供相关的信息,并将信息与客户的目标直接关联。

和这种客户打电话的时候站起来可能会对你有所帮助,这会激励你释放更多的能量,促使你加快节奏。果断型客户希望听到自信的声音和自己谈生意。

提问高价值问题

一、建立关系

在交谈式销售中,作为职业销售员和公司的产品专家,首先你应该向客户搜集信息、建立或者加深与客户的关系。客户不喜欢被审问和被推销的感觉,他更愿意自己决定购买。当然你不必为此担心,因为你采用的不是老式的、强势的推销方式。融洽的关系建立在相互尊敬以及客户相信你的产品能促进他的生意的基础上,你要做的就是发现如何建立这种尊敬和信任。

不谈私事

传统方式是在销售电话一开始便询问私人问题以建立融洽关系,但是在今天,这种闲聊式的交谈听起来很不专业。闲聊浪费了客户的宝贵时间，会给他留下不好的印象。如今忙碌的客户和自己最亲密的人在一起的时间也很少，所以他们并不喜欢在电话中结识新朋友。你凭什么认为客户会高兴在工作的时候接到一个不谈工作的电话呢？

客户反感在工作的时候被卷入和陌生人的私人谈话，他们只关注与自己工作有关的信息和问题。你可以为他们的成功做出贡献，但是他们不一定愿意和你有私人往来，所以你不必在电话中和对方建立私人关系。你和客户需要的都只是牢固的生意关系，这种关系是需要时间积累的。

当然，并不是说从生意关系发展为个人关系是不可能的，许多人都喜欢和工作中结识的人成为朋友。但是这一过程是由于相互吸引自然而然发生的，并不会因为人为地和客户"扮演"朋友就能发生。

使用谈生意的腔调开始你们的交谈，这样接下来的每个问题才会显得互动和职业。说完了热情的开场白之后，用职业化的方式提问有深度的问题，而不是问："您好，您的妻子和儿子好吗？"我们甚至避免提问"您今天过得如何"。

不谈交易

销售交谈并不仅仅是交易。交易销售的说法是："我有一样产品，您有5美元，我们交易吧。"这也是为什么我们避免赤裸裸地问"您可以作决定吗"或者"您有5万美元的预算吗"的理由。

如果以这两个问题作为开场提问，你就很难有机会打完电话或者接到客户的回电。在交易销售中，你直白地告诉客户你是谁，你需要什么。这类问题不能用于建立关系。在老板和其他销售员那里，客户常常得到类似的待遇。但是通过提问，你向客户表明你关心的是他的需求，这样你才能得到机会完成销售。

每一次与客户的交流都是一种关系。无论是一次电话就结束的销售还是长期生意，交易之前都必须先建立关系。如果你希望销售是可持续的，那么必须建立积极的关系。如果你和客户的思维保持同步，你在提问和学习，然后为客户作决策献计献策，你就会成为客户的决策伙伴。他会依赖你的信息作出决定，而你则依赖他完成销售。

二、用问题识别需求

在电话销售中，假如你没有做好需求识别，就不大可能完成销售。在识别过程中，你可以提问有策略的识别问题，引导客户自己作出购买决定，如今的客户反感别人告诉自己应该买什么。此刻你还没有向客户详细阐述自己的产品或服务能给对方带来的利益，你的目标依然是引起客户的注意，只不过是通过提问正确的高价值问题。

有策略的识别方法能够实现如下效果：

（1）站在客户的立场，建立自己作为专家的信任。
（2）揭示客户的真实需求。
（3）加深与客户的关系。
（4）搭建如何介绍销售解决方案的平台。

如果没有做好识别，你就无法引起客户的注意。记住，客户很忙，电话铃声响起的时候，他并没有想着要买你的东西。客户会从你提问的方式中感受到你是否关心他们的生意，是否真的在听。

三、用问题建立信任

假如客户不认识你，你也可以通过事先准备好的问题建立信任。在问题识别部分，你就应该已经让客户对你产生了信任，这样才能进行下一步的解决方案阐述。识别必须尽早完成，正确地完成，因为你高明的识别技巧会让你在众多销售员之中脱颖而出，这种"差异"正是我们所需要的。当大部分销售员都类似时，差异会让我们得到生意。

通过提问聪明的、深思熟虑的问题，你就能在很大程度上建立差异。记住，在客户眼里，

"聪明的问题"意味着直接和他的生意相关。

例如，某个销售员可能会问：

"告诉我您怎样处理你们公司的废纸。"

对报社或者印刷公司的客户来说这是一个聪明的问题，因为这些行业对废纸比较关注。通过提问相关问题，你向客户表明自己知道对方是做什么的。注意，我们在提问的时候以"告诉"开头，在一句话中使用了第二人称（"您"和"你们"）两次。

你的目标是让客户和你"唱同一首歌曲"。怎样才能实现呢？答案就是用具体的识别过程建立关系，建立信任，找到完成交易的机会。

四、用问题揭示需求

通过提问揭示客户的需求，引导客户自己决定使用你的产品，这是不是有点像侦探？以下是一些问题的例子。

"告诉我您现在的情况。"

"您有什么用途（目的）？"

"您打算安装在什么地方？"

"您准备怎样实现？"

"谁将使用这些产品？"

"告诉我您现在使用的产品有哪些。"

提问有时会帮助客户发现自己的需求，有些需求甚至连客户自己都不知道。这一情况一旦发生，你就确立了自己的顾问地位，客户相信你会为他的生意成功做出贡献。自此之后，客户会接受你推荐的产品或服务，你们之间就会建立起长期的生意关系。原因在于客户购买的是你的解决方案，他之所以买不是因为你告诉他你的产品或服务有多么好，而是他自己决定要买。提问策略的另一个优势是，一旦客户自己作出了决定，就不会违背承诺。

五、用问题加深关系

由于你精心设计的问题，客户极有可能对"你的产品或服务能解决他最大的挑战"印象深刻，因为客户习惯于听到你的竞争对手"告诉"他自己的产品有多好。通过加深和客户之间的关系以及提问更多策略性的问题，你会在竞争者之中胜出。然而，你必须提问正确的问题。

避免提问错误的问题

如果提问了错误的问题或者太早提问过于私人的问题，客户会毫不犹豫地挂掉你的电话，你永远都不可能再联系到这个客户。将心比心地想：如果你要买冰箱，销售员问你的第一句话就是"您有多少钱"，你是不是心里不舒服？

在识别阶段，"您好吗"并不是一个合适的开场白，因为我们真的不关心答案，客户也知道我们并不在意。他的直接反应会是，"哦，不是吧！又是一个没有经验的销售员。"于是，你从一开始就面临着失败。如果客户回答"很糟糕"或者忽视这个问题，客户就掌握了电话的主动权，你就处于被动地位。尽管你竭力想表现出学识渊博、能帮助客户，但是这个常规的和具有破坏潜质的问题让你表现得很愚蠢。所以，如果你的确有这样问的习惯，那么改掉它。

每个识别问题都应该是经过深思熟虑的，能够使你和客户之间的互动和信息交流最大化的。若过早地提问过于隐私的问题，客户的态度会立即变得冷淡而沉默。如果提问的时机不恰当（通常太早），你就会听到客户在犹豫。

如果客户听到问题后陷入沉默之中，那么你要反思自己的节奏控制。下面列出了应当避免的几大问题及其原因分析。在这些"冷场问题"之后，我们同样列举了一些比较好的替代问题。

冷场问题1："您对我们了解多少？"

这是一个以自我为中心的问题，想当然地以为只要客户了解了你的公司就会愿意购买。这当然是不可能的。此外，假如客户不知道问题的答案，就会陷入尴尬。让客户不自在可不是建立关系的一种手段。而且，这个问题听起来像是在考查，没有人喜欢这种考试题。

能够建立友好关系，得到更多坦诚答案的替代问题如下：

"请告诉我你们现在使用哪些产品。"

"告诉我，上一次您从我们公司购买产品是什么时候？"

"请告诉我您的情况。"

冷场问题2："我们如何做，您才会同意购买呢？"

在发现客户需求、建立信任或者关系之前，过早地提问这个问题肯定会引起对方不悦。你迫使客户给出的答案肯定是："哦，没什么。"这个问题隐含的信息是，为了得到客户的生意你愿意做任何事情。理性地想一想，你愿意驱车到蒙大拿亲自去送货，提供一年的免费服务，或者降低价格，甚至低于成本价吗？如果你无法作出这些承诺，那么就不要这样问。此外，这个问题听起来有奉承之嫌，因为客户知道你并不是真心的。

比较好的替代问题如下：

"您对这个项目的决策时间是怎样安排的？"

"您还需要了解什么才能向同事推荐呢？"

"我怎样做会让您的决策制定过程更简单？"

冷场问题3："您准备花多少钱？"

对客户来说，理想的答案当然是"免费"。这个问题的目的也许是建立预算，但是却弄巧成拙，恰恰提醒了客户，他花的钱可能比预算的多，即使这些东西是必须要买的。此外，客户有可能觉得受到侮辱，因而会回答："这和你无关。"在关系没有建立之前，任何答案都是误导。另外，为什么客户这么早就要泄露情报呢？

更好的替代问题如下：

"告诉我您的预算范围。"

"您对这一装置的心理价位是多少？"

"您上次购买的时候，价格范围是多少？"

冷场问题4："谁作决定？"

这个问题无疑是直接侮辱客户。问题暗示对方没有权力或者缺乏智慧做出决定。所以，你不仅侮辱了客户，而且也造成了自己的失败，因为受到侮辱的客户往往这样回答："我作决定。"可能真的是这样，但也可能不是。你忽视了客户，结果就是降低了或者丧失了销售的可能性。最后，你依然不知道真正的决策者是谁。

更好的替代问题如下：

"告诉我您的决策制定过程。"

"您怎样选择供货商呢？"

"您打算怎样作决定？"

怎么知道问题是不是高价值的？如果客户作出回答、提供信息，那么这就是一个高价值的问题。此外，如果你感到电话另一端的客户很有兴致，那么说明你的高价值问题走对了路线。

六、提问高价值问题

这里所说的高价值问题指以4个"W"、1个"H"和1个"T"引导的问题，即"何人"（Who）、"何事"（What）、"何时"（When）、"何地"（Where）、"如何"（How）和"告诉"（Tell）。注意，并不包括以"为什么"（Why）开头的问题。"为什么问题"会引起客户的戒备心理。不妨这样想，所有的小孩都爱问"为什么"。有时候，孩子们问"你为什么这样做"、"你为什么做错了"时也会遭到斥责。"为什么问题"比较敏感，成年人往往拒绝回答"为什么"。

以下问题可以算做好的"W问题"。

"执行的最佳时间是什么时候？"

"安装过程会涉及什么部门？"

"贵公司的哪些人将使用该产品？"

"您准备在哪里储存多余的原料？"

"如何问题"用于了解某一过程和应用,如下:

"工作任务是如何分配的?"

"这两个部门如何参与决策?"

"这些材料是如何使用的?"

"您预计未来12个月的需求量如何?"

不过,最好的问题还是"告诉问题"。经过多年的实践,人们认识到"告诉问题"在销售中效果最好,因为提问"告诉问题"实际上是鼓励客户说话(记住,客户在说话的时候,就是在向你兜售自己,作为买方你要倾听)。假如你问了正确的问题,客户就愿意告诉你自己的经历、故事以及相关需求。此外,你还会发现提问的"告诉问题"越多,就能在越少的时间内了解到客户的越多需求。只有当你知道客户的想法时,你才最有可能解决客户的问题。

当然,你不可能句句都以"告诉我……"开头,就像你不会一直以"谁"、"哪些"、"什么时候"、"哪里"或者"如何"开始每句提问一样。"告诉问题"不会让客户有受审问的感觉。一旦养成多问"告诉问题"的好习惯,你就会发现提问的好处。

此外记住,提问之后不要急于打断客户,哪怕电话沉寂得让你不舒服。尊重客户的交流方式,提问之后要保持适当的沉默,而不是催促客户尽快回答。用"舌头游戏"让自己保持安静,轻轻地将舌头放在前牙后面,提醒自己安静地等待客户,直到完成通话。

听到问题后,精确型客户和温和型客户极有可能迟疑,这两种性格类型的客户比较被动,不会未加思索地就给出答案。所以,他们常常被缺乏经验的销售员打断。给客户思考的时间,等待他的回答,而不是贸然打断对方的思路,这样你就建立了与业余销售员的差异。

在正确的时间提问

提问应当从简单、开放和不具威胁性的问题开始,让客户处于轻松自在的状态,这样他才会心情舒畅地回答问题,不知不觉地被你控制。

不要问"您上一次对该设备做出预算是什么时候",而要问"您现在怎样解决支付问题"。从简单的问题开始,随着提问进一步深入,问题应当变得更加具体。无论你销售的是跑鞋、保险、建材还是大型设备,无论你是第一次打电话给客户还是第五次,方法都是相同的,即在每个电话中都应该使用从简单到复杂的提问策略。

提问的顺序一定是从简单或者没有威胁的问题到复杂或者不宜公开的问题。很多销售员都忽略了对自己来说"最重要的问题"对客户而言往往是"最隐私"的。所以,销售员往往过早行动,替客户"说"话,最终丧失了销售机会。对客户来说,最不愿公开的、最令人不安的问题是与时间和金钱相关的问题,因为人的价值(在工作中和生活中)体现在他们如何花费时间和金钱上。作为职业销售员,无论你销售的产品或服务是什么,它们本身都包含了时间和金钱的成本。

将提问策略看作一种信任尺度。问题越具体,就越要放在客户完全放松的时候才问。毕竟,客户不希望有被审问的感觉,你也不想变成审问者。

为了避免出现对立情况,从轻松的、不具威胁性的问题开始问,这类问题的信任尺度为1~3。

中等程度问题的信任尺度为4~7,例如与现状、竞争等相关的问题。客户只有在比较放松的状态下才会坦诚地回答这类问题。

客户最不愿公开的或者最具威胁性的问题的信任尺度为8~10。只有你和客户之间建立了可信赖的关系之后,客户才会坦率地回答这类问题。客户可能这样想:如果你问我准备投资多少钱,我有可能告诉你,但是我不会以这种方式开始交谈。在不确定你是否可靠之前,我是不会提供这些信息的。

下面列举了问题的例子,看看它们属于哪个信任尺度。

1~3:问题不会给客户带来任何负担。例如"请告诉我您的情况"就是一个宽泛的、不具威胁性的问题。让客户感到心情舒畅,他就会提供更多信息。

4~7:问题通常与竞争有关。例如,"您过去是怎样处理的?"该问题的答案为你了解决策的制定过程提供参考。

8～10：问题更加详细，与时间和金钱的关系更加紧密。例如，"您上次付了多少钱才完成？""您的预算是多少？""您预留了多少？"或者"您希望工作什么时候完成？"

下面的问题是发现类问题，用于识别和建立需求或过程。这类问题的信任尺度为1～3。

"请告诉我您现在的情况。"

"麻烦告诉我您以前是怎样解决这个问题的。"

"哪些人将使用该产品？"

"您打算什么时候执行？"

信任尺度为4～7的问题，是在更深层次上挖掘客户的情况。

"您目前的供货商为您提供了什么？"

"告诉我，如果能改变现在的过程，您会做出哪些改变？"

"告诉我您的决策制定过程。"

"您什么时候能决定？"

"您还在考虑哪些其他方案呢？"

涉及预算和钱的问题，信任尺度一般在8～10之间。在销售谈话的识别或者发现部分是坚决不能提问这类问题的。举个例子来说。

"您提到了您的保险会支付部分费用，那么哪一部分是可以减免的呢？"

这是一个窥探性问题，只有当客户将你视为可信任的伙伴时才可以问。如果你一开始就问这个问题，那么客户可能会以为价格是保险的条件。然而，在提问之前假如客户已经告诉过你自己的一些情况，那么这个问题就是顺理成章的。

要避免的"杀手问题"

以下情形势必会引起客户中断谈话：

（1）过早提问信任尺度为8、9、10的问题。例如，"您的预算是多少？""您今天要买吗？"

（2）以自我为中心的问题或者威胁。"我今天的销售指标已经完成了，您还要买吗？"或者"如果明天您还没有作出决定，再买就要多付钱了，因为要涨价。"

（3）不确定问题。例如，"我是不是应该和您的老板联系？""谁作决定？"这些问题暗示客户可能没有权力。客户受到侮辱，可能会回答"我作决定"。这样你就无法发现究竟谁是真正的决策者了。

（4）陈词滥调或者过多限制的问题。例如，"为什么您今天不能从我这里购买？""怎样做您才会购买呢？"

（5）愚蠢的问题。例如，"您有多少钱呢？""如果我告诉您如何节省50%的开支，您今天能作出决定吗？"

让客户感觉"我想买"，而不是"他试图推销给我"。

呼入电话案例

某位客户打电话给一家树木服务公司。如果这是一个老客户，只要尽早提问结束问题（信任尺度为8～10）就能得体地应对该客户。不过要记住，即使这是老客户也要提问"告诉问题"，这样才能让客户提供信息。

"告诉我您为什么打电话。"（2）

"您的时间安排是怎样的？"（4）

"您希望怎样解决这一问题？"（6）

"您还希望在土地上种些什么呢？"（9）

"您附近还有哪些人需要类似的帮助呢？"（10）

呼出电话案例

在打电话之前你必须已经做了完备的信息搜集工作。这虽然是第一次打电话，但是在拿起电话之前你应当已经知道了客户的需求。所以，与前面的案例相比，你的目标还包括建立信任。例如，你可能会提问下面的问题：

"我们公司的一位技术人员最近去了您所在的区域，他注意到有一些树长势不好。这几天您发现什么变化了吗？"（开场白）（2）

"您那位经营着大片橡树林的邻居告诉我们,您为林地前面的那些树木担忧。出了什么事情?"(2)

"告诉我一些您目前的状况。"(2)

"您所在的区域发生了台风(或者虫灾),您怎样评估树木的生长情况?"(3)

"树木的破坏程度有多严重?对财产有威胁或者有潜在危害吗?"(3)

"您对树木砍伐价格的心理预期是多少?"(10)

在拨通客户的电话之前(假设你已经有了足够的信息),你要想好你的产品或服务能为客户带来什么,这些利益应当与客户的情况直接相关。这样你可以围绕这些利益设计问题。

"怎样做才能改善树木的长势?"(3)

"树木长势不好有多久了?现在情况如何?"(4)

"您对树木采取过什么改善措施?"(6)

"您考虑过尝试A或者B吗?"(让客户作决定,从而建立信任)(7)

"您打电话到我们的县分公司告知树木长势不好是什么时候?"(6)

"请告诉我,您对于评估这些树木的时间是怎样安排的呢?"(7)

在下面的一个场景中,你发现了可能存在的缺点或问题,但客户并没有察觉,于是你打了初次电话(备注:在技术销售中可能会出现该场景,客户公司里没有技术人员,而你对客户情况的了解程度比客户自己还要高)。在这种情况中,你要用详细而专业的方式向客户表明你对他的操作非常了解。记住,客户并没有料到你会打电话过来,可能没有回答问题的心理准备。

"告诉我您的树木的整体健康情况。"(3)

"自从您的树木种植到现在,情况发生了什么具体的变化呢?"(4)

"您对于树木有哪些担心?"(5)

"请告诉我,这些树木对您的林地总体外观起到了什么作用?"(2)

"为了保证树木健康成长,您采取了哪些日常维护措施?"(6)(这个问题尽管回答起来很容易,但是假如客户没有采取任何维护措施,他会感到难堪。当你建立了信任之后,这个问题就不具有威胁性了。但是如果过早提问,可能会导致谈话终止。)

"谁种了这些树?"(5)

"树是什么时候种的?"(5)

"树木的种类是谁选的?"(6)

"告诉我您对树木健康维护服务的预期。"(7)

"您是不是应该选择一家树木服务公司?您选择的标准将是什么?"(9)

七、对不同性格客户的提问

对精确型客户提问

精确型客户回答问题惜字如金。他们会以一种单调的声音告诉你非常有限的信息,而不会透露任何详情。你问7个问题,得到的答案加起来可能只有二十几个字。你可以向他们提问与过程、程序或事实相关的问题。因为我们可以肯定,这类人知道有多少部门需要软件、决策的程序和时间、使用者和技术水平等信息。

对温和型客户提问

温和型客户会向你提供很多身边人的信息。他们不介意回答这一类问题:"告诉我,迄今为止,您的团队一直在关注什么。""告诉我,贵公司的其他人对这些产品有什么看法。""更新软件会对员工的时间产生什么影响?""一旦采用新产品,您的员工可能需要什么样的培训?""我们怎样帮您在办公室成功安装呢?"

对果断型客户提问

果断型客户也会提供给你非常简洁的答案,但是会更加斩钉截铁。他们只对自己的目标感兴趣,喜欢自己的权力得到认可。所以,你的问题应该是这样的:"您愿意什么时候作出决定?"(权力)"告诉我您对这套软件的功能有什么要求?""您打算用这套新系统做什么?"

"您准备什么时候作出决定，以便我们进入下一阶段？"（目标）

对兴奋型客户提问

兴奋型客户会关注自身以及产品或服务对自己的影响，他们喜欢多说话。你的问题要围绕他本人展开，例如，"产品使用方便对您来说有多重要？""您希望该产品什么时候投入使用？""我们要怎样做才能让您更方便地使用呢？""请告诉我，作为本市第一个使用该产品的人，您对我们产品的印象如何？"

有时候果断型或者兴奋型客户会首先向你发问，而你要控制局面，抢过提问权。例如，客户可能会问你："那么，你今天有什么新玩意吗？"或者"只要告诉我你的产品有什么特点就可以。"或者在回电中问："你需要什么？"

回答客户问题的时候首先要微笑，让你的声音听起来友好。这非常重要，因为这样你就能控制回答的语调。"我很高兴告诉您我们有什么产品。但是您介意我先问您一两个简短的问题吗？"重读"一两个"、"简短"，让对方知道你的提问会很简洁。然后通过提问控制电话，例如："自从我们上次商谈之后，发生了哪些变化？"

尽管信任尺度为1~9的问题并不一定全都适用于各种类型的客户，但是你仍然要记得提问时要循序渐进。因为没有前面的铺垫和热身，客户很难一下子就回答信任尺度为9的问题。

化解异议，完成销售

一、异议的价值

没有人喜欢异议。但电话销售有一个很大的优势：你可以整理出自己的思路，列成清单，来帮你应对各种刁难的问题。在电话中处理异议的另外一个优势是，即使你容易表现出紧张，例如出汗、颤抖、痉挛或者坐立不安，只要声音中没有透露出焦虑，你都可以通过完善的准备来应对客户，对方根本不会知道你在紧张。此外，不直视客户的眼睛时，往往更容易思考答案。在电话里还可以多出一两秒的时间来思考解决问题的正确策略。

做销售培训的时候，通常培训师都会问学员："你们喜欢异议吗？"台下通常是一片寂静，有时候还会听到一阵叹息，说明大多数人都对异议心存恐惧。他们显然不知道异议的价值。

要将异议看作是一种为了前进必须克服的障碍，仅此而已。就像运动员一样，一旦有技巧地越过了障碍，距离胜利就不远了。

因此，所有的职业销售员对这个问题的回答都应该是"喜欢"。听到异议你应该感到高兴，因为它表明客户仍然在关注，销售电话仍然在继续，有了异议你才有机会完成交易。如果客户没有提问或者反对，他的心思可能已经不在电话上了。而你知道，当客户离开电话的时候，你就没有销售的可能了。

以下情况表明客户的注意已经不在电话上了：

（1）听到客户敲键盘的声音了。

（2）听起来客户是低着头的。

（3）如果你问客户"您觉得怎么样？"客户说"嗯……"或者"啊……"或者"我不确定"。

（4）提问之后客户停顿很长时间。

（5）客户说"好的，我已经听到了所有我需要的"。

（6）客户说"请重复一下这个问题"。

（7）听起来客户同时在做别的事情。

这些情况中的任何一种都表明客户不在听。出现这些情况时，你要重新引起客户的注意。当客户提出问题或者异议时，你就有机会从更深层次上满足客户真正的需求，完成销售。

理想的情况是，客户全心地投入，完全关注你的陈述，然后说："听起来不错，我们成交吧。"这种完美的情景几乎不存在。但异议是一种信号，表示客户确实参与了交谈，对你试图销售的东西感兴趣。看看下面的情景。

销售员："您准备提货吗？"

客户："我不打算这么快就采取行动，除非你能解决船运费用。"

客户的回答表明他准备购买或者谈判。这个信号说明客户已经认可了你的产品，你只需解决细节问题就行了。

当客户提出异议的时候你还是非常紧张吗？那么你的障碍在哪里呢？是担心客户提问了一些你无法回答的问题吗？你害怕他会为公司过去的一些错误而非难你吗？你担心他比你知道得多吗？正如歌曲所唱的"别担心，开心点"，在本书中你将学到如何处理异议，将担忧转化为胜利。

二、永远不要让客户"听"到你的紧张

某个吸汗剂广告展示了这样一个场景：一个销售员紧张不安地等待自己做介绍的时刻的到来。然而，当他开始介绍的时候并没有出汗，因为（根据广告）他的吸汗剂起了作用。如果你整天都听到"你的报价太高"或者"我从未听说过你的公司"这些话，你也会变得紧张。如果你表现得消极或者自卫，就更加验证了客户的感知：产品存在某些不能买的理由。在这种情况下，你要保持冷静，有技巧地化解异议。

记住，打电话的时候客户看不见你。对任何异议都不要急于辩解。保持冷静和镇定，或者至少用轻松的和职业的语调保持常态。如果你变得不安，只要你控制好自己的声音，在电话中客户也不会有所察觉。你可以通过以下措施自我调节：

（1）按摩脖子，让紧张的声带放松。

（2）缓慢地深呼吸，控制心跳速率。

（3）略微放慢语速，这样就不会表现出紧张或者匆忙。

（4）站起身来，让血液更好地流向大脑（毕竟，大脑才是思想产生的源泉）。

（5）如果以上方法都不起作用，那姑且将这个问题放在一边，稍后再对该异议作出回答。例如你可以向客户解释，你需要高层主管的授权才能回答该问题，稍后再打电话给客户。然而，这是下下策，因为之后你未必能联系到客户。

当然，面对异议时不表现出紧张的最好方法是"真正地不紧张"。通过准备你可以达到这种状态。

（1）了解客户的情况。

（2）清楚自己的产品。

（3）知道竞争对手（客户有时候会将竞争对手当作异议）。

（4）在客户说出来之前就知道他有哪些异议。

（5）通过迅速思考知道如何应对所有异议。

知识不仅仅是一种力量，也是一种自信。身处熟悉的环境，或者有过曾经成功的经历，我们就不会紧张。然而事实是，我们往往处于未知的边缘。所以，我们要将如何处理异议转化为一种已知的知识，成为我们已经能够控制的销售过程的一部分。

做足准备，你就能掌控局势。如果客户说"你的报价太高"，这条异议应该不会让你吃惊。因为无论产品是尿布还是建筑设备，我们都曾听到过这条异议。这似乎已经成为了一个标准的理由。对于这个异议，你就可以事先准备好答案，这就是电话销售的优势。

客户并不知道你听到过无数次价格异议、信任异议或者公司规模异议，但你已经听过所有的异议，并且已经做好了准备。送货、服务、公司规模以及信誉，这些都算不上什么问题。此外，你自己也可以设想一些异议。期待客户提出你经常遇到或者曾经想到的各种异议，你就会惊讶地发现自己在回答异议时听起来是多么的流利。结果呢？化解异议完成更多的销售。

三、处理异议的技巧

就像你的衣橱里不会只有一套衣服,无论参加葬礼还是球赛你都穿着这套衣服一样,你也需要各种不同的技巧处理种种异议。以下是一些建议:

5步技巧

(1)首次听到一个异议时,安静地等待客户说完,不要打断。

边听客户说话边做笔记可能会让你保持安静(记住,你在打电话,客户看不见你)。笔记可以作为一份异议数据库,此外,由于你记下客户说了什么,你就清楚地知道客户提到的所有问题。假如客户问的是非常有技术含量的问题或者表述不清晰时,笔记就非常重要。

(2)异议结束之后停顿一下(数到2)。

停顿告诉客户你在思考这个问题或者异议,你非常重视他的提问。此外,因为停顿,你获得了时间来整理刚才听到的内容和组织答案,你可以选择使用最有可能产生销售的技巧和话语。记住,主动权在你这里,因为你早就知道客户会提出异议。你已经听到过无数次类似的异议。如果这条异议以前并没有听到过,那么也别紧张,你又获得了思考新答案的机会。

(3)冷静地处理异议,深思熟虑地回答。

确保解决步骤(1)中听到的所有异议(这也是做记录的原因)。客户怎样强调异议?打电话的时候你是不是对这部分没有给予足够的重视?你了解客户吗?如果了解,那他是不是经常将反对作为决策制定过程的一部分?异议听起来像是烟幕弹吗(虚假的反对)?

(4)向客户确认异议是否解决。

当你认为自己回答了异议之后,询问客户,看看他是否满意你的答案。客户的反馈会告诉你异议是否真的解决了。例如,你可以这样问。

"玛丽,这有没有解决您的问题?"

"史蒂夫,您满意这个答案吗?"

"伦纳德,您喜欢这个方案吗?"

"杰姬,如果我已经回答了这个问题,您是否准备签订协议呢?"

(5)如果异议的确解决了,那么就可以借机完成销售。

谈判是销售的机会,在谈判中可能会再次遇到异议。

给那些将"异议"和"拒绝"等同的人一些建议:不要将客户的任何异议私人化,除非客户真的说:"我喜欢你的公司和你的产品,但是我不喜欢你这个人。"(你最后一次听到类似的话是什么时候?)所以,不要将异议看作是对你个人的否定。

提问化解异议

正确的问题能帮你收集到相当重要的信息,引导客户的思维,我们称之为"引导客户走过公园小路"。通过有技巧的提问,让客户自己得出要购买的结论。例如下面的情形。

客户:"我们使用这家清洁公司已经3年了,没有理由更换。"

销售员:"哦,(明显地停顿一下)詹姆斯,您说使用同一家公司已经3年了。那么,最初作决定的时候,是什么原因促使您选择了这家公司呢?"

客户会告诉你3年前他们为什么更换清洁公司。有可能是因为价格、效率或者以前的供货商退出了行业或者存在偷窃现象等。认真听,不要打断。听听客户怎么说,注意他的语调。从客户的回答中你也许能听出些什么,知道如何行动。

销售员:"告诉我,您喜欢他们的哪些服务?"

客户:"他们使用好的环保清洁剂,我们喜欢这个。"

销售员:"这对你们有多重要呢?"

现在你们已经开始了交谈。詹姆斯提到的这一点非常重要,你要想出问题来揭示这一特点所伴随的缺点,根据你对竞争者产品的了解发现问题。例如,你知道,使用这种清洁剂清洁后房间里会留下刺鼻的醋味。

销售员:"詹姆斯,那么办公室清洁之后的味道如何呢?"(提出问题,引导客户对现在的供货商进行思考)

客户:"(思考)哎呀,办公室上一次闻起来是什么味道呢?哦,是的,味道很糟糕,就像是我岳母的清洁储物间。"

看到了吧?你并没有告诉客户你知道竞争者清扫之后会留下气味,尽管你知道。相反,你用有技巧的问题,让詹姆斯通过自己的思考发现这一问题。不要告诉他,而是要提问。客户自己得出结论,而你恰巧在和他们通电话,想象他们很聪明,你打电话的时间刚刚好。告诉客户存在哪些缺陷会引起客户防卫。例如,如果你问客户地毯清扫之后是不是有刺鼻气味,客户很可能不假思索地回答"没有"。

用提问的方法,了解客户更多的真实需求,你能很轻松地确定问题的对策。

销售员:"詹姆斯,如果您发现有公司使用环保安全的产品,而且清扫后不会留下任何气味,您会怎么办?"

这样你们就又开始了交谈。

客户:"哦,我想我们可以考虑一下。你的清洁剂在清扫后闻起来是什么味道?"

销售员:"不妨我们免费为您打扫一次办公室,您自己体验一下?"

客户:"听起来不错。你什么时候来?"

感觉,曾经有这种感觉,发现

这种方法很实用,是职业销售中一直在使用的技巧(备注:该方法对兴奋型和温和型客户尤其适用),即回答异议的时候提及以往客户的经历。例如:

客户:"我对现在的供货商很满意。"

这通常是你遇到的第一个异议,即"我们对现状很满意",我们称之为"惰性异议"。

销售员:"我知道您为什么有这种感觉,其他客户也曾经有过这种感觉,并且他们发现……"

回答必须简短,而且包含客户的某个特定利益。注意不要使用单词"但是",而要使用"并且",这样听起来就不像是在和客户吵架。记住,在电话中你无法用面部表情软化自己的语气,所以你必须谨慎地选词。如果你以前曾经尝试过这种技巧,发现在表达上存在困难,那么就尝试使用不同的同义词,让自己的讲话听起来更自然。

看看下面的销售员回答的案例。

销售员:"詹姆斯,我能理解为什么您告诉我这一点。我们从其他办公室经理那里也听到过类似的话。他们发现……"

销售员:"……简单地在两个地方试用了我们的服务,客户发现地毯不仅变干净了,而且更加好闻了。您对此做何感想?"

使用这种技巧时出现的另外一种错误是,回答异议的过程中,销售员谈及利益时说得太多了。

销售员:"詹姆斯,我理解……其他客户发现采用我们的服务,不仅地毯更干净了,而且在办公室里还能闻到芳香气味,这种气味能够提高工作效率,惊人地……"

这种回答太冗长,尤其是在电话中,有可能导致客户离开电话。因为客户看不见你,他们很集中精力地听你说话,而你的话太长、令人费解,听起来就像是念经,对客户没有什么说服力。

四、确认

销售员有时候会错误地认为,如果答案解决了自己认为的异议,也就回答了客户的异议,其实未必如此。你要通过提问来确定这一点。客户不会主动告诉你他对你的回答满意,准备购买。因此,每次回答异议之后,你都必须进行确认。

举几个例子,如下:

"您对我刚才说的有何看法?"

"这会让您的老板满意吗?"

"您认为这个方案怎么样?"

"这能解决您的问题吗?"

"这个解释您满意吗？"

一旦得到了确切的肯定，你就可以进入交易阶段。

销售员："如果我们使用环保安全的产品清洁地毯，同时又不产生令人讨厌的怪味，您会给我们机会吗？"

这样一来，就进入了结尾阶段。

五、压力管理

对于那些遇到异议仍会紧张的人，以下建议可能会帮助你保持冷静和自制。

1. 做好充足的准备

为异议做好准备能够极大地减轻压力。

2. 和同事、录音机，甚至客户练习

只是写下异议清单及答案，然后心里反复默念并没有效果。即使电话交流的非面对面特点允许你照着清单念，客户也会听出你不自然的声音。

如果你练习大声地说出答案，将会更加轻松和有效。这样你的大脑就建立起反应机制，你就不会有遭受考验的忧虑。异议对我们来说就像是一种考验，就像学校里的考试一样。当我们碰到异议时大脑中不能一片空白。如果你期待问题的出现，知道答案，练习反应，大声说出答案，那么你就能巧妙地化解异议。

3. 停顿

避免对任何异议立刻做出反应，考虑几秒钟再回答。试着从对方的角度思考，想想客户此刻可能在想什么。如果客户买了一件送货时间很长、经检验不合格或者价格过高的产品，他肯定也会受到责备。由于客户要对其他人负责，那么他可能就会害怕出现购买错误，尤其是在电话里向一个销售员购买。很多异议都是由害怕引起的，如果事情做错了，客户琳达或者拉里可能就要承担决策失误的风险。

4. 无论你认为异议多么荒谬，或者你认为这是一个烟幕弹（虚假的异议，目的是摆脱你），都要严肃地对待异议

对客户而言，这也许是真的表示关注。所以，你对待异议的职业方法和确认方法不仅可能解决了客户的疑惑，而且可能为你赢得信誉，完成更多的销售。

5. 消除烟幕

烟幕弹有很多形式。客户也许并不真的关注你的产品或服务，他只是想拒绝你。毕竟，客户不希望那么容易就成为你的猎物。价格是一个经典的拒绝理由（每个客户都使用这个异议，所以这应该是我们首先要掌握的异议），客户很容易使用这个异议。

6. 使用性格匹配策略

一旦确定了客户的性格类型（精确型、兴奋型、果断型、温和型），你就可以使用各种适用于该类型的异议处理技巧。在打收尾电话之前，计划和准备如何处理异议。制定策略，做好准备，你就能完成交易。

如果某个技巧奏效，那么你应该多次练习，保证你在运用各种技巧的时候考虑到了客户的性格类型。

六、不同性格类型的客户的异议

以下部分介绍了各种性格类型可能提出的异议。阅读完毕后你会发现，对付异议比你想象的轻松。

精确型客户的异议

由于谨慎，精确型客户可以提出很多异议，他们主要针对数字和含糊的说法提出异议。你可以为此做好准备。在你听来，他们的异议充满怀疑、刨根问底，甚至吹毛求疵。精确型客户听起来多疑，但由于声音平淡无奇、毫无变化，你很难通过电话了解他们的真实想法。

更多做技术的精确型客户会追问细节。如果你的设备有 0.1% 的故障率，精确型客户就会

问："如果我们拿到了有缺陷的产品怎么办？"

接下来精确型客户可能花 10 分钟的时间追问有关故障率的事情。他通过问"如果……怎么办？"就能把你堵死。这个时候你要耐心。也许你感到他们只是在放烟幕弹，但是他真正关心的是你是否考虑过设备可能出现的一切状况。对每个异议，你都要精确地、正确地以及诚实地回答。

针对精确型客户的异议，你要保持冷静，用事实来回答异议。即使对方可能不懂技术细节，也不要用高人一等的口气和客户说话。文章报道、第三方证明（例如消费者报告）、专家证明、规格单、失败成功比等都可以用做证明材料。在电话中，和客户讨论证据的同时，你可以立即用电子邮件发给客户一篇报道或者引导客户浏览某个网站。总的来说，精确型是最苛刻的客户，他们一般不会听从销售员的建议立即购买。

回答异议和陈述证明的同时，用电子邮件或者传真向客户发送材料，引导客户查阅产品手册或规格单上的介绍，邀请他浏览公司网站或其他网站发现更多内容。最后，给客户留出时间思考和作出正式决策，因为精确型是最多疑的客户。

兴奋型客户的异议

兴奋型客户提出异议非常随意。在 4 种性格类型中，兴奋型客户最不擅长倾听，他们的异议听起来感情用事、武断和迅速，可能他们太急于表示反对了，甚至没有仔细思考就说了出来。然而，即使提出异议他们也试图保持关系，所以他们会说"我并没有针对你个人"。他们可能说，"我相信你们公司在业内是最好的，但我们只需要中等水平的，所以我们暂时不需要这么好的产品。"

他们也有可能劝说你，"你知道我们和贵公司有业务往来已经很久了。难道你就不能给我们一些优惠吗？"

兴奋型客户提出异议时，你要保持斗志昂扬。强调价值，让兴奋型客户认为如果采用你的产品或服务，他会更加明智。用幽默来化解兴奋型客户的异议，但是不要用讽刺的、攻击的方式。与兴奋型客户打交道时运用幽默有助于迅速建立关系，有时候开怀一笑也许就成为了朋友。

果断型客户的异议

果断型客户的异议往往直奔主题，听起来像是一种挑衅。他们提出异议可能只是为了找乐子，因为他们喜欢胜利，他们将谈判视为一种运动。在电话中，他们的措辞可能让人不舒服，但是记住，在果断型客户看来这是一场游戏。因为果断型客户的粗鲁，他们的异议也是简洁而专断的。例如，他们可能说："弗雷德，你的价格实在太高了。"果断型客户不会在药丸外面包一层糖衣，他们会不加修饰地直接说"不能提供给你"或者"不行"。

你要弄清楚果断型客户的真实想法。果断型客户喜欢谈判。他们听起来不为所动，只有感到自己赢了才会受到激励（如果没有让果断型客户感到胜利，你就有可能输掉交易）。

如果你自己也是果断型的，那你解决异议的过程会很刺激，因为你也喜欢挑战；如果你是温和型的，和果断型客户打交道时可能会感到有压力，不要急着将果断型客户的异议视为对个人的反对。

果断型客户提出异议时，你要表现出自信，不要发慌、闲聊或者犹豫。实事求是地回答，不要感情用事。答案要与客户的需求直接相关。记住，绝对不能让果断型客户听出你在紧张。你可以利用电话的保护，避开果断型客户尖锐的目光，镇定地回答问题。

假如你向果断型客户销售地毯清洁服务，他提出异议。

"我只需 300 美元就能让办公室干干净净，凭什么要为每间办公室付 500 美元？"

你可以这样回答。

"因为我们使用无毒的清洁剂，清扫过后没有您以往闻到的那种刺鼻气味。不仅如此，由于采用新型的清洁设备，我们清扫的速度比竞争对手快。用过之后您马上会感受到不同。"（停顿）然后问："您认为怎样？"

有时候你甚至能够刺激果断型客户重新加入谈话，"上次您选择了价格最低的服务公司为您打扫办公室，结果如何？"只要客户仍然和你交谈，你就有机会完成交易。通过提问保持谈话进行。

温和型客户的异议

温和型客户不希望伤和气，所以有时候比其他性格类型的客户更难对付，尤其是在电话里，因为他们更喜欢面对面地交流。温和型不喜欢对别人说"不"。他们说出来的异议往往并不代表内心真正的异议。如果当面交谈，你会发现，温和型客户在提出异议的时候举止不自然，会避免与你的眼神接触。但是在电话里，你只能通过听来发现线索。

温和型客户可能提出的异议如下：

"我不知道老板会不会同意。"

"听起来不错，但是我们办公室的地毯不久前才刚刚清洁过。"

"能不能寄给我一本产品手册？"

"我们要在团队中讨论一下。"

真正的异议可能有很多，例如价格太高、不喜欢你的方式或者无法作决策等。对温和型客户来说，让你知难而退比直接拒绝你要容易得多。尽管温和型客户并不打算改变，但是他也会耐心地对待你，你甚至会感到温和型客户为不能帮你而抱歉。此外，记住，温和型客户做决策时会非常缓慢和谨慎，为了得到这笔生意，你需要花费更长的时间来应对这类客户。

有时候，你要在不惹怒对方的情况下发现客户真正的异议。如果客户的回答中有很多"可能"、"是的"等词语，而他并没有同意交易或者请求跟进电话，那么说明该客户可能已经决定了不买，但是又不愿伤害你的感情。在这种情况下，你就要决定是否应该坚持下去。你要审视自己的处境，根据你们的关系、客户的需求、对方的权力以及时间是否充裕来作出判断。

温和型客户提出异议时，你要以温和的、自信的语调作出强调，尽可能将这个问题处理为个人问题。此外，谈及温和型客户的同事。温和型客户喜欢团队工作，这样决策的重担就不会完全落在他一个人肩上。

销售员："玛丽，我知道您和现在的供货商有稳定的关系，您很难作出抉择。这样吧，我们想想看，怎样能让您和您的同事更轻松地接受改变。"

然后你要回顾提问记录，找出真正的异议。

第五章

世界上最伟大的推销员的销售秘诀

奥格·曼狄诺教你怎样成为最伟大的推销员

一、用全心的爱迎接今天

爱心是一宗大财产，爱心的力量是伟大的，它是使你拥有成功的最珍贵的东西。对一个推销员来说，爱是一支很好的利箭。

爱心是一笔很大的财富

在《世界上最伟大的推销员》一书中，作者讲述了一位名叫海菲的少年，一心想要推销掉一件上好的袍子，好有机会成为伟大的商人，和自己心爱的女孩在一起，可是最终他却把这样一件对自己意义重大、十分珍贵的袍子送给了一个在山洞中冻得发抖的婴孩。

正是少年这种善良的本性感动了上苍，他最终得到了10张珍贵的羊皮卷，上面写着关于推销艺术的所有秘诀，使这位少年最终成为世界上最伟大的推销员，并建立起了显赫一世的商业王国。

这就是爱的力量，唯有爱才是幸福的根源，唯有爱才是令你成功的最深层的动力。为此，神说，你若想追求幸福，就请慷慨地向人间遍洒你的普世之爱吧。

在"羊皮卷"中这样写道：

"我要用全身心的爱迎接今天。

"因为，这是一切成功的最大秘诀。武力能够劈开一块盾牌，甚至毁掉生命，唯有爱才具有无与伦比的力量，使人们敞开心灵。在拥有爱的艺术之前，我只是商场上的无名小卒。我要让爱成为我最重要的武器，没有人能抗拒它的威力。

"我的观点，你们也许反对；我的话语，你们也许怀疑；我的穿着，你们也许不赞成；我的长相，你们也许不喜欢；甚至我廉价出售的商品都可能使你们将信将疑，然而我的爱心一定能温暖你们，就像太阳的光热能融化冰冷的大地。

"我将怎样面对遇到的每一个人呢？只有一种办法，我将在心里深深地为你祝福。这无言的爱会涌动在我的心中，流露在我的眼神里，令我嘴角挂上微笑，在我的声音里引起共鸣。在这无声的爱意里，你的心扉向我敞开了，你不再拒绝我推销的货物。"

这便是爱的力量，它是使你拥有成功的最珍贵的东西。

世界不能没有爱，爱对于我们就像空气、阳光和水。爱是一宗大财产，是一笔宝贵的资源，拥有了这种财产和资源，人生就会变得富有、幸福，人生就会步入成功的顶峰。

一颗善良的心，一种爱人的性情，一种坦率、诚恳、忠厚、宽恕的精神，可以说是一宗财产。百万富翁的区区财产，若与这种丰富的财产相比较，便不足挂齿了。怀着这种好心情、好精神的人，虽然没有一文钱可以施舍与人，但是他能比那些慷慨解囊的富翁行更多的善事。

假使一个人能够大彻大悟，能尽心尽力地为他人服务，为他人付出爱心，他的生命一定能获得事实上的发展。最有助于人的生命发展的，莫过于从早年起，就培养爱心以及懂得爱人的习惯了。

尽管大量地给予他人以爱心、同情、鼓励、扶助，然而那些东西，在我们本身是不会因"给予"而有所减少的，反而会由于给人越多，我们自己也越多。我们把爱心、善意、同情、扶助给人越多，则我们所能收回的爱心、善意、同情、扶助也越多。

人生一世，所能得到的成绩和结果常常微乎其微。此中原因，就是在爱心的给予上显然不够大方。我们不轻易给予他人以我们的爱心与扶助，因此，别人也"以我们之道，还治我们之身"，以致我们也不能轻易获得他人的爱心与扶助。

常常向别人说亲热的话，常常注意别人的好处，说别人的好话，能养成这种习惯是十分有益的。人类的短处，就在彼此误解、彼此指责、彼此猜忌，我们总是因他人的不好、缺憾、错误的地方而批评他人。假使人类能够减少或克服这种误解、指责、猜忌，彼此能相互亲爱、同情、扶助，那么梦寐以求的欢乐世界，就能够盼望了。

有一次，一位哲学家问他的一些学生："人生在世，最需要的是什么？"答案有许多，但最后一个学生说："一颗爱心！"那位哲学家说："在'爱心'这两个字中，包含了别人所说的一切话。因为有爱心的人，对于自己则能自安自足，能去做一切与己适宜的事；对于他人，他则是一个良好的伴侣和可亲的朋友。"

我们大多数人都是因为贪得无厌、自私自利的心理，以及无情、冷酷的商业行为之故，以至于目光被蒙蔽，以致只能看到别人身上的坏处，而看不到他们的好处。假使我们真能改变态度，不要一味去指责他人的缺点，而多注意一些他们的好处，则于己于人均有益处。因为由于我们的发现，他人也能感觉到他们的好处，因此感到兴奋并获得自尊，从而更加努力。假使人们彼此间都有互爱的精神，这种氛围一定可以使世界充满爱和阳光。

乐于助人，爱心用行动体现

在宾夕法尼亚州，有一段时间，当地人们最痛恨的就是洛克菲勒。被他打败的竞争者将他的人像吊在树上泄恨，充满火药味的信件如雪花般涌进他的办公室，威胁要取他的性命。他雇用了许多保镖，防止遭人杀害。他试图忽视这些仇视怒潮，有一次曾以讽刺的口吻说："你尽管踢我骂我，但我还是按照我自己的方式行事。"

但他最后还是发现自己毕竟也是凡人，无法忍受人们对他的仇视，也受不了忧虑的侵蚀。他的身体开始不行了，疾病从内部向他发动攻击，这令他措手不及、疑惑不安。

起初，"他试图对自己偶尔的不适保持秘密"，但是，失眠、消化不良、掉头发、忧郁等病症却是无法隐瞒的。最后，他的医生把实情坦白地告诉他。他只有两种选择：财富和烦恼——或是性命。医生警告他：必须在退休和死亡之间做一抉择。

他选择退休。但在退休之前，烦恼、贪婪、恐惧已彻底破坏了他的健康。美国最著名的女传记作家伊达·塔贝见到他时吓坏了。她写道："他脸上所显示的是可怕的衰老，我从未见过像他那样苍老的人。"

医生们开始挽救洛克菲勒的生命，他们为他立下三条规则——这是他以后奉行不渝的三条规则：

避免烦恼，在任何情况下绝不为任何事烦恼。

放松心情，多在户外做适当运动。

注意节食，随时保持半饥饿状态。

洛克菲勒遵守这三条规则，因此而挽救了自己的性命。退休后，他学习打高尔夫球、整理庭院，和邻居聊天、打牌、唱歌等。

但他同时也做别的事。温克勒说："在那段痛苦至极的夜晚里，洛克菲勒终于有时间自我反省。"他开始为他人着想，他曾经一度停止去想他能赚多少钱，开始思索那笔钱能换取多少人类的幸福。

简而言之,洛克菲勒开始考虑把数百万的金钱捐出去。有时候,做件事可真不容易,当他向一座教堂捐献时,全国各地的传教士齐声发出怒吼:"腐败的金钱!"

但他继续捐献。在获知密歇根湖岸的一家学院因为抵押而被迫关闭时,他立刻展开援助行动,捐出数百万美元去援助那家学院,将它建设成为目前举世闻名的芝加哥大学。

他也尽力帮助黑人,帮助完成黑人教育家华盛顿·卡文的志愿。当著名的十二指肠虫专家史太尔博士说:"只要价值五角钱的药品就可以为一个人治愈这种病——但谁会捐出这五角钱呢?"洛克菲勒捐出数百万美元消除十二指肠虫,消除了这种疾病。然后,他又采取更进一步的行动,成立了一个庞大的国际性基金会——洛克菲勒基金会,致力于消灭全世界各地的疾病、扫除文盲等工作。

洛克菲勒的善举不仅平息了人们对他的憎恨,而且产生了更为神奇的效果:许多人开始赞扬他、敬仰他,有的受了他恩惠的人甚至对他感激涕零。

其实,你我都应该感谢约翰·D·洛克菲勒,因为在他的资助下,科学家发明了盘尼西林以及其他多种新药。他使我们的孩子不再因患脑膜炎而死亡;他使我们有能力克服疟疾、肺结核、流行性感冒、白喉和其他目前仍危害世界各地人们的疾病。

洛克菲勒把钱捐出去之后,他最后终于感到满足了。

幸福的产生与否就在于一个人的心态如何,那种善良的心、仁慈的爱能产生巨大的威力,迎来盼望的幸福。在这个地球上,只有充满着爱心的角落、家庭,才能得到幸福的光线照耀。

世界著名的精神医学家亚弗烈德·阿德勒曾经发表过一篇令人惊奇的研究报告。他常对那些孤独者和忧郁病患者说:"只要你按照我这个处方去做,14天内你的孤独、忧郁症一定可以痊愈。这个处方是——每天想想,怎样才能使别人快乐?让人感到人世间的爱心力量。"

在漫漫的人生道路上,你如果觉得自己孤寂,或者觉得道路艰难,那你就照着阿德勒的话去做,只要心中有一盏温暖的灯,就将照亮你暗淡的心灵,获得温暖,度过寒冷的冬季,跨过每一道障碍。这样你会逢凶化吉、因祸得福、获得快乐,使你远离精神科医生。因为爱的表现是无条件地付出、奉献,而最终结果是自己得到了最大的报偿。

善良是爱的初始

一家餐馆里,一位老太太买了一碗汤,在餐桌前坐下,突然想起忘记取面包。

她起身取回面包,重返餐桌。然而令她惊讶的是,自己的座位上坐着一位黑皮肤的男子,正在喝着自己的那碗汤。

这个无赖,他为什么喝我的汤?老太太气呼呼地想,可是,也许他太穷了,太饿了,还是一声不吭算了,不过,也不能让他一个人把汤全喝了。

于是,老太太装着若无其事的样子,与黑人同桌,面对面地坐下,拿起汤匙,不声不响地喝起了汤。

就这样,一碗汤被两个人共同喝着,你喝一口,我喝一口。两个人互相看看,都默默无语。

这时,黑人突然站起身,端来一大盘面条,放在老太太面前,面条上插着两把叉子。

两个人继续吃着,吃完后,各自直起身,准备离去。"再见!"老太太友好地说。"再见!"黑人热情地回答。他显得特别愉快,感到非常欣慰,因为他自认为今天做了一件好事,帮助了一位穷困的老人。黑人走后,老太太这才发现,旁边的一张饭桌上,放着一碗无人喝的汤,正是她自己的那一碗。

生活就是这样纷繁复杂,人与人之间的误会、隔阂,乃至怨恨,都会时常发生。只要心地善良、互谅互让,误会、怨恨也能变成令人感动和怀念的往事。

善良是一种能力,一种洞察人性中的恶的能力。善良是一种胸怀,拥有善良,就会拥有一颗平和的心,能以平和、宽容的心态去面对你所遇到的人和事。

善良不是善恶不辨、是非不分,不是对坏人坏事一味放纵、宽容、无原则的愚善,而是一种洞察世事的智慧。

善良,会让天地更宽广,万物更明丽,人生更丰盈。

一座城市来了一个马戏团。8个12岁以下的孩子穿着干净的衣裳,手牵着手排队在父母的身后,等候买票。他们不停地谈论着上演的节目,好像他们就要骑上大象在舞台上表演似的。

终于轮到他们了，售票员问要多少张票，父亲神气地回答："请给我8张小孩的、两张大人的。"

售票员说出了价格。

母亲的心颤了一下，转过头把脸垂了下来。父亲咬了咬唇，又问："你刚才说的是多少钱？"

售票员又报了一次价。

父亲眼里透着痛楚的目光，他实在不忍心告诉他身旁兴致勃勃的孩子们："我们的钱不够！"

一位排队买票的男士目睹了这一切。他悄悄地把手伸进口袋，把一张20元的钞票拉出来，让它掉到地上。然后，他蹲下去，捡起钞票，拍拍那个父亲的肩膀说："对不起，先生，你掉了钱。"

父亲回过头，明白了原因。他眼眶一热，紧紧地握住男士的手。因为这位男士在他心碎、困窘的时刻帮了他的忙："谢谢，先生。这对我和我的家庭意义重大。"

有时候，一个发自仁慈与爱的小小善行，会铸就大爱的人生舞台。

善待社会，善待他人，并不是一件复杂、困难的事，只要心中常怀善念，生活中的小小善行，不过是举手之劳，却能给予别人很大帮助，何乐而不为呢？给迷途者指路，向落难者伸出援手，真心祝贺他的成功，真诚鼓励失意的朋友，等等，看似微不足道的举动，却能给别人带去力量，给自己带来付出的快乐和良心的安宁。

如果人人都能以善心待人，世间便会少很多纷争，多很多关爱。

爱让推销无往不胜

推销是和人打交道的工作，推销员必须具有爱心，才能得到顾客的认可，推销成功。

如果成为客户信任的推销员，你就会受到客户的喜爱、信赖，甚至能够和客户成为亲密的朋友关系。一旦形成这种人际关系，有时客户会只因照顾你的情面，自然而然地购买商品。而要形成这种关系，就要求推销员具有爱心，注意一些寻常小事。

有位推销员去拜访客户时，正逢天空乌云密布，眼瞅着暴风雨就要来临了，这时他突然看见被访者的邻居有床棉被晒在外面，女主人却忘了出来收。那位推销员便大声喊道："要下雨啦，快把棉被收起来呀！"他的这句话对这家女主人无疑是一种至上的服务，这位女主人非常感激他，他要拜访的客户也因此十分热情地接待了他。

翰森搬家后不久，还不满4岁的儿子波利在一天傍晚突然失踪了。全家人分头去寻找，找遍了大街小巷，依然毫无结果。他们的恐惧感越来越深，于是，他们给警察局打了电话，几分钟后，警察也配合他们一起寻找。

翰森开着车子到商店街去寻找，所到之处，他不断地打开车窗呼唤波利的名字。附近的人们注意到他的这种行为，也纷纷加入寻找行列。

为了看波利是否已经回家，翰森不得不多次赶回家去。有一次回家看时，他突然遇到了地区警备公司的人。翰森恳求说："我儿子失踪了，能否请您和我一起去找找看？"此时却发生了完全难以令人置信的事情——那个人竟然做起了巡回服务推销表演！尽管翰森气得目瞪口呆，但那人还是照旧表演。几分钟后，翰森总算打断了那人的话，他怒不可遏地对那人说："你如果给我找到儿子，我就会和你谈巡回服务的问题。"

波利终于被找着了，但那位推销员的推销却未成功。倘若那个人当时能主动帮助翰森寻找孩子，20分钟后，他就能够得到推销史上最容易得到的交易。

有的推销员认为爱心对推销无关紧要，这是错误的观点，正是因为你的爱心，客户才可能信任你，进而买你的产品，使你的推销成功。

因此，朋友们，请从现在起用全身心的爱来迎接明天，感谢生活吧。用爱心打开人们的心扉，让爱化作你商场上的护身符，爱会使你孤独时变得平静；绝望时变得振作。有了爱，你将成为伟大的推销员；有了爱，你将迈出成为优秀人士的第一步。

二、坚持不懈直到成功

俗话说，坚持就是胜利，贵在持之以恒。每个人都有梦想，追求梦想需要不懈地努力。只有坚持不懈，成功才不再遥远。

坚持不懈是最基本的品质

"羊皮卷"故事中的少年海菲接受了主人的10张羊皮卷的商业秘诀之后，孤身一人骑着驴子来到了大马士革城，沿着喧哗的街道，他心中充满了疑虑和恐惧，尤其是曾经在伯利恒那个小镇上推销袍子的挫败感笼罩在他的心底，突然他想放弃自己的理想，他想大声地哭泣。但此刻，他的耳畔响起了主人的声音："只要决心成功，失败永远不会把你击垮。"

于是，他大声呐喊："我要坚持不懈，直到成功。"

他想起了"羊皮卷"中的箴言：

"我不是注定为了失败才来到这个世界上的，我的血脉里也没有失败的血脉在流动。我不是任人鞭打的羔羊，我是猛虎，不与羊群为伍。我不想听失败者的哭泣、抱怨者的牢骚，这是羊群中的性情，我不能被它传染。失败者的屠宰场不是我人生的归宿。

"从今往后，我每天的奋斗就如同对参天大树的一次砍击，前几刀可能留不下痕迹，每一击似乎微不足道，然而，积累起来，巨树终将倒下。这正如我今天的努力。

"如同冲洗高山的雨滴、吞噬猛虎的蝼蚁、照亮大地的星辰、建造金字塔的奴隶，我也要一石一瓦地建造起自己的城堡，因为我深知水滴石穿的道理，只要持之以恒，什么都可以做到。

"我要坚持，坚持，再坚持。障碍是我成功路上的弯路，我迎接这项挑战。我要像水手一样，乘风破浪。"

坚持是一种神奇的力量，因为它几乎能够战胜一切，让你得到任何想要的东西。

开学第一天，苏格拉底对学生们说："今天我们只学一件最简单也是最容易的事儿。每人把胳膊尽量往前甩，然后再尽量往后甩。"说着，苏格拉底示范了一遍。"从今天开始，每天做300下。大家能做到吗？"

学生们都笑了，这么简单的事，有什么做不到的？过了一个月，苏格拉底问学生们："每天甩手300下，哪些同学在坚持着？"有90%的同学骄傲地举起了手。又过了一个月，苏格拉底又问，这回，坚持下来的学生只剩下八成。

一年过后，苏格拉底再一次问大家："请告诉我，最简单的甩手运动，还有哪几位同学坚持着？"这时，整个教室里，只有一人举起了手，这个学生就是后来的古希腊另一位大哲学家柏拉图。

世间最容易的事常常也是最难做的，最难的事也是最容易做的。说它容易，是因为只要愿意做，人人都能做到；说它难，是因为真正能做到并持之以恒的，终究只是极少数人。

半途而废者经常会说"那已足够了"、"这不值"、"事情可能会变坏"、"这样做毫无意义"。而能够持之以恒者会说"做到最好"、"尽全力"、"再坚持一下"。

巨大的成功靠的不是力量而是韧性，竞争常常是持久力的竞争。有恒心者往往是笑在最后、笑得最好的胜利者。

一次拍卖会上，有大批的脚踏车出售。当第一辆脚踏车开始竞拍时，站在最前面的一个不到12岁的男孩抢先出价："5块钱。"可惜，这辆车被出价更高的人买走了。

稍后，另一辆脚踏车开拍。这位小男孩又出价5元钱。接下来，他每次都出这个价，而且不再加价。不过，5元钱的确太少了。那些脚踏车都卖到35元或40元钱，有的甚至卖到100元以上。暂停休息时，拍卖员问小男孩为什么不出较高价竞争。小男孩说，他只有5元钱。

拍卖继续，小男孩还是给每辆脚踏车出5元钱。他的这一举动引起了所有人的注意。人们交头接耳地议论着他。

经过漫长的一个半小时后，拍卖快要结束了，只剩下最后一辆脚踏车，而且是非常棒的一辆，车身光亮如新，令小男孩怦然心动。拍卖员问："有谁出价吗？"

这时，小男孩依然抢先出价说："5元钱。"

拍卖员停止唱价，静静地站在那里。观众也默不作声，没有人举手喊价。静待片刻后，拍卖员说:"成交!5元钱卖给那个穿短裤、白球鞋的小伙子。"

观众纷纷鼓掌。

小男孩脸上洋溢着幸福的光芒,拿出握在汗湿的手心里揉皱了的5元钱,买下了那辆无疑是世界上最漂亮的脚踏车。

好的梦想,是未来人生道路上美满成功的预示。梦想能给我们带来希望,激发我们内在的潜能,并激励我们不断为实现目标而努力。

但是,仅有梦想是不够的,还要有实现梦想的毅力和决心,把梦想变成现实要依靠不懈的努力。

执着地追求梦想和成全他人的梦想,都是人间至美的事情。

坚持不懈才能成功

多年以前,美国曾有一家报纸刊登了一则某园艺所重金征求纯白金盏花的启事,在当地轰动一时。高额的奖金让许多人趋之若鹜,但在千姿百态的自然界中,金盏花除了金色的就是棕色的,能培植出白色的,不是一件易事。所以许多人一阵热血沸腾之后,就把那则启事抛到九霄云外去了。

一晃就是20年,一天,那家园艺所意外地收到了一封热情的应征信和一粒纯白金盏花的种子。当天,这件事就不胫而走,引起轩然大波。

寄种子的原来是一个年已古稀的老人。老人是一个地地道道的爱花人。20年前当她偶然看到那则启事后,便怦然心动。她不顾8个儿女的一致反对,义无反顾地干了下去。她撒下了一些最普通的种子,精心侍弄。一年之后,金盏花开了,她从那些金色的、棕色的花中挑选了一朵颜色最淡的,任其自然枯萎,以取得最好的种子。次年,她又把它种下去。然后,再从这些花中挑选出颜色最淡的花种栽种……日复一日,年复一年。终于,20年后的一天,她在那片花园中看到一朵金盏花,它不是近乎白色,也并非类似白色,而是如银如雪的白。一个连专家都解决不了的问题,在这位不懂遗传学的老人手中迎刃而解,这难道是奇迹吗?

一个做事没有耐心、没有恒心的人是很难成功的。因为任何一件事的成功都不是偶然的,它需要你耐心的等待。同样,一个人做事不坚持,他就很难看到成功,因为他在成功到来之前就放弃了。

一个人的毅力决定了我们在面对困难、失败、挫折、打击时,是倒下去还是屹立不动。一个人如果想把任何事进行到底,单单靠着"一时的冲劲"是不行的,还需要毅力方能成事。具有毅力的人,不达目标绝不中止。

世界潜能大师博恩·崔西曾说过:"现在世界上大部分的人都处在不耐心的状态下,有许多人做行销、推销有一个非常奇怪的习惯:东边一只兔子,去追;西边有一只兔子,也去追;南边有一只兔子,去追;北边有一只兔子,还去追;追来追去,一只兔子也追不到。所以,成功永远只是耐心不耐心的问题,要成功就要坚持只去追一只兔子。"

有位国际著名的推销大师,即将告别他的推销生涯,应行业协会和社会各界的邀请,他将在该城中最大的体育馆作告别职业生涯的演说。

那天,会场座无虚席,人们在热切地等待着那位当代最伟大的推销员作精彩的演讲。当大幕徐徐拉开,6个彪形大汉抬着一个巨大的铁球走到舞台的中央。

一位老者在人们热烈的掌声中走了出来,站在铁球的一边,他就是那位今天将要演讲的推销大师。

人们惊奇地望着他,不知道他要做出什么举动。

这时,两位工作人员抬着一个大铁锤,放在老者的面前。

老人请两个年轻力壮的人用这个大铁锤去敲打那个铁球,直到它滚动起来。

一个年轻人抢着铁锤,全力向铁球砸去,一声震耳的响声过后,那铁球动也没动。他用大铁锤接二连三地搞了一段时间后,很快就气喘吁吁了。

另一个人也不甘示弱,接过大铁锤把铁球敲得叮当响,可是铁球仍旧一动不动。

台下逐渐没了呐喊声,观众好像认定那是没用的,铁锤是敲不动铁球的。他们在等着老人作出什么解释。

会场恢复了平静，老人从上衣口袋里掏出一个小锤，然后认真地面对着那个巨大的铁球。他用小锤对着铁球"咚"敲了一下，然后停顿一下，再一次用小锤"咚"敲一下，停顿一下，然后"咚"敲一下……就这样持续地用小锤敲打着。

10分钟过去了，20分钟过去了，会场早已开始骚动，有的人干脆叫骂起来，人们用各种声音和动作发泄着他们的不满。老人好像什么也没听见，仍然一小锤一小锤地工作着。人们开始愤然离去，会场上出现了大块大块的空缺。

大概在老人进行到40分钟的时候，坐在前面的一个妇女突然尖叫一声："球动了！"霎时间会场立即鸦雀无声，人们聚精会神地看着那个铁球。那球以很小的幅度真的动了起来。老人仍旧一小锤一小锤地敲着。铁球在老人一锤一锤的敲打中越动越快，最后滚动起来了，场上终于爆发出一阵阵热烈的掌声。在掌声中，老人转过身来，说："当成功来临的时候，你挡都挡不住。"

每个人生命中的每一天都要接受很多的考验。如果能够坚忍不拔，勇往直前，迎接挑战，那么你一定会成功。

希望你坚持不懈，直到成功。要相信自己天生就是为了成功而降临世界，自己的身体中只有成功的血液在流淌。你不是任人鞭打的耕牛，而是不与懦夫为伍的猛兽。千万不要被那些懦夫的哭泣和失意的抱怨所感染，你和他们不一样，你要意志坚定地做你的猛兽，才能笑傲在自己的领域！

希望你坚持不懈，直到成功。要相信生命的奖赏只会高悬在旅途的终点。你永远不可能在起点附近找到属于自己的钻石。也许你不知道还要走多久才能成功，就算当你走到一多半的时候，仍然可能遭到失败。但成功也许就藏在拐角后面，除非拐了弯，否则你永远看不到成功近在咫尺的景象。所以，要不停地向前，再前进一步，如果不行，就再向前一步。事实上，每次进步一点点并不太难。或许你这次考试只得了50分，而你的目标是90分，那么要求下一次就得到90分，显得不现实而且太残酷了，但是如果要求你得到55分或者60分，并不是太难。你每次只需要比上一次好一点点，那么成功就会越来越近。

希望你坚持不懈，直到成功。从现在开始，你要承认自己每天的奋斗就像一滴水，或许明天还看不到它的用处，但是总有一天，滴水穿石。你每一天奋斗不止，就好似蚂蚁吞噬猛虎，只要持之以恒，什么都可以做到。不要小看那些仿佛微不足道的努力，没有它们，就没有你最后的辉煌。

希望你坚持不懈，直到成功。每个人都必然会面临失败，但是在勇者的字典里不允许有"放弃"、"不可能"、"办不到"、"没法子"、"行不通"、"没希望"……这类愚蠢的字眼。你可以失败，也可以失望，但是如果真的还想成为优秀的推销员的话，请记住：你已经不再有绝望的权利！为什么要绝望，想想自己是多么的独一无二！你需要辛勤耕耘，或许必须忍受苦楚，但是请你放眼未来，勇往直前，不用太在意脚下的障碍，在哪里跌倒，就在哪里爬起来。要相信阳光总在风雨后。

希望你坚持不懈，直到成功。你应该牢牢记住那个流传已久的平衡法则，不断鼓励自己坚持下去，因为每一次的失败都会增加下一次成功的机会。这一刻顾客的拒绝就是下一刻顾客的赞同。命运是公平的，你所经受的苦难和你将会获得的幸福是一样多的。今天的不幸，往往预示着明天的好运。深夜时分，当你回想今天的一切，你是否心存感激？要知道，或许命运就是这样，你一定要失败多次才能成功。

希望你坚持不懈，直到成功。你需要不断地尝试、尝试、再尝试。无论什么样的挑战，只要你敢面对，就有战胜的希望，因为你的潜能无限。

希望你坚持不懈，直到成功。你应该借鉴别人成功的秘诀。把过去的那些荣耀或者失败都抛到脑后。只需要抱定一个信念——明天会更好。当你精疲力竭时，你是否可以抵制睡眠的诱惑？再试一次，坚持就是胜利，争取每一天的成功，避免以失败收场。当别人停滞不前时，你不可以放纵自己，你要继续拼搏，因为只要你的付出比别人多一点点，有一天你就会丰收。

希望你坚持不懈，直到成功！

三、相信自己是自然界伟大的奇迹

如果把自己看成是伟人的化身，然后像伟人一样行动，那你的生命自会精彩得无与伦比。要想得到别人的重视，首先要自己重视自己，自信让你战无不胜。

自信是成功的第一秘诀

每当海菲在推销商品的过程中遇到挫折时，他会想：我是世界上独一无二的，我是上帝创造的杰作和奇迹，即使当我屡被拒绝。而且上天将这神灵的羊皮卷赐予我，我就是自然界伟大的奇迹，我将永远不再自怜自贱，而且从今天起，我要加倍重视自己的价值。

因为他坚信"羊皮卷"中的真言乃是神的谕旨，于是他毫无顾忌地大声诵读起来：

"我相信，我是自然界最伟大的奇迹。

"我不是随意来到这个世间的。我生来应为高山，而非草芥。从今天起，我要倾尽全力成为群峰之巅，发挥出最大的潜能。

"我要汲取前人的经验，了解自己以及手中的货物，这样才能更大程度地增加销量。我要斟酌词句，反复推敲推销时用的语言，因为这关系到事业的成败。我知道，许多成功的推销员，其实只有一套说辞，却能使他们无往不利。我还要不断改进自己的仪表和风度，因为这是最能吸引别人的关键。

"从今天起，我永远不再自怜自贱。"

有一个法国人，42岁时仍一事无成，他自己也认为自己简直倒霉透了：离婚、破产、失业……他不知道自己的生存价值和人生意义何在。他对自己非常不满，变得古怪、易怒，同时又十分脆弱。有一天，一个吉普赛人在巴黎街头算命，他上前一试。

吉普赛人看过他的手相之后，说：

"您是一个伟人，您很了不起！"

"什么？"他大吃一惊，"我是个伟人，你不是在开玩笑吧？"

吉普赛人平静地说：

"您知道您是谁吗？"

我是谁？他暗想，是个倒霉鬼，是个穷光蛋，我是个被生活抛弃的人！

但他仍然故作镇静地问：

"我是谁呢？"

"您是伟人，"吉普赛人说，"您知道吗？您是拿破仑转世！您身上流的血、您的勇气和智慧，都是拿破仑的啊！先生，难道您真的没有发觉，您的面貌也很像拿破仑吗？"

"不会吧……"他迟疑地说，"我离婚了……我破产了……我失业了……我几乎无家可归……"

"嗨，那是您的过去，"吉普赛人只好说，"您的未来可不得了！如果先生您不相信，就不用给钱好了。不过，5年后，您将是法国最成功的人啊！因为您就是拿破仑的化身！"

他表面装作极不相信地离开了，但心里却有了一种从未有过的伟大感觉。他对拿破仑产生了浓厚的兴趣。回家后，就想方设法找拿破仑有关的一切书籍著述来学习，渐渐地，他发现周围的环境开始改变了：朋友、家人、同事、老板，都换了另一种眼光、另一种表情对他。事情开始顺利起来。13年以后，也就是在他55岁的时候，他成了法国赫赫有名的亿万富翁。

真正的自信不是孤芳自赏，也不是夜郎自大，更不是得意忘形、自以为是和盲目乐观；真正的自信就是看到自己的强项或者说好的一面来加以肯定、展示或表达。它是内在实力和实际能力的一种体现，能够清楚地预见并把握事情的正确性和发展趋势，引导自己做得最好或更好。

自信是每一个成功人士最为重要的特质之一。

信心是我们获得财富、争取自由的出发点。有句谚语说得好："必须具有信心，才能真正拥有。"

世界酒店大王希尔顿，用200美元创业起家，有人问他成功的秘诀，他说："信心。"

拿破仑·希尔说："有方向感的自信心，令我们每一个意念都充满力量。当你有强大的自信心去推动你的致富巨轮时，你就可以平步青云。"

美国前总统里根在接受《成功》杂志采访时说："创业者若抱有无比的信心，就可以缔造一个美好的未来。"

自信可以让我们成为所希望的那样，自信可以让我们心想事成。

只有先相信自己，别人才会相信你，多诺阿索说："你需要推销的首先就是你的自信，你越是自信，就越能表现出自信的品质。"一个人一旦在自己心中把自己的形象提升之后，其走路的姿势、言谈、举止，无不显示出自信、轻松和愉快，从气势上表现出可以自己做主并且冲劲十足、热情高涨、热心助人。

一个冲劲十足、热情高涨、热心助人的人绝对拥有成功的资本。

"信者"为"储"，不信者即无储，不自信就自卑，自卑就会恐惧……缺乏自信带来的后果是非常可怕的。

如果没有坚定的自信去勇于面对责难和嘲讽，去不断地尝试着动摇传统和挑战权威，那么爱迪生不可能发明电灯，莫尔斯不可能发明电报，贝尔不可能发明电话……

居里夫人说："我们的生活多不容易，但是，那有什么关系？我们必须有恒心，尤其要有自信心，我们的天赋是用来做某件事情的，无论代价多么大，这件事情必须做到。"

汤姆·邓普西生下来的时候只有半只左脚和一只畸形的右手，父母从不让他因为自己的残疾而感到不安。结果，他能做到任何健全男孩所能做的事：如果童子军团行军10公里，汤姆也同样可以走完10公里。

后来他学踢橄榄球，他发现：自己能把球踢得比在一起玩的男孩子都远。他请人为他专门设计了一只鞋子，参加了踢球测验，并且得到了冲锋队的一份合约。

但是教练却尽量婉转地告诉他，说他"不具备做职业橄榄球员的条件"，劝他去试试其他的事业。最后他申请加入新奥尔良圣徒球队，并且请求教练给他一次机会。教练虽然心存怀疑，但是看到这个男子这么自信，对他有了好感，因此就留下了他。

两个星期之后，教练对他的好感加深了，因为他在一次友谊赛中踢出了55码并且为本队得了分。这使他获得了专为圣徒队踢球的工作，而且在那一季中为他的球队得了99分。

他一生中最伟大的时刻到来了。那天，球场上坐了6.6万名球迷。球是在28码线上，比赛只剩下几秒钟。这时球队把球推进到45码线上。"邓普西，进场踢球！"教练大声说。

当汤姆进场时，他知道他的队距离得分线有45码远。球传接得很好，邓普西一脚全力踢在球身上，球笔直地向前飞去。但是踢得够远吗？6.6万名球迷屏住气观看，球在球门横杆之上几英寸的地方越过，接着终端得分线上的裁判举起了双手，表示得了3分，汤姆的球队以19比17获胜。球迷们疯狂地叫着，为踢得最远的一球而兴奋，因为这是只有半只左脚和一只畸形的手的球员踢出来的！

"真令人难以相信！"有人感叹道，但是邓普西只是微笑。他想起他的父母，他们一直告诉他的是他能做什么，而不是他不能做什么。他之所以创造了这么了不起的纪录，正如他自己说的："他们从来没有告诉我，我有什么不能做的。"

这就是自信！

自信心能打开你内心的宝藏

著名的心理学家阿德勒博士在小时候有过一次体验，通过他的例子，完全可以说明一个人的自信心对其行为和能力会产生多大的影响。

阿德勒刚开始上学时算术很糟，老师深信他"数学脑子迟钝"，并把这一"事实"告诉了他的父母，让他们不要对儿子期望过高。他的父母也信以为真。阿德勒被动地接受了他们对自己的评价，而且他的算术成绩似乎也证明他们是对的。但是有一天，他心里闪过一个念头，觉得自己忽然解出了老师在黑板上出的一道其他人都不能解答的难题。他就把自己的想法对老师说了，老师和全班学生哄堂大笑。于是他愤愤不平地几步跨到黑板前面，把问题解了出来，使在场的人目瞪口呆。这件事情以后，阿德勒认识到自己完全可以学好算术，对自己的能力有了自信，后来他终于成为一个数学成绩出类拔萃的学生。

有一位企业家，他想在公开演说中取得成功，因为他在一个很有难度的领域有重大突破，想让大家知道这个消息。他的嗓音很好，演讲的话题也很吸引人，但他不能在陌生人面前讲话。阻碍他的原因是他的自信心不足，他认为自己讲话讲得不好，不会给听众留下好印象，仅仅是因为他不具备引人注目的外表……他"不像一个成功的企业经理人"。这种不良心理在他心上烙下了深深的痕迹。所以，每次他站在人群面前开始说话时，便受到这种心理的阻碍。他错误地得出结论：如果他能动一次手术整一下容，改善外表，他就会产生自信。

整容手术其实并不一定能够解决问题，肉体的变化并不能绝对保证个性的改变。一旦他相信正是自己的消极信念妨碍了他发表这个重要消息时，他的问题也就解决了。他成功地把消极的信念换成了积极而肯定的信念，认为他有一个极其重要的消息，而这则消息只有自己才能告诉大家，不管自己的外表如何。从那时起，他成为企业界最难得的演说家之一。而他唯一的改变只是增强自信。

每个人的内心都有一座宝藏，只有找到开启宝藏的钥匙，才能把潜能开发出来，而自信，是唯一一把开启你内心宝藏的钥匙。

艾尔墨·惠勒受某公司之聘担任推销顾问，负责销售的经理让他注意一件令人感到非常奇怪的事：有一位推销员，不管被公司派到什么地方，也不管给他定多少佣金，他平均所得总是挣够5000美元，不多也不少。

因为这个推销员在一个比较小的推销区干得不错，公司就派他到一个更大、更理想的地区。可是第二年他抽得的佣金数同在小区域干的时候完全一样——5000美元。第三年公司提高了所有推销员的佣金比例，但这位推销员还是只挣了5000美元。公司又派他到一个最不理想的地方，他照样拿到5000美元。

惠勒跟这个推销员谈过话后发现，问题的症结不在于推销区域，而在于他的自我评价。他认为自己是个"每年赚5000美元"的人。有了这个概念之后，外在环境似乎对他就没有什么影响了。

他被派到不理想的地区时，他会为5000美元而努力工作；被派到条件好的地区时，只要达到5000美元，他就有各种借口停步不前了。有一次，目标达到之后，他就生了病，那一年什么工作也没有再干。医生并没有找到生病的原因，而且，第二年一开始，他又奇迹般地恢复了健康。

所以，不管你是什么人，不管你自认为多么失败，你本身仍然具有才能和力量去做使自己快乐而成功的事。开启自身宝藏大门的金钥匙就在你自己的掌握之中。你现在就有力量做你从来不敢梦想的事，只要你能改变自己的否定信念，你马上就能得到这种力量。你要尽快地从"我不能"、"我不配"和"我不应该得到"等自我限制的观念所施行的催眠中清醒过来。以充沛的自信发掘你的成功人生。

约翰·摩根是美国的银行大王，也是哈佛人生哲学中多次引用"以自信创造成功自我"的实践者。

小摩根幼年时，他父亲还是个小商人。后来家境渐渐富裕起来，他在波士顿中学毕业后，被送到德国留学。

摩根毕业回国时，他父亲已经拥有巨资，可以提携他做生意。但是少年摩根性喜独立，决心不依靠父亲。21岁的摩根，已经时常说："不错，我是乔爱斯·摩根的儿子，但我并不想借此而站立在世界上，我要成为一个独立的男子汉。"

就是由于这份自信，摩根不凭父荫，进入纽约的达卡西玛银行实习，从底层做起，掌握了国际间的复杂贸易关系和世界金融的微妙趋势。

摩根最为人乐道的事迹，就是在1900年12月12日接受查理斯·舒瓦的建议，说服铁路大王卡内基将他的公司出售，又和7家制钢公司订立合同，成立了工业史上最庞大的大钢铁托拉斯，支配足足25万工人。

一个人的潜能就像水蒸气一样，其形其势无拘无束，谁都无法用有固定形状的瓶子来装它。而要把这种潜能充分地发挥出来，就一定要有坚定的自信力。

对自己充满信心

推销人员的自信心，就是在推销过程中，相信自己一定能够取得成功，如果你没有这份信心，我想你就不用做推销人员了。

乔·坝多尔弗说："信心是推销人员胜利的法宝。在推销过程的每一个环节，自信心都是必要的成分。"

说明白一点儿，推销就是与形形色色的人打交道的工作。既然是形形色色的人，就肯定会有财大气粗、权位显赫的人物，也会有博学多才、经验丰富的客户，推销人员在与这些人打交道的时候，难免会把自己与他们进行比较，可那又何苦呢？他们还是需要我们，需要我们向他推销产品。你只有树立强烈的自信心，才能最大程度地发挥自己的才能，赢得他们的信任和欣赏，说服他们，最后使他们心甘情愿地掏腰包。

推销是最容易受到客户拒绝的工作，如果你不敢面对它，没有战胜它的自信，那你肯定得不到成绩，你也将永远被客户拒绝。面对客户的拒绝，你只有抱着"说不定什么时候，我一定会成功"的坚定自信——即使客户横眉冷对，表示厌烦，也信心不减，坚持不懈地拜访他，肯定会有所收获。

同时，推销是需要你四处奔波的工作。并且，如果你整天忙忙碌碌，说破了嘴皮还是没有取得成效，而其他的推销人员成绩斐然，自己除了一身臭汗什么都没有，就往往会对自己失去信心，殊不知，你离成功只有那么一丁点儿的距离了。

坚持，就是有信心，对自己说："我一定能成功，我就是一名出色的推销人员。"

有一位顶尖的杂技高手，一次，他参加了一个极具挑战的演出，这次演出的主题是在两座山之间的悬崖上架一条钢丝，而他的表演节目是从钢丝的这边走到另一边。杂技高手走到悬在山上钢丝的一头，然后注视着前方的目标，并伸开双臂，慢慢地挪动着步子，终于顺利地走了过去。这时，整座山响起了热烈的掌声和欢呼声。

"我要再表演一次，这次我要绑住我的双手走到另一边，你们相信我可以做到吗？"杂技高手对所有的人说。我们知道，走钢丝靠的是双手的平衡，而他竟然要把双手绑上！但是，因为大家都想知道结果，所以都说："我们相信你，你是最棒的！"杂技高手真的用绳子绑住了双手，然后用同样的方式，一步、两步……终于又走了过去。"太棒了，太不可思议了！"所有的人都报以热烈的掌声。但没想到的是，杂技高手又对所有的人说："我再表演一次，这次我同样绑住双手，然后再把眼睛蒙上，你们相信我可以走过去吗？"所有的人都说："我们相信你！你是最棒的！你一定可以做到！"

杂技高手从身上拿出一块黑布蒙住了眼睛，用脚慢慢地摸索到钢丝，然后一步一步地往前走，所有的人都屏住呼吸，为他捏一把汗。终于，他走过去了！表演好像还没有结束，只见杂技高手从人群中找到一个孩子，然后对所有的人说："这是我的儿子，我要把他放到我的肩膀上，我同样还是绑住双手、蒙住眼睛走到钢丝的另一边，你们相信我吗？"所有的人都说："我们相信你！你是最棒的！你一定可以走过去的！"

"真的相信我吗？"杂技高手问道。

"相信你！真的相信你！"所有人都这样说。

"我再问一次，你们真的相信我吗？"

"相信！绝对相信你！你是最棒的！"所有的人都大声回答。

"那好，既然你们都相信我，那我把我的儿子放下来，换上你们的孩子，有愿意的吗？"杂技高手说。

这时，整座山上鸦雀无声，再也没有人敢说相信了。

现实中，许多人说："我相信我自己，我是最棒的！"当我们在喊这些口号时，我们是否真的相信自己？我们会不会一出门或遇到一点困难，就忘掉刚才所喊的这句话呢？

自信是一种可贵的心理品质，它一方面需要培养，另一方面也要依赖知识、体能、技能的储备。

在培养自信时，要注意以下两点：

一是注重暗示的作用。"暗示"是一个心理学名词，主要指人的主观感受、主观意识对人的行为的一种引导、控制作用。在做一件事情之前，心中默念"我能干好"或"我能行"之类的话，这样可使自己从心理上放松，久而久之也逐渐地培养了自信的品质。

二是从行为方式上给人以自信的印象。行为方式是人的思想品质的外在体现，如果行动上畏畏缩缩，或者不知所措，很难令人把你同自信联系起来。与人谈话时，要看着对方的眼睛（当然不能死死地盯着），不躲避对方的目光；说话时要尽量清晰而有条理地表达，不让声音憋在嗓子里。如果对要表述的内容心中没底，就预演一番，这样心里就有把握了。

知识、技能的储备是自信的基础，具备了足够的知识和实际能力，自信就会发自内心，不必强装。否则，越是显得自信，就越是不自信。

只有自己真的相信自己，才能让别人相信你。

四、永远沐浴在热情之中

真正的热情意味着你相信你所干的一切是有目的的。你坚定不移地去实现你的目的，你有火一样燃烧的愿望，它驱使你去达到你的目标，直到你如愿以偿。

热情是行动的信仰

当海菲凭借他的自信、他的坚持，赢得了人生无数的胜利之后，他对于推销这一工作充满了热爱，他不再怀疑自己当初是否适合做一名推销员。现在，他确信自己很适合这份工作，而且凭借他的能力，他一定会成为"世界上最伟大的推销员"。

为此，他总是满怀热情的迎接人生的每一天。

他感到自己的变化，他用快乐与自信代替了自怜与恐惧。

当他迈进新的一天时，他有了三个新伙伴：自信、自尊和热情。自信使他能够应付任何挑战，自尊使他表现出色，而热情是自信和自尊的根源。

历史上任何伟大的成就都可以称为热情的胜利。没有热情，不可能成就任何伟业，因为无论多么恐惧、多么艰难的挑战，热情都赋予它新的含义。没有热情，人注定要在平庸中度过一生；而有了热情，人将会创造奇迹。

在海菲的心中，热情是世界上最大的财富。它的潜在价值远远超过金钱与权势。热情摧毁偏见与敌意，摒弃懒惰，扫除障碍。他认识到：热情是行动的信仰，有了这种信仰，人们就会无往不胜。

英格兰一个小镇上竖立着一座雕像，用来纪念英式橄榄球的起源。雕像是一个年轻男孩，急切地弯腰捡起地上的足球。雕像底座刻着一句铭文："他不顾规则，捡起球来拼命向前跑。"

这是一个真实发生的故事。两所高中正进行一场激烈的足球竞赛，离终场只剩几分钟，一名没有经验的男孩首次被换上球场。他求胜心切，忘记不可用手触摸足球的规定，他弯腰捡起球，铆足劲往对方球门猛冲。裁判和其他球员都惊讶地愣在原地，观众却被这男孩的精神感动，起立鼓掌欢呼。

这件偶发事件就是橄榄球运动的起源。显然这项新式运动并不是经过长久讨论研究而创生的，而是因为一个热情男孩的错误而诞生的。

一个人热情的能力来自于一种内在的精神特质。你唱歌，因为你很快乐，而在唱歌的同时你又变得更快乐。热情就像微笑一样，是会传染的。

一个人对于生活没有热情，没有激情，他的生活是枯燥无趣的。

一个人对于工作没有热情，没有激情，他的工作是没有效率的。

一个人没有热情，没有激情，他的人际关系是很糟糕的，没有人愿意跟一个没有任何激情的人在一起。激情会带来力量，激情会感染别人。

热忱是助你成功的神奇力量

俄亥俄州克里夫兰市的史坦·诺瓦克下班回到家里，发现他最小的儿子提姆又哭又叫地猛踢客厅的墙壁。小提姆第二天就要开始上幼儿园了，他不愿意去，就这样子以示抗议。按照史坦平时的作风，他会把孩子赶回自己的卧室去，让孩子一个人在里面，并且告诉孩子他最好还是听话去上幼儿园。由于已了解了这种做法并不能使孩子欢欢喜喜地去幼儿园，史坦决定运用刚学到的知识：热忱是一种重要的力量。

他坐下来想：如果我是提姆的话，我怎么样才会乐意去上幼儿园？他和太太列出所有提姆在幼儿园里可能会做的趣事，例如画画、唱歌、交新朋友，等等。然后他们就开始行动，史坦对这次行动作了生动的描绘："我们都在饭厅桌子上画起画来，我太太、另一个儿子鲍勃和我自己，都觉得很有趣。没有多久，提姆就来偷看我们究竟在做什么事，接着表示他也要画。'不行,你得先上幼儿园去学习怎样画。'我以我所能鼓起的全部热忱,以他能够听懂的话,说出他在幼儿园中可能会得到的乐趣。第二天早晨,我一起床就下楼,却发现提姆坐在客厅的椅子上睡着。'你怎么睡在这里呢?'我问。'我等着去上幼儿园,我不要迟到。'我们全家的热忱已经鼓起了提姆内心里对上幼儿园的渴望,而这一点是讨论或威胁、责骂都不可能做到的。"

热忱并不是一个空洞的名词,它是一种重要的力量。也许你的精力不是那么充沛,也许你的个性不是那么坚强,但是一旦你有了热忱,并好好地利用它,所有的这一切都可以克服。你也许很幸运地天生即拥有热忱,或者不太走运,必须通过努力才能获得。但是,没有关系,因为发展热忱的过程十分简单——从事自己喜欢的工作。如果你现在仍在感叹自己是多么讨厌推销员这份差事的话,那么还有两个办法让你拥有热忱:你现在是否正在从事自己的理想职业?你可以把它作为你的目标,但是不要忘了,你想从事的任何其他工作的前提是你拥有一个成功的基础,那就是你先要做一个成功的推销员。只有这样,你所梦想的那些高层工作才会向你招手。或者你现在依然是浑浑噩噩,你甚至不知道自己喜欢什么样的工作,那么还有一个办法,很简单,那就是你完全可以让自己爱上这份工作!想想看,你为什么讨厌它,或许你根本没有发现你所从事的工作的本质。

热忱是一种状态,夸张地说就是你24小时不断地思考一件事,甚至在睡梦中仍念念不忘。当然,如果真的这样你会神经衰弱的。然而,这种专注对你的梦想实现来说却很重要。它可以使你的欲望进到潜意识中,使你无论是清醒或是昏睡,都时时刻刻专注自己的目标,使你有获得成功的坚强意志。热忱可使你释放出潜意识的巨大力量。通常来讲,在认知的层次,一个普通人是无法和天才竞争的。但是,大多数的心理学家都赞同这样一个观点:潜意识的力量要比有意识的大得多。也许你已经毕业奋斗了好几年,还是一个小角色,但是请相信自己:一旦将潜意识的力量挖掘,你就可以创造奇迹。

如果你现在仍旧可能不时地受到怯懦、自卑或恐惧的袭击,甚至被这些不正常心理所击倒,那么只能说明你还没有发现和感受到热忱的放射力量。其实在每个人身上都有强大的潜力,只是并非每个人都知道和了解,所以很多人的潜力只是未被发现和利用罢了。你若经常或多或少有自卑感,常常低估自己,对自己失去信心,缺少热忱,那么请尝试相信自己的健康、精力与忍耐力,尝试相信自己具有强大的潜在力量,这种自信将会给予你极大的热忱。请记住:热爱自己就会帮助自己成功。

热忱可以使人成功,使人解决似乎难以解决的难题;同理,没有热忱就不会成功,很多活生生的例子就说明了这一点。

"十分钱连锁商店"的创办人查尔斯·华尔渥兹说过:"只有对工作毫无热忱的人才会到处碰壁。"查尔斯·史考伯则说:"对任何事都没有热忱的人,做任何事都不会成功。"

当然,这是不能一概而论的,譬如一个毫无音乐才气的人,不论如何热忱和努力,都不可能变成一位音乐界的名家。但凡是具有必需的才气,有着可能实现的目标,并且具有极大热忱的人,做任何事都会有所收获,不论物质上或精神上都是一样。

关于这点,我们可以引用著名的人寿保险推销员法兰克·贝特格的一些话加以说明。以下是贝特格在他的著作中所列出的一些经验之谈:

"当时是1907年,我刚转入职业棒球界不久,就遭到有生以来最大的打击,因为我被开除了。我的动作无力,因此球队的经理有意要我走人。他对我说:'你这样慢吞吞的,哪像是在球场混了20年。法兰克,离开这里之后,无论你到哪里做任何事,若不提起精神来,你将永远不会有出路。'

"本来我的月薪是175美元,离开之后,我参加了亚特兰斯克球队,月薪减为25美元。薪水这么少,我做事当然没有热情,但我决心努力试一试。待了大约10天之后,一位名叫丁尼·密亨的老队员把我介绍到新凡去。在新凡的第一天,我的一生有了一个重要的转变。

"因为在那个地方没有人知道我过去的情形,我就决心变成新英格兰最具热忱的球员。为了实现这点,当然必须采取行动才行。

"我一上场,就好像全身带电。我强力地投出高速球,使接球的人双手都麻木了。记得有一次，我以强烈的气势冲入三垒，那位三垒手吓呆了，球漏接，我就盗垒成功了。当时气温高达华氏 100 度，我在球场奔来跑去，极可能中暑而倒下去。

"这种热忱所带来的结果，真令人吃惊——

"我心中所有的恐惧都消失了，发挥出意想不到的技能；

"由于我的热忱，其他的队员跟着热忱起来；

"我不但没有中暑，在比赛中和比赛后，还感到从没有如此健康过。

"第二天早晨，我读报的时候，兴奋得无以复加。报上说：'那位新加进来的贝特格，无异是一个霹雳球，全队的人受到他的影响，都充满了活力。他们不但赢了，而且是本季最精彩的一场比赛。'

"由于热忱的态度，我的月薪由 25 美元提高为 185 美元，多了 7 倍。

"在往后的 2 年里，我一直担任三垒手，薪水加到 30 倍之多。为什么呢？就是因为一股热忱，没有别的原因。"

后来贝特格的手臂受了伤，不得不放弃打棒球。接着，他到菲特列人寿保险公司当保险员，整整一年多都没有什么成绩，因此很苦闷。但后来他又变得热忱起来，就像当年打棒球那样。

再后来，他成了人寿保险界的大红人。不但有人请他撰稿，还有人请他演讲自己的经验。他说："我从事推销已经 30 年了。我见到许多人，由于对工作抱着热忱的态度，使他们的收入成倍数地增加起来。我也见到另一些人，由于缺乏热忱而走投无路。我深信，唯有热忱的态度，才是成功推销的最重要因素。"

如果热忱对任何人都能产生这么惊人的效果，对你我也应该有同样的功效。

所以，可以得出如下的结论：热忱的态度，是做任何事必需的条件。我们都应该深信此点。任何人，只要具备这个条件，都能获得成功，他的事业，必会飞黄腾达。

五、珍惜生命中的每一天

浪费时间是生命中最大的错误，也是最具毁灭性的力量。大量的机遇就蕴含在点点滴滴的时间当中。浪费时间往往是绝望的开始，也是幸福生活的扼杀者……明天的幸福就寄寓在今天的时间中。

浪费时间等同于挥霍生命

当海菲已经是当地很有名的一位推销员时，有时也在考虑一个问题：如何使我的生命延长，如何增加人生的价值，创造更多的财富呢？于是，他大胆设想：假如今天是我生命中的最后一天，我会怎么办？我要如何利用这最后、最宝贵的一天呢？

这时，他会在"羊皮卷"中寻求答案：

"这是我生命仅有的一天，是现实的永恒。我像被赦免死刑的罪犯，用喜悦的泪水拥抱新生的一天。我举起双手，感谢这无比珍贵的一天。当我想到昨天和我一起迎接朝阳的朋友，今天已不复存在时，我为自己的幸存感激上帝。我是十分幸运的人，今天的时光是额外的奖赏。许多成功者都先我而去，为什么我得到这额外的一天？是不是因为他们已大功告成，而我尚在旅途行走？如果这样，这是不是成就我的一次机会，让我功成名就？上帝的安排是否别具匠心？今天是不是我超越他人的机会？

"对任何人而言，生命只有一次，而人生也不过是时间的累积。我如果让今天的时光白白流逝，就等于毁掉人生最后一页。因此，我要倍加珍惜今天的分分秒秒，因为它们将如流水般一去不复返。我无法把今天存入银行，明天再来取用。时间像风一样无法抓住。此刻的一分一秒，我要用双手捧住，用爱心去抚摸，因为它们弥足宝贵。没有人能计算时间的价值，因此它们是无价之宝！"

看完这些，海菲心潮澎湃，他意识到时间的珍贵，他开始珍惜此刻的分分秒秒，绝不浪费一点光阴，抓住了时间之手的他，也抓住了人生的命脉，也抓住了人生的成功。

其实，每一个成功者都如同海菲一样非常珍惜自己的时间。无论是老板还是打工族，一个做事有计划的人总是能判断自己面对的顾客在生意上的价值，如果有很多不必要的废话，他们都会想出一个收场的办法。同时，他们也绝对不会在别人的上班时间，去海阔天空地谈些与工作无关的话，因为这样做实际上是在妨碍别人的工作，浪费别人的生命。

在美国近代企业界里，与人接洽生意能以最少时间产生最大效率的人，非金融大王摩根莫属，为了珍惜时间他招致了许多怨恨。

摩根每天上午9点30分准时进入办公室，下午5点回家。有人对摩根的资本进行了计算后说，他每分钟的收入是20美元，但摩根说好像不止这些。所以，除了与生意上有特别关系的人商谈外，他与人谈话绝不超过5分钟。

通常，摩根总是在一间很大的办公室里，与许多员工一起工作，他不是一个人待在房间里工作。摩根会随时指挥他手下的员工，按照他的计划去行事。如果你走进他那间大办公室，是很容易见到他的，但如果你没有重要的事情，他是绝对不会欢迎你的。

摩根能够轻易地判断出一个人来接洽的到底是什么事。当你对他说话时，一切转弯抹角的方法都会失去效力，他能够立刻判断出你的真实意图。这种卓越的判断力使摩根节省了许多宝贵的时间。有些人本来就没有什么重要事情需要接洽，只是想找个人来聊天，而耗费了工作繁忙的人许多重要的时间。摩根对这种人简直是恨之入骨。

一位作家在谈到"浪费生命"时说："如果一个人不争分夺秒、惜时如金，那么他就没有奉行节俭的生活原则，也不会获得巨大的成功。而任何伟大的人都争分夺秒、惜时如金。"

人人都须懂得时间的宝贵，"光阴一去不复返"。当你踏入社会开始工作的时候，一定是浑身充满干劲的。你应该把这干劲全用在事业上，无论你做什么职业，你都要努力工作、刻苦经营。如果能一直坚持这样做，那么这种习惯一定会给你带来丰硕的成果。

歌德这样说："你最适合站在哪里，你就应该站在哪里。"这句话是对那些三心二意者的最好忠告。

明智而节俭的人不会浪费时间，他们把点点滴滴的时间都看成是浪费不起的珍贵财富，把人的精力和体力看成是上苍赐予的珍贵礼物，它们如此神圣，绝不能胡乱地浪费掉。

无论是谁，如果不趁年富力强的黄金时代去培养自己善于集中精力的好性格，那么他以后一定不会有什么大成就。世界上最大的浪费，就是把一个人宝贵的精力无谓地分散到许多不同的事情上。一个人的时间有限、能力有限、资源有限，想要样样都精、门门都通，绝不可能办到，如果你想在某些方面取得一定成就，就一定要牢记这条法则。

珍惜时间使生命更加珍贵

时间就是金钱，时间就是生命本身，时间也是独一无二的，对每个人来说都是只有一次的宝贵资源。每个人的人生旅途都是在时间长河中开始的，每个人的生命都是随着时间的发展而发展的。只有那些能够把握时间、会利用时间的人，才能最早接近成功的终点。时间总是在不经意间悄悄溜走，如果不去主动抓住它，它永远不会停留。世界上只有一种东西平等地属于每一个人，那就是时间，在时间面前没有高低贵贱之分。由于对时间利用的差异，才有了贫富贵贱的差别。

瑞士是世界上第一个实行电子户籍卡的国家。只要有婴儿降生，医院就会立刻用计算机网络查看他是这个国家的第多少位成员，然后，这个孩子就拥有了自己的户籍卡，在这个户籍卡上标明了他的姓名、性别、出生日期、家庭住址等信息。与其他国家不同的是，每一个初生的孩子都有财产这一栏，因为他们认为孩子降临到这个世上就是一笔伟大的财富。

一次，一个电脑黑客入侵了瑞士的户籍网络，他希望为自己在瑞士注册一个虚拟的儿子。在填写财产这一栏时，他随便敲了一个数——5万瑞士法郎。

当填完了一切表格的时候，他满意极了。但他没有想到，自认为天衣无缝的行动在第二天就被发现了。

奇怪的是，发现这个可疑孩子的并不是瑞士的户籍管理人员，而是一位家庭主妇。

那位妇女在互联网上为自己新出生的女儿注册时，发现排在她前面的那个孩子的个人财产一栏写的是5万瑞士法郎，这引起了她的怀疑，因为所有的瑞士人在自己的孩子个人财产这一栏上写的都是"时间"。瑞士人认为时间是孩子一生的财富。

所以哪怕你出生在一个经济拮据的家庭，只要你还年轻，依然对生活抱有希望，那你就

81

是一个富有的人。

对于一个人来说,生命是他最重要的。一个生命降临到这个世界上,在以后的日子里他要走过几十年的时间,而时间是他最初带来的,也就是他最初的财富。时间在一分一秒地过去,他的生命也在一点一点地减少,财富也就随之减少了。

有的人用一生的时间追求权力和金钱,但是到最后当他们不再年轻的时候,才知道原来时间就是他最大的财富,拥有一切的时候却发现自己变穷了,因为时间不会再回来,他失去了最初的财富。

人们说时间就是金钱,这种说法低估了时间的价值,时间远比金钱更宝贵——通常如此。即使我们富可敌国,也不会为自己买下比任何人多一分钟的时间。

许多伟人为什么能够名垂千古,一个重要的原因就在于他们非常珍惜时间。他们在一生有限的时间里,争分夺秒地为实现他们的人生目标不停地努力、奋斗、进步。意大利文艺复兴时期,几乎所有的文学创作者同时又都是勤奋工作、兢兢业业的商人、医生、政治家、法官或是士兵。

以现在人均寿命70岁计算,人一生将占有60多万个小时,即使除去休息时间也有35万多个小时。而就一生的时间而言是不断减少的,但是人对实际时间的利用和发挥是不一样的,因而实际生命的长短也是不一样的。所以对于挤时间的人来说,时间却又是在不断增加的,甚至是成倍地增加。

时间像是海绵,要靠一点一点地挤;时间更像边角料,要学会合理利用,一点一滴地积累。

一个男子走进富兰克林的书店,拿起一本书问店员道:"这本书要多少钱?"

"1美元。"店员答道。

"要1美元?"那个徘徊良久的人惊呼道,"太贵了,你能不能便宜一点?"

"没法便宜了,这本书写得很好,就得1美元。"店员微笑着答道。

这个人又盯了那本书一会儿,然后问道:"你们的老板富兰克林先生在店内吗?"

"在,"店员回答说,"他正在印刷间里忙。"

"哦,那很好,我想见一见他。"这个男子说道。

书店的老板富兰克林被店员叫了出来,这个人扬了扬手中的书,再一次问:"富兰克林先生,请问这本书的最低价是多少?"

"1.2美元。"富兰克林斩钉截铁地回答道。

"1.2美元!怎么可能呢?刚才你的店员还只要1美元。你怎么可以这样做呢?"

"没错,"富兰克林说道,"但是你耽误了我的宝贵时间,这个损失比1美元要大得多。"

这个男子非常诧异,但是,为了尽快结束这场由他自己引起的小小的风波,他再次问道:"是吗,那么请你告诉我这本书的最低价好吗?"

"1.5美元。"富兰克林重复道,"1.5美元!"

"这是怎么了,刚才你自己不是说了只要1.2美元吗?"

"是的,"富兰克林回答,"可是到现在,我因此所耽误的工作和损失的价值要远远大于1.5美元。"

这个男子沉思了一下,默不作声地把钱放在柜台上,拿起书离开了书店。因为他从富兰克林身上得到了一个有益的教训:从某种程度上来说,时间就是财富,时间生产价值。

富兰克林说:"如果想成功,就必须重视时间的价值。"

浪费自己的时间是自杀,浪费别人的时间是谋财害命。

人生由时间组成,不珍惜时间就是不珍惜自己的生命。而有时候,我们不但自己不在意时间的宝贵,而且还拖累别人跟自己去消磨时间。这是一件很残忍的事情,同时也是不道德和不尊重人的表现。

你可能没有莫扎特的音乐天赋,也没有比尔·盖茨那般富有,但是有一样东西,你拥有的和别人一样多,那就是时间。每个人每天都拥有24个小时,所不同的是,有的人会有效地利用时间,合理地安排时间,从闲暇中找出时间。

人生，其实就是和时间赛跑。人人都有可能是胜利者。只有不参加的人，才是失败者。

学做时间的主人

一天，时间管理专家为一群商学院的学生讲课。

"我们来个小测验。"专家拿出一个一加仑的广口瓶放在桌上。随后，他取出一堆拳头大小的石块，把它们一块块地放进瓶子里，直到石块高出瓶口再也放不下了。他问："瓶子满了吗？"所有的学生应道："满了。"他反问："真的？"说着他从桌下取出一桶沙子，倒了一些进去，并敲击玻璃壁使沙子填满石块间的间隙。

"现在瓶子满了吗？"这一次学生有些明白了，"可能还没有。"一位学生应道。"很好！"他伸手从桌下又拿出一桶再细的沙子，把沙子慢慢倒进玻璃瓶。沙子填满了石块的所有间隙。他又一次问学生："瓶子满了吗？""没满！"学生们大声说。然后专家拿过一壶水倒进玻璃瓶直到水面与瓶口齐平。他望着学生，"这个例子说明了什么？"一个学生举手发言："它告诉我们：无论你的时间多么紧凑，如果你真的再加把劲，你还可以干更多的事！"

"不，那还不是它的寓意所在。"专家说，"这个例子告诉我们，如果你不先把大石块放进瓶子里，那么你就再也无法把它们放进去了。那么，什么是你生命中的'大石块'呢？你的信仰、学识、梦想，或是和我一样，传道授业解惑。切切记住，得先去处理这些'大石块'，否则你就将悔恨终生。"

上天是公平的，上帝给每个人的时间一样多，每个人一天的时间都是24小时，一天都是86400秒。没有谁比谁多一分钟，亦没有谁比谁少一分钟。时间一样多，但人的成就却不一样大，为什么？就是因为对于时间的态度和管理策略不同。

除了把大部分时间和主要精力运用于重要事情上以外，还要学会利用琐碎时间。

工作与工作之间总会出现时间的空当，人们都会在每件事情与事情之间浪费琐碎的片段时间，例如等车、等电梯、搭飞机，甚至上厕所时，或多或少都会有片刻的空闲时间，如果我们不善加利用，这些时间就会白白溜走；倘若能够善加利用，积累起来的时间所产生的效果也是非常可观的。推销员在等公共汽车时总有近10分钟的空当时间，若是毫无目标地与人闲聊或四下张望，就是缺乏效率的时间运用。如果每天利用这10分钟等车的时间想一想自己将要拜访的客户，想一想自己的开场白，对自己的下一步工作做一下安排，那么，你的推销工作一定能顺利展开。不要小看不起眼的几分钟，说不定正是由于这几分钟的策划，你的推销就取得了成功。

妥善地规划行程也是有效利用时间的方法。

在时间的运用上，最忌讳的是缺乏事前计划，临时起意，想到哪里就做到哪里，这是最浪费时间的。推销员拜访客户时，从甲客户到丙客户的行程安排中，遗漏了两者中间还有一个乙客户的存在，等到拜访完丙客户时，才又想到必须绕回去拜访乙客户，这就是事先未做好妥善的行程规划所致，如此一来，做事的效率自然事倍功半。另外，某些私人事务也可以在拜访客户的行程中顺道完成，来减少往返时间的浪费。例如，交水电费、交电话费、寄信、买车票等，因此一份完整的行程安排表是不可或缺的。

要做时间的主人还要有积极的时间概念。

凡事必须定出完成的时间，才会迫使自己积极地掌握时间，有句俗话说："住得近的人容易晚到。"其原因是住得近，容易忽略时间。例如，一些推销员为了方便上班，在离公司一步之遥的地方租房子，因为很快就可以到达公司，但也容易养成磨磨蹭蹭的坏习惯，结果往往是快迟到的时候才惊觉时间已经来不及了。事实上，不是时间不够用，而是因为消极的心态让你疏忽了时间的重要性。因此，要改变自己的想法，就必须用正确而积极的态度面对时间管理，要求自己凡事都得限时完成，如此，事情才会一件接着一件地完成，这才是有效率的工作。

时间是最容易取得的资源，因为容易取得，所以我们也就容易轻视它的存在而恣意浪费，这种习惯会降低我们生存的价值。以最简单的数学概念来计算，如果我们每天浪费1小时，1年下来就浪费了365小时，1天24小时中扣除8小时的休息时间，以16小时当作1天来计算，365个小时等于22天，10年下来就有220天，大约等于浪费了1年的可用时间，所以1个活到 70 岁的人若是每天浪费了 1 小时，其中就有接近 7 年的时间是白活了，想起来真是十分可怕的事！我们还能毫无限制地让时间溜走而不懂得把握吗？

推销员是可以自由支配自己时间的人，如果自己没有时间概念，不能有效地管理好自己的时间，那么推销的成功就无从谈起。

六、在困境中寻找机遇

困境是一所培养人才的学校，人生路上的磨难能成就辉煌人生。逆风飞行需要勇气，要时时调整心态，积极走出困境。

困境让你更坚强

拥有"羊皮卷"的海菲，人生之路也并非一帆风顺。在事业当中，无论付出多大的代价，做出多少的努力，如何坚持不懈、拥有激情，失败和挫折一样会降临到他的头上，这似乎是上天刻意的安排。但是已经事业有成，人到中年的海菲已有了丰富的阅历，他已经知道该如何对抗逆境，想办法扭转局面走出困境。

因为，他总在每一次困境中，寻找成功的萌芽。

他是这样来看待所谓的"逆境"：

逆境是人生中一所最好的学校。每一次失败，每一次挫折，每一次磨难，都孕育着成功的萌芽。这一切都教会他在下一次的表现中更为出色。他不会对失败耿耿于怀，不会逃避现实，不会拒绝从以往的错误中吸取教训。教训是来自苦难的精华，生活中最可怕的事情是不断重复同样的错误。每个人都要避免发生这样的事情，逆境往往是通向真理的重要路径。为了改变处境，他随时准备学习所需要的一切知识。

无论何时，当他被可怕的失败击倒，在每一次的痛苦过去之后，他要想方设法将失败变成好事。人生的机遇就在这一刻闪现……这苦涩的根脉必将迎来满园的花团锦簇。

困境对我们每个人都是一种考验，面对逆境，不同的人会有不同的表现。勇敢地面对它，并努力去解决它，困境会让你更坚强。

磨难成就辉煌人生

深山里有两块石头，第一块石头对第二块石头说：

"去经一经路途的艰险坎坷和世事的磕磕碰碰吧，能够搏一搏，不枉来此世一遭。"

"不，何苦呢？"第二块石头嗤之以鼻，"安坐高处一览众山小，周围花团锦簇，谁会那么愚蠢地在享乐和磨难之间选择后者，再说，那路途的艰险会让我粉身碎骨的！"

于是，第一块石头随山溪滚涌而下，历尽了风雨和大自然的磨难，它依然执着地在自己的路途上奔波。第二块石头讥讽地笑了，它在高山上享受着安逸和幸福，享受着周围花草簇拥的畅意抒怀。

许多年以后，饱经风霜、历尽尘世千锤百炼的第一块石头和它的家族已经成了世间的珍品、石艺的奇葩，被千万人赞美称颂。第二块石头知道后，有些后悔当初，现在它想投入到世间风尘的洗礼中，然后得到像第一块石头那样的成功和高贵，可是一想到要经历那么多的坎坷和磨难，甚至疮痍满目、伤痕累累，还有粉身碎骨的危险，便又退缩了。

一天，人们为了更好地珍存那石艺的奇葩，准备修建一座精美别致、气势雄伟的博物馆，建造材料全部用石头。于是，他们来到高山上，把第二块石头粉了身，碎了骨，给第一块石头盖起了房子。

孟子云："生于忧患，死于安乐。"忧患和安逸同样是一种生活方式，但一个可以培育信念，一个只能播种平庸。

动物学家的实验表明：狼群的存在使羚羊变得强健，而没有狼群的威胁，羚羊在舒适的环境下变得弱不禁风，一旦遭遇狼群，只有被吃掉的下场。这一现象同样适用于人类，真正的人生需要磨难。遇到逆境就一味消沉的人是肤浅的；一有不顺心的事就惶惶不可终日的人是脆弱的。一个人不懂得人生的艰辛，就容易傲慢和骄纵；未尝过人生苦难的人，也往往难当重任。

爱伦·坡是一位浪漫、神秘的天才诗人、小说家。他给后世留下了很多不朽的诗歌，最脍炙人口的诗歌是《乌鸦》：

那只乌鸦总不飞去，老是栖息着，老是栖息着；在我房门上方那苍白的帕拉斯半身雕像上。它眼中流露的神情，看上去就好像梦中的一个恶魔。在它头顶上倾泻着的灯光将它的阴影投射在地板上。

爱伦·坡将这首诗写了又改，改了又写，一直断断续续地写了10年。然而在当时的情况下，他却被迫将它廉价出卖，仅仅得到了10美元的稿费——这相当于他一年的工作仅合一块钱。

历史是公正的。当时只得了10美元的诗，它的原稿最近却卖了几万美金的高价。

这样一位天才诗人，一生都在穷困中度过，他大部分时间付不起房租，尽管房子简陋。他的妻子患有肺痨，因为没有钱寻医问药，只有终日缠绵病榻。他们没有钱买食物，有时候，他们一连好几天都没有一点东西可吃。当车前草在院子里开花的时候，他们就把它摘下来，用水煮熟了当饭吃，有一段时间几乎天天如此。

年幼的藏犬长出牙齿并能撕咬时，主人就把它们放到一个没有食物和水的封闭环境里让这些幼犬自相撕咬，残杀后剩下一只活着的犬，这只犬称为獒。据说10只犬才能产生一只獒。

要做一只犬还是一只獒，看你自己的选择。有磨难的历练，才能成就辉煌的人生。

积极心态帮你走出困境

美国从事个性分析的专家罗伯特·菲利浦有一次在办公室接待了一个因自己开办的企业倒闭而负债累累，离开妻女到处为家的流浪者。那人进门打招呼说："我来这儿，是想见见这本书的作者。"说着，他从口袋中拿出一本名为《自信心》的书，那是罗伯特许多年前写的。流浪者继续说："一定是命运之神在昨天下午把这本书放入我的口袋中的，因为我当时决定跳到密歇根湖，了却此生。我已经看破一切，认为一切已经绝望，所有的人（包括上帝在内）已经抛弃了我，但还好，我看到了这本书，使我产生新的看法，为我带来了勇气及希望，并支持我度过昨天晚上。我已下定决心：只要我能见到这本书的作者，他一定能协助我再度站起来。现在，我来了，我想知道你能替我这样的人做些什么。"

在他说话的时候，罗伯特从头到脚打量流浪者，发现他茫然的眼神、沮丧的皱纹、十几天未刮的胡须以及紧张的神态，这一切都显示：他已经无可救药了。但罗伯特不忍心对他这样说，因此，请他坐下，要他把他的故事完完整整地说出来。

听完流浪汉的故事，罗伯特想了想，说："虽然我没有办法帮助你，但如果你愿意的话，我可以介绍你去见本大楼的一个人，他可以帮助你赚回你所损失的钱，并且协助你东山再起。"罗伯特刚说完，流浪汉立刻跳了起来，抓住他的手，说道："看在上天的份上，请带我去见这个人。"

他会为了"上天的份上"而做此要求，显示他心中仍然存在着一丝希望。所以，罗伯特拉着他的手，引导他来到从事个性分析的心理实验室里，和他一起站在一块窗帘布之前。罗伯特把窗帘布拉开，露出一面高大的镜子，罗伯特指着镜子里的流浪汉说："就是这个人。在这世界上，只有一个人能够使你东山再起，除非你坐下来，彻底认识这个人——当作你从前并未认识他——否则，你只能跳进密歇根湖里，因为在你对这个人作充分的认识之前，对于你自己或这个世界来说，这都将是一个没有任何价值的废物。"

流浪汉朝着镜子走了几步，用手摸摸他长满胡须的脸孔，对着镜子里的人从头到脚打量了几分钟，然后后退几步，低下头，开始哭泣起来。过了一会儿后，罗伯特领他走出电梯间，送他离去。

几天后，罗伯特在街上碰到了这个人，他不再是一个流浪汉形象，而是西装革履，步伐轻快有力，头抬得高高的，原来那种衰老、不安、紧张的姿态已经消失不见。他说他感谢罗伯特先生，让他找回了自己，很快找到了工作。

后来，那个人真的东山再起，成为芝加哥的富翁。

挫折，是一面镜子，能照见人的污浊；挫折，也是一副清醒剂，是条鞭子，可以使你在抽打中清醒。

挫折，会使你冷静地反思自责，正视自己的缺点和弱项，努力克服不足，以求一搏；挫折，会使人细细品味人生，反复咀嚼人生甘苦，培养自身悟性，不断完善自己；挫折，不是一束鲜花，而是一丛荆棘，鲜花虽令人怡情，但常使人失去警惕；荆棘虽叫人心悸，却使人头脑清醒。

面对挫折，不能丧志，要重新调整自己的心态和情绪，校正人生的坐标和航线，重新寻找和把握机会，找到自己的位置，发出自己的光芒。

有一个男孩在报上看到应征启事，正好是适合他的工作。第二天早上，当他准时前往应征地点时，发现应征队伍中已有 20 个男孩在排队。

如果换成另一个意志薄弱、不太聪明的男孩，可能会因此而打退堂鼓。但是这个年轻人却完全不一样。他认为自己应该动动脑筋，运用自身的智慧想办法解决困难。他不往消极面思考，而是认真用脑子去想，看看是否有办法解决。

他拿出一张纸，写了几行字，然后走出行列，并要求后面的男孩为他保留位子。他走到负责招聘的女秘书面前，很有礼貌地说："小姐，请你把这张纸交给老板，这件事很重要，谢谢你。"

这位秘书对他的印象很深刻，因为他看起来神情愉悦，文质彬彬，有一股强有力的吸引力，令人难以忘记。所以，她将这张纸交给了老板。

老板打开纸条，见上面写着这样一句话：

"先生，我是排在第 21 号的男孩。请不要在见到我之前作出任何决定。"

你可以预料到，最后的结果是这个年轻人被顺利录取。

因此，人生不必害怕困境，只要调整心态，勇于迎接挑战，加之勤动脑，运用智慧去积极地解决问题，相信任何的困境都将成为你成功的一个机遇，这时，你也许会由衷地感激这些人生中的逆境，正是因为它们的存在，让你的人生充满了挑战、机遇和更大的成功。

七、每晚反省自己的行为

反省是认识自己的一种方法。不仅在失败的时候要反省，就是在平常，也要时时反省。

反省让你保持清醒

当海菲觉得自己已经可以凭借毅力、实力和智慧战胜人生中的困境时，他变得更加从容和自信，但是他始终不敢太过放松，他时刻警惕失败的偷袭，为此，他养成了一个很好的习惯：那就是每晚反省一天的行为。

他习惯于晚上在熄灭蜡烛之前，回想这一天每时每刻的言行。他要认真反思这一天来经历的所有的事情。他知道当自己有勇气劝诫自己、原谅自己时，也就不害怕面对自己任何的错误了。

教训往往被人们当成愚蠢与悲伤的同义语。其实根本不是这样的。假如他愿意并确实从失败中学习，那么今天的教训就会为明天的美好人生打下基础。

《圣经·新约》里就有一则要求人们学会反省的故事：

对基督怀有敌意的巴里赛派人，有一天，将一个犯有奸淫罪的女人带到基督面前，故意为难耶稣，看他如何处置这件事。

如果依教规处以她死刑，则基督便会因残酷之名被人攻讦，反之，则违反了摩西的戒律。基督耶稣看了看那个女人，然后对大家说："你们中间谁是无罪的，谁就可以拿石头打她。"

喧哗的人群顿时鸦雀无声。基督回头告诉那个女人说："我不定你的罪，去吧！以后不要再犯罪了。"

此则故事告诉我们的是：当要责罚别人的时候，先反省自己可曾犯过错。

苏格拉底说："没有经过反省的生命，是不值得活下去的。"有迷才有悟，过去的"迷"，正好是今日"悟"的契机。因此经常反省、检视自己，可以避免偏离正道。

每个人都生活在内外两个世界中，也具有向外发现和向内发现的两种能力。向外是一个无比辽阔、精彩绝伦的世界，向内则是一个无比深邃、亟待挖掘的内心。观察外部世界需要一双明亮的眼睛，探究内心则需要清醒的头脑和善于反省的意识。

然而，有一种人的眼睛只看到别人的缺点，却看不到自己的缺点；嘴巴只讲别人的过失，却从不检讨自己。这一类人不仅不肯反省，甚至会刻意覆藏自己的过失，又何谈知错能改呢？

自省像一面莹澈而光亮的镜子，它可以照见一个人心灵上的污浊。所以，一个明智的人，自然懂得"吾日三省吾身"的重要。

反省可以使人知己短，可使人保持清醒，可使人弥补短处，可使人纠正过失。"金无足赤，人无完人"，自我反省是极为重要的。真正懂得反省的人，经过时光的涤荡，便能冲洗掉俗世中纷纷扰扰的尘埃，给自己一个美好单纯的人生。

要为成功找理由，不为失败找借口。一个人做任何事，如果出现了差池，只要他愿意，总能找到完美的借口，但借口和成功却不在同一屋檐下。

要当一流的剑客，光是苦练剑术不管用，必须永远留一只眼睛注视自己，不断地反省；要当一流的推销家，光是学习推销技巧也不管用，也必须永远留一只眼睛注视自己，不断地反省。

要认识自己必须依靠自己与别人，自己就是前述的自我剖析，别人就是他人的批评。由于自我剖析往往不够客观与深入，因此得依赖他人的批评。

曾有人向哈佛的鲁恩教授抱怨说："我每天都在拼命地工作、工作，我一刻也没闲过，可如此努力却为什么总是不能成功？"

正如成功多是内因起作用一样，失败也多是自己的缺点引起的。一个人必须懂得不断反省和总结自己，改正自己的错误，才不会老在原处打转或再次被同一块石头绊倒；人只有通过"反省"，时时检讨自己，才可以走出失败的怪圈，走向成功的彼岸。

所谓"反省"，就是反过身来省察自己，检讨自己的言行，看自己犯了哪些错误，看有没有需要改进的地方。

人为什么要自省？这里有两个方面的原因：一方面是主观原因，人都不可能十全十美，总有个性上的缺陷、智慧上的不足，而年轻人更缺乏社会历练，因此常会说错话、做错事、得罪人；另一方面是客观原因，现实生活中，很多人是只说好话，看到你做错事、说错话、得罪人也故意不说，因此，这就更需要你自己通过不断的自我反省来了解自己的所作所为。

每天自省 5 分钟

一般地说，自省心强的人都非常了解自己各个面的优劣，因为他时时都在仔细检视自己。这种检视也叫作"自我观照"，其实质也就是跳出自己的身体之外，从外面重新观看、审察自己的所作所为是否是最佳。这样做就可以真切地了解自己了，但审视自己时必须是坦率无私的。

能够时时审视自己的人，一般都很少犯错，因为他们会时时考虑：我到底有多少力量？我能干多少事？我该干什么？我的缺点在哪里？为什么失败了或成功了？这样做就能轻而易举地找出自己的优点和缺点，为以后的行动打下基础。

主动培养自省意识也是一种能力，要培养自省意识，首先得抛弃那种"只知责人，不知责己"的劣根性。当面对问题时，人们总是说：

"这不是我的错。"

"我不是故意的。"

"没有人不让我这样做。"

"这不是我干的。"

"本来不会这样的，都怪……"

这些话是什么意思呢？

"这不是我的错"是一种全盘否认。否认是人们在逃避责任时的常用手段。当人们乞求宽恕时，这种精心编造的借口经常会脱口而出。

"我不是故意的"则是一种请求宽恕的说法。通过表白自己并无恶意而推卸掉部分责任。

"没有人不让我这样做"表明此人想借装傻蒙混过关。

"这不是我干的"是最直接的否认。

"本来不会这样的，都怪……"是凭借扩大责任范围推卸自身责任。

找借口逃避责任的人往往都能侥幸逃脱。他们因逃避或拖延了自身错误而自鸣得意，却从来不反省自己在错误的形成中起到了什么作用。

为了免受谴责，有些人甚至会选择欺骗手段，尤其当他们是明知故犯的时候。这就是所谓"罪与罚两面性理论"的中心内容，而这个论断又揭示了这一理论的另一方面。当你明知故犯一个错误时，除了编造一个敷衍他人的借口之外，有时你会给自己找出另外一个理由。

其次，培养自省意识，就得养成自我反省的习惯。我们每天早晨起床后，一直到晚上上床睡觉前，不知道要照多少次镜子；这个照镜子，就是一种自我检查，只不过是一种对外表的自我检查。相比之下，对本身内在的思想做自我检查，要比对外表的自我检查重要得多。可是，我们不妨问问自己：你每天能做多少次这样的自我检查呢？我们不妨设想一下，如果某一天我们没有照镜子，那会是一种什么结果呢？也许，脸上的污点没有洗掉；也许，衣服的领子出了毛病……总之，问题都没有被发现，就出了门。可是，我们如果不对内在的思想做自我检查，那么，我们就可能是出言不逊也不知道，举止不雅也不知道，心术不正也不知道……那是多么的可怕！我们不妨养成这样一个习惯——就是每当夜里刚躺到床上的时候，都要想一想自己今天的所作所为，有什么不妥当的地方；每当出了问题的时候，首先从自己这个角度做一下检查，看看有什么不对；而且，还要经常地对自己做深层次、远距离的自我反省。

最后，培养自省意识，就得有自知之明。就像最有可能设计好一个人的就是他自己，而不是别人一样，最有可能完全了解一个人的就是他自己，而不是别人。但是，正确地认识自己，实在是一件不容易的事情。不然，古人怎么会有"人贵有自知之明"、"好说己长便是短，自知己短便是长"之类的古训呢？自知之明，不仅是一种高尚的品德，而且是一种高深的智慧。因此，你即便能做到严于责己，即便能养成自省的习惯，但并不等于说能把自己看得清楚。就以对自己的评价来说，如果把自己估计得过高了，就会自大，看不到自己的短处；把自己估计得过低了，就会自卑，自己对自己缺乏信心。只有估准了，才算是有自知之明。很多人经常是处于一种既自大又自卑的矛盾状态。一方面，自我感觉良好，看不到自己的缺点；另一方面，却又在应该展现自己的时候畏缩不前。对自己的评价都如此之难，如果要反省自己的某一个观念、某一种理论，那就更难了。

传说著名高僧一灯大师藏有一盏"人生之灯"，这盏灯在当时非常有名，有很多人一直想得到这件宝物。

这可不是一盏普通的灯，这盏灯的灯芯镶有一颗500年之久的硕大夜明珠。这颗夜明珠晶莹剔透、光彩照人。

据说，得此灯者，经珠光普照，便可超凡脱俗、超越自我、品性高洁，得世人尊重。有三个弟子跪拜求教怎样才能得到这个稀世珍宝。

一灯大师听后哈哈大笑，他对三个弟子讲："世人无数，可分三品：时常损人利己者，心灵落满灰尘，眼中多有丑恶，此乃人中下品；偶尔损人利己，心灵稍有微尘，恰似白璧微瑕，不掩其辉，此乃人中中品；终生不损人利己者，心如明镜，纯净洁白，为世人所敬，此乃人中上品。人心本是水晶之体，容不得半点尘埃。所谓'人生之灯'就是一颗干净的心灵。"

八、控制情绪笑遍世界

常言道："小不忍则乱大谋。"这个"忍"就是忍耐、克制的意思。做人必须首先自制，也就是懂得管理自己。一个人的言行受到多方面的制约，如果自己管理不好自己，就必然会受制于人，失去自主的权利。

控制情绪是一种能力

晚年的海菲，已是一位事业辉煌、构筑起自己强大的商业王国之人，每当他回首自己走向"世界上最伟大的推销员"的历程时，他总是颇有感慨地说："对于任何一位想成大事的人来说，要学会控制自己，成为自己的主人，才能够做到不再难与人相处，而且笑对整个世界、笑对人生。"

这需要你学会控制情绪。

怎样才能控制情绪，以使每天卓有成效呢？除非你心平气和面对一切，否则迎来的又将是失败的一天。花草树木，随着气候的变化而生长，但是你只能为自己创造宜人的天气。你要学会用自己的心态弥补气候的不足。如果你为顾客带来风雨、冰霜、黑暗和不快，那么他们也会报之以风雨、冰霜、黑暗和不快，最终他们什么也不会买。相反的，如果你为顾客献上阳光、温暖、光明和欢乐，他们也会报之以阳光、温暖、光明和欢乐，你就能获得销售上的成功，赚取无数的金币。

大学毕业后，李明应聘到一家公司做助理。刚开始，他很难受，特别是老张、小李之类的人动不动就唤他去打杂时，他就会发无名火，觉得很没尊严。他觉得他们在把他当奴才使唤。不过，事后他冷静一想，又觉得他们并没有错，他的工作就是这些。刚进来时，王经理也这么事先对他说过，但一旦涉及具体事情，他的情绪就有点失控。有时咬牙切齿地干完某事，又要笑容可掬地向有关人员汇报说："已经做好了！"如此违心的两面派角色，他自己都感到恶心。有几次，他还与同事争吵起来。从此以后，他的日子更不好过了，同事们都不理他，李明在公司感到空前的孤独。

有一天，女秘书小吴不在，王经理便点名叫李明到他办公室去整理一下办公桌，并为他煮一杯咖啡。他硬着头皮去了。王经理是很厉害的，他一眼就看出了李明的不满，便一针见血地指出："你觉得委屈是不是？你有才华，这点我信，但你必须从这个做起。"

他叫李明先坐下来，聊聊近况。可李明身旁没有椅子，他不知道自己该坐在哪里了，总不能与王经理并排在双人沙发上坐下吧！

这时，王经理意有所指地说："心怀不满的人，永远找不到一个舒适的椅子。"难得见到他如此亲切和慈祥的面孔，李明放松了很多。

手脚忙乱地弄好一杯咖啡后，李明开始整理王经理的桌子。其中有一盆黄沙，细细的，柔柔的，泛着一种阳光般的色泽。李明觉得奇怪，不知道这是干什么用的。

王经理似乎看出他的心思，伸手抓了一把沙，握拳，黄沙从指缝间滑落，很美！王经理神秘地一笑："小伙子，你以为只有你心情不好、有脾气，其实，我跟你一样，但我已学会控制情绪……"

原来，那一盆沙子是用来"消气"的。那是王经理的一位研究心理学的朋友送的。一旦他想发火时，可以抓抓沙子，它会舒缓一个人紧张激动的情绪。朋友的这盆礼物，已伴他从青年走向中年，也教他从一个鲁莽少年打工仔，成长为一名稳重、老练、理性的管理者。王经理说："先学会管理自己的情绪，才会管理好其他。"

情绪是人对事物的一种最浮浅、最直观、最不用脑筋的情感反应。它往往只从维护情感主体的自尊和利益出发，不对事物做复杂、深远和智谋的考虑，这样的结果，常使自己处在很不利的位置上，或为他人所利用。本来，情感离智谋就已距离很远了（人常常以情害事，为情役使，情令智昏），情绪更是情感的最表面、最浮躁部分，以情绪做事，焉有理智？不理智，能有胜算吗？

但是我们在工作、学习、待人接物中，却常常依从情绪的摆布，头脑一发热（情绪上来了），什么蠢事都做得出来。比如，因一句无甚利害的话，我们便可能与人打斗，甚至拼命（诗人莱蒙托夫、普希金与人决斗死亡，便是此类情绪所致）；又如，我们因别人给我们的一点假仁假义，而心肠顿软，大犯根本性的错误（西楚霸王项羽在鸿门宴上耳软、心软，以致放走死敌刘邦，最终痛失天下，便是这种柔弱心肠的情绪所致）；还有很多因情绪的浮躁、简单、不理智等而犯的过错，大则失国、失天下，小则误人、误己、误事。事后冷静下来，自己也会发现其实可以不必那样。这都是因为情绪的躁动和亢奋，蒙蔽了人的心智。

除了日常生活中的这种习惯和潜意识，敌战之中，人们有时故意使用这种"激将法"，来诱使对方中计。所谓"激将"，就是刺激对方的情绪，让对方在情绪躁动中失去理智，从而犯错。因为人在心智冷静的时候，大都不容易犯错的。楚汉之争时，项羽将刘邦的父亲五花大绑陈于阵前，并扬言要将刘公剁成肉泥，煮成肉羹而食。项羽意在以亲情刺激刘邦，让刘邦在父情、天伦压力下，自缚投降。刘邦很理智，没有为情所蒙蔽，他的大感情战胜了父子之情，他的理智战胜了一时心绪。他反以"项羽曾和自己结为兄弟"之由，认定己父就是项父，如果项某愿杀其父，剁成肉羹，他愿分享一杯。刘邦的超然心境和不凡举动，令项羽无策回应，只能潦草收回此招。三国时，诸葛亮和司马懿祁山交战，诸葛亮千里劳师欲速战决雌雄。司马懿以逸待劳，坚壁不出，欲空耗诸葛亮士气，然后伺机求胜。诸葛亮面对司马懿的闭门不战，无计可施，最后想出一招，送一套女装给司马懿，如果不战，小女子是也。如果是常人，肯定会受不了此种侮辱。司马懿却接受了女儿装，还是坚壁不出。连老谋深算的诸葛亮也对他无计可施了。这都是战胜了自己情绪的例子。生活中，更多是成为情绪俘虏的。诸葛亮七擒七纵孟获之战中，孟获便是一个深为情绪役使的人，他之所以不能伐胜诸葛亮，并不是命中注定的，而实在是人力和心智不及。诸葛亮大军压境，孟获弹丸之王，他不思智谋应对，反以帝王自居，轻视外敌，结果一战即败，完全不是诸葛亮的对手。

孟获一战即败，不坐下慎思，再出制敌招数，却自认一时晦气，再战必胜。再战，当然又是一败涂地。如此几番，把孟获气得浑身颤抖。又一次对阵，只见诸葛亮远远地坐着，摇着羽毛扇，身边并无军士战将，只有些文臣谋士之类。孟获不及深想，便纵马飞身上前，欲直取诸葛亮首级。可想而知，诸葛亮已将孟获气成什么样子，孟获已被一己情绪折腾成什么样了。结果，诸葛亮的首级并非轻易可取，身前有个陷马坑，孟获眼看将及诸葛亮时，却连人带马坠入陷阱之中，又被诸葛亮生擒。孟获败给诸葛亮，除去其他各种原因，其生性爽直、为情绪左右，是重要的因素之一。

戒掉烦恼的习惯

我们许多人一生都背负着两个包袱：一个包袱装的是"昨天的烦恼"，一个包袱装的是"明天的忧虑"。人只要活着就永远有昨天和明天。所以，人只要活着就永远背着这两个包袱。不管多沉多累，依然故我。

其实，你完全可以选择另外一种生活，你完全可以去掉两个包袱，把它扔进大海里，扔进垃圾堆里。没有人要求你要背负着这两个包袱。

《圣经》有言："不要为明天忧虑，明天自有明天的忧虑。"

在犹太人中间流传这样一句名言："会伤人的东西有3个：烦恼、争吵、空的钱包。其中烦恼摆在其他两者之前。"

烦恼能伤人，从生理学的观点来看，似乎理所当然。尔士·梅耶医生说："烦恼会影响血液循环，以及整个神经系统。很少有人因为工作过度而累死，可是真有人是烦死的。"

心理学家们认为，在我们的烦恼中，有40%都是杞人忧天，那些事根本不会发生；另外30%则是既成的事实，烦恼也没有用；另有20%，是事实上并不存在的幻想；此外，还有10%，是日常生活中的一些鸡毛蒜皮的小事。也就是说，我们有90%的烦恼都是自寻烦恼。

素珊第一次去见她的心理医生，一开口就说："医生，我想你是帮不了我的，我实在是个很糟糕的人，老是把工作搞得一塌糊涂，肯定会被辞掉。就在昨天，老板跟我说我要调职了，他说是升职。要是我的工作表现真的好，干吗要把我调职呢？"

可是，慢慢地，在那些泄气话背后，素珊说出了她的真实情况，原来她在两年前拿了个MBA学位，有一份薪水优厚的工作。这哪能算是一事无成呢？

针对素珊的情况，心理医生要她以后把想到的话记下来，尤其在晚上失眠时想到的话。在他们第二次见面时，素珊列下了这样的话："我其实并不怎么出色。我之所以能够冒出头来全是侥幸。""明天定会大祸临头，我从没主持过会议。""今天早上老板满脸怒容，我做错了什么呢？"

她承认说："单在一天里，我列下了26个消极思想，难怪我经常觉得疲倦，意志消沉。"

素珊听到自己把忧虑和烦恼的事念出来，才发觉到自己为了一些假想的灾祸浪费了太多的精力。

现实生活中，有很多自寻烦恼和忧虑的人，对他们来说，忧烦似乎已成了一种习惯。有的人对名利过于苛求，得不到便烦躁不安；有的人性情多疑，老是无端地觉得别人在背后说他的坏话；有的人嫉妒心重，看到别人超过自己，心里就怒火中烧；有的人把别人的问题揽到自己身上自怨自艾，这无异于引火烧身。

忧虑情绪的真正病源，应当从忧烦者的内心去寻找。大凡终日忧烦的人，实际上并不是遭用到了多大的不幸，而是在自己的内心素质和对生活的认识上，存在着片面性。聪明的人即使处在忧烦的环境中，也往往能够自己寻找快乐。因此，当受到忧烦情绪袭扰的时候，就应当自问为什么会忧烦，从主观方面寻找原因，学会从心理上去适应你周围的环境。

所以，要在忧烦毁了你以前，先改掉忧烦的习惯。

不要去烦恼那些你无法改变的事情。你的精神气力可以用在更积极、更有建设性的事情上面。如果你不喜欢自己目前的生活，别坐在那儿烦恼，起来做点事吧，设法去改善它。多做点事，少烦恼一点，因为烦恼就像摇椅一样，无论怎么摇，最后还是留在原地。

保持乐观精神

人生是一种选择，人生是选择的结果，不一样的选择会有不一样的人生。

你选择心情愉快，你得到的也是愉快。你选择心情不愉快，你得到的也是不愉快。我们都愿意快乐，不愿意不快乐。既然这样，我们为什么不选择愉快的心情呢？毕竟，我们无法控制每一件事情，但我们可以选择我们的心情。

每个人的观念及价值观不同，所以看待同一件事情所得到的反应也不同。你觉得是件快乐的事情，在别人看来却有点伤感。每个人都有每个人不同的快乐标准，每个人也都有每个人不一样的忧愁。

吃葡萄时，悲观者从大粒的开始吃，心里充满了失望，因为他所吃的每一粒都比上一粒小。而乐观者则从小粒的开始吃，心里充满了快乐，因为他所吃的每一粒都比上一粒大。悲观者决定学着乐观者的吃法吃葡萄，但还是快乐不起来，因为在他看来他吃到的都是最小的一粒。乐观者也想换种吃法，他从大粒的开始吃，依旧感觉良好，在他看来他吃到的都是最大的。

悲观者的眼光与乐观者的眼光截然不同，悲观者看到的都令他失望，而乐观者看到的都令他快乐。如果你是那个悲观者的话，你不需要换种吃法，你只需要换一种看待事情的眼光。

有一天，养老院新来了一个体面的老绅士。当天中午，老妇人就幸运地与他同桌共餐。但是她在餐桌另一头柔情蜜意地看着老绅士，令老先生浑身不自在，问她为什么一直盯着他看？老妇人回答：因为他太像她的第三任丈夫了，不论是身材、相貌、微笑和讲话的手势。老先生很讶异："第三任丈夫，你曾经结过几次婚？"老妇人回答："两次。"原来，她已把他当作第三任丈夫了。她算得上是世界上最乐观的人了。

原一平给推销员的10个忠告

一、培养自身，做一个有魅力的人

认识自己，改正自身缺点，使自己不断完善，让自己做一个有魅力的人。原一平因此走上成功之路，这也是他给我们的第一个忠告。

推销之神原一平

1904年，原一平出生于日本长野县。从小他就像个标准的小太保，叛逆顽劣的个性使他恶名昭彰而无法立足于家乡。23岁时，他离开长野来到东京。1930年，原一平进入明治保险公司成为一名见习业务员。

原一平刚刚涉足保险时，为了节省开支，他过的是苦行僧式的生活。为了省钱，可以不吃中午饭，可以不搭公共汽车，可以租小得不能再小的房间容身。当然，这一切并没有打垮原一平，他内心有一把"永不服输"的火，鼓励他越挫越勇。

1936年，原一平的业绩成为全公司之冠，遥遥领先公司其他同事，并且夺取了全日本的第二名。36岁时，原一平成为美国百万圆桌协会成员，协助设立全日本寿险推销员协会，并担任会长至1967年。因对日本寿险的卓越贡献，原一平荣获日本政府最高殊荣奖，并且成为百万圆桌协会的终身会员。

原一平50年的推销生涯，可以说是一连串的成功与挫折所组成的。他成功的背后，是用泪水和汗水写成的辛酸史。

认识自己

有一次，原一平去拜访一家名叫"村云别院"的寺庙。

原一平被带进庙内，与寺庙的住持吉田和尚相对而坐。

老和尚一言不发，很有耐心地听原一平把话说完。

然后，他以平静的语气说："听完你的介绍之后，丝毫引不起我投保的意愿。"

停顿了一下，他用慈祥的目光注视着原一平，很久很久。

他接着说："人与人之间，像这样相对而坐的时候，一定要具备一种强烈吸引对方的魅力，如果你做不到这点，将来就没什么前途可言了。"原一平刚开始并不明白这话中的含义，后来逐渐体会出那句话的意思，只觉傲气全失、冷汗直流。

吉田和尚又说："年轻人，先努力去改造自己吧！"

"改造自己？"

"是的，你知不知道自己是一个什么样的人？要改造自己首先必须认清自己。"

"认识自己？"

"只有赤裸裸地注视自己，毫无保留地彻底反省，最后才能认识自己。"

"请问我要怎么去做呢？"

"就从你的投保户开始，你诚恳地去请教他们，请他们帮助你认识自己。我看你有慧根，倘若照我的话去做，他日必有所成。"

吉田和尚的一席话就像当头一棒，把原一平点醒了。

只有首先认识了自己才能去说服他人，要做就从改造自己开始做起。

把自己改造成一个有魅力的人。

自己才是自己最大的敌人

一般推销员失败的最主要的原因在于不能改造自己、认识自己。原一平听了吉田和尚的提点后，决定彻底地反省自己。

他举办"原一平批评会"，每月举行一次，每次邀请5个客户，向他提出意见。

第一次批评会就使原一平原形毕露：

你的脾气太暴躁，常常沉不住气。

你经常粗心大意。

你太固执，常自以为是，这样容易失败，应该多听别人的意见。

你太容易答应别人的托付，因为"轻诺者必寡信"。

你的生活常识不够丰富，所以必须加强进修。

人们都表达了自己真实的想法。原一平记下别人的批评，随时都在改进、在蜕变。

从1931年到1937年，"原一平批评会"连续举办了6年。

原一平觉得最大的收获是：把暴烈的脾气与永不服输的好胜心理，引导到了一个正确的方向。他开始发挥自己的长处，并开始改正自己的缺点。

原一平曾为自己矮小的身材懊恼不已，但身材矮小是无法改变的事实。后来想通了，克服矮小最好的方法，就是坦然地面对它，让它自然地显现出来，后来，身材矮小反而变成了他的特色。

原一平意识到他自己最大的敌人正是他自己，所以，原一平不会与别人比，而是与自己比。今日的原一平胜过昨日的原一平了吗？明日的原一平能胜过今日的原一平吗？

要不断地努力，不断改正自身的缺点，不断完善自己，让自己做一个有魅力的人。

二、处处留心，客户无处不在

作为推销员，客户要我们自己去开发，而找到自己的客户则是搞好开发的第一步，只要稍微留心，客户便无处不在。这是原一平给我们的第二个忠告。

做个有心的推销员

有一次，原一平下班后到一家百货公司买东西，他看中了一件商品，但觉得太贵，拿不定主意要还是不要。正在这时，旁边有人问售货员：

"这个多少钱？"问话的人要的东西跟他要的东西一模一样。

"这个要3万元。"女售货员说。

"好的，我要了，麻烦你给我包起来。"那人爽快地说。原一平觉得这人奇怪，一定是有钱人，出手如此阔绰。

于是他心生一计，何不跟踪这位顾客，以便寻找机会为他服务。

他跟在那位顾客的背后，他发现那个人走进了一幢办公大楼，大楼门卫对他甚为恭敬。原一平更坚定了信心，这个人一定是位有钱人。

于是，他去向门卫打听。

"你好，请问刚刚进去的那位先生是……"

"你是什么人？"门卫问。

"是这样的，刚才在百货公司时我掉了东西，他好心地捡起来给我，却不肯告诉我大名，我想写封信感谢他。所以，请你告诉我他的姓名和公司详细地址。"

"哦，原来如此。他是某某公司的总经理……"

原一平就这样又得到了一位顾客。

生活中，顾客无处不在。如果你觉得客户少，那是因为你缺少一双发现客户的眼睛而已。随时留意、关注你身边的人，或许他们就是你要寻找的准客户。

生活中处处都有机会

有一天，原一平工作极不顺利，到了黄昏时刻依然一无所获，他像一只斗败的公鸡。在回家途中，要经过一个坟场。坟场的入口处，原一平看到几位穿着丧服的人走出来。他突然心血来潮，想到坟场里去走走，看看有什么收获。

这时正是夕阳西下。原一平走到一座新坟前，墓碑前还燃烧着几支香，插着几束鲜花。显然，就是刚才在门口遇到的那批人祭拜时用的。

原一平朝墓碑行礼致敬。然后很自然地望着墓碑上的字——××之墓。

一瞬间，他像发现新大陆似的，所有沮丧一扫而光，取而代之的是跃跃欲试的工作热忱。

他赶在天黑之前，往管理这片墓地的寺庙走去。

"请问有人在吗？"

"来啦，来啦！有何贵干？"

"有一座××的坟墓，你知道吗？"

"当然知道，他生前可是一位名人呀！"

"你说得对极了，在他生前，我们有来往，只是不知道他的家眷目前住在哪里呢？"

"你稍等一下，我帮你查。"

"谢谢你，麻烦你了。"

"有了，有了，就在这里。"

原一平记下了那一家的地址。

走出寺庙，原一平又恢复了旺盛的斗志。第二天，他就踏上了开发新客户的征程。

原一平能及时把握生活中的细节，绝不会让客户溜走。这也是他成为"推销之神"的原因。

教你寻找潜在客户

在寻找推销对象的过程中，推销员必须具备敏锐的观察力与正确的判断力。细致观察是挖掘潜在客户的基础，学会敏锐地观察别人，就要求推销员多看多听，多用脑袋和眼睛，多请教别人，然后利用有的人喜欢自我表现的特点，正确分析对方的内心活动，吸引对方的注意力，以便激发对方的购买需求与购买动机。一般来看，推销人员寻找的潜在客户可分为甲、乙、丙三个等级，甲级潜在客户是最有希望的购买者；乙级潜在客户是有可能的购买者；丙级潜在客户则是希望不大的购买者。面对错综复杂的市场，推销员应当培养自己敏锐的洞察力和正确的判断力，及时发现和挖掘潜在的客户并加以分级归类，区别情况，不同对待，针对不同的潜在客户施以不同的推销策略。

推销员应当作到手勤腿快，随身准备一本记事笔记本，只要听到、看到或经人介绍一个可能的潜在客户时，就应当及时记录下来，从单位名称、产品供应、联系地址到已有信誉、信用等级，然后加以整理分析，建立"客户档案库"，做到心中有数、有的放矢。只要推销员都能使自己成为一名"有心人"，多跑、多问、多想、多记，那么客户是随时可以发现的。

推销员应当养成随时发现潜在客户的习惯，因为在市场经济社会里，任何一个企业、一家公司、一个单位和一个人，都有可能是某种商品的购买者或某项劳务的享受者。对于每一个推销员来说，他所推销的商品及其消费散布于千家万户，遍及各行各业，这些个人、企业、组织或公司不仅出现在推销员的市场调查、推销宣传、上门走访等工作时间内，更多的机会则是出现在推销员的 8 小时工作时间之外，如上街购物、周末郊游、出门做客等。因此，一名优秀的推销员应当随时随地优化自身的形象，注意自己的言行举止，牢记自身的工作职责，客户无时不在、无处不有，只要自己努力不懈地与各界朋友沟通合作，习惯成自然，那么你的客户不仅不会减少，而且会愈来愈多。

这是原一平告诉我们的第二个忠告，也是他成为"推销之神"的第二个原因。

三、关心客户，重视每一个人

关心你的客户，重视你身边的每一个人，不要以貌取人，平等地对待你的客户，是成功推销员的选择。这是原一平给我们的第三个忠告。

关心你的客户

著名心理学家弗洛姆说："为了世界上许多伤天害理的事，我们每一个人的心灵都包扎了绷带。所有的问题都能用关心来解决。"这句话给关心下了一个最好的注解。原一平对此深有体会，在一次讲学时，他讲了下面一个故事。

有一个杀人犯，被判无期徒刑，关在监狱里。因为他被判无期，而且无父母、妻子、儿女，既无人探监也无任何希望，在狱中独来独往，不与任何人打招呼。再加上他健壮又凶恶，也没有人敢惹他。

有一天，一个神父带了糖果与香烟来狱中慰问犯人。神父碰见那位无期徒刑犯，递给他一根香烟，犯人毫不理睬。神父每周来慰问，每次都给他香烟，杀人犯毫无反应，如此延续了半年之后，犯人才接下香烟，不过还是面无表情。

一年后，有一次神父除了带糖果与香烟，另外带了一箱可乐。抵达监狱后，神父才发现忘了带开瓶器，正在一筹莫展时，那个犯人出现了。他知道神父的困难后，笑着对神父说："一切看我的。"接着，就用他锐利的牙齿把一箱的可乐都打开了。

从那一次之后，犯人不但跟神父有说有笑，而且神父在慰问犯人时，他自动随侍于左右，以保护神父。

这个故事告诉我们：真诚的关心可感化一切，就是一个毫无希望的无期徒刑犯，照样会被它所感动。一个不幸的人，一旦发觉有人关心他，往往能以加倍的关心回报对方。

戴尔·卡耐基说："时时真诚地去关心别人，你在两个月内所交到的朋友，远比只想别人来关心他的人在两年内所交的朋友还多。"那些不关心别人，只盼望别人来关心自己的人，应时刻拿这句话告诫自己。

某汽车公司的推销员听完原一平的讲座以后，每次在成交之后、客户取货之前，通常都要花上 3～5 个小时详尽地演示汽车的操作。这个推销员这样说："我曾看见有些推销员只是递给新客户一本用户手册说：'拿去自己看看。'在我所遇见的人中，很少有人能够仅靠一本手册就能搞懂如何操作一辆这样的游艺车。我们希望客户能最大限度地满意我们的关心，因为我们不仅期望他们自己回头再买，而且期望他们介绍一些朋友来买车。一位优秀的推销员会对客户说：'我的电话全天 24 小时都欢迎您拨打，如果有什么问题，请给我的办公室或家里打电话，我随时恭候。'我们都精通我们的产品知识，一旦客户有问题，他们一般通过电话就能解决，实在不行，还可以联系别人帮忙。"

原一平说："你应当记住：关心，关心，再关心。你要做到的是：为你的客户提供最多的优质的关心，以至于他们对想一想与别人合作都会感到内疚不已！成功的推销生涯正是建立在这类关心的基础上。"

不要歧视客户，切莫以貌取人

原一平说，永远不要歧视任何人。推销员推销的不仅是产品，还包括服务，你拒绝一个人就拒绝了一群人，你的客户群会变得越来越窄。老练的销售人员已经用无数的故事证明了这句箴言再正确不过了。

原一平在他的讲座中，提到过这样一个案例：

一天，房地产推销大师汤姆·霍普金斯正在房间里等待顾客上门时，杰尔从旁边经过，并进来跟他打声招呼。没有多久，一辆破旧的车子驶进了屋前的车道上，一对年老邋遢的夫妇走向前门。在汤姆热诚地对他们表示欢迎后，汤姆·霍普金斯的眼角余光瞥见了杰尔，他正摇着头，做出明显的表情对汤姆说："别在他们身上浪费时间。"

汤姆说，对人不礼貌不是我的本性，我依旧热情地招待他们，以我对待其他潜在买主的热情态度对待他们。已经认定我在浪费时间的杰尔，则在恼怒之中离去。由于房子中别无他人，建筑商也已离开，我认为我不可能会冒犯其他人，为什么不领着他们参观房子！

当他带着两位老人参观时，他们以一种敬畏的神态看着这栋房屋内部气派典雅的格局。4米高的天花板令他们眩晕得喘不过气来，很明显，他们从未走进过这样豪华的宅邸内，而汤姆也很高兴有这个权利，向这对满心赞赏的夫妇展示了这座房屋。

在看完第四间浴室之后，这位先生叹着气对他的妻子说："想想看，一间有四个浴室的房子！"他接着转过身对汤姆说："多年以来，我们一直梦想着拥有一栋有好多间浴室的房子。"

那位妻子注视着丈夫，眼眶中溢满了泪水，汤姆注意到她温柔地紧握着丈夫的手。

在他们参观过了这栋房子的每一个角落之后，回到了客厅，"我们夫妇俩是否可以私下谈一下？"那位先生礼貌地向汤姆询问道。

"当然。"汤姆说，然后走进了厨房，好让他们俩独处讨论一下。

5分钟之后，那位女士走向汤姆："好了，你现在可以进来了。"

这时，一副苍白的笑容浮现在那位先生脸上。他把手伸进了外套口袋中，从里面取出了一个破损的纸袋。然后他在楼梯上坐下来，开始从纸袋里拿出一沓沓的钞票，在梯级上堆出了一叠整齐的现钞。请记住：这件事是发生在那个没有现金交易的年代里！

"后来我才知道，这位先生在达拉斯一家一流的旅馆餐厅担任服务生领班，多年以来，他们省吃俭用，硬是将小费积攒了下来。"汤姆说。

在他们离开后不久，杰尔先生回来了。汤姆向他展示了那张签好的合同，并交给他那个纸袋。他向里面瞧了一眼便昏倒了。

最后，原一平总结：不要对任何人先下判断，老练的推销员应该懂得这一点，不要以貌取人，在推销领域中这点尤为重要。

杰出推销员对待非客户的态度总是和对待客户一样的。他们对每一个人都很有礼貌，他们将每个人都看成有影响力的人士，因为他们知道，订单常从出其不意的地方来。他们知道，10年前做的事情，可能变成现在的生意。

对杰出推销员而言，没有所谓的"小人物"。他不会因为厨房耽误上菜的速度而斥责侍者，不会因飞机误点或航班取消而痛斥前台人员，他对每个人都待之以礼。杰出推销员对推着割草机割草的工人和制造割草机公司的总裁，都是一样地尊敬及礼貌。

原一平的一个客户是电线电缆的推销员，他和一家客户公司高层主管关系很好。他每一次到该公司进行商业拜访时，遇到的第一个人就是该公司的前台小姐，她是一位很有条理和讲效率的年轻女性。她的工作之一就是使每一个约会都能准时进行，虽然她并不是买主，更不是决策者，但是这位推销员对她一直彬彬有礼。即使因故约会延迟，他也不会像一般推销员一样抱怨不休，只是耐心等待；也不会搬出他要去拜见的执行副总裁的名字来，以示重要。他总是对前台小姐道谢，感谢她的协助，离开时不忘和她道别。

18年后，这位前台小姐成为该公司的执行副总裁。在她的影响下，她的公司成为这位电线电缆公司推销员最大的客户。

重视每一个客户

在原一平最初外出推销的时候，就下定决心每年都要拜访一下他的每一位客户。因此，当原一平向他家乡大学的一名地质系学生推销价值10000日元的生命保险时，他便与原一平签订了终身服务合同。

其实，无论是大客户还是小客户，都应一视同仁。每一位客户都值得你去尽心地服务。在保险这一行里，你必须这样做。这也正是保险公司代理不同于其他行业代理的特点之一。但是，就销售产品这一点而言，各行业都一样。

这名地质系的学生毕业之后，进入了地质行业工作，原一平又向他售出了价值10000日元的保险。后来，他又转到别的地方工作，他到哪里都是一样的。原一平每年至少跟他联系一次，即使他不再从原一平这里买保险，仍然是原一平毕生的一位客户。只要他还可能购买保险，原一平就必须不辞辛劳地为他提供服务。

有一次，他参加一个鸡尾酒会。有一位客人突然痉挛起来了，而这个小伙子，由于学过一点护理常识，因而自告奋勇，救了这位客人一命。而这位客人恰恰是一位千万富翁，于是便请这位小伙子到他公司工作。

几年之后，这位千万富翁准备贷一大笔钱用于房地产投资。他问这位小伙子："你认识一些与大保险公司有关系的人吗？我想贷点钱。"

这位小伙子一下子就想起了原一平，便打电话问他："我知道你的保险生意很大，能否帮我老板一下。"

"有什么麻烦吗？"原一平问。

"他想贷2000万日元的款用于房地产投资，你能帮他吗？"

"可以。"

"顺便说一下，"他补充说，"我的老板不希望任何本地人知道他的这一行动，这也正是他中意你的原因，记住，保守秘密。"

"我懂，这是我工作的一贯原则。"原一平解释说。

在他们挂断电话之后，原一平给保险公司打了几个电话，安排其中一位与这位商人进行一次会面，不久以后，这人便邀请原一平去他的一艘游艇参观，那天下午，原一平向他卖出了价值2000万日元的保险。至此，这是当时原一平曾经做过的最大一笔生意。

注意要重视你的小客户，向他们提供与大客户平等的服务，一视同仁。

每位客户，无论是大是小，都是你的上帝，应享受相同的服务。

小客户慢慢发展，有朝一日也会成功，也会成为潜在的大客户。

小客户会向你介绍一些有钱人，从而带来大客户。

美国学识最渊博的哲学家约翰·杜威说："人类心中最深远的驱策力就是希望具有重要性。"每一个人来到世界上都有被重视、被关怀、被肯定的渴望，当你满足了他的要求后，他被你重视的那一方面就会焕发出巨大的热情，并成为你的朋友。

四、定期沟通，紧密客户关系

要想把潜在客户变成真正的客户，就要打消顾客的顾虑，而经常拜访客户，和客户保持联系是最好的方法，这是原一平给我们的第四个忠告。

与客户取得交流和沟通

原一平说过，商业活动最重要的是人与人之间的关系，如果没有交流和沟通，人家就不会认为你是个"诚实的、可信赖的人"，那么许多生意是无法做成的。

上门推销第一件事是要能进门。

门都不让你进，怎么能推销商品呢？要进门，就不能正面进攻，得使用技巧，转转弯。一般地，被推销者心理上有一道"防卫屏障"，如果将你的目的直接地说出来，相信你只会吃"闭门羹"。

要推销商品，进门以后就要进行"交流和沟通"——即进行对话。

交流和沟通能使顾客觉得你是一位"诚实的、可以信赖的人"，这时，推销就水到渠成了。

原一平有一次去拜访一家酒店的老板。

"先生，您好！"

"你是谁呀？"

"我是明治保险公司的原一平，今天我刚到贵地，有几件事想请教您这位远近出名的老板。"

"什么？远近出名的老板？"

"是啊，根据我调查的结果，大家都说这个问题最好请教您。"

"哦！大家都在说我啊！真不敢当，到底什么问题呢？"

"实不相瞒，是……"

"站着谈不方便，请进来吧！"

……

就这样轻而易举地过了第一关，也取得了准客户的信任和好感。

赞美几乎是"百试爽"，没有人会因此而拒绝你的。

原一平认为：这种以赞美对方开始访谈的方法尤其适用于商店铺面。那么，究竟要请教什么问题呢？

一般可以请教商品的优劣、市场现况、制造方法，等等。

对于酒店老板而言，有人诚恳求教，大都会热心接待，会乐意告诉你他的生意经和成长史。而这些宝贵的经验，也正是推销员需要学习的。

既可以拉近彼此的关系，又可以提升自己，何乐而不为呢？

推销被拒绝对推销人员来说，就像是家常便饭一样普通，问题在于你如何对待。推销成功的推销人员，把拒绝视为正常，极不在乎，心平气和，不管遭到怎样不客气的拒绝，都能保持彬彬有礼的姿态，感觉轻松。可事实上，许多推销人员都有一个通病，就是刚开始的时候，尽往好处想，满怀热望。可事实却南辕北辙，一遭拒绝，心理的打击就难以承受。因此推销前要仔细研究客户的拒绝方式，人家不买，你依然要推销，拒绝没什么。如果抱着观察研究的态度，一旦遭到拒绝，你就会想道：嗯，还有这种拒绝方式？好吧，下次我就这么应付。这样，你就能坦然地面对拒绝，成功率会越来越高。没遭到拒绝的推销只能在梦中，只有那些渴望坐享其成的人，才能够编织出这样的美梦来。而在这个世界上能够坐享其成的恐怕只有母鸡了。推销人员就是要应付拒绝，全心全意去应付拒绝才是长久不败的生财之道。干任何事都不会没有困难，生活就是这样，在你得到教益之前，总要给你一些考验。上帝不会赐福给坐着祈祷的人，英明的上帝虽给我们提供了鱼，但你也得先去织渔网。

对于新推销人员来说，就是要咬紧牙关，忍受奚落、言语不合拍、不理睬、对方盛气凌人等痛苦，要学会忍受，就把它当作磨炼自己意志的机会吧。原一平的成功之路也是从这里走过来的。

再访客户的技巧

推销员必须以不同的方式接近不同类型的顾客。也就是说，推销员在决定接近顾客之前，必须充分考虑顾客的特定性质，依据事前所获得的信息，评估各种接近方法的适用性，避免千篇一律地使用一种或几种方法。

顾客是千差万别的，每一个顾客都有其特定的购买方式、购买动机和人格特征。因而，他们对不同的接近方式会有不同的感受。在某一顾客看来，有些方法是可以接受的，而对另一顾客，这些方法可能是难以接受的；同样，对某一顾客非常有效的接近方法，对另一顾客则可能毫无效果。即使是对同一顾客，也不能总是使用同一种方法。

再访时，推销员必须尽快减轻顾客的心理压力。在接近过程中，有一种独特的心理现象，即当推销员接近时，顾客会产生一种无形的压力，似乎一旦接近推销员就承担了购买的义务。正是由于这种压力，使一般顾客害怕接近推销员，冷淡或拒绝推销员的接近。这种心理压力实际上是推销员与顾客的接近阻力。

原一平通过分别与推销员和顾客进行交谈发现：在绝大多数情况下，顾客方面存在一种明显的压力。换句话说，购买者感到推销员总是企图推销什么东西，于是购买者本能地设置一些障碍，下意识或干扰和破坏交谈过程的顺利进行。只要能够减轻或消除顾客的心理压力，就可以减少接近的困难，促进面谈的顺利进行。具体的减压方法很多，推销员应该加以灵活运用。

再访顾客时，还可以利用信函资料。许多推销人员只将有关产品的宣传资料或广告信函留给客户就万事大吉了，而忽视了更为重要的下一步，即"跟进推销"，因此往往如同大海捞针，收效甚微。许多客户在收到推销人员的信函资料之后，可能会把它冷落一旁，或者干脆扔进废纸堆里。这时，如果推销人员及时拜访客户，就可以起到应有的推销作用。比如，有这样一个推销人员："您好！上星期我给您一份美菱电冰箱的广告宣传资料，您看了以后对这一产品有什么意见？"一般来说，对方听到推销人员的这样问话，或多或少会有一番自己的建议与看法。若客户有意购买，自然会有所表露，推销目标也告实现。

推销员还可以利用名片再访客户，原一平也经常采用这种办法。

可以作为下次拜访的借口，初访时不留名片。一般的推销人员总是流于形式，在见面时马上递出名片给客户，这是比较正统的销售方式，偶尔也可以试试反其道而行的方法，不给名片，反而有令人意想不到的结果。

推销员还可以故意忘记向客户索取名片，因为客户通常不想把名片给不认识的推销人员，尤其是新进的推销员，所以客户会借名片已经用完了或是还没有印好为理由而不给名片。此时不需强求，反而可以顺水推舟故意忘记这档事，并将客户这种排斥现象当作是客户给你一次再访的理由。

原一平说，印制两种以上不同式样或是不同职称的名片也是一种好方法。如果有不同的名片，就可以借由更换名片或升职再度登门造访。但是要特别注意的是，避免拿同一种名片给客户以免穿帮，最好在管理客户资料中注明使用过哪一种名片，或是利用拜访的日期来分辨。

另外，推销员必须善于控制接近时间，不失时机地转入正式面谈。如前所述，接近只是整个推销过程的一个环节。接近的目的不仅在于引起顾客的注意和兴趣，更重要的是要转入进一步的推销面谈。因此，在接近过程中，推销员一方面要设法引起和保持顾客的注意力，诱发顾客的兴趣；另一方面要看准时机，及时转入正式面谈。为了提高推销效率，推销员必须控制接近时间。沟通时必须注重良性沟通。

现代推销学的研究表明：推销员的认识和情感有时并不完全一致。因此，在推销中有些话虽然完全正确，但对方往往却因为碍于情感而觉得难以接受，这时，直言不讳的话就不能取得较好的效果。但如果你把话语磨去"棱角"，变得软化一些，也许客户就能既从理智上又在情感上愉快地接受你的意见，这就是委婉的妙用。

总之，在与客户交往时要注重沟通。运用恰当的方法、技巧就能达到很好的效果。原一平的成功也正是践行这些技巧的结果。

五、主动出击，打开客户大门

主动出击，把握主动权。记住，好的开始是成功的一半，这是原一平智慧的结晶，同时也是原一平给我们的第五个忠告。

选择好推销的时机和地点

在一次讲座时，原一平讲了下面的案例：

一个推销搜鱼器的销售经理威廉在一个加油站停下车，他想给车加点油，然后争取在天黑之前赶到纽约。

就在加完油等待交费的时候，威廉看见自己刚加过油的地方停着4辆拖着捕鱼船的车。他马上返回到自己的车上，取出几份"搜鱼器"的广告宣传单，走到每一艘船的船主面前，递给他们每人一份："我今天不是要向各位推销东西，我认为各位可能会觉得这份传单很有意思。你们上路后，有空时不妨看一看，我想你们或许会喜欢这种'底线搜鱼器'。"

交完费后，威廉一边开车离开，一边向这些人挥手道别："别忘了，有空一定看一看啊！"

两个小时后，在一个休息站，威廉停下车买了一瓶可乐，就在这时，他看到那4个船主向他疾步走过来，他们说他们一直在追赶威廉，但拖着渔船，车速无论如何赶不上威廉，他们告诉威廉他们想要多了解一些搜鱼器的事情。

威廉立刻拿出展示品，向他们做完简单介绍后，说还可以具体示范给他们看，于是威廉与他们一同走进休息室，他想找个插座，为搜鱼器接上电源，但休息室里没有，最后，威廉在男厕所里找到了插座。

威廉一边操作一边解释:"比如在72米深的地方有一条鱼,在船的右舷边35米处也有一条鱼……"

威廉讲得认真而投入,男厕所的其他人感到很好奇,不知道发生了什么事情,也纷纷围上来。15分钟后,威廉结束了自己的示范,这4个人此时已由听众变成了顾客,恨不得把这件演示样品马上买回去。威廉告诉他们只要去任何一家大型零售店都能买得到,随即又提供给他们一份当地的经销商名单。

推销时一定要抓住推销时机,上面故事中的推销员就是抓住了这一时机,向船主们散发广告宣传单,并且在恰当的时机进行示范。由于他抓住时机进行推销,从而赢得了4名顾客。

原一平说,除了要掌握好推销时机外,推销地点也要选择好。

在国际政治中,为了选定一个会谈场所,不知要讨论多少次。不管谁当东道主,谈判各方总是希望他们作出有利于自己的安排。因此,最终往往选择一个中立地点谈判。越南战争时期,北越、南越革命者、南越当局、美国的四方会谈是在法国巴黎举行的。而20世纪90年代以来,中东问题会谈屡次在美国举行。这些事例充分说明了商谈地点的重要性。对一位推销员而言,商务谈判或推销活动的重要性,并不亚于一场政治谈判对一个国家、一个政治集团的重要性。可是,有些推销员却经常忽略地点的重要性。

美国有一位人寿保险推销巨星,名叫约翰·沙惟祺。他从来不做不管三七二十一就敲陌生人的门的事,而是全力开发客户和朋友转介绍的客户,并极力主张邀请客户到自己办公室来谈推销。

原一平说:"他们不可能要客户到自己的办公室去,可是牙医就可以。那些经纪人就是喜欢跑出去受点伤害,才觉得自己是在做行销的那种人。我们找客户来办公室,并不是要伤害他们,所以拜托大家,做事要专业一点,想想你的客户,希望从你身上得到的是什么?他们要的,只是你的'服务'和'诚实'。"

许多推销员认为不能叫客户上门,这是因为推销员对自己的专业能力、形象、身份信心不足,尤其是低估了自己对客户的影响力。其实,如果推销员不开口说话,怎么知道客户愿不愿意?让我们看一看,在自己地盘上推销有哪些好处吧:

可以充分利用各种有利条件,尽情地布置自己的办公室,使环境有利于推销;如果对方未接受我方提议就想离开时,可以很方便地予以阻止;以逸待劳,心理上占有优势;节省时间和路费;如发生意外事件,可以直接找上司解决;可以充分准备各种资料和展示工具,迅速回答对方提出的问题,并充分展示己方的优点。

《哈佛学不到》的作者、国际管理集团的创始人麦考梅克说得好:

"在你的地盘上谈判,会给对方一种入侵的感觉,对方的潜意识中极有可能存在或多或少的紧张情绪。如果你彬彬有礼,让对方舒服放松的话,那他的紧张情绪就会大大减缓,而你也就赢得了他的信任——即使真正的谈判还未开始!"

万一客户非要在自己的地盘上商谈,那么请做好准备,时刻准备反客为主。

"星期二下午两点半,请到我的办公室来!"别瞻前顾后,先大胆地说出这样的话。毕竟,即使客户拒绝,自己也不会有什么大的损失,不是吗?

找到共同话题,掌握主动权

原一平非常擅长找共同话题,他认为推销通常是以商谈的方式进行,对话之中如果没有趣味性、共通性是行不通的,而且通常都是由推销员引出话题。倘若客户对推销员的话题没有一点儿兴趣,彼此的对话就会变得索然无味。

推销员为了和客户培养良好的人际关系,最好能尽早找出双方共同的话题。所以,推销员在拜访客户之前要先收集有关的情报,尤其是在第一次拜访时,事前的准备工作一定要充分。

询问是绝对少不了的,推销员在不断地发问当中,很快就可以发现客户的兴趣。例如,看到阳台上有很多盆栽,推销员可以问:"你对盆栽很感兴趣吧?今日花市正在开郁金香花展,不知道你去看过了没有?"

看到的高尔夫球具、溜冰鞋、钓竿、围棋或象棋,都可以拿来作为话题。对异性、流行时尚等话题也要多多少少知道一些，总之最好是无所不通。

打过招呼之后，谈谈客户深感兴趣的话题，可以使气氛缓和一些，接着再进入主题，效果往往会比一开始就立刻进入主题好得多。

原一平为了应付不同的准客户，每星期六下午都到图书馆苦读。他研修的范围极广，上至时事、文学、经济，下至家庭电器、烟斗制造、木屐修理，几乎无所不包。

由于原一平涉猎的范围太广，所以不论如何努力，总是博而不精，永远赶不上任何一方面的专家。

既然永远赶不上专家，因此他谈话总是适可而止。就像要给病人动手术的外科医师一样，手术之前先为病人打麻醉针，而谈话只要能麻醉一下客户就行了。

在与准客户谈话时，原一平的话题就像旋转的转盘一般，转个不停，直到准客户对该话题发生兴趣为止。

原一平曾与一位对股票很有兴趣的准客户谈到股市的近况。出乎意料，他反应冷淡，莫非他又把股票卖掉了吗？原一平接着谈到未来的热门股，他眼睛发亮了。原来他卖掉股票，添购新屋。结果他对房地产的近况谈得起劲，后来原一平知道：他正待机而动，准备在恰当的时机，卖掉房子，买进未来的热门股。

这一场交谈，前后才9分钟。如果把他们的谈话录下来重播的话，交谈一定都是片片断断、有头无尾。原一平就是用这种不断更换话题的"轮盘话术"，寻找出准客户的兴趣所在。

等到原一平发现准客户趣味盎然、双眼发亮时，他就借故告辞了。

"哎呀！我忘了一件事，真抱歉，我改天再来。"

原一平突然离去，准客户通常会以一脸的诧异表示他意犹未尽。

而他呢？既然已搔到准客户的痒处，也就为下次的访问铺好了路。

要想使客户购买你推销的商品，首先要了解其兴趣和关心的问题，并将这些作为双方的共同话题。

除了找到共同话题外，推销员还要善于观察，找到客户的心结，打开了客户的心结，你的推销就离成功很近了。

连续几个月，原一平一直想向一个著名教授的儿子卖教育保险。根据以往的经验，这种保单应该是很好做的，教授和教授夫人应该都是极重视教育的人。可这回不管原一平如何说服，他们对保险仍兴致不高。

某天又去，只有教授夫人一个人在家，原一平就又跟她说起教育保险，她仍然没什么兴趣。

原一平放眼在屋子里寻找，一眼看见了立柜上的照片，就挺有兴趣地走了过去，一张一张看起来。

"噢，这位是……"

"是我父亲，他可是位了不起的医生。"

"医生这一行可真了不起，救死扶伤。"

"是啊。我一直很崇拜的，可惜我丈夫是个文学教授……"

说到这儿，原一平已经知道如何说服这位夫人了。他就又把话题扯开，聊起了教育保险。当谈话无法进行之时，原一平就不无遗憾地对她说："太太，我今天来这里以为会碰上一位真正关心子女的家长，看来我是错了，真遗憾！"

好强的教授夫人，对这一"诱饵"迅速地做出反应，说："天下的父母哪有不希望儿女成材的。哎，我那个儿子，一点也不像他父亲，头脑不灵光。他父亲也说，这孩子不聪明，无法当学者。"

原一平甚表惊讶地说："父母是父母，孩子是孩子，你们随随便便地认定孩子的将来是不对的，父母不能只凭自己的感觉就为孩子定位。"然后诚恳地说："您和您丈夫是想让孩子读文科吧？"

"可不，他父亲一直想让孩子在文学上有所成就，可这孩子对文学没什么兴趣，倒是对理工科挺感兴趣。这孩子挺喜欢待在外公的诊所里，而且他的理工科成绩还不错。"

"这样的话，你们应该让孩子来自己选择自己的专业。"原一平由衷地说，教授夫人也接受了原一平的观点。并开始计算起孩子的成绩,为其作归纳分析,一时显得挺高兴的。

之后,原一平就不断提供意见给教授夫人:如果上医学院,要很多钱……

其实教授夫人一直期盼儿子能青出于蓝而胜于蓝,希望孩子能够上医学院,以证明他的能力不输给外公。原一平看出了这一点,一下子按动了她的心动钮,不断扩大一个母亲的梦想。于是她当场买下原一平推荐的"5年期教育保险"。

掌握主动权,抓住潜在客户

久负盛名的美国宝洁公司,以生产日常洗涤与清洁用品为主业,不过由于该公司在世界各地的分支机构的发展进程各不相同,也由于世界各国之间巨大的文化差异,因而使得它在全球许多地区经历了一些意想不到的失败和成功。

首先是在日本,起初宝洁公司将其在美国旺销的纸尿裤投放到日本,在各大医院的产房留下了免费试用的样品,还派人到居民区巡视,一看到哪家居民阳台上晾晒着婴儿尿布,便免费送上纸尿裤样品。

一开始此举还真灵验:其纸尿裤的市场占有率一下子从2%上升到10%,但其间的隐患却没有被察觉,那就是日本人如果购买纸尿裤,每个婴儿每月需花费50美元。

为什么呢?因为在养育婴儿的习惯方法上两国存在着较大的差异:美国的母亲平均每天只给婴儿换6次尿布,而日本的母亲则平均每天要给婴儿换14次尿布,难怪日本人要花这么多钱。此时一家日本本地的公司乘虚而入,生产出一种轻薄型的纸尿裤,不仅价格便宜,而且其使用和贮存都更加方便。由于母亲们更愿意购买这种名为"月牙"的纸尿裤,因而很快便把美国的此类产品挤出了日本市场。

然而,宝洁公司在波兰却因为深谙当地居民的心理而取得了意想不到的成功。

波兰本国的洗涤产品的特点是质量低劣,并有许多假冒的外国品牌,居民想买外国公司的产品,但又怕买到"假洋鬼子"。宝洁公司便给自己产品的包装贴上一些错误百出的波兰文写成的标签,这些波兰文不是拼写有错误,便是语法乱七八糟。波兰人看到这些洋相百出的商品标签,马上意识到这是真正的外国公司的产品,它们只是还没来得及学会用正确的波兰文字来表达而已。一时间,这些贴有错误百出的标签的商品卖得十分红火。

了解所在市场的风俗,尊重当地风俗,才能有效地抓住主动权。

虽然你希望掌握推销主动权,但是绝不能表现得太明显,以至于让客户感到不舒服,甚至反感、厌恶。懂得了这一点,你时不时说声"不"也就不是什么坏事。事实上,当你说:"对不起,我没有那种款式。"同样能赢得几分,因为客户会认为你直率。要是客户提出一种你没有想到的选择,绝不要责怪和贬低他的意见,如果你这样做了,客户就会以为你在侮辱他、批评他的判断力和品位。

只要"不"说得恰当,客户常常会宽容地说:"没关系,没有也无所谓。"但是要是你和他们发生争执的话,他们就会失控,本来小事一桩,却可能弄得彼此很不愉快。

高明的谈判人员都深知这条教训,他们常常会假装被对方"俘虏",然后作出一副吃亏让步的样子。在推销中同样有这个问题。你要让客户感到他们好像赢了几分,这样他们都能状态良好,感觉放松。相反,要是你老想压着对方,每次都只说"是"的话,他们就会想方设法胜过你。让他们说几句得意的话不仅无碍大局,而且能够使你取得更多的信任票。所以,只要你在恰当的时候说"不",你就更有可能在成交之际让客户说"是"。

在未能吸引准客户的注意之前,推销员都是被动的。这时候,说破了嘴,还是对牛弹琴。所以,应该设法刺激一下准客户,以吸引对方的注意,取得谈话的主动权之后,再进行下一个步骤。

使用"鞭子"固然可使对方较易产生反应,然而对推销员而言,这是冒险性相当高的推销方法,除非你有十成的把握,否则不要轻易使用它,因为运用"鞭子",稍有一点闪失就会弄巧成拙,伤害到对方的自尊心,导致全盘皆输。

还有,一定要与"笑"密切配合,否则就收不了尾。当对方越冷淡时,你就越以明朗、动人的笑声对待他,这样一来,你在气势上就会居于优势,容易击倒对方。此外,"笑"是具有传染性的,你的笑声往往会感染到对方跟着笑,最后两个人笑成了一团。只要两个人能笑成一团，隔阂自然会消除，那么，什么事情都好谈了。

有一天，原一平拜访一位准客户。

"您好，我是明治保险公司的原一平。"

对方端详着名片，过了一会儿，才慢条斯理抬头说：

"几天前曾来过某保险公司的业务员，他还没讲完，我就打发他走了。我是不会投保的，为了不浪费你的时间，我看你还是找其他人吧。"

"真谢谢您的关心，您听完后，如果不满意的话，我当场切腹。无论如何，请您拨点时间给我吧！"

原一平一脸正气地说，对方听了忍不住哈哈大笑起来，说：

"你真的要切腹吗？"

"不错，就这样一刀刺下去……"

原一平边回答，边用手比画着。

"你等着瞧，我非要你切腹不可。"

"来啊，我也害怕切腹，看来我非要用心介绍不可啦。"

讲到这里，原一平的表情突然由"正经"变为"鬼脸"，于是，准客户和原一平一起大笑起来。最后，顺理成章地达成了交易。

六、赢得客户，好好对待"上帝"

掌握一些技巧赢得客户，然后好好对待"上帝"，这是原一平开展推销工作的一个基本原则，这是原一平给我们的第六个忠告。

打破顾客心墙，接近客户

原一平告诉我们：只有先把隐藏在客户内心的砖块拿掉，他才会安心地与你商谈。以商业化的方式商谈，则彼此只建立在纯物质的关系上，将不利于推销的进行与完成。

原一平列举了以下几种推销过程中不宜的方式。在打破心墙的说话方式上，不能以激烈的语气说话；不能假意讨好；不能自吹自擂，只顾自己的表现而忽视双向的沟通及客户的心理意识；不能冗长地谈话，不能打断话题；不能挖苦客户；不能立即反驳客户的意见，而是要注意人性心理的反应，客户能接受的态度及情况……

可以提出对其有利害关系的问题，以激起其兴趣与好奇，用轻松的方式营造气氛。在打破心墙建立良好气氛时，要重视寒暄的方法。商谈是始于心灵接触，终于心灵的沟通与了解。唯有客户内心受到打动，才容易成交。

推销商谈或谈判并非单向，一味地谈自己这一方面的情况，在推销过程中也不要只设定自己是推销员在贩售有实体的商品，更不要让客户认定你只是推销员，只是在贩卖一种商品给他，这样客户心中会有防线、有压力，认为你只是在赚他的钱，而不是来告诉他如何获取利益。

一开始要先培养正面有交情的气氛，推销的味道不宜太浓，先把自己推销出去，再配合、强调整体行销的包装和促销的重点，才容易使客户有正面深刻的好印象，并产生购买的情绪和气氛。

推销工作的顺利与否，其前提是有创意、有人情。在打破心墙方面，可使用小礼物、纪念品配合自己的表演，同时也要格外重视客户的反应，对其所表达的情况也要认真地记录或主动询问，了解其内心真正的想法、观念，并不时地赞美，注意倾听，不打断其意见的表达，以其感兴趣、有嗜好的话题为主，展开彼此的感情沟通。

原一平曾经制订计划，准备向一家汽车公司开展企业保险推销。所谓企业保险，就是公司为其职工缴纳预备退休金及意外事故等的保险。

可是，听说那家公司一直以不缴纳企业保险为原则，所以在当时，不论哪个保险公司的推销员发动攻势都无济于事。原一平决定集中攻占一个目标，于是，他选择了总务部长作为对象进行拜访。

谁知：那总务部长总也不肯与他会面，他去了好几次，对方都以抽不开身为托词，根本不露面。

两个月后的某一天，对方终于动了恻隐之心，同意接见他。走进接待室后，原一平竭力向总务部长说明加入人寿保险的好处，紧接着又拿出早已准备好的资料——销售方案，满腔热情地进行说明，可总务部长刚听了一半就说："这种方案，不行！不行！"然后站起身就走开了。

原一平在对这一方案进行反复推敲、认真修改之后，第二天上午又去拜见总务部长。对方再次以冰冷的语调说："这样的方案，无论你制订多少带来也没用，因为本公司有不缴纳保险金的原则。"

在遭到这种拒绝的一刹那，原一平呆住了。总务部长昨天说那个方案不行，自己才熬了一夜重新制订方案，总务部长却又说什么无论拿出多少方案也白搭……

原一平几乎被这莫大的污辱整垮了。但忽然间，他的脑海里闪出一个念头，那就是"等着瞧吧，看我如何成为世界第一推销员"的意志以及"我是代表明治保险公司搞推销"的自豪感。

"现在与我谈话的对手，虽然是总务部长，但实际上这位总务部长也代表着这家公司。因此，实际上的谈判对手，是其公司的整体。同样，我也代表着整个明治保险公司，我是代替明治保险公司的经理到这里来搞推销的。我不由得这样想道，而且我坚信：'自己要推销的生命保险，肯定对这家公司有益无害。'

"于是，我的心情渐渐平静下来。说了声'那么，再见！'就告辞了。"

从此，原一平开始了长期、艰苦的推销访问，前后大约跑了300次，持续了3年之久。从原一平的家到那家公司来回一趟需要6个小时，一天又一天，他抱着厚厚的资料，怀着"今天肯定成功"的信念，不停地奔跑。就这样过了3年，终于成功地完成了盼望已久的推销。原一平遭拒绝的经历实在是太多了。有一次，靠一个老朋友的介绍，他去拜见另一家公司的总务科长，谈到生命保险问题时，对方说："在我们公司有许多干部反对加入保险，所以我们决定，无论谁来推销都一律回绝。"

"能否将其中的原因对我讲讲？"

"这倒没关系。"于是，对方就将其中原因作了详细的说明。

"您说的的确有道理，不过，我想针对这些问题写篇论文，并请您过目。请您给我两周的时间。"临走时，原一平问道："如果您看了我的文章感到满意的话，能否予以采纳呢？"

"当然喽，我一定向公司建议。"

原一平连忙回公司向有经验的老手们请教。又接连几天奔波于商工会议所调查部、上野图书馆、日比谷图书馆之间，查阅过去3年间的《东洋经济新报》、《钻石》等有关的经济刊物，终于写了一篇蛮有把握的论文，并附有调查图表。

两周以后，他再去拜见那位总务科长。总务科长对他的文章非常满意，把它推荐给总务部长和经营管理部长，进而使推销获得了成功。

原一平深有感触地说："推销就是初次遭到客户拒绝之后的坚持不懈。也许你会像我那样，连续几十次、几百次地遭到拒绝。然而，就在这几十次、几百次的拒绝之后，总有一次，客户将同意采纳你的计划。"为了这仅有的一次机会，推销员在做着殊死的努力。

原一平成为世界级推销大师绝不是偶然的，从他的事迹中我们可以感受到他的那份执着。

打破顾客的心墙以后，要充分调动客户的兴趣，只有客户对你和你的产品感兴趣，才能可能促成交易。调起对方的兴趣，是销售的先机。

与客户思维保持同步，以吸引顾客注意

一位心理学大师曾说，人们往往错误地以为我们生活的四周是透明的玻璃，我们能看清外面的世界。事实上，我们每个人的周围都是一面巨大的镜子，镜子反射着我们生命的内在历程、价值观、自我的需要。

心理学研究发现：人们在日常生活中常常不自觉地把自己的心理特征归属到别人身上，认为别人也具有同样的特征，如：自己喜欢说谎，就认为别人也总是在骗自己；自己自我感觉良好，就认为别人也都认为自己很出色……心理学家们称这种心理现象为"投射效应"。

"投射效应"对推销最重要的一条启示是：保持与客户思维的同步，只有你的想法、你的行动与客户的想法相一致，才能让客户更容易接受你。

原一平提到，根据心理学的研究，人与人之间亲和力的建立是有一定技巧的。我们并不需要与他认识一个月、两个月、一年或更长的时间才能建立亲和力。如果方法正确了，你可以在5分钟、10分钟之内，就与他人建立很强的亲和力。原一平认为，其中一个特别有效的方法是：在沟通时与对方保持精神上的同步。

所以优秀的推销员对不同的客户会用不同的说话方式，对方说话速度快，就跟他一样快；对方说话声调高，就和他一样；对方讲话时常停顿，就和他一样也时常停顿，这样才不会出现"各说各话"的尴尬情景。因为能做到这一点，所以优秀的推销员很容易和客户之间形成极强的亲和力，对各种客户应付自如。

除了思想上要与客户保持同步以外，还要吸引顾客的注意力。这对推销成功也是至关重要的。

有一个销售安全玻璃的推销员，他的业绩一直都维持北美整个区域的第一名。在一次顶尖推销员的颁奖大会上，原一平遇到了他，原一平问他："你有什么独特的方法来让你的业绩维持顶尖呢？"他说："每当我去拜访一个客户的时候，我的皮箱里面总是放了许多截成15公分见方的安全玻璃，我随身也带着一个铁锤子，每当我到客户那里后我会问他：'你相不相信安全玻璃？'当客户说不相信的时候，我就把玻璃放在他们面前，拿锤子往桌上一敲，而每当这时候，许多客户都会因此而吓一跳，同时他们会发现玻璃真的没有碎裂开来。然后客户就会说：'天哪，真不敢相信。'这时候我就问他们：'你想买多少？'直接进行缔结成交的步骤，而整个过程花费的时间还不到一分钟。"

当他讲完这个故事不久，几乎所有销售安全玻璃的公司的推销员出去拜访客户的时候，都会随身携带安全玻璃样品以及一个小锤子。

但经过一段时间，他们发现这个推销员的业绩仍然维持第一名。他们觉得很奇怪。而在另一个颁奖大会上，原一平又问他："我们现在也已经做了同你一样的事情了，那么为什么你的业绩仍然能维持第一呢？"他笑一笑说："我的秘诀很简单，我早就知道当我上次说完这个点子之后，你们会很快地模仿，所以自那时以后我到客户那里，唯一所做的事情是我把玻璃放在他们的桌上，问他们：'你相信安全玻璃吗？'当他们说不相信的时候，我把玻璃放到他们的面前，把锤子交给他们，让他们自己来砸这块玻璃。"

许多推销员在接触潜在客户的时候都会有许多的恐惧，不论所接触客户的方式是电话或面对面的接触。每当我们刚开始接触潜在客户的时候，大部分的结果都是以客户的拒绝而收场。

接触潜在客户是必须要有完整计划的，每当我们接触客户时，我们所讲的每一句话，都必须经过事先充分的准备。因为每当我们想要初次接触一位新的潜在客户时，他们总是会有许多的抗拒或借口。他们可能会说："我现在没有时间，我不需要……"等等的借口，客户会想尽办法来告诉我们他们不愿意接触我们。所以接触潜在客户的第一步，就是必须突破客户这些借口，因为，如果无法有效地突破这些借口，我们永远没有办法开始我们产品的销售过程。吸引顾客的注意力，是打开推销过程很好的方法。

从顾客喜好出发

原一平准备去拜访一家企业的老板，由于各种原因，他用尽各式各样的方法，都无法见到他要拜访的人。

有一天，原一平终于找到灵感。他看到附近杂货店的伙计从老板公馆的另一道门走了出来。原一平灵机一动，立刻朝那个伙计走去。

"小二哥，你好！前几天，我跟你的老板聊得好开心，今天我有事请教你。"

"请问你老板公馆的衣服都由哪一家洗衣店洗的呢？"

"从我们杂货店门前走过去，有一个上坡路段，走过上坡路，左边那一家洗衣店就是了。"

"谢谢你，另外，你知道洗衣店几天会来收一次衣服吗？"

"这个我不太清楚，大概三四天吧。"

"非常感谢你，祝你好运。"

原一平顺利从洗衣店店主口中得到老板西装的布料、颜色、式样的资料。

西装店的店主对他说:"原先生,你实在太有眼光了,你知道企业名人××老板吗?他是我们的老主顾,你所选的西装,花色与式样与他的一模一样。"

原一平假装很惊讶地说:"有这回事吗?真是凑巧。"

店主主动提到企业老板的名字,说到老板的西装、领带、皮鞋,还进一步谈到他的谈吐与嗜好。有一天,机会终于来了,原一平穿上那一套西装并打一搭配的领带,从容地站在老板前面。

如原一平所料,他大吃一惊,一脸惊讶,接着恍然大悟,大笑起来。

后来,这位老板成了原一平的客户。

原一平告诉我们,接近准客户最好的方法就是投其所好。培养与准客户一样的爱好或兴趣。当准客户注意你时,就会有进一步想了解你的欲望。

推销员看到一个小孩蹦蹦跳跳、东摸西抓、片刻不停,也许会心中生厌。但一名推销高手,却对他母亲说:"这孩子真是活泼可爱!"

孩子是父母心中的"小太阳",看到孩子,不论长相啥样,也不管可爱与否,推销员应该说的是:"喔!好可爱的孩子!几岁了……"这样一定能打开对方的话匣子,把小宝宝可爱聪明的故事说上一大堆。这种和谐的气氛自然能"融化"她的借口,顺利推销你的商品。

小孩、宠物、花卉、书画、嗜好等都可缩短双方的距离,顾客的喜好是多种多样的,推销员要广泛搜集,并进行研究,掌握其要点,以便对话时有共同语言。了解顾客的喜好对推销的成功具有推波助澜的作用,推销员必须善于利用。

优秀的推销员其实也是个讲故事的高手,因为在推销的语言技巧中要运用讲故事的地方实在太多了。小故事在推销的语言技巧、反对客户拒绝的语言技巧中使用的比例高得惊人。引用小故事、成语或寓言也有几项简单的要领,内容精彩固然重要,但要客户听得入神可就要看推销员的本领了。

推销员引用的小故事内容一要让客户略感恐怖,二要让客户觉得幽默。前者可以让客户产生"不买的话会有何后果"的恐惧,后者则让客户产生"买了的话将可享受某种乐趣"的想法。

在推销员与客户接近阶段,引用小故事时应以具有幽默效果比较适宜,在拒绝处理阶段则视客户拒绝的态度来决定,至于促成阶段则较适合使用具有恐怖效果的小故事。

讲小故事时最好是突然引用。这是推销员引用小事的诀窍,就是说,不需要做预告,单刀直入地讲就可以了。因为当客户一听到"有个故事是这样的……"往往会认为那只是个故事,和自己没有关系。

讲小故事还要会随时插入。引用小故事不见得非得在客户提出拒绝后,其引用的主要目的是为了提高客户的购买意愿,所以在任何一个阶段随时都可以来上一段故事。客户拒绝时一定要有相应的故事做缓冲,因此,平时应多准备一些小故事。

要懂得分享客户的喜悦

有时接近客户并不需要什么客套话,在一次推销员大会上,原一平听到了一个超级推销员讲述了他的故事:

"那是我第一次去大城市推销,出站就分不清东西南北了。好不容易找到客户的商店,他正忙着招呼顾客,三岁的小儿子独自在地板上玩耍。小男孩很可爱,我们很快就成了朋友。客户一忙完手中的事,我就赶紧作自我介绍。他说很久没有买我们的产品了。我没有急着推销,只谈他的小儿子。后来他对我说:'看来你真是喜欢我儿子,晚上就来我家,参加他的生日晚会吧,我家就在附近。'

"我在街上逛了一圈,就去了他家。大家都很开心,我一直到最后才离开,当然手里多了一笔订单——那是一笔我从未有过的大单。我没有极力推销什么,只不过对客户的小儿子表示友善而已,就和客户建立了良好的关系,并达到了目的。"

当然,并不是谁都有机会和客户的小儿子玩,也不是总能知道客户到底喜欢什么,但还是有方法和客户交上朋友。另一个相当成功的推销员也讲了一个故事:

"许多年前,我还很年轻的时候,我试着向一位大制造商推销产品,但一直未能如愿。一天,我又去他的办公室,他满脸不高兴,说:'我现在没空,我正要出去吃午饭。'我想我不能遵守常规了,就大着胆子说:'我能和您一起吃饭吗?'他很有些惊讶,但还是说:'那好吧。'

"吃饭的时候,推销的事我只字未提。回到办公室,他给了我一张小订单,这是我一直想要的。那以后我得到了源源不断的订单。我做了什么吗?其实什么也没做,只是听他说。他说了好多,我想那都是他自己喜欢的。"

原一平后来说,好好对待客户做起来很简单,只要你真诚地尊重他,懂得分享他的喜悦。

七、管好客户资源,让客户连成片

客户资源是一个推销员最大的财富,管理好你的客户资源,让你的客户连成片,你就成为了一个优秀的推销员。这是原一平给我们的第七个忠告。

给你的客户建立档案

为顾客建立档案,体现尽力为顾客服务的心愿,是商业企业的一种有效的推销手段。日本某食品公司开业不久,精明的老板便向户籍部门索取市民生日资料,建立顾客生日档案。每逢顾客生日,该公司便派人把精致的生日蛋糕送到顾客家中。这一举措让顾客感到异常惊喜,相应地,该公司的社会知名度也越来越高,生意越来越红火。

号称"经营之神"的台湾王永庆先生,最初开了一家米店,他把到店买米的顾客家庭人口消费数量记录在心。时间一到,不等顾客购买,王永庆就亲自将米送上门,深得顾客的好评和信任。这种经营方法和精神,使王永庆先生的事业蒸蒸日上。

据报道:杭州华联商厦在经营中走访了许多顾客,并建立了顾客档案,商业企业可与顾客建立起经济性的联系,通过沟通增加双方的情感,树立起商业企业的良好形象。从企业经营方面分析,通过建立顾客档案,可以改变依靠微笑的浅层次的商业服务质量。商业企业通过顾客档案建立的联系网可以及时了解顾客的需求变化和消费心理,向顾客推荐商品,增加服务内容和项目,把生意做到顾客家里去,开拓服务新天地,从而使商业企业的服务更上一层楼。

给顾客建立档案有一个很简单的方法,就是给客户建立客户卡。

面对不同的客户,推销人员必须制作客户卡,即将可能的客户名单及其掌握的背景材料,用分页卡片的形式记录下来。许多推销活动都需要使用客户卡,利用卡片上登记的资料,发挥客户卡的信息储存与传播作用。当你上门探访客户、寄发宣传材料、邮送推销专利和发放活动的邀请书、请柬,以至于最终确定推销方式与推销策略时,都离不开客户卡。

在制作客户卡时,客户卡上的记录都依推销工作时间的延伸而不断增加,信息量也要不断扩展。如上门访问客户结束后,推销人员要及时把访问情况、洽谈结果、下次约见的时间地点和大致内容记录下来。至于其他方面获得的信息,如客户单位负责购买者与领导决策者之间的关系、适当的推销准备、初步预定的推销方法和走访时间也要一一记录,以便及时总结经验,按事先计划开展推销活动。

客户卡作为现代推销人员的一种有效推销工具,在推销工作中,推销人员可以根据具体需要来确定客户卡的格式。一般来说,客户卡包括下列内容:

◇顾客名称或姓名;
◇购买决策人;
◇顾客的等级;
◇顾客的地址、电话等;
◇顾客的需求状况;
◇顾客的财务状况;
◇顾客的经营状况;
◇顾客的采购状况;
◇顾客的信用状况;
◇顾客的对外关系状况;
◇业务联系人;

◇建卡人和建卡日期；
◇顾客资料卡的统一编号；
◇备注及其他有关项目。
对客户卡进行"建档管理"应注意下列事项：
是否在访问客户后立即填写此卡？
卡上的各项资料是否填写完整？
是否充分利用客户资料并保持其准确性？
主管应指导业务员尽善尽美地填写客户卡。
最好在办公室设立专用档案柜放置"客户卡"，并委派专人保管。
自己或业务员每次访问客户前，先查看该客户的资料卡。
应分析"客户卡"资料，并作为拟订销售计划的参考。

多收集客户资料，建立客户网

原一平说，你对顾客了解得越多，你推销的成功几率就越大。

原一平曾有过一个他自己都觉得实在不太像话的教训：

有一家销售男性产品的公司，该公司经常在报纸杂志上宣传他们的"真空改良法"。

有一天，原一平的业务顾问把原一平介绍给该公司的总经理。原一平带着顾问给他的介绍函，欣然前往。

可是，不论原一平什么时候去总经理的住处拜访，总经理不是没回来，就是刚出去。每次开门的都是一个像颐养天年的老人家。

老人家总是说："总经理不在家，请你改天再来吧！"

就这样，在3年零8个月的时间里，原一平前前后后一共拜访了该总经理70次，但每次都扑空了。

原一平很不甘心，只要能见到那位总经理一面，纵使他当面大叫"我不需要保险"，也比像这样连一次面都没见到要好受些。

刚好有一天，一位业务顾问把原一平介绍给附近的酒批发商Y先生。

原一平在访问Y先生时，顺便请教他："请问住在您对面那幢房子的总经理，究竟长得什么模样呢？我在3年零8个月里，一共拜访他70次，却从未和他碰过一次面。"

"哈哈！你实在太粗心大意了，喏！那边正在掏水沟的老人家，就是你要找的总经理。"

原一平大吃一惊，因为Y先生所指的人，正是那个每次对他说"总经理不在家，请你改天再来"的老人家。

"请问有人在吗？"

"什么事啊？"

原一平第71次敲开了总经理的大门，应声开门的仍是那位老人家。他脸上一副不屑的样子，意思就像说："你这小鬼又来干什么？"

原一平倒是平静地说："你好！承蒙您一再地关照，我是明治保险的原一平，请问总经理在家吗？"

"唔！总经理吗？很不巧，他今天一大早就去国民小学演讲了。"

老人家神色自若地又说了一次谎。

"哼！你自己就是总经理，为什么要欺骗我呢？我已经来了71次了，难道你不知道我来访问的目的吗？"

"谁不知道你是来推销保险的！"

"真是活见鬼了！要是向你这种一只脚已进棺材的人推销保险的话，会有今天的原一平吗？再说，我们明治保险公司若是有你这么瘦弱的客户，岂能有今天的规模。"

"好小子！你说我没资格投保，如果我能投保的话，你要怎么办？"

"你一定没资格投保。"

"你立刻带我去体检，小鬼啊！要是我有资格投保的话，我看你的保险饭也就别再吃啦！"

"哼！单为你一人我不干。如果你全公司与全家人都投保的话，我就打赌。"

"行！全家就全家，你快去带医生来。"

"既然说定了，我立刻去安排。"争论到此划一段落。

数日后，他安排了所有人员的体验。结果，除了总经理因肺病不能投保外，其他人都变成了他的投保户。

多了解你的客户，然后给你的客户建立档案，然后把这些档案整理好，就建成了你自己的客户网。

作为一名专业推销员，所面临的最大的挑战之一就是需要不断地发展合格的新准客户。在追求更高水平的生产力的过程中，你开发了一个忠诚的、建立在引荐基础之上的客户群。成功的关键就是：即使当这些客户和被他们引荐的人让你忙得不亦乐乎时，你仍然需要继续不断地探寻和发现新的生意来源。于是，面临的挑战就会是如何最有效地使用你的宝贵时间以达到这个目标。建立准客户网络是一个可行的办法。

只要你推销的产品和你提供的服务与竞争对手相比，起码是相同的，那么"认识你、喜欢你和相信你"的因素就会帮你胜出。让我们快速地看看这句话："关键不是你知道什么，而是你认识什么人。"这句话只对了一半。也许你应该为这句话加上一点："关键不是你知道什么，或是你认识什么人，而是你认识知道你的生意是什么的人，而且你知道这个了解你的人或他所认识的其他人在什么时候需要你的产品和服务。"是的，这句话很拗口，实际上，甚至还要加上另一句，它的意义才完整："假设知道你的生意是什么的人认识你、喜欢你和相信你。"这就是有效个人定位的开始。

稳住你的老客户

老顾客(如批发商、零售商)总是担负着公司产品推销的重任，是支撑公司赖以生存的重要力量，推销员要不断地跟他们接触交往，确保交易的继续，千万不能怠慢了老顾客。

原一平说，推销员都知道确保老顾客非常重要，但在实际行动上却往往草率从事、马马虎虎，怠慢老顾客。一旦交易成功，就容易产生赢得归自己用的棋子一样的错觉，要订货么，一个电话过去，把精力全部集中在开发新市场方面。在接待老顾客时也不那么讲究了，不像开始时那样客气谦虚，说话粗声大气，态度也变得傲慢起来。这大概是人固有的浅见吧！这样做的后果是很可怕的。

要当心竞争对手正窥视你的老顾客。同行的竞争对手正在对你已经获得的客户虎视眈眈，想方设法，不！是千方百计竭尽全身力气以图取而代之。你对老用户在服务方面的怠慢可使竞争对手有可乘之机，如不迅速采取措施，照此下去，用不了多长时间你就要陷入危机之中。要采取必要的防卫措施。已经得到的市场一旦被竞争对手夺走，要想再夺回来可就不那么容易了。老顾客与你断绝关系大半是因为你伤了对方的感情，一旦如此，要想重修旧好，要比开始时困难得多。因此，推销员要一丝不苟地对竞争对手采取防卫措施，千万不要掉以轻心。

如果竞争对手利用你对老顾客的怠慢，以相当便宜的价格向老顾客供货，但尚未公开这么做时，你马上采取措施还来得及。你要将上述情况直接向上司汇报，研究包括降价在内的相关对策，必须在竞争对手尚未公开取而代之前把对方挤走。

当老顾客正式提出与你终止交易时，往往是竞争对手已比较牢固地取代本公司之后的事情了，问题已相当严重，要想挽回已为时过晚，想立即修好恢复以往的伙伴关系更是相当困难了。这个时候的经办推销员如果恼羞成怒和对方大吵大闹，或哭丧着脸低声下气地哀求都是下策，以双方之间未完事项给对方出难题也很不高明。被取代的理由不管有多少，归根结底都是经办推销员的责任。推销员要具有把被夺走的市场再夺回来的战斗精神。

不过，急于求成，采用以毒攻毒的办法来压低价格或揭露竞争对手的短处千万使不得。聪明的办法是坦率地承认自己败北，并肯定竞争对手的一些长处，同时心平气和地请求对方"哪怕少量的象征性的也成，请继续保持交易关系"。在这种情况下，即使对方态度冷淡不加理睬，也要耐心地说服对方，自己要不动声色地忍耐一切。作为一位专业推销员，往往是在忍受屈辱的磨炼中成长、成熟起来的。只要耐着性子，不知不觉地使对方感到你的诚意，就会把竞争对手挤走。

当已占领的市场被竞争对手夺走时，必须从竞争对手手里再夺回来。这是推销员责无旁贷的义务。虽然如此，一流的推销员应当是防患于未然，而不是亡羊补牢。

八、对生意介绍人必须信守承诺

大家都知道，有人脉就有钱赚。对一个推销员来说：客户就是他的摇钱树。要想时时有钱赚，必须广开人脉。这是原一平成为推销之神的重要原因，也是他给我们的第八个忠告。

人脉是赚钱的基础

和许多专业推销员一样，相对于你现在的生产力水平而言，你其实已经具备更多的技巧、教育和培训，在开始一次推销时，调查出一种需要时，设计一个方案时，或成交一个销售时，你可能会感觉良好。如果你做了一次通盘分析，你就会发现，在你的生意中你很可能最不喜欢的就是自己在探寻新生意时不得不面临的拒绝。

战胜拒绝的一个办法就是开发出一套营销计划，这套计划通过有影响力的中心人物来定位你的产品或服务，你可以运用这套系统达到自己的目标，而且把痛苦的拒绝降低到最少的发生概率。

一套以能产生被荐人为基础的营销系统对你会有用，一是因为你的确可以学会它，但更主要的是因为它的建立基础扎根于人性本质：人们愿意帮助那些他们喜欢和关心的人，想一想最近一次你向别人引荐生意，你之所以这么做，难道不是因为你知道介绍这两个人互相认识会让他们两个建立起一种双赢的关系？

一位百万圆桌协会的专业推销员几年前曾经向他的一位客户引荐一个财务计划员，他回忆说："我认识这位计划员已经有一段时间了，而且我相信她的能力、办事手法和动机。我知道她有能力让我的客户高兴，让他们两个接触，长期来说，对他们、对我都有好处。"

从中心人物的角度来看，他们也确实有客户需要你的产品和服务。不过为了让他们更自如地为你提供被荐人，你必须成为这些中心人物可以依赖的供应者，当他们的朋友或熟人需要你的产品或服务时，你既具备充分的技能，又肯定会诚实正直地帮助他们。一旦建立了依赖和信心，被荐人就会纷至沓来。

吉田登美子1976年进入三井人寿保险公司京都分公司，曾任三井人寿保险公司京都分公司直属企业FD的保险理财顾问；1977年，成为百万圆桌协会会员；1985年至今，她是三井人寿冠军推销员、顶尖会员、百万圆桌协会三井分会会长、全日本寿险推销人员协会京都府协会会长；1995年契约总值约为65亿日元，她所得总金额为8000万日元。

进入三井人寿之初，吉田登美子所做的第一件事情，就是挨家挨户拜访客户。每天一早，她会抱着一大摞宣传单，固定在一个地区拜访发送，这段时间吉田登美子不是被关在门外，就是被当面拒绝。

后来经过市场调查，吉田登美子选择医师和医院作为她的推销市场。

吉田登美子依照地图的标示，决定走完京都大大小小所有的医院、诊所。一天，她正要去车站搭车，可是人一到月台，电车正好开走，而下一班车还得再等20分钟。吉田登美子突然看到月台对面有一块医院招牌，于是吉田登美子大步来到这家医院，才到门口，便凑巧撞上穿着白衣的医生。吉田登美子一时头脑反应不过来，便劈头直说："我是三井人寿的吉田登美子，请你投保！"

这位医生对吉由登美子的单刀直入产生了兴趣。

"这么简单就要人投保呀？有意思，进来聊聊吧。"

进了医院，吉田登美子将平时学会的保险知识全盘托出，最后还加了一句："我正要从上贺茂开始，一直拜访到伏见。"

其实医生早已买了好几份保险，也知道吉田登美子还是保险推销的新手。可是看在吉田登美子态度认真的份上，说出了心里话："保险实在高深莫测，说实话，我已经保了五六张，可是每次都被保险推销员说得天花乱坠，事后根本一问三不知，这里有我两张保单，就当是学习，给你拿回去评估评估好了。"

拿了保单，吉田登美子充当医生的家人，分别拜访了医生投保的公司，一一确认保单的内容，然后制作了一本图文并茂的解说笔记。

当医生把解说笔记交给他的会计师看时，会计师极力称赞这份评估报告，而且还建议医生买保险就最好向吉田登美子买，结果，医生就正式要求吉田登美子为他重新组合设计他现有的那6张保单。

吉阳登美子根据医师的需求，将原本着重身后保障的死亡保险，转换为适合中老年人的养老保险与年寿保险。对吉田登美子来说，这位医生客户不但为吉田登美子带来一份高达8000万日元的定期给付养老保险契约的业绩，同时也给了她一次难得的比较各家保险公司保险商品的机会。

后来，这位医生又将吉田登美子介绍给几位要好的医生朋友。这几位医生，也都请求吉田登美子为他们评估现有的保单。而吉田登美子也不厌其烦地为他们制作解说笔记，详细记录何时解约会得到多少解约金、不准时缴费的结果、残废后的税赋问题，等等。

通过层层介绍，吉田登美子由一个医师团体介绍到另一个团体，就这么辗转引介，吉田登美子终于拥有最高医师客户占有率的保险推销员头衔。这个成绩相当难得，因为京都地区的医师团体向来十分封闭，一般推销员如果不是套关系，根本无法切入这块人人觊觎的市场。

于是，在进入三井人寿的第二年，也就是1977年，吉田登美子顺利登上京都地区的业绩冠军宝座。

利用满意客户群，实施"猎犬计划"

原一平说推销员获得新客户的办法有很多，其中最有效的可能就是利用满意的客户的推荐来争取新客户了。从策划之精心，对个人之尊重来看，加拿大"日产"的努力可称得上达到了这一方法的"艺术境界"，但是，这些还不是他们最成功的推销手法。

有一个做法使日产公司在个别顾客身上得到了更多的生意，那就是请最满意的顾客群来进行推荐。

假设你一年内刚买了一辆日产新车，而汽车公司告诉你诚实地将意见提供给想买车的消费者做参考，就可以获赠雨伞或旅行袋之类的小礼物，另加一张值200美金的购车折价券，你觉得如何？参加方式是将你的日夜联络电话留给15至20位附近地区有意购买日产汽车的人，而且不一定要这些人打电话来找你，你才能获得优惠。

日产汽车(以及其他寄发问卷给新车主的汽车公司)已经有足够的资料找出最满意的顾客，反正满意的顾客终究会向朋友推荐产品，那么何不运用这些资料，使推荐活动更积极呢？

这个技巧也可以用于其他选购性的商品和服务，例如个人电脑或软件，还有家电用品、脚踏车、化妆品、幼儿园、房地产、船运公司和承包商等。重点是要像日产汽车一样清楚：谁才是忠实顾客。小企业一样可以利用口碑相传的力量，比如说，对于正考虑是否送小孩去参加"夏令营"的家长，主办单位可列出附近地区去年参加过该"夏令营"的学生家长的姓名和电话给他们。

使用这种方法时有两个要诀必须牢记：

首先，要创造利润，除了找出忠实顾客，还得知道谁可能会买。由于进行推荐，必须征求推荐人同意，并给予奖励，每位推荐人直接影响的范围有限，最后很可能导致费力不讨好，所以一定要看准最有可能购买的顾客，才不会白白浪费请推荐人的钱。

其次，不要按推荐人所促成的实际销售额来奖励推荐人，这样容易给人"买通"推荐人的印象，反而会破坏整个计划，因为推荐人制度主要凭借的是消费者与消费者之间客观的口碑和建议。只要促进了这种口口相传的沟通，任务也就达成了。

必须让推荐人根据实际使用经验，表达客观、诚实的意见，同时告诉潜在顾客，推荐人并不从销售额当中抽取佣金。只要试验一两次之后，就可以从记录中看出谁是最佳推荐人了。

优秀的推销员懂得让每位客户认为他有责任帮你再介绍客户。一旦介绍的程序开始运作，你就不需要面对陌生的准客户了，这种方法会大幅改善销售成功的概率。在一定的约访数字下，敲门的次数，可以减少；会谈的次数，可以降低；成交比例，可以增加；成交金额，可以扩大；还有更多的新名字被介绍，重新开始另一个销售程序。

你可以这样说："先生，你曾说过，你把工程的大部分都包出去了，其中哪家公司转包的特别多呢？从你这里分得最多工作的那个人是谁，他可能正是我要找的那一类人，你不会介意用你的名字，来让我获得推荐，是不是？"

有时取得介绍和完成交易一样困难。它的重要性，并不亚于促成交易。

准客户有时会说："我必须先和他谈谈详细情形。"

"李先生，这是对的，我很愿意您先跟他谈谈，不过别跟他谈得太详细，他的状况和您的状况可能不大相同。您只要告诉他，只需花一些时间，就可以获得和您一样的好处；我仅占用他半个小时而已。"

现在你获得了一张名单——也就是整个周期的第一步，下一步就要约访。此时应该尽早与被介绍人联络，被介绍人可不是好酒，不会越陈越香。他们会像条鱼，不趁新鲜时烹了，久了就坏掉，不可久藏。

善待介绍人，对介绍人信守诺言

关于给生意介绍人付费的事，有一个严格的规定：就是立即兑现，绝不会迟迟不付。更不会试图以某种原因赖掉这笔钱。假设一个人介绍某人拿着我的名片来买车，但忘了在名片后面签名，而且该顾客也没说是谁叫他来的。介绍人事后可能会打电话给我："'你卖了一辆依姆帕拉牌汽车给斯特林·琼斯之后怎么没寄钱给我呀？'我会说：'对不起，你没有在名片后面签上名字，而琼斯也没说是你介绍的。那么今天下午来拿钱吧。但下次要记着在名片上签名，这样我就能早点付钱给你。'"

九、重视250法则，客户不再遥远

如果一个人不满意你的服务，他会影响250个人来反对你。这是原一平给推销员的第九个忠告。

250法则的由来

乔·吉拉德是美国历史上最伟大的汽车推销员。在他刚刚任职不久，有一天他去殡仪馆，哀悼他的一位朋友谢世的母亲。他拿着殡仪分发的弥撒卡，突然想到了一个问题：他们怎么知道要印多少张卡片，于是，吉拉德便向做弥撒的主持人打听。主持人告诉他，他们根据每次签名簿上签字的人数得知，平均来这里祭奠一位死者的人数大约是250人。

不久以后，有一位殡仪业主向吉拉德购买了一辆汽车。成交后，吉拉德问他每次来参加葬礼的平均人数是多少，业主回答说："差不多是250人。"又有一天，吉拉德和太太去参加一位朋友家人的婚礼，婚礼是在一个礼堂举行的。当碰到礼堂的主人时，吉拉德又向他打听每次婚礼有多少客人，那人告诉他："新娘方面大概有250人，新郎方面大概也有250人。"这一连串的250人，使吉拉德悟出了这样一个道理：每一个人都有许许多多的熟人、朋友，甚至远远超过了250人这一数字。事实上，250只不过是一个平均数。

因此，对于推销人员来说，如果你得罪了一位顾客，也就得罪了另外250位顾客；如果你赶走一位买主，就会失去另外250位买主；只要你让一位消费者难堪，就会有250位消费者在背后使你为难；只要你不喜欢一个人，就会有250人讨厌你。

这就是吉拉德的250法则。由此，吉拉德得出结论：在任何情况下，都不要得罪哪怕是一个顾客。

在吉拉德的推销生涯中，他每天都将250法则牢记在心，抱定生意至上的态度，时刻控制着自己的情绪，不因顾客的刁难，或是不喜欢对方，或是自己情绪不佳等原因而怠慢顾客。吉拉德说得好："你只要赶走一位顾客，就等于赶走了潜在的250位顾客。"

世界一流推销大师金克拉在推销时，总是会随身携带两张白纸。一张纸满满当当地写着许多人的名字和别的东西；另一张纸是一张完全的白纸。他拿这两张纸有什么用呢？原来那张有字的纸是顾客的推荐词或推荐信，当他的销售遭到顾客的拒绝时，他会说："××先生／女士，您认识杰克先生吧？您认识杰克先生的字迹吧？他是我的顾客，他用了我们的产品很满意，他希望他的朋友也享有到这份满意。您不会认为这些人购买我们的产品是件错误的事情，是吧？"

"您不会介意也把您的名字加入他们的行列中去吧？"

有了这个推荐词，金克拉一般会取得戏剧性的效果。

那么，另一张白纸是做什么用的呢？

当成功地销售一套产品之后，金克拉会拿出一张白纸，说："××先生／女士，您觉得在您的朋友当中，还有哪几位可能需要我的产品？"

"请您介绍几个您的朋友让我认识，以便使他们也享受到与您一样的优质服务。"然后把纸递过去。

85%的情况下，顾客会为金克拉推荐2～3个新顾客。

金克拉就是这样运用顾客推荐系统建立自己的储备顾客群。

随时随地发展你的客户

一次，原一平坐出租车，在一个十字路口，车因出现红灯停下了，紧跟在他后面的一辆黑色轿车也被红灯拦下，与他的车并列。

原一平从窗口望去，那辆豪华轿车的后座上坐着头发已斑白但颇有气派的绅士，他正闭目养神。原一平动了让他投保的念头，他记下了那辆车的号码，就在当天，他打电话到监理局查询那辆车的主人。监理局告诉他那是F公司的自用车，他又打电话给F公司，电话小姐告诉他那辆车是M董事长的车子，于是，原一平对M先生进行了全面调查，包括学历、出生地、兴趣、嗜好、F公司的规模、营业项目、经营状况，以及他住宅附近的地图。

调查至此，他把所得的资料与那天闭目养神的M先生对比起来，稍加修正，就得到M董事长的雏形———位全身散发柔和气质，颇受女士欢迎的理智型的企业家。

从资料上他已经知道M是某某县人，所以，他的进一步准备工作是打电话到其同乡处查询资料。通过同乡人之口，原一平知道M先生为人幽默、风趣、热心，并且好出风头，待所有材料记录到备忘录上之后，原一平才正式接触其本人。

万事俱备，只欠东风，接下来的事就顺理成章，M先生愉快地在原一平的一份保单上签上了名字。

推销界里神话和传说颇多，有些推销员爱讲原一平和齐藤竹之助等人坚持拜访一家客户数年之久，终于成交的故事，以此来为自己无数次重复拜访一个客户辩解。这种执着劲是非常感人的，确实也有人就这样干出了成绩。"半年不开张，开张吃半年"倒也不错，问题是"半年不开张"时怎么生存？

在每一个人的生活领域中，总会有属于自己的小天地，属于自己的人脉系统，250法则应用到现在的推销系统十分合适。

例如，在求学时期，一般人最起码都会经过小学、初中到高中三个阶段，在这个过程中，不管是名列前茅的好学生或是流落在"放牛班"里的坏学生，都应该有同班同学或认识较深的死党，如果以每个求学阶段可以认识40个同学来计算，三个阶段就已经有120条属于同学的人脉关系了，接着再加上自己的亲戚30人、朋友30人、师长30人、前后期学长与学弟30人、邻居20人、职场中的同事30人，或住家附近提供生活所需的商家……统计起来，早就超过250条人脉。另外有人还会加入民间社团、宗教团体、学会、工会、商会等组织，都会增加自己的人脉。由此看来，我们可以说，每一个人都应该有超过250个人脉关系，而且这些数据还会随着年岁的增长、与人接触机会的增多，而累积出更加丰富的人脉。

所以，每一个人绝对不可以忽视自己曾经拥有以及目前已经拥有的这250条以上的人脉，而必须要好好地整理培养与运用，开拓自己的人际网络，虽然在这些人脉关系里面有许多人可能已经失散多年了，但是我们千万不要忽略这份情感，只要重新加以整理，你将会发现原来自己所认识的人还真不少呢！建议你现在就提起笔来找出所有的资料，将曾经认识的人一一地写下来，编辑成册吧！

当你走进一个典型的商会活动时，你基本上每次都会见到同一个画面。大多数参加者都坐在吧台旁或在冷盘桌前逡巡，他们喝一点酒，吃上点东西，彼此说着话，而且他们绝对不是在做生意，这基本上是个派对。可能某些方面更像个不错的谷仓舞会，不过那不是在建立准客户网络，但是许多人都把这种活动美其名曰建立网络。他们相信他们正在做生意，因为他们处身于这个正常营业时间后的活动，至于那儿任何一个人做的最有生产力的事就是每隔一会儿结识一些他们不认识的人并且交换名片，并非不尊重，这也太……煞有介事！

有时，出于纯粹的运气，会有一些生意发生。一个人可能碰巧需要另一个人销售的东西。不过发生这种情况的机会实在太少，而且做成的几率也远非理想。另外，在那儿寻找生意的人基本上把其他每个人都视为一个新准客户。不同之处在于你把每一个人看作 250 个新准客户。所以，你如何把这些普通的社交活动变成网络构建活动并为你的工作服务呢？再一次请记住，你感兴趣的不只是和这些人做生意，而且还要对他们中的每一个人的 250 个的影响范围感兴趣。

利用好你自己的 250 条关系

你会发现我们在研究潜在客户的时候总是先把朋友列出来，是朋友和潜在客户有必然的关联吗？不是这样的。对于一个从事推销工作的人来说，什么是朋友呢？你以前的同事、同学，在聚会或者俱乐部认识的人都是你的朋友，换句话说，凡是你认识的人，不管他们是否认识你，这些人都是你的朋友。

如果你确信你所推销的产品是他们需要的，为什么你不去和他们联系呢？而且他们大多数都没有时间限制，非工作时间都可以进行洽谈。向朋友或亲戚销售，多半不会被拒绝，而被拒绝正是新手的恐惧。他们喜欢你、相信你，希望你成功，他们总是很愿意帮你。尝试向他们推荐你所确信的优秀产品，他们将积极地回应，并成为你最好的客户。

与他们联系，告诉他们，你已经开始了一项新职业或开创了新企业，你希望他们共享你的喜悦。如果你 6 个月的每一天都这么做，他们会为你高兴，并希望知道更详细的信息。

如果你的亲戚朋友不会成为你的客户，也要与他们联系。因为寻找潜在客户的第一条规律是：不要假设某人不能帮助你建立商业关系。他们自己也许不是潜在客户，但是他们也许认识将成为你的客户的人，不要害怕要求别人推荐。取得他们的同意，以及与你分享你的新产品、新服务和新构思时的关键语句是："因为我欣赏你的判断力，我希望听听你的观点。"这句话一定会使对方觉得自己重要，并愿意帮助你。

与最亲密的朋友联系之后，由他们再联系到他们的朋友。如果方法正确，多数人将不仅会给你提出恰当的问题，他们或许还有可能谈到一个大客户呢。

你也可以借助专业人士的帮助。

刚刚迈入一个新的行业，很多事情你根本无法下手，你需要能够给予你经验的人，并且从他们那儿获得建议，这对你的帮助会非常大，我们不妨叫他为导师吧。导师就是这样一种人，他比你有经验，对你所做的感兴趣，并愿意指导你的行动。导师愿意帮助面临困难的人，帮助别人从自己的经验中获得知识。

多数企业将新手与富有经验的老手组成一组，共同工作，让老手培训新手一段时期。这种企业导师制度在全世界运作良好。通过这种制度，企业老手的知识和经验获得承认，同时有助于培训新手。

当然你还可以委托广告代理企业或者其他企业为你寻找客户。代理商多种多样，他们可以提供很多种服务，你要根据你的实力和需要寻求合适的代理商。

十、拥有感恩的心，与家人分享成功

原一平说，人的成长离不开家人的支持。只有取得家人的支持，你的工作才能更上一层楼。这是原一平给推销员的第十个忠告。

家是你永远的港湾

原一平把他的成功归根于他的太太久惠。

他认为，推销工作是夫妻共同的事业。所以每当有了一点成绩，他总会打电话给久惠，向她道喜。

"是久惠吗？我是一平啊！向你报告一个好消息，刚才某先生投保了 1000 万元，已经签约了。"

"哦，太好了。"

"是啊，这都是你的功劳，应该好好谢谢你啊。"

"你真会开玩笑，哪有人向自己的太太道谢的？"

"哎哟，得了，得了。"

"我还得去访问另外一位先生，有关今天投保的详细情形，晚上再谈，再见。"学会分享成功的果实，是取得家人支持的一个妙方。

只是花了打一个电话的钱，就能把夫妻的两颗心紧紧地联系在一起，这是任何人都做得到的事，只是看你有没有去做罢了。

没有家人的支持你不会真正成功

原一平还认为：目前从事寿险行销的女性，虽然业绩不错，但难以取得先生的谅解与合作的原因在于未能与先生共享快乐。

有人问原一平：

"像你这样拼命地工作，人生还有乐趣吗？"

其实原一平是天下最快乐的人，他不但在工作之中找到人生的乐趣，而且真正赢得了家庭的幸福。

无论从事何种行业，必须重视家庭，必须以家庭为事业发展的起点。

取得家人的支持，还有一点就是努力改善家人的生活品质。

经过你的努力付出，取得丰硕的成果，与家人一同分享，并与他们一起成长。

有了家人的全力支持，还有什么难事呢？

原一平的智慧结晶

原一平被称为"推销之神"，一定有理由，他的智慧、结晶一定能收获很多。

（1）对于积极奋斗的人来说，天下没有不可能的事。

（2）应该使准客户感到和你认识是非常荣幸的。

（3）越是难缠的客户，他的购买力也越强。

（4）推销成功以后，要使这个客户成为你的朋友。

（5）光明的未来从今天开始。

（6）"好运"光顾不懈努力的人。

（7）每一个准客户都有一攻就垮的弱点。

（8）当你找不到路的时候，就自己去开辟一条。

（9）不断认识新朋友，这是成功的基石。

（10）过分的谨慎不能成就大业。

（11）成功者不但要有希望，而且还要有明确的目标。

（12）推销的成败，和事前准备用的工夫成正比。

（13）只有不断找寻机会，才能及时把握机会。

（14）世事多变化，准客户的情况也一样。

（15）不要躲避你厌恶的人。

（16）只要所说的话有益于别人，都将到处受欢迎。

（17）忘掉失败，但是要牢记从失败中得出的教训。

（18）失败是迈向成功缴纳的学费。

（19）只有完全气馁，才是失败。

（20）未失败过的人，也未成功过。

（21）昨晚多几分准备，今天少几分的麻烦。

（22）好的开始是成功的一半。

（23）若要使收入增加，就得有更多的准客户。

（24）言论只会显示出说话者的水平而已。

（25）若要纠正自己的缺点，先要知道缺点在哪里。

（26）增加知识是一项最好的投资。

（27）若要成功，除了努力和坚持，还要有机遇。

（28）错过的机会不会再来。

乔·吉拉德能将商品卖给任何人的秘密

一、让产品成为你的爱人

乔·吉拉德说，我们推销的产品就像武器，如果武器不好使，还没开始我们就已经输了一部分了。努力提高产品的质量，认真塑造产品的形象，培养自己和产品的感情，爱上推销的产品，我们的推销之路一定会顺利很多。

精通你的产品，为完美推销做准备

客户最希望销售人员能够提供有关产品的全套知识与信息，让客户完全了解产品的特征与效用。倘若销售人员一问三不知，就很难在客户中建立信任感。因此吉拉德在出门前，总先充实自己，多阅读资料，并参考相关信息。做一位产品专家，才能赢得顾客的信任。假设您所销售的是汽车，您不能只说这个型号的汽车可真是好货，您还最好能在顾客问起时说出：这种汽车发动机的优势在哪里，这种汽车的油耗情况和这种汽车的维修、保养费用，以及和同类车比它的优势是什么，等等。

多了解产品知识很有必要，产品知识是建立热忱的两大因素之一。若想成为杰出的销售高手，工作热忱是不可或缺的条件。吉拉德告诉我们：一定要熟知你所销售的产品的知识，才能对你自己的销售工作产生真切的工作热忱。能用一大堆事实证明做后盾，是一名销售人员成功的信号。要激发高度的销售热情，你一定要变成自己产品忠诚的拥护者。如果您用过产品并满意的话，自然会有高度的销售热情，不相信自己的产品而销售的人，只会给人一种隔靴搔痒的感受，想打动客户的心就很难了。

我们需要产品知识来增加勇气。许多刚出道不久的销售人员，甚至已有多年经验的业务代表，都会担心顾客提出他们不能回答的问题。对产品知识知道得越多，工作时底气越足。

产品知识会使我们更专业。产品知识会使我们在与专家对谈的时候能更有信心。尤其在我们与采购人员、工程师、会计师及其他专业人员谈生意的时候，更能证明充分了解产品知识的必要。可口可乐公司曾询问过几个较大的客户，请他们列出优秀销售人员最杰出的素质。得到的最多回答是："具有完备的产品知识。"

你对产品懂得越多，就越会明白产品对使用者来说有什么好处，也就越能用有效的方式为顾客作说明。

此外，产品知识可以增加你的竞争力。假如你不把产品的种种好处陈述给顾客听，你如何能激发起顾客的购买欲望呢？了解产品越多，就越能无所惧怕。产品知识能让你更容易赢得顾客的信任。

对产品充满信心

推销人员给顾客推销的是本公司的产品或服务，那么你应该明白产品或服务就是把你与顾客联系在一起的纽带。你要让顾客购买你所推销的产品，首先你应该对自己的产品充满信心，否则就不能发现产品的优点，在推销时就不能理直气壮；而当顾客对这些产品提出意见时，就不能找出充分的理由说服顾客，也就很难打动顾客的心。这样一来，整个推销活动难免就成为一句空话了。

如何对你的产品有信心？吉拉德告诉我们以下几种有效的方法：

首先，要熟悉和喜欢你所推销的产品。

如果你对所推销的产品并不十分熟悉，只了解一些表面的浅显的情况，缺乏深入的、广泛的了解，就会影响到你对推销本企业产品的信心。在推销活动中，顾客多提几个问题，就把你"问"住了，许多顾客往往因为得不到满意的回答而打消了购买的念头，结果因对产品解释不清或宣传不力而影响了推销业绩。更严重的问题是，时间一长，不少推销人员会有意无意地把影响业绩的原因归罪于产品本身，从而对所推销的产品渐渐失去信心。心理学认为：人在自我知觉时，有一种无意识的自我防御机制，会处处为自己辩解。因此，为消除自我意识在日常推销中的负面影响，对本企业产品建立起充分的信心，推销人员应充分了解产品的情况，掌握关于产品的丰富知识。只有当你全面地掌握了所推销产品的情况和知识，才能对说服顾客更有把握，增强自信心。

在熟知产品情况的基础上，你还需喜爱自己所推销的产品。喜爱是一种积极的心理倾向和态度倾向，能够激发人的热情，产生积极的行动，有利于增强人们对所喜爱事物的信心。推销人员要喜爱本企业的产品，就应逐步培养对本企业产品的兴趣。推销人员不可能一下子对企业的产品感兴趣，因为兴趣不是与生俱来的，是后天培养起来的，但作为一种职业要求和实现推销目标的需要，推销人员应当自觉地、有意识地逐步培养自己对本企业产品的兴趣，力求对所推销的产品做到喜爱和相信。

其次，要关注客户需求，推动产品的改进。

任何企业的产品都处在一个需要不断改进和更新的过程之中。因此，推销人员所相信的产品，也应该是一种不断完善和发展的产品。产品改进的动力来自于市场和客户，推销人员是距离市场和客户最近的人，他们可以把客户意见以及市场竞争的形势及时反馈给生产部门，还可将客户要求进行综合归纳后，形成产品改进的建设性方案提交给企业领导。这样，改进后或新推出的产品不仅更加优良、先进和适应市场需要，而且凝结着推销人员的劳动和智慧，他们就能更加充满信心地去推销这些产品。

最后，还要相信自己所推销的产品的价格具有竞争力。

由于顾客在心理上总认为推销人员会故意要高价，因而总会说价格太高，希望推销人员降价出售。这时，推销人员必须坚信自己的产品价格的合理性。虽然自己的要价中包含着准备在讨价还价中让给顾客的部分，但也绝不能轻易让价；否则，会给人留下随意定价的印象。尤其当顾客用其他同类产品的较低的价格做比较来要求降价时，推销人员必须坚定信念，坚持一分钱一分货，只有这样，才有说服顾客购买的信心和勇气。当然，相信自己推销的产品，前提是对该产品有充分的了解，既要了解产品的质量，又要了解产品的成本。对于那些质量值得怀疑，或者那些自己也认为对方不需要的产品，不要向顾客推销。

产品至上，认真塑造产品形象

塑造形象的意识是整个现代推销意识的核心。良好的形象和信誉，是企业的一笔无形资产和无价之宝，对于推销员来说：在客户面前最重要的是珍惜信誉、重视形象的经营思想。

国内外许多推销界的权威人士提出：推销工作蕴含的另一个重要目的，除了"买我"之外，还要"爱我"，即塑造良好的公众形象。在这里有一点需要说明，那就是树立的形象必须是真实的，公众形象要求以优质的产品、优良的服务以及推销员的言行举止为基础，虚假编造出来的形象也许可能会存在于一时，但不可能长久存在。

具有强烈的塑造形象意识的推销员，清醒地懂得用户的评价和反馈对于自身工作的极端重要性，他们会时时刻刻像保护眼睛一样维护自己的声誉。

有人曾经说过，如果可口可乐公司遍及世界各地的工厂在一夜之间被大火烧光，那么第二天的头条新闻将是"各国银行巨头争先恐后地向这家公司贷款"，这是因为，人们相信可口可乐不会轻易放弃"世界第一饮料"的形象和声誉。这家公司在红色背景前简简单单写上8个英文字母"CocaCola"的鲜明生动的标记，通过公司宣传推销工作的长期努力已经得到了全世界消费者的认可，它们的形象早已深入各界人士的脑海里，一旦具备了相应的购买条件，他们寻找的饮料必是可口可乐无疑。

对于任何工商企业的推销员而言，确立塑造形象的意识是筹划一切推销活动的前提与基础。只有明确认识良好的形象是一种无形的财富和取用不尽的资源，是企业和产品跻身市场的"护身符"，才能卓有成效地开展各种类型的宣传推广活动。

在我们身边就有活生生的例子：

有位儿童用品推销员介绍了他采用产品接近法推销一种新型铝制轻便婴儿车的前后经过，非常有趣：

"我走进一家商场的营业部，发现这是在我所见过百货商店里最大的一个营业部，经营规模可观,各类童车一应俱全。我在一本工商业名录里找到商场负责人的名字,当我向女店员打听负责人工作地点时,进一步核实了他的尊姓大名,女店员说他在后面办公室里,于是我来到那间小小的办公室,刚进去,他就问:'喂,有何贵干?'我不动声色地把轻便婴儿车递给他。他又说:'什么价钱?'我就把一份内容详细的价目表放在他的面前,他说:'送60辆来,全要蓝色的。'我问他:'您不想听听产品介绍吗?'他回答说:'这件产品和价目表已经告诉我所需要了解的全部情况,这正是我所喜欢的购买方式。请随时再来,和您做生意,实在痛快!'"

乔·吉拉德说,只有让产品先接近顾客,让产品作无声的介绍,让产品默默在推销自己,这是产品接近法的最大优点。例如,服装和珠宝饰物推销员可以一言不发地把产品送到顾客的手中,顾客自然会看看货物,一旦顾客发生兴趣,开口讲话,接近的目的便达到了。

二、精心地准备销售工具

乔·吉拉德说过,如果让我说出我发展生意的最好办法,那么,我这个工具箱里的东西可能不会让你吃惊,我会随时为销售做好各种准备工作。

善用名片,把自己介绍给周围的每一个人

金牌推销员吉拉德喜欢去运动场上观看比赛,当万众欢腾时,他就大把大把地抛出自己的名片。在观看橄榄球比赛时,当人们手舞足蹈、摇旗呐喊、欢呼雀跃、忘乎所以的时候,吉拉德同样兴奋不已,只不过他同时还要抛出一沓沓的名片。

吉拉德认为:"我把名片放在一个纸袋里,随时准备抛出去。也许有人以为我是在体育场上乱扔纸屑,制造名片垃圾。但是,只要这几百张名片中有一张到了一个需要汽车的人的手中,或者他认识一个需要汽车的人。那么我就可以做成一单生意,赚到足够的现金,抛出这些名片我也算划得来了。和打电话一样,扔名片也可以制造推销机会。你应该知道,我的这种做法是一种有效的方法,我撒出自己的名片,也撒下了丰收的种子,我制造了纸屑垃圾,也制造了未来的生意。"

也许你会认为吉拉德的这种做法很奇怪,但是这种做法确实帮他做成了一些交易。很多买汽车的人对这种行为感兴趣,因为扔名片并不是一件平常的事,他们不会忘记这种与众不同的举动。

吉拉德能做出撒名片的惊人之举,到处递递名片就更不用说了。他总是设法让所有与他有过接触的人都知道他是干什么的、推销什么东西的,即使是那些卖东西给他的人。甚至在餐馆付账时,他也把名片附在账款中。假如一餐饭的账单是20美元,一般人支付15%的小费是3美元,吉拉德常会留下4美元,并且附上他的名片,对所有的侍者,吉拉德都采用这种方式。

让与你接触的人知道你是干什么的,你卖的是什么东西,名片就成了最好的工具,好好利用名片会为你创造许多推销的机会。

在推销之前准备好道具很有必要

下面是"CFB"公司总裁柯林顿·比洛普的一段创业经历:

在柯林顿事业的初创期,也就是他20来岁的时候,便拥有了一家小型的广告与公关公司。为了多赚一点钱,他同时也为康涅狄格州西哈福市的商会推销会员证。

在一次特别的拜会中,他会晤了一家小布店的老板。这位工作勤奋的小老板是土耳其的第一代移民,他的店铺离那条分隔哈福市与西哈福市的街道只有几步路的距离。

"你听着,年轻人。"他以浓厚的口音对柯林顿说道,"西哈福市商会甚至不知道有我这个人。我的店在商业区的边缘地带,没有人会在乎我。"

"不,先生,"柯林顿继续说服他,"你是相当重要的企业人士,我们当然在乎你。"

"我不相信,"他坚持己见,"如果你能够提出一丁点儿证据反驳我对西哈福商会所下的结论,那么我就加入你们的商会。"

柯林顿注视着他说:"先生,我非常乐意为你做这件事。"然后他拿出了准备好的一个大信封。

柯林顿将这个大信封放在小布店老板的展台上,开始重复一遍先前与小老板讨论过的话题。在这期间，小布店老板的目光始终注视着那个信封袋，满腹狐疑地不知道里面到底是什么。

最后，小布店老板终于无法再忍受下去了，便开口问道："年轻人，那个信封里到底装了什么？"

柯林顿将手伸进信封，取出了一块大型的金属牌。商会早已做好了这块牌子，用于挂在每一个重要的十字路口上，以标示西哈福商业区的范围。柯林顿带领他来到窗口说："这块牌子将挂在这个十字路口上，这样一来客人就会知道他们是在这个一流的西哈福区内购物。这便是商会让人们知道你在西哈福区内的方法。"

一抹苍白的笑容浮现在小布店老板的脸上。柯林顿说："好了，现在我已经结束了我的讨价还价了，你也可以将支票簿拿出来结束我们这场交易了。"小布店老板便在支票上写下了商会会员的入会费。

通过这次经历，柯林顿了解到，做推销拜访时带着道具，是一种吸引潜在主顾目光的有效方式。你可以想象：当某人带着一个包装精美的东西走进你的办公室时，受访人会如何反应呢？

许多时候，前来办事处访问的推销员，许多是忘了带打火机，好在有的会客室中经常备有打火机，使场面不至于尴尬，假定这些人跑到没有预备打火机的公司去拜访，将会留给客户一个什么样的印象呢？经常会出现这样一些笑话：那是一位在大热天来访的推销员，因为忘了携带手帕，脸上出了大把汗也无法擦拭，有一个女职员看不过去，就递了手巾给他，使得这个推销员惭愧得半天说不出话来。另外有一个推销员，当要告辞时嘴里面像蚊子叫似的不好意思地说："对不起，是不是可以借我一点钱搭车回去？"一边说着，一边难为情地面红耳赤。

这些推销员好像头脑的构造有点儿问题，让人为雇用他们的老板叫屈。

甚至于有一些不见棺材不落泪的推销员，连最重要的东西都忘了，譬如价格表、契约书、订货单、公司或自己的名片、货品的说明书……

有些为商讨图样而来的推销员，甚至把图样都忘在公司里；某些推销员在成交的阶段粗心大意地忘了带订货单；又有的推销员在前去说明并示范机器时，忘记携带样本或说明书。这样无疑是不持武器而去跟一个装备齐全的老兵交手，怎么会有胜利的希望呢？如果你是初次去访问，也是同样的道理，切不可以为是头一次去，两袖清风亦无妨，反而必须充分准备、确切检视才好。

初次见面的人，不知道对方人品、谈话习惯、要求是什么，最好预先打一通电话沟通一下意见，约好了时间地点再去访问。倘若在客户向你征求什么事或什么物件时，你如此回答："啊！对不起，今天没带来，这样好了，我立刻给你送来好不好？"那么客户也许就因为你准备不充分，以此作为拒绝的理由。或许你辩称："对于普通的客户，初次会面时，不至于谈得这么详细。"那你就错了。这句话的前提是"到昨天为止，我所碰到的客户，都是……"但今天以及今后的客户，你能担保他们的情形和从前一样吗？

拜访客户前做好一切准备

推销前要先做好物质准备。

物质准备工作做得好，可以让顾客感到推销人员的诚意，可以帮助推销人员树立良好的洽谈形象，形成友好、和谐、宽松的洽谈气氛。

物质方面的准备，首先是推销人员自己的仪表准备，应当以整洁大方、干净利落、庄重优雅的仪表给顾客留下其道德品质、工作作风、生活情调等方面良好的第一印象。其次，推销人员应根据访问目的的不同准备随身必备的物品，通常有客户的资料、样品、价目表、示范器材、发票、印鉴、合同纸、笔记本、笔等。

物质准备应当认真仔细，不能丢三落四，以防访问中因此而误事或给顾客留下不好的印象。行装不要过于累赘。风尘仆仆的模样会给人留下"过路人"的印象，这也会影响洽谈的效果。

除做好物质准备外，还要做好情报准备。

一位杰出的寿险业务员，不但是一位好的调查员，还必须是一个优秀的社会工作者。在这个世界上，每一个人都渴望他人的关怀，当你带上评估客户的资料去关怀他时，对方肯定会欢迎你的,这样你做业务就容易多了。

乔·吉拉德说:"不论你推销的是什么东西,最有效的办法就是让顾客相信——真心相信——你喜欢他、关心他。"如果顾客对你抱有好感,你成交的希望就增加了。要使顾客相信你喜欢他、关心他,那你就必须了解顾客,搜集顾客的各种有关资料。

最后,吉拉德中肯地指出:"如果你想要把东西卖给某人,你就应该尽自己的力量去收集他与你生意有关的情报……不论你推销的是什么东西。"

如果你每天肯花一点时间来了解自己的顾客,做好准备,铺平道路,那么你就不愁没有自己的顾客。

推销如战斗,推销的积极备战不仅需要物质准备,还需要信息情报的准备。在正式推销之前,推销人员必须尽可能多地搜集有关推销对象的各种信息情报,做到心中有数,包括关于顾客个人的信息,如顾客的家庭状况、爱好以及在企业中的位置等;关于顾客所在企业的信息,如企业规模、经营范围、销售对象、购买量、追求的利润率、企业声誉、购买决策方式以及选择供应商的要求等,做好准备再出发,受益最多的一定是你。

三、记录与客户交流的信息

乔·吉拉德告诉我们,推销人员应该将当天的访问工作进行记录,这对以后的工作会有很大的帮助。

做好客户访问记录十分重要

1952年,后来有着"世界首席推销员"之称的齐藤竹之助,进入日本朝日生命保险公司从事寿险工作。1965年,他创下了签订保险合同的世界最高纪录。他一生完成了近5000份保险合同,成为日本首席推销员。他推销的金额高达12.26亿日元,作为亚洲代表,连续4年出席美国百万圆桌会议,并被该会认定为百万圆桌俱乐部终身会员。

那么,齐藤竹之助是如何做到这一切的呢?

他说:"无论在什么时候,我都在口袋里装有记录用纸和笔。在打电话、商谈、听讲或是读书时,身边备有记录用纸,使用起来是很方便的。一边打电话,一边可以把对方重要的话记录下来;商谈时可以在纸上写出具体事例和数字转交给客户看。"

齐藤竹之助在自己家中到处放置了记录用纸,包括电视机前、床头、厕所等地方,使自己无论在何时何处,只要脑海里浮现出好主意、好计划,就能立刻把它记下来。

乔·吉拉德也指出:当推销人员访问了一个客户后,应记下他的姓名、地址、电话号码,等等,并整理成档案,予以保存。同时对于自己工作中的优点与不足,也应该详细地进行整理。这样每天坚持下去,在以后的推销过程中会避免许多令人难堪的场面。拿记住别人的姓名这一点来说,一般人对自己的名字比对其他人的名字要感兴趣,但是推销人员如果能记住客户的名字,并且很轻易就叫出来,等于给予别人一个巧妙而有效的赞美。

这种记录还能将你的思想集中起来,专一应用在商品交易上。这样一来,那些不必要的烦恼就会从你大脑中消失。另外,这种记录工作还可以帮助你提高推销方面的专业知识水平。乔·吉拉德在一次讲座中讲过下面这个案例。

杰克一直在向一位顾客推销一台压板机,并希望对方订货。然而顾客却无动于衷。他接二连三地向顾客介绍了机器的各种优点,同时,他还向顾客提出:到目前为止,交货期一直定为6个月;从明年一月份起,交货期将设为12个月。顾客告诉杰克,他自己不能马上作决定;并告诉杰克,下月再来见他。到了一月份,杰克又去拜访他的客户,杰克把过去曾提过的交货期忘得一干二净。当顾客再次向他询问交货期时,他仍说是6个月,杰克在交货期问题上颠三倒四。忽然,杰克想起他在一本有关推销的书上看到的一条妙计,在背水一战的情况下,应在推销的最后阶段向顾客提供最优惠的价格条件,因为只有这样才能促成交易。于是他向顾客建议,只要马上订货,可以降价10%。而上次磋商时,他说过削价的最大限度为5%,顾客听他现在又这么一说,一气之下终止了洽谈,杰克无可奈何,只好扫兴而归。

从这个事例里,我们能得出一个什么样的结论呢?如果杰克在第一次拜访后有很好的访问记录;如果他不是因为交货期和削价等问题的颠三倒四;又如果他能在第二次拜访之前,想一下上次拜访的经过，做好准备，那么第二次的洽谈也许会有成功的机会，因为这样可以减少一些不必要的麻烦。

乔·吉拉德告诉我们：客户访问记录应该包括顾客特别感兴趣的问题及顾客提出的反对意见。有了这些记录，才能让你的谈话前后一致，更好地进行以后的拜访工作。

推销人员在推销过程中一定要做好每天的客户访问记录，特别是对那些已经有购买意向的客户，更要有详细的记录，这样当你再次拜访客户的时候，就不会发生与杰克同样的情况了。

仔细研究顾客购买记录

通过顾客购买记录能为顾客提供更全面的服务，同时，还可以加大顾客的购买力度，提高推销数量。在这一方面，华登书店做得非常好，他们充分利用顾客购买记录来进行多种合作性推销，取得了显著效果。最简单的方法是按照顾客兴趣，寄发最新的相关书籍的书目。华登书店把书目按类别寄给曾经购买相关书籍的顾客，这类寄给个别读者的书讯，实际上也相当于折价券。

这项推销活动是否旨在鼓励顾客大量购买以获得折扣呢？只对了一半。除了鼓励购买之外，这也是一项目标明确、精心设计的合作性推销活动，引导顾客利用本身提供给书店的资讯，满足其个人需要，找到自己感兴趣的书。活动成功的关键在于邀请个别顾客积极参与，告诉书店自己感兴趣和最近开始感兴趣的图书类别。

华登书店还向会员收取小额的年费，并提供更多的服务，大部分顾客也都认为花这点钱成为会员是十分有利的。顾客为什么愿意加入呢？基本上，缴费加入"爱书人俱乐部"，就表示同意书店帮助卖更多的书给自己，但顾客并不会将之视为敌对性的推销，而是合作性的推销。

无论如何，这里要说明的是，任何推销员如果要以明确的方式与个别顾客合作，最重要的就是取得顾客的回馈，以及有关顾客个人需求的一切资料。

拥有越多顾客的购买记录，也就越容易创造和顾客合作的机会，进而为顾客提供满意的服务。

推销员要养成记录的习惯，把有用数据和灵光一现的想法及时记录下来，经过长期积累，就会发现这些记录是一笔宝贵的财富。

四、使用气味来吸引顾客

乔·吉拉德说，推销牛排时最好让顾客听到刺啦声，卖蛋糕时要让蛋糕的香味四溢。销售中只有发现最能吸引顾客的卖点，你的推销才能成功。如果你要出售汽车，就要让他去车上坐一坐，试开一下。

从满足顾客需求出发介绍商品

乔·吉拉德在《将任何东西卖给任何人》一书中有下面一段表述：

"说这句话的人连自己的感觉都不明白。我绝不会忘记我一生中许多让我激动的第一次。我还记得我第一次拿起新电钻的情景。那电钻不是我的，而是邻居的一个小伙伴得到的圣诞礼物。他打开礼物包装时我在旁边，那是一把崭新的电钻。我接过电钻插上电源，不停地到处钻眼。我还记得自己第一次坐进新车的感觉。那时我已经长大了，但以前坐的都是旧车，座位套都有酸臭味了。后来一个邻居在战后买了辆新车，他买回来的第一天我就坐了进去。我绝不会忘记那辆新车的气味。

"如果你卖其他的东西，情况就完全不一样了。如果你卖人寿保险，你就无法让顾客闻闻或试试，但只要是能动能摸的东西，你就应该让顾客试一下。在向男士们销售羊毛外套时，有哪位销售员不让顾客先摸摸呢？

"所以一定要让顾客坐上车试一下，我一向这么做，这会使他产生拥有该车的欲望。即使没成交，以后当他又想买这辆车时，我还可以试着说服他。当我让男顾客试车时，我一句话都不说，我让他们试驾一圈。有专家说过，这时候正应该向他介绍汽车的各种特点，但我不信。我发现自己说的话越少，他就对车闻和摸得越多，并会开口说话。我就希望他开口说话，因为我想知道他喜欢什么、不喜欢什么。我希望他通过介绍自己的工作单位、家庭及住址等帮助我了解他的经济状况。当你坐在副座上时，顾客通常会把一切有关情况都讲给你听，这样你向他销售和为他申请贷款所需的情况就都有了。因此，让他驾车是一件必须做的事。

"人们爱试试新东西的功能，摸摸它及把玩把玩。还记得厂家在加油站搞的减震器演示（你先拉旧减震器的把手，然后再拉新减震器的把手）吗？我相信我们大都体验过，我们都有好奇心。不论你卖什么，你都要想办法演示你的产品，重要的是要确保潜在顾客参加产品的演示。如果你能将产品的功能诉诸人们的感官，那你也在将其诉诸人们的情感。我认为，人们购买大部分商品是由于情感而不是逻辑的原因。

"一旦顾客坐上驾驶台，他十有八九要问往哪儿开，我总是告诉他可以随便开。如果他家在附近，我可能建议从他家门口绕一圈，这样他可以让他妻子和孩子看到这辆车，如果有几位邻居正站在门廊上，他们也能看到这辆车。我希望他让大家看到他开着新车，因为我希望他感觉好像已经买了这辆车而正在展示给大家看，这会有助于他下定买车的决心，因为他可能不希望回家后告诉家人自己没有买这辆便宜车。我不想引顾客过分上钩——仅仅一点点。

"我不想让顾客试车时开得太远，因为我的时间很宝贵。试车人一般都自认为已开得太远了，虽然事实上并不太远，所以我会让顾客随意开，如果他认为自己开得有点远了，这也会使他感激我。"

每一样产品都有它的独特之处，以及和其他同类产品不同的地方，这便是它的特征。产品特征包括一些明显的内容，如尺码和颜色；或一些不太明显的，如原料。从顾客最感兴趣的方面出发来介绍产品，才能吸引顾客的注意力。

产品的特征可以让顾客把你推荐的产品从竞争对手的产品或制造商的其他型号中分辨出来。一位器具生产商可能会提供几个不同款式的冰箱，而每个款式都有些不同的特征。

推销家具时，鼓励顾客亲身体验。请他们用手触摸家具表面的纤维或木料，坐到椅子上或到床上躺一会儿。用餐桌布、食具和玻璃器皿布置桌面；整理床铺后，旋转两个有特色的睡枕；安乐椅旁的桌子上摆放一座台灯和一些读物。给顾客展示如何从沙发床拖拉出床褥，也可请顾客坐到卧椅上，尝试调整它的斜度。

推销化妆品和浴室用品时，提供一些小巧的样品给顾客拿回家用；开启并注明哪些是可试用的产品样本；建议顾客试用你的产品；把沐浴露或沐浴泡沫放进一盆温水中，让顾客触摸它的质感或嗅嗅它的香气。

推销有关食物的东西时，向顾客展示怎样使用某种材料或烹调一种食品。派发食谱，陈列几款建议的菜肴，并让顾客现场品尝。建议如何把某种食品搭配其他菜式，例如，做一顿与众不同的假日大餐，又或将它制成适合野餐或其他户外活动享用的食物。

找到顾客购买的诱因

曾经有一位房地产推销员，带一对夫妻进入一座房子的院子时，太太发现这房子的后院有一棵非常漂亮的木棉树，而推销员注意到这位太太很兴奋地告诉她的丈夫："你看，院子里的这棵木棉树真漂亮。"当这对夫妻进入房子的客厅时，他们显然对这间客厅陈旧的地板有些不太满意，这时，推销员就对他们说："是啊，这间客厅的地板是有些陈旧，但你知道吗？这幢房子的最大优点就是当你从这间客厅向窗外望去时，可以看到那棵非常漂亮的木棉树。"

当这对夫妻走到厨房时，太太抱怨这间厨房的设备陈旧，而这个推销员接着又说："是啊，但是当你在做晚餐的时候，从厨房向窗外望去，就可以看到那棵木棉树。"当这对夫妻走到其他房间，不论他们如何指出这幢房子的任何缺点，这个推销员都一直重复地说："是啊，这幢房子是有许多缺点。但您二位知道吗？这房子有一个特点是其他房子所没有的，那就是您从任何一间房间的窗户向外望去，都可以看到那棵非常美丽的木棉树。"这个推销员在整个推销过程中，一直不断地强调院子里那棵美丽的木棉树，他把这对夫妻所有的注意力都集中在那棵木棉树上了，当然，这对夫妻最后花了50万元买了那棵"木棉树"。

在推销过程中，我们所推销的每种产品以及所遇到的每一个客户，心中都有一棵"木棉树"。而我们最重要的工作就是在最短的时间内找出那棵"木棉树"，然后将我们所有的注意力放在推销那棵"木棉树"上，那么客户就自然而然地会减少许多抗拒。

在你接触一个新客户时，应该尽快地找出那些不同的购买诱因当中这位客户最关心的那

121

一点。最简单有效地找出客户主要购买诱因的方法是通过敏锐地观察以及提出有效的问题。另外一种方法也能有效地帮助我们找出客户的主要购买诱因。这个方法就是询问曾经购买过我们产品的老客户，很诚恳地请问他们："先生／小姐，请问当初是什么原因使您愿意购买我们的产品？"当你将所有老客户的主要的一两项购买诱因找出来后，再加以分析，就能够很容易地发现他们当初购买产品的那些最重要的利益点是哪些了。

如果你是一个推销电脑财务软件的推销员，必须非常清楚地了解客户为什么会购买财务软件，当客户购买一套财务软件时，他可能最在乎的并不是这套财务软件能做出多么漂亮的图表，而最主要的目的可能是希望能够用最有效率和最简单的方式，得到最精确的财务报告，进而节省更多的开支。所以，当推销员向客户介绍软件时，如果只把注意力放在解说这套财务软件如何使用，介绍这套财务软件能够做出多么漂亮的图表，可能对客户的影响并不大。如果你告诉客户，只要花1000元钱买这套财务软件，可以让他的公司每个月节省2000元钱的开支，或者增加2000元的利润，他就会对这套财务软件产生兴趣。

帮助顾客迈出第一步

一家特殊化学制造厂的超级推销员，在与一位潜在顾客开始第一次会议时，她是这样进行的："先生，我们在这种情况的应用方面，有许多成功的经验，而且在计算出实际金额后，总能带给顾客很好的投资报酬回收。要不，我们先参观一下工厂，可以让你们看看如何组装产品。第二，我们取得你们产品的样本；把它们拆开，并且重新组装，看看有什么方法可以降低组装的成本。接下来，我们一起进行一个投资报酬分析。然后，一起来计算我们所推荐的解决方案会替您的公司省多少钱；接着，再反过来算一下，如果不用我们所推荐的解决之道，会花您多少钱。

"接下来，我们在您的工厂来测试一下我们的产品。如果这个产品成功，我们可以试做一批限量产品。

"如果这个测试很成功，而且限量产品也达到了您要求的标准，我们再决定第一批全量生产的产品数量及交货日期。"

当顾客同意"参观工厂"后，等于顾客心理上已经开始接受你了。迈出关键的第一步，然后用良好的服务和优质的产品来吸引顾客直到最后成交，就很简单了。

五、抓住顾客心理促成交

推销是一种针对客户心理进行说服的艺术，不同的人有不同的购买心理，揣摸顾客的购买心理，运用适当的对策，自然向推销成功迈进了一大步，这也是乔·吉拉德成功的关键之处。

善于抓住顾客的心理

有一天，一位中年妇女从对面的福特汽车销售商行走进了吉拉德的汽车展销室。

她说自己很想买一辆白色的福特车，就像她表姐开的那辆，但是福特车行的经销商让她过一个小时之后再去，所以先到这儿来瞧一瞧。

"夫人，欢迎您来看我的车。"吉拉德微笑着说。

妇女兴奋地告诉他："今天是我55岁的生日，想买一辆白色的福特车送给自己作为生日的礼物。"

"夫人，祝您生日快乐！"吉拉德热情地祝贺道。随后，他轻声地向身边的助手交代了几句。

吉拉德领着夫人从一辆辆新车面前慢慢走过，边看边介绍。在来到一辆雪佛莱车前时，他说："夫人，您对白色情有独钟，瞧这辆双门式轿车，也是白色的。"

就在这时，助手走了进来，把一束玫瑰花交给了吉拉德。他把这束漂亮的花送给夫人，再次对她的生日表示祝贺。那位夫人感动得热泪盈眶，非常激动地说："先生，太感谢您了，已经很久没有人给我送过礼物。刚才那位福特车的推销商看到我开着一辆旧车，一定以为我买不起新车，所以在我提出要看一看车时，他就推辞说需要出去收一笔钱，我只好上您这儿来等他。现在想一想也不一定非要买福特车不可。"

后来，这位妇女就在吉拉德那儿买了一辆白色的雪佛莱轿车。

不同的人有不同的心理，针对不同的心理要采用相应的不同的方法。

在与推销员打交道的过程中，顾客的心理活动要经历三个阶段：初见推销员，充满陌生、戒备和不安，生怕上当；在推销员的说服下，可能对商品有所了解，但仍半信半疑；在最后决定购买时，又对即将交出的钞票藕断丝连。

利用顾客心理进行推销是一项高超的技术。但是，这绝不意味着利用小聪明耍弄顾客。如果缺乏为顾客服务的诚意，很容易被顾客识破，到头来"机关算尽太聪明，反误了卿卿性命"。推销员的信用等级就可能降为零。

有一个中国商人在叙利亚的阿勒颇办完事，到一家钟表店想为朋友买几块手表，恰逢店主不在，店员赔笑道歉："本人受雇只管修理推销，店主片刻即回，请稍等。"说完走进柜台，在录音机里放入一卷录音带，店里立即响起一支优雅的中国乐曲。中国商人本想告辞，忽然听到这异国他乡的店铺传出的乡音，不觉驻足细听。半小时后，主人归来，生意自然做成了。

这是店员很好地抓住了顾客的思乡之情而促使顺利成交。

还有一个利用顾客的惧怕心理进行有效推销的例子。这位高明的推销员是这样说的："太太，现在鸡蛋都是经过自动选蛋机选出的，大小一样，非常漂亮，可常常会出现坏蛋。附近有一个小孩，他妈妈不在家，想吃鸡蛋，就自己煮了吃，没想到吃了坏蛋因此中毒，差一点丢了小命……你瞧，这些都是今天刚下的新鲜鸡蛋……"

惧怕之余这位太太买下了这些鸡蛋，等推销员走后，她才想道：我怎么知道这些鸡蛋是新鲜的呢？

客户心理虽然有机可循，但是推销员也要认真观察、仔细把握，才能找出推销的捷径。

运用心理战术的一个误区就是不仔细识别顾客的心理特点，对牛弹琴，乱点鸳鸯谱。当顾客一进入你的视线，你就应当迅速判定：他在想什么？你可以从他的年龄、衣着、行为举止、职业等方面来揣摩他的心理。譬如：老年顾客往往处于心理上的孤独期，而中年客户相对比较理智，年轻人则易冲动，充满热情。从职业方面看，企业家多比较自负；经济管理人士头脑精明，喜欢摆出一副自信而且内行的样子；知识分子大多个性强，千万不要伤害他的自尊心或虚荣心……这些经验，都要靠推销员的细心观察才能得来。

从人性出发引诱顾客

利用人们的心理引诱客户，只要招数得当，距离成功就很近了。

英国作家威廉姆斯创作出版了一本名为《化装舞会》的儿童读物，要小读者根据书中的启示猜出一件"宝物"的埋藏地点。"宝物"是一只制作极为精美、价格高昂的金质野兔。该书出版后，仿佛一阵旋风，不但数以万计的青少年儿童，而且各阶层的成年人也怀着浓厚的兴趣，按自己从书中得到的启示到英国各地寻宝。这次寻宝历时两年多，在英国的土地上留下了无数被挖掘的洞穴。最后，一位48岁的工程师在伦敦西北的浅德福希尔村发现了这只金兔，一场群众性探宝的运动才告结束。这时，《化装舞会》已销售了200多万册。

过了几年，经过精心策划和构思，威廉姆斯再出新招，写了一本仅30页的小册子，描写的是一个养蜂者和一年四个季节的变化，并附有16幅精制的彩色图画，书中的文字和幻想式的图画包含着一个深奥的谜语，那就是该书的书名，此书同时在7个国家发行。这是一本独特的没有书名的书，要求不同国籍的读者猜出该书的名字，猜中者可以得到一个镶着各色宝石的金质蜂王饰物，乃无价之宝。

猜书名的办法与众不同，不是用文字写出来，而是要将自己的意思，通过绘画、雕塑、歌曲、编织物和烘烤物的形状，甚至编入电脑程式的方式暗示书名，威廉姆斯则从读者寄来的各种实物中悟出所要传递的信息，再将其转译成文字。虽然，谜底并不偏涩，细心读过该小册子，十之八九可以猜到，但只有最富于想象力的猜谜者才能获奖。开奖日期定为该书发行一周年之日。届时，他将从一个密封的匣子里取出那唯一写有书名的书，书中就藏着那只价值连城的金蜂饰物。

不到一年，该书已发行数百万册，获奖者是谁还无从知晓，但威廉姆斯本人却早已成为知名人物了。

威廉姆斯成功的关键在于他巧妙地设置了价值连城的"金饵"，既勾起了人们的好奇心，又刺激了人们的发财梦，人为地制造了一场"寻宝热"，是一个典型引诱推销的成功例子。然而，这并不是说引诱推销法只能用于短期促销，也不是说"诱饵"一定要是"宝物"。事实上，如果方法得当，几分真诚、几分关怀，再加上几分"巧心思"，就能够引诱顾客成为长期的"忠实追随者"。

适时抛出"诱饵"，吊吊消费者的胃口，让他们自愿成交，这是推销的一个很高的境界。

攻心为上促成交

一位学者访问香港时，香港中文大学的一位教授请他到酒店用餐。落座不久，菜和酒就送上来了。"哎——"学者惊奇地发现送上来的这瓶装饰精美的洋酒已开封过并且只有半瓶，就问教授，教授笑而不答，只示意他看瓶颈上吊着的一张十分讲究的小卡片，上书："××教授惠存"。教授见学者仍不解，遂起身拉他来到酒店入口处的精巧的玻璃橱窗前，只见里面陈列着各式的高级名酒，有大半瓶的，也有小半瓶的，瓶颈上挂着标有顾客姓名的小卡片。

"这里保管的都是顾客上次喝剩的酒。"教授解释道。

酒店怎么还替顾客保管剩酒？

回到座位上，教授道出了"保管剩酒"的奥秘。原来这是香港酒店业新近推出的一个服务项目，它一面世就受到广大酒店经营者的青睐，纷纷推出这项新业务。它的成功有很多原因的。

（1）它有助于不断开拓经营业务。酒店为顾客保管剩酒后，这些顾客再用餐时，就多半会选择存有剩酒的酒店，而顾客喝完了剩酒之后，又会要新酒，于是又可能有剩酒需酒店代为保管，下次用餐就又会优先选择该店……如此循环往复，不断开拓酒店的生意，吸引顾客成为酒店的固定客户。

（2）有助于激发顾客的高级消费欲望。试想：稍有身份的顾客，肯定不愿让写有自己名字的卡片吊在价廉质次的酒瓶上，曝光于众目睽睽之下。于是，顾客挑选的酒越来越高级，有效地刺激了顾客的消费水平。

（3）有助于提高酒店声誉。试问，连顾客喝剩的酒都精心保管的酒店，服务水平会低吗？经营作风难道还不诚实可靠吗？

保存剩酒使顾客感受到宾至如归的亲切感，顾客光顾酒店的次数自然越来越多。

抓住人性，引诱顾客的销售方式数不胜数，各有其妙。有奖销售，附赠礼品，发送赠券、优惠券等，都是引诱推销法的具体运用，唯一不变的是以"利"、以"情"引诱顾客成为其忠实客户。

一次，百货公司的一个推销经理向一订货商推销一批货物。

在最后摊牌时，订货商说："你开的价太高，这次就算了吧。"

推销经理转身要走时，忽然发现订货商脚上的靴子非常漂亮。

推销经理由衷赞美道："您穿的这双靴子真漂亮。"

订货商一愣，随口说了声"谢谢"，然后把自己的靴子夸耀了一番。

这时，那个推销经理反问道："您为什么买双漂亮的靴子，却不去买处理鞋呢？！"

订货商大笑，最后双方握手成交。

没有卖不出去的商品，关键是看推销员推销技巧的高低。分享客户的得意之事，往往让客户有成就感，这样更容易拉近彼此的距离，从而达成交易。

六、全方位获取销售信息

有备而发，一定攻无不胜。多收集销售信息，有百利而无一害。

接近顾客前务必多收集信息

乔·吉拉德曾指出："如果你想要把东西卖给某人，你就应该尽自己的力量去收集他与你生意有关的情报……不论你推销的是什么东西。"

如果你每天肯花一点时间来了解自己的顾客，做好准备，铺平道路，那么你就不愁没有自己的顾客。

刚开始工作时，吉拉德把搜集到的顾客资料写在纸上，塞进抽屉里。后来，有几次因为缺乏整理而忘记追踪某一位准顾客，他开始意识到自己动手建立顾客档案的重要性。他去文具店买了日记本和一个小小的卡片档案夹，把原来写在纸片上的资料全部做成记录，建立起了他的顾客档案。

吉拉德认为：推销人员应该像一台机器，具有录音机和电脑的功能，在和顾客交往过程中，将顾客所说的有用信息都记录下来，从中把握一些有用的材料。

吉拉德说："在建立自己的卡片档案时，你要记下有关顾客和潜在顾客的所有资料——他们的孩子、嗜好、学历、职务、成就、旅行过的地方、年龄、文化背景及其他任何与他们有关的事情，这些都是有用的推销情报。

"所有这些资料都可以帮助你接近顾客，使你能够有效地跟顾客讨论问题，谈论他们感兴趣的话题，有了这些材料，你就会知道他们喜欢什么、不喜欢什么，你可以让他们高谈阔论、兴高采烈、手舞足蹈……只要你有办法使顾客心情舒畅，他们就不会让你大失所望。"

增强自信，这对于推销人员取得成功至关重要。推销人员在毫无准备的情况下贸然访问准顾客，往往因为情况不明、底数不清，总担心出差错而触怒顾客，因而行动举棋不定，言词模棱两可。顾客看到对自己推销的商品信心不足的推销人员，只会感到担心和失望，进而不能信任推销人员所推销的产品，当然也难以接受。

由此可以看到，接近顾客的准备工作非常重要，尤其是当商品具有贵重、高档、无形、结构复杂、数量较多或顾客所不熟悉等特点时更是如此。

多收集销售信息有助于进一步认定准顾客的资格。

在初步认定准顾客资格的基础上，推销人员已基本确定某些个人和团体是自己的准顾客，但这种认定有时可能不会成为事实。因为真正的准顾客要受其购买能力、购买决策权、是否有已经成为竞争者的顾客和其他种种因素的制约。对于这些制约因素，都要求推销人员必须对准顾客的资格进行进一步的认定，而这项任务务必在接近顾客之前的准备工作中完成，以避免接近顾客时的盲目行为。

收集尽可能多的信息便于制定接近目标顾客的策略。

目标顾客的具体情况和性格特点存在着个体差异，推销人员不能毫无区别地用一种方法去接近所有的顾客。有的人工作忙碌，很难获准见面，有的人却成天待在办公室或家里，很容易见面；有的人比较随和，容易接近，有的人却很严肃，难以接近；有的人时间观念较强，喜欢开门见山地开始推销洽谈，有的人却比较适宜采取迂回战术；有的人喜欢接受恭维，有的人却对此持厌恶的态度，等等。推销人员必须进行充分的前期准备，把握目标顾客诸如上述多方面因素的特点，才能制定出恰当的接近顾客的各种策略。

多收集信息还有利于制订具有针对性的面谈计划。

推销人员在推荐商品时，总是要采取多种多样的形式，在对自己的产品进行游说时，或突出产品制作材料的新颖、先进的生产工艺，或突出产品良好的售后服务和保证，或突出优惠的价格，等等。关键在于推销人员介绍商品的侧重点要切合顾客的关注点，否则，面谈介绍商品的工作就失去针对性，推销的效果会因此而大打折扣，甚至使推销工作无功而返。例如，准顾客最关心的是产品的先进性和可靠的质量，而推销人员只突出产品完善的售后服务，这就有可能使顾客担心产品的返修率高，质量不可靠。推销人员做好前期准备工作，深入挖掘准顾客产生购买行为的源头——购买动机，就能找到准顾客对产品的关注点，制订出最符合准顾客特点的面谈计划。

多收集信息还可以有效地减少或避免推销工作中的失误。

推销人员的工作是与人打交道，要面对众多潜在顾客。每一位潜在顾客都具有稳定的心理特质，有各自的个性特点，推销人员不可能在短暂的推销谈话中予以改变，而只能加以适应，迎合准顾客的这些个性特点。因此，推销人员必须注意顺从顾客的要求，投其所好、避其所恶，做好接近准备，充分了解准顾客的个性、习惯、爱好、厌恶、生理缺陷等，就可尽量避免因触及顾客的隐痛或忌讳而导致推销失败。

询问顾客获得准确信息

通过询问，推销员可以引导客户的谈话，同时取得更确切的信息，支持其产品的销售。

绝大多数的人都喜欢"说"而不喜欢"听"，他们往往认为只有"说"才能够说服客户购买，但是事实是：客户的需求期望都只能由"听"来获得。试问：如果推销员不了解客户的期望，他又怎么能够达成推销员所签定单的期望？

对于推销员来说，倾听是必需的，但是倾听并不是无原则的。倾听的同时还必须辅之以一定的询问，这种询问的目的就是为了使交易迅速达成。询问时必须使听者有这样一种强烈的印象，该推销员是信心百倍而且认真诚恳的。

推销是可以提一些只能用"是"或"不是"回答的问题，这样的回答是明确的、不容置疑的。

"您会说英语吗？"

"你参观花展了吗？"

"贵公司是否有工会？"

这种提问一般都充当对话过程中一系列问题的一部分，虽并不能引发对方详尽的回答，但却对分辨和排除那些次要的内容很有帮助。这样就可进一步询问了。

卖方："你们是否出口美国？"

买方："没有。"

卖方："贵公司对出口美国会否感兴趣？"

买方："是。"

卖方："我们可以……"

有时候，我们也可以使用一些别有用心的肯定式提问。

这种提问能对回答起引导作用。提问的人一开始就先把对方恭维、吹捧一番，然后在此基础上再提问，对方如果不小心，意志不坚定，就很难摆脱这种事先设计的圈套。

"董事长先生，您有多年从事这种工作的经验，一定同意这是最妥善的安排，是吧？"

"李先生，您是这些人当中最上镜的，一定愿意出镜，对吗？"

下功夫掌握和运用这些提问技巧，会令你受益无穷。运用这种技巧可以使电话交谈按照你所设计的方案顺利进行。以下我们用一家针织品公司推销员与顾客的对话来说明这一点。

推销员："王先生，您好，我是天诗针织品有限公司的孙明，您要购买针织服装吗？"

买方："要。"

推销员："您要买男士针织服装吗？"

买方："要。"

推销员："您要针织外衣和运动装吗？"

买方："要。但现在我们还有些存货……"

如果你用下面这个问题，就少了很多小步骤。

推销员："王先生，您好，我是天诗针织品有限公司的孙明，您需要购买哪类针织服装呢？"

除了要注意提问的方式，还要注意提问时的语气等。

首先，要注意音高与语调。低沉的声音庄重严肃，一般会让客户认真地对待。尖利的或粗暴刺耳的声音给人的印象是反应过火、行为失控。推销员的声音是不宜尖利或粗暴的。

其次，要注意语速。急缓适度的语速能吸引住客户的注意力，使人易于吸收信息。如果语速过慢，声音听起来就会阴郁悲哀，客户就会转而做其他的事情；如果语速过快，客户就会无暇吸收说话的内容，同样影响接收效果。推销员在和客户的沟通过程中，最忌讳的是说话吞吞吐吐、犹豫不决，听者往往会不由自主地变得十分担忧和坐立不安。

最后，还要善于运用强调。推销员在交谈过程中应该适当地改变重音，以便能够强调某些重要词语。如果一段介绍没有平仄，没有重音，客户往往就无法把握推销员说话的内容，同时强调也不宜过多，太多的强调会让人变得晕头转向、不知所云。

七、积极为成交做好准备

乔·吉拉德说，成交是推销的目的，要想顺利成交，就要及时领会客户的想法，积极为成交做好准备。

及时领会客户的每一句话

华莱士是A公司的推销员，A公司专门为高级公寓小区清洁游泳池，还包办景观工程。B公司的产业包括12幢豪华公寓大厦，华莱士已经向他们的资深董事华威先生说明了A公司的服务项目。开始的介绍说明还算顺利，紧接着，华威先生有意见了。

场景一：

华威："我在其他地方看过你们的服务，花园很漂亮，维护得也很好，游泳池尤其干净；但是一年收费10万元？太贵了吧！我付不起。"

华莱士："是吗？您所谓'太贵了'是什么意思呢？"

华威："说真的，我们很希望从年中，也就是6月1号起，你们负责清洁管理，但是公司下半年的费用通常比较拮据，半年的游泳池清洁预算只有3万8千元。"

华莱士："嗯，原来如此，没关系，这点我倒能帮上忙，如果您愿意由我们服务，今年下半年的费用就3万8千元；另外6万2千元明年上半年再付，这样就不会有问题了，您觉得呢？"

场景二：

华威："我对你们的服务质量非常满意，也很想由你们来承包；但是，10万元太贵了，我实在没办法。"

华莱士："谢谢您对我们的赏识。我想，我们的服务对你们公司的确很适用，您真的很想让我们接手，对吧？"

华威："不错。但是，我被授权的上限不能超过9万元。"

华莱士："要不我们把服务分为两个项目，游泳池的清洁费用4万5千元，花园管理费用5万5千元，怎样？这可以接受吗？"

华威："嗯，可以。"

华莱士："很好，我们可以开始讨论管理的内容……"

场景三：

华威："我在其他地方看过你们的服务，花园侍弄得还算漂亮，维护修整上做得也很不错，游泳池尤其干净；但是一年收费10万元？太贵了吧！"

华莱士："是吗？您所谓'太贵了'是什么意思？"

华威："现在为我们服务的C公司一年只收8万元，我找不出要多付2万元的理由。"

华莱士："原来如此，但您满意现在的服务吗？"

华威："不太满意，以氯处理消毒，还勉强可以接受，花园就整理得不尽理想；我们的住户老是抱怨游泳池里有落叶；住户花费了那么多，他们可不喜欢住的地方被弄得乱七八糟！虽然给C公司提了很多遍了，可是仍然没有改进，住户还是三天两头打电话投诉。"

华莱士："那您不担心住户会搬走吗？"

华威："当然担心。"

华莱士："你们一个月的租金大约是多少？"

华威："一个月3千元。"

华莱士："好，这么说吧！住户每年付您3万6千元，您也知道好住户不容易找。所以，只要能多留住一个好住户，您多付两万元不是很值得吗？"

华威："没错，我懂你的意思。"

华莱士："很好，这下，我们可以开始草拟合约了吧。什么时候开始好呢？月中，还是下个月初？"

销售过程中及时领会客户的意思非常重要。只有及时领会了客户的意思，推销员才能及时做好准备，才能为下一步的顺利进行创造条件。

提问能使销售更顺畅

有一天，金克拉预定在南卡罗来纳州格林贝尔市进行演讲，他先向那里的一家旅馆写了预订客房的信。

他以为房间已经预订好了，可是，在踏入那个高级旅馆大厅的一瞬间，就觉察到情况不太妙。这是因为在大厅后方的告示板上有一段文字，大意是："敬致旅客，10月11～15日请不要在南卡罗来纳州格林贝尔市逗留,因为这里正举行纺织品周活动。在一周内以格林贝尔为中心80公里以内的旅馆全都满员,房间都是一年前预订的。"

金克拉走近服务台,大胆地对分配房间的服务小姐说:"我叫齐格·金克拉,能不能让我查一下我的订房信呢?"

那位服务小姐问:"有过预约吗?"

"有啊,我是用信预约的。"

"什么时候写的信?"那位小姐又问道。

"那是很早以前的事了。"

"大概有多长时间了?"

"大概在三周以前吧。而且还打过电话,请看一下记录。"

"金克拉先生,我不得不说……"

"不,请等一下。"金克拉打断了那位服务小姐的话。

恰在这时,又一位服务小姐出现了,原先那位小姐像遇到了救星似的,把金克拉介绍给这位名叫凯瑞的小姐。凯瑞小姐说:"金克拉先生,今天晚上……"

金克拉打断了她:"请等一下,不要再多说了,能否先回答我两个问题?"

"行啊。"

"第一个问题:你是否认为自己是个正直的人?"

"嗯,那是自然的。"

"好吧,那我就提第二个问题:如果美国大总统从那个门进来,站在你的正前方说'给我找一套房间'的话,请你讲出真实的情况,你是不是会给他准备一套房间呢?"

"嘿,金克拉先生,如果是美国大总统来到这里,我肯定要为他准备一套房间,这样做恐怕你我都能理解吧?"

"我们两人都是正直的人,都能讲真话。你明白我的意思,今天大总统并没有来,所以,请你让我使用他的房间吧!"

那天晚上,金克拉先生如愿以偿地住进了旅馆。而在这之前,主办演讲的单位本想为他订一间客房,但失败了,尽管旅馆老板的秘书是这个单位某职员的夫人。金克拉之所以能住进旅馆,不是因为别的,只是因为他提出的问句。通过对这两个问句的回答,凯瑞小姐已经把自己"塑造"成了一个"正直"的人,一个不讲假话的人,若再说实在是没有房间的话,就会前后矛盾。为了维护自身的形象,唯一的办法就是给金克拉一个房间。

开动脑筋,积极思考应对策略,你就一定能像金克拉先生那样在不可能的情况下达到自己的目的。只要你肯开动脑筋,一切不可能都会变成可能。

善于使用虚拟手法

彼尔去市场购买一件救生衣。市场上的新救生衣价格都在40元以下,就是那种最善于讨价还价的游客,最低也只能压到36元。他看到一个游客把价格压到28元时,遭到衣贩的斥责。彼尔把这些放在心里仔细琢磨后,顿生一计。

他若无其事地走到衣贩妻子跟前问道:"请问这位太太,我想买一件新的救生衣,该付多少钱?"他不等对方回答,接着问道:"记得前些时候,我只花了25元就买了一件新的,您是否记得这个摊位在什么地方?"他说完后,像是现在才注意到这个摊位上的救生衣似的,有礼貌地问衣贩,可否以25元一件卖给他,他说他欠了一大笔债,妻儿处于饥寒之中。

他的诉苦引得衣贩夫妇大笑起来,衣贩更是唠唠叨叨地抱怨说:"如果这样便宜地卖给你,岂不是把我的衬衣都赔进去了?"可是,说归说,终归还是以25元一件的价格卖给他了。彼尔用虚拟的情景便以最低的价格买到了救生衣,他的聪明就在于虚拟手法的恰当使用。

詹姆斯先生想买几条好烟,在一家商店里看中了一个品牌的香烟,便开始与店主讨价还价。

"这种香烟最低价是多少?"

"8元一包。"

"我要是搞批发呢?"

"如果买得多的话，就 7 元 8 角一包。"

"我在别的商店里看到零售价才 7 元 8 角一包。"

"不会的，所有商店里的香烟价钱都一样，如果你认为那边价低，可以去那边买。"

"让我看看你的烟。"詹姆斯先生拿过一条香烟，装着研究的模样，过了一会儿说："你这烟好像是假的。"

"怎么可能呢？这是真烟。"店主像是被揭了自己的短处，迷惑地眨着眼睛。

詹姆斯察觉店主不识烟，道："请你打开一包看看。"

詹姆斯接过烟，抽出一支，指着烟丝说："你看这烟丝，黄中带黑。这个牌子的真的烟丝是金黄金黄的。"

詹姆斯点着烟吸了一口说："你抽抽这烟是什么滋味。真正的烟应该有一种清凉感。"

店主在他的再三攻击下，真以为自己进了假烟，詹姆斯乘机以 50 元一条的价格买了 5 条香烟。

詹姆斯掌握了店主不识烟丝的信息后，虚拟"你这烟是假烟"，同样令店主同意了他的说法。

八、成功结束推销的艺术

推销过程总要结束，不管客户买不买你的产品，都要审时度势，成功结束推销。

把握成功推销

吉拉德认为，订约签字的那一刹那，是人生中最有魅力的时刻。

他说："缔结的过程应该是比较轻松的、顺畅的，甚至有时候应该充满一些幽默感。每当我们将产品说明的过程进行到缔结步骤的时候，不论是推销员还是客户，彼此都会开始觉得紧张，抗拒也开始增强了，而我们的工作就是要解除这种尴尬的局面，让整个过程能够在非常自然的情况之下发生。"

你在要求成交的时候应该先运用假设成交的方法。当你观察到最佳的缔结时机已经来临时，你就可以直接问客户："你觉得哪一样产品比较适合你？"或者问："你觉得你想要购买一个还是两个？""你觉得我们什么时候把货送到你家里最方便呢？"或者直接拿出你的购买合同，开始询问客户的某些个人资料的细节。

缔结的过程之所以让人紧张，主要的原因在于推销员和客户双方都有所恐惧。推销员恐惧在这个时候遭受客户的拒绝；而客户也有所恐惧，因为每当他们作出购买决定的时候，他们会有一种害怕作错决定的恐惧。

没有一个人喜欢错误的决定，任何人在购买产品时，总是冒了或多或少的风险，万一他们买错了、买贵了、买了不合适的产品，他们的家人是否会怪他，他们的老板或他们的合伙人是不是会对他们的购买决定不满意，这些都会造成客户在作出购买决定的时候犹豫不决或因此退缩。

缔结是成交阶段的象征，也是推销过程中很重要的一环，有了缔结的动作才有成交的机会，但推销员有时却羞于提出缔结的要求，而白白地让成交的机会流失。

有位挨家挨户推销清洁用品的推销员，好不容易才说服公寓的主妇，帮他开了铁门，让他上楼推销他的产品。当这位辛苦的推销员在主妇面前完全展示他的商品的特色后，见她没有购买的意识，黯然带着推销品下楼离开。

主妇的丈夫下班回家，她不厌其烦地将今天推销员向她展示的产品的优良性能重述一遍后，她丈夫说："既然你认为那项产品如此实用，为何没有购买？"

"是相当不错，性能也很令我满意，可是那个推销员并没有开口叫我买。"

这是推销员百密一疏、功亏一篑之处，很多推销员，尤其是刚入行的推销员在面对客户时，不敢说出请求成交的话，他们害怕遭到客户的拒绝，生怕只因为这一举动葬送了整笔交易。

其实，推销员所做的一切工作，从了解顾客、接近顾客、到后来的磋商等一系列行为，最终的目的就是为了成交，遗憾的是，就是这临门一脚也是最关键的一环却是推销员最需要努力学习的。

成交的速度当然是越快越好，任何人都知道成交的时间用得越少，成交的件数就越多。有一句话在推销技巧中被喻为金科玉律："成交并不稀奇，快速成交才积极。"这句口号直接说明了速度对于销售的重要性。

但是，到底要如何才能达到快速成交的目的？首先必须掌握一个原则：不要作太多说明，商品的特性解说对于客户接受商品的程度是有正面影响的，但是如果解释得太详细反而会形成画蛇添足的窘境。

推销员若感觉到客户购买的意愿出现，可以适当地提出销售建议，这是很重要的一环。大多数人在决定买与不买之间，都会有犹豫的心态，这时只要敢大胆地提出积极而肯定的要求，营造出半强迫性的购买环境，客户的订单就可以手到擒来。千万不要感到不好意思，以为谈钱很现实，反而要了解"会吵的孩子有糖吃"的道理。

适时地尝试可以达到快速成交的理念，倘若提出要求却遭受无情的拒绝，而未能如愿以偿也无妨，只要再回到商品的解说上，接续前面的话题继续进行说明就可以了，直到再一次发现客户的购买意愿出现，再一次提出要求并成交为止。多一份缔结要求就等于多一分成交的机会，推销员必须打破刻板的旧观念，大胆勇于尝试提出缔结的要求。

任何时候都要留有余地

乔·吉拉德说，保留一定的成交余地，也就是要保留一定的退让余地。任何交易的达成都必须经历一番讨价还价，很少有一项交易是按卖主的最初报价成交的。尤其是在买方市场的情况下，几乎所有的交易都是在卖方作出适当让步之后拍板成交的。因此，推销员在成交之前如果把所有的优惠条件都一股脑地端给顾客，当顾客要你再做些让步才同意成交时，你就没有退让的余地了。所以，为了有效地促成交易，推销员一定要保留适当的退让余地。

有时进行到了这一步，当电话销售人员要求客户下订单的时候，客户可能还会有另外没有解决的问题提出来，也可能他有顾虑。想一想：我们前面更多地探讨的是如何满足客户的需求，但现在，需要客户真正作决定了，他会面临决策的压力，他会更好地询问与企业有关的其他顾虑。如果客户最后没作决定，在销售人员结束电话前，千万不要忘了向客户表达真诚的感谢：

"马经理，十分感谢您对我工作的支持，我会与您随时保持联系，以确保您愉快地使用我们的产品。如果您有什么问题，请随时与我联系，谢谢！"

同时，推销员可以通过说这样的话来促进成交：

"为了使您尽快拿到货，我今天就帮您下订单可以吗？"

"您在报价单上签字、盖章后，传真给我就可以了。"

"马经理，您希望我们的工程师什么时候为您上门安装？"

"马经理，还有什么问题需要我再为您解释呢？如果这样，您希望这批货什么时候到您公司呢？"

"马经理，假如您想进一步商谈的话，您希望我们在什么时候可以确定？"

"当货到了您公司以后，您需要上门安装及培训吗？"

"为了今天能将这件事确定下来，您认为我还需要为您做什么事情？"

"所有事情都已经解决，剩下来的，就是得到您的同意了(保持沉默)。"

"从公司来讲，今天就是下订单的最佳时机，您看怎么样(保持沉默)？"

一旦销售人员在电话中与客户达成了协议，需要进一步确认报价单、送货地址和送货时间是否准备无误，以免出现不必要的误会。

推销时留有余地很容易诱导顾客主动成交。

诱导顾客主动成交，即设法使顾客主动采取购买行动。这是成交的一项基本策略。一般而言，如果顾客主动提出购买，说明推销员的说服工作十分奏效，也意味着顾客对产品及交易条件十分满意，以致顾客认为没有必要再讨价还价，因而成交非常顺利。所以，在推销过程中，推销员应尽可能诱导顾客主动购买产品，这样可以减少成交的阻力。

推销员要努力使顾客觉得成交是他自己的主意，而非别人强迫。通常，人们都喜欢按照自己的意愿行事。由于自我意识的作用，对于别人的意见总会下意识地产生一种"排斥"心理，尽管别人的意见很对，也不乐意接受，即使接受了，心里也会感到不畅快。因此，推销员在说服顾客采取购买行动时，一定要让顾客觉得这个决定是他自己的主意。这样，在成交的时候，他的心情就会十分舒畅而又轻松，甚至为自己做了一笔合算的买卖而自豪。

不要为了让你的客户一时作出购买的决定，而对他们作出你根本无法达到的承诺。因为这种做法最后只会让你丧失你的客户，让客户对你失去信心，那是绝对得不偿失的。

许多推销员在成交的最后过程中，为了能使客户尽快地签单或购买产品，而无论客户提出什么样的要求他们都先答应下来，而到最后当这些承诺无法被满足的时候，却发现绝大多数的情况下会造成客户的抱怨和不满，甚至会让客户取消他们当初的订单。而且当这种事情发生时，我们所损失的不是只有这个客户，而是这个客户以及他周边所有的潜在客户资源。

成交以后尽量避免客户反悔

有位大厦清洁公司的推销员刘先生，当一栋新盖的大厦完成时，马上跑去见该大厦的业务主任，想承揽所有的清洁工作，例如，各个房间地板的清扫、玻璃窗的清洁、公共设施、大厅、走廊、厕所等所有的清理工作。当刘先生承揽到生意，办好手续，从侧门兴奋地走出来时，一不小心，把消防用的水桶给踢翻，水泼了一地，有位事务员赶紧拿着拖把将地板上的水拖干。这一幕正巧被业务主任看到，他心里很不舒服，就打通电话，将这次合同取消，他的理由是："像你这种年纪的人，还会做出这么不小心的事，将来实际担任本大厦清扫工作的人员，更不知会做出什么样的事来，既然你们的人员无法让人放心，所以我认为还是解约的好。"

推销员不要因为生意谈成，高兴得昏了头，而做出把水桶踢翻之类的事，使得谈成的生意又变泡影，煮熟的鸭子又飞了。

这种失败的例子，也可能发生在保险业的推销员身上，例如，当保险推销员向一位妇人推销她丈夫的养老保险，只要说话稍不留神，就会使成功愉快的交易，变成怒目相视的拒绝往来户。

"现在你跟我们订了契约，相信你心里也比较安心点了吧？"

"什么！你这句话是什么意思，你好像以为我是在等我丈夫的死期，好拿你们的保险金似的，你这句话太不礼貌了！"

于是洽谈决裂，生意也做不成了。

乔·吉拉德提醒大家，当生意快谈拢或成交时，千万要小心应付。所谓小心应付，并不是过分逼迫人家，只是在双方谈好生意，客户心里放松时，推销员最好少说几句话，以免搅乱客户的情绪。此刻最好先将摊在桌上的文件，慢慢地收拾起来，不必再花时间与客户闲聊，因为与客户聊天时，有时也会使客户改变心意，如果客户说："嗯！刚才我是同意了，现在我想再考虑一下。"那你所花费的时间和精力就白费了。

成交之后，推销工作仍要继续进行。

专业推销员的工作始于他们听到异议或"不"之后，但他真正的工作则开始于他们听到"可以"之后。

永远也不要让客户感到专业推销员只是为了佣金而工作。不要让客户感到专业推销员一旦达到了自己的目的，就突然对客户失去了兴趣，转头忙其他的事去了。如果这样，客户就会有失落感，那么他很可能会取消刚才的购买决定。

对有经验的客户来说，他对一件产品发生兴趣，但他们往往不是当时就买。专业推销员的任务就是要创造一种需求或渴望，让客户参与进来，让他感到兴奋，在客户情绪到达最高点时，与他成交。但当客户的情绪低落下来时，当他重新冷静时，他往往会产生后悔之意。

很多客户在付款时，都会产生后悔之意。不管是一次付清还是分期付款，总要犹豫一阵才肯掏钱。一个好办法就是：寄给客户一张便条、一封信或一张卡片，再次称赞和感谢他们。

作为一名真正的专业推销员，他不会卖完东西就将客户忘掉，而是定期与客户保持联系，客户会定期得到他提供的服务的。而老客户也会为你介绍更多的新客户。

"猎犬计划"是著名推销员乔·吉拉德在他的工作中总结出来的。主要观点是：作为一名优秀的推销员，在完成一笔交易后，要想方设法让顾客帮助你寻找下一位顾客。

吉拉德认为，干推销这一行，需要别人的帮助。吉拉德的很多生意都是由"猎犬"（那些会让别人到他那里买东西的顾客）帮助的结果。吉拉德的一句名言就是："买过我汽车的顾客都会帮我推销。"

在生意成交之后，吉拉德总是把一叠名片和"猎犬计划"的说明书交给顾客。说明书告诉顾客：如果他介绍别人来买车，成交之后，每辆车他会得到25美元的酬劳。

几天之后，吉拉德会寄给顾客感谢卡和一叠名片，以后至少每年他会收到吉拉德的一封附有"猎犬计划"的信件，提醒他吉拉德的承诺仍然有效。如果吉拉德发现顾客是一位领导人物，其他人会听他的话，那么，吉拉德会更加努力促成交易并设法让其成为"猎犬"。

实施"猎犬计划"的关键是守信用——一定要付给顾客25美元。吉拉德的原则是：宁可错付50个人，也不要漏掉一个该付的人。

1976年，"猎犬计划"为吉拉德带来了150笔生意，约占总交易额的1/3。吉拉德付出了1400美元的"猎犬"费用，收获了7.5万美元的佣金。

贝特格的无敌推销术

一、听到"不"时要振作

贝特格说："成功不是用你一生所取得的地位来衡量的，而是用你克服的障碍来衡量的。"任何一次推销，推销员都要做好被拒绝的心理准备，面对拒绝要坚持不懈，把坚忍不拔当成一种习惯。

做好被拒绝的准备

推销员可以说是与"拒绝"打交道的人，战胜拒绝的人，才称得上是推销高手。在战场上，有两种人是必败无疑的：一种是幼稚的乐观主义者，他们满怀豪情，奔赴战场，硬冲蛮打，全然不知敌人的强大，结果不是深陷敌人的圈套，便是惨遭敌人的毒手；另一种是胆小怕死的懦夫，一听到枪炮声便捂起耳朵，一看见敌人就闭上眼睛，东躲西藏，畏缩不前，甚至后退，一旦被敌人发现也是死路一条。这是战场上的原则和规律，但也同样适用于商场和商战。

一个朋友告诉贝特格说，纽约一个制造商正寻找合适的保险公司，想为自己买一份金额是25万美元的财产保险。听到这个消息，贝特格立即请这位朋友帮他安排一次会面的机会。

两天后，会面的时间已经安排好，次日上午10点45分。贝特格为第二天的会面积极地准备着。

第二天早晨他踏上了前往纽约的火车。

为给自己多一些压力，他一下火车就给纽约最大的一家体检中心打了一个电话，预约好了体检时间。

贝特格很顺利地走进总裁的办公室。

"你好，贝特格先生，请坐。"他说，"贝特格先生，真不好意思，我想你这一次又白跑一趟了。"

"为什么这么说呢？"听到这儿，贝特格有些意外，但并不感到沮丧。

"我已经把我想投保财产保险的计划送交给了一些保险公司，它们都是纽约比较大而且很有名气的公司，其中三个保险公司是我朋友开的，并且有一个公司的老总还是我最好的朋友，我们经常会在周末一起打高尔夫球，他们的公司无论规模还是形象都是一流的。"博恩先生指着他面前办公桌上的一摞文件说。

"没错，这几家公司的确很优秀，像这样的公司在世界上都是不多见的。"贝特格说。

"情况大致就是如此，贝特格先生。我今年是46岁，假如你仍要坚持向我提供人寿保险的方案，你可以按我的年龄，做一个25万美元的方案并把它寄给我，我想我会和那些已有的方案做一个比较加以考虑的。如果你的方案能让我满意，而且价格又低的话，那么就是你了。不过我想，你如果这样做很可能是在浪费我的时间，同时也是在浪费你的时间。希望你慎重考虑。"博恩先生说。

一般情况下，推销员听到这些会就此放弃，但贝特格却没有。他说："博恩先生，如果您相信我，那么我就对您说真话。"

"我是做保险这一行的，如果您是我的亲兄弟，我会让您赶快把那些所谓的方案扔进废纸篓里去。"贝特格冷静而坚守地说道。

"只有真正的保险统计员才能明白无误地了解那些投保方案，而一个合格的保险统计员大概要学习7年左右的时间，假如您现在选择的保险公司价格低廉，那么，5年后，价格最高的公司就可能是它，这是历史发展的规律，也是经济发展的必然趋势。没错，这些公司都是世界上最好的保险公司，可您现在还没有作出决定，博恩先生，如果您能给我一次机会，我将帮助您在这些最好的公司里作出满意的选择，我可以问您一些问题吗？"

"你将了解到你所想知道的所有信息。"

"在您的事业蒸蒸日上的时候，您可以信任那些公司，可假如有一天您离开了这个世界，您的公司就不一定像您这样信任他们，难道不是吗？"

"对，可能性还是有的。"

"那么我是不是可以这样想，当您申请的这个保险生效时，您的生命财产安全也就转移到了保险公司一方？可以想象一下，如果有一天，您半夜醒来，突然想到您的保险昨天就到期了，那么，您第二天早晨的第一件事，是不是会立即打电话给您的保险经纪人，要求继续交纳保险费？"

"当然了！"

"可是，您只打算购买财产保险而没有购买人寿保险，难道您不觉得人的生命是第一位的，应该把它的风险降到最低吗？"

博恩先生说："这个我还没有认真考虑过，但是我想我会很快考虑的。"

"如果您没有购买这样的人寿保险，我觉得您的经济损失是无可估量的，同时也影响了您的很多生意。"

"今天早上我已和纽约著名的卡克雷勒医生约好了，他所做的体检结果是所有保险公司都认可的。只有他的检验结果才能适用于25万美元的保险单。"

"其他保险代理不能做这些吗？"

"当然，但我想今天早晨他们是不可以了。博恩先生，您应该很清楚地认识到这次体检的重要性，虽然其他保险代理也可以做，但那样会耽搁您很多时间，您想一下，当医院知道检查的结果要冒25万美元的风险时，他们就会作第二次具有权威性的检查，这意味着时间在一天天拖延，您干吗要这样拖延一周，哪怕是一天呢？"

"我想我还是再考虑一下吧！"博恩先生开始犹豫了。

贝特格继续说道："博恩先生，假如您明天觉得身体不舒服，比如说喉咙痛或者感冒的话，那么，就得休息至少一个星期，等到完全康复再去检查，保险公司就会因为您的这个小小的病史而附加一个条件，即观察三四个月，以便证明您的病症是急性还是慢性，这样一来您还得等下去，直到进行最后的检查，博恩先生，您说我的话有道理吗？"

"博恩先生，现在是11点10分，如果我们现在出发去检查身体，您和卡克雷勒先生11点30分的约会还不至于耽误。您今天的状态非常不错，如果体检也没什么问题，您所购买的保险将在48小时后生效。我相信您现在的感觉一定很好。"

就这样，贝特格做成了这笔生意，他又发掘了一个大客户。

被拒绝是很正常的事，一次、两次、三次，但是30次以上还有耐心拜访的人恐怕没有几个，对顾客的拒绝做好心理准备，把被拒绝的客户都当作没有拜访过的客户，订单自然会源源不断。

愚勇和怯懦都将导致失败。怎样才能在推销中获胜呢？孙子曰："知己知彼，百战不殆。"

所谓知己，对推销员来说便是知道商品的优劣特点及自己的体力、智力、口才等，并在推销中加以适当发挥。所谓知彼，就是要了解顾客的需要和困难是什么，掌握了这些推销规律和技巧才不怕被顾客拒绝。

有些推销新手缺少被顾客拒绝的经验教训，盲目地认为："我的产品物美价廉，推销一定会一帆风顺。""这家不会让我吃闭门羹！"净往顺利的方面想，根本没有接受拒绝的心理准备，这样推销时一旦交锋，便会被顾客的"拒绝"打个措手不及、仓皇而逃。

推销员必须具备顽强的奋斗精神，不能因顾客的拒绝一蹶不振、垂头丧气，而应该有被拒绝的心理准备，心理上要能做到坦然接受拒绝，并视每一次拒绝为一个新的开始，最后达到推销成功。

贝特格说，推销员与其逃避拒绝，不如抱着被拒绝的心理准备去争取一下。推销前好好研究应对策略，如：顾客可能怎样拒绝、为什么要拒绝、如何对付拒绝等问题。那么你就能反败为胜，获得成功。

顺着拒绝者的观点开始推销

一个五六岁的孩子因为父母吵架，就撑着一把雨伞蹲在墙角，父母又求又哄，但孩子不理不睬。两天过去了，孩子的体力极度衰竭，最后，他们请来著名的心理治疗大师狄克森先生。狄克森也要了一把雨伞在孩子的跟前蹲下了，他面对孩子，注视着孩子的双眼，向孩子投去关切的目光。终于，孩子从恍惚中震了一下，像沉睡中被闪电惊醒的人，狄克森继续与孩子对视。

孩子突然问："你是什么？"

狄克森反问："你是什么？"

孩子："蘑菇好，刮风下雨听不到。"

狄克森："是的，蘑菇好，蘑菇听不到爸爸、妈妈的吵闹声。"这时，孩子流泪了。

狄克森："做蘑菇好是好，但是蹲久了又饿又累，我要吃巧克力。"他掏出块巧克力，送到孩子鼻子前让他闻一闻，然后放进自己嘴里大嚼起来。

孩子："我也要吃巧克力。"狄克森给了孩子一块巧克力，孩子吃了一半。

狄克森："吃了巧克力太渴，我要去喝水。"说着，他丢掉了雨伞，站了起来，孩子也跟着站起来。

这是一个从学步入手取得信任，然后起步治疗心理障碍的经典案例。其实，克服推销障碍与克服心理障碍的原理是一样的。

每个推销员都会遇到推销被质疑的困扰。

有位做了4年的保险推销顾问，经常面对"保险是欺骗，你是骗子"的责难，他怎么办呢？他难道与客户辩论吗？显然不行，他说："您认为我是骗子吗？"

对方答："是啊。你难道不是骗子吗？"

他说："我也经常疑惑，尤其在像您这样的人指责我的时候，我有时真不想干保险了，可就是一直下不了决心。"

对方说："不想干就别干，怎么还下不了决心呢？"

他说："因为我在4年时间里已经同500多个投保户结成了好朋友，他们一听说我不想继续干下去了，就都不同意，要我为他们提供续保服务。尤其是13位理赔的客户，听说我动摇了，都打电话不让我走。"

对方惊讶地问："还有这事？你们真的给投保户赔偿？"

他说："是的，这是我经手的第一桩理赔案……"就这样，他一次又一次战胜了对保险推销的偏见和拒绝，当场改变了对立者的观点，做成了一笔又一笔的业务。

要想推销成功，面对顾客拒绝时首先要接受顾客的观点，然后从顾客的观点出发与顾客沟通，最后沿着共同认可的方向努力，以促成成交。

想成为一名成功的推销人员，你就得学会如何应对客户的拒绝。但这并不保证你学会以后就能一帆风顺，有时碰到难缠的客户，你也只好放弃。总而言之，不妨把挫折当成是磨炼自己的机会，从中学习克服拒绝的技巧，找到被拒绝的症结所在，你就能应对自如了。

不因拒绝止步不前

有位很认真的保险推销员，当客户拒绝他时，他站起来，拎着公文包向门口走去，突然，他转过身来，向客户深深地鞠了一躬，说："谢谢您，您让我向成功又迈进了一步。"

客户觉得很意外，心想：我把他拒绝得那么干脆，他怎么还要谢我呢？好奇心驱使他追出门去，叫住那位小伙子，问他，"为什么被拒绝了还要说谢谢？"

那位推销员一本正经地说："我的主管告诉我，当我遭到40个人的拒绝时，下一个就会签单了。您是拒绝我的第39个人，再多一个，我就成功了。所以，我当然要谢谢您。您给了我一次机会，帮我加快了迈向成功的步伐。"

那位客户很欣赏小伙子积极乐观的心态，马上决定向他投保，还给他介绍了好几位客户。

作为一个推销员，被客户拒绝是难免的，对新手来说也是比较难以接受的。但是再成功的推销员也会遭到客户的拒绝。问题在于优秀的推销员认为被拒绝是常事，并养成了习惯吃闭门羹的气度，他们经常抱着被拒绝的心理准备，并且怀着征服客户拒绝的自信，以极短的时间完成推销。即使失败了，他们也会冷静地分析客户的拒绝方式，找出应付这种拒绝的方法，当下次再遇到这类拒绝时，就会胸有成竹了。这样长此下去，所遇到的真正拒绝就会越来越少，成功率也会越来越高。其实，要想真正取得推销的成功，就得有在客户拒绝面前从容不迫的气魄和勇气，不管遭到怎样不客气的拒绝，推销员都应该保持彬彬有礼的服务态度，不管在什么样的拒绝下都应毫不气馁。

面对客户的拒绝，我们可以选择执着，也可以选择以退为进。

首先，把打开的资料合起来，将工具一一收拾好。这时候动作一定要缓慢，除了极特殊的一些人之外，大多数人不会催你，您已经顺从他或她的意志了嘛。一边收拾，一边轻声叹息："太遗憾了，这么好的东西（方案），您不要……"显示你对商品（方案）的强烈信心，对对方未能拥有商品（方案）表示惋惜。

其次，再把收拾好的资料、工具一一放进包（箱）中，继续说："现在不要，以后还不一定能要呢！您现在不马上决定，真是太可惜了……"这时候的语速稍微加快，声音也稍稍提高，又一次表达你对商品的信心的同时，制造一种紧迫感，强调此时不要，以后不一定能要成，进行一次强力促成。

如果对方仍无动于衷，就把包（箱）放到左手边，摆出一副立即要中止商谈的架势，趁对方略微放松的一瞬间，突然换一个角度，说："我给您讲一个故事吧……"讲述一个简短而感人的故事，再进行一次情感触动。

若是还不见效，就要真的中止商谈了。把笔插进口袋，站起身，向对方伸出右手（如果你在别人的地盘上，这时候左手拎起包或箱），微笑着说："跟您交谈，真是一件愉快的事情。下次再好好谈一谈，弥补这次的遗憾。"充分显示你并没有把商谈的成败得失放在心上，而是喜欢和对方这个"人"打交道。同时，又争取到了下次面谈的机会。有些高手甚至能做到当场敲定下次面谈的时间。

握手告别后，如果你在别人的地盘上，需要离开商谈场所，转身的动作要干脆利落，与前面的慢声细语形成鲜明的对照，给人留下深刻的印象。转身后别忘记挺胸抬头，使脊背直起来，给对方留下一个美丽的背影，垂头丧气是万万要不得的。

教你避免被拒绝

顾客回绝的理由是你必须克服的障碍。在各类交谈中，都会遇到对方的回绝。只要有可能，就要设法将对方的回绝变成对你有利的因素。但是一定要摸准对方的心理。贝特格教你战胜别人拒绝的方法：

步骤1：重复对方回绝的话。

这样做具有双重意义。首先，可以有时间考虑；其次，让顾客自己听到他回绝你的话，而且是在完全脱离顾客自己的态度及所讲的话的上下文的情况下听到的。

步骤2：设法排除其他回绝的理由。

用一种干脆的提问方式十分有效。"您只有这一个顾虑吗？"或是用一种较为含蓄的方式。"恐怕我还没完全听明白您的话，您能再详细解释一下吗？"

步骤3：就对方提出的回绝理由向对方进行说服。

完成这项工作有多种方式。

回敬法：将顾客回绝的理由作为你对产品宣传的着眼点，以此为基础提出你的新观点。

如果客户说："我不太喜欢这种后开门的车型。"

你可以说："根据全国的统计数字来看，这种车今年最为畅销。"

通过这种方式，你不仅反驳了对方的理由，而且还给对方吃了定心丸。

同有竞争能力的产品进行比较：将产品的优点与其他有竞争能力的产品进行比较，用实例说明自己的产品优于其他同类产品。

还有一种是紧逼法：说明对方回绝的理由是不成立的，以获取对方肯定的回答。

顾客："这种壶的颜色似乎不太好，我喜欢红色的。"

供应商："我敢肯定可以给您提供红色的壶。假如我能做到的话，您是否要？"

顾客："这种我不太喜欢，我希望有皮垫子。"

家具商："如果我能为您提供带皮垫的安乐椅，您是否会买？"

这种方法极其有效。如果将所有回绝理由都摸清并排除的话，最后一个问题一解决就使对方失去了退路。如果这种方法仍行不通，说明你没能完全把握对方的心理，没能弄清对方的真正用意。

总之，面对顾客的拒绝，你不要后退，再艰难你也要勇敢地闯过去。面对顾客的拒绝，开动脑筋，化不利为有利。任何一个推销员只要做好这个方面的工作，就是一个优秀的推销员。

二、最重要的销售秘诀

任何事情要想成功，都有捷径，销售也不例外。从顾客的喜好入手，适时制造紧张气氛，找到对手最软弱的地方给予一击，将问题化整为零，等等，这就是贝特格的销售秘诀。知道了销售中的秘诀，你离成功还会远吗？

顾客的喜好是你的出发点

顾客一般都喜欢和别人谈他的得意之处，推销员一定要找好出发点，从顾客的喜好入手。

顾客见到推销员时一般都有紧张和戒备心理的，如果直奔主题将很难成功，只有从顾客的喜好出发，调动顾客的积极性才是制胜之道。

美国心理学家弗里德曼和他的助手曾做过这样一项经典实验：让两位大学生访问郊区的一些家庭主妇。其中一位首先请求家庭主妇将一个小标签贴在窗户或在一份关于美化加州或安全驾驶的请愿书上签名，这是一个小的、无害的要求。两周后，另一位大学生再次访问家庭主妇，要求她们在今后的两周时间内，在院中竖立一块呼吁安全驾驶的大招牌，该招牌立在院中很不美观，这是一个大要求。结果答应了第一项请求的人中有55%的人接受了这项要求，而那些第一次没被访问的家庭主妇中只有17%的人接受了该要求。

这种现象被心理学上称之为"登门槛效应"。

一下子向别人提出一个较大的要求，人们一般很难接受，而如果逐步提出要求，不断缩小差距，人们就比较容易接受，这主要是由于人们在不断满足小要求的过程中已经逐渐适应，意识不到逐渐提高的要求已经大大偏离了自己的初衷；并且人们都有保持自己形象一致的愿望，都希望给别人留下前后一致的好印象，不希望别人把自己看作"喜怒无常"的人，因而，在接受了别人的第一个小要求之后，再面对第二个要求时，就比较难以拒绝了，如果这种要求给自己造成的损失并不大的话，人们往往会有一种"反正都已经帮了，再帮一次又何妨"的心理。于是"登门槛效应"就发生作用了，一只脚都进去了，又何必在乎整个身子都要进去呢？

所以，当顾客选购衣服时，精明的售货员为打消顾客的顾虑，"慷慨"地让顾客试一试，当顾客将衣服穿在身上时，他称赞该衣服很合适，并周到地为你服务，在这种情况下，当他劝你买下时，很多顾客难以拒绝。

做父母的望子成龙，但人才的培养只能循序渐进而不能拔苗助长。尤其是对于年龄较小的孩子，可先提出较低的要求，待他按要求做了，予以肯定、表扬乃至奖励，然后逐渐提高要求，逐渐实现他的人生目标。

把问题大而化小

问题不过是一个"结果",在它发生之前,必有潜在原因,只要能找出原因,想出正确的对策,然后付诸行动,那么问题就不可怕了。找出原因并消除它,问题必能获得解决,同时也可避免日后再度发生同样的问题。

从推销业绩的好坏来看,我们不难发现:普通的推销员与顶级的推销员,在对问题的看法上显然有所不同。不用说,前者属于"逃避问题型",后者则属于"改善问题型"。而所谓的"顶级推销员",通常都是先逐一解决影响销售成绩的问题,然后才能取得优良的销售业绩,其间的艰辛也是可想而知的。

优秀的销售员发现问题的能力较强,除了平日上司考核的绩效数字,或是最近发生的问题之外,他们还会进一步地发掘问题,并向问题挑战,这样,才会觉得有成就感。优秀的推销员会把"问题"看成宝藏,因此会采取积极的行动,努力去挖掘它。但是,一般的推销员却并非如此,他们碰到问题时,常常会畏缩不前,一味地逃避,刻意"绕道而行",但最后却被问题绊住了脚,屈服于问题之下。他们的销售业绩为何无法提升,原因就在这里。

总而言之,想要使业绩不断提高,当务之急是改变对问题的看法或想法,积极地面对问题,逐步改善问题,这便是推销员或营业部门的首要工作。

大多数的人只看问题的表面,因而容易感到困惑,这样一来,当问题变得复杂时,便很难找到解决的方法。正确的做法是,当问题发生时,将大问题分解为小问题。因为大问题是由小问题累积而成的,如果能让小问题逐一解决,便可有效地改善大问题。小问题的构成分子,是引起大问题的因素;大问题是"结果",小问题是"原因",两者的因果关系十分明显。

只有将问题层层剖析,寻出最初的根源,运用"化整为零"的思考方法,才能透视问题的本质。而且,这种"化整为零"的方法,不仅可以分析问题,而且在确立对策及实际上也是不可或缺的。

当我们发现某一问题时,谁都会提醒自己:"绝不能再如此下去!"可是,如果问题接二连三地出现,许多人的反应便是束手无策。

在任何情况下,当务之急就是采用重点管理的方法,换句话说,问题固然繁杂,对策也有很多,只要将它们分出轻、重、缓、急,从优先顺序中找出最重要的问题先下手,逐项解决,一切问题便可迎刃而解。

引起对方的好奇心

英国的十大推销高手之一约翰·凡顿的名片与众不同,每一张上面都印着一个大大的25%,下面写的是约翰·凡顿,英国××公司。当他把名片递给客户的时候,几乎所有人的第一反应都是相同的:"25%,什么意思?"约翰·凡顿就告诉他们:"如果使用我们的机器设备,您的成本就将会降低25%。"这一下子就引起了客户的兴趣。约翰·凡顿还在名片的背面写了这么一句话:"如果您有兴趣,请拨打电话××××××",然后将这名片装在信封里,寄给全国各地的客户。结果把许多人的好奇心都激发出来了,客户纷纷打电话过来咨询。

人人都有好奇心,推销员如果能够巧妙地激发客户的好奇心,就迈出了成功推销的第一步。

推销中引起顾客的好奇心,让他愿意和你交往下去是第一步,找到顾客最软弱的地方给予"致命一击",则是你接下来要做的工作。

这是一个发生在巴黎一家夜总会的真实故事:为招徕顾客,这家夜总会找了一位身壮如牛的大汉,顾客可随便击打他的肚子。不少人都一试身手,可那个身壮如牛的家伙竟然毫发无损。一天晚上,夜总会来了一位美国人,他一句法语也不懂。人们怂恿他去试试,主持人最终用打手势的办法让那个美国人明白了他该做什么。美国人走了过去,脱下外套,挽起袖子。挨打的大个子挺起胸脯深吸一口气,准备接受那一拳。可那个美国人并没往他肚子上打,而是照着他下巴狠揍了一拳,挨打的大汉当时就倒在了地上。

显然那个美国人是由于误解而打倒了对手,但他的举动恰好符合推销中的一条重要原则——找到对手最软弱的地方给予致命一击。

几年前在匹兹堡举行过一个全国性的推销员大会，会议期间，雪佛莱汽车公司的公关经理威廉先生讲了一个故事。威廉说，一次他想买幢房子，找了一位房地产商。这个地产商可谓聪明绝顶，他先和威廉闲聊，不久他就摸清了威廉想付的佣金，还知道了威廉想买一幢带树林的房子。然后，他开车带着威廉来到一所房子的后院。这幢房子很漂亮，紧挨着一片树林。他对威廉说："看看院子里这些树吧，一共有18棵呢！"威廉夸了几句那些树，开始问房子的价格，地产商回答道："价格是个未知数。"威廉一再问价格，可那个商人总是含糊其辞。威廉先生一问到价格，那个商人就开始数那些树"一棵、两棵、三棵"。最后威廉和那个房地产商成交了，价格自然不菲，因为有那18棵树。

讲完这个故事，威廉说："这就是推销！他听我说，找到了我到底想要什么，然后很漂亮地向我做了推销。"

只有知道了顾客真正想要的是什么，你就找到了让对手购买的"致命点"。

好好把握，成功推销很快就能实现了。

三、极短时间内达成销售

贝特格说，每个人都是你的客户，尊重每一个客户，对不同的客户要具体问题具体分析，适时制造紧张气氛，如果有人情在，你的销售就更容易成功了。

重视你的每一位顾客

一个炎热的下午，有位穿着汗衫，满身汗味的老农，伸手推开厚重的汽车展示中心的玻璃门，他一进入，迎面立刻走来一位笑容可掬的汽车推销员，很客气地询问老农："大爷，我能为您做些什么吗？"

老农夫有点不好意思地说："不，只是外面天气热，我刚好路过这里，想进来吹吹冷气，马上就走了。"

推销员听完后亲切地说："就是啊，今天实在很热，气象局说有34℃呢，您一定热坏了，让我帮您倒杯冰水吧。"接着便请老农坐在柔软豪华的沙发上休息。

"可是，我们种田人衣服不太干净，怕会弄脏你们的沙发。"

推销员边倒水边笑着说："有什么关系，沙发就是给客人坐的，否则，买它干什么？"

喝完冰凉的茶水，老农闲着没事便走向展示中心内的新货车东瞧瞧、西看看。

这时，推销员又走了过来："大爷，这款车很有力哦，要不要我帮您介绍一下？"

"不要！不要！"老农连忙说，"不要误会了，我可没有钱买，种田人也用不到这种车。"

"不买没关系，以后有机会您还是可以帮我们介绍啊。"然后推销员便详细耐心地将货车的性能逐一解说给老农听。

听完后，老农突然从口袋中拿出一张皱巴巴的白纸，交给这位汽车推销员，并说："这些是我要订的车型和数量，请你帮我处理一下。"

推销员有点诧异地接过来一看，这位老农一次要订12台货车，连忙紧张地说："大爷，您一下订这么多车，我们经理不在，我必须找他回来和您谈，同时也要安排您先试车……"

老农这时语气平稳地说："不用找你们经理了，我本来是种田的，后来和人投资了货运生意，需要进一批货车，但我对车子外行，买车简单，最担心的是车子的售后服务及维修，因此我儿子教我用这个笨方法来试探每一家汽车公司。这几天我走了好几家，每当我穿着旧汗衫，进到汽车销售行，同时表明我没有钱买车时，常常会受到冷落，让我有点难过……而只有你们公司知道我不是你们的客户，还那么热心地接待我，为我服务，对于一个不是你们客户的人尚且如此，更何况是成为你们的客户……"

重视每一位客户说起来很容易，可是做起来却很难。推销员每天面对那么多人，况且人的情绪也有阴晴不定的时候。抓住每一位顾客的心很难，可是，只有你尊重你的每一位顾客，你才会有机会抓住尽可能多的顾客。

善于制造紧张气氛

玛丽·柯蒂奇是美国"21世纪米尔第一公司"的房地产经纪人，1993年，玛丽的销售额是2000万美元，在全美国排名第四。下面是玛丽的一个经典案例，她在30分钟之内卖出了价值 55 万美元的房子。

玛丽的公司在佛罗里达州海滨，这里位于美国的最南部，每年冬天，都有许多北方人来这里度假。

1993 年 12 月 13 日，玛丽正在一处新转到她名下的房屋里参观。当时，他们公司有几个业务员与她在一起，参观完这间房屋之后，他们还将去参观别的房子。

就在他们在房屋里进进出出的时候，看见一对夫妇也在参观房子。这时，房主对玛丽说："玛丽，你看看他们，去和他们聊聊。"

"他们是谁？"

"我也不知道。起初我还以为他们是你们公司的人呢，因为你们进来的时候，他们也跟着进来了。后来我才看出，他们并不是。"

"好。"玛丽走到那一对夫妇面前，露出微笑，伸出手说：

"嗨，我是玛丽·柯蒂奇。"

"我是彼特，这是我太太陶丝。"那名男子回答，"我们在海边散步，看见有房子参观，就进来看看，我们不知道是否冒昧了？"

"非常欢迎。"玛丽说，"我是这房子的经纪人。"

"我们的车子就放在门口。我们从西弗吉尼亚来度假。过一会儿我们就要回家去了。"

"没关系，你们一样可以参观这房子。"玛丽说着，顺手把一份资料递给了彼特。

陶丝望着大海，对玛丽说："这儿真美！这儿真好！"

彼特说："可是我们必须回去了，要回到冰天雪地里去，真是一件令人难受的事情。"

他们在一起交谈了几分钟，彼特掏出自己的名片递给了玛丽，说："这是我的名片。我会给你打电话的。"

玛丽正要掏出自己的名片给彼特时，忽然停下了手："听着，我有一个好主意，我们为什么不到我的办公室谈谈呢？非常近，只要几分钟就能到。你们出门往右，过第一个红绿灯，左转……"

玛丽不等他们回答好还是不好，就抄近路走到自己的车前，并对那一对夫妇喊："办公室见！"

车上坐了玛丽的两名同事，他们正等着玛丽呢。玛丽给他们讲了刚才的事情。没有人相信他们将在办公室看见那对夫妇。

等他们的车子停稳，他们发现停车场上有一辆卡迪拉克轿车，车上装满了行李，车牌明明白白显示出：这辆车来自西弗吉尼亚！

在办公室，彼特开始提出一系列的问题。

"这间房子上市有多久了？"

"在别的经纪人名下 6 个月，但今天刚刚转到我的名下。房主现在降价求售。我想应该很快就会成交。"玛丽回答。她看了看陶丝，然后盯着彼特说："很快就会成交。"

这时候，陶丝说："我们喜欢海边的房子。这样，我们就可以经常到海边散步了。"

"所以，你们早就想要一个海边的家了！"

"嗯，彼特是股票经纪人，他的工作非常辛苦。我希望他能够多休息休息，这就是我们每年都来佛罗里达的原因。"

"如果你们在这里有一间自己的房子，就更会经常来这里，并且还会更舒服一些。我认为，这样一来，不但对你们的身体有利，你们的生活质量也将会大大提高。"

"我完全同意。"

说完了这话，彼特就沉默了，他陷入了思考。玛丽也不说话，她等着彼特开口。

"房主是否坚持他的要价？"

"这房子会很快就卖掉的。"

"你为什么这么肯定？"

"因为这所房子能够眺望海景，并且，它刚刚降价。"

"可是，市场上的房子很多。"

"是很多。我相信你也看了很多。我想你也注意到了，这所房子是很少拥有车库的房子之一。你只要把车开进车库，就等于回到了家。你只要登上楼梯，就可以喝上热腾腾的咖啡。并且，这所房子离几个很好的餐馆很近，走路几分钟就到。"

彼特考虑了一会儿，拿了一支铅笔在纸上写了一个数字，递给玛丽："这是我愿意支付的价钱，一分钱都不能再多了。不用担心付款的问题，我可以付现金。如果房主愿意接受，我感到很高兴。"

玛丽一看，只比房主的要价少一万美元。

玛丽说："我需要你拿一万美元作为定金。"

"没问题。我马上给你写一张支票。"

"请你在这里签名。"玛丽把合同递给彼特。

整个交易的完成，从玛丽见到这对夫妇，到签好合约，时间还不到30分钟。

适时地制造紧张气氛，让顾客觉得他的选择绝对是十分正确的，如果现在不买，以后也就没有机会了。你只要能调动客户，让他产生这样的心情，不怕他不与你签约。

利用人情这把利器

日本推销专家甘道夫曾对378名推销员做了如下调查："推销员访问客户时，是如何被拒绝的？"70%的人都没有什么明确的拒绝理由，只是单纯地反感推销员的打扰，随便找个借口就把推销员打发走，可以说拒绝推销的人之中有2/3以上的人在说谎。

作为一个推销员，你可以仔细回顾一下你受到的拒绝，根据以往经验把顾客的拒绝理由加以分析和归类，结果会在很大程度上与上述统计数字接近。

一般人说了谎都会有一些良心的不安，这是人之常情，也是问题的要害，抓住这个要害，就为你以后的推销成功奠定了基础。

顾客没有明确的拒绝理由，便是"自欺欺人"，这就好比在其心上扎了一针，使良心不得安宁。假如推销员能抓住这个要害，抱着"不卖商品卖人情"的信念，那么，只要顾客接受你这份人情，就会买下你的商品，回报你的人情。

"人情"是推销员推销的利器，也是所有工商企业人士的利器，要想做成生意，少不了人情。

一位推销员说起他的一次利用人情推销成功的经验："我下决心黏住他不放，连续两次静静地在他家门口等待，而且等了很长时间，第三天他让我进门了。这个顾客买下了我的人情。生意成交后，他的太太不无感慨却地说：'你来了，我说我先生不在，你却说没关系你等他，而且就在门口等，我们在家里看着实在不好意思。'"这种人情推销谁好意思拒绝呢？

利用好人情这把利器，推销时使用它，你一定能快刀斩乱麻，顺利走向成交。

四、必须学会的销售技巧

贝特格告诉我们，销售中也要学会欲擒故纵、出其不意等招数，利用各种资源为推销铺路，尽量从满意的顾客处发展新的业务，不失时机地亮出你的底牌也是很关键的制胜之道。

欲擒故纵

在推销生涯早期，推销大师威尔克斯先生平时衣衫不整，就连领带也是皱皱巴巴的。他当时的工资很少，佣金不多，除了供给家人衣食外，所剩无几。但他却告诉了后来成为推销大师的库尔曼一个神奇的推销技巧。

威尔克斯当时面临的最大困难就是推销失败。与客户第一次接触后，他常常得到这样的答复："你所说的我会考虑，请你下周再来。"到了下周，他准时去见客户，得到的回答是："我已仔细地考虑过你的建议，我想还是明年再谈吧。"

他感到十分沮丧。第一次见面时他已把话说尽，第二次会谈时实在想不出还要说些什么。有一天，他突发奇想，想到一个办法。第二次会谈竟然旗开得胜。

他把这个神奇的办法告诉库尔曼，库尔曼将信将疑，但还是决定试一试。次日早晨，库尔曼给一位建筑商打电话，约了第二次会谈的时间。此前一周，库尔曼与他会谈过，结果是两周以后再说。

库尔曼按照威尔克斯先生所讲的严格去做。会谈之前，他把本该由客户填的表格填好，包括姓名、住址、职业等。他还填好了客户认可的保险金额，然后在客户签名栏做上重重的标记。

库尔曼按时来到建筑商的办公室。秘书不在，门开着，可以看到建筑商坐在桌前。他认出库尔曼，说："再见吧，我不想考虑你的建议。"

库尔曼装作没听见，大步走了过去。建筑商坚定地说："我现在不会买你的保险，你先放放这事儿，过半年再来吧。"

在他说话的时候，库尔曼一边走近他，一边拿出早已准备好的表格，把表格不由分说地放在他面前。按照威尔克斯先生的指导，库尔曼说："这样可以吧，先生？"

他不由自主地瞥了一眼表格。库尔曼趁机拿出钢笔，平静地等着。

"这是一份申请表吗？"他抬头问道。

"不是。"

"明明是，为什么说不是？"

"在您签名之前算不上一份申请表。"说着库尔曼把钢笔递给他，用手指着做出标记的地方。

真如威尔克斯先生所说，他下意识地接过笔，更加认真地看着表格，后来慢慢地起身，一边看一边踱到窗前，一连5分钟，室内悄无声息。最后，他回到桌前，一边拿笔签名，一边说："我最好还是签个名吧，如果以后真有麻烦呢。"

"您愿意交半年呢还是交一年？"库尔曼抑制着内心的激动。

"一年多少钱？"

"只有500美元。"

"那就交一年吧。"

当他把支票和钢笔同时递过来时，库尔曼激动得差点跳起来。

欲擒故纵还有一种表现形式，就是在和顾客谈生意的时候不要太心急，如果太心急，只会引起顾客的不信任，把握好结束推销的方法也是促成成交的一种手法。

有一天，一个推销员在一个城市兜售一种炊具。他敲了公园巡逻员凯特先生家的门，凯特的妻子开门请推销员进去。凯特太太说："我的先生和隔壁的华安先生正在后院，不过，我和华安太太愿意看看你的炊具。"推销员说："请你们的丈夫也到屋子里来吧！我保证，他们也会喜欢我对产品的介绍。"于是，两位太太"硬逼"着他们的丈夫也进来了。推销员做了一次极其认真的烹调表演。他用他所要推销的那一套炊具，用文火不加水煮苹果，然后又用凯特太太家的炊具煮。这给两对夫妇留下深刻的印象。但是男人们显然装出一副毫无兴趣的样子。

一般的推销员，看到两位主妇有买的意思，一定会趁热打铁，鼓动她们买。如果那样，还真不一定能推销出去，因为越是容易得到的东西，人们往往觉得它没有什么珍贵的，而得不到的才是好东西。聪明的推销员深知人们的心理，他决定用"欲擒故纵"的推销术。他洗净炊具，包装起来，放回到样品盒里，然后对两对夫妇说："嗯，多谢你们让我做了这次表演。我很希望能够在今天向你们提供炊具，但今天我只带了样品，你们将来再买它吧。"说着，推销员起身准备离去。这时两位丈夫立刻对那套炊具表现出了极大的兴趣，他们都站了起来，想要知道什么时候能买得到。

凯特先生说："请问，现在能向你购买吗？我现在确实有点喜欢那套炊具了。"

华安先生也说道："是啊，你现在能提供货品吗？"

推销员真诚地说："两位先生，实在抱歉，我今天确实只带了样品，而且什么时候发货，我也无法知道确切的日期。不过请你们放心，等能发货时，我一定把你们的要求放在心里。"凯特先生坚持说："喑，也许你会把我们忘了，谁知道啊？"

这时，推销员感到时机已到，就自然而然地提到了订货事宜。

于是，推销员说："噢，也许……为保险起见，你们最好还是付定金买一套吧。一旦公司能发货就给你们们送来。这可能要等待一个月，甚至可能要两个月。"

适时吊吊客户的胃口，人们往往钟爱得不到的东西，聪明的推销员都会使用这一方法，但是在你没有把握的时候千万不要使用，否则就会弄巧成拙。

亮出自己的底牌

曾经有一位动物学家发现，狼攻击对手时，对手若是腹部朝天，表示投降，狼就停止攻击。为了证实这一点，这位科学家躺到狼面前，手脚伸展，袒露腹部。果然，狼只是闻了他几下就走开了。这位科学家没有被咬死，但"差点被吓死"。

秦朝末年，谋士陈平有一次坐船过河，船夫见他白净高大，衣着光鲜，便不怀好意地瞄着他。陈平见状，就把上衣脱下，光着膀子去帮船夫摇橹。船夫看到他身上没什么财物，就打消了恶念。

袒露不易，之所以不易，一方面是因为需要极大的勇气和超绝的智慧，另一方面是因为要找准对象。如果对一条狗或一个傻船夫玩袒露的把戏，后果还用说吗？

日常推销工作中，常常可能遇到一些固执的客户，这些人脾气古怪而执拗，对什么都听不进去，始终坚持自己的主张。面对这种执迷不悟的情况，推销员千万不要丧失信心，草草收兵，只要仍存一丝希望，就要做出最后的努力。一般来说，这种最后的努力还是开诚布公的好，索性把牌摊开来打。这种以诚相待的推销手法能够修补已经破裂的成交气氛，当面摊牌则可能使客户重新产生兴趣。

有位推销员很善于揣摩客户的心理活动，一次上门访问，他碰到一位平日十分苛刻的商人，按照常规对方会把自己拒之门外的。这位推销员灵机一动，仔细分析了双方的具体情况，想出一条推销妙计，然后登门求见那位客户。

双方一见面，还没等坐定，推销员便很有礼貌地说："我早知道您是个很有主见的人，对我今天上门拜访您肯定会提出不少异议，我很想听听您的高见。"他一边说着，一边把事先准备好的18张纸卡摊在客户的面前："请随便抽一张吧！"对方从推销员手中随意抽出一张纸片，见卡片上写的正是客户对推销产品所提的异议。

当客户把18张写有客户异议的卡片逐个读完之后，推销员接着说道："请您再把卡片纸反过来读一遍，原来每张纸片的背后都标明了推销员对每条异议的辩解理由。"客户一言未发，认真看完了纸片上的每行字，最后忍不住露出了平时少见的微笑。面对这位办事认真又经验老练的推销员，客户开口了："我认了，请开个价吧！"

摊开底牌是一种非常微妙的计谋，不像其他一些计谋那样可以经常使用，除非你决心一直以坦荡、诚实、胸无城府的形象出现，但这几乎是不可能的。因此，偶尔用一次就够了，可一而不可再。尤其注意不要在同一个人面前反复使用，对方会想：这家伙怎么老没什么长进啊？偶尔为之，下不为例。

五、如何确保顾客的信任

贝特格说："赢得客户的信任，你才能源源不断地得到客户，只有保证顾客对你的信任，你才能稳住你的老客户。"

首先要赢得顾客的信任

艾丽斯长得很漂亮，从事推销工作没多久时间。她知道电话推销是最快捷、最经济的推销方式之一，也知道打电话的技巧和方法。她几乎用60%的时间去打电话、约访顾客。她努力去做了，可遗憾的是业绩还是不够理想。

她自认为自己的声音柔美、态度诚恳、谈吐优雅，可就是约访不到顾客。

一天，她心生一计。她想到打电话最大的弊端是看不到对方的人，不知道对方长什么样子，缺乏信赖感。为什么不想方设法让对方看到自己呢？

于是，她从影集里找出一张最具美感和信赖感的照片，然后把照片扫描到电脑里去，以电子邮件的形式发给顾客，当然会加一些文字介绍。同时，她又把照片通过手机发到不方便接收电子邮件的顾客手机上去。

一般情况下，她打电话给顾客之前，先要告诉对方刚才收到的邮件或短信上的照片就是她。当顾客打开邮件或短信看到她美丽的照片时，感觉立即就不一样了，对她多了几分亲近，多了几分信赖。从此，她的业绩扶摇直上。

赢得顾客的信任，你才能成功地完成销售工作。如果你不能获得顾客的信任，怎么能让人和你成交呢？顾客买你的产品，同时买的也是对你的信任。

贝特格认识一位客户，她是一位高高兴兴的小老太太。她对任何陌生人都持有戒心，之所以同意与贝特格见面，纯粹是因为她的律师做了引荐。

她一个人住，对任何一个她不认识的人都不放心。贝特格在路上时，给她家里打了一个电话，然后抵达时又打了一个电话。她告诉贝特格律师还未到，不过她可以先和他谈谈。这是因为之前贝特格和她说了几次话，让她放松了下来。当这位律师真正到来时，他的在场已经变得无关紧要了。

贝特格第二次见到这位准客户时，发现她因为什么事情而心神不宁。原来，她申请了一部"急救电话"，这样当她有病时，就可以寻求到帮助。社会保障部门已经批准了她的申请，但一直没有安装。贝特格马上给社会保障部门打电话，当天下午就装好了这部"急救电话"，贝特格一直在她家里守候到整个事情做完。

从那时起，这位客户对贝特格言听计从——给予了他彻底的信任，因为贝特格看到了困扰她的真正事情。现在，她相信贝特格有能力满足她的欲求和需要。这个"额外"的帮忙好像使得贝特格的投资建议几乎变得多余。这些投资建议是贝特格当初出现在她面前的主要原因，虽然那时她对此并无多大兴趣。贝特格说："信任有许多源头。有时候，它赖以建立的物质基础和你的商业的建议没有任何关系，而是因为你——作为一名推销员——做了一些额外的小事。恰恰是这点小事，可以为你带来意想不到的收获。"

得到别人如此的信任也是一份不小的荣耀。想必很多人都有这么一个体会：信任会因最奇怪的事情建立，也会被最无关紧要的事情摧毁。忠诚会带来明日的生意和高度的工作满足感。

人们购买的是对你的信任，而非产品或服务。一个推销员所拥有价值最高的东西是客户的信任。成功的推销是感情的交流，而不只是商品。

取得客户信任的方法

多年来，推销大师贝特格经手了很多保险合同，投保人在保险单上签字，他都复印一份，放在文件夹里。他相信，那些材料对新客户一定有很强的说服力。

与客户的会谈末尾，他会补充说："先生，我很希望您能买这份保险。也许我的话有失偏颇，您可以与一位和我的推销完全无关的人谈一谈。能借用电话吗？"然后，他会接通一位"证人"的电话，让客户与"证人"交谈。"证人"是他从复印材料里挑出来的，可能是客户的朋友或邻居。有时两人相隔很远，就要打长途电话，但效果更好。

初次尝试时他担心客户会拒绝，但这事从没发生过。相反，他们非常乐于同"证人"交谈。

无独有偶，一个朋友也讲了他的类似经历。他去买电烤炉，产品介绍像雪片一样飞来，他该选谁？

其中有一份因文字特别而吸引了他："这里有一份我们的客户名单，您的邻居就用我们的烤炉，您可以打电话问问，他们非常喜欢我们的产品。"

朋友就打了电话，邻居都说好。自然，他买了那家公司的烤炉。

取得客户的信任有很多种方法，现代营销充满竞争，产品的价格、品质和服务的差异已经变得越来越小。推销人员也逐步意识到竞争核心正聚焦于自身，懂得"推销产品，首先要推销自我"的道理。要"推销自我"，首先必须赢得客户的信任，没有客户信任，就没有展示自身才华的机会，更无从谈起赢得销售成功的结果。要想取得客户的信任，可以从以下几个方面去努力：

（1）自信＋专业。但我们也应该认识到：在推销人员必须具备自信的同时，一味强调自信心显然又是不够的，因为自信的表现和发挥需要一定的基础——"专业"。也就是说，当你和客户交往时，你对交流内容的理解应该力求有"专家"的认识深度，这样让客户在和你沟通中每次都有所收获，进而拉近距离，提升信任度。另一方面，自身专业素养的不断提高，也将有助于自信心的进一步强化，形成良性循环。

（2）坦承细微不足。"金无足赤，人无完人"是至理名言，而现实中的推销人员往往有悖于此。他们面对客户经常造就"超人"形象，及至掩饰自身的不足，对客户提出的问题和建议几乎全部应承，很少说"不行"或"不能"的言语。从表象来看，似乎你的完美将给客户留下信任；但殊不知人毕竟还是现实的，都会有或大或小的毛病，不可能做到面面俱美，你的"完美"宣言恰恰在宣告你的"不真实"。

（3）帮客户买，让客户选。推销人员在详尽阐述自身优势后，不要急于单方面下结论，而是建议客户多方面了解其他信息，并申明：相信客户经过客观评价后会作出正确选择的。这样的沟通方式能让客户感觉到他是拥有主动选择权利的，和你的沟通是轻松的，体会我们所做的一切是帮助他更多地了解信息，并能自主作出购买决策。从而让我们和客户拥有更多的沟通机会，最终建立紧密和信任的关系。

（4）成功案例，强化信心保证。许多企业的销售资料中都有一定篇幅介绍本公司的典型客户，推销人员应该积极借助企业的成功案例，消除客户的疑虑，赢得客户的信任。在借用成功案例向新客户做宣传时，不应只是介绍老客户名称，还应有尽量详细的其他客户的资料和信息，如公司背景、产品使用情况、联系部门、相关人员、联络电话及其他说明等，单纯告知案例名称而不能提供具体细节的情况，会给客户留下诸多疑问。比如，怀疑你所介绍的成功案例是虚假的，甚至根本就不存在。所以细致介绍成功案例，准确答复客户询问非常重要，用好成功案例能在你建立客户信任工作上发挥重要作用——"事实胜于雄辩"。

六、让人们愿意和你交流

贝特格认为，不同的人有不同的性格，对待不同的人，要有不同的方法。交流是很重要的，推销员和客户如果没有交流，就不会有成交这一刻。

事先调查，了解对方性格

有一天，贝特格访问某公司总经理。

贝特格拜访客户有一条规则，就是一定会做周密的调查。根据调查显示，这位总经理是个"自高自大"型的人，脾气很怪，没有什么爱好。

这是一般推销员最难对付的人物，不过对这一类人物，贝特格倒是胸有成竹、自有妙计。

贝特格首先向前台小姐自报家门："您好，我是贝特格，已经跟贵公司的总经理约好了，麻烦您通知一声。"

"好的，请等一下。"

接着，贝特格被带到总经理室。总经理正背着门坐在老板椅上看文件。过了好一会儿，他才转过身，看了贝特格一眼，又转身看他的文件。

就在眼光接触的那一瞬间，贝特格有种讲不出的难受。

忽然，贝特格大声地说："总经理，您好，我是贝特格，今天打扰您了，我改天再来拜访。"

总经理转身愣住了。

"你说什么？"

"我告辞了，再见。"

总经理显得有点惊慌失措。贝特格站在门口，转身说："是这样的，刚才我对前台小姐说给我一分钟的时间让我拜访总经理，如今已完成任务，所以向您告辞，谢谢您，改天再来拜访您。再见。"

走出总经理室，贝特格早已浑身是汗。

过了两天，贝特格又硬着头皮去做第二次拜访。

"嘿，你又来啦，前几天怎么一来就走了呢？你这个人蛮有趣的。"

"啊，那一天打扰您了，我早该来向您请教……"

"请坐，不要客气。"

由于贝特格采用"一来就走"的妙招，这位"不可一世"的准客户比上次乖多了。

事先了解你的客户，做了充分调查以后，根据客户的性格特点，制订相应的销售策略，让人们愿意和你交流。如果鲁莽行事，后果会很糟糕。

推销员要练就好口才

推销员的武器是语言，工欲善其事，必先利其器。一个推销员如果没有良好的语言功底，是不可能取得推销的成绩的。

一句话，十样说，就看怎么去琢磨。向客户介绍自己的产品或在商务谈判时，遣词造句是很重要的，它关系着订单签还是不签。

缺乏经验的推销员们似乎并不明白遣词造句所能产生的力量。他们往往对自己的话随意发挥，不是很讲究语言的艺术。

推销员在措辞方面应该注意，他们有时所使用的词语确实没有太多的价值，甚至对于整个推销过程是十分有害的。

在实际推销中，很多平庸的推销员都是凭个人的直觉进行推销，对如何说话更能达到洽谈目的，更能说服顾客并不在意，也很少考虑。但恰恰语言上这些看似微不足道的细节却正是阻碍洽谈成功的重要因素。平庸的推销员在洽谈时经常出现错误的谈话方式。

平庸的推销员洽谈时常用以"我"为中心的词句，不利于与顾客发展正常关系，洽谈气氛冷淡，洽谈成功率低。

聪明的推销员应该多使用"您"字。总之，推销员应该仔细推敲自己的遣词造句，做到对自己的说话方式和技巧有独到的把握，这是成为优秀推销员的必备条件之一。

努力克服怯场心理

几乎所有的艺术表演者都怯过场，在出场前都有相同的心理恐惧：一切会正常无误吗？我会不会漏词、忘表情？我能让观众喜欢吗？

贝特格从事推销的头一年收入相当微薄，因此他只得兼职担任史瓦莫尔大学棒球队的教练。有一天，他突然收到一封邀请函，邀请他演讲有关"生活、人格、运动员精神"的题目，可是当时他面对一个人说话时都无法表达清楚，更别说面对一百位听众说话了。

由此贝特格认识到，只有先克服和陌生人说话时的胆怯与恐惧才能有成就，第二天，他向一个社团组织求教，最后得到很大的进步。

这次演讲对贝特格而言是一项空前的成就，它使贝特格克服了懦弱的性格。

推销员的感觉基本上与他们完全一样。无论你称之为"怯场"、"放不开"还是"害怕"，不少推销员很难坦然、轻松地面对客户。很多推销员会在最后签合同的紧要关头突然紧张害怕起来，不少生意就这么被毁了。

从打电话约见面谈时开始，一直到令人满意地签下合同，这条路一直充满惊险。没有人喜欢被赶走，没有人愿意遭受打击，没有人喜欢当"不灵光"的失意人。

有一些推销员，在与客户协商过程中，目标明确、手段灵活，直至签约前都一帆风顺，结果在关键时刻失去了获得工作成果和引导客户签约的勇气。

你会突然产生这种恐惧吗？这其实是害怕自己犯错，害怕被客户发觉错误，害怕丢掉渴望已久的订单。恐惧感一占上风，所有致力于目标的专注心志就会溃散无踪。

在签约的决定性时刻，在整套推销魔法正该大展魅力的时刻，很多推销员却失去了勇气和掌控能力，忘了他们是推销员。

在这个时刻，他们却像等待发成绩单的小学生，心里只有听天由命似的期盼：也许我命好，不至于留级吧。

推销员的心情就此完全改观。前几分钟他还充满信心，情绪高昂，但现在却毫无把握，信心全无了。这种情况，通常都是以丢了生意收场。

客户会突然间感觉到推销员的不稳定心绪，并借机提出某种异议，或干脆拒绝这笔生意。推销员大失所望、身心疲惫，脑子里只有一个念头：快快离开客户，然后心里沮丧得要死。

如何避免这种状况发生呢？无疑只有完全靠内心的自我调节，这种自我调节要基于以下考虑：就好像推销员的商品能够解决客户的问题一样，优秀的推销员应该能帮助客户作出正确的决定。

推销员其实是个帮助人的好角色——那他有什么好害怕的呢？签订合同这个推销努力的辉煌结果，不能被视为(推销员的)胜利，或者(客户的)失败，反过来也是一样，无所谓胜或败，毋宁说是双方都希望达到的一个共同目标，而推销员和客户，本来就不是对立的南北两极。

请你暂且充当一下推销高手的角色吧，我们这样画一张图：

你牵着客户的手，和他一起走向签约之路，带他去签约。客户会觉得你亲切体贴，而他的感激正是对你最好的鼓舞！

在途中，客户几乎连路都不用看（他是被人引导的嘛），只顾着欣赏你带他走过的美妙风景，而你却以亲切动人的体贴心情一路为他指引解说。

"游园"之后，客户会自动与你签约并满怀感激地向你道别。因为，达到目的，也是他一心想往的，何况这趟"郊游之旅"又是如此美妙！

有没有发觉在这里为什么要为你描述这么一幅美好与和谐的图像？因为，你把它转化到内心深处，就一定能毫无畏惧地和客户周旋。

其实，你只要打定主意在整个事件中扮演向导的角色就对了。在推销商谈的一开始，你要抓住客户的手，一路引他走到目的地。

只有你知道带客户走哪一条路最好——而到达目的地时，你要适时说声："我们到了！"在途中，你有的是时间帮客户的忙。因此他会感激你。

正如你已经了解的道理：消极的暗示（如我不害怕）通常不会产生正面的影响力。相反，上面那样一幅正面的、无忧无惧的图像，才会被你的潜意识高高兴兴地接纳吸收，并且加以强化。

而你这位伸出援助之手的人，就当然不会害怕面对客户，一定是信心十足地请客户作决定——拿到你的合同。

推销员的推销成绩与推销次数成正比，持久推销的最好方法是"逐户推销"，推销的原则在于"每户必访"。但是，并不是每一个推销员都能做到这一点。

"我家的生活水平简直无法与此相比"，面对比自己更有能力、比自己更富有、比自己更有本领的人而表现出的自卑感，使某些推销员把"每户必访"的原则变为"视户而访"。他们甩过的都是什么样的门户呢？就是在心理上要躲开那些令人望而生畏的门户，而只去敲易于接近的客户的门。这种心理正是使"每户必访"的原则一下子彻底崩溃的元凶。

莎士比亚说："如此犹豫不决，前思后想的心理就是对自己的背叛，一个人如若惧怕'试试看'的话，他就把握不了自己的一生。"

因此，遇到难访门户不绕行、不逃避，挨家挨户地推销，战胜自己的畏惧心理，推销的前景才会一片光明。

七、不要害怕失败

失败离成功很近，不要害怕失败，要努力挖掘成功潜力。从失败中得到的教训，是最宝贵的资源。

用积极心态面对失败

美国推销员协会曾经做过一次调查研究，结果发现：80%销售成功的个案，是推销员连续5次以上的拜访达成的。这证明了推销员不断地挑战失败是推销成功的先决条件。48%的推销员经常在第一次拜访之后，便放弃了继续推销的意志；25%的推销员，拜访了两次之后，也打退堂鼓了；12%的推销员，拜访了3次之后，也退却了；5%的推销员，在拜访过4次之后放弃了；仅有1%的推销员锲而不舍，一而再再而三地继续登门拜访，结果他们的业绩占了全部销售的80%。

推销员所要面对的拒绝是经常性的，这需要每一位从业人员拥有积极的心态和正确面对失败的观念。

一个人的心理会对他的行为产生微妙的作用，当你有负面的心态时，你所表现出来的行为多半也是负面与消极的。如果你真的想将推销工作当作你的事业，首先必须拥有正面的心态。因此，不要再用"我办不到"这句话来作为你的借口，而要开始付诸行动，告诉自己"我办得到"。

只要你在从事推销工作，无论时间长短、经验多少，失败都是不可避免的。但是，同样是经历风雨,有的人可以获得最后的成功,有的人却一事无成。因为,问题不在于失败,而在于对失败的态度。有些业务人员失败一次,就觉得是自己无能的象征,把失败记录看成是自己能力低下的证明。这种态度才是真正的失败。

如果害怕失败而不敢有所动作,那就是在一开始就放弃了任何成功的可能。当你面对失败的时候,记住:勇敢的战士是屡败屡战,只有注定一生无成的人,才会屡战屡败。

从失败中找到成功的希望

在沙漠里,有5只骆驼吃力地行走,它们与主人带领的10只骆驼走散了,前面除了黄沙还是黄沙,一片茫茫,它们只能凭着最有经验的那只老骆驼的感觉往前走。

不一会儿,从它们的右侧方向走出一只筋疲力尽的骆驼。原来它是一周前就走散的另一只骆驼。另外4只骆驼轻蔑地说:"看样子它也不是很精明啊,还不如我们呢!"

"是啊,是啊,别理它!免得拖累咱们!"

"咱们就装着没看见,它对我们可没有什么帮助!"

"看那灰头土脸的样子……"

这4只骆驼你一言我一语,都想避开路遇的这只骆驼。老骆驼终于开腔了:"它对我们会很有帮助的!"

老骆驼热情地招呼那只落魄的骆驼过来,对它说道:"虽然你也迷路了,境遇比我们好不到哪里去,但是我相信你知道往哪个方向是错误的。这就足够了,和我们一起上路吧!有你的帮助我们会成功的!"

我们当然可以嘲笑别人的失败,但如果我们能从别人的失误中提供机遇,从别人的失败中学习经验,那最好不过了。把别人的失败当成对自己的大声忠告,这非常有利于自己的成长。

遭遇拒绝、遭遇失败是人之常情,世上并没有常胜不败的将军。遭遇拒绝、遭遇失败的原因无非是自己还有缺陷,谁不希望得到完美的东西,而会去企求有缺陷的东西呢?当然世上也不可能有毫无缺陷的东西,但是我们应尽量地完善自己,把自己完善到足以让人接受、使人认同的程度。这样,即使遇到困难也能克服,遇到关卡也能越过,也就不至于在遇到挫折时使自己陷入困境不能自拔了。

因此,要想让别人接受你、赞许你,要想成功,你就不能害怕困难和挫折,不能害怕别人的拒绝。相反,你要把拒绝当作你的励志之石,当成你不断完善、走向成功的动力。但是,在现实生活中并非所有的人都懂得这些道理。因此,他们在遇到困难挫折时就采取了完全不同的态度。

高尔文是个身强力壮的爱尔兰农家子弟,充满进取精神。13岁时,他见到别的孩子在火车站月台上卖爆玉米花赚钱,也一头闯了进去。但是,他不懂得,早占住地盘的孩子们并不欢迎有人来竞争。为了帮他懂得这个道理,他们无情地抢走了他的爆玉米花,并把它们全部倒在街上。第一次世界大战以后,高尔文从部队复员回家,他又雄心勃勃地在威斯康星办起了一家公司。可是无论他怎么卖劲折腾,产品始终打不开销路。有一天,高尔文离开厂房去吃午餐,回来只见大门被上了锁,公司被查封,高尔文甚至不能够进去取出他挂在衣架上的大衣。高尔文并没有气馁,积极寻找着下一次机会。

1926年他又跟人合伙做起收音机生意来。当时,全美国估计有3000台收音机,预计两年后将会扩大100倍。但这些收音机都是用电池作能源的。于是他们想发明一种灯丝电源整流器来代替电池。这个想法本身不错,但产品却仍打不开销路。眼看生意一天天走下坡路,他们似乎又要停业关门了。高尔文通过邮购销售的办法招徕了大批客户。他手里一有了钱,就办起专门制造整流器和交流电真空管收音机的公司。可是不到3年,高尔文又破了产。此时他已陷入绝境,只剩下最后一个挣扎的机会了。当时他一心想把收音机装到汽车上,但有许多技术上的困难有待克服。到1930年底,他的制造厂的账面上竟欠了374万美元。在一个周末的晚上,他回到家中,妻子正等着他拿钱来买食物、交房租,可他摸遍全身只有24美元,而且全是赊来的。

然而,经过多年的不懈奋斗,如今的高尔文早已腰缠万贯,他盖起的豪宅就是用他的第一部汽车收音机的牌子命名的。

可以说，在困难面前没有失败就没有成功，失败是成功之母！只遭遇一次失败就失去信念，就不去挑战困难，实际上就等于放弃了人生成功的机会，殊不知机会就隐藏在失败背后。你战胜的困难越多，你人生成功的机会也就越多。这就如同淘金一样，淘掉的沙子越多，得到的金子也就越多。沙子的多少与金子的多少是成正比的，失败与成功的关系就如同沙子与金子的关系。

贝特格指出：要成功，首先不要畏惧困难，不要让困难把你的心态摧垮。其次，要成功还得正视困难、研究困难，从战胜困难中总结经验教训，通过困难磨炼自己的意志品格，练就一身战胜困难的本领。

托德·邓肯告诉你如何成为销售冠军

一、排练法则——排练好销售这幕剧

托德·邓肯认为：决定销售成败的因素很多，在销售前充分考虑好各方面的情况，排练好销售这幕剧至关重要。

销售尽量让气氛融洽

在推销洽谈的时候，气氛是相当重要的，它关系到交易的成败。只有当推销员与顾客之间感情融洽时，才可以在和谐的洽谈气氛中推销商品。推销员把顾客的心与自己的心相通称为"沟通"。即使是初次见面的人，也可以由性格、感情的缘故而"沟通"。

那么怎样才能创造融洽的气氛呢？要注意的地方很多，比如时间、地点、场合、环境等。但最重要的一点是：推销员应当处处为顾客着想。

年轻气盛、没有经验的推销员在向顾客推销产品时，往往不愿倾听顾客的意见，自以为是、盛气凌人，不断地同顾客争论，这种争论又往往发展成为争吵，因而妨碍了推销的进展。要知道，在争吵中击败客户的推销员往往会失去达成交易的机会。推销员不是靠同顾客争论来赢得顾客。同时，推销员也知道，顾客要是在争论中输给推销员，就没有兴趣购买推销员的产品了。

没有人喜欢那些自以为是的人，更不会喜欢那些自以为是的推销员。推销员对那些自作聪明者的不友好的建议很反感，就是那些友好的建议，只要它不符合推销员的愿望，有时推销员也同样会感到很反感。所以，有些推销员总是愿意同顾客进行激烈的争论。可能他们忘记了这样一条规则：当某一个人不愿意被别人说服的时候，任何人也说服不了他，更何况是要他掏腰包。

托德·邓肯告诉我们：要改变顾客的某些看法，推销员首先必须使顾客意识到改变看法的必要性，让顾客知道你是在为他着想，为他的利益考虑。改变顾客的看法，要通过间接的方法，而不应该直接地影响顾客。要使顾客觉得是他们自己在改变自己的看法，而不是其他人或外部因素强迫他们改变看法。在推销洽谈开始的时候，要避免讨论那些有分歧意见的问题，着重强调双方看法一致的问题。要尽量缩小双方存在的意见分歧，让顾客意识到你同意他的看法，理解他提出的观点。这样，洽谈的双方才会有共同的话题，洽谈的气氛才会融洽。

应当尽量赞同顾客的看法。因为你越同意顾客的看法，他对你的印象就越深，推销洽谈的气氛就对你越有利。如果你为顾客着想，顾客也就能比较容易地接受你的建议。有时候必要的妥协有助于彼此互相迁就，有助于加强双方的联系。推销员不应过多地考虑个人的声誉问题，一个过分担心自己的声誉受到损害的推销员很快就不得不担心他的推销。

在推销洽谈中即使在不利的情况下也应该努力保持镇静。当顾客说推销员准备向他兜售什么无用的笨货的时候，应当友好地对他笑一笑，并且说："无用的笨货？我怎么会推销那些东西呢？特别是我怎么能向您这样精明的顾客推销那些东西呢？我为什么要和您开那样的玩笑呢？您想一想，还有什么比我们之间的友谊更重要？"

有时候，推销洽谈会出现僵局，双方都坚持己见，相持不下。如果出现这种情况，明智的推销员会设法缓和洽谈的气氛，或者改变洽谈的话题，甚至把洽谈中断，待以后再进行。总之，绝不在气氛不佳的情况下进行洽谈。

托德·邓肯认为：在空间上和客户站在同一个高度是使气氛融洽的很好的一个方法。

回想一下你被上级叫去，面对面地站着讲话的情景，大概就可以体会到那种使人发窘的气氛。人是在无意识中受气氛支配的，最能说明问题的事例便是日本的SF经营方法。其方法是等顾客多起来后，运用独特的语言向人们发起进攻，让人觉得如失去这次机会，就不可能在如此优越的条件下买到如此好的东西，抱有此种观点的顾客事后都发现"糊里糊涂地就买了"。这种人太多了。

再次推销时，常常要说："对不起，能否借把椅子坐？"若不是过于笨拙是绝不会被拒绝的。如一边说着"科长前几天谈到的那件事……"一边靠近对方身体，从而进入了同等的"势力范围"，这样做既能从共同的方向一起看资料，又能形成亲密气氛。不久，顾客本人也较快地意识到并增添了双方的亲密感。

空间上的恰当位置是促进人与人之间关系密切的辅助手段，是非常重要的绝不可忽视的手段。

学会让顾客尽量说"是"

世界著名推销大师托德·邓肯在推销时，总爱向客户问一些主观答"是"的问题。他发现这种方法很管用，当他问过五六个问题，并且客户都答了"是"，再继续问其他关于购买方面的知识，客户仍然会点头，这个惯性一直保持到成交。

托德·邓肯开始搞不清里面的原因，当他读过心理学上的"惯性"后，终于明白了，原来是惯性化的心理使然。他急忙请了一个内行的心理学专家为自己设计了一连串的问题，而且每一个问题都让自己的准客户答"是"。利用这种方法，托德·邓肯缔结了很多大额保单。

优秀的推销员可以让顾客的疑虑统统消失，秘诀就是尽量避免谈论让对方说"不"的问题。而在谈话之初，就要让他说出"是"。销售时，刚开始的那几句话是很重要的，例如，"有人在家吗……我是××汽车公司派来的。是为了轿车的事情前来拜访的……""轿车？对不起，现在手头紧得很，还不到买的时候"。

很显然，对方的答复是"不"。而一旦客户说出"不"后，要使他改为"是"就很困难了。因此，在拜访客户之前，首先就要准备好让对方说出"是"的话题。

关键是想办法得到对方的第一句"是"。这句本身虽然不具有太大意义，但却是整个销售过程的关键。

"那你一定知道，有车库比较容易保养车子喽？"除非对方存心和你过意不去。否则，他必须同意你的看法。这么一来，你不就得到第二句"是"了吗？

优秀的推销员一开始同客户会面，就留意向客户做些对商品的肯定暗示。

"夫人，您的家里如装饰上本公司的产品，那肯定会成为邻里当中最漂亮的房子！"

当他认为已经到了探询客户购买意愿的最好的时机，就这样说：

"夫人，您刚搬入新建成的高档住宅区，难道不想买些本公司的商品，为您的新居增添几分现代情趣吗？"

优秀的推销员在交易一开始时，利用这个方法给客户一些暗示客户的态度就会变得积极起来。等到进入交易过程中，客户虽对优秀的推销员的暗示仍有印象，但已不认真留意了。当优秀的推销员稍后再试探客户的购买意愿时，他可能会再度想起那个暗示，而且还会认为这是自己思考得来的呢！

客户经过商谈过程中长时间的讨价还价，办理成交又要经过一些琐碎的手续，所有这些都会使得客户在不知不觉中将优秀的推销员预留给他的暗示当作自己所独创的想法，而忽略了它是来自于他人的巧妙暗示。因此，客户的情绪受到鼓励，定会更热情地进行商谈，直到与推销员成交。

"我还要考虑考虑！"这个借口也是可以避免的。一开始商谈，就立即提醒对方应当机立断就行了。

"您有目前的成就,我想,也是经历过不少大风大浪吧!要是在某一个关头稍微一疏忽,就可能没有今天的您了,是不是?"不论是谁,只要他或她有一丁点成绩,都不会否定上面的话。等对方同意甚至大发感慨后,优秀的推销员就接着说:

"我听很多成功人士说,有时候,事态逼得你根本没有时间仔细推敲,只能凭经验、直觉而一锤定音。当然,一开始也会犯些错误,但慢慢地判断时间越来越短,决策也越来越准确,这就显示出深厚的功力了。犹豫不决是最要不得的,很可能坏大事呢,是吧?"

即使对方并不是一个果断的人,他或她也会希望自己是那样的人,所以对上述说法点头者多,摇头者少。因此下面的话就顺理成章了:

"好,我也最痛恨那种优柔寡断,成不了大器的人。能够和您这样有决断力的人交谈,真是一件愉快的事情。"这样,你怎么还会听到"我还要考虑考虑"之类的话呢?

任何一种借口、理由,都有办法事先堵住,只要你好好动脑筋,勇敢地说出来。也许,一开始,你运用得不纯熟,会碰上一些小小的挫折。不过不要紧,总结经验教训后,完全可以充满信心地事先消除种种借口,直奔成交,并巩固签约成果。

抓住顾客心理促成交易

托德·邓肯讲过这样一个故事:

有两家卖粥的小店。左边小店和右边小店每天的顾客相差不多,都是川流不息、人进人出的。然而晚上结算的时候,左边小店总是比右边小店多出百十元来,天天如此。

于是一天,我走进了右边那个粥店。

服务小姐微笑着把我迎进去,给我盛好一碗粥,问我:"加不加鸡蛋?"我说加。于是她给我加了一个鸡蛋。

每进来一个顾客,服务员都要问一句:"加不加鸡蛋?"有说加的,也有说不加的,大概各占一半。

过了一天,我又走进了左边那个小店。

服务小姐同样微笑着把我迎进去,给我盛好一碗粥。问我:"加一个鸡蛋,还是加两个鸡蛋?"我笑了,说:"加一个。"

再进来一个顾客,服务员又问一句:"加一个鸡蛋还是加两个鸡蛋?"爱吃鸡蛋的就要求加两个,不爱吃鸡蛋的就要求加一个。也有要求不加的,但是很少。

一天下来,左边这个小店就要比右边那个小店多卖出很多个鸡蛋。

托德·邓肯发现:给顾客提供较少的选择机会,你就会收到较多的效果,"一"或"二"的选择比"要"、"不要"的选择范围小了很多。

面对爱挑剔的顾客,也自有推销之道。

一天,商场瓷器柜台前来了一位男人,他在柜台前老是挑来挑去。上等的瓷器他不要,偏偏要那种朴实便宜的青瓷盘,并且还要一件件地开包挑选。这位先生看一件说有瑕疵扔在一边,拿过一件说花纹不精美又扔在一边。而推销员不急不恼、泰然处之。他扔下一件,推销员就随手拾起"啪"的一下将它摔碎。他再扔下一件,推销员又摔一件,就这样连摔了3件。那位先生开口了:"摔它干啥?我不要,你可以再卖给别人嘛!"

推销员坚决地回答:"不!这是我们公司的规定,绝不把顾客不满意的产品卖给任何一个消费者!"

那位先生愣了一下,像是有意要试试这份承诺的可信度到底有多大,于是就旁若无人地低下头继续挑选。推销员毫不心疼,仍旧是他扔一件摔一件,就这样连续摔了31个青瓷盘。不过这一过程中,推销员脸上始终带着微笑。这时,已有许多人纷纷赶来围观了。

"不要再摔了!不要再摔了!"

"那算什么毛病?他不要卖给我!"

人们开始对这件事情发起评论来了。冷寂许久的柜台前第一次拥来这么多人,顾客围得里三层外三层,像看一出惊心动魄的大戏一样。当这位先生抓起第32件瓷盘时,沸腾的人群发出一声声愤怒的吼叫。

这次,那位先生抓起瓷盘后,看都没看,便拿上走了。

"我买！我买！"

"给我一件！给我一件！"

人们开始来到柜台前抢购瓷器，就在这一天，这个瓷器柜台前空前火爆。当场卖了近300件，第二天卖了500件，是以前几十上百倍的销量。那天晚上，老板重重表扬了那位推销员。

让人想不到的是，一个月后，那位先生又来了。不过，他不是来退货或是再来挑毛病的，而是洽谈购买瓷器生意的。后来，那个摔瓷器的推销员和这位先生也就成了朋友。在随后的几年里，他和他的朋友先后从这儿买去了几万件瓷器，为公司增加了上百万的销售额。

托德·邓肯的销售秘诀是：面对不同的顾客，找到适当的方法去推销你的产品，尽管有的时候顾客很挑剔，你只要用心去做，对症下药，销售也一定会成功的。

二、靶心法则——开发高回报的顾客

客户也有不同种类，高回报顾客能带给你高收益，多多开发高回报的客户，能做到低投入、高产出。

从购买习惯出发策划

一次讲座上，托德·邓肯讲到了下面这个案例：

卡尔是一个没有多高学历但极具学习力和悟性的人。他高中未毕业就被学校勒令退学，退学后他到小旅馆洗过盘子，擦过地板，后来又到一家小型锯木厂做学徒，再后来到工地做挖水井的工作，最后才踏进推销这一行来。

他善于学习，读过推销方面的书籍不下3000本，他不断地阅读书籍来充实自己；他向同行前辈、推销高手学习。经过多年的实践和积累，他拥有了一整套最广泛、最有效的推销方法。

卡尔曾经卖过办公室用品。一天，他去拜访一家电脑公司，那是一家有钱的公司。他向电脑公司的采购主管介绍完产品之后，就等待对方的回应。但他不知道对方的采购策略是什么。

于是他就问：

"您曾经买过类似这样的产品或服务吗？"

对方回答说："那当然。"

"您是怎样作决定的？当时怎么知道这是最好的决定？采用了哪些步骤去作结论？"卡尔继续问。

他知道每个人对产品或服务都有一套采购策略。人都是习惯性动物，他们喜欢依照过去的方法做事，并且宁愿用熟悉的方式作重要决策，而不愿更改。

"当时是有三家供应商在竞标，我们考虑的无非是三点：一是价格，二是品质，三是服务。"采购主管说。

"是的，您的做法是对的，毕竟货比三家不吃亏嘛。不过，我可以给您提供这样的保证：不管您在其他地方看到什么，我向您保证，我们会比市场中其他任何一家公司更加用心为您服务。"

"嗯，我可能还需要考虑。"

"我了解您为什么犹豫不决，您使我想起××公司的比尔，他当初购买我们产品的时候也是一样犹豫不决。最后他决定买了，用过之后，他告诉我，那是他曾经做过的最好的采购决定。他说他从我们的产品中享受的价值和快乐远远超过多付出一点点的价格。"卡尔知道讲故事是最能令顾客留下深刻印象的。

卡尔的成功经验告诉我们：推销中必须不时转换策略，开发高回报的客户。

托德·邓肯告诉我们：要成为优秀的推销员，你必须具有随时考虑各种策略，不断努力达到目的的能力和素质。如果你的表现让你的顾客觉得你很有敬业精神，可能产生这样的效果：即便你不积极地去争取，顾客也会自动上门。能够做到这点绝对是一个卓越的推销员。

如果你的老顾客对你抱有好感，就会为你带来新的顾客。他会介绍自己的朋友来找你。但是这一切的前提是你用自己的魅力确确实实感染他。而且你们之间有一种信任的关系，也许是那种由于多次合作而产生的信任关系，但不一定是朋友的关系，因为总是有一些人把工作和生活分得很清楚。其实，只要你让你的老客户对你产生了这样的好感，他会对他的朋友介绍说："我经常和某某公司的某某合作，他很亲切而且周到，我对他很有好感。"既然是朋友的推荐，那位先生一定会说："既然这样，那我也去试试看。"这对推销员来说，就等于是别人为你开了财路。

当你一旦建立起一个良好的客户接近圈，并能驾驭这张网良性运作时，你就会看到银行整天的忙碌都是为了把所有客户的钱从他们的账户上划到你的账户上，你就会觉得所有"财神爷"的口袋都是向你敞开着的。

开发有影响力的中心人物

开发有影响力的中心人物，利用中心开花法则。中心开花法则就是推销人员在某一特定的推销范围里发展一些具有影响力的中心人物，并且在这些中心人物的协助下，把该范围里的个人或组织都变成推销人员的准顾客。实际上，中心开花法则也是连锁介绍法则的一种推广运用，推销人员通过所谓"中心人物"的连锁介绍，开拓其周围的潜在顾客。

中心开花法则所依据的理论是心理学的光环效应法则。心理学原理认为：人们对于在自己心目中享有一定威望的人物是信服并愿意追随的。因此，一些中心人物的购买与消费行为，就可能在他的崇拜者心目中形成示范作用与先导效应，从而引发崇拜者的购买与消费行为。实际上，任何市场概念内及购买行为中，影响者与中心人物是客观存在的，他们是"时尚"在人群传播的源头。只要了解确定中心人物，使之成为现实的顾客，就有可能发展与发现一批潜在顾客。

利用这种方法寻找顾客，推销人员可以集中精力向少数中心人物做细致的说服工作；可以利用中心人物的名望与影响力提高产品的声望与美誉度。但是，利用这种方法寻找顾客，把希望过多地寄托在中心人物身上，而这些所谓中心人物往往难以接近，从而增加了推销的风险。如果推销人员选错了消费者心目中的中心人物，有可能弄巧成拙，难以获得预期的推销效果。

在你推销商品时，常常有这样的情况：一个家庭或一群同伴们来跟你谈生意、做交易，这时你必须先准确无误地判断出其中的哪位对这笔生意具有决定权，这对生意能否成交具有很重要的意义。如果你找对了人，将会给你的生意带来很大的便利，也可让你有针对性地与他进行交谈，抓住他某些方面的特点，把你的商品介绍给他，让他觉得你说的正是他想要的商品的特点。

相反，如果你开始就盲目地跟这一群人中的某一位或几位介绍你的商品如何如何，把真正的决定者冷落在一边，这样不仅浪费了时间，而且会让人看不起你，认为你不是生意上的人，怎么连最起码的信息——决定权掌握在谁手里都不知道，那你的商品又怎能令人放心。

如何确定谁是这笔交易的决定者，很难说有哪些方法，只有在长期的实践过程中，经常注意这方面的情况，慢慢摸索顾客的心理，才能做到又快又准确地判断出谁是决定者。不过，这里可介绍几种比较常见但又比较容易让人判断错的情况。

当你去一家公司推销沙发时，正好遇到一群人，当你向他们介绍沙发时，他们中有些人听得津津有味，并不时地左右察看，或坐上去试试，同时向你询问沙发的一些情况并不时地作出一些评价等。而有些人则对沙发无动于衷，一点儿也不感兴趣，站在旁边，似乎你根本就不在旁边推销商品。这两种人都不是你要找的决定人。当你向他们提出这样的问题："你们公司想不想买这种沙发？""我觉得这沙发放在办公室里挺不错的，贵公司需不需要？"他们便会同时看着某一个人，这个人便是你应找的公司领导，他能决定是否买你的沙发。

当你在推销洗衣机时，一个家庭的几位成员过来了，首先是这位主妇说："哦，这洗衣机样式真不错，体积也不大。"然后长子便开始对这台洗衣机大发评论了，还不停地向你询问有关的情况。这时你千万不要认为这位长子便是决定者，从而向他不停地讲解，并详细地介绍和回答他所提出的问题，而要仔细观察站在旁边不说话，但眼睛却盯着洗衣机在思索的父亲，应上前与他搭话："您看这台洗衣机怎么样，我也觉得它的样式挺好。"然后再与他交谈，同时再向他介绍其他的一些性能、特点等。因为这位父亲才是真正的决定者，而你向他推销、介绍，比向其他人介绍有用得多，只有让他对你的商品感到满意，你的交易才可能成功，而其他人的意见对他只具有参考价值。

在有些场合下，你一时难以判断出谁是他们中的决定者，这时你可以稍微改变一下提问的方式。比如，你可以向这群人中的某一位询问一些很关键、很重要的问题，这时如果他不是领导者，他肯定不能给你准确明了的答复，而只是一般性的应答，或是让你去找他们的领导。

如果你正碰上领导者，那么他就能对你提出的重要的问题给予肯定回答。这种比较简单的试问法，可以帮你尽快地、准确地找到你所想要找的决定者。因此，能使你更有效地进行推销活动，避免了时间上的浪费，提高了你的商品推销说明的效率。

推销人员可以在某一特定的推销范围里发展一些具有影响力的中心人物，并且在这些中心人物的协助下，把该范围里的个人或组织都变成推销人员的准顾客。

寻找一个团体中的拍板人

托德·邓肯说，如果想在你所有的人脉中得到更多的人脉资源，必须先以其中一人为中心向外扩张，也就是借由这最初的250个人脉关系，从中再寻找可以让你向其他人脉网搭上关系的桥梁，如此周而复始的推动，将每一个人的250条人脉紧紧地串联在一起，也就是直销界经常使用的推荐模式。透过不断联络经营，认识的人会源源不绝，真可谓"取之不尽，用之不竭"！所以良好的人际关系，全看自己如何去推动。如果要验证自己的人脉网络是否丰富，可以随意走到任何的公共场合中，假如时常遇见认识的人和自己打招呼，即证明你的人际关系已经是相当成功了。

此外，通常在推销中寻找拍板人时，也要充分尊重其他人。仅仅尊重是不够的，要让所有的人变成准客户、客户才行。

首先，访问重要人物时，注意搞好与在拜访过程中遇到的人的关系。比如，即使你明明知道大人物的住处或办公室，但也可以在途中找个人问一问，创造办完事回过头来再次和那个人接触的良机。简单地说，让你所接触的人们都变成准客户。要知道，不管你推销什么，任何人都有可能对你的推销产生影响。平时注意"小人物"已经不那么容易，谈"大生意"时就更难了。光顾着拍板人，冷落其他人的事例太多了。

经常听到有些专业推销员说自己跟谁"很熟"，但一问到一些细节，他就答不上来。"熟人"和"准客户"是有明显区别的。要是你把别人当成准客户，你就要了解清楚对方的姓名、年龄、籍贯、性格、经济状况、爱好等，在此基础上，再进行认真的商谈，对方才会由熟人变成准客户，进而成为客户。

请记住：当你与一位经理、厂长、部长洽谈大生意时，与秘书、主任、司机等人先成交小生意的可能性非常大。除了成交真正的生意外，赢得这些"小人物"的心也要比争取"大人物"的好感容易得多。

养成多说一句话的习惯，请人给别人介绍自己和产品。

"这样的好东西，跟亲戚朋友多说一说。"

"你知道谁特别需要这种产品吗？请给我介绍一下。"

成交也好，暂时未能成交也好，你多说一句总是没什么坏处的，因为你已经撒下了一粒成功的种子！

三、杠杆法则——让对手成为杠杆

记住：对手多的地方机会就越多。应该感谢你的敌人和对手，真诚地给对手赞赏，永远不要去抱怨。

对手多的地方机会就越多

日本的游泳运动一直是处于世界领先的地位。但有人说，他们的训练方法也有着很神奇的秘密。有一个人到过日本的游泳训练馆，他惊奇地发现，日本人在游泳馆里养着很多鳄鱼。后来他探询到了这个秘密。在训练的时候，队员跳下水去之后，教练不久就会把几只鳄鱼放到游泳池里。几天没有吃东西的鳄鱼见到活生生的人，立即兽性大发，拼命追赶运动员。尽管运动员知道鳄鱼的大嘴已经被紧紧地缠住了，但看到鳄鱼的凶相，还是条件反射地拼命往前游。

加拿大有一位长跑教练，以在很短的时间内培养出了几位长跑冠军而闻名。有很多人来这里探询他的训练秘密。谁也没有想到他成功的秘密是因为有一个神奇的陪练，这个陪练不是一个人，而是一只凶猛的狼。他说他是这样决定用狼做陪练的，因为他训练队员的是长跑项目，所以他一直要求队员从家里来时一定不要借助任何交通工具，必须自己一路跑来，作为每一天训练的第一课。他的一个队员每天都是最后一个来，而他的家还不是最远的。他甚至告诉这位队员让他改行去干别的，不要在这里浪费时间了。但是突然有一天，这个队员竟然比其他人早到了20分钟，他知道这位队员离家的时间，他算了一下，惊奇地发现，这个队员今天的速度几乎可以超过世界纪录。他见到这个队员的时候，这个队员正气喘吁吁地向他的队友们描述着今天的遭遇。原来，在他离开家不久，在经过那一段有5公里的野地时，他遇到了一只野狼。那野狼在后面拼命地追他，他拼命地往前跑，那野狼竟然被他给甩下了。教练明白了，这个队员今天超常的成绩是因为一只野狼，因为他有了一个可怕的敌人，这个敌人使他把自己所有的潜能都发挥出来了。从此，他聘请了一个驯兽师，找来几只狼，他的队员的成绩都有了大幅度的提高。

有对手的地方就会充满竞争，而竞争是我们前进的动力。对手往往还能够给你带来经验，甚至还有客户。

托德·邓肯告诉我们：竞争并不可怕，把对手当作你的杠杆，对手越强大，你的前进动力越大。

真诚赞赏你的对手

托德·邓肯的朋友亚斯独自开起了一家计算机销售店，旗开得胜，这可引起了邻近的计算机销售店店主瑞特的怨恨。瑞特无中生有地指责年轻的亚斯"不地道，卖水货"。亚斯的好友为此感到非常气愤，劝说亚斯向法院起诉，控告瑞特的诬陷。亚斯却不仅不恼，反而笑嘻嘻地说："和气才能生财，冤冤相报何时了？"当顾客们再次向亚斯述说起瑞特的攻击时，亚斯心平气和地对他们说："我和瑞特一定是在什么事情上产生了误会，也许是我不小心在什么地方得罪了他。瑞特是这个城里最好的店主，他为人热情，讲信誉。他一直为我所敬仰，是我学习的榜样。我们这个地方正在发展之中，有足够的余地供我们两家做生意。日久见人心，我相信瑞特绝对不是你们所说的那种人。"瑞特听到这些话，深深地为自己的言行感到羞愧，不久后的一天，他特地找到亚斯，向亚斯表达了自己的这种心情，还向亚斯介绍了自己经商的一些经验，提了一些有益的建议。这样，亚斯真诚的赞扬消除了两人之间的怨恨。

给客户真诚的赞赏，在顾客面前给你的竞争对手美言几句，这是托德·邓肯成为客户最信赖的推销员的原因。

一切都发生在俄亥俄州一家大型化学公司财务主管琼斯先生的办公室里。琼斯先生当时并不认识后来成为推销大师的法兰克·贝特格，很快贝特格发觉琼斯对贝特格服务的菲德利特公司丝毫也不了解。以下是他们的对话：

"琼斯先生，您在哪家公司投了保？"

"纽约人寿保险公司、大都会保险公司。"

"您所选择的都是些最好的保险公司。"

"你也这么认为？"

"没有比您的选择更好的了。"

接着贝特格向琼斯讲述了那几家保险公司的情况和投保条件。

贝特格说的这些丝毫没有使琼斯觉得无聊，相反，他听得入神，因为有许多事是他原来不知道的。贝特格看得出他因认为自己的投资判断正确而感到自豪。

之后，贝特格接着说："琼斯先生，在费城还有几家大的保险公司，例如菲德利特、缪托尔等，他们都是全世界有名的大公司。"

贝特格对竞争对手的了解和夸赞似乎给琼斯留下了深刻的印象。当贝特格再把菲德利特公司的投保条件与那几家他所选择的大公司一起比较时，由于经贝特格介绍他已熟悉了那几家公司的情况，他就接受了贝特格，因为菲德利特的条件更适合他。

在接下来的几个月内，琼斯和其他4名高级职员从菲德利特公司购买了大笔保险。当琼斯的公司总裁向贝特格咨询菲德利特公司的情况时，琼斯先生连忙插嘴，一字不差地重复了贝特格对他说过的话："那是费城三家最好的保险公司之一。"

贝特格能成为推销大师绝非偶然，他们身上的闪光点，都需要我们好好学习，真诚赞赏一下竞争对手，对你能有什么损失呢？

正确对待竞争对手

在推销商品时完全不遇到竞争对手的情况是很少的。面对这种情况，托德·邓肯告诉我们，必须做好准备去对付竞争对手，如果没有这种思想准备，客户会以为你敌不过竞争对手。

当然，大多数客户都知道一些竞争对手提供的商品，但推销员会吃惊地发现，并不知道同一领域里有哪些主要竞争者的买主也时有所遇。因此，聪明的推销员一般都不主动提及有无竞争对手的事，他们害怕那样做将会向客户提供出他们不晓得的信息。

下面以销售汽车为例说明问题：某企业的总经理正打算购买一辆汽车送给儿子作为高中毕业的礼物。萨布牌轿车的广告曾给他留下印象，于是他到一家专门销售这种汽车的商店去看货。而这里的推销员在整个介绍过程中却总是在说他的车如何如何比"菲亚特"和"大众"强。

作为总经理的他似乎发现，在这位推销员的心目中，后两种汽车是最厉害的竞争对手，尽管总经理过去没有听说过那两种汽车，他还是决定最好先亲自去看一看再说。最后，他买了一辆"菲亚特"。看来，真是话多惹祸。

不贬低诽谤同行业的产品是推销员的一条铁的纪律。请记住：把别人的产品说得一无是处，绝不会给你自己的产品增加一点好处。

如何对待竞争对手呢？除了上文说的给对手真诚的赞赏外，还要尽量掌握对手的情况。

为什么必须经常注意竞争对手的动向呢？托德·邓肯指出了另一个原因，他说：

"我不相信单纯依靠推销术被动竞争能够做好生意，但我相信禁止我的推销员讨论竞争对手的情况是极大的错误。我过去太喜欢'埋头苦干'，以至于对市场动向掌握甚少。现在我已要求手下的推销员只要在他们负责的区域发现一种竞争产品就立即给我送来。

"我的这种愿意研究他人产品的态度对手下人是一剂兴奋剂。它至少表明我不愿意在打瞌睡的时候被别人超过去；如果本行业已经纷纷扬扬地议论起新出现的竞争产品，而我仍然在睡大觉，推销员们势必会灰心丧气。

"我坚决主张应当全面掌握竞争对手的情况。外出执行任务的推销员不断会听到关于他人产品优点和自己产品弱点的议论，因此必须经常把他们召回大本营，让他们从头至尾重新制订自己货品的推销计划。这样他们才不至于在推销工作中落入被动竞争的困境。"

在实际行动中，要承认对手，但是不要轻易进攻。

毫无疑问，避免与竞争对手发生猛烈"冲撞"是明智的，但是，要想绝对回避他们看来也不可能。推销员如果主动攻击竞争对手，他将会给人留下这样一种印象：他一定是发现竞争对手非常厉害，觉得难以对付。人们还会推断：他对另一个公司的敌对情绪之所以这么大，那一定是因为他在该公司手里吃了大亏。客户下一个结论就会是：如果这个厂家的生意在竞争对手面前损失惨重，他的竞争对手的货就属上乘，我应当先去那里瞧瞧。

托德·邓肯讲过这样一件事，说明推销员攻击竞争对手会造成什么样的灾难性的后果：

"我在市场上招标，要购入一大批包装箱。收到两项投标，一个来自曾与我做过不少生意的公司，公司的推销员找上门来，问我还有哪家公司投标。我告诉他了，但没有暴露价格秘密。他马上说道：'噢，是啊，是啊，他们的推销员吉姆确实是个好人，但他能按照你的要求发货吗？他们工厂小，我对他的发货能力说不清楚。他能满足你的要求吗？你要知道，他对你们要装运的产品也缺乏起码的了解。'等等。

"应该承认，这种攻击还算是相当温和的，但它毕竟还是攻击。结果怎样？我听了这些话产生出一种强烈的好奇心，想去吉姆的工厂里面看看，并和吉姆聊聊，于是前去考察。他获得了订单，合同履行得也很出色。这个简单的例子说明，一个推销员也可以为竞争对手卖东西，因为他对别人进行了攻击，我才在好奇心的驱使下产生了亲自前去考察的念头，最后，造成了令攻击者大失所望的结局。"

最好不要和你的客户进行对比试验。

有时，竞争变得异常激烈，必须采用直接对比试验来确定竞争产品的优劣，比如在销售农具、油漆和计算机时就经常这样做。如果你的产品在运行起来之后客户马上可以看到它的优点，采用这种对比试验进行推销就再有效不过了。但是，如果客户本来就讨厌开快车，你还向他证明你的车比另一种车速度快，那便是不得要领了。

然而，对比试验也有可能因人为操纵而变得不公平。比如：

有两家公司生产的双向无线电通信设备在进行竞争性对比试验，一家是摩托罗拉公司，另一家的名字最好还是不公开。前者的方法：允许客户从手头堆放的设备中任选一部，然后由他们的人控制操纵台随意进行试验。后者是一家巨型公司，是前者的主要对手。它的方法却是：使用经常特别调试的设备参加对比试验，以保证达到最佳效果，而且由该公司的人控制操纵台，不让客户动手。

最后，摩托罗拉公司吃了大亏，下令公司的人永远不准与那家大公司的代表在同一间屋里与他们进行对比试验。看来，对比试验也有一定的危险，需要警惕。

四、求爱法则——用真诚打动顾客

推销其实就是推销感情，让顾客从心里接受你。用真诚打动顾客的心，用心拓展客户关系，你的推销就一定能被顾客接受。托德·邓肯说："一段客户关系要想表面看上去正常，首先里面必须是正确的。"

对待客户要用心

关于这一点，我们身边的故事相信对你更有启发性。

亿万富翁李晓华说："在我走向成功的道路上，赵章光先生给了我很大的帮助。"

当时，"章光101"生发精在日本行情看涨，在国内更是供不应求，一般人根本拿不到货。而李晓华与赵章光又素昧平生。李晓华决定主动进攻。

他第一天来到北京毛发再生精厂，吃了闭门羹。门卫告诉他："一年以后再来吧！"

第二天，他又来到该厂。这一次，虽然他想办法进了大门，找到了供销科，但得到的答复仍然是："一年后再来吧！"也难怪，"101毛发再生精"卖得正红火，李晓华根本排不上号。

经过一番思考，他改变了策略。第三天，他坐着一辆由司机驾驶的奔驰来到101毛发再生精厂，并自报家门："海外华侨李晓华先生前来拜访！"

在与对方的交谈中，他先不提买毛发再生精的事情，而是海阔天空地聊天，从中捕捉对自己有用的信息。当他了解到101毛发再生精厂职工上下班汽车不够用时，立即表示愿意赠送一辆大客车和一辆小汽车。果然，一个月后，两辆汽车开到了北京101毛发再生精厂。李晓华的慷慨和真诚相助，使赵章光深受感动。从此，李晓华与赵章光成了好朋友。李晓华如愿以偿，取得了101毛发再生精在日本的经销权。他常常包下整架飞机，把101毛发再生精运到日本。短短几个月，李晓华进入了千万富翁的行列。

用心拓展客户关系，用真诚打动顾客，不要错失任何机会，客户永远至上。

用真诚去打动客户

詹姆斯作为一个新手，在进入汽车销售行的第一年就登上公司的推销亚军宝座，令许多人都羡慕不已。同事纷纷向他祝贺，讨教经验似的问："你是如何取得这么好的销售业绩的？你真棒！"但詹姆斯一时也说不出个所以然来，这也成为一个问题，困扰了他好几天。

直到有一天，詹姆斯坐在车上，忽然想起来了：真傻，这一点问问客户不就清楚了吗！他扬了扬手中的签约单，笑着对自己说："好，现在就开始！"

今天的客户乔治先生是一家地产公司的老板，是詹姆斯以前的一个客户介绍过来的，算上今天这次，这是他们的第三次见面。詹姆斯觉得乔治先生很直爽，向他问这个问题应该不会太失礼。

在乔治先生家中，双方签完约，合上合同文本，詹姆斯又很有耐心地向乔治先生重复了一遍公司的售后服务和乔治先生作为车主所享有的权益。然后，才很有礼貌地问："乔治先生，我有一个私人问题想问一下您，可以吗？"

乔治先生看了一眼詹姆斯，从沙发上坐直身子，说道："当然可以！"

"是这样的，我想问您，您为什么会和我签约？当然，我的意思是说，其他公司好的推销员很多，您为什么会选择我？"第一次问这种问题，詹姆斯觉得有点不好意思，略带歉意地望着乔治先生。

乔治先生爽朗地笑了起来，很高兴地说："年轻人，我果然没有看错人。"乔治先生接着说："你是我的朋友介绍的，他也在你这儿买过车，你该记得的。当时他就告诉我：'这小伙子很诚实，我信得过他。'我听了有点不以为然，你别介意，但我确实是如此想的。推销员我见多了，还不都是油嘴滑舌，把自己的产品吹得天花乱坠吗？但第一次见面，你言简意赅地向我介绍了几款车，便静静地听我讲述要求。我们交谈时你双目注视着我，给我留下深刻的印象，的确，像我朋友所说的，你与别的推销员不同，你很真诚。

"第二次见面时，你全力向我推荐了这款车。其实这款车我早就注意过了，我也听了不下6个推销员向我介绍这款车，但你又一次打动了我。应该说，这款车的性能、价位、车型设计等都比较符合我的要求，正在我犹豫之际，你又主动跟我说：'这款车许多客人初看都很喜欢，但买的人不算太多，因为这款车最主要的缺点就是发动机声响太大，许多人受不了它的噪音，如果对这一点你不是很在意的话，其他如价格、性能等符合你的愿望，买下来还是很合算的。'

"你还记得我试过车后说的话吗？我说：'你特意提出噪音的问题，我原以为大得惊人呢，其实这点噪音对我来讲不成问题，我还可以接受，因为我以前的那款车声音比这还大，我看这不错。其他的推销员都是光讲好处，像这种缺点都设法隐瞒起来，你把缺点明白地讲出，我反而放心了。'你看，我们就这么成交了！"

从乔治先生家里出来，詹姆斯既高兴又激动，脸涨得都有点红了，今天这种方式真不错，很有实效！詹姆斯觉得，这对自己不仅是一种肯定和鼓励，而且还增进了他与乔治先生的交情，刚才出门之前，乔治先生还很殷勤地邀请他在家共进晚餐呢，这个朋友是交定了！

把产品的缺点告诉你的客户，对待客户像对待朋友一样，切不可为了一时利益隐瞒不利于销售的地方，这样，你永远都成不了优秀的推销员。

带着感情推销

推销员与客户交往好像是在与恋人"谈恋爱"，能够把恋爱技巧运用到推销上的推销员一定是成功的。如果你看上一个女孩，第一次见面就跟她大谈特谈数学、物理、逻辑，那你注定要失败。同样，推销员如果与客户一见面就大谈商品、生意，或一些深邃难懂的理论，那他一定不会取得客户的好感。

善于辩论，说起理论来一套一套的，可在商场上却四处碰壁的推销员，也不乏其例。

推销员汉特，他曾是大学辩论会的优胜者，便自以为口才非凡，平常说话总是咄咄逼人，可工作几个月后，销售业绩总是排在后面。请看一段他与客户的对话。

"我们现在不需要。"客户说。

"那么是什么理由呢？"

"理由？总之我丈夫不在，不行。"

"那你的意思是，你丈夫在的话，就行了吗？"汉特出言不逊、咄咄逼人，终于把这位客户惹恼了："跟你说话怎么那么麻烦？"

汉特碰了一鼻子灰出来，还对别人说："我说的每句话都没错呀，怎么生气了？"他以为自己的语句合乎逻辑推理，却不想他的话一点都不合人情。

推销员与客户结缘，绝用不上什么高深理论，最有用的可能是那些最微不足道、最无聊甚至十分可笑的废话。

因为客户对推销员的警戒是出于感情上的，要化解它，理所当然"解铃还须系铃人"。除了用感情去感化，理论是无济于事的。

"空中客车"公司是法国、德国和英国等国合营的飞机制造公司，该公司生产的客机质量稳定、性能优良。但是，因为它是20世纪70年代新办的企业，外销业务一时难以打开。为改变这种被动局面，公司决定招聘能人，将产品打入国际市场。贝尔那·拉第埃正是在这一背景下受聘于该公司的。

当时，正值石油危机，世界经济衰退，各大航空公司都不景气，飞机的外销环境相当艰难。

尽管如此，拉第埃还是挺身而出，决定大显身手。

拉第埃走马上任遇到的第一个棘手问题是和印度航空公司的一笔交易。由于这笔生意未被印度政府批准，极可能会落空。在这种情况下，拉第埃匆忙赶到新德里，并且会见谈判对手——印航主席拉尔少将。在和拉尔会面时，拉第埃对他说："因为您，使我有机会在我生日这一天又回到了我的出生地。"接着，他介绍了自己的身世，说他1924年3月4日生于加尔各答。拉尔听后深受感动并邀请他共进午餐。拉第埃见此情形，趁热打铁，从公文包中取出一张相片呈给拉尔，并问：

"少将先生，您看这照片上的人是谁？"

"这不是圣雄甘地吗？"拉尔回答。

"请您再看看旁边的小孩是谁？"

"……"

"就是我本人呀！那时我才3岁半，在随父母离开印度去欧洲的途中，有幸和圣雄甘地同乘一条船。"

拉第埃说完这些话，拉尔已经开始动摇了，当然，这笔生意也就成交了。

拉第埃的这一招，正应了中国古代兵法"攻心为上"。他的一句话既巧妙地赞美了对方，又引起了对方听下去的兴趣。接着，他用自己的生平介绍解除了对方"反推销"的警惕和抵抗，拉近了双方的距离。最后，又用甘地的照片彻底打动了对方，由此而产生感情共鸣，而这种感情共鸣产生的时候，也正是他适时采用这一攻心战术，才顺利成交。

总之，做人要真诚，做事要真诚，做推销更要真诚。

五、钩子法则——吸引顾客守候到底

托德·邓肯告诉我们：对待不同的顾客，面对不同的情况要采用不同的策略，只有想办法迷住你的顾客，才能吸引顾客守候到底。

重视机会，把劣势变优势

实业界巨子华诺密克参加了在芝加哥举行的美国商品展览会，很不幸的是，他被分配到一个极偏僻的角落，任何人都能看出，这个地方是很少会有游客来的。因此，替他设计摊位的装饰工程师萨孟逊劝他索性放弃这个摊位，等明年再参加。

你猜华诺密克怎样回答？他说："萨孟逊先生，你认为机会是它来找你，还是由你自己去创造呢？"

萨孟逊先生回答："当然是由自己去创造的，任何机会都不会从天而降！"

华诺密克愉快地说："现在，摆在我们面前的难题，就是促使我们创造机会的动力。萨孟逊先生，多谢你这样关心我，但我希望你把关心我的热情用到设计工作上去，为我设计一个漂亮而又富有东方色彩的摊位！"

萨孟逊先生果然不负所托，为他设计了一个古阿拉伯宫殿式的摊位，摊位前面的大路，变成了一个人工形成的大沙漠，人们走到这个摊位时仿佛置身阿拉伯一样。华诺密克对这个设计很满意。他吩咐总务主任令最近雇用的那245个男女职员，全部穿上阿拉伯国家的服饰，特别是女职员，都要用黑纱将面孔下截遮住，只露出两只眼睛。并且特地派人去阿拉伯买了6只双峰骆驼来做运输货物之用。他还派人做了一大批气球，准备在展览会内使用。但这一切都是秘密进行的，在展览会开幕之前不许任何人宣扬出去！

对于华诺密克这个阿拉伯式的摊位设计，已引起参加展览会的商人们的兴趣，不少报纸和电台的记者都争先报道这个新奇的摊位。这些报道，更引起很多市民的注意。等到开幕那天，人们早已怀着好奇心准备参观华诺密克那个阿拉伯式的摊位了。

突然，展览地内飞起了无数色彩缤纷的气球，这些气球都是经过特殊设计的，在升空不久，便自动爆破，变成一片片胶片撒下来，胶片上面印着一行很漂亮的小字："亲爱的女士和先生，当你们看到这小小的胶片时，你们的好运气就开始了，我们衷心祝贺你。请你们拿着胶片到华诺密克的阿拉伯式摊位去，换取一件阿拉伯式的纪念品，谢谢你！"

这个消息马上传开了。人们纷纷挤到华诺密克的摊位去，反而忘却了那些开设在大路边的摊位。

第二天，芝加哥城里又升起了不少华诺密克的气球，引起很多市民的注意。

45天后，展览会结束了。华诺密克先生做成了2000多宗生意，其中有500多宗是超过100万美元的大交易，而他的摊位，也是全展览会中游客最多的摊位。

面对劣势，只要用心思考，巧做安排，让你的客户为你守候到底，托德·邓肯认为这才是推销的境界。

意外的情况并不是坏事，有时也有利于你的推销，开动脑筋，变劣势为优势，吸引你的顾客守候到底。

迷住你的客户

香港巨商曾宪梓在发迹之前，曾有一次背着领带到一家外国商人的服装店推销。服装店老板打量了一下他的寒酸相，就毫不客气地让曾宪梓马上离开店铺。

曾宪梓怏怏不乐地回家后，认真反思了一夜。第二天一早，他穿着笔挺的西服，又来到了那家服装店，恭恭敬敬地对老板说："昨天冒犯了您，很对不起，今天能不能赏光吃早茶？"

服装店老板看了看这位衣着讲究、说话礼貌的年轻人，顿生好感。两人边喝茶边聊天越谈越投机。喝完茶后，老板问曾宪梓："领带呢？"曾宪梓说："今天专程来道歉的，不谈生意。"

那位老板终于被他的真诚所感动，敬佩之情油然而生，他诚恳地说："明天你把领带拿来，我给你销。"

用你的人格魅力去吸引顾客，也是很好的一个办法。

阿特·海瑞斯是斯奈克塔德零售部经理，斯奈克塔德是纽约通用电器公司的电视台之一。他认为当推销员吸引住潜在顾客时，才能创造适当的推销环境。

一位先生是个很难对付的脾气暴躁的人，他总是很敷衍地听别人讲话。但在他的办公室中却无线索可寻。海瑞斯又把停车场扫了一遍，也毫无头绪。他在这位先生所在的城市订了份报纸，当时这位先生有一批石油生意要成交。

"报纸的第一期刊登了这位先生的一封信。"海瑞斯说，"他对拆掉一座有80年历史的旅馆不满，那家旅馆是应被保护的历史建筑。"

海瑞斯马上给这位先生修书一封，对其反抗与不满予以支持，还随信寄去了一本该地区的历史旅游景点手册。

"于是我收到了所有潜在顾客来信中最友好的一封回信。"海瑞斯说道，"只有三个人对其刊登的信予以了评论。他没想到事情过了这么久仍会有人看到它。"

海瑞斯成功了，这位先生连续6年购买该公司的电视时间。

推销员要走近顾客，但不能莽撞，不要主动说："你有个10岁大的孩子，我也有，他入团了吗？"海瑞斯总是跟着顾客的思路走，顾客不提及家庭，他不会主动提及。"另一位先生与我签订了一份电视时间的购买订单。"海瑞斯说，"当我们熟悉了之后，就一同去了圣地亚哥。在商务或社会活动期间这位先生从未提及家里的事。当他提起不久之后的日本之行时，我也未问他是否与夫人同行。"

后来海瑞斯才知道这位先生刚刚失去了妻子。若他当年问了这样的问题该有多尴尬："你妻子怎么样？"

阿特·海瑞斯懂得迷住顾客的价值，推销也意味着在双方关系进程中要与对方保持接近。

听到"考虑一下"时你要加油

在推销员进行建议和努力说服或证明之后，客户有时会说一句："知道了，我考虑考虑看看。"或者是："我考虑好了再跟你联系，请你等我的消息吧！"

顾客说要考虑一下，是什么意思？是不是表示他真的有意购买，还是现在还没考虑成熟呢？如果你是这么认为，并且真的指望他考虑好了再来购买，那么你可能是一位不合格的推销员。其实，对方说"我考虑一下"，乃是一种拒绝的表示，意思几乎相当于"我并不想购买"。

要知道，推销就是从被拒绝开始的。作为一名推销员，当然不能在这种拒绝面前退缩下来，正确的做法应该是迎着这种拒绝顽强地走下去，抓住"让我考虑一下"这句话加以利用，充分发挥自己的韧劲，努力达到商谈的成功。

所以，如果对方说："让我考虑一下。"推销员应该以积极的态度尽力争取，托德·邓

肯告诉我们可以用如下几种回答来应对他的"让我考虑一下":

（1）我很高兴能听到您说要考虑一下,要是您对我们的商品根本没有兴趣,您怎么肯去花时间考虑呢？您既然说要考虑一下,当然是因为对我所介绍的商品感兴趣,也就是说,您是因为有意购买才会去考虑的。不过,您所要考虑的究竟是什么呢？是不是只不过想弄清楚您想要购买的是什么？这样的话,请尽管好好看清楚我们的产品；或者您是不是对自己的判断还有所怀疑呢？那么让我来帮您分析一下,以便确认。不过我想,结论应该不会改变的,果然这样的话,您应该可以确认自己的判断是正确的吧,我想您是可以放心的。

（2）可能是由于我说得不够清楚,以至于您现在尚不能决定购买而还需要考虑。那么请让我把这一点说得更详细一些以帮助您考虑,我想这一点对于了解我们商品的影响是很大的。

（3）您是说想找个人商量,对吧？我明白您的意思,您是想要购买的。但另一方面,您又在乎别人的看法,不愿意被别人认为是失败的、错误的。您要找别人商量,要是您不幸问到一个消极的人,可能会得到不要买的建议；要是换一个积极的人来商量,他很可能会让你根据自己的考虑作出判断。这两种人,找哪一位商量会有较好的结果呢？您现在面临的问题只不过是决定是否购买而已,而这种事情,必须自己作出决定才行,此外,没有人可以替您作出决定的。其实,若是您并不想购买的话,您就根本不会去花时间考虑这些问题了。

（4）先生,与其以后再考虑,不如请您现在就考虑清楚作出决定。既然您那么忙,我想您以后也不会有时间考虑这个问题的。

这样,紧紧咬住对方的"让我考虑一下"的口实不放,不去理会他的拒绝的意思,只管借题发挥、努力争取,尽最大的可能去反败为胜,这才是推销之道。

为推销成功创造条件

有一个推销员,他以能够销售出任何商品而出名。他已经卖给过牙医一支牙刷,卖给过面包师一个面包,卖给过瞎子一台电视机。但他的朋友对他说："只有卖给驼鹿一个防毒面具,你才算是一个优秀的推销员。"于是,这位推销员不远千里来到北方,那里是一片只有驼鹿居住的森林。"您好！"他对遇到的第一只驼鹿说,您一定需要一个防毒面具。

"这里的空气这样清新,我要它干什么！"驼鹿说。

"现在每个人都有一个防毒面具。"

"真遗憾,可我并不需要。"

"您稍候,"推销员说,"您已经需要一个了。"接着他便开始在驼鹿居住的林地中央建造一座工厂。"你真是发疯了！"他有朋友说。"不,我只是想卖给驼鹿一个防毒面具。"

当工厂建成后,许多有毒的废气从大烟囱中滚滚而出,过了不久,驼鹿就来到推销员处对他说："现在我需要一个防毒面具了。"

"这正是我想的。"推销员说着便卖给了驼鹿一个。"真是个好东西啊！"推销员兴奋地说。

驼鹿说："别的驼鹿现在也需要防毒面具,你还有吗？"

"你真走运,我还有成千上万个。""可是你的工厂里生产什么呢？"驼鹿好奇地问。

"防毒面具。"推销员兴奋而又简洁地回答。

托德·邓肯说,产品不是靠市场检验出来的,而是自己推出来的。需求有时候是制造出来的,解决矛盾的高手往往也先制造出矛盾来。

需求是人因生理、心理处于某种缺乏状态而形成的一种心理倾向。优秀的推销员明白：需求是可以创造出来的,推销员想把商品推销出去,所需要做的第一件事就是唤起客户对这种商品的需求。

需求是可以被创造出来的,推销员只有先唤起客户对这种商品的需求,才有把产品推销出去的可能。

有一年情人节的前几天,一位推销员去一客户家推销化妆品,这位推销员当时并没有意识到再过两天就是情人节。男主人出来接待他,推销员劝男主人给夫人买套化妆品,他似乎对此挺感兴趣,但就是不说买,也不说不买。推销员鼓动了好几次,那人才说："我太太不在家。"

这可是一个不太妙的信号,再说下去可能就要黄了。忽然推销员无意中看见不远处街道拐角的鲜花店,门口有一招牌上写着："送给情人的礼物——红玫瑰。"这位推销员灵机一动,说道："先生，情人节马上就要到了，不知您是否已经给您太太买了礼物。我想，如果您送一套化妆品给您太太，她一定会非常高兴。"这位先生眼睛一亮。推销员抓住时机又说："每位先生都希望自己的太太是最漂亮的，我想您也不例外。"于是，一套很贵的化妆品就推销出去了。后来这位推销员如法炮制，成功推销出数套化妆品。

六、催化法则——建立成熟客户关系

建立成熟客户关系，你就会一劳永逸。成交以后要重视客户的抱怨，让客户说出心里话，让客户选择你成为一种习惯。这是托德·邓肯教给我们的又一个法则。

重视客户的抱怨

"如果每一件客户抱怨的事件都一一去面对、处理，那就无法工作了，可我们还必须去做。"

"客户都是那种会随便说话的人，可即使是这样，我们仍要好好面对。"

以上的话都在告诉我们：千万不可轻视客户的抱怨。世界上有那种不发一顿牢骚绝不善罢甘休的人，正是这些人，才使我们的企业更充满活力，更适应社会。

有一些视财如命的客户会生气地问："这东西真的没问题吗？"还有一些恶劣的客户会把抱怨当作可赚钱的方法。

相反的，有一些比较忠厚的客户即使发现权益受损，也一定要下了重大的决心才会去申诉。当然，也有一些客户的抱怨是出自善意，真正为商家着想。如此一来，抱怨也会因为动机及目的的不同而有所差别。

需要说明的是，对抱怨的客户而言，他们都希望自己的申诉及想法能受到重视，哪怕只是小小的一个抱怨，或者是非善意的抱怨，还有，在处理抱怨的时候千万不要感情用事。如在电话中大声辩解"没有这回事"，那就是太过感情用事了，应该说"不会有这样的事情"才对。

即使在客户越来越激动，以至于大唱反调时，我们还是应该用冷静、和缓的态度来处理，因为有些人就是喜欢添油加醋，乘机攻击别人的弱点。

面对客户大声的叱责抱怨，加以他们过激的言辞，而作为推销员，只能一味地忍耐道歉，这总会使我们感到很悲惨。何况更有些是起因于客户自身的问题。因此，在处理客户的抱怨时，我们必须以一种"是自己人生过程中的一种磨炼"的心态去应付这些事，否则根本就是难以应付的。

毫无疑问，人生并非只有快乐的一面，也有不少令人气愤或悲伤的事情。在忍受这些事的同时，也促进了人的成长，并且能培养出体谅他人的心情。如果人生事事皆顺心如意，那么人便不可能有所长进，也必定会失去人生的意义。

因此，我们要把处理抱怨之事想成是人生的一种磨炼，不断地去忍受、咀嚼这些痛苦，培养自己的忍耐性及各种优良的品质。但我们也知道忍受痛苦并不是件容易的事，所以有不愉快的事发生以后，我们不妨对亲近的同事说出自己的苦恼，以减轻自己的心理压力。同时也期望领导能充分考虑下属的处境，多奖励那些位于第一线上处理抱怨的部下，让他们振作起精神。

让客户说出心里话

托德·邓肯告诉我们：推销人员要与客户保持联系，打电话或是顺道拜访都可以，而且这些行动得在你的产品一送到他手上，或你一开始提供服务时就开始进行。你得探询他对产品是否满意，如果不是，你得设法让他心满意足。

要注意的是，千万别问他："一切都还顺利吗？"你的客户一定会回答："喔！还好啦！"然而，事实未必如此，他也许对你的商品不满意，但他不见得会把他的失望和不满告诉你，可是他一定会跟朋友吐苦水。如此一来，名声毁了，介绍人跑了，生意也别想再继续了。

难道你不想给自己一次机会，让客户满意吗？

你曾在外面享用丰富美味的大餐吗？你认为，花75美元在一个豪华餐厅里吃一餐很划算，因为听说餐厅提供高级波尔多葡萄酒、自制意大利通心粉、新鲜蔬菜沙拉配上适量的蒜泥调味汁，提拉米苏奶糕松软可口，让人赞不绝口。可是，如果……如果每道菜都让你不满意，例如，酒已变味，通心粉煮得烂糊糊的，生菜沙拉里放了太多蒜泥，让你吃得一嘴蒜臭，不敢跟约会的朋友开口，提拉米苏奶糕又硬又干，那就更不用说了。餐后，老板亲自走上来，拍拍你的肩膀问:"怎么样,吃得还满意吗?"你会回答:"还好!"

不必疑惑为什么每个人都回答"还好",反正人就是如此。

如果换个说词呢?假设老板问:"有什么需要改进的地方吗?"

这种坦然的问话会让你开口,你会说:"葡萄酒发酸,通心粉黏糊糊的,提拉米苏奶糕又硬又干,最糟的就是生菜沙拉,你们的厨师到底懂不懂'适量的蒜味'是什么意思?"

这些话听起来很刺耳,但是老板已表明态度,他很在意自己的餐厅,期待你将这一餐的真正的感受表达出来。而你照实说了,这等于是给他改善不足的机会。

他可能会如此回答:

"服务不佳,实在是非常对不起,您能说出真切感受,真是非常感激。请给我机会表达歉意。我们的大厨感冒,餐厅雇用的二厨看来无法达到我们要求的标准,我们会换一个新的。一个星期之内,当我们的大厨回来,盼望您再度光临,至于今天这一餐,您不用付任何费用。"

你必须用适当的问法,将客户的真心话引出来。如果客户发现你的产品或服务有问题,你要设法弥补。只要你有心改善,客户一定会留下好印象。如此一来,你的生意就能延续不断了。

记住:不要让客户说"还好",要让他将心里的话说出来。

不同客户不同对待

福特是英国顶尖寿险推销人员,美国百万圆桌会议会员。他曾被美国百万圆桌协会推崇为"全球四位最佳寿险业务员之一"。福特在自我职业定位上有一个有趣的故事:

他假设自己在逛商场,在一楼,一个小公司的负责人问福特:"您从事什么行业?"福特说:"我帮企业主从债权人的手上保护他们的资产,并告诉他们如何增加财富。"

在二楼,有一位要退休的有钱女士问:"您从事什么行业?"福特回答说:"我是一个守护财富的专家。我擅长避税和房地产规划。"

在三楼,有一位带着小孩的女士问:"您从事什么行业?"福特说:"我帮助家庭减少债务,帮他们规划未来。比如小孩的教育费用和他们的未来规划。"

福特总会针对不同的人作出不同的职业定位,以吸引顾客的注意力和信赖感。

不同顾客要不同对待,但是有一种方法是通用的——给顾客送上一张贺卡,同时,你也送上了一份温情。

逢年过节,为你的顾客寄上一张贺卡,一定会使他感到既惊又喜,这种行为其实也是在为顾客服务——一种精神上的服务。他是因为购买了你推销的产品,才得到了你节日的祝福,所以,这份惊喜会使他将感情融于所购买的产品上,这样,当以后他还需要购买此种产品时,一定会毫不犹豫地继续选择你的产品。从而,也为顾客减少了诸多选择上的不必要的烦恼。

日本丰田公司的推销员在这方面做得就非常出色,也因此为自己抓住了很多老顾客,并继续以这种方式为他们提供精神服务。

顾客与推销员之间虽然是最普通的人际关系,而人与人交往的纽带永远是感情,虽然卡片很小,但"礼轻情意重",顾客感受到的是无限的温情。

争取做第一

1910年,德国习性学家海因罗特在实验过程中发现了一个十分有趣的现象:刚刚破壳而出的小鹅,会本能地跟在它第一眼看到的母亲后边。但是,如果它第一眼看到的不是自己的母亲,而是其他活动物体,它也会自动地跟随其后。尤为重要的是,一旦这小鹅形成对某个物体的追随反应,它就不可能再对其他物体形成追随反应。用专业术语来说,这种追随反应的形成是不可逆的,而用通俗的语言来说,它只承认第一,无视第二。

在生活中,人对第一情有独钟。你会记住第一任老师、第一天上班、初恋等,但对第二则就没什么深刻的印象,在公司中第二把手总不被人注意,除非他有可能成为第一把手;在市场上第一品牌的市场占有率往往是第二的倍数……

在这里需要重点指出的是:单一顾客往往相信他所满意的产品,并会在很长时间内保持对该产品的忠诚,在这段时间内他不会对其他同类产品产生更大的兴趣和信任。

许多企业也证实:顾客忠诚度与企业的盈利具有很大的相关性。美国学者雷奇汉和赛萨的研究结果表明,顾客忠诚度每提高5%,企业的利润就能增加25%~85%。美国维特科化学品公司总裁泰勒认为，使消费者感到满意只是企业经营目标的第一步。"我们的兴趣不仅仅在于让顾客获得满意感，更要挖掘那些顾客认为能增进我们之间关系的有价值的东西。"

许多企业运用调查顾客满意程度来了解顾客对本企业产品和服务的评价，就是想通过提高顾客的满意程度来培养顾客忠诚度。然而许多管理者发现，企业进行大量投资，提高了顾客的满意程度，顾客却不断流失。对于企业和推销员来说，让顾客满意是远远不够的，如何培养顾客对组织、产品或者个人的忠诚才是推销的终极目标。

对于大多数商业机构而言，拥有一个忠诚的顾客群体是有好处的。从心理上讲，顾客忠实于某一特定的产品或商业机构也是有好处的。按照马斯洛的观点，从属感是人类比较高级的一种需要。作为一个物种，人们与其他一些同自己拥有同样想法和价值观的人在一起会感到亲切和有从属感。那些能够向其顾客提供这种从属感的商业机构正是触及到了人们这种非常重要的心理特征。

从企业角度来说，回头客是企业宝贵的财富。新顾客或新用户为企业发展和兴旺带来了新的活力。企业要通过成功的营销手段不断地吸引更多的新顾客，同时也要不懈地努力去巩固和留住老客户，这一点对企业经营是非常重要的。

留住回头客的关键还在于与顾客保持联系。与顾客和用户保持定期的联系，表示公司对顾客的关注和尊重，这样，可以增进双方感情交流，加深双方相互理解，也能够经常听到用户意见和反馈信息，及时进行质量改进，从而进一步加深企业与顾客之间的关系。

托德·邓肯告诉我们，方便顾客联系也有利于留住回头客。沟通便利使你的重要顾客能够不断地回头。

七、加演法则——不断提升服务质量

托德·邓肯认为：优良的服务就是优良的推销，销售中最好的推销就是服务，不能只开门而无服务，服务要有所为有所不为，做到贴心的服务让顾客心想事成。

服务是推销之本

彼尔是一家公司的业务经理，负责复印机推销与服务的部门。彼尔从学校毕业后就一直从事关于复印机的推销工作，转眼就是7年。在这7年中，他由修理复印机的助理员晋升到推销部的经理，这对一个年仅29岁的小伙子来说并不是一件容易的事。原本他只想找一个自己感兴趣的工作，没想到却一头钻进了推销中。

彼尔在学校读的是机械专业，他之所以进公司，只是抱着对机器维修的那份热情与喜爱。因为他从小就喜欢拆拆拼拼，不知道已经拆坏了多少东西。但是，这拆拆拼拼的过程使他渐渐对机器维修产生了兴趣。

抱着这想法进入公司的他，于是非常认真地学习修理复印机的技术，所以，他的维修技术非常高，客户的复印机出问题都找他修理。当然，这其中还有一个原因，他待人和气，自然也就赢得了客户的好感。许多老客户都主动地为他介绍新客户，而他则因为不是推销员，报价时总是尽量为客户争取最佳价格，客户只要一对比都知道他所提供的价格最合理，于是他的业绩因此逐渐地拓展开来，并且使他获得了"年度推销总冠军"的头衔，不但在公司受到了上司和同事的肯定，同时更赢得了客户的认同。

如果你向他询问这段"无心插柳柳成荫"的过去，他总会微笑着告诉你："其实最好的推销就是服务。"因为他一路走来，几乎没有主动去拜访过客户，大部分的业绩都是由客户相互介绍而来，所以业务拓展对他而言几乎是毫不费力的事。虽然面对不断而来的客户群，使他显得十分忙碌而且疲惫，但心中却充满希望和成就感，因为他知道：每一个成交的客户，如果可以持续得到良好的服务，将来都会为他带来新的客户。如此周而复始的结果使他的业绩不断提高。

彼尔的成功绝不是偶然的，他用良好的服务和信誉为自己带来很多客户，同时也给自己带来了成功。推销时除了要推销好的产品外，服务态度和专业能力也是最重要的。在现代竞争中，除了商品价格竞争以外就是服务的竞争了。在推销之前，具备完整而热诚的服务品质，是业务拓展时最重要的一环。

著名的推销员坎多尔弗也十分注重成交后的服务，在他看来，"优良的服务就是优良的推销"。他说："要想与那些优秀的推销员竞争，就应多关心你的顾客，让他感到在你这儿有宾至如归的感觉。你应该建立一种信心，让他永远不能忘掉你的名字，你也不应该忘记顾客的名字。你应确信，他会再次光临，他也会介绍他的同事或朋友来。能使这一切发生的方法只有一个，就是你必须为顾客提供优质服务。"

有些目光短浅的人认为服务是一种代价高昂的时间浪费，这种观点是完全错误的。我们必须正视这样的事实：服务质量是区分一家公司与另一家公司、这位推销员与那位推销员、这件产品与那件产品的重要因素，在我们高度竞争的市场经济体制下，没有一种产品会远远超过竞争对手，但是，优质服务却可区分两家企业。一旦你为顾客提供了优质服务，你就会成为令人羡慕的少数推销员中的一员，你比你的竞争对手更具优势。

坎多尔弗总是坚持售后给顾客写上几句，他是怎样写的呢？我们择一例来看看：

亲爱的约翰：

恭贺您今天下午做出决策，加入人寿保险。这当然是建立良好的长远理财计划的重要一步。我希望我们的会见是我们长期友好关系的开端，再次对您的订货表示感谢，并祝您万事如意。

您的忠诚朋友乔·坎多尔弗

"如果不与你的顾客保持联系，你就不可能为其提供优质品的售后服务。"坎多尔弗在其推销生涯中，自始至终都牢记着这一信条，可以说这是他成功的关键所在。

服务也要讲特色

托德·邓肯认为，价格竞争是有限的，它不能超过成本的底线，质量竞争也是有限的，它不能超越技术的发展。在消费者越来越精明与挑剔的今天，服务无疑成了推销员打动"上帝"的最后一块金字招牌。但推销员在推销过程中应该注意的是，服务并不是为顾客包办一切，而是择其重点，取其精要，有所为，有所不为。

服务内容不是任何情况下都整齐划一的，服务不存在一个标准的模式。不同的顾客、不同的消费目的、不同的消费时间与不同的消费地点，顾客对服务的要求是有差别的。例如，同一个游泳池就分早、中、晚三批不同的服务对象，同样是游泳，晨练的人目的在于锻炼身体；响午主要用于训练运动员，目的在于提高成绩；傍晚嬉水的人们目的在于娱乐休闲。所以，早晨游泳池的服务主要是提供运动水面、自来水设施，只要这两点满足了，晨练的人就能基本满意；参加训练的运动员则希望在这两点的基础上，水面牵起索道，更加符合比赛要求；傍晚休闲的人则更注重存衣、救生、更衣服务。所以，服务应区分对象而有不同的层次。

不同的销售经营方式对所提供的服务内容也不相同，这些服务有主次之分。有些服务必不可少，为主要服务，目的在于满足顾客的基本期望；有些服务根据需要灵活设置，为辅助服务，目的在于形成特色。快餐店的服务人员就没有必要替客人端茶倒水、上餐前小点。在零售业中，由于销售方提供的服务内容不一样，于是便诞生了百货商店、超级市场、专卖店、购物中心、货仓式商店、24小时便利店等多种零售形式，它们以各自的服务特色满足着不同消费者的不同期望。

服务竞争是一个万花筒，没有统一的模式，每个商家都可以选择自己独特的服务方式。然而，不管商家选择何种服务模式，都必须围绕着购物这一环节来进行，其首要一点就是为顾客提供满意的商品。因为商场的基本功能是购物场所，无论装修得多么豪华，营业态度多么热情，离开购物这一环节，服务便成了无源之水。

人们常说心想事成，推销员应该知道如何让顾客心想事成，也就是要了解顾客的心中所想，做到贴心服务。贴心服务涉及的领域，有精神上的，也有物质上的。

圣诞节即将来临，各种圣诞树及礼物琳琅满目；元宵节到来时，各式花灯星罗棋布；端午前夕，竹叶、艾草满街可见……充分满足了广大顾客的心理需求。最近，我国市场上有许多厂商推出了新招，例如一分钱专柜，提供了针、线和纽扣等；特大鞋商店，专给畸形脚的人提供方便；此外，还有特种钢材、农具、日用品等，这些都是贴心服务的不同形式。

当母亲节到来时，儿女们都要一表孝心。这时，商人便开始绞尽脑汁争先设计取悦顾客、博得他们欢心的物品，以促进销售额的增长。随着物质生活的提高，消费者的消费心理也同样起了变化。为了迎合消费趋势,各大百货公司改变了推销形式,不再用"大降价"、"优惠酬宾"等手段,而以温馨的贴心服务来取悦消费者。为达到推销目的,各大公司各出奇谋,招数迭出。如一些商家,为了让不能返乡过节的游子能与亲人尽诉亲情,特别推出"亲情热线"服务台,在母亲节的某一时段,让顾客免费"打长途电话向妈妈问好",此招大受顾客欢迎。前几年,送康乃馨给母亲表达孝心已在世界各地成了时尚,因此,康乃馨也成了母亲节促销活动最醒目的装饰。这些花有的被用来当作陈列品,有的用来现场销售,有的成了送货上门的订购礼物。有一家百货公司则独树一帜,隆重推出"康乃馨义卖周",在母亲节当日,提供500朵康乃馨在公司现场义卖,把所得款项捐给"心脏病儿童基金会",此举赢得了广大顾客对公司的好感,无疑会对未来潜在推销产生巨大影响。

不断提高服务质量

为客户服务是永无止境的追求。

由于商品种类与服务项目的不同,各行各业对于客户服务的定义多少会有些不同。但始终不变的则是客户服务的本质。

如果研究一下日本那些真正成功的公司,将发现他们都有一个共同的特点——在各自的行业为客户提供最优质的服务。像松下电器、三菱、东芝这样的国际知名大公司各自都在市场上占有很大的份额,这些公司的每一位推销员都致力于提供上乘服务。有这样一种推销员,他们"狂热"地寻求更好的方式,以"取悦"他们的客户。不管推销的是什么产品,他们都有一种坚定不移的、日复一日的服务热情。各行各业的佼佼者都是如此。

当你用长期优质的服务将客户团团包围时,就等于是让你的竞争对手永远也别想踏进你的客户的大门。

赢得终身的客户靠的不是一次重大的行动,要想建立永久的合作关系,你绝不能对各种服务掉以轻心。做到了这一点,客户就会觉得你是一个可以依靠的人,因为你会迅速回电话,按要求奉送产品资料,等等。这些话听起来是如此的简单——确实也简单,而且做到"几十年如一日"的优质服务并不是什么复杂困难的事,但它确实需要一种持之以恒的自律精神。

真正的推销员应该明白,通过对零售商们提供各种服务是能够使自己的生意兴旺发达起来的。充分认识到客户的价值,在第一份订单之后,一直与客户保持密切合作。一个优秀的推销员不仅定期做存货检查,而且还建议零售商削价处理滞销品,他还定期和其他推销员举行会议,共商推销妙策。除此之外,他还亲自设计广告创意,建议零售商们实行那些在别的城市被证明行之有效的广告促销方法。

某汽车公司的推销员在成交之后、客户取货之前、通常都要花上3至5个小时详尽地演示汽车的操作。公司要求所有推销员都必须介绍各个细节问题,包括一些很小的方面,比如怎样点燃热水加热器,怎样找到保险丝,怎样使用千斤顶,等等。

无论你推销什么,优质服务都是赢得永久客户的重要因素。当你提供稳定可靠的服务,与你的客户保持经常联系的时候,无论出现什么问题,你都能与客户一起努力去解决。但是,如果你只在出现重大问题时才去通知客户,那你就很难博得他们的好感与合作。推销员的工作并不是简单到从一桩交易到另一桩交易,把所有的精力都用来发展新的客户,除此之外还必须花时间维护好与现有客户来之不易的关系。糟糕的是,很多推销员却认为替客户提供优质服务赚不了什么钱。乍一看,这种观点好像很正确,因为停止服务可以腾出更多的时间去发现、争取新的客户。但是,事实却不是那么回事。人们的确欣赏高质量的服务,他们愿意一次又一次地回头光顾你的生意,更重要的是,他们乐意介绍别人给你,这就是所谓的"滚雪球效应"。

最后,托德·邓肯告诉我们:"服务,服务,再服务。为你的客户提供持久的优质服务,使他们一有与别人合作的想法就会感到内疚不已!成功的推销生涯正是建立在这类服务的基础上的。"

八、80/20法则——重点出击,高利回报

在做每一项工作前思考"80/20法则",真正领悟应该如何选择与放弃。

发现"80/20法则"

"80/20法则"是意大利著名经济学家维尔弗雷德·帕累托提出的,因此,这一法则也被

称为"帕累托法则"。帕累托注意到，社会上的人似乎很自然地分为两大类：一类被他称为"举足轻重的少数人"，另外一类则是"无足轻重的多数人"。前者在金钱和地位方面声名显赫，约占总人数的 20%；后者生活在社会底层，约占 80%。

帕累托后来还发现，几乎所有的经济活动都受 80/20 法则的支配。根据这一法则，20% 的努力产生 80% 的结果，20% 的客户带来了 80% 的销售额，20% 的产品或者服务创造了 80% 的利润，20% 的工作能够体现 80% 的价值，等等。这意味着，如果你有 10 件工作要做，其中 2 件的价值比另外 8 件加起来还要大。

"80/20 法则"在推销工作中的应用

在你刚刚成为一个推销新手的时候，一定要花 80% 的时间和精力去向内行学习和请教，或用 80% 的时间和精力投入一次强化培训。这样，在你真正进行推销的时候，就可以利用 20% 的时间和精力去学习新东西，否则，你花了 80% 的时间和精力，也只能取得 20% 的业绩。

在你去推销的时候，勤奋是你的灵魂。唯有 80% 的勤奋和努力，才能有 80% 的成果。20% 的付出，只能有 20% 的回报。付出和所得永远是均等的。所以，在你的推销生涯中，80% 的时间是工作；20% 的时间是休息。你可能花 80% 的精力，得来 20% 的业绩，但绝不可能花 20% 的精力，得来 80% 的辉煌。

如果你对目标顾客能够了解 80%，并对其个性、爱好、家庭情况有更多的掌握，那么在面对面推销的时候，就只要花 20% 的努力，成功的把握就可以达到 80%。如果你对推销对象一无所知，尽管你在客户面前极尽 80% 之努力，也只有 20% 成功的希望。

在你推销的市场上，真正能够成为你的客户、接受你的推销的人，只有 20%，但这些人却会影响其他 80% 的顾客。所以，你要花 80% 的精力向这 20% 的顾客进行推销。如果能够做到这样，也就意味着成功，因为 80% 的业绩来自 20% 的老顾客。这 20% 的老顾客，才是最好的顾客。

上帝给了我们两只耳朵、一个嘴巴，就是叫我们少说多听，推销的一个秘诀，就是使用 80% 的耳朵去倾听顾客的话，使用 20% 的嘴巴去说服顾客。如果在顾客面前，80% 的时间你都在唠叨个不停，推销成功的希望将随着你滔滔不绝地讲解，从 80% 慢慢滑向 20%。顾客的拒绝心理，将从 20% 慢慢爬到 80%。

推销员没有第二次机会在顾客面前改变自己的第一印象，第一印象 80% 来自仪表。所以，花 20% 的时间修饰一番再出门是必要的。在顾客面前，你一定要有 80% 的时间是微笑的。微笑，是友好的信号，它胜过你用 80% 的言辞所建立起的形象。如果在顾客面前，你只有 20% 的时间是微笑的，那么，会有 80% 的顾客认为你是严肃的，不易接近的。

推销的成功，80% 来自交流、建立感情的成功，20% 来自演示、介绍产品的成功。如果你用 80% 的精力使自己接近顾客，设法与他友好；这样，你只要花 20% 的时间去介绍产品的利益，就有八成的成功希望了。但假如你只用 20% 的努力去与顾客谈交情，那么，你用 80% 的努力去介绍产品，八成是白费劲。

推销，从被顾客拒绝开始。在你的推销实践中，80% 的将是失败，20% 的将是成功。除非是卖方市场，不可能倒置。在刚刚加入推销这一行列的人当中，将有 80% 的人会因四处碰壁畏难而退，留下来的 20% 的人将成为推销界的精英。这 20% 的人,将为他们的企业带来 80% 的利益。

作为推销员本人，在你的一生中，你可能只有 20% 的时间是在推销产品，但是，这为你 80% 的人生创造财富，取得成功。在你推销的过程中，你会发现：你推销的顾客当中，会有 80% 的人众口一词，说你的产品价格太高，但是，机会大量地存在于这 80% 的顾客中。

中篇

最有效的营销方法

第一章

营销环境分析

市场机会分析法

市场机会稍纵即逝，掌握正确的市场机会分析方法，有助于企业判断和识别眼前的市场机会，从而及时地采取有效的行动。

市场机会分析常用于新产品上市时，对现有产品也同样适用。

一、机不可失，相机而动

市场机会是关系到企业生死存亡的大事。没有市场机会，企业想尽一切办法也要创造市场机会，否则只能黯然退市；另一方面，就算存在市场机会，也并不意味着所有企业都能够发现，更不要说把握市场机会、创造利润了。机会总是青睐有准备的人，掌握市场机会分析法，便可以帮助企业判断眼前的机会并及时采取行动。

市场机会分析框架具体如图所示：

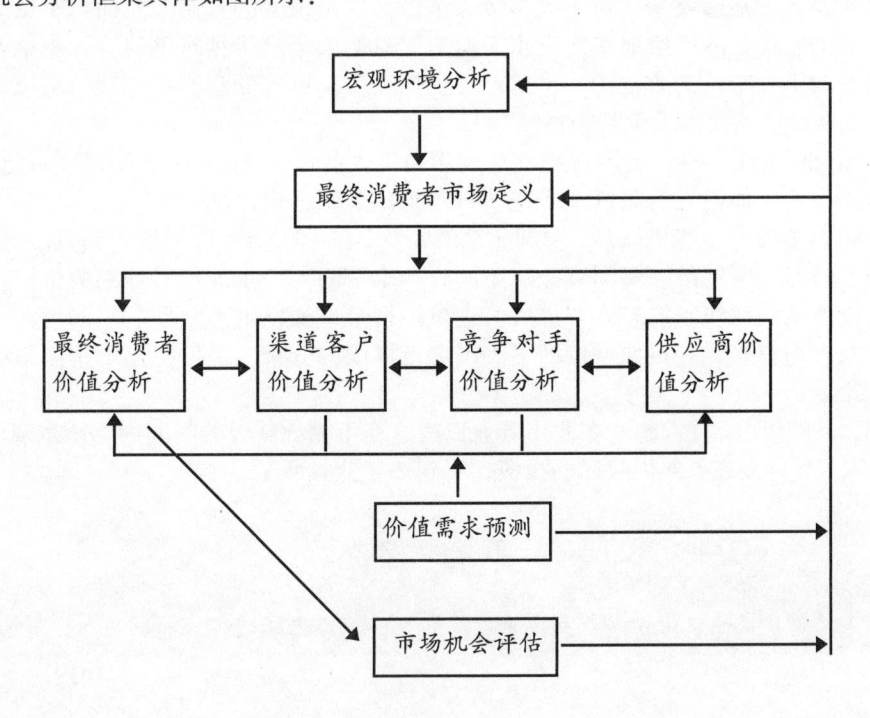

```
              宏观环境分析
                   ↓
            最终消费者市场定义
          ↓      ↓      ↓      ↓
      最终消费者  渠道客户  竞争对手  供应商
       价值分析   价值分析  价值分析  价值分析
                   ↑
              价值需求预测
                   ↓
              市场机会评估
```

市场机会分析大致可分为以下4个步骤：

第一步，宏观环境分析。通过对宏观环境中的政治、经济、文化、技术、社会等几大要素的详细分析，以期发现新的市场机会。比如，政府西部大开发战略设想的提出，是否能够带来新的市场机会呢？

第二步，最终消费者市场定位。这样做的目的是帮助企业判断和识别出具有一定机会的市场和顾客。这一步非常重要，通常会对企业在目标市场上的战略决策起到非常重要的影响。

第三步，价值分析。进行价值分析，可以帮助企业了解各主要市场参与者之间交互作用的特点和发展趋势，重点应放在了解最终消费者、供应商、渠道客户和竞争对手之间的价值交换过程。

第四步，市场机会评估。发现市场机会以后，便要对市场机会的大小和优劣进行评估。总的来说，市场机会评估的标准主要有以下几点：持久竞争优势标准，包括市场占有率、市场进入门槛等指标；财务标准，包括投资回报率、现金流、销售额增长率等指标；企业和品牌形象标准，包括企业形象的一致性等指导；协同性标准，如增加生产其他产品的机会等。

二、奥纳西斯、肯德基抓住市场机会

第二次世界大战以前，人们普遍存在悲观的情绪，似乎世界末日就在不远处。然而，希腊人奥纳西斯没有在悲观中沉沦。通过认真地思索，他认为生产过剩、物价暴跌只是暂时的现象，世界经济终究会再次繁荣，到时候价格自然会回升，说不定还会暴涨。所以谁能够在今天买到便宜货，必将在明天卖出好价钱。现在看来，奥纳西斯的判断是非常准确的。然而，令人意想不到的是，奥纳西斯并没有选择购买被普遍看好的黄金、不动产或者公司的股票，而是瞄准了似乎注定要遭难的海上运输工具——轮船。他认为一旦世界经济复苏，运输就会显得尤为重要。拥有了轮船，到时候投入的金钱就会像热带植物一样疯长，利润自然滚滚而来。

一天，奥纳西斯得到了一条他最希望看到的消息：由于经济萧条，加拿大国营运输公司无力维持经营，决定出卖6艘货轮。这6艘货轮10年前价值200万美元，如今仅以25万美元出售。看到这个消息，奥纳西斯几乎兴奋得跳了起来。他立即乘机赶到加拿大，把那6艘被遗弃在"墓地"的轮船如数买下。当时，很多人认为奥纳西斯疯了，认为过不了多久，这些船就会变得一钱不值。形势像大多数人所想象的那样发展，经济一天坏似一天，整个资本主义世界都深陷在泥潭中，光明的未来似乎只是一个美丽的谎话。但奥纳西斯从没动摇自己的信心，他坚信好日子一定会来临。

第二次世界大战爆发了，对于大多数人来说，这是噩梦的开始。然而对于奥纳西斯来说却有着不同的意义。战争给那些拥有水上运输工具的人带来了神奇的机会，奥纳西斯的6艘大船瞬间变成了6座浮动的金矿，每挪动一步都会带来可观的利润。在战争结束以后，身价倍增的奥纳西斯已然成为了希腊船王。

20世纪80年代中期，美国肯德基炸鸡店对庞大的中国市场产生了兴趣，有意在中国发展加盟店。为此，他们先行派遣了一位执行董事到北京考察市场。

这位执行董事下了飞机以后，来到北京的街头，在不同的路口用秒表测量出行人的流量，然后又向500名不同年龄、不同职业、不同收入水平的人征求他们对炸鸡的价格、口味等要素的看法以及他们对快餐的态度。最后，这位执行董事又详细考察了北京的鸡源、油、面、盐、菜以及鸡饲料等，并将数据带回了美国进行详细的分析，最后得出了中国市场具有巨大潜力的结论。

果然，1987年11月肯德基在北京开业以后，在不到300天的时间内，便实现了250万元的销售收入。原计划在5年内收回的投资，不到2年就收回了。

方法实施要点

市场机会分析的应用范围有：

（1）比较广泛地应用于新产品上市时。它可以帮助企业进行市场的定位，并为企业营销

> 计划的制订提供依据。
> （2）市场机会分析也可以应用于现有产品。
> （3）在具有明确发展目标的产品的营销计划的制订上也能起到作用。它可以帮助企业确认各种机会与问题的所在。

环境威胁机会矩阵

环境威胁机会矩阵是一种常用的营销战略分析方法，它可以帮助企业分析营销环境，以发现机会和规避风险。

在环境威胁机会矩阵的帮助下，企业不会坐等环境发生剧烈的变化，而是提前做好准备，去抓住机会或者迎接挑战。

一、发现机会，规避风险

如今，环境扫描日益成为一家成熟公司的重要职能，公司必须识别出环境中哪些因素有可能造成重大的威胁或者带来重大的机会。为此，许多公司纷纷建立起问题管理程序，以了解和掌握那些可能影响企业未来的问题。环境威胁机会矩阵便是一种常用的营销战略分析方法，可以帮助企业分析营销环境，以发现机会和规避风险。

环境威胁

环境威胁是指环境中一些不利于企业生存和发展的因素，这些因素使得企业面临严峻的挑战。为此，企业必须果断地采取有效的营销行动，否则企业的市场地位就会逐渐被侵蚀掉。

企业应在其营销计划中把这些威胁体现出来，并按严重程度和出现的可能性进行分类。如下图所示：

严重程度	出现概率 高	出现概率 低
大	1	2
小	3	4

环境威胁矩阵

其中，区域1中的威胁是关键性的。它对公司的危害最大，而且出现的概率也最高。因此，企业有必要对其制订一个专门的应变计划，计划中至少应阐明：在威胁出现之前，或者在威胁出现时，企业应做哪些工作，如何使危害程度降到最低。区域4中的威胁，因为其对公司的危害程度和出现的概率均最小，公司可以置之不理。对于处于区域2和3中的威胁，公司不必对其制订一个专门的计划，但应密切关注它们，因为这些威胁有可能发展成为重大威胁。

环境机会

公司所面对的环境总是机会与威胁并存。要想使公司健康、稳定地发展，除了要规避或减轻威胁，更要牢牢抓住环境机会。所谓的环境机会就是指对公司的营销行为富有吸引力的领域。在这些领域中，公司将获得竞争优势。这些机会可以按其吸引力的大小和出现概率的高低来进行分类（如下图所示）。一般来说，公司在某一特定机会上取得成功的概率高低取决于它的业务实力是否与在该行业获得成功所需要的条件相符合。一家经营最佳的公司必定是在满足行业成功条件中最具竞争优势的公司，这些优势会形成公司为顾客创造价值的能力。

处于区域1中的那些机会，因为其出现的概率和对公司营销行为的吸引力都是最大的，

		成功概率	
		高	低
吸引力	大	1	2
	小	3	4

环境机会矩阵

所以是公司所面临的最佳机会，公司的决策者们应制订若干计划以寻求一个或者几个这样的机会；而对于区域4中的机会，因为其出现的概率和对公司营销行为的吸引力都较小，公司可以不予考虑；对于区域2和3中的机会，公司应予以充分的关注，因为其中任何一个机会的吸引力或者成功概率都有可能出现变化。

二、某汽车生产企业所作的环境威胁机会分析

某汽车生产企业在激烈的市场竞争中感到茫然无措，不知如何应对来自各方面的压力。决策者们深知长此以往企业必然会走向败落。为避免这种情况成为现实，他们决定立即进行环境威胁机会分析，期望从这一分析中找到前进的方向。

环境威胁分析

作为汽车生产企业，它所面临的环境威胁无外乎这样4种：其一，竞争对手发明一种高效的电动小汽车；其二，出现严重而漫长的经济萧条；其三，汽油的价格上升；其四，政府颁布更为严格的汽车污染控制法令。

在这4种环境威胁中，尤以第一种威胁最应引起重视。这是因为，在环保意识日益深入人心的今天，高效的电动小汽车毫无疑问会被消费者所热烈追捧。而且，各大汽车生产企业加紧研究高效电动小汽车也早已不是什么秘密了。这就意味着竞争对手发明高效电动小汽车并非不可能，应该说概率还是相当高的。

至于第二种威胁，诚然，这会给企业带来严重的影响，毕竟拮据的消费者绝不会把钱用于购买并非必不可少的汽车。可以想象，在那样的困难情况下，消费者手中的钱更多地会用于购买食物、衣物。但是值得庆幸的是，如今全球经济发展势头良好，中国经济更是保持着一贯的稳步上升。在可预见的将来，漫长而严重的经济危机几乎不可能发生，所以，对于第二种威胁，企业不可不防，但也无须过于重视。

汽油价格的上升也会对汽车的销售起到一定的负面影响，而且这种情况经常出现。但是企业对此也不必忧心忡忡。汽油的价格不会高到消费者难以承受的程度，毕竟汽油生产商也要考虑自己的经济效益。

对于第四种环境威胁，企业更不必为之担忧了。因为政府不太可能作出这样的决定，而且就算颁布了更为严格的汽车污染控制法令，对汽车企业来说也并非不可逾越的障碍。因此，对于这一环境威胁，企业完全可以不予理会。

环境机会分析

汽车生产企业所面临的外部环境也绝非乌云密布、不见一丝光亮，实际上企业还是有许多机会可以把握的。比如，企业可以发明一种高效电动小汽车；发明一种节油汽车，每加仑油可以行驶96.56千米；发明一种减震汽车；发明一种更为高效的汽车污染控制系统等。

当然，这些机会也有优劣之分，其中发明高效电动小汽车是最应引起重视的。原因上文已经提到，高效电动小汽车不仅会深受消费者的欢迎，而且其开发的难度也不是十分高。发明一种节油汽车，这个想法非常具有吸引力，也可以料想这样的汽车必然会备受市场青睐。但是遗憾的是，在现有的技术水平下，还难以设计出价位合适的节油汽车。发明一种减震汽车，这并不难以做到，但是消费者却对此兴趣不大，所以这也不是一个好机会。发明一种高效的汽车污染控制系统，这个想法稍微有些超前。从现在来看，这样的汽车还难以设计出，而且

消费者也不一定会买账。

> **方法实施要点**
>
> 　　把环境威胁矩阵和环境机会矩阵结合起来，我们就可以把某个特定公司所面临的威胁和机会图解出来，并识别出该公司所拥有的业务属于下列4种业务中的哪一种：
> 　　第一种是理想的业务，即拥有大量的良好机会，同时威胁很少甚至是没有。这是所有公司都渴望的业务，其未来的发展前景非常令人向往。
> 　　第二种是投机型业务，即所面临的大好机会和重大威胁出现的概率同样很高。拥有这种业务的公司务必要小心谨慎，多作计划，以抓住机会和规避风险。
> 　　第三种是成熟的业务。这种业务已迈入成熟期，大好的机会和重大的威胁出现的概率都很低。
> 　　第四种属于麻烦型业务，机会很少，但威胁却很大。公司应尽快摆脱这种业务。
> 　　总的来说，一家优秀的公司绝不会坐等环境发生剧烈变化后再手足无措地收拾残局，而是通过各种方法和途径预测大好机会和重大威胁的到来，并准备好各种计划以迎接挑战，只有这样才能使企业稳步发展。

市场潜力分析

　　市场潜力是决定企业进入或者退出市场的关键指标。
　　市场潜力可作为销售预测的重要依据。

一、为营销寻找宽广的舞台

　　在决定进入一个市场之前，首先要考虑这个市场的舞台有多宽，企业在这个市场内是否能大展拳脚，即该行业的市场潜力有多大。要知道，在一个潜力不足的市场内，企业是不能得到用武之地的。因此，这就需要企业在进入某一市场之前，认真地进行市场潜力分析。

市场潜力的概念和特点

　　市场潜力是指企业在某个时间段内和既定的条件下有可能实现的最大销售额，即企业在该市场最多能够取得什么样的销售业绩。换句话说，也就是指在市场上的参与者都能够全面开展营销活动，并能够吸引所有潜在顾客的情况下，整个行业最终实现的销售。

　　市场潜力具有很强的时间性，在不同的时间段内会表现出非常大的不同。这一特性使得市场潜力很难被企业所掌握，尤其在预测销售的上限和最大销售量时更是如此。有些企业总是试图把市场潜力用一个固定的数字表示出来，这显然是难以做到的。当然，市场潜力的变化也绝非没有规律可循。一般来说，市场潜力的变化取决于行业平均价格或总体经济水平等要素的变化。

市场潜力分析的作用

　　市场潜力分析的作用主要有以下几个方面：

　　（1）为进入或者退出市场提供决策依据。某一行业的市场潜力，往往是企业决定进入或者退出市场的关键指标。一般来说，行业的市场潜力越大，对企业的吸引力也就越大。

　　（2）为资源配置提供决策依据。资源的配置与产品的生命周期密切相关。企业通常愿意在产品的成长阶段投入大量的资源，因为处于成长阶段的产品具有较大的市场潜力可供挖掘；而不愿在产品的成熟阶段进行投资，因为生命周期理论认为，在这一阶段，销售已达到了市场潜力。

　　（3）为店址的选择和其他资源配置提供决策依据。生产商和零售商在选择新店址的时候，通常会把市场潜力作为关键指标。同样，企业在进行广告预算或者策划营销活动时，也会将市场潜力作为关键因素加以考虑。

（4）作为目标设计和绩效评估的依据。市场潜力为企业的营销人员提供了努力的方向。如若企业的实际销售量低于市场潜力，营销人员便要分析产生这种差距的原因，进而推动企业市场策略和营销计划的优化。此外，划出几个市场潜力相当的销售区域，让不同的销售员进行销售，也便于销售经理对各销售员进行绩效评估。

（5）为销售预测提供依据。企业在制订年度计划时，可将市场潜力作为销售预测的依据。

二、一次失败的市场潜力分析

韩国现代集团的产品以其物美价廉和品牌声誉，一度在南非市场上呼风唤雨，十大名牌汽车有其一。然而，谁也没有想到，这种繁荣的景象只是昙花一现。在进入南非市场短短几年间，现代集团在南非的代理分销公司就债台高筑，最终竟达87.7亿兰特（约合14.62亿美元）之巨，不得不宣告破产。

一位南非的高级雇员透露了现代集团溃败的根源。原来，从一开始，现代集团的决策层就对南非市场的潜力作出了错误的判断。这也难怪，虽然南非算不上幅员辽阔，但其境内基础设施相当先进，公路四通八达，人均国民生产总值也颇为可观，世界上许多大的汽车厂商都将其视为很有潜力的市场。很显然，现代集团对南非市场潜力的估计更为乐观。由于与其他主要竞争对手相比，现代集团进入南非市场较晚，为弥补这一劣势，现代集团不惜血本展开了猛烈的广告攻势，与当时的日本厂商争斗得不可开交。不仅如此，急于求成的现代集团，在立足未稳之际，便不由分说地投资3亿兰特在南非的邻国博茨瓦纳建立了组装厂，专门向南非供货。

大手笔毕竟不同凡响，现代集团很快就在南非市场上分得了一杯羹，市场销售形势喜人。在其经营得最好的时期，月销量一度高达800辆。然而，浮华过后，真理终究要显现。事实证明，南非市场的潜力大大低于现代集团的期望。由于贫富悬殊，南非能买得起汽车的人并不多，再加上内需不旺，汽车市场很快便尽显疲态，汽车销售总量连创新低，令各大汽车厂商愁眉不展。现代集团的眉头只有锁得更深，因为自从进入南非市场以来，它一直是在负债经营，如今的状况可算是雪上加霜。然而"屋漏偏逢连夜雨"，对现代集团更为不利的是，南非一改以往低关税的政策，并且提高了银行的贷款利率，使得现代集团的生产成本猛增，甚至出现生产汽车越多亏损越多的尴尬景象。倘若此时现代集团能认识到自己的错误，及时调整策略，收缩战线，稳住市场份额，或许还有一线生机，然而现代集团的决策层显然没有这样想。

现在看来，当时现代集团的决策层显然还对南非市场抱有幻想，认为困难只是暂时的，南非市场的潜力还是可观的。为此，现代集团不惜迎难而上，继续大举借债，硬着头皮去占有更大的市场，甚至提出了"从南非向南部非洲扩展"的策略。于是摊子越铺越大，钱越借越多，但市场形势并没有像预期的那样好转，结果现代集团难以满足的胃口最终被日益膨胀的债务所撑破。

毫无疑问，市场潜力分析的失误是现代集团败走南非的"元凶"。但不可否认，缺乏后劲和充足的实力也是其最终没能扭转困境的重要原因之一。

方法实施要点

市场潜力分析的方法主要有3种，分别是分析预测法、市场因素组合法和多因素指数法。

1. 分析预测法

这种方法通过对产品的潜在使用者或购买者提问来进行预测。实施这种方法的步骤为：

首先，明确该产品的潜在购买者和使用者。管理者可以通过评估市场上的所有顾客来确定，也可以用反向提问"谁不是合格的潜在顾客"的方式来辨别。

其次，确定每一潜在购买群体的规模。对潜在购买者和使用者进行分类，并确定每一类别的人数。

最后，估算潜在购买群体的使用率或购买率，计算市场潜力。潜在购买群体的使用率或购买率可以根据调查或其他研究所获得的平均购买率来确定,也可根据重度使用者的使用率来确定。确定使用率或购买率后,用其乘以上一步骤所得出的结果,即可得出市场潜力。

2. 市场因素组合法

市场因素组合法,即先辨别出市场上的所有潜在购买者,然后对潜在购买者的购买量进行估计。

利用市场因素组合进行市场潜力分析还有一个比较有效的方法,就是在标准产业分类体系的基础上,估计某个行业所需产品的数量。

3. 多因素指数法

多因素指数法即确定若干个对某一产品的销售会产生重要影响的因素,并赋予每一因素一个特定的权数,从而计算出企业可期待的销售额。多因素指数法不是唯一的。企业可根据现实的市场特征,设计有针对性的指数。

销售预测分析法

管好一个企业就意味着管好它的未来,而要管好它的未来就必然要有准确的预测。

销售预测通过了解对未来销售活动具有重要影响的各种因素及信息,为销售计划的制订提供依据。

一、凡事预则立,不预则废

企业对未来营销状况的期望,也就是企业对自身未来业绩状况的认识。这便是所谓的销售预测。一般来说,企业较为关注的指标是销售额、市场占有率和利润。

销售预测与市场潜力是两个不同的概念。二者的区别主要体现在以下几个方面:从含义上来看,市场潜力是指在某一时段和给定的条件下,企业最多能获得多大的销售额,也就是回答企业最多能销售多少这个问题;而销售预测则是指在某个时间段和给定的条件下,企业最有可能达到的销售量是多少,也就是要回答企业最有可能销售多少这个问题。从范围上来看,市场潜力着眼于整个行业,是指在行业中的所有参与者都充分进行营销活动时,整个行业所能达到的销售额;而销售预测则着眼于本企业,指的是本企业的销售期望,通常要低于市场潜力。

销售预测与市场潜力又有着千丝万缕的联系,这种联系体现在:从本质上来说,销售预测与市场潜力都是对未来的一种判断,都是对需求的一种评估;市场潜力与销售预测都依赖于一系列的前提假设条件,这些条件可归纳为4个方面,即顾客做什么、企业做什么、竞争者做什么、总体环境如何;市场潜力与销售预测都有很强的动态性,在不同的时间段会有不同的表现。

二、奥伯梅尔的销售预测方法

奥伯梅尔是流行滑雪服的生产商,在美国市场上占据重要地位。公司非常重视销售预测,初时采取专家意见法,把职能部门的经理们召集起来,组成一个专家小组,然后对某种产品的销售状况作出一致性的预测。但是,事实证明这种方法并不理想,预测值常与实际情况相去甚远。例如,在1991至1992销售年度,有几款女士风雪大衣就比原先的预测多销了200%!为解决这一问题,奥伯梅尔决定对预测方法进行改进,以获得更为准确的结果。

奥伯梅尔专门建立了一个工作小组来负责这个事情。经过详细的调查和认真的分析,工作小组提出了"正确响应"的方法。他们发现,公司的预测实际上是一种赌博。比如对生产风雪大衣的预测,实际上就是对"风雪大衣会有销路"这一判断打赌。为了规避这种赌博式的预测所带来的巨大风险,公司必须去寻找一种有效的方法。这种方法可以帮助企业确定在"早期订货"之前生产哪些产品是安全的,而哪些产品应该延期到"早期订货"搜集到可靠的信息之后再组织生产。此外，工作小组还发现，虽然专家的预测时常出现不符合实际的现象，但是仍有近一半的预测与实际销售量的误差在10%以内。这也就是说，专家们的预测还是有一定的价值的。但是，如何使专家小组的预测更为准确呢？通过对专家小组工作方式的分析，他们发现专家小组通常是对某一种款式和颜色都进行广泛的讨论后才达成一致的预测。工作小组认为这就是问题所在。于是他们尝试着让专家小组的每一位成员都独立地对某种款式的产品进行销售预测，而且每一个人都要对自己的预测负责。实验证明，这种方法大大提高了预测的有效性。

奥伯梅尔公司的这项改革非常明智。它剔除了一致性预测的不足，同时也使新的预测方法更易于统计处理，也容易得到更为精确的预测结果。实际上，一致性预测往往不能实现真正意义上的一致性。专家小组中的重要成员比如资深的经理通常会在无形中给其他的成员以过度的影响，使其下意识地选择服从，而不是忠于自己的观点。采用独立预测，公司完全不必担心这样的问题了。

此外，奥伯梅尔公司还设计了一套更先进的生产计划方法，能够识别和利用各种预测信息。这套生产计划方法的优点在于，它能够在"早期订货"之前，完全根据销售预测来进行产品的加工和生产，这种加工能力是"非反应性"的；而在接受订货信息之后，以订货信息来指导生产，这种加工能力被称作"反应性"。后者可以使公司提高预测精度，从而作出生产决策。

> **方法实施要点**
>
> 销售预测常用的方法有以下4种：
>
> （1）购买者意图调查法，即对消费者愿意买什么进行调查。如果消费者对调查非常配合，把购买意愿如实相告，且付诸实施，那么这种调查就非常有意义。这种方法适用于工业产品、耐用消费品、需要先行计划的产品采购、新产品的需求估计等。
>
> （2）销售人员意见综合法，即请销售人员对现有和潜在的顾客会买多少公司的产品进行估计，然后对销售人员的估计结果进行综合分析。为使销售人员作出较好的预测，公司可给他们提供一些帮助和奖励，比如给他们提供一些有利于预测的材料。若预测准确，他们可以收到一定的奖励等。
>
> （3）专家意见法。同样，企业也可以邀请专家来进行预测，综合分析专家们的预测结果。这里的专家包括经销商、分销商、供应商、营销顾问、贸易协会等。实施专家意见法主要有3种方式：一是小组讨论法，即将专家召集起来，组成一个小组，针对某一特定问题进行讨论，最后达成共识；二是"德尔菲法"，即收集各位专家的意见，然后由公司统一进行审查和修改，并在此基础上作进一步的估计；三是要求各位专家分别提出自己的估计和设想，然后由专门的分析人员对这些估计和设想进行汇总。
>
> （4）试销法。当上述几种方法因种种原因无法实施的时候，便可采用市场直接测试的方法。这种方法尤其适用于对新产品的销售预测以及为产品开辟新的市场或新的销售渠道的情况。

市场占有率分析法

市场占有率对企业来说是一项至关重要的指标，它既能够反映企业在某一时期内的经营业绩状况，也是企业市场地位的直接体现。

盲目追求市场占有率会导致两种严重的后果：其一是单位销售费用随销售规模的扩张而提高，即导致规模不经济；其二是由于市场基础不牢靠，企业的市场地位不稳固。

一、重视市场占有率的"含金量"

市场占有率对企业来说是一条至关重要的经济指标，它不仅能够反映企业某一时期经营业绩的好坏,更能够直观地体现企业的市场地位。不仅如此,市场占有率还与企业的盈利能力有着密切的联系。20世纪80年代,哈佛商学院的一份研究报告显示:行业中市场占有率排名第一的企业,其回报率是第五位以后企业的4倍以上。波士顿咨询集团在这一研究基础上,通过深入地探索,提出了著名的"经验曲线",即企业的市场占有率越高,其销售额就越大,就越容易形成规模效应,从而提高其盈利能力,使得企业的利润率越来越高。

市场占有率简介

市场占有率又叫作市场份额,是指在一段时期内,企业所生产产品在市场上的销售量或者销售额占同类产品总销售量或总销售额的百分比。市场占有率高可以说明企业在这一时期内营销状况好,竞争能力强,在市场中处于有利地位;反之,则说明企业在这一时期内营销状况差,竞争能力弱,在市场中处于不利地位。

市场占有率的战略意义

市场占有率一般可分为上限、中限和下限3个范围,不同的市场占有率范围具有不同的市场战略意义:

(1)当市场占有率达到下限,即超过26%时,则说明企业仍处于激烈的市场竞争中,随时会受到竞争对手的猛烈攻击,但同时也具备了脱颖而出的条件。

(2)当市场占有率达到中限,即超过42%时,则表明企业已经从市场竞争中脱颖而出,占据了有利的地位,属于市场的领先者。达到这一界限的企业,表明其已经进入一个相对安全的状态,不易被竞争对手所击倒。

(3)当市场占有率达到上限,即超过74%时,企业在该市场上已牢牢占据垄断位置。无论其竞争对手的状况如何,都不足以撼动其市场地位。达到这一界限的企业,一般不会去考虑抢占更多的市场份额。因为剩下市场中的顾客往往对其他企业有较强的忠诚度,即便是市场的巨无霸也很难争取到他们。

(4)在现实的市场竞争中,当企业在一个区域市场上与另一家企业展开竞争时,如果它的市场份额是其对手的3倍或者比3倍还多,那么竞争对手就很难给这家企业制造麻烦,如果企业在一个更大的范围内与3家以上的企业展开竞争,若这家企业的市场占有率是其他企业的1.7倍,那么它就处于一个绝对安全的范围之内了。

二、宝洁兵败日本市场

宝洁公司是非常成功的家用日化产品巨头,也是一家具有悠久历史的百年老店,在行业内拥有着良好的口碑。宝洁公司具有强烈的进取心,这一点可以从宝洁公司的目标纲领中窥豹一斑。宝洁公司的目标纲领中有这样一句话:在追求成功的过程中,我们希望自己的产品能够占据市场的领导地位并实现盈利。在这一理念的指引下,宝洁在第二次世界大战后开始在世界范围内抢占市场份额,先是在加拿大市场上获得了霸主地位,接着又在欧洲市场上连克强敌并占据了市场亚军的宝座。这一系列的成功进一步坚定了宝洁公司征服世界的信心,它的矛头已经指向了日益强大起来的日本市场。

宝洁公司于1973年开始了对日本市场的进攻。在进入市场的初期,宝洁通过全方位立体的广告宣传、极具竞争力的价格策略以及产品在世界范围内的声誉,在短时间内占据了较大的市场份额。但好景不长,当时营业额仅为宝洁1/10左右的日本同行同仇敌忾,对宝洁公司展开猛烈的报复,最终迫使宝洁公司退出了日本市场。回首宝洁公司在日本市场的表现,可将其教训归纳为以下几点:

第一,对日本消费者的消费心理和偏好调查不足。与西方国家相比,日本有着独特的语言、文化、传统习俗,这决定了日本消费者的消费心理和消费偏好表现出与西方国家截然不同的特征。而宝洁并没有对此进行认真细致的调查,最终的消费形势自然不能令人满意。比如,日本的商店密度大,是美国的4倍左右,而且日本的住房通常较为狭小,不适合储存大量的物品,所以日本人没有购买大包装商品的习惯。而宝洁公司在日本市场延续了其在西方国家屡试不爽的大包装促销方式。再比如,日本的家庭妇女是世界上最为挑剔的顾客,她们非常看重产品的质量、性能和可靠性,而便宜货和降价产品在她们眼里无异于质次产品的代名词,所以,宝洁的降价促销方式也引起了她们的质疑。

　　第二，与经销商的关系处理不当。日本的销售渠道比西方国家要复杂得多，批发层次甚至多达4层，中间商的利益不容忽视。因此，倘若使用驾轻就熟的美国销售方式，如何处理批发商和零售商之间的关系，就是宝洁公司必须要认真考虑的问题。而遗憾的是，宝洁公司在这一敏感的方面表现出了令人讨厌的傲慢，在销售Cheer洗衣粉的时候，直接派促销员去与零售商接洽；为了得到更好的市场回报，完全不顾批发商的利益，这也直接加剧了批发商与宝洁关系的紧张程度。

　　第三，激进的价格策略造成严重的后果。诚然，宝洁激进的价格策略在市场初期确实获得了成功，其产品的市场份额接连攀升，并取得了无可争议的领先地位。但这种不顾一切抢占市场的做法却最终造成了无法挽回的恶果：其一，使宝洁遭到了日本商会及媒体的强烈谴责，抨击其在市场开发过程中有破坏性的市场活动，并对日本宝洁公司高层领导者的商业道德提出质疑，极大地损坏了宝洁的商业形象。其二，激起了竞争对手的猛烈反击，并使宝洁自身的市场份额大幅下降。为报复宝洁，竞争对手努力研究更为先进、环保的产品，并最终获得了成功，从而逐渐取代了宝洁公司的市场地位。其三，加重了自身的债务负担。在急剧的扩张过程中，日本宝洁公司的亏损额达到了260亿日元。

　　宝洁公司的失利只能归咎于其太过急功近利，不顾一切地追求市场份额，最终却得到了适得其反的效果。所谓"欲速则不达"，诚然，市场占有率对企业的意义非比寻常，孜孜以求也无可厚非，但企业必须要明白：踏踏实实，逐步提高，才是成功之道。

方法实施要点

　　很多企业受到"先市场后效益"、"先规模后效益"等思想的误导，变成市场占有率的奴隶，发展前途一片暗淡，教训深刻。因此，企业追逐市场占有率时，不仅要重"量"，更应重"质"，在坚实的基础上，去逐步提高市场占有率。具体来说，要做到以下几点：

　　（1）加强分销渠道建设，培育持久、稳定的销售能力。许多企业只重视做销量，而忽视了做销售网络，这样也许能够在短期内业绩骄人，但因市场基础工作的薄弱、经销商缺乏忠诚度以及价格的混乱，远景却不容乐观。总而言之，无"网"不胜，没有销售网络支撑的市场占有率，是不能够充分体现企业的市场地位的，其业绩也不能够长久。

　　（2）强化目标顾客概念，针对目标顾客开展营销活动。企业若没有目标顾客概念，盲目推销，必然会造成销售费用的水涨船高，效益自然随之下降。

　　（3）重视产品的研发工作，建立科学、合理的产品结构体系。有些企业凭借一两个好的产品或者某个市场机会，通过密集的宣传和大力的推销，取得了较高的市场占有率。这一做法带有明显的赌博性和偶然性，不太可能维持长久。只有企业树立创新意识，加速产品的更新换代，建立完善的产品结构体系，才能够在市场上保持竞争力。

　　（4）营销队伍应与销售规模相适应。

　　（5）市场与利润并重，切忌只要市场不要利润。有利润，企业才能有积累，也才能为企业的持续发展提供资金支持。企业倘若只重视市场占有率，而不计较利润，则只能是色厉内荏的"纸老虎"，其稳定性令人怀疑。

核心能力分析法

核心能力是企业的长期优势之源。

核心能力的竞争日益成为企业竞争的主要表现形式。

一、核心能力，企业基业长青的根本

　　核心能力理论是由美国学者普拉哈拉德和英国学者哈默尔于1990年首先提出的。他们发表于《哈佛商业评论》的《公司的核心能力》一文认为：企业是一个知识的集合，企业通过积累过程获得新知识，并逐渐将其融入到企业正式和非正式的行为规范中，从而成为左右企业未来积累的核心力量。这便是企业的核心能力。

企业的核心能力不是企业内人、财、物的简单叠加，而是能够使企业保持和发展竞争优势地位的企业自身的一种能力，它是企业竞争优势的根源。

核心能力的特征

核心能力的特征包括以下7个方面：

（1）价值性。核心能力在创造价值与降低成本方面占据着核心地位；核心能力能够满足顾客最根本、最迫切的需求，实现顾客特别重视的价值；核心能力是企业获得竞争优势的根本原因。

（2）独特性。不同的企业有着不同的核心竞争力，因此，每一个企业都可以说自己的核心竞争力是独一无二的。这种"独一无二"并非是指企业的核心能力独步天下，无人能及，而是说企业在某一方面比竞争对手领先一步。

（3）不完全可模仿性。核心能力是企业积累和集体学习的结果，具有因果模糊性和途径依赖性，因此其他企业很难进行模仿。

（4）延伸性。核心能力在企业能力体系中处于母体的位置，是企业能力的核心。它不仅可以帮助企业在原有的市场领域中保持持续的竞争优势，还能够帮助企业进行相关市场的拓展，并通过创新在新的市场上占据有利的竞争地位。

（5）不可买卖性。企业的资产、资源等都可以在市场上自由地买卖，而核心能力却不行。也可以这么说，凡是可以在市场上自由买卖的资源都不是核心能力。

（6）知识性。知识性是核心能力最本质的一个特征，这一点可从核心能力最早的定义中窥豹一斑。核心能力最初的定义是这样的："组织中积累性的学识，特别是关于如何协调不同的生产技能和有机结合各种技术流派的学识。"

（7）系统性。企业的核心能力体系是一个系统，核心能力的系统性主要表现在两个方面：一方面，核心能力的强弱不能完全决定企业营销目标的实现与否，与核心能力相配套的次能力的完善情况对企业的竞争优势也会有所影响；另一方面，企业的核心能力并不是一成不变的，它必须具有动态性的特点，随着外部条件的变化，调整自己去适应环境。企业只有培育出适合不同时期的企业核心能力，才能够获得持续性的发展。

核心能力的重要意义

随着因技术进步和信息化所导致的产品生命周期的日益缩短以及企业经营国际化的趋势日益明显，核心能力正越来越受到企业的重视。核心能力对企业经营的重要意义主要表现在以下几个方面：

（1）核心能力是企业长期竞争优势之源。产品开发、战略经营等策略只能为企业赢得暂时的竞争优势，核心能力却是企业长期竞争优势之源。在企业取得和维持竞争优势的过程中，核心能力的培养和运用是最为关键的因素。

（2）企业之间的竞争表现为核心能力的竞争。企业已逐渐将目光从具体的产品和服务竞争转移到整体实力的抗争上来。也就是说，各竞争对手所关注的焦点已变为企业核心能力的竞争。

（3）多元化战略应围绕核心能力来进行。多元化是许多寻求快速扩张的企业常用的一种战略形式，企业应以核心能力为基础实施多元化战略。对于那些与核心能力无关的业务，则最好不要去尝试，因为在这些领域内，企业毫无优势可言。

二、三星强化核心竞争力

三星集团是韩国最大的企业集团，也是世界著名的跨国企业。它始于贸易公司，进而在电子产品领域发展壮大，其在电子高科技领域的新产品研制能力享有世界声誉。纵观三星集团半个多世纪的发展历程，不能不说它是韩国工业企业的骄傲。及至今天，它仍然在以令人赞叹的速度发展，并向着最受人尊敬企业的方向前进。

调整业务结构，确保核心竞争力

三星集团曾一度对半导体业务比较依赖，这使得它们的经营风险并不能控制在一个令人满意的范围之内。三星集团并没有让这种现象持续多久，很快便完成了对业务结构的调整，形成了半导体、通讯、数字多媒体、家电等四大产业均衡发展的黄金产业结构，使利润结构得以均衡发展。毫无疑问，这种业务结构是合理的，而今它也成为三星集团的核心竞争力之一。

在业务调整方面，三星集团有这样一条原则：对局限型以及非主打型的业务应予以果断撤销，业务结构的重组应围绕半导体、移动电话等高利润产品来进行；至于那些目前盈利但从长远来看并没有发展前途的业务，企业也应及时予以整顿。除此之外，三星还创立了一条重要的"选择、集中"战略，即：任何企业都不可能在所有的领域内都获得世界第一位，所以，企业有必要根据自身的特点和实力选择有可能做到世界第一的领域，并进行集中投资。

全面的信息管理和高效的库存管理

曾有人这样评价三星集团：三星集团之所以具有强大的竞争力，主要是因为它在把握投资的时间上拿捏准确，恰到好处。换句话说，对机会的把握是三星获得竞争优势的根源之一。而这就不能不归功于三星卓越的信息管理。三星信息管理的特点可总结如下：首先，非常重视信息工作，对知识以及信息的驾驭能力强大且独特，对市场以及竞争对手总有深刻的认识；其次，公司内的每一位员工都有将耳闻目睹的信息整理并上报的习惯，即便是这些信息与该员工的工作毫不相干；最后，注重学习型组织的建设，强调学习和调研的重要性，上至企业的高层领导，下至一般的职员，都被要求必须具备学习精神。

在库存管理方面，三星对库存积压深恶痛绝，认为这不仅会增加库存管理费用，还会推迟新产品的推出时间，最终使企业在市场上处于不利地位。为此，三星自行开发了供给网管理系统，并配合以客户管理系统、企业资源管理系统、产品信息管理系统等的建设，使三星的平均库存时间从原来的 8 周降为现在的 3 周以下。

高效的人才激励机制

企业核心能力的强弱在很大程度上取决于人力资源的优劣，尤其是拥有核心技能且忠诚于企业的员工更是企业最重要的资产，也是企业核心能力的重要组成部分。在人才激励方面，三星主要采取了如下独特的做法：

（1）强化危机意识。早在20世纪90年代初期，三星便提出了"三星是一流企业吗"、"企业能永久吗"等一系列问题，鼓励员工进行大讨论，最后得出"三星还不是一流企业，不努力便被淘汰"的结论，使员工具备危机意识。此外，在技术吸收和创新上，三星也引入了危机管理的方法，为技术人员设定工作期限，要求工作小组必须在期限内完成工作。而且，三星还在国内和美国硅谷分别设立了一个负责技术引进的工作小组。这两个小组既合作又竞争，大大加快了三星对引进技术的消化和吸收速度。

（2）早勤早退的工作制度。针对电子部门的工作特点，三星制定了上午7点上班、下午4点下班的工作制度。这种早勤早退的工作制度不仅在韩国绝无仅有，就是在世界也很少见。但事实证明，这样做大大提高了员工的工作效率，以至于欧美的一些发达国家也引进了这一制度。

（3）班组管理制度。三星班组管理的活动内容很多，如开展全员降低成本活动、全员设备管理、班组合理化建议、全面质量管理等。这使班组这一企业内最小的生产组织单位成为了一个个极富创造力的群体。

总而言之，核心竞争力是企业的最为重要的资源。当核心竞争力形成以后，要再通过各种方式使其得到强化。若企业的竞争范围发生变化，则应及时调整，进入新一轮的挖掘、培养阶段，创新企业的核心竞争力。

> **方法实施要点**
>
> 核心能力的管理包括以下几点:
> (1) 选择发展合适的核心能力。企业对核心能力的选择要考虑两个方面的问题:一要看这种能力是否可以为顾客带来新的利益;二要看这种能力是否比过去在实现顾客价值方面更为有效。
> (2) 建立核心能力。在建立核心能力时,企业应注意加强下述几个方面的工作:①建立和发展联系与沟通网络。比如,加强多种学科之间的交流和联系。②培养和储备掌握多种学科知识的"通才",使这些人在提高综合能力方面发挥重要作用。③建立核心能力要讲求效率与效益。想办法尽量快速、经济地把核心能力建立起来,也是核心能力工作的一个重要原则。
> (3) 充分运用核心能力。企业应充分利用努力建立起来的核心能力,让它发挥出最大的能量。比如,有的企业核心能力很强,拥有众多具有世界水平的科技人才,但却不善于依靠他们进入新的市场和创造新的机会,导致企业没能获得与其核心能力相匹配的市场地位和发展速度;有的企业虽然核心能力不是很强,但善于把有限的资源合理地配置在生产经营的各个环节上,反而能够获得更快的发展速度、更可观的效益。
> (4) 保护核心能力。核心能力的建立是一个长期且苦心经营的过程。建立起来的核心能力如若得不到精心的管理和保护,是很容易销蚀和散失的,这对于企业来说无疑是一个非常大的资源浪费。因此,企业的管理层必须给予核心能力的保护以充分的重视。

BCG 矩阵业务组合分析法

企业对自己旗下的业务应区别对待:有的业务需要集中资源大力发展;有的业务应持续输血以博取未来;有的业务则需要"壮士断腕",及时采取放弃战略。

BCG 矩阵是企业进行营销战略分析的重要方法。

一、对不同的业务,采取不同的策略

BCG 矩阵是由波士顿咨询公司(BCG)首先提出来的。波士顿咨询公司认为,企业整个经营组合中的每一项业务应奉行什么样的战略主要取决于两大因素,即市场增长率和相对竞争地位。其中,相对竞争地位以业务单位相对于主要竞争对手的相对市场占有率来表示。

BCG 矩阵的制定

在制定 BCG 矩阵之前,有必要先来了解市场增长率和相对竞争地位这两大基本参数的含义。

(1) 市场增长率,表示每项业务单元所在市场的相对吸引力,用企业所在行业某项业务前后两年的市场销售额增长的百分比来表示,具体公式为:市场增长率=(当年市场销售额—上一年市场销售额)/上一年市场销售额×100%。在计算市场增长率时,应注意去除通货膨胀因素的影响。对于所有处于该市场的企业来说,市场增长率应是相同的。

(2) 相对市场占有率,表示企业各业务单元在各自市场上的竞争能力,常用企业某项业务的市场占有率与市场上最大竞争对手的市场占有率之比得出,具体公式为:相对市场占有率=经营业务的绝对市场占有率/主要竞争对手的绝对市场占有率×100%。相对市场占有率不仅能真实地反映企业的竞争地位,还可以对不同行业的结构进行比较。

以这两大参数为坐标,可建立如右四象限方格图:

BCG 矩阵的分析

如右图所示,BCG 矩阵将企业的业务划分为明星、金牛、问题和瘦狗4类,对这4类业务分析如下:

(1) 明星业务,即市场占有率和市场增长率

市场增长率

高	明星	问题
低	金牛	瘦狗
	高	低

相对市场占有率

均很高的业务。此类业务的特点有：其一，该业务具有最佳的长期发展机会和较强的获利能力，代表着企业的前景；其二，有些年轻的明星业务，现时的销售额可能不高，但其发展潜力巨大；其三，明星业务能否获得良好的发展，主要取决于企业能否对其持续提供资源支持；其四，明星业务一般不会提供剩余资金，其所需的资金常常超过了自身的积累能力，因此在短期内，明星业务应是企业资源的优先使用者。

结合明星业务的上述特点，在对其制定发展战略时，应注意以下几点：①企业对明星业务应采取发展性战略，从而扩大其市场占有率；②当明星业务的市场增长率下降的时候，它会逐渐转变为金牛业务，如果企业不能在这一阶段维持该业务的相对市场占有率的话，明星业务有可能会转变为问题业务甚至是瘦狗业务；③企业不可急功近利，如果企业在明星业务发展的早期就采用高价等策略来榨取该业务的获利能力，就会加速该业务的衰老，提前恶化其市场地位。

（2）金牛业务，即市场增长率较低、市场占有率相对较高的业务。这种业务的特点有：其一，该业务所在的市场已进入成熟期，因而发展的速度较低；其二，该业务具有强大市场竞争力，而只需要较少的投资，使其创造的现金量大大高于其需要的资金投入量。因此，它能够为企业发展其他各类业务尤其是明星业务提供资金支持。

对金牛业务，应采用如下战略：①对于市场已发展到尽头或者市场地位不断衰减的金牛业务，企业应采取榨取性战略，争取在尽可能短的时间内获得尽可能多的利益，然后逐步退出该项业务；②对于市场刚刚趋于饱和或在市场上处于支配性地位的金牛业务，企业应采取维持性战略，有效地利用这些业务所提供的过剩资金去发展其他业务。

（3）瘦狗业务，即相对市场占有率和市场增长率都较低的业务。这种业务的特点有：其一，瘦狗业务所在的市场已经饱和，竞争激烈，行业平均利润率低，因而瘦狗业务一般表现为低利润或者是亏损；其二，从内部能力上看，瘦狗业务由于成本高、质量差、促销能力弱等原因，造成其市场地位较低。

对于瘦狗业务可采取的战略有：①对该业务进行重新定位，重新选择细分市场，使其向金牛业务转变；②如若企业经营此项业务的能力不济，或者市场已到穷途末路，则应直接放弃该业务，对其采取榨取策略。

（4）问题业务，即市场增长率高，而相对市场占有率却较低的业务。这种业务的特点有：其一，因其所在市场的增长率较高，所以它有可能在将来为企业做出重要贡献；其二，由于目前的相对市场占有率较低，因此获利能力尚且不明朗，现金创造力低下；其三，扩大问题业务的市场占有率，需要不断投入资金。

对于问题业务，应采取的战略有：①追加资源投入，提高其市场占有率，以期将其发展成为明星业务；②如若发现问题业务没有发展成明星业务的潜质，则应及早采用撤退战略，退出这一市场，重新分配资源，以形成更有效率的业务组合；③企业对问题业务现金支持应谨慎有度，因为问题业务转变成明星业务不仅需要现金支持，还需该业务本身就具有相当的竞争力。

二、BCG矩阵的实际应用

一酒类经销商，经营甲、乙、丙、丁、戊、己、庚7个品牌的酒品，且该公司可用的资金为100万元。通过对前半年的销售状况进行统计分析，公司发现了各品牌有这样的实际表现：

（1）甲和乙是公司经营了几年的老品牌，在当年度业务量一如既往地突出，共占总业务量的60%，两品牌的利润占总利润的70%。然而这两品牌虽雄风犹存，却也已露出衰退的迹象。从去年开始，销售增长率就已经开始下降，及至前半年甚至只能维持原来的业务量。

（2）丙、丁、戊是新开辟的三个品牌。其中丙、丁表现较为抢眼，销售增长率分别达到了15%和20%，且公司在本区域属独家代理。戊是高档品牌，虽说销售增长率也达到了10%，但是公司在本地域不是独家经销商，竞争非常激烈，本地区其他两家主要竞争对手的市场份额达到了70%。

（3）己、庚两品牌销售下降严重，有被丙、丁所替代的趋势，而且已经在竞争中落下风，甚至出现了滞销和亏损的现象。

针对上述品牌的实际表现，公司利用 BCG 矩阵的基本原理，采取了如下应对措施：

（1）将甲、乙两品牌确认为金牛品牌。维持其固有的资金投入 40 万元，尽量保证其市场占有率，以期维持其公司主要利润来源的地位。另一方面，由于该品牌的衰落已呈定势，公司已开始积极寻找替代品牌。

（2）丙、丁品牌可认为是明星品牌。虽然现在还有待发展，但可预见未来将成为利润的主要贡献者。因此，公司决定对其加大资金投放的力度，加大发展的速度，力争早日将其培养成为新的利润增长点，决定先期投入 50 万元。

（3）戊品牌属于问题品牌。应再对其进行深入研究，确定是否能够寻找到对手的薄弱点，能否通过整合资源实现市场份额的大幅上升。若研究结果是肯定的，则可大力扶植，使其向明星品牌转变；反之则应及早采取撤退战略，决定投入资金 10 万元。

（4）己、庚二品牌明显是瘦狗品牌。公司已开始着手清理库存，对滞销的产品进行降价处理，以期尽快回笼资金，并不再投入资金。

方法实施要点

虽然 BCG 矩阵是分析企业战略的一种有效的方法，但是它的一些不足之处也是客观存在的。企业在运用 BCG 矩阵分析问题的时候，应注意以下几方面的问题：

（1）确定临界点。由于市场是一个比较抽象的概念，因此很难准确地确定各项业务的市场占有率和市场增长率，更不要说确定区分市场占有率、市场增长率高低的临界点了。而临界点的确定却是建立 BCG 矩阵所必不可少的。临界点不准确，很有可能会弄错某项业务的类型。因此，在运用 BCG 矩阵分析问题时，在临界点的确定上，务必要多调查，多研究。

（2）获利量并不一定同市场占有率成正比。在很多行业中，更大的市场占有率并不意味获得更大的单位成本优势，或者这种优势并不明显。而且，虽然有些业务的市场占有率较低，但也并不是一无是处，它完全可以通过差别化、创新等途径获得可观的利润。因此，企业不可迷信 BCG 矩阵。对于是否追求更大的市场占有率，要以自身的能力和外部环境的情况而定。

（3）BCG 矩阵对于企业应进入或维持高增长率市场的提示也并非真理。一般来说，拥有最高增长率的市场，其进入壁垒也是非常高的。企业付出高昂代价进入该市场，所获得的收益可能无法弥补进入成本。尤其是在经济处于低发展或者萧条时，更不能完全由市场增长率来决定战略。对于瘦狗业务，也不要盲目放弃，而应尽量让其做出贡献。

GE 矩阵业务组合分析法

GE 矩阵是企业了解各业务发展状况，从而决定对业务组合进行战略调整的有效方法。

借助 GE 矩阵，企业可对自身的业务结构进行分析，从中辨认出哪些业务应该退出，哪些业务应该重点支持。

一、根据各业务的特点，规划产品组合

GE 矩阵是行业吸引力—业务实力矩阵的简称，是美国通用电气公司和麦肯锡咨询公司共同发展起来的。它以企业业务组合中各业务单元所在行业对投资者的吸引力以及业务在行业中的竞争力两大要素为基本参数，来分析企业业务的发展状况，从而为企业进行业务组合、战略调整提供依据。

GE 矩阵可分为 9 个区域（如下页所示），针对处于每一区域中的业务单元，可实行有针对性的战略：

（1）领导 I 型业务。该业务单元处于所在行业的领导者地位，其产品具有较大的优势，如产品的市场占有率高、成本低，企业的举动甚至能影响到市场的变化。该类业务所处的市

强	领导Ⅰ	努力	问题
中	领导Ⅱ	监管	衰弱Ⅱ
弱	现金供应者	衰弱Ⅰ	无希望
	强	中	弱

产业吸引力（纵轴） 竞争力（横轴）

场发展速度快，为维持其领导者地位，企业需投入大量的资源。因此，这类业务的净盈利量并不高。当行业发展成熟，该类业务会在 GE 矩阵中直线下降，变为领导Ⅱ型业务。一般来说，对于该类业务，应采取发展的战略。

（2）领导Ⅱ型业务。对于领导Ⅱ型业务，企业应同时采取发展战略和维持战略，以维持战略为重。企业的业务组合中应有适当比例的业务处于这一区域内，这样可以使企业拥有良好的发展前景和较强的发展能力。

（3）现金供应者业务。这种类型的业务所处的市场已经停止增长，行业不再具有吸引力，企业所面临的竞争压力也大为减轻。这种类型的业务所创造的现金量大于它所需要的现金量，成为企业发展其他业务单元的现金提供者。企业的业务组合中，应有较多的业务处于这一区域，从而为企业整体的发展提供资源上的保障。对于现金供应者业务，企业应采取维持战略，尽可能地延长这类业务提供大量现金的周期。

（4）努力业务。这种业务所处的行业发展较快，但该业务在市场上竞争力一般。为了维持和发展该业务，企业需投入大量的资金。因此，一般来说，这类业务不会为企业带来净收益。努力业务在企业的资源支持下，经过自身的努力有可能成为领导Ⅰ型业务，否则就会成为问题业务。

（5）监管业务。这种业务在行业吸引力和业务实力两方面都不具备突出的优势，没有形成独特的市场区隔，不得不与许多对手进行激烈的竞争。对于这类业务，企业应采取榨取策略，控制资金的投入量，并尽可能地要求该类业务实现现金的最大化。

（6）衰落Ⅰ型业务。该类业务的衰落，是因其所处行业的萎缩所造成的。对于该类业务，应采取撤退战略。

（7）衰落Ⅱ型业务。这类业务的衰落，是自身竞争力的薄弱所造成的。对于该类业务，企业可以采取发展策略，加强内部管理，扩大其市场占有率，以期该业务向领导Ⅱ型业务发展；若该业务市场竞争力尤其弱，为提高其竞争力，企业需要消耗大量的资源，且其前景并不乐观，企业也可以采取撤退战略。

（8）问题业务。对于问题业务，企业首先要区分出哪些是值得支持的，哪些是应该放弃的。对于值得支持的业务，应从其他业务处调配资源来投入其中；对于应该放弃的业务，应直接采取撤退战略。

（9）无希望业务。这类业务一般都是企业的亏损业务，有的甚至已有较长的历史，而且毫无扭亏的希望。企业一旦发现这类业务，就应果断地采取撤退战略。

二、GE 矩阵在通用电气公司的运用

通用电气是一家规模庞大、业务繁多的公司，早在 20 世纪 50 年代便率先采用了分权化的事业部管理体制，公司也因此获得了惊人的增长。然而好景不长，随着 20 世纪 60 年代中期美国经济陷入低速增长时期，通用电气的增长也缓慢不前，其中公司的每股平均利润以及投资利润率甚至出现了下降的趋势。

出现这一局面，表面上是因为通用电气公司的新领导人在引入核动力和商用喷气式飞机引擎等资本密集型产品时造成了巨额的亏损，而根本原因却是通用电气公司的发展超出了控

制范围。1968年，全公司的业务单元已经达到了200个，分属于50个事业部。各事业部之间计划、业务等互不衔接，甚至完全脱节，致使整个公司运行效率低下。这种情况让通用电气的高层们意识到，为了达到降低风险、实现更大收益的目标，企业必须有一种能够统一规划和协调各事业部经营的方法，使企业各种分散的业务能在整体上取得平衡与衔接，实现产品和投资组合的最优化。

为了达到上述目标，通用电气公司开始大刀阔斧地改革。以当时负责财务的副总裁R.约翰为首，强化了计划体制，制订了新的战略事业计划。该项改革的核心之一，便是采取波士顿咨询公司所提供的"波士顿咨询集团法"，对公司的业务进行全面的分析。在此分析的基础上，由通用电气公司的咨询部部长罗斯·查尔德将公司内部的有关指标按照公司实力和市场吸引力两大基本参数进行细分，并重新组合，最终将其整理成可以进行多种因素分析的九象限图，这便是所谓的"通用电气分析法"。与"波士顿咨询集团法"相比，"通用电气分析法"更能切实地根据现实的环境变化，找到众多影响因素中的主要因素，从而对症下药。

在"通用电气分析法"的帮助下，通用电气公司开始对众多的产品进行定量分析、评价，将其归拢到9种类型中去，并针对每一种类型列出相应的发展、维持以及淘汰等策略，从而起到优化产品结构、明确企业产品发展方向的作用。事实证明，通用电气的这一做法是卓有成效的。通用电气公司的竞争优势得到了极大的提升，并且重新驶入了高速增长的快车道。同时，"通用电气分析法"也开始迅速传播开来，成为了一种被广泛应用的企业战略分析方法。

方法实施要点

虽然GE矩阵在一定程度上弥补了BCG矩阵的缺点，但其本身仍有不足。企业在实际应用时，也必须注意到以下几点：

（1）主观因素的影响。在作行业吸引力分析时，采用加权计分法得出数字，表面上是客观的，实际上在相当程度上受到人为因素的影响。

（2）容易产生中庸策略。某项业务在GE矩阵上的定位，常会引起经理们的争论，最后为平衡各方的观点，往往把该业务定在"中"的位置上。

（3）行业吸引力的评价不够清晰。对企业竞争实力的评价有比较明确的比较对象，即行业中最强的竞争对手。相对而言，对行业吸引力的评价就模糊得多了。而这一缺点BCG矩阵却没有。因此，企业在具体运用这两种方法时，可把BCG矩阵用于竞争分析，把GE矩阵用于企业的资源分配分析。

第二章

市场机会选择

竞争对手界定法

只有正确界定竞争对手,才有可能在竞争中取胜。

不仅争夺顾客资源的企业是竞争对手,争夺其他资源的企业也是竞争对手。

一、正确界定竞争对手

在激烈的市场竞争中,超越竞争对手无疑是企业的战略重点。但如若企业无法界定竞争对手,或者界定的竞争对手是不准确的,就势必会对企业的发展造成消极的影响。因此,企业超越竞争对手、实现战略目标的前提是正确地界定竞争对手。

企业之间的竞争,通常是指对顾客的争夺。实际上除顾客资源方面的竞争以外,企业之间的竞争还表现在争夺其他资源上。举例来说,当当网和华为公司有着截然不同的目标顾客。从顾客资源这方面来看,它们之间没有竞争关系。但是他们都要在相同的劳动供给条件下,争夺优秀的计算机编程人员。因此从人力资源角度来考虑,华为公司与当当网便是竞争对手。总的来说,界定竞争对手的标准有4种,即:顾客导向、营销导向、资源导向和地理区隔。具体如下表所示:

标准	细化内容
顾客导向	顾客为什么使用该产品和服务——满足顾客需求方式的竞争;顾客是谁——类似预算的竞争;顾客什么时候使用产品或服务——时间和注意力的竞争
营销导向	分销策略、价格策略、媒体策略、沟通策略、广告和促销
资源导向	人力资源、财务资源
地理区隔	

二、麦当劳的汉堡包之战

如今麦当劳的连锁店已遍布全球,是名副其实的快餐巨人,然而这个巨人是如何一步一步成长起来的呢?这还得从咖啡店说起,因为麦当劳正是踏着咖啡馆的肩膀上路的。

20世纪中期,咖啡馆在美国相当受欢迎(当然现在也不冷清)。一家小的咖啡店里通常只有六七只凳子和一个柜台。在这样一个温馨的小空间里，顾客除了品尝咖啡以外，还可以吃到火腿蛋、烟熏猪肉、莴苣三明治和冰淇淋等食品，当然，汉堡包、法式炸鸡也是必不可少的。每一个城市、每一个地区的咖啡馆都有不同的特色，例如在费城，奶酪牛排三明治是其特色，蛤肉杂烩则是波士顿的特色等。不同地区的咖啡店都在警惕地防卫着自己的地盘。

是的，各地的咖啡馆都有自己的特色，但是这些咖啡馆并没有专心经营自己的特色。就像上文所说的，顾客可以在一个小咖啡馆里点到许多自己喜欢吃的食物。当然，这样做可以满足顾客多方面的需求，但是从营销战略的角度来看，它的战线拉得太长了，因而不堪一击。精明的雷·克罗克敏锐地发现了咖啡馆的弱点，他以最受人们欢迎的食品汉堡包作为突破口，向咖啡馆发起了猛烈的攻击。

事情进展得很顺利，应该说麦当劳的战役打得非常漂亮。作为对手的咖啡馆甚至没有意识到自己受到了攻击，而成千上万的咖啡馆的顾客却走进了麦当劳。暂时的成功并没有令克罗克得意忘形，雄心勃勃的他立即着手扩张他的麦当劳版图，很快麦当劳的连锁店就开遍了整个美国。当咖啡馆意识到他们的顾客更多地光顾麦当劳的时候，想办法应对这一状况已经来不及了，麦当劳已经确立了它在汉堡包领域的不可动摇的优势。就这样，麦当劳开始了向巨人成长的旅程。

如今，在讨论麦当劳的成功时，营销专家们津津乐道于该公司严格的程序和标准以及它对清洁的狂热追求，却很少提及其最初的成功。但也许那才是最为重要的，而成功的原因就是：在正确的时间选择了正确的对手，最后用正确的方式战胜了对手。

方法实施要点

界定竞争对手的方法主要有5种，它们分别是：

（1）根据已有的分类标准来界定竞争对手。这是界定竞争对手最简单的方法。国际上流行的分类标准主要有3类，即标准工业编码、北美工业分类系统、邓白氏编码。这些分类标准把世间的各行各业进行详细的归纳分类，企业很容易找到所属的行业，从而锁定自己的竞争对手。

（2）根据产品的相互替代性来界定竞争对手。

（3）由管理者作出判断。即管理者根据自己的经验、市场报告、分销商或者其他的渠道来界定当前和潜在的竞争对手。管理者可借助图表来勾勒思维过程，下面的著名的安索夫成长矩阵变形便是一个常用的分析方法。

市场	产品或服务	
	相同	不同
相同	A	B
不同	C	D

其中，A代表着产品和服务大体相同，追求同一顾客群体的企业之间的产品形式竞争。C代表着目标顾客群体不同的产品形式竞争。B则代表了企业潜在的竞争对手，这类竞争对手通过不同的产品和服务已经具备了和企业争夺市场的潜力。对于这类竞争对手，企业应予以充分的注意，努力预测其中哪些企业有可能成为自己直接的竞争对手，并制定应对措施。D类竞争对手是最难以预测的，它们看起来与企业没有什么竞争关系，它们针对不同的市场销售不同的产品，在产品和市场方面与企业没有任何交集，但事实上它们仍有可能是企业的强大的竞争对手。

（4）根据顾客购买信息界定竞争对手。顾客的购买信息通常包括两种，一是真实购买或使用的数据，二是判断数据。这种数据只适合评估当前的市场结构，而不能反映未来的市场结构。为了方便数据的使用，企业可根据品牌转换、交叉需求弹性等要素对顾客的购买信息进行分类。

（5）根据顾客的意见界定竞争对手。根据顾客意见界定竞争对手的方法主要有4类，即整体相似、部分相似、产品删除和替代使用。

竞争性路径分析法

在零和甚至是负和博弈状态下,企业若想生存和发展,必须掌握竞争对手的竞争策略。收集竞争对手资料,对竞争对手进行分析,日益成为企业的一项重要职能。

一、知己知彼,方能百战不殆

企业所面临的宏观环境正经历着剧变:国际竞争日趋激烈、科技发展日新月异、利率和通货膨胀大幅波动、消费者的口味频繁变化,令人难以捉摸。在这样一个复杂的背景里,隐藏着无数不确定的因素。企业只有把握住竞争对手的脉搏,才能在市场中站稳脚跟。

要对竞争对手进行分析,首先要进行资料的收集。一般来说,资料主要来源于三大方面,即二手资料来源、原始资料来源和其他资料来源。

(1)二手资料来源。二手资料是资料的主要来源,它所涵盖的范围非常广泛,且一般不需付出较高的代价。具体来说,二手资料主要通过以下几种途径获取:①从出版物获得。企业可从地方报纸、商业出版物、贸易出版物等找到竞争对手的若干资料。②从竞争对手公开的资料中获得。竞争对手公开的资料包括年报、10K报告、促销宣传材料等。③从各种组织机构中获得。一些组织或机构可能也会收集竞争对手的信息,通常企业可以从政府、贸易协会以及咨询机构中找到有关竞争对手的信息。④从互联网中获得。网络和电子数据库可以为企业提供大量的廉价信息,已逐渐成为二手资料的主要来源。

(2)原始资料来源。原始资料主要有5类来源:第一是企业的销售人员和顾客。销售人员常在市场上进行营销活动,因此他们是最有可能获知竞争对手信息的人员。企业应帮助和鼓励销售人员去收集有关竞争对手的信息。顾客也是较易于获知竞争对手信息的人群,企业可通过各种方式从顾客处获知信息。第二是企业员工。企业可发动员工去从市场上搜集竞争对手的信息。第三是供应商。企业可从供应商处搜集信息,以估计竞争对手的生产规模和销售情况。第四是咨询公司和专业调查公司。企业可从咨询公司或专业调查公司处购买有关竞争对手的报告。第五是投资银行。如果竞争对手是投资银行的目标客户,企业便可利用投资银行了解竞争对手方方面面的信息。

(3)其他资料来源。除上述种种来源之外,企业还能够通过下述途径收集资料:展览展会、招聘广告、工厂参观、逆向工程、样板市场、对手重要员工等。

二、雅马哈轻敌,遭遇惨败

20世纪70年代末和80年代初,日本的雅马哈摩托车公司同本田公司展开了一场争夺行业领导者地位的竞争。这场竞争异常惨烈,甚至被时人称为"近代日本工业领域中最残酷的一场决斗"。雅马哈在这场竞争中盲目自大,忽视对竞争对手的分析,最终以惨痛的失败而告终。

自20世纪50年代以来,本田一直是摩托车行业中不可忽视的力量。进入60年代以后,本田突然发力,疯狂地抢占市场份额,利用盈利进行再投资,终于在1964年成功加冕世界摩托车行业霸主。此后本田并没有懈怠,实力愈发雄厚,在日本本土的市场占有率一度高达85%。20世纪60年代末至70年代初,世界摩托车市场需求趋缓。为拓宽公司的业务面,本田决定进军汽车市场。当时国际汽车行业并不景气,竞争也十分激烈。为了能在汽车行业立足,本田不得不投入大量的资源,只能暂时放缓在摩托车行业的发展。本田的努力得到了回报,1975年,它的汽车业务的收入便超过了摩托车业务的收入。

就在本田专注于汽车业务,无暇顾及摩托车业务的时候,原来居于摩托车行业第二名位置的雅马哈公司抓住机会,积极拓展摩托车市场。在雅马哈的步步紧逼下,本田一退再退,二者市场份额的差距逐渐缩小。1970年本田摩托车的销售额3倍于雅马哈,而到了1979年,二者销售额的对比便成为1.4:1,虽然本田仍然领先,但优势已大不如前;1981年二者的市场占有率已不相上下,本田的领先优势丧失殆尽。

在巨大的胜利面前，雅马哈的管理层出现了盲目乐观的情绪。他们被本田败退的表面现象所蒙蔽，以为后者已成为待宰的羔羊，而完全忘记了"瘦死的骆驼比马大"的道理。1981年8月，时任雅马哈总经理的日朝智子对外宣称："雅马哈将建立年产100万辆机车的新工厂。这个工厂一旦建成投产，雅马哈的年产量将提高到400万辆，超过本田20万辆，到时雅马哈将成为摩托车市场新的王者！"雅马哈公司的董事长也随后表示："身为一家专业的摩托车厂商，我们不能永远屈居第二！"

雅马哈的挑衅行为终于引起了本田的重视。这个摩托车行业曾经不可一世的霸主，决定让后来者看看什么才是真正的实力，他们迅速作出决策：在雅马哈新厂尚未建成时，以迅雷不及掩耳之势予以反击，打掉其嚣张的气焰。于是，残酷的战役拉开了序幕。

本田首先使出的撒手锏是大幅度的降价。一般车型的降价幅度超过了1/3，同时增加了促销费用和销售点。这一招对消费者的吸引力是巨大的，拿一部50升的本田摩托车来说，其价格甚至不如一辆10变速的自行车。诚然，降价使本田摩托车业务的利润变得非常单薄，但"东边不亮西边亮"，汽车业务的利润足以维持企业的正常运转。相较而言，雅马哈是一家专业的摩托车生产商，采取与本田公司相同的降价策略无疑是不能承担的。

本田的另一招是产品的迅速升级换代。在短短1年多的时间内，本田凭借其雄厚的技术基础，陆续推出了81种新车型，淘汰了32种旧车型。而雅马哈的资金大多被新建的工厂所牵制，内部营运尚且资金不足，新产品开发更是有心无力，仅仅推出了34种新车型，淘汰了3种旧车型。本田的不断更新换代吸引了众多年轻消费者的关注，永远富有新鲜感也使经销商更加努力地推销新产品，相形之下雅马哈则显得暮气沉沉。本田摩托车的销售量扶摇直上，而雅马哈产品的库存却越来越多，只能通过打折的方式销售。

这场"近代日本工业领域中最残酷的决斗"仅仅持续了18个月。在这期间，雅马哈的市场占有率从37%下降至23%，营业额锐减50%，负债累累，其库存更是一度达到日本摩托车行业库存的一半！最终走投无路的雅马哈只得宣布投降，1983年6月，雅马哈董事长川上携总经理智子，就雅马哈的"不慎言辞"正式向本田公司道歉。在记者招待会上，川上还宣布了解除智子职务的决定。至此，摩托大战终以雅马哈的惨败而画上句号。

方法实施要点

下面我们对竞争性路径分析的具体应用作一个简单的介绍。

1. 判定竞争对手的当前目标

判定竞争对手的当前目标，有利于企业据此制定具有针对性的应对策略。一般来说，竞争对手的基本目标无外乎3种，即成长性目标、保持性目标以及收获性目标。

成长性目标，就是指企业注重产品市场份额的增加以及品牌知名度和美誉度的提升，而对产品的利润不十分关注。采用这种目标的企业，其营销活动通常会出现如下现象：产品升级、价格降低、广告投入增加、促销活动频繁、分销投入增多等。竞争对手如若采用这一基本目标，其活动很容易被产品经理、广告代理和其他评估竞争品牌活动的部门所掌握。

保持性目标，即企业在市场逐渐萎缩的情况下，采用有效的措施，减缓其下降速度，以期挽救市场。要判断竞争对手是否采用保持性目标，企业也无须进行大量的市场调研，可通过观察和销售电话报告等方式来保持对竞争对手活动的敏感性。

收获性目标，也被称为奶油目标，即企业已打算退出市场，从而采取各种活动来最大限度地获取收益。竞争对手如若采取这一策略，其营销活动会表现出如下特征：提高产品价格、削减营销预算。企业可通过对上述活动的分析，作出正确的判断。

2. 判断竞争对手当前的策略

对于竞争对手的策略，企业可以从3个方面来进行判断：

首先，判断竞争对手的营销策略。营销策略包括3个要素，即目标市场选择、核心策略制定和策略实施。对于目标市场选择要素，企业应着重分析竞争对手的目标市场；对于核心策略制定要素，企业应分析竞争对手的核心竞争力是什么：价格或成本优势，抑或是产品差异化优势；

对于策略实施，企业应重点分析竞争对手的定价策略、促销策略和分销策略。

其次，分析竞争对手的产品或服务的竞争策略。物理构成在短期内还是决定产品或服务竞争力强弱的关键因素。企业应仔细分析竞争对手产品的物理属性描述，以对其可能采取的策略进行判断。

最后，判断竞争对手的技术策略。可从6个方面来对竞争对手的技术策略进行分析和判断，即研发组织和政策、研发投入水平、竞争力来源、企业能力水平、技术专门化和竞争时效。

3. 评估竞争对手当前的竞争力

对竞争对手当前竞争力的评估，可以从5个方面来进行：一是竞争对手的创意和设计能力，这关系到新产品开发成果的质量高低。毫无疑问，具有强大产品开发能力的企业要比没有创新能力的企业更具长久威胁性。二是竞争对手的财务能力，竞争对手的资金是否雄厚势必会影响到其在市场上的竞争力。三是竞争对手的管理能力，竞争对手主要管理者的特征往往是竞争对手采取某种策略的信号。四是竞争对手的生产能力，生产能力包括竞争对手产能潜力和产品生产质量保证体系的情况。很明显，生产能力强的企业，其威胁性也更大。五是竞争对手的市场能力，市场能力包括分销渠道完善情况、营销人员是否有创造性的营销能力等方面。市场能力非常重要，就算竞争对手的产品开发能力非常强大，如果其在市场能力方面一无是处，它的市场竞争力也会微不足道。

4. 分析竞争对手的市场意愿

分析竞争对手的市场意愿主要是要回答以下几个问题：其一，某一产品对竞争对手的重要程度如何？通常该产品的销售量和利润所占的比重越大，该产品生产线的员工人数越多，其对企业战略的影响就越大，竞争对手也就越大力发展该产品。其二，竞争对手对市场认同度如何？一般来说，企业的高层管理者很难承认自己是错的。其三，竞争对手是否拥有优秀的经理和一流的团队？优秀的员工是企业获得成功的基础。

5. 预测竞争对手未来的策略

企业在预测竞争对手的未来策略时，可采取两种方法：一是在资源变量和策略之间建立因果联系。也就是说，企业要把资源变量和能力同所要追求的策略联系起来。二是站在竞争对手的角度考虑问题。企业可以在收集到的信息的基础上，尝试着扮演竞争对手的角色，设想一下竞争对手在面对这样一个市场环境时，会采取什么样的策略。

市场细分营销

企业不可能满足所有消费者需求，它们只能根据自身的优势、条件，选择适合自身经营的目标市场。

市场细分是营销成功的核心。

一、市场细分，营销成功的核心

市场细分这一概念，是由美国市场学家温德尔·斯密在20世纪50年代中期总结了企业界市场营销实践经验后提出来的。其含义是：按照消费者的需求和欲望把一个总体市场划分成若干具有共同特征的子市场的过程。因此，属于同一细分市场的消费者对某一产品的需求是非常相似的，而分属不同细分市场的消费者对同一产品的需求和欲望则是大相径庭的。比如，有的消费者喜欢质量过硬、价格便宜的手机；有的消费者喜欢功能多样、造型时尚的手机；有的消费者则喜欢华贵高雅、有一定象征意义的手机。手机厂商便可以据此划分出三个子市场，选择其中的一个或者几个开展营销活动。

企业要根据自身的优势和特点，从事某一方面的生产和营销活动。而要选择合适的目标市场，则需要企业先进行市场细分。

市场细分的客观条件和目的

市场细分是需要一定客观条件的。只有当商品经济发展到一定阶段，市场上的商品供过于求，消费者的需求呈现出多样化、个性化特征，企业无法通过大批量生产的方式或者无差异化产品策略来满足消费者需求的时候，企业才有必要进行市场细分。

一般来说，市场细分的目的有两点：①使同一细分市场内的消费个体之间的差异降低到最小，使不同细分市场中消费个体间的需求和欲望差距增加到最大；②针对不同的细分市场，采取不同的产品和市场营销组合策略，以求获得最大的效益。

细分市场的原则

有效的细分市场通常具有以下特征：

（1）细分市场应该足够大，并保持稳定，以保证企业有利可图。

（2）细分市场必须是可以识别的，即可以通过人口统计学、情感价值数据和行为方式数据等来描述。

（3）不同的细分市场对同一市场营销组合的反应必须是不一样的，否则就没有进行市场细分的必要了。

（4）细分市场必须具有合理的一致性，即细分市场中的消费个体应有非常相似的需求和欲望。

（5）就其大小而言，各细分市场应该是稳定的。

（6）该细分市场不应该大部分被竞争对手所占据，这样很有可能会使自己的产品遭到失败。

二、汇源果汁的市场细分策略

市场细分是企业战略营销的起点，若不进行市场细分，企业的实际经营便会如同盲人摸象，根本无从锁定自己的目标市场；企业也不可能在激烈的市场竞争中找到自己的定位，当然也就更加无法针对市场开发出独具特色的产品了。前瞻性的市场细分固然可以使企业取得巨大的销售额，甚至取得行业领导者的地位，但倘细分一直停留在广度的、静态的层次，不深入研究消费者的实际需求，则前期取得的市场份额必然会被竞争对手所蚕食，从而功亏一篑。汇源果汁便是活生生的例子。

1. 独辟蹊径，初期告捷

20世纪90年代初期，中国市场上碳酸饮料横行，各主要生产厂家把主要精力都放在争夺碳酸饮料的市场份额上。而汇源公司独具慧眼，开始专注于各种果蔬饮料市场的开发。虽然当时市场上有一些小型公司零星地生产和销售果汁饮料，但绝大部分由于起点低、规模小而难有前途。汇源果汁作为一家大规模饮料企业，拥有先进的生产设备和工艺，根本不是一般小企业所能望其项背的。因此，当汇源的大脚踏入果蔬饮料市场的时候，基本没有遇到什么有力的抵抗就轻松占据了市场的制高点。

汇源果汁充分满足了时人对于健康、营养的需求，凭借其大品牌战略、100%纯果汁专业化的生产以及令人眼花缭乱的新产品开发速度，一举打开了财富的大门。在短短几年之间，汇源跃入中国饮料工业的十强之列，其销售收入、利润率、市场占有率等指标均在行业中占据显要位置，成为果汁饮料市场当之无愧的领导者。应该说，汇源果汁取得如此大的成就，广度市场细分的做法是关键因素。

2. 劲敌加入市场争夺战，领导位置拱手相让

汇源果汁凭借广度的市场细分，取得了果汁市场领导者的位置。然而好景不长，当1999年统一集团涉足橙汁产品后，一切都发生了变化。2001年，统一集团仅"鲜橙多"一项产品便创下了10亿元的销售额，并在当年超越了汇源。统一集团的成功吸引了包括可口可乐、百事可乐、康师傅、娃哈哈在内的众多大型饮料企业加入，一时间群雄并起，硝烟弥漫，果汁市场的竞争进入空前激烈的状态。2002年，汇源在与"鲜橙多"、康师傅的"每日C"、可口可乐的"酷儿"等品牌的竞争中已处于劣势地位。尽管汇源公司将失利归咎于"广告投入不足"和"PET包装线的缺失"等原因，然在汇源增大广告投入、花巨资引入PET生产线后，其市场份额仍然在不断下降。很显然，问题并不像汇源想的那样简单。

3. 病因分析：市场细分静止僵化

在市场的导入期，由于顾客的需求较为简单、直接，市场细分可以围绕着地理分布、人口及经济因素等广度范围展开。此时，品牌的有力竞争者往往还没有出现，竞争一般局限在产品、质量、价格、渠道等方面。汇源果汁也正是在这一阶段脱颖而出的。但是，这种广度的市场细分方法只适合在市场的启动和成长阶段使用，当顾客的需求呈现出多样化和复杂化等特征的时候，市场细分也应由原先的广度和静止向深度和动态发展。

以统一"鲜橙多"为例，其通过深度市场细分，选择了追求健康、个性、美丽的时尚女青年作为目标市场，并依此进行产品设计，卖点更是直指消费者的心理需求："统一鲜橙多，多喝多漂亮"；可口可乐则专门针对儿童市场推出了果汁饮料"酷儿"，"酷儿"的卡通形象反映了可口可乐品牌运作的一贯水准，同时也俘获了万千儿童及年轻家长的心。而汇源对市场的变化"不知不觉"，一直保持自己的动能性诉求，包装也仍以家庭装为主，根本没有界定出具有明显个性特征的目标群体市场。即使在市场竞争中遭遇"滑铁卢"之后，汇源推出的500ml、PET瓶装的"真"系列和卡通造型的瓶装系列橙汁，也仅仅是对竞争对手包装的简单模仿。

从上述分析可以看出，汇源果汁市场地位降低的根本原因是其经营出发点、市场细分方法已跟不上市场发展的步伐。汇源是以自身作为经营的出发点，以静态的和广度的市场细分来看待和经营果汁市场。而统一和可口可乐公司则从消费者的角度出发，用深度的和动态的市场细分原则来切入市场。可知，同样是"细分"，在产品的不同生命周期阶段却有着不同的表现和结果。

方法实施要点

美国市场学家麦卡锡曾提出了进行市场细分的一整套程序，这一程序包括7个步骤：

1. 选定产品市场范围

选定产品市场范围即确定企业进入什么行业，生产什么产品。产品市场范围的确定应以顾客的需求为标准，而不是产品本身的特性。例如，一家房地产企业想要在乡下建一座简朴的住宅。如果单从这座住宅的特性来考虑，企业可能会认为住宅的目标顾客是收入不高的消费者；但若从顾客的角度来考虑问题，或许会得出不一样的结论。因为，一些高收入者厌倦了城市的喧闹和高楼大厦之后，可能会非常向往乡间清静、简单的生活。

2. 列举出潜在顾客的基本需求

企业通过调查，列举潜在顾客的基本需求。如上述例子，潜在顾客对住宅的基本需求可能包括遮风避雨、安全、方便、经济、宁静、设计合理、室内装修完备、工程质量高等。

3. 了解不同顾客的不同需求

对于列举出来的基本需求，不同顾客强调的重点可能是不一样的。比如，遮风避雨、安全、经济等条件可能是所有顾客都会关心的，而对于其他的基本需求，有的顾客会强调方便、设计合理，还有的顾客则会强调安静、内部装修等。通过这种比较，不同顾客的需求差异便会被识别出来。

4. 选取重要的差异需求为细分标准

可以抽掉顾客的共同要求，而把顾客的特殊需求作为市场细分的标准。如经济、安全、遮风避雨需求固然重要，但它不能成为市场细分的标准，因此应该剔出去，而把重点放在安静、内部装修、方便等需求上。

5. 根据所选标准细分市场

营销时根据潜在顾客需求上的差异性，将顾客划分为不同的群体或者子市场。上述房地产公司将顾客划分为老成者、好动者、新婚者、度假者等多个群体，并据此采取不同的营销策略。

6. 分析各个细分市场的购买行为

进一步分析各个细分市场的需求和购买行为，并找到其原因，以便在此基础上决定是否可以合并这些细分市场或者对细分市场进行进一步的细分。

> 7.评估各个细分市场的规模
> 在仔细调查的基础上,评估每一细分市场的顾客数量、购买频率、平均每次购买数量等,并对细分市场上产品的竞争状态及发展趋势作分析。

利益细分法

人们在消费某一特定产品时寻求的利益(效用)是细分市场存在的真正原因。

利益细分变量比人口特征以及其他细分变量对消费者行为所起到的决定性作用要更为直接、更为精确、更具可预测性。

一、最有效的市场细分方法

利益细分作为行为细分的一种,建立在因果关系变量的基础之上,认为消费者在寻求某一特定产品时所寻求的利益(效用)是细分市场存在的根本原因。利益细分变量是建立细分市场的最为行之有效的细分方法。

利益细分概述

有研究表明,消费者所渴望的利益(效用)比人口特征或者其他细分变量对其购买行为的影响更为直接、精确,更具决定性,也更便于预测。由此可见利益细分的意义所在。依据消费者所寻求的利益建立细分市场后,也要对每一细分市场的人口特征、消费量、品牌感知等因素加以认识,这有助于营销人员更有效地接近顾客,更深入地理解顾客,从而更好地满足消费者的需求。

利益细分是对消费者价值体系进行具体衡量之后实施的,虽然具有可操作性,但操作起来比较复杂,通常需要借助于计算机来进行复杂的计算和预测。可供选择的统计方法有"Q"因素分析技术、多维比例放缩以及距测法等。这些方法都对每一被调查者的测试结果进行比较和分析,以确定具有相似测试结果的个体集合,每一个体集合对应着一种潜在的有利可图的利益细分市场。在某些情况下,企业也可以不选择这些复杂的分析方法,直接通过直觉来进行利益细分市场的划分。这方面也不乏成功的案例,如福特汽车公司开发的野马轿车、烟草公司推出的 100 毫米长度香烟等。但不可否认的是,从长远来看,系统的利益细分研究要比仅凭直觉划分更稳妥一些。

利益细分在营销决策中的现实意义

企业对消费者市场进行利益细分研究,可对产品定位、价格制定、广告制作、媒体选择、包装设计、促销等营销因素的组合决策具有现实的指导意义。比如,利益细分的研究对指导新产品的定位有着重要的价值。营销人员一旦发现了市场中空白的利益细分市场,便可立即进行新产品的研发,发掘新的市场机会,并给新产品以准确的定位。而利益细分研究所搜集的信息将有助于企业在特定的目标市场上选择最为合适的促销方式,以及设计更为恰当的销售现场宣传资料。

总之,利益细分方法之所以引起了众多企业以及营销研究人员的注意,就在于它向人们提供了一种研究市场的新思路。且事实证明,这种思路对企业的营销工作有着巨大的促进作用。只要企业的营销人员对消费者市场进行利益细分研究,就总能发现一些小的市场。运用恰当的营销策略去占领这些小的细分市场,无疑会大大提升企业的销售业绩,有利于企业营销目标的实现。

二、牙膏市场的利益细分及其营销策略选择

美国营销学家拉塞尔·哈雷在对牙膏的消费者所追寻的利益进行研究后,成功地细分了牙膏市场。他的研究揭示了 4 种主要的细分市场类型,分别是防蛀、注重洁齿、注重牙膏的口味

和外观以及经济实惠的价格。每一种细分市场都有其人口统计的行为和心理特征，为营销活动的策划和实施提供了依据。由于中国市场和美国市场不同，按照中国牙膏消费者所追求的利益，可以将中国牙膏市场分为5种类型。企业可针对这5种类型实施相应的营销策略：

（1）防蛀型。购买者多为有孩子的家庭，所寻求的利益点是预防龋齿。对于这一利益细分市场，企业多采用演示性广告策略，在广告中向消费者展示防蛀原理，强调牙膏的抗龋齿的功效。广告的解说词里大多包括权威机构如中华口腔医学会的认证，广告选用在学校课堂向小学生进行预防龋齿教育的场面。在产品包装的醒目位置上，多标注了含氟、可提供多重保护以及中华口腔医学会的标志。这样使该利益细分市场的消费者相信产品能够满足自己的期望，从而达到良好的宣传效果。

（2）经济型。购买者所寻求的主要利益是较低的价格，购买者多为收入较低、独立型强的成年人。企业在针对这一利益细分市场的广告中，除了要宣传产品的价格竞争力之外，还可以展示其他方面的优点。

（3）预防牙周病和牙齿过敏。这类购买者更为看重牙膏的保健和治疗结果，多为中老年和患有牙病的人士。这类购买者的独立性强，性格倾向于保守，是牙膏的主要消费者。在这一利益细分市场上，蓝天六必治以"牙好，胃口就好，吃嘛嘛香"为广告语，取得了不错的市场效果。

（4）牙齿美白。这种类型的购买者较为注重牙齿洁白和美容化妆效果，多为吸烟、性格外向、善于交际的人士。这一方面，广告主题要强调增白效果和美容保健的功能，应选择气氛轻松优雅的社交场合作为广告场景，包装设计中也应体现光亮洁白的牙齿。

（5）口味和外观。这种类型的购买者对牙膏的口味和外观更为偏好，多为儿童。针对这一利益细分市场，广告常注意口味和外观的宣传，口味上分为留兰香型、薄荷型和各种果味牙膏，外观上则主要有彩条、透明、蓝白膏体等，以吸引儿童。

方法实施要点

利益细分市场的基本法则包括以下几个方面：

（1）创造新的细分市场，不如维护老的细分市场。许多企业致力于生产和竞争对手截然不同的产品，期望能够开辟新的细分市场。这样做本无可厚非，但是与维护现有的细分市场相比，它显得过于昂贵且效果并不与投入成正比。企业应更加重视对现有细分市场的研究，掌握已熟悉消费者的更多的信息，制定更加切实有效的营销策略，这样将使企业获得更为令人满意的益处。

（2）一种品牌不可能满足所有顾客的需要。这一法则是在告诉企业：要使产品覆盖更大范围的市场，就要为顾客提供多种品牌。如今市场上新品牌不断涌现，可视为对这一法则的回应。

（3）属于同一公司的多种品牌，应尽量避免相互竞争。经常会出现同一公司旗下的品牌相互竞争的现象，诚然这有利于提高企业的活力，但谁也不能够否认这将造成极大的内耗，造成资源的浪费。

（4）产品的设计应能满足既定细分市场的需求。企业必须针对具体的顾客群进行产品的设计，也就是说，要瞄准既定的细分市场设计产品。反之，如果同时瞄准两个或者两个以上的细分市场，必然会犯市场细分定位模糊的错误，使产品左右不讨好。

目标市场选择法

在市场评估之后，企业便需在有吸引力的细分市场中选择应该进入的具体目标市场。细分市场的选择关系到企业营销目标的锁定。

一、选择合适的细分市场

市场细分是企业进行营销活动的基础。在市场细分之后，企业还需在诸多细分市场中进行评估，选择进入哪些市场、不进入哪些市场，这关系到企业营销的目标锁定。因此，采用何种方法来评估细分市场与选择目标市场才是最为重要的。

选择目标市场的基础——评估细分市场

评估细分市场就是在确定细分市场的有效性之后，对细分市场作进一步的评估，以明确哪一个或者哪几个细分市场是企业值得进入的。评估细分市场是进行目标市场选择的基础，通常应从以下两个方面着手：

（1）细分市场的规模和成长可能性。细分市场的规模是指这一市场内购买能力的总和。企业选择何种规模的细分市场，应视自己的能力而定。一般来说，大型企业不愿意费力去开发过小的细分市场，而小企业不敢涉足规模过大的细分市场。细分市场成长的可能性是指细分市场的待开发潜力。一般来说，儿童和年轻人的细分市场成长可能性较高。

（2）细分市场的市场结构吸引力。任何一个细分市场的结构吸引力都取决于5大因素：产业竞争者、潜在进入者、供应商、产品替代品、购买者。理想的细分市场市场结构应为：产业竞争者少且弱、新竞争者的进入壁垒高、供应商和购买者的议价能力薄弱、产品无替代品。

目标市场选择的5种模式

目标市场选择就是指企业在市场细分的基础上根据自身的经营目标和经营能力选择有利的细分市场作为目标市场的过程。一般来说，有5种目标市场模式：

（1）密集单一市场，即选择一个细分市场集中营销。这样做一方面有利于企业巩固在该细分市场的地位，另一方面企业通过生产、销售和促销的专业化分工也能够获得更多的经济效益。例如，德国大众汽车公司一直致力于经营小汽车市场，理查德·伊尔文公司则集中经营经济商业教科书市场等。这些企业都通过深耕细作，在各自的领域内获得了成功。但是，不可否认，把所有鸡蛋放在一个篮子里显然要比把鸡蛋分散开来放在几个篮子中的风险要大得多。比如，专门经营年轻女士运动服的鲍比·布鲁克斯公司就曾因为女士们突然不买运动服而损失惨重。因此，大多数公司通常同时经营若干个细分市场。

（2）有选择的专门化，即企业同时经营若干个有极大赢利可能的细分市场，而且这些细分市场之间缺乏或者根本没有联系。这样做可以分散企业的风险，即使在某个细分市场遭到了损失，企业也可以从其他市场上挽回。

（3）产品专门化，指的是企业集中生产一种产品，但向不同的细分市场供应不同类型的产品。如显微镜生产商向大学、政府、工商企业、个人等不同的顾客群体销售不同种类的显微镜，但不生产其他的仪器。企业可以通过这一模式树立起某个产品非常高的声誉，但这也存在一定的风险。比如一旦显微镜被另一种全新的显微技术所代替，那么企业就会出现生存危机。

（4）市场专门化，指专门为某个顾客群体的各种需要服务。如公司可以为大学实验室提供一系列产品，包括显微镜、示波器、化学烧瓶等。公司专门为一个特定的群体服务，这有助于企业在该群体中获得很高的声誉，并成为这一群体所需各种新产品的销售代理商。采用这一模式，也有可能遇到一些风险。比如，大学实验室的经费开支一旦被突然削减，专门为大学实验室服务的公司就会遇到很大的麻烦。

（5）完全市场覆盖，即企业利用各种产品去满足各种顾客群体的需要。这种模式通常只有超大规模的企业才能采用，如计算机市场中的IBM公司、汽车市场中的通用汽车公司、饮料市场中的可口可乐公司等。

二、通用汽车在中国的目标市场选择

上海通用汽车在中国的市场占有率由1999年的3%上升到2002年的10%，短短3年间成长为仅次于上海大众、一汽大众的中国市场第三轿车生产集团，尤其是其旗下的"赛欧"更是成为了细分市场上的领跑车型。几年来，上海通用汽车能以超常规的速度发展，得益于其在中国的目标市场选择中所采取的不同模式。

1. 市场专门化模式

在通用汽车刚涉足中国市场时，国内轿车市场的基本情况是这样的：经济型轿车竞争非常激烈，而中高档轿车市场还主要以进口车为主，市场存在很大的空间。为此，通用汽车采取了走高端市场路线的策略，用成熟的别克车型抢占市场空间，在上市的第一年就连续推出了别克新世纪、GLX、GL 等 3 款轿车，成为当时中国市场上最高档车型，从而一举取得中高端市场的主动地位。

2. 有选择的专门化策略

2000 年，上海通用汽车相继推出了具有驾驶乐趣的别克 CS 和中国第一辆多功能公务车 GL8，紧接着又针对 20 余万元的市场推出了小排量的别克 G。通过这一系列动作，上海通用形成了从 20 万元至 30 余万元的梯级产品排列格局。

3. 寻找空白市场

上海通用汽车在中高档轿车市场上的成功，引起了竞争对手的关注。广州本田和一汽大众分别从日本本田和德国大众引进了和别克属同一级别的本田雅阁和奥迪 A6，接着上海大众又从德国大众引进了更为先进的帕萨特 B5。这样一来，25 万元至 45 万元这一级别轿车市场上就出现了别克系列、本田雅阁、奥迪 A6、帕萨特等四大品牌，竞争已趋于白热化。别克系列轿车遭到了竞争对手的强劲挑战，市场空间已经遭到严重的挤压。为了实现突破，创造新的市场空间，上海通用汽车把目光转向了经济型轿车市场，准备将产品线延伸到低端市场。

2000 年以前的中国低端轿车市场上，实际上还没有完全意义上的国际知名轿车品牌。国产轿车虽然价格便宜，但总给人以价低质低的印象，缺乏一种具有强劲竞争力的车型。上海通用从这种现象中看到了巨大的市场契机，立即将海外市场上的一款欧宝车引进中国，取名赛欧，俗称"小别克"。这一车型凭借别克的品牌效应以及 10 万元的价格诱惑，一经推出就在中国轿车市场引起轩然大波，消费者踊跃定购。上海通用趁热打铁，在 2001 年又推出了针对中国家庭市场的赛欧家庭版——赛欧 SRV，将全新的消费观念引入到中国普通的消费者中。2002 年赛欧的产销量达到了 5 万台，成为这一级别轿车市场的最大赢家。

方法实施要点

无差异营销、差异营销和集中营销这 3 种目标市场选择策略各有利弊。企业到底选择其中的哪一种策略，主要取决于以下 6 个因素。

（1）自身的资源和实力。若企业财务、技术、生产、营销等方面的实力比较强，则可以采取差异营销或者无差异营销策略；反之，则宜采取集中营销策略。

（2）产品的同质性。产品同质性意指在消费者眼里不同厂家生产的产品相似程度如何，相似程度高的，即为同质性高；反之，则为同质性低。如食盐、大米、钢铁等，虽然各厂家的产品或有品质上的些微差别，但消费者并不在意，这些就属于同质性高的产品，可采取无差异营销的策略；对于服装、汽车、化妆品等，消费者的需求千差万别，产品的式样、型号等方面也大有差别，对于这类同质性低的产品，可采取差异营销或集中营销策略。

（3）市场同质性。细分市场中顾客的需求和购买行为相似程度高，即为市场同质性高；反之，则为市场同质性低。市场同质性高时，企业可采取无差异营销策略；市场同质性低时，则应采取差异营销或者集中营销策略。

（4）产品所处生命周期的阶段。在产品导入期，由于同类竞争品不多，市场竞争不激烈，企业可采取无差异营销策略；在产品的成长期和成熟期，同类产品增多，竞争趋于激烈，这时企业应采取差异化营销策略；在产品的衰退期，为保持市场地位，延长产品的寿命，企业可采取集中营销策略。

（5）竞争对手的营销策略。企业在确定自己营销策略的时候，应充分考虑竞争对手尤其是主要竞争对手的营销策略。如果竞争对手采用的是差异营销策略，企业就不能采取无差异营销策略与之对抗；若竞争对手采取的是无差异营销策略，则企业可用差异或者无差异营销策略与之抗衡。

（6）竞争者的多少。当竞争者较少、竞争不激烈的时候，可采取无差异营销策略；当竞争对手多、竞争激烈时，应采取差异或者集中营销策略。

差异化营销

差异化营销策略是企业挑战同质化的一件利器。
有差异才能有市场，才能在强手如林的同业竞争中立于不败之地。

一、使产品别具一格

差异化营销所追求的"差异"是产品的不完全替代性，也就是使本企业的产品在功能、质量、服务、销售策略等一个或者几个方面与竞争产品存在差异，使本企业所提供的产品是竞争产品所不能完全替代的，这样企业的产品便可在市场竞争中占据有利地位。

差异化营销可以分为产品差异化、形象差异化和市场差异化三大方面。

（1）产品差异化。即企业生产的产品在性能或者质量上明显优于同类产品，从而形成独自的市场区隔。对于同一行业的竞争者来说，产品的核心价值没有多少区别，只能在产品的性能或者质量做出一些差异来，这就需要企业不断地进行创新。比如在竞争激烈的国内电冰箱市场上，海尔针对我国居民住房紧张的现状，设计了小巧玲珑的小小王子冰箱，引发了一轮消费狂潮；美菱发现一些顾客对食品卫生的要求颇高，普通的冰箱不能满足他们的需求，于是推出了美菱保鲜冰箱，在这一细分市场上拔得头筹；而新飞冰箱则独辟蹊径，将节能省电作为自己的诉求点，也满足了部分消费者的需求。

（2）形象差异化。即企业通过品牌战略和CI战略形成差异。成功地实施品牌战略和CI战略有助于在消费者心中树立企业良好的形象，发展对企业或者品牌忠诚的顾客。例如，雀巢集团向来以平易近人的姿态进行品牌的宣传，一句"味道好极了"亲切而朴实，给人以小鸟归巢般的温馨感受，这也为它赢得了无数消费者的心；柯达公司更为强调产品的CI包装，以黄色作为基调，突出了产品的形象，给人以明快的感觉，同样赢得了众多消费者的青睐。

（3）市场差异化。这方面的差异与产品不直接相关，主要是由市场因素所造成的，包括销售价格差异、分销差异、售后服务差异等。其中价格差异是企业综合考虑产品的市场定位、企业的实力以及产品的生命周期等诸多因素，然后选择合适的定价策略。例如，海尔的冰箱产品常采取高价位策略，给人以高质量的感觉，取得了不错的市场效果；长虹则善于运用低价策略，同样屡屡得手。分销渠道差异，即不同的企业根据自身的特点，往往采取不同的渠道策略，有的选用多层次的渠道策略，有的则采用少层次的渠道策略，例如雅芳和安利，甚至采取直接上门推销的方式，也能取得可观的营销业绩。售后服务差异，在产品质量、功能相差无几的前提下，可能会成为销售业绩好坏的决定因素。例如，同样是销售热水器，海尔为消费者提供24小时的全程服务，维护人员随叫随到，凭借优质的服务在市场竞争中占得了先机。

二、农夫山泉的差异化营销

农夫山泉股份有限公司的前身是浙江千岛湖养生堂饮用水有限公司，成立于1996年6月。1997年6月，农夫山泉登陆上海以及浙江的一些重要城市；1998年，开始在全国范围内推广。在竞争激烈的饮用水市场，农夫山泉迅速掀起了一股红色风暴，市场占有率在当年便飙升至全国第三。2002年3月，在一家专业的市场研究公司发布的中国消费市场调查中，农夫山泉被评为瓶装水行业中最受消费者欢迎的品牌。农夫山泉在短时间内取得如此大的成就，差异化营销居功至伟。

产品差异化策略

在农夫山泉进入市场之前，我国瓶装水市场的竞争就已经人满为患。自1987年青岛崂山制造出我国第一瓶矿泉水之后，短短10年间，国内生产矿泉水的企业迅速发展到1200多家。20世纪90年代中期开始，纯净水开始加入瓶装水市场的争夺，使竞争更趋白热化。娃哈哈、乐百氏、康师傅等知名企业也已占据一方市场。

在这一背景下，作为新进入者，农夫山泉没有盲目地加入战团，而是冷静地分析市场环境，最终将产品质量的差异化作为战胜对手的法宝。作为天然水，农夫山泉有着得天独厚的优势，那就是水源。农夫山泉坐拥国家一级水资源保护区——千岛湖,水源取自千岛湖水面以下70米pH值最适宜的那一层,在水质上,国内竞争产品无出其右。另外,农夫山泉还别出心裁地喊出"有点甜"的口号,使自身显得更加独特,更为引人注目。

形象差异化策略

首先,在产品名称上,农夫山泉给人以独特的感受。"农夫"二字能够让人联想到纯朴、敦厚、实在等,"山泉"则给人以源于自然、远离工业污染的感觉。这也迎合了都市人时下渴望回归自然的潮流。

为突出千岛湖背景,农夫山泉在红色的瓶上标出千岛湖的风景照片,一下子便将自身与竞争产品的差异性显现出来,无形中彰显了自己的纯净特色。此外,鲜红的商标更是在摆上货架的同时就能立即抓住众人的目光。

在产品包装上,农夫山泉也努力做到与众不同。1997年,它率先使用了4升包装的饮用水瓶,给人以水、油同价的感觉,在消费者心中留下了农夫山泉比一般饮用水更高档的印象;1998年,农夫山泉又有了运动型的包装,"运动瓶盖"是这种包装的最大的亮点,它被设计成能够直接拉起,而不是以往的旋转开启方式,这在当时也是独一无二的。

价格差异化策略

在产品定价上,农夫山泉没有随大流选择1元左右的价位,而是一开始就定位为高质高价。即便是在价格战愈演愈烈的1999年,农夫山泉的价格依然高居不下,运动型包装的单价为2.5元,普通包装的单价为1.8元。这相当于同类产品价格的两倍,从而成功地在消费者心目中树立了高品质、高档次、高品位的"健康水"品牌形象。

综上所述,可知差异化的策略和战略在农夫山泉短短几年的成长过程中起到了至关重要的作用,相信没有上述差异化的策略,也不会有农夫山泉今天的地位。

方法实施要点

差异化营销的实施,应以严谨的市场调研、科学的市场细分和市场定位为基础。具体操作时,应注意对营销全过程的管理和控制,尤其要重视对顾客反馈的收集和分析。具体来说,差异化营销的实施应注意以下3个方面的要点:

(1)差异化营销是动态的。随着社会经济的发展,顾客的需求是不断发展变化的,企业的营销策略也总要随之变化。另外,竞争对手的营销策略也是不断变化的,企业的价格、广告、售后服务等方面的策略一经面世,很快就会被竞争对手所模仿和跟进,差异化很快就沦落为一般化。因此,企业不能故步自封,而应适应这种竞争,不断创新,永葆差异化的优势。

(2)差异化营销是一个系统工程。企业在具体实施差异化营销时,务必要将差异化营销看作一个系统的工程,综合考虑行业内的竞争形态、产品的生命周期、产品的类型等要素来制定相应的差异化策略。在实施时,注意采用"组合拳",从产品的设计、包装到宣传都要有明显的特色,在消费者中树立起难以忘怀的形象。

(3)加强营销控制,注意反馈,及时调整。差异化营销的成功与否,消费者是最终的裁决者。只有通过顾客的反馈,才能够判定是保持、强化还是调整自己的营销策略。有些企业习惯于从自己的销售渠道中收集信息,而不愿直接从顾客那里获取;有的企业花巨额资金去做漫无目的的广告毫不吝啬,而对于不需多少资金投入便可从消费者那里获取的最有效的反馈信息却不屑于去收集等。这些都是舍本逐末的做法,于差异化营销策略的最终成功无益。

利基营销

在强大竞争对手不屑一顾而消费者的需求没有被很好地满足的狭窄市场上集中配置资源,这是中小企业出奇制胜的一个有效的营销策略。利基营销有助于中小企业形成自己独特的经营市场，重塑和提升自身的核心竞争力。

一、利基营销，寻找未被发掘的处女地

"利基"一词是英文的音译，有拾遗补阙和见缝插针的意思。现代营销大师科特勒将利基定义为：利基是更窄地确定某些群体。这是一个非常小的市场，但是它的需求并没有被满足，也就是说它还能够给企业带来利润。

利基市场小则小矣，但是必须要保证有利润可赚，否则也不可能引起企业的兴趣。也就是说，利基市场也应有标准，并不是所有的小块市场都值得企业进入。具体来说，理想的利基市场具有如下5大标准：

（1）规模足够大。即该利基市场至少有具备一个中小型企业生存和发展所必需的规模和购买力。换句话说，利基市场必须能为企业的生存和发展提供必要的环境。挤不出"水分"来，企业终究会"渴死"，显然任何企业都不会希望看到这样的情况。

（2）市场足够小。倘若不足够小，也不能称之为利基市场，小要小到不可一世的巨无霸竞争对手对此不屑一顾的程度。倘若某一小块市场吸引了若干强大竞争对手的进入，就意味着该市场还有进一步细分的余地，直到没有强大的竞争对手渗入为止。

（3）市场有足够的潜力。即该市场有较大的发展空间，在较长的时间内保持增长的潜力，不会在短期内萎缩，这样可以免除企业的无发展空间之忧。

（4）企业实力与市场需求相称。企业的能力及其所拥有的资源应与为该市场提供优质服务所需要的条件相称。为此，在选择利基市场之前，企业首先要衡量自身的资源和实力，保证自己能以最优质的服务迅速占领该市场。

（5）足够的信誉。在该利基市场上，企业能够利用已经建立的客户信誉，有效地对抗竞争对手的攻击。

二、利基营销成就"嘻哈帝国"

罗素·西蒙斯曾是美国著名的黑人饶舌说唱歌手。凭借自身在嘻哈文化中的影响力，以嘻哈文化为起点，罗素·西蒙斯在短短几年间建立了拥有电信、时装、媒体、金融、消费品和咨询等行业的庞大帝国，创造了利基营销的神话。

嘻哈文化（Hip-Hop）融合了饶舌说唱、街头涂鸦艺术、黑人装扮等文化形式，一度被认为是黑人帮派和街头流氓的不入流的草根文化，仅在很小一部分黑人青年中流行。从20世纪80年代末期开始，饶舌说唱音乐形式逐渐走出了贫民窟，受到越来越多年轻人的喜爱。罗素·西蒙斯也在这一时期成为了明星。但是，罗素更令人敬佩的还不是那高超的演唱技巧，而是比其他人更早地发现了隐藏在嘻哈音乐之后的巨大商业价值。

1992年，罗素·西蒙斯推出了用自己昵称命名的嘻哈时装品牌——Phat Farm。他非常清楚自己的目标顾客是那些喜欢嘻哈文化的年轻人。在寻找目标市场这一点上，他甚至比大名鼎鼎的维真集团总裁理查德·布兰森更有天赋。布兰森把不循规蹈矩的、反叛的年轻人作为目标顾客，与之相比，罗素所选择的目标市场显然更有针对性也更狭小。选择了明确的市场，而且是在自己最熟悉的领域内做生意，这对罗素来说实在是太得心应手了。他知道如何才能最大限度地利用嘻哈文化，同时也通过公司的营销活动为嘻哈文化的发展推波助澜。

小小的细分市场却有如此大的发展空间！很多人在罗素获得了巨大的成功以后才发出这样的感叹。不错，罗素的成绩确实让人瞠目结舌。以嘻哈文化为基础，他又创立了Def Jam 唱片公司，与众多一线说唱歌手签约，并建立了Rush基金，专门赞助尚未成名的说唱艺术家和街头涂鸦艺术家，牢牢把握了嘻哈文化的发展潮流。接着，罗素又推出了Rush维萨卡和Baby Phat Rush维萨卡，上市第一年就吸引了超过10万的用户；罗素的公司推出的DefCon3碳酸饮料也大获成功，被美国的青少年视为最酷的功能饮料；罗素的公司出版的《One World》杂志，订户也超过了25万。嘻哈文化以及罗素·西蒙斯的影响是如此的广泛和深远，以至于包括哈佛和麻省理工学院在内的30多家大学都开设了专门研究嘻哈文化和罗素·西蒙斯的课程。

罗素在嘻哈领域内的大获成功，引起了众多企业的注意。为此，罗素还专门成立了dRush

公司，帮助其他公司从嘻哈文化的流行潮流中分得一杯羹。与罗素合作过的企业中不乏摩托罗拉、联合道麦克公司这样的世界知名企业。如今，嘻哈文化已经冲出美国，在全球范围内流行。当初的利基市场，已然发展成为令人垂涎的庞大的蛋糕。罗素依然执美国市场之牛耳，但是很显然他的胃口绝不限于此。

方法实施要点

在不同的环境背景、营销策略条件下，不同企业运用利基营销的侧重点与实施步骤也不尽相同。

1. 中小企业的利基营销

对于想要尝试利基营销的中小企业，尤其是新进入市场的中小企业而言，先要进行缜密的市场调研和市场分析，选定目标市场，制订明确的营销目标，然后倾力为之服务，只有这样才能在竞争中占据有利地位。

2. 大型企业的利基营销

大型企业出于开拓市场、创造新的利润增长点的考虑，也会选择运用利基营销的策略。当然，大型企业利用利基营销，其侧重点注定与中小企业不同。大型企业实施利基营销的目标是：其一，找出眼下不是但有潜力发展成为本企业产品忠诚用户的消费者；其二，设法利用现有生产线，开发出新的产品；其三，寻找新兴市场。

此外，无论是何种类型的企业，在实施利基营销的时候都应意识到，利基营销的目标市场是一个狭小的市场，市场的需求易受到某种因素的影响而发生巨大的改变。而且在面临竞争对手的正面攻击时，销售量的较易波动也会引起利润的大幅下降甚至是消失。因此，为避免出现这种情况，危及生存，企业应避免把鸡蛋放在一个篮子里，一旦有条件，就要多注意发展其他的利基市场，以降低经营风险。

营销战略设计

营销战略的意义在于，它站在全局的角度考虑问题，对企业的整个营销动向起到提纲挈领的作用。

营销人员首先要做的是全局性的思考，是营销战略的设计，而不是营销战术的花样翻新。

一、营销战略，成功营销之源

营销战略是企业一切营销活动的轴心，是营销人员基于全局性的思考对企业的整个营销活动作出的方向上的考量。营销战略可以分为 3 个层次，第一层次是宏观层的营销战略，以营销组合变量的综合运用为核心，即从产品、定价、促销、渠道等方面对企业的营销活动进行全面的规划。第二层次是中观层的营销战略，就是对营销组合中的某一要素的竞争方式的抉择。第三个层次是微观层的营销战略，指的是某个具体的营销决定的策略，如企业建立市场份额的战略、收获利润的战略以及捍卫市场份额的战略等。

营销战略的意义

营销战略从全局的角度去考虑企业整个营销活动，对企业的营销动向能够起到提纲挈领的作用。总的来说，营销战略是目标市场、市场定位和营销组合这三者的有机组合，其目的就是高度统一目标市场、市场定位和营销组合的各要素，促使其和谐统一地为企业实现营销目标提供支持。

营销战略的主要内容

一份完整的营销战略至少要包括以下 4 个方面的内容：

（1）市场目的。一份有效的市场战略，首先要指明营销工作的市场目的，然后在此基础上展开营销活动。例如，劳力士手表的目标市场一直是成功的男士，高贵的定位也一直没有改变，理所当然地，劳力士推出了名牌战略。为此，劳力士在手表的选材、外观设计、包装、分销网络以及广告等环节都努力围绕名牌来进行系统安排。

（2）营销行动路径。毫无疑问，企业实现营销目标的唯一途径就是将消费者需要与组织的服务计划过程联系起来，从而建立起顾客满意系统。产品设计和生产应以消费者的需求品好为指南。换句话说，企业若想推出高质量的产品或者服务，就必须首先找出产品或者服务的哪些方面有利于促进消费者满意。

（3）整合所有营销资源的方案。营销战略之所以深受大小企业的重视，关键就在于，通过营销战略设计，企业能够有效地集中资源。也就是说，营销战略必须提供把企业的所有资源集中于某一关键点上的思路或者方案。总而言之，营销战略不应是为营销资源所画的一幅装饰画，而是对现有资源进行整体部署的设计图。一般来说，企业的营销资源越不充分，就越需要强调整体营销布局的合力，也就越要重视营销战略的设计。

（4）全局性的谋划。营销战略是企业根据内外部营销环境及其变动趋势，结合自身的营销条件，为营销工作提供方向上的指导。因此，全局性的谋划是一份营销战略的精华所在，也是营销战略最不可缺少的组成部分。

二、派克的战略之失

派克笔是世界上最著名的老牌产品之一，它以昂贵、豪华的风格深受成功人士的喜爱，也是平民们企盼和艳羡的目标。长期以来，派克笔的销售网络遍及世界150多个国家和地区，在营销上不可谓不成功。然而，1982年派克公司在詹姆斯·彼得森的领导下改变营销战略，放弃已经被证明是成功的营销方式，结果遭受严重损失。这次因错误的战略所导致的失败，是派克公司发展历程中不可回避的伤痕。

1982年以前，派克公司的渠道策略一直坚持权力分销的代理销售，即给予各处经销商充分的权力，使其能够根据各地市场的特点采取适当的营销策略。这也是派克笔长盛不衰的重要原因之一。然而，1982年詹姆斯·彼得森出任派克公司的总经理。这位充满激情的改革者极力鼓吹统一营销，认为派克要想成为真正的名牌，必须在产品、包装设计、营销方式、产品价格等方面统一起来，甚至在全球各地所播放的广告都应该完全一致，只有这样才能突出自己的特色。派克公司的业绩一直相当平稳，没有出现过衰退，也没有令人激动的增长，而这也成为了彼得森的口实。他宣称只有在营销方式和市场领域方面进行大刀阔斧的改革，才能使销售业绩突飞猛进。为此，彼得森实施了两项重大的战略：统一全球营销方式和开拓低价市场。

为使改革顺利地推行，彼得森雇用了同样提倡统一营销的奥戈尔维和马瑟来处理世界范围内所有派克产品的业务，而终止了与英国市场销售代理机构领导人弗兰克·洛的合作。要知道，长期以来，弗兰克·洛以其独特的广告风格为派克产品创下了辉煌的销售业绩，这次人事调整令公司内的许多人感到非常不满。

1984年初，万事俱备的彼得森正式将其改革方案付诸实施。他先集中全力改变派克产品原有的风格，大力拓展低档市场。彼得森很快投资建立了一个全自动工厂，大量生产低价钢笔。然而生产出来的新钢笔却因质量低劣而受到消费者的抵制，造成了大量的产品积压，使公司出现资金运转困难的状况。这个时候，彼得森仍坚信自己的战略是正确的，他把工厂的窘境归因于统一营销计划没有得到落实。接着，他用铁腕手段解雇了公司内唯一公开反对统一营销的曼维尔·史密斯，亲自接管公司的宣传和广告工作，要求所有的地方都要以同样的方式销售派克笔。他曾这样说："为派克笔所做的广告务必要以共同的创造性策略和定位为基础，在全球范围内用'使用派作标记'作为唯一广告主题；必须使用一致的图形布局和照片，使用固定的字样、派克标志和图形设计，使用统一供应的材料。"

遗憾的是，彼得森的策略在大多数派克分公司和代理商那里碰到了钉子。他们激烈地抗议这一策略，坚持认为广告设计必须考虑当地市场的需要，而千篇一律的机械的宣传策略只会引起消费者的反感，最终使产品的销售量一落千丈。而此时，低档产品又传噩耗，生产已经停止。其实，低档产品是最大的败笔，因为这违背了派克公司赖以生存的传统，损害了它在不久前还是良好的固有形象。而这一切皆拜彼得森的改革所赐。

最终，彼得森的统一营销计划在代理商和经营人员的共同抵制下流产。公司的业绩仍在急剧下降，一场危机似乎不可避免地要爆发了。1985年1月，迫于压力，彼得森宣布辞职，由弗洛姆斯坦接替。弗洛姆斯坦上任伊始，就庄严宣布："全球营销已经死亡，公司又重获自由！"就这样，派克公司又回到了原来的营销模式，重新焕发了生机。

方法实施要点

营销战略设计的重要性不容置疑，大多数企业对此也格外重视。但是不可否认，一些企业在营销战略设计时仍存在不少问题，不能通过营销战略设计赢得持续发展。现将其中比较重要的问题总结如下：

（1）营销战略不仅是一种思想。很多企业家身经百战，经验十分丰富，他们在进行营销战略设计时常常表现出这样的状态：把营销战略理解成了一种想法，即基于自己的经验去判断未来的营销走向。这些想法或许能够指引企业的营销活动，事实上它也应该包含在企业的营销战略之中，但是它只能是营销战略的部分内容，而不是全部。否则，营销战略只能作为一种想法而存在，缺乏执行性，无法有效地转化为具体的行动。因此，不应把一种思想当作营销战略，这样就太空泛了。营销战略应该是具有丰富内容的一套体系，具有可执行性。

（2）要了解营销战略是如何发挥作用的。首先要了解行业的运作规律、竞争态势、企业自身的运作模式以及核心能力等诸多要素，系统分析营销整体业务运作过程的运作环节，如在市场结构、产品结构、渠道结构、促销形式等环节的实际表现等。

（3）认识战略与战术的关系。有效的营销战略不会凭空产生，它常常隐藏于实际的战术实施中。也就是说，成功且成熟的战术有时候会上升到战略的高度，成为企业获取竞争优势的重要手段。这就是所谓的"在认识过程中，战术决定战略；在实践过程中，战略决定战术"。

（4）营销战略具有针对性。营销战略通常具有针对性，也就是说成功的营销战略必然符合特定行业的运作规律，对其他行业则不然。

第三章

确定产品竞争优势

产品生命周期及其营销策略

产品生命周期理论将产品分成不同的生命阶段,营销人员可针对不同阶段的特点采取有针对性的营销策略。

产品生命周期也是营销人员用来描述产品和市场运作方法的有力工具。

一、产品生命周期,制订营销目标和营销策略的依据

生命周期是现代市场营销中一个非常重要的概念。它是从无数产品从诞生到退出市场的自然过程中所总结出来的,意指一种产品自开发成功和上市销售,到在市场上由弱到强,再到衰退被市场所淘汰,整个过程所持续的时间。

产品生命周期4个阶段

典型的产品生命周期一般可以分为导入期、成长期、成熟期和衰退期4个阶段。

(1)导入期。这是产品开始上市的阶段,在这一阶段,产品的知名度不高,销售增长缓慢。为打开局面,企业不得不投入大量的促销宣传费用。因此,在这一阶段,产品一般不会给企业带来丰厚的利润。

(2)成长期。在这一阶段,产品的知名度迅速攀升,销售增长率也以较快的速度上升,利润显著增长,竞争对手的类似产品也有可能慢慢冒出来。

(3)成熟期。在这一阶段,产品被大量生产和销售,销售额和利润额在达到高峰后出现疲态,开始慢慢回落,市场竞争空前激烈,产品成本和价格趋于下降。但是在成熟期后期,营销费用开始逐渐增长。

(4)衰退期。销售增长率出现负值,利润越来越小,竞争的激烈程度丝毫未减,同时,产品的替代品已经出现。随着利润空间越来越小,产品会逐渐退出市场。

产品生命周期的其他形态

S形曲线的产品生命周期只是产品生命周期的一般形态。事实上,现实生活中不同的产品种类、产品形式甚至不同的产品品牌的生命周期形态都不一样,其中常见的有以下3种形态:

(1)"增长—衰退—成熟"型。小厨房用具常常会表现出这样的特点。例如,电动刀在刚进入市场时,销售增长十分迅速,但随后就跌入到"僵化"的水平,然而这个水平却因为不断有晚期采用者首次购买产品和早期使用者更新产品而得以维持。

(2)"循环—再循环"型。药品的销售常常会出现这种形态。当新药品上市的时候,厂

商通过积极地促销，会催生出第一个循环；然后随着销售额的下降，厂商不得不再次促销，于是便产生了规模和持续时间上都较小的第二轮循环。

（3）"扇"型。厂商发现了产品新的用途、特征或者用户，而使得产品的生命周期得以延长。如，某种新材料被发明后，由于其用途不断地拓展，致使其销售额不断呈扇形扩大。

二、产品生命周期理论在杜邦公司战略管理中的应用

化工业巨头杜邦公司在运用产品生命周期模型方面，一直处于领先地位。杜邦公司将生命周期模型运用于战略分析与战略行为研究中所积累的经验，是非常具有借鉴意义的。它可以帮助管理者们明确如何根据特定的市场形势应用生命周期概念。

杜邦公司通过搜集产品生命周期中的信息，并把这些信息与市场竞争情况变化的预测结合起来，形成所谓的竞争生命周期模型，以描述化工行业内每一位竞争者所经历的典型的发展历程，即：在市场发展的最初阶段，市场完全被一家企业所占据，这家企业是该市场的唯一供应商，这家企业所提供的新产品与其替代品相比，在功能方面具有很强的竞争力。随后，生产同类产品的竞争者也开始慢慢渗入到市场中来，这标志着竞争渗透阶段的开始。在这一阶段，新进入的竞争者为了对抗市场最先进入者所积累的优势，不得不向消费者提供更为优惠的价格、更为周到的服务，以获取确保企业可以长期生存下去的适当的市场份额，为此各公司之间进行着广泛的竞争。当市场增长趋缓、各竞争者所占据的市场份额相对稳定的时候，这就标志着市场竞争已进入市场份额相对稳定阶段。在这一阶段，各竞争产品间的差异逐渐缩小。随着各竞争者所提供的产品不再具有任何重要差异，一般商品竞争阶段便开始了。杜邦公司认为，如果没有例外情况，这一阶段便是竞争生命周期的最后一个阶段，也是企业退出市场的时机。

以上便是杜邦公司关于市场发展过程的理论。杜邦公司认为，无论是在市场发展的何种阶段，都应该将顾客的需求放在最重要的位置上。因此，在杜邦的战备计划中，旨在帮助管理者和营销者理解客户需求的"使用价值"分析便起到了基础性的作用。在这一分析中，经理们针对某一特定产品，对其几个重要用途进行经济评估，以得出一个能够与顾客对该产品价值的合理评价相符合的价位。这一分析基于顾客对产品的经济评价，因此它能够非常好地帮助经理们清楚地理解顾客的需求。由于顾客的需求总是随着时间的变化而不断变化，杜邦的经理们需要在生命周期的不同阶段重复进行"使用价值"分析。

在竞争的渗透阶段，不断有竞争者冒出。为了维持或者争取适当的市场份额，除了要运用"使用价值"分析之外，还可运用"竞争对手反应"分析。杜邦公司一直致力于在竞争中占据有利位置，以防在发生经济衰退时遭遇重创。为此，经理们不仅要了解本公司的情况，更要追踪和调查竞争对手的一系列行动。

在竞争生命周期最后的一般商品竞争阶段，经理们往往还需运用"盈利性"分析来确定企业是否退出市场。杜邦公司研究发现，在市场竞争的最后阶段，由于各竞争对手的市场份额相对稳定，可以较为准确地预测公司未来的财务状况，并据此确定公司未来是否还能够赢得可观的利润额，从而为企业是否退出市场提供依据。

方法实施要点

产品生命周期的不同阶段常会表现出不同的市场特点。为此，需要制订出相应的营销目标和营销策略。

1. 产品导入期的营销策略

常用的策略有以下4种：

（1）高价格低促销策略。用这种方式推出产品，是为了以最小的促销费用获得最大限度的收益。这种策略的适用条件是：目标市场规模有限；产品已具有相当知名度；潜在用户愿意支付高价；潜在竞争并不紧迫。

（2）高价格高促销策略。这一策略的适用条件是：产品确有特点，有吸引力，但知名度不高；市场潜力巨大，目标顾客有强大的支付能力。

（3）缓慢渗透策略，即以低价格和少量促销费用支出的策略推出新产品。这一策略的适用条件有：市场潜力较大，且消费者熟悉该产品；市场对价格敏感。

（4）快速渗透策略，即以低价格并配合大量的促销宣传推出新产品。这一策略的目的是：迅速占领目标市场，随着产销量的扩大，降低单位产品的成本，以获取规模效益。这一策略的适用条件是：市场规模大，但用户对该产品不了解；多数购买者对价格非常敏感；潜在竞争非常严重；规模效益有实现的可能。

2. 成长期营销策略

这一阶段，产品的销售量和利润额都在迅速增长。营销策略应侧重于保持产品质量与服务质量，切忌因为销售形势好便急功近利，粗制滥造，片面地追求销售量和利润额。这无异于杀鸡取卵。具体来说，企业应做到以下几点：努力提高产品质量，增加产品新的功能和特色；积极开拓新的细分市场和开辟新的分销渠道；在适当的时机降低销售价格，以吸引对价格敏感的顾客；广告宣传的重点应由建立产品知名度转到促进用户购买方面。

3. 成熟期营销策略

这一阶段，销售增长率放缓，竞争更趋激烈，名牌逐渐形成。营销策略应是争取稳定的市场份额，延长产品的市场寿命。具体做法主要有以下几点：①努力增加产品的用户数量；②努力增加现有用户对产品的每次使用量及使用频率；③改革产品；④拓宽销售渠道，增加销售网点；⑤加大促销力度。

4. 衰退期营销策略

在这一阶段，企业若试图采取维持的策略，必将付出巨大的代价。明智的决策者应当机立断，弃旧图新，尽快实现产品的更新换代。这一阶段的营销策略突出一个"转"字，即有计划、有步骤地转产新产品。

品牌定位四步法

品牌定位就是给特定的品牌确定一个适当的市场位置，使其产品在消费者心中占据一个有利的位置。

正确的品牌定位是一切品牌成功的基础。

一、好的定位是品牌成功的基础

定位的概念有两方面的内涵，一方面是在认识自身资源及能力的前提下，在市场上找到适合自身条件的细分市场，然后充分发挥自身的能力去满足目标顾客的需求，实现消费者的期望价值，并在这一过程中实现自有及可支配资源和能力的价值最大化。四象限定位法便是基于这一方面的内涵所提出的。而另一方面的定位，则是指找到那些在面临多种选择时依然坚持选用你所提供的产品或服务的顾客，并努力去更好地满足他们的需求。品牌定位四步法便是在这一内涵的指引下发展起来的一种定位方法。

品牌定位四步法的定义

品牌定位四步法是零点前进咨询公司首先提出的。该公司在人口学、心理学、行为学、市场营销学等基本理论的基础上，提出了分析目标群体、确定目标群体的核心价值需求，并在此基础上把产品或服务品牌符号化，从而提升品牌效果和效率的品牌定位方法。由于该定位方法的实施步骤有4步，分别是确定目标消费人群、确定目标群体所属角色状态、确定目标群体所属的目标角色状态所追求的核心价值、确定可以代表核心价值的符号体系，所以称之为品牌定位四步法，也称为零点品牌定位四步法。

品牌定位四步解析

第一步，确定目标消费人群。

我们可以利用人口学的（年龄、性别、教育程度）、心理学的（价值观、文化取向）和行为学的（消费行为模式、一般行为特征）等方法来确定目标消费人群。具体来说，主要有3种目标群体选择方式：其一是聚焦策略，即在一群人中找到有共同特征或消费需要的一小群人；其二是组合策略，在一大群人中找到某一个有独特需求的群体，以这一群体为主，再找若干个与这一群体有些微差异但没有实质性需求冲突的群体为辅助群体；第三种策略叫作链动策略，即对某一消费者施加影响，该消费者再将这种影响传递到其他消费者那里，从而形成链动效应。

第二步，确定目标群体所属的角色状态。

一个人在不同的时间、不同的地点会扮演不同的角色，同一个人在不同的角色背景下会对某种产品的价值、功能有不同的需求。因此，区分消费者的角色状态也是品牌定位的重要一步。一般来说，人的生存状态对其角色的定位有着非常重要的影响。人的生存状态通常有4种：个性化生存、家庭化生存、组织化生存和社会化生存，每一种生存状态都与一种特定的社会关系、社会背景相对应。这些社会关系和社会背景对个人起着约束作用，对一个人扮演的角色也起着重要的影响作用。

第三步，确定目标角色状态所追求的核心价值。

品牌的价值点不是唯一的，我们可以运用定量研究的方法，找出各个价值点之间的联系，绘制出品牌价值张力图。一般来说，品牌价值有两种类型：一是在不同的消费群体中都表现出恒定的价值，这便叫作恒定价值；另一种恰好相反，它在不同的消费群体中表现出来的价值有比较大的区别，叫作活跃价值。如果一种品牌表现出恒定的价值，我们便称这一品牌是老成持重的品牌，相反，我们便称这一品牌是具有活力的品牌。不同的产品需要有不同类型的品牌与之相对应。如果我们需要一个综合性的品牌，就必须把一些恒定的价值和一些活跃的价值组合起来。

第四步，确认可以代表核心价值的符号体系。

企业通常会给品牌设计一个比较抽象的核心价值，比如尊严、自然、自由感、超越等，这些抽象的概念可能不易于被消费者所理解。实际上，消费者通常通过一些具体而形象的符号如语言、图形、物体、色彩、人物等推测品牌的核心价值。因此，为了让消费者更好地理解品牌的核心价值，企业应将复杂的核心价值符号化。另外，人格化也是品牌价值符号体系中不可或缺的重要一环，企业应考虑如何将自己的品牌核心价值人格化。

上述4步联系紧密，相互关联，且每一步都是上一步的递进。只有把每一个环节都做得完美无缺，最终才能得到一个准确、科学的定位。

二、奶球品牌重新定位

"奶球"是一种糖果的品牌。这种糖果的包装很别致，是一个小巧而精致的黄棕色盒子。购买奶球牌糖果的多是青少年，他们觉得在看电影的时候嚼着奶球牌糖果很带劲。但是作为奶球品牌的拥有者，史维哲·克拉克公司对现有的市场并不满意。客观地说，青少年对糖果的需求有限，这也是奶球牌糖果的销售业绩总是不尽如人意的根源所在。相较而言，糖果对少不更事的儿童更有吸引力。你会发现，这些儿童的嘴里总是含着一颗糖果，对每一种口味的糖果都非常感兴趣。毫无疑问，平均年龄在10岁以下的儿童是糖果的最佳消费者。为了吸引最佳消费者，克拉克公司决定对品牌进行重新定位。

选定了目标消费者，克拉克公司开始着手进行消费者心理分析。调查显示，每当接触到有关糖果的信息，这些小朋友们首先想到的是糖棒的概念，比如好时、杏仁乐、银河、雀巢等品牌的糖棒都非常受欢迎。上述这些品牌的知名度和美誉度都是奶球牌糖果所不能望其项背的。这就意味着，克拉克公司若把奶球品牌定位为糖棒形象，即使花费巨额的广告费，也很难在消费者的心目中扎下根。此路不通，克拉克必须寻找其他的突破点。

经过再三的调查分析，克拉克公司的营销人员终于发现了竞争对手的一个弱点：市场上现有的糖棒都很小，不耐吃。比如5元钱一根的好时牌糖棒，孩子一般两三分钟就吃完了。这样使贪吃但零用钱并不宽裕的小消费者非常不满，调查人员常常听到这样的抱怨："不是我吃得太快，而是糖棒本来就不大"，"因为买棒糖，我的零用钱不知不觉就花光了"，小朋友会有这样的经验之谈："告诉你，糖棒千万不能吮吸太快，否则一会儿就没有了。"通过这些充满童趣的话语，小消费者们其实是在传达这样一个信息："我需要耐吃且价格不贵的糖棒。"

针对消费者的需求，克拉克公司很快生产了一种新型的奶球糖，它们被装在盒子里，每盒有15颗糖。小朋友们可以一颗一颗地品尝，也可以分几次把这些美味吃完。毫无疑问，这样一盒奶糖比同等价值的糖棒要耐吃得多。虽然奶球糖不是糖棒，但是小消费者们很快就会发现，奶球糖其实是糖棒不错的替代品。

通过市场调查和分析竞争对手，奶球品牌确定了新的市场定位，但这个定位能否取得最后的成功呢？这还要依赖于接下来的广告宣传。策划人员自然而然地将耐吃作为宣传的重点，在此之前，还从来没有其他的糖果广告侧重于宣传耐吃的特点。奶球牌糖果的广告是这样的：从前有一个小孩，他有一张大嘴（一个小孩站在一张大嘴巴旁边），非常喜欢吃糖棒（小孩一根接一根地把糖棒塞入那张大嘴中），但是糖棒并不耐吃（糖棒很快吃完了，大嘴巴非常生气）。这时候小孩发现了一盒奶球糖（小孩兴奋地举起奶球糖，大嘴巴开始舔它的下颚），大嘴巴爱上了奶球，因为它们耐吃（小孩把奶球糖一颗一颗地滚到大嘴巴的舌头上去）。最后，小孩和大嘴巴合唱了一曲欢快的歌谣："当糖棒变成一段遥远的回忆，你不会有什么留恋，因为你拥有了奶球，现在给你的嘴巴弄一些奶球吧！"这则广告发布以后，奶球牌糖果的销售业绩很快就有了起色，品牌知名度也大大提高了。

找到竞争对手的弱点，使自己的产品更能满足消费者的真实需求，这就是奶球品牌成功定位的秘诀。

方法实施要点

企业在进行品牌定位时，通常会有两种不同的选择。

1. 市场支配者的品牌定位策略

对于市场支配者来说，不能陶醉于现有的优势，要永远保持一种进取的精神，应将现有的优势看作是获得更大成功的基础。因此，市场支配者应选择这样的定位策略：永远站在前列，形成良性循环，在竞争中始终比对手更快、更好。

2. 市场跟进者的品牌定位策略

跟进者企业选择的品牌定位策略主要有两种：一种是一直跟在领导品牌的后面进行模仿，这个策略比较保险，不会引起支配者的不满和报复，但是同样也不会使被支配者有翻身的机会；另一种策略是避开领导品牌，寻找空当加以填补，也就是所谓的空当定位。这一策略可能会引起竞争对手的注意，但也不失为被支配者改善现状的一条途径。

品牌价值模型分析法

只有充分了解了品牌的价值构成，才能够培育出具有生命力和吸引力的品牌。

品牌价值内涵的强弱程度，往往决定了消费者对该品牌的忠诚度。

一、了解品牌的价值构成

品牌价值模型由零点前进咨询公司所创，该模型试图通过对品牌价值内涵和外延的研究解决如下问题：评估品牌目前的整体实力和健康状况；掌握品牌资产的主要驱动因素以及他们对消费者的重视程度如何；为企业努力增强自身的品牌力量提供指导；预知并应对竞争对手的威胁。

品牌价值内涵是品牌价值的核心要素，它是在品牌长期的发展过程中逐渐积淀下来的，反映了一个品牌的内在价值。一个品牌其价值内涵的强弱程度往往决定了消费者对该品牌的忠诚度。一般来说，品牌价值的内涵包括情感和功能两个层面。

1. 情感层面

品牌价值的情感层面主要体现了消费者对品牌在情感和心理上的感知，这种感知是品牌与消费者建立联系的基础。品牌价值的情感层面又受到以下 5 个因素的影响：

（1）历史传承。品牌的历史、起源、特色等对消费者感知的影响是不容忽视的。事实上，一个品牌的历史传承正是形成该品牌价值优势的重要因素。

（2）人格特征。品牌价值人格化是品牌符号体系的重要组成部分，这一点在前面已有介绍，不再赘述。这里需要注意的是，不要刻意将这种人格特征与目标消费者的实际特征相一致，而要将这种特征设计成消费者所渴望、所追求的那种形象，比如万宝路香烟中的牛仔气质。

（3）社会文化特征。品牌的社会文化特征是一种超越产品之上的品牌属性，它在价值文化理念的层次上与消费者进行沟通。比如，有的品牌强调自己的环境保护意识，有的品牌关注体育事业等。

（4）个人联系度。品牌与消费者的个人联系度主要由两个指标来体现，一是品牌与消费者的价值趋同程度，二是品牌与消费者个人的相关程度。个人联系度高的品牌会给人以深刻且持续有效的影响。

（5）可感知的价值。优秀的品牌总能给消费者带来独特的价值感，比如信赖感、高贵感、物有所值感、创造性等。

2. 功能层面

一个品牌若想在市场竞争中获得成功，就必须具备持续为市场提供始终如一、高质量、能与任何竞争对手相媲美的产品或服务。这是一个品牌得以自立于市场的基本条件，而这也是品牌功能层面的含义所在。对于品牌价值的功能层面，我们可以从下述两个方面来理解：

（1）可感知的质量。可感知的质量包括产品性能、外观等硬性的产品质量和维修、配套服务等软性的产品质量。可感知质量的高低决定了消费者能否接受该品牌。换句话说，只有具备良好的消费者可感知质量的品牌才能够在市场上生存。

（2）功能利益。产品的性能和质量是构成消费者满意的主要因素，尤其是当这些功能恰好能够满足消费者的需求时。

二、"红旗"品牌价值的挖掘

曾几何时，"红旗"代表着中国的骄傲，代表着激情燃烧的岁月，也曾是尊贵身份的象征。即便是到了 2003 年，根据某机构的测算，"红旗"这一品牌仍价值 52.48 亿元。然而，在过去相当长的时间里，红旗的品牌价值并没有转化成现实的市场销量。是"红旗"的价值被高估，还是决策者没能使"红旗"发挥其价值？这是一个引人深思的问题。

众所周知，品牌的推广和提升都必须建立在品牌的核心价值之上，核心价值是品牌得以维持和发展的根基所在。因此，要分析"红旗"的品牌价值，首先要明确"红旗"的品牌定位，也即"红旗"是什么？虽然"红旗"是特定历史阶段的产物，但不可否认其核心价值是中华民族精神的浓缩，它代表着时代与奋进、团结与开拓、成就与骄傲。即便是在新时代，"红旗"也应被打造为现代社会的一种精神导向。换句话说，要使"红旗"重新放射出万丈光芒，就必须重视对消费者人性的关注和思考，努力实现附加价值对人性的满足，以期达到震撼心灵的效果。

从更深的层次来讲，"红旗"品牌的衰落并不是偶然的现象，有着某种必然的因素。冷战结束后，改革开放的到来，时代的剧烈变迁，使中国人的信仰和价值观出现了迷失的现象，"红旗"作为特定历史阶段的象征，逐渐被人们所淡忘。然而，迷失总是短暂的，而今中国社会的信仰和价值观已然露出融合和重组的兆头，这也给了"红旗"一个登高而呼的时代契机。毫无疑问，"红旗"是最有资格和背景去倡导精神复兴的品牌。它既可以作为某一社会地位和社会阶层的象征，还蕴涵着奋斗精神的内涵，不存在因不同市场定位而使品牌形象出现割裂的问题，可兼顾公务车和私人消费。

因此，期望重振雄风的"红旗"，应将核心价值定位为：光荣、奋斗和回馈。在公务车领域，可将核心价值引申为：勤政、爱国和服务社会；而在私人消费领域，则可以宣扬：精英、开拓和回馈社会。"红旗"可将目标消费者锁定为 30～45 岁的男性。这个人群通常已经通过自己的努力赢得了一定的成绩，沉稳务实、适应时代，内心有一种潜在的对红旗精神的共鸣。

目标消费者锁定以后，就应对这一群体进行深入分析，收集各种有针对性的信息，如人群的分布、阅读偏好、对信息的接收方式等，然后有的放矢。市场推广是接下来要做的事情，市场推广的目标是塑造产品的品牌，树立企业的形象。"红旗"应努力营造积极的销售氛围，将"红旗"品牌形象的立足点从历史转移到文化上来。在广告宣传方面，应着力宣传荣誉与尊严、价值与理性等。

"红旗"作为一种象征性的品牌，有着宝贵的品牌价值。倘若弃置不用，无疑是一种奢侈的浪费。深入挖掘其内涵，则必然会在市场上得到丰厚的回报。

> **方法实施要点**
> 品牌价值模型对企业营销活动有这样的启示：
> （1）高值品牌更受消费者的青睐。这一点几乎不用解释，几乎所有消费者都希望自己所购买的产品具有更高的品牌价值内涵。不仅如此，调查显示，不同品牌的同类产品，其品牌价值内涵与消费者愿意付出的价格成正比。也就是说，消费者愿意为品牌价值内涵高的品牌支付更多的金钱。
> （2）高品牌价值内涵更容易赢得消费者的忠诚。企业在提高品牌价值内涵上的投入，最终都会在消费者那里得到回报。因为调查显示，品牌价值内涵越高，消费者对该品牌的忠诚度就越高。毫无疑问，消费者的忠诚度会深刻地影响消费者的行为，使消费者重复购买，并向其他人宣传该品牌。
> （3）品牌外延对市场份额的增长有一定的贡献。在品牌投入市场初期或者品牌的市场份额较低的时候，品牌外延的塑造会帮助企业实现市场份额的较快增长。但随着品牌具有了一定的市场基础，品牌外延的作用就越来越小。
> （4）品牌价值综合实力支撑市场份额。强大的品牌价值内涵和品牌价值外延，会对既得的市场份额起到强有力的支撑作用。也就是说，企业在品牌建设方面的投入最终会得到市场回报，并支撑品牌长久的发展。

产品与品牌的关系模型

多品牌战略充分尊重了市场差异性。
单品牌战略有利于企业整合、利用优势和资源。
采用组合品牌战略，企业借助自身的强势形象，推广不同的产品。

一、选择合适的产品与品牌组合

企业可以对旗下的产品设定一个统一的品牌，或者对每个产品都设定一个独立的品牌，又或者采用折中的办法，以一个强势的品牌作基础，用不同的次级品牌去拓展不同的细分市场。这便是所谓的 3 种品牌战略，即单品牌战略、多品牌战略和组合品牌战略。现对这 3 种品牌战略进行详细的分析和介绍。

单品牌战略
单品牌战略的特点主要有以下 4 点：
（1）产品的目标市场明确，产品的市场形象比较强大，拥有较高的声誉，且深受顾客的信任。
（2）品牌的档次固定，有固定的消费者群以及一定数量忠诚度较高的消费者。
（3）产品线延伸适度，产品涉及领域非常相近。

（4）产品的生产技术具有可延伸性。

单品牌战略的优缺点可以通过下表显示：

单品牌战略的优点	单品牌战略的缺点
充分整合和运用企业的优势以及资源	对市场的差异性重视不够
在成熟品牌的牵引下，新产品的市场推广较为容易	不利于企业实施跨行业多元化战略
企业可在生产中做到集中投入、规模经济	不利于风险的分散，一种产品的失败就会容易影响其他产品
可以利用企业的形象，来强化单个品牌的形象	
可更为有效地利用技术的延伸性	
可强化企业的整体形象，吸引忠诚度高的消费者	不便于覆盖不同价格段的市场

多品牌战略

多品牌战略的特点也有4点：

（1）企业的目标市场非常广阔，且顾客对产品的需求各异。

（2）目标消费者的需求变化较快，企业必须使产品适应这种变化，并制造各种变化，以吸引更多的消费者。

（3）产品升级换代的速度较快，产品线的调整也较为频繁。

（4）目标市场上的竞争对手较多，竞争产品多，替代品多，消费者选择的余地非常大。

多品牌战略的优缺点可见下表：

多品牌战略的优点	多品牌战略的缺点
企业可为不同类别的产品制定最适合的名字，进行最精确的定位	分割了企业的整体优势以及历史资源
尊重市场的差异性	
有利于提高企业整体的市场占有率	增加了企业产品推广的成本
有利于企业实现对不同价格段的市场的覆盖	新产品在推广初期不能借助成熟品牌的优势，致使市场阻力较大
有利于分散企业生产经营的风险	
有利于企业的产品占领更多的零售面积	
可以给低品牌忠诚度的消费者更多的选择机会	不利于品牌忠诚度的建立

组合品牌战略

组合品牌战略的特点主要有4点：

（1）企业将强势品牌定为主品牌，并用多个次级品牌去拓展不同的市场。

（2）主品牌向消费者传达固定品牌的形象，可对次级品牌进行托权。

（3）次级品牌能够吸引主品牌以外的顾客，占据主品牌照顾不到的市场，树立与主品牌相异的形象。

（4）主品牌和次级品牌可根据不同的市场环境，制定不同的定价模式。

组合品牌战略的优缺点见下表：

组合品牌战略的优点	组合品牌战略的缺点
可借助主品牌的强势形象，推广多种不同的产品	系列产品中，有一个产品存在瑕疵，就会影响到所有的产品
可帮助消费者区分同一企业的不同产品	
有利于分散企业的生产经营风险	有可能会造成品牌的混淆
可用不同的产品去覆盖各价格段的市场	
可降低品牌开发和推广的成本	
能够有效地避免多品牌所引起的品牌相互影响	

二、松下公司的品牌组合战略

松下公司以产品的高品质创立了一个令人信任的企业品牌，然后以这一成功的企业形象为背景，设计不同的系列品牌，从而成功地进入了不同的细分市场，并收获了良好的市场效果。松下公司所采用的品牌战略就是典型的品牌组合战略。

松下公司品牌组合战略的内容

从公司创立之始，松下电器以其高品质的产品为松下公司塑造了一个值得信赖的主品牌形象。松下公司在这个主品牌的背景之下，针对不同的细分市场，又创立了不同的产品品牌，如：在美国市场上，创立了 Panasonic 品牌，强调富有朝气、极具革命精神的创新形象；在冰箱等产品上延用 National 品牌，维持其可信赖的、安定的稳重形象；针对高端消费群体，推出了 Technics 品牌，着重宣传其高科技的形象。

针对进一步的细分市场，松下公司设计富于创新的新产品副品牌，以副品牌的活泼形象吸引更多的消费者，例如音响产品中的"飞鸟"副品牌、洗衣机产品中的"涡潮"、"爱妻号"副品牌、电冰箱产品中的"花束"副品牌和彩电产品中的"画王"副品牌。

虽然副品牌的名称各异、个性不同，但是它们在进行广告宣传时都强调自己属于"松下"这一名声显赫的家族，借助"松下"的形象来促进销售；另一方面，各个副品牌的成功也进一步加强了"松下"这一主品牌的形象。

松下公司品牌组合战略成功实施的原因分析

（1）先行树立了强大的企业主品牌形象。Panasonic 产品以优质、稳定的表现，为松下公司赢得了强有力的企业品牌形象。这一形象的树立为组合品牌战略的实施奠定了坚实的基础。

（2）各副品牌产品均有较高的质量水平。实施品牌组合战略企业的各种产品在质量上不能有太大的差异，否则就会影响企业主品牌的高品质形象。在这一点上，松下公司做得比较好，各子品牌都继承了主品牌优质的传统。

（3）为不同的细分市场设计不同的品牌形象。不同的细分市场都有着独特的消费需求。针对这些差异化的需求，松下公司设计了不同的副品牌。各副品牌采用不同的品牌档次和定价策略，从而实现了对不同细分市场的覆盖。

方法实施要点

不同的品牌战略适用于不同的企业。

（1）多品牌战略的适用企业。多品牌战略适用于以下几种类型的企业：采用多元化的发展战略、市场定位比较广阔、目标顾客类型多种多样的企业；产品线较广、产品种类较多且都针对不同的市场、产品的定价水平各不相同的企业；需要运用品牌数量挤占销售渠道的企业；对品牌的投入有充足的资源基础以及恰当的管理制度和政策的企业。

（2）单品牌战略的适用企业。单品牌战略适用于下属几类企业：市场定位比较明确，且有一定数量的、忠诚度高的消费者的企业；技术稳定、产品品质优良、在行业中地位稳固且处于领先位置的成熟企业；产品在行业中具有相当的市场占有率，其品牌在市场中的声誉较高，比较受消费者的欢迎，甚至能左右行情和价格的企业。

（3）品牌组合战略的适用企业。品牌组合战略适用的企业有如下几类：已塑造优良的形象，且在消费者心目中的地位已较为稳固的企业；产品准备进军不同档次的细分市场，或者是准备吸引偏好需求较大的消费群的企业；主品牌之外，仍有一些功能或特征需要副品牌进行诠释的企业；希望在利用基本功能之外，用"使用者形象"这种个性化的特征来吸引消费者的企业。

品牌经理制管理方法

品牌经理制以制度力量聚集协调运作的合力，使公司的每一个产品在追求商业利益时，都能够得到全公司上下一致的有力支援，从而实现企业的整体优化。

品牌经理是培育个性化产品的"保姆"。

品牌经理制通过成本控制和服务改进，使产品的市场竞争力得以提高，产品价值得以丰富和提升，使消费者感到物超所值。

一、一种有效的品牌管理方法

品牌和产品不同，大多数的产品都有生命周期，最终不免消亡的命运。而品牌一旦建立，便可以以其强大的生命力超越产品生命周期的限制。例如，索尼的随身听可能终究要被市场所淘汰，但索尼这一品牌却因新产品的开发而历久弥新，愈发受到消费者的喜爱。虽然如此，这也并不意味着品牌的魔力是永恒的。品牌是一种资产，也需要像有形资产一样进行管理，而品牌经理制便是一种被实践证明有效的品牌管理方法。

品牌经理制的来源及含义

品牌经理制据说起源于宝洁公司。1923年宝洁公司推出了一款新的香皂品牌"佳美"，这一新的品牌具有良好的使用效果和独特而高雅的香味，其市场前景被认为非常美好。但事实上，这一新的品牌却遭遇到了滑铁卢。为扭转这一不利的状况，宝洁公司任命尼尔·麦凯瑞全权负责打理该品牌，最终尼尔·麦凯瑞的工作获得极大的成功。这一现象也引起了宝洁公司高层的注意，接着他们又陆续为其他的品牌任命了专门的管理人员，这样品牌经理制就诞生了。

所谓品牌经理制就是指公司为每一个品牌的产品或者产品线都配备一名具有高度组织能力的经理，让他全权负责品牌管理的全过程，其工作内容包括该品牌产品的开发（产品概念的提出、价格与成本、材料要求、包装要求、上市时间）、跟踪该品牌产品的市场销售额、产品利率以及具体去协调产品研发部门、生产部门以及销售部门的工作，使其成为影响产品的所有活动的聚集点。

品牌经理制的作用

品牌经理通过对品牌全方位、全过程的管理，可以使品牌灵敏而高效地适应市场变化，改善公司参与市场竞争的机能，减少人力的重叠、避免顾客的遗漏、拉长产品的生命周期，从而为企业赢得更为广阔的市场空间。具体来说，企业实施品牌经理制的作用有以下几点：

（1）运用制度的力量，使各部门协调运作，形成合力。实行品牌经理制，由一个熟悉公司各个环节的经理去从整体上把握一个品牌的运作，运用制度的力量去协作各部门围绕品牌做出种种努力，能够有效地减少和避免部门之间的推诿和扯皮，真正使公司各环节的力量在这一品牌上形成强大的合力，从而实现企业整体的优化。

（2）根据顾客的需求调整产品的市场定位。在品牌经理制之下，品牌经理在产品研发之前便要极大地关注竞争的差别性优势，并根据这一差别性调整产品的定位，然后再把产品的定位反映给研发部门，使其设计出来的产品能够运用差别化的战略参与到竞争中去，并最终赢得竞争。

（3）维持品牌长期发展和整体形象。未来市场只有个性化的产品才能够赢得消费者的青睐。而品牌经理就如同一个培育产品个性的"保姆"，他不仅要在产品线的延伸方面始终如一地去保护品牌个性，更要在销售过程中有效地消除很容易出现的短期行为。这是他身为"保姆"的职责所在。品牌经理还被要求根据品牌的长远利益作出正确的抉择，使品牌能够得到长期健康的发展。

二、宝洁的品牌经理制

宝洁公司创立于 1837 年，是全球最大的日用消费品公司之一，旗下 300 余个品牌的产品畅销 140 多个国家和地区，涉及领域包括食品、洗涤用品、肥皂、药品、护发以及护肤用品、化妆用品等。在中国市场上，沙宣、汰渍、飘柔、海飞丝、潘婷、碧浪等品牌也早已深入千家万户。没有人可以否定宝洁的成功，然其成功的原因何在？除了 170 年来一直保持的高品质之外，实行品牌经理制也是重要的原因之一。

始创品牌经理制

要探索品牌经理制的根源，我们不能不从 1923 年宝洁推出"佳美"牌香皂说起。当时，佳美的业务发展一直不尽如人意。这并不是因为佳美产品的质量不令人信服，而是因为它与宝洁公司的另一个名牌"象牙"产生了冲突。象牙香皂在 1879 年就已经面世，早已成为消费者心中的名牌产品。而佳美的广告和市场营销活动都与象牙非常相似，在一定程度上甚至成为了象牙的翻版。当时，宝洁公司不允许两个品牌展开公平竞争，这样佳美自然就成了宝洁公司避免利润冲突的牺牲品。

为解决佳美的问题，时任副总裁的罗根提议为佳美请一家新的广告公司。此前佳美和象牙由同一家广告公司宣传，这也造成了佳美与象牙的宣传策略和宣传重点趋同。公司采纳了罗根的建议，为佳美挑选了一家新的广告公司，并向该广告公司许诺，绝不为竞争设定任何限制，佳美可以自由地同象牙展开竞争，就如同与其他公司的品牌进行竞争一样。这一措施的效果有目共睹，佳美的销售业绩迅速增长。这样，指派专人负责佳美品牌的促销和与广告公司的日常联系就显得非常必要。这一重任落在了尼尔·麦凯瑞身上。

1931 年，尼尔·麦凯瑞在日常工作中发现，宝洁公司由多人负责同类产品的广告和销售的一贯做法，不仅是一种人力与广告费用的浪费，还易于使顾客产生顾此失彼的印象。为此，他提出了"一人负责一个品牌"的设想。1931 年 5 月 31 日，麦凯瑞将这种想法总结成一份文件，详细描述了品牌经理、品牌助理和调查人员的工作职责，并认为品牌经理能够把销售经理的大部分工作揽过来，使销售经理专心于产品的销售。麦凯瑞的品牌管理法受到公司总裁杜普利的赞同和大力推广，于是宝洁公司的市场营销理念和市场运行方法悄然发生了改变。

品牌经理制，是利？是弊？

任何一项革新都不会是一帆风顺的，品牌经理制也不例外。虽然以大胆改革创新而闻名的杜普利总裁给予了麦凯瑞大力支持，但仍不足以平息反对者的议论。这些为数不少的反对者在很多场合发表自己的观点，他们认为麦凯瑞的新方案打着创建优质品牌的旗号，实际上却是公然鼓励品牌间的互相"残杀"。就如同家庭内部的"战争"一样，是不会得到好结果的。

面对质疑和反对，麦凯瑞据理力争，坚持认为品牌经理制绝不会引起内部"战争"，相反，有益的竞争将促使品牌经理们充分运用自己的智慧和能力，使自己的品牌变得更为强大。他最终说服了公司内外的反对者，使品牌经理制得以推行开来。实际上，这一措施也确实引导了宝洁公司百余年的高速发展。

品牌经理制的推广

宝洁公司的"品牌经理制"引起了美国工业界的注意。此前他们从来没有听说过这一概念，更没有公司会鼓励自己旗下的品牌互相竞争。随着宝洁不断成功，一些公司开始模仿了，通用电气、美国庄臣、福特汽车、美国家用品公司等纷纷借鉴。到了 1967 年，84% 的美国主要耐用品生产企业都已采用了品牌经理制，大家一致认为品牌经理制是多品种经营的消费品公司的规范组织形式。

> **方法实施要点**
> 企业具体实施品牌经理制的时候，还应注意以下3个方面的问题：
> （1）新品牌的创立务必要建立在现实的市场需求之上。在创立新品牌之前，企业必须进行广泛而深入的市场调研，了解目标消费者的真正需求，研究竞争对手的优劣势，找准市场机会，使新品牌的创立具有针对性，绝不能出现新品牌研制出来却因缺少需求支持而夭折的现象。
> （2）建立形象独立的品牌风格。新创立的品牌必须有独立、明确的品牌形象，在品牌风格上既不能与原有的品牌撞车，又要能与有影响的品牌相互配合呼应。
> （3）树立整体意识。品牌经理虽被赋予了一定的独立性，但同时他还必须服从企业的整体计划，以期形成品牌的战略组合和整体推进。

品牌延伸策略

成功的品牌延伸策略，可给原有的品牌和产品线注入活力，给消费者提供更完整的选择。品牌延伸可产生品牌伞效应，降低企业的营销成本。

一、使品牌利益最大化

所谓品牌延伸，就是指一个品牌从原有的业务或者产品延伸到新的业务或者产品上，从而使多项业务或者产品共享同一品牌。品牌延伸是企业品牌运作的一种重要的方式，是一种有效的营销方法，并逐步成为企业发展壮大的一条重要途径，受到企业广泛的青睐。

品牌延伸并非只有好处，事实上这种策略是利益与风险并存的双刃剑，施行好了会给企业带来较大的经济效益，搞不好则会使企业面临一定的经营风险。具体来说，对品牌延伸策略成功与否具有决定性影响的因素有以下几种：

（1）品牌的资产价值。品牌资产是品牌知名度、品牌的品质形象、品牌忠诚、品牌联想以及附属在品牌上的其他资产等项内容的集中反映，是品牌价值的体现。由于品牌延伸策略成功实施依赖于消费者对原品牌的良好印象以及爱屋及乌的心理，从根本上来讲，品牌延伸就是发挥原有品牌资产价值的扩张功能的一种策略。因此，雄厚的品牌资产价值是品牌延伸策略实施的基础。一般来说，品牌资产价值越大，其品牌延伸策略实施成功的几率就越大。

（2）品牌的类型。一般来说，品牌有4种类型，分别是理念型、利益型、技术诀窍或配方型、产品型，这4种类型的品牌延伸能力依次降低。首先，理念型的品牌将经营理念作为其核心特征，延伸能力非常强大。这方面的典型例子就是麦当劳。麦当劳一贯奉行Q（品质）、S（服务）、C（清洁）、V（价值）的品牌经营理念，使其业务遍布全世界，不仅是品牌延伸的典范，还可算是品牌管理体系的全面延伸。其次，利益型的品牌的特点在于强调对消费者的利益承诺。例如，海尔将其品牌定位为"为顾客创造价值"，使其经营领域得以从电冰箱扩展至整个家电领域，如今已发展到更广泛的领域，实现了从产品经营到资本经营最后到品牌经营的蜕变。其三，技术诀窍或者配方型，这种品牌总是与某种特定的技术诀窍或者配方联系在一起，不易于向其他的领域拓展。可口可乐就是最典型的例子。众所周知，其神秘的配方一直是其品牌价值的重要内容。诚然，这也使其在一个多世纪内一直保持着权威性和真实性，同时也极大地限制了该品牌向其他领域的拓展，以至于可口可乐推出新产品不得不命名为"雪碧"等。其四，产品型的品牌已经成为了某种产品的代名词，也就是说该品牌在消费者心中已经成为了某种产品的替代物。这样该类品牌自然没有任何延伸的能力了。

（3）品牌的个性定位。品牌最初的个性定位也是决定品牌延伸策略能否成功实施的重要因素。倘若品牌最初的定位过窄，势必会影响其延伸能力。比如"金利来"定位为"男人的世界"，这就决定了它很难向女性用品发展。因此，在进行品牌定位时，企业应适当放宽其领域界定，从而为以后的品牌延伸留有余地。

二、Sanrio 成功实施品牌延伸

如今，最炙手可热的卡通形象无外乎史努比、灌篮高手、维尼熊、机器猫、樱桃小丸子、Hello Kitty 猫等几种，其中尤以 Hello Kitty 猫最为成功且最具代表性。如今，这个由 Sanrio 所开发的白色的卡通猫形象风靡整个亚洲，渗透到许多产品领域，如玩具、文具、手机、手镯、音响、手表、手提包、电视机等。

Hello Kitty 猫的形象其实非常简单，有一只硕大的脑袋，一双睁得大大的眼睛，憨态可掬，充满了童趣。然而，就是这个简单的造型不仅令亿万小朋友爱不释手，其涉及的领域也大大超过了我们对普通产品线延伸的认识。这种延伸并不是传统的以强化品牌资产为导向的，而是以目标消费者的生活形态为导向。即所有 Hello Kitty 目标消费者会使用的产品，都有可能成为 Hello Kitty 的涉足对象，比如，Hello Kitty 把那张可爱的猫脸印到了汽车上、钻石手表上、咖啡机上、音响上等。事实上，你几乎可以开一家 Hello Kitty 主题的百货商店。

Hello Kitty 如今已是 30 多岁高龄，这对一只猫来说确实已经非常老了。在时尚潮流快速更替的日本市场上，作为一种卡通形象它也算不上年轻了。然而，事实上，它并没有显现出任何老态，这都要归功于 Sanrio 总能与时尚潮流同步前进。每一个月，Hello Kitty 都有 500 种新产品上市，同时有 500 种旧产品被淘汰。Hello Kitty 的产品线总在不断地调整，从而使自己总能适应潮流的发展，适应不同地区的特点。

从更深层次来剖析 Hello Kitty 成功的原因，很容易得到这样的结论：成功地进入成人市场，是其经久不衰的根源所在。在这个竞争激烈的时代，成年人的工作和生活压力非常大，人际关系复杂、工作缺乏创造性、未来的不确定性和现实的焦虑使成年人非常渴望回到无忧无虑的童年时代，尤其是年轻的女性。Hello Kitty 的出现迎合了人们的这种心理，自然而然地受到了人们的宠爱。

此外，Hello Kitty 还代表了时下颇为流行的"可爱"文化，这种文化给客观、冷漠的现实生活蒙上了一层情绪化和理想化的外衣，表达出"生活是应该有情绪倾向的"主题，说出了成年人尤其是年轻人的心声。由此看来，Hello Kitty 的成功确实不难理解了：它之所以能够如此多元化地跨品类延伸，都是它的消费者希望它这么做的。

综上所述可知，与大多数品牌在延伸时考虑新产品与自己的品牌核心价值不能相违背不同，Hello Kitty 通过品牌的延伸，给消费者提供了一个返璞归真的途径，使消费者愉快地从现实世界跳入到纯真可爱的 Hello Kitty 品牌世界里。

方法实施要点

要使品牌营销策略成功实施，企业应注意如下几个方面的问题：

（1）注意对品牌延伸的管理。要将品牌延伸放在经营战略的层面上来考虑，用长远和发展的眼光来审视品牌延伸，并作出周全而明确的规划。切忌不顾客观条件的限制，只为眼前利益而盲目地实施品牌延伸。毫无疑问，这会让企业面临相当大的风险。

（2）做好原有品牌的可延伸性分析。主要包括 3 个方面的分析：首先，要分析原有品牌的实力。强大的品牌资产价值是品牌延伸的基础，倘若原有品牌尚不成熟，根基并不稳定，企业应暂缓实行品牌延伸策略，否则只会分散企业的人、财、物力，削弱其市场竞争力。其次，要注意分析主要竞争对手可能做出的反应。若企业希望通过品牌延伸进入的市场中没有强大的竞争对手，或者确定竞争对手不会做出激烈的反应，便可放心施行品牌延伸策略；如果竞争对手实力非常强大且会做出强烈的反击，那么企业的品牌延伸策略就应三思而后行了。最后，还要分析新产品与原有品牌产品在成功优势上是否一致。换句话说，新产品与原有品牌产品在功能、生产技术、分销渠道、服务等环节的相关程度如何，二者的市场定位以及品牌形象是否具有一致性和兼容性。相关程度高，具有一致性和兼容性，那么原有品牌的优势便能够较为容易地转移到新产品上来；反之，则应谨慎行事。

> （3）注意规避品牌延伸的风险。品牌延伸是一把双刃剑，成功实施可为企业带来上述诸多好处。然一旦考虑不周全，或者市场风云突变，也会给企业造成严重的负面影响，如品牌个性稀释、品牌联想冲突、品牌形象侵蚀等。因此，企业必须具备强烈的风险意识，可采取相对保守的做法，采取副品牌的策略，在原有品牌与新产品之间建立一个"缓冲带"。这样既体现一类产品的共性，又体现单个产品的个性，能够有效降低风险发生的概率。

产品组合策略

企业多开发产品，实行产品组合策略，有利于分散生产经营的风险。
制定灵活多样的产品组合策略，可以满足市场多样化的需求，适应激烈的市场竞争。

一、形成产品群体优势

产品组合是指企业生产经营的所有产品线、产品项目的组合方式。其中，产品项目是指产品大类中各种不同规格、品种、质量的产品。换句话说，企业产品目录中所列出的每一个具体的品种都是一个产品项目。产品线是许多产品项目的集合，而这些产品项目之所以能够组成一条产品线，是因为它们具有功能相似、用户相同、分销渠道同一、消费上相连带等特点。

产品组合的4个维度

产品组合包括深度、宽度、长度和关联度等4个维度。

（1）产品组合的深度是指产品线中每一产品有多少品种。例如，宝洁公司的牙膏产品线下3种产品项目，佳洁士是其中一种，而佳洁士又有3种规格，每种规格又有两种配方，佳洁士牙膏的深度就是6。

（2）产品组合的宽度是指企业所拥有产品线的数量。公司的每一条产品线一般都由一些主管人员进行管理。例如，美国通用电气公司的销售部里有冰箱、电炉、洗衣机等产品的经理，北京大学有法学院、管理学院、文学院、理学院等各个学院的院长。

（3）产品组合的长度是指企业所有产品线中产品项目的总和。

（4）产品组合的关联度是指各产品线在最终用途、生产条件、分销渠道等方面相互关联的程度。

进行产品组合的必要性

（1）有利于分散风险。在风险投资领域，风险分散要求投资者"把鸡蛋放在不同的篮子里"，以实现规避风险的目的。同理，企业也很难只依靠一种产品而在激烈的市场竞争中立足。多开发产品，进行产品的组合，有利于分散生产经营的风险。

（2）满足市场多样化的需求。当今，市场需求日益呈现多样化、复杂化的特点，这也给企业提出了多产品、多品种的要求。而产品的组成因素和构成就要求必须制定灵活多样的组合策略，以适应激烈的市场竞争。而今，多品种、多产品的营销已然成为现代企业发展的大势所趋。它不仅能使企业分散风险，更重要的是可以帮助企业扩大市场，占领更多的细分市场，从而增加企业的综合竞争力，保证利润的不断增长。

二、华龙集团的产品组合策略

华龙集团位于河北省邢台市隆尧县，本是一个地方性的品牌。然而2003年，在中国大陆市场上，华龙集团以超过60亿包的销售量一举占据了方便面行业亚军位置，同时与"康师傅"、"统一"形成了三足鼎立的市场格局，"华龙"也真正成为了一个全国性的品牌。纵观华龙集团的发展历程，其成功与它的市场定位、通路策略、产品策略、品牌策略、广告策略都是分不开的，而产品策略中的产品组合策略更是居功至伟。

华龙集团共有方便面、调味品、饼业、面粉、彩页、纸品等六大产品线，即其产品长度为6。其中,方便面是主要的产品线,在这里,我们也主要来分析其方便面的产品组合策略。华龙集团的方便面产品组合非常丰富,共有17种产品系列,10多种产品口味,上百种产品规格。丰富的产品组合使华龙集团充分地利用了现有的资源,发掘了生产潜力,更好地满足了消费者的各种需求,也使其占据了更宽的市场面,促进了产品的销售。在此基础上,华龙集团的产品组合策略也同样是丰富多彩。

（1）阶段产品策略,即在企业发展的不同阶段,适时推出适合市场的产品。①在企业的发展初期,华龙集团把河北及周边几个省的农村市场作为目标市场,针对农村市场的特点,推出了"大众面"系列产品。该产品以超低的定价一举为华龙集团打开了农村市场的大门。随后,"大众面"红遍了大江南北,成功抢占了低端市场。②企业发展了几年之后,积累了一定的经验和资本。接着,华龙集团又向全国推出了面对其他市场的"大众面"中高档系列,比如中档的"小康家庭"、"大众三代",高档的"红红红"等,华龙集团的知名度和市场份额由此得到了大幅提高。③从2000年开始,华龙集团开始逐渐丰富自己的产品系列,陆续推出了十几个产品品种、几十种产品规格。但这个时候,华龙集团主要抢占的还是中低档面市场。④从2002年起,华龙集团开始向高端市场发展,开发了第一个高档面品牌"今麦郎",大力开展城市市场中的中高档面市场,此举在北京、上海等大城市获得成功。

（2）区域产品战略。针对不同地域的消费者不同的口味,华龙集团推出了不同品牌的系列产品。华龙集团产品策略就是要在不同区域推广不同产品,少做全国品牌,多做区域品牌。为此,华龙集团最大限度地区分市场,因地制宜,各个击破,同时还创作出了区域广告诉求,具体如下图所示:

地域	主推产品	广告诉求	系列	规格	定位
东北	东三福	"咱东北人的福面"	东三福	红烧牛肉等6种口味、5种规格	低档面
			东三福120		中档面
			东三福130		高档面
	可劲造	大家都来可劲造,你说香不香	可劲造	红烧牛肉等3种口味、3种规格	除东三福130之外的又一高档面
山东	金华龙	实在	金华龙	分为红烧牛肉、麻辣牛肉等12种规格	低档面
			金华龙108		中档面
			金华龙120		高档面
河南	六丁目	演绎不贵（不贵）	六丁目	分为红烧牛肉、麻辣牛肉等14种规格	市场上价格最低、最实惠的产品
			六丁目108		
			六丁目120		
			超级六丁目		
全国	今麦郎	"有弹性的方便面"	煮弹面	红烧牛肉等4种口味、16种规格	高档系列,以城乡消费为主
			泡弹面		
			碗面		
			桶面		

（3）市场细分的产品策略。华龙集团是市场细分的高手,并且取得了巨大的成功。①华龙集团根据行政区的不同推出不同的产品,如河南的"六丁目"、山东的"金华龙"等;②华龙集团根据经济发达程度推出不同档次的产品,如在农村和城市推出的产品有别,在经济发达的北京、上海等地推出最高档的"今麦郎"桶面和碗面等;③根据年龄因素的不同,推出

适合少年儿童的A—干脆面系列、适合中老年的"煮着吃"系列等。

（4）高中低档的产品组合策略。从上表中可以看出，华龙面的产品组合是高中低相结合的形式。①在全国市场上的高中低档产品组合：低档有"大众"系列，中档的有"甲一麦"，高档的有"今麦郎"；②在不同区域推出不同档次的产品，如在河南推出"六丁目"系列产品，而在东北投放"东三福130"等中高档产品；③在同一区域推出高中低档面组合，如在山东和东北都推出了高中低三个档次的面，以满足消费者不同的需求。

（5）创新产品策略。华龙集团十分重视开发新产品、发展新产品系列，以满足不断变化的市场需要。①在产品规格和口味上进行创新。华龙集团总共开发了几十种产品规格和十余种新型口味。②在产品形状和包装上进行创新。如华龙面推出了面饼为圆形的"以圆面"系列、封面新潮时尚的"A小孩"系列等。③在产品概念上创新。如华龙面针对中老年市场，推出"煮着吃"系列方便面。煮着吃的就是非油炸方便面，非常适合老年人。

（6）产品延伸策略。华龙集团不仅在每一系列的产品后增加"后代"产品，如在东北市场推出"东三福"后，又陆续推出了"东三福120"、"东三福130"；还在同一市场进行产品品牌的延伸，比如，在推出"东三福"系列之后，又推出了"可劲造"系列产品。

总而言之，华龙面的产品组合策略是非常成功的，值得大家进行学习和借鉴，并加以推广和运用。

方法实施要点

企业可结合市场环境和自身的特点，采取适当的产品组合策略。总的来说，产品组合策略有以下几种：

（1）扩大产品组合策略。该策略就是指增加企业生产经营的产品线和产品项目，这既可以使产品组合的长度和宽度得以扩大，也可以扩展产品组合的深度和关联度。例如，一家经营空调产品的销售商，在冬天来临的时候，增加了取暖器产品的销售。这便是产品线的增加，同时也兼顾了产品组合的关联度。倘若这家销售商的产品组合中仅仅增加了双制式空调，这就是产品项目的增加。

当然，产品组合也绝非越繁杂越好，因为这样会使企业面临管理难度增大、主业不突出等威胁。所以，在某些情况下，企业还有必要采取删减产品组合的策略。

（2）删减产品组合策略。该策略就是指企业减少生产滞销产品或者取消亏损产品项目。当企业的产品线中出现衰退产品进而影响到整条产品线的利润时，当企业的某些产品出现供不应求现象而企业却不扩大生产时，当某些产品的发展偏离了企业的主营业务或者对主营业务带来了负面影响时，企业就需要采取删减产品组合的策略。

（3）革新产品组合策略。该策略就是指保持现有产品组合的长度和宽度，而对产品组合的深度进行改革和发展。革新产品组合有两种方式：一种是在现有的基础上，进行完善革新，这种方法可以利用现有的基础节省投资，且风险不大；第二种方式是完全意义上的产品革新，这种方式投资大、风险大，不是一般企业所能承担得起的。

在产品革新的过程中，企业应注意选择改进产品上市的时机，太早则会影响到企业现有产品的销售；太晚，市场便有可能被竞争对手所抢占。

（4）特色产品组合策略。特色产品组合策略就是指企业在产品线中选择一个或几个产品加以特色化，从而吸引消费者，满足消费者细分化的需求。

ABC 分析法

对于一家拥有多种产品项目的企业来说，运用ABC分析法有利于优化产品组合，使企业获得更好的发展。

对企业而言，总有一些产品和顾客更为有利可图，理应受到特别的关注。ABC 分析法可帮助企业识别出这些产品和顾客。

一、为不同类别的产品制定相应的管理办法

ABC 分析法最先应用于库存管理，通过分析管理对象在经济以及技术上的不同价值，并依此进行排序和分类，区别出重点和一般，从而选择不同的库存管理方法。一般来说，A 类商品金额所占的比重较大，数量所占的比重较小，对于这类商品应加强管理、按时订货、积极促销，尽量缩短其前置期间（即产品从订货到到货的时间），并尽可能地减少其库存量，适宜采用经济储量计算法和定期订货法；B 类商品的消费金额较少，而数量则较大，对于这类商品，应按照经营方针，适当地调整库存水平，可以酌情进行大量订货，减少订货次数，以节约订货费用；C 类商品所占的金额比重最小，而品种繁多，应采用简化库存管理手续，用定量订货的方式，一次性集中大量进货，用较高的库存来节约订货费用。

ABC 分析法简单易行，不仅适用于库存管理，而且在企业管理的很多方面都能起到作用，比如采购管理、客户管理、备件管理等。同时，它在产品组合优化方面也大有用途。

1. 根据市场份额来划分 ABC 类产品

对于一家拥有众多产品项目的公司来说，为了更好地发展，首先要清楚，众多的产品项目中，哪些产品在为公司争取市场份额，哪些产品在为公司贡献利润，哪些产品占据着关键成本；然后根据收集到的数据，把产品按照市场占有率的大小进行排列，确定这些产品属于 A、B、C 中的哪一组。对于 A、B、C 三类产品的基本划分标准如下图所示。

产品类别	占全部品种的百分比	对公司市场份额、主要利润、成本等影响的百分比
A	10% ~ 20%	75% ~ 80%
B	20% ~ 25%	10% ~ 15%
C	60% ~ 65%	5% ~ 10%

确定了产品的类型之后，就要针对不同类型的产品制定相应的管理办法：对于 A 类产品，应把其作为形成企业核心竞争力的产品，加大对这类产品的投入，并密切关注该类产品市场的发展方向，争取使这类产品成为其所在市场的领导者，从而始终保持其所带来的市场份额和利润。C 类产品通常是企业的基础产品，它虽不能给企业带来可观的利润，但它的存在有助于企业功能的完整。如若舍弃该类产品，将会对企业的形象、功能以及整个市场份额起到非常严重的负面影响。比如，一家轿车制造公司，主要产品是跑车和中档轿车，虽然企业的主要利润来源是跑车，中档轿车产销量大，利润却很薄弱，但是企业如果把中档轿车的生产撤掉，整个公司的功能就会濒于崩溃。因此对于 C 类产品，管理的重点是保持其稳定性。而对于 B 类产品的管理方法，则应介于前两者之间。

2. 从顾客的角度对产品进行 ABC 分类

通过 ABC 分析法将各种产品和顾客按相对重要性进行分类，对于企业而言，总有一些产品和顾客要更为有利可图，因而应当受到特殊的关注。如以利润率为指标，利润率最高产品和顾客组合，就应当配以最高的物流服务水平。

二、ABC 分析的实用案例

下表便是一个从顾客角度进行 ABC 分析的实用案例。它将不同顾客的重要性与不同产品的重要性联系起来综合考虑，最终确定能给企业带来最大收益的营销组合策略。应该注意的是，该表是以利润率作为顾客和产品重要性的指标，而实际上，这一指标并不一定适用于所有的产品和企业。

顾客	产品			
	A	B	C	D
Ⅰ	1	3	5	10
Ⅱ	2	4	7	13
Ⅲ	6	9	12	16
Ⅳ	8	14	15	19
Ⅴ	11	17	18	20

在该表中，A，B，C，D代表4类产品，其中A类产品的利润率最高，以下分别是B，C，D。A类产品在整个产品线中通常只占很少的比重，而利润率最低的D类产品所占的比重却常常高达80%。Ⅰ，Ⅱ，Ⅲ，Ⅳ，Ⅴ分别代表着5类顾客，其中Ⅰ顾客最有利可图，以下分别是Ⅱ，Ⅲ，Ⅳ，Ⅴ。Ⅰ类顾客的需求相当稳定，对价格也不很敏感，交易中发生的费用也较少，是最为理想的顾客，但这类顾客的数量通常都很少，甚至是屈指可数；Ⅴ类顾客的利润率最少，但他们的数量却是最大的，占到企业顾客的60%以上。根据上述分析可以看出，对企业最有价值的顾客—产品组合应为Ⅰ—A，即Ⅰ类顾客购买A类产品，以下分别是Ⅱ—A组合、Ⅱ—B组合，依次类推。企业的管理人员可以使用一些方法对各种顾客—产品组合进行排序和打分，上表便是对20种顾客—产品组合进行了简单的排序。

> **方法实施要点**
>
> ABC分类法的应用比较广泛，在市场营销方面，一般按照如下步骤来实施：
>
> （1）收集数据。即收集各个品目商品的年销售量、商品单价等信息。
>
> （2）统计汇总。分类整理收集上来的原始数据，并计算各相关指标，如销售额、品目数、累计品目数、累计品目百分数、累计销售额、累计销售额百分数等。
>
> （3）作ABC分类表。如果商品总品目数并不太多，企业可采用大排队的方法将全部品目逐个列表，可以销售额的大小作为分类的标准，将销售量、销售额、销售额百分数等数据填入表格中，计算累计品目数、累计品目百分数、累计销售额、累计销售额百分数等。企业可将累计销售额百分数为60%~80%的商品品目定为A类，为20%~30%左右的若干品目定为B类，其余的品目都定为C类。如果商品的品目数过多，无法或者没有必要全部排列在表中，可采用分层的办法，即先按销售额对商品品目进行分层；然后再以销售额百分比为标准，分出每一层的ABC类商品；最后，将A类商品——列出来，进行重点管理。
>
> （4）作ABC分类图。以累计销售额百分数为纵坐标，累计品目百分数为横坐标，根据ABC分析表中的相关数据，绘制ABC分类图。
>
> （5）根据ABC分类的结果，为各类商品制定不同的管理策略。

新产品成功上市法

新产品孕育着希望和未来，但新产品一旦失败，付出的代价也极为惨重。
上市阶段的优秀表现，会为该品牌的成功奠定基础。

一、为后续的营销活动开个好头

我们都知道，市场总是在不断变化的，科学技术在发展、时尚潮流在变幻、消费者也常常表现出喜新厌旧的情绪。在这一大的背景下，许多企业出于保持市场活力、扩大市场份额的考虑，往往通过不断开发新产品来推动销售业绩的增长。新产品上市便是企业在新产品开发后开展的营销活动，这一阶段的优秀表现将会为品牌的成功奠定坚实的基础；反之，则会造成产品结构乱、品种上量难、品牌提升慢的现象。因此，如何使新产品成功上市就成了企业所要面对的至关重要的问题之一。

新产品可行性评估

在新产品上市之前，企业务必要进行可行性评估，若对这一环节不予重视，使新产品仓促上市，无疑会大大增加新产品上市的风险。先进行可行性评估，会增加新产品上市的成功概率。一般来说，企业可从以下4个方面来进行可行性评估：

（1）组织方面。营销不是一个部门的事，营销的成功与否关系到企业的生死存亡，这关系到企业所有部门的切身利益。具体到新产品的可行性评估，只有企业的营销部门、研发部门、生产部门和财务部门通力合作，才能够最终完成。在这个过程中，无论是哪一个环节出现了问题，都有可能使新产品成为"怪胎"，甚至是"胎死腹中"。

（2）生产方面。即对企业生产设备、开发能力、工艺水平等进行评估，以确定企业能够生产出某种新产品。例如，汇源曾依靠餐饮渠道热销750毫升纸包装果汁，获得了不错的市场效益。许多企业有意跟进，但终因包装生产线无能力生产这一容量的纸包装而只能望洋兴叹。

（3）财务方面。新产品的上市通常会使企业耗费巨额的行销和研发费用，因此企业的财务部门和研发部门必须对营销部门的销售预测进行损益分析。倘若得不偿失，应尽早悬崖勒马。

（4）市场方面。新产品的销售往往需要新的渠道、通路、销售政策与之相配合，如果企业现有的营销资源不能给予新产品的销售足够的支持，就有可能造成新产品上市之后又滞销。占用巨额的资金却不能代理现金流，最终甚至会拖垮一个企业。

新产品上市前的准备

新产品上市前的准备工作同样涉及到多个部门，是典型的多部门合作工作链。这就要求产品经理和新产品委员会多做协调工作。新产品上市前的准备工作比较繁多，包括广告创意、条码申请、包材制版、样品研究、新产品测试、包装印刷等。其中最为重要也最容易出现问题的是以下3个环节：

（1）产品包装。包装是产品的脸面，是产品与消费者沟通的直接工具。包装的设计务必要与产品的价位相吻合。切忌包装不够或者包装过分，无论是哪一种都会对消费者造成负面影响。包装要有创意，包装也是一种推销工具，企业应努力通过包装使产品从众多竞争产品中凸现出来，抓住消费者的眼球；包装的设计要有统一的风格，同一系列的产品在包装上要有风格上的一致性，这样才能使产品的陈列效果更加突出。

（2）产品测试。成熟的企业通常会在产品成型之前反复进行测试和改良，直到产品在口味和包装等方面形成独特的优势，并被消费者所认同为止。产品的测试非常重要，它甚至是整个产品开发乃至成功的关键因素。如果新产品总是不能通过测试，即便是前期付出了大量的研发费用，也应推翻重来，以免造成更大的资源浪费。

（3）毛利试算。产品上市的最终目的在于赢得利润，通过毛利试算，企业可以明确产品上市后能不能赚到钱。毛利试算所需要的数据资料，由产品经理向研发部门、生产部门收集后提供给财务部门，并由财务部门完成成本核算。营销部门根据产品的标准定价以及成本核算估算出毛利水平。如果估算出的毛利水平与预期的差距过大，企业应抓紧想办法予以修正，如要求研发部门降低生产成本等，避免出现销售越多亏损越大的尴尬局面。

二、宝洁新产品上市的方法

诚然，新产品的上市给企业带来了活力和发展的机遇，但同时也存在着巨大的风险。宝洁身处竞争激烈的日化行业，新产品的开发和上市是保持其行业领先地位的重要手段之一。然在新产品上市成功率不足五成的行业内，宝洁的新产品上市成功率超过了64%，在中国市场，15个品牌百余次新产品上市，成功率竟高达85%～90%，高水平的成功率造就了宝洁高速的增长。经过几十年的市场实践，宝洁的新产品上市法愈发成熟和完美。现在，就让我们来领略宝洁新产品上市方法的独到之处：

（1）精心培育，切忌拔苗助长。新产品就如刚出土的嫩苗，你不能指望它立即开花结果。实际上，它的价值通常在上市 12 个月之后才能体现。如果企业急于求成，压缩上市准备时间、跳过必要的工作流程、忽略产品的质量和完整性、将新产品视作摇钱树，就无异于拔苗助长，失败就没有什么好奇怪的了。基于以上原因，宝洁通常不把新产品作为实现年度营销目标的一种手段，而是给予其充分的发展空间，并对其精心培育。

（2）建立以顾客为导向的管理流程。顾客的认同是新产品获得成功的关键因素，宝洁对这一点深信不疑。为此宝洁提出新产品的本质就是产品的"概念"，而概念就是顾客的价值。在实际的工作流程中，宝洁将产品概念作为开发的第一步，且广告、渠道策略都要以产品概念为依据。为保证概念的准确，宝洁专门制定了标准的概念开发模型。事实证明，这是非常明智的。

（3）对销售额进行科学的预测。在新产品正式上市前，宝洁会先后 4 次对新产品在未来 12 个月内的销售状况进行预测，这些预测都以量化的市场调研数据为基础。事实证明，这些预测大大消除了上市准备期间的盲目性，减少了上市中的错误决策。

（4）成立新产品上市工作小组，并有充分的授权。在国内企业中，许多决策的最终拍板都依靠管理者的经验，而非实际的数据，这大大增加了决策的风险。与之相反，宝洁专门成立了工作小组，并有充分的授权，排除了高层管理者的干扰，步步都建立以市场调研为基础的决策模型，保证了决策的客观性。而高层管理者在这个过程中只扮演一个支持者的角色。

（5）引入项目管理机制。新产品上市是一项复杂的系统工程，通常会涉及到公司中的各个部门。为保证工作的质量，宝洁引入了项目管理机制，将所有的工作模块细分为近百种工作任务，通过新产品上市计划予以统筹管理，使每一项任务都有人负责，都有资源估计以及量化目标，都有具体的时间安排。采用这种方法，就使整个上市工作有序而可靠。

（6）市场测试。新产品在推向更大的市场之前，先进行小规模的测试。宝洁通常会选择一两个相对封闭的城市进行测试，时间为 3～6 个月。然后宝洁针对测试中出现的问题，对新产品上市方法进行改进。例如，帮宝适尿布在市场测试时发现了产品概念方面灾难性的失误，并及时进行改正，从而避免了更大损失。

（7）一旦发现不可克服的问题，就果断地终止项目。宝洁为新产品上市设定了多种项目终止的条件，并对发现问题并及时终止项目的新产品经理给予褒奖，鼓励其客观务实的态度。这样就很大程度上避免了公司遭受更大的损失。

以上 7 点便是宝洁公司新产品上市方法的精华所在。正是这些方法使其新产品上市成功几率居高不下，并为其他许多企业所学习和借鉴。

方法实施要点

市场营销应以消费者为中心，这一观念早已深入人心。现在，我们便以这一观念为基础，探讨如何使新产品成功上市：

（1）积蓄消费者势能。现实市场中，许多企业强调推出新产品的速度，以为先下手为强。实际上，一味追求速度不及其余，对新产品的上市未必有利。倘能在新产品上市之前，根据消费者的形态进行必要的势能积蓄，或许对新产品的成功上市更有意义。具体来说，就是要深入研究消费者的心理、积累消费者的势能，实际上就是与竞争对手打一场心理战。对消费者心理的洞察将决定这场心理战的结果。当然，企业必须认识到，积蓄消费者势能充满了风险，如果缺乏高超市场运作手段，可能会起到适得其反的作用。对此企业务必要慎重。

（2）消费者势能转化为动能。消费者的需求是永远存在的，关键在于如何在短时间内将消费者的需求无限放大，这将决定新产品上市的瞬间爆发力。引爆消费者需求，首先，要求企业准确判断消费走向；其次，敏锐地感觉焦点事件的营销意义，将社会思潮进行巧妙的转化，使其成为促进新产品销售的重要因素。

（3）引导消费者消费。这主要是通过广告、公共关系以及销售促进等手段加强消费者对新产品的认识，努力使新产品的消费成为一种潮流。

（4）增加产品的附加价值，提高产品的竞争优势。企业不可能垄断市场，竞争者必然站立在企业的对立面。为提高产品的竞争优势，使产品在消费者心中占据更重要的位置，企业要不断增加产品的附加价值。增加产品附加价值的方法有很多种，比如服务升级、热点营销、优化营销组合等。

（5）新产品上市策略修正。具体来说，企业应在这样几个方面进行修正：①产品概念上的修正。产品投放市场后，若发现概念与消费者的理解有较大距离，应立即进行调整，讳疾忌医只会增大失败的风险。②市场策略的修正。当新产品在渠道、促销、价格等方面出现水土不服症状时，也应及时进行调整。③调整竞争策略。根据竞争产品的动作来调整自己的消费者策略。最后，对宏观经济和重大行销事件的敏锐判断。根据宏观经济形势和重大营销事件的发展，对新产品的上市策略进行调整。

第四章

价格定位与行销推广

认知价值定价法

消费者所要购买的是产品的使用价值而非产品本身,因此,只有产品的使用价值与最终销售价格相吻合,才能说产品的定价是成功的。

认知价值定价法根据产品在消费者心目中的价值来定价,使产品价格更为贴近市场,有利于产品销售目标的实现。

一、制定一个消费者认同的价格

现代营销学认为,顾客最终购买的是产品的使用价值而非产品本身,因此,只有产品的使用价值和销售价格相接近,产品的定价才是成功的。而产品的使用价值往往表现在顾客能够认知的价值之上,于是便有了所谓的认知价值定价法。

认知价值定价法,就是指企业将消费者对某一商品价值的认知度作为定价的依据,运用各种营销策略和手段影响消费者对商品价值的认识,从而形成对企业有利的价值观念,然后再根据商品在消费者心目中的价值来制定价格。

二、阿尔法计算机公司提高顾客认知价值

阿尔法计算机公司的主要产品是网络服务器用微型计算机。阿尔法公司具有高超的技术能力,产品的技术性能卓越,其产品定价尤其为人所称道。

阿尔法计算机公司曾经推出过一款新型计算机。在为这一新型计算机定价时,阿尔法公司认为,顾客挑选微型计算机的标准主要是两个技术特征,即处理器的速度和二级读取速度。为此,阿尔法计算机公司针对主要竞争对手艾斯公司和基康普公司的产品定价以及上述两大技术特征,制定了颇具竞争力的价格。然而,令人意想不到的是,新产品投放市场后,销售状况一直不理想。这让阿尔法公司的高层管理者们非常不理解:自己的产品明明比竞争对手的产品性能好,而且价格更低,为什么得不到消费者的认同呢?

为此,阿尔法公司的营销部门专门请了市场调查公司,去调查微型计算机的消费者们最在意的是产品的哪些特征,处理器的速度和二级读取速度是不是消费者首先考虑的标准。调查结果完全出乎阿尔法公司高层们的预料。在消费者的心目中,计算机软硬件的兼容性、稳定性、销售商的技术服务质量等方面都排在了单纯的高速度之前,甚至连用户手册的质量都排在二级读取速度之前。

调查结果还显示,基康普公司的产品在软硬件的兼容性、稳定性、销售商技术服务、用户资料等方面都受到了消费者的好评,相对而言,阿尔法公司的产品在这些方面的表现则不能让人满意。很多消费者对阿尔法的计算机操作系统软硬件接入配置常常发生兼容问题非常不满,有的顾客对阿尔法上一代产品稳定性的低下耿耿于怀,这在一定程度上对阿尔法新一代产品的市场形象造成了一定程度上的负面影响。此外,还有顾客指出,很难得到阿尔法公司的技术支持,而且阿尔法计算机的用户材料更是处在全行业的最低水平。

针对上述问题,阿尔法公司开展了大规模的整改运动,改进那些备受消费者青睐而自己却表现欠佳的项目。公司改写了操作系统,对软硬件的接入配置进行了重新设计,重新编写了详细的用户材料,增加了服务代表和免费电话线路,提高了技术服务水平。此外,阿尔法公司还开展了声势浩大的营销活动,旨在向消费者宣传阿尔法新产品的可靠性。通过这次活动,阿尔法公司成功提升了自身产品在消费者心目中的认知价值,同时把产品的价格也相应地提高了 8%。

结果,阿尔法公司的产品受到了消费者的追捧。虽然产品价格有所提高,但仍获得了不菲的市场份额,公司的营运利润因此提高了一倍多。

方法实施要点

成功运用认知价值定价法的关键和难点在于,如何获得消费者对某一商品价值认识的准确资料。企业若高估了顾客对商品价值的认知度,就有可能使商品的定价过高,使商品销量难以达到预定目标;反之,如果企业低估了顾客对某一商品的认知度,商品定价就会低于应有的水平,使企业的收入减少。因此,企业在定价之前务必要进行一番详细而广泛的市场调查,从产品的性能、用途、质量、品牌、服务等方方面面去判定消费者的认知度,然后把各要素综合起来制定产品的初始价格;接着,在该初始定价的条件下,预测产品的销售量,比较目标成本与销售收入、价格与销量,确定该定价方案是否具有可行性。若具有可行性,则可以直接予以实施;若不具可行性,应明确原因,加以调整,并确定最终的价格。

然而,在实际的操作过程中,市场调查是一件非常困难的事情。这是因为,绝大多数产品并不能直接提高顾客的经济效益,而且往往扮演的是一种可有可无的锦上添花的角色,产品被顾客认可的使用价值到底有多大,很难进行明确的测算。针对这一情况,在实际操作过程中,企业可以采用替代法来分析产品的使用价值。所谓的"替代法",便是通过某种与该产品相关的事物的价值来衡量该产品的使用价值。举例来说,有一种节电产品,其作用是为顾客节省电,从而节约成本,为顾客创造经济效益。要衡量这一产品的使用价值,企业可以通过测算使用该产品能给顾客节约多少电费以及需要多长时间才能收回成本来最终确定其价格。

逆向定价法

逆向定价法能够准确和客观地反映市场需求的真实状况。
采用逆向定价法,更能引起消费者的购买欲望。

一、让消费者来"制定"价格

所谓逆向定价,指企业在制定产品的零售价格和渠道价格政策时,先不去考虑自己的成本因素,而是重点去考虑需求状况,即针对消费者对该产品的价格敏感度和渠道商对这个产品在自己区域市场上的可承受度,分别采取不同的区域价格策略,以满足消费者和渠道客户实际需求的一种定价方法。

逆向定价法是根据消费者能够接受的最终销售价格,逆向推算出中间商的批发价和生产企业的出厂价格。这种定价方法的特点是,能够更为准确和客观反映市场需求的实际情况，有利于生产厂家加强与中间商的良好合作关系，保证中间商的正常利润。另外，正因为逆向定价法更为真实地反映了最终消费者价格期望，所以更能引起消费者的购买欲望，有利于产品的迅速渗透，有利于企业营销目标的实现；而且，逆向定价方法可根据市场的供求状况随时调整产品的价格，与其他定价方式相比，显得更为灵活。

二、宜家的定价策略

作为一家具有世界声誉的家具用品零售商，瑞典宜家的业务已遍布世界30多个国家，销售额以每年20%的速度增长。取得这样的成绩，与宜家独特的定价策略是密不可分的。宜家的定价口号是"有意义的低价格"，目标是使顾客觉得产品不那么贵，而不是让顾客觉得廉价。具体来说，宜家的定价策略包括以下4个步骤：

给产品确定价格

通常，企业会在产品设计好以后，再为其制定一个合适的价格。而宜家不是这样，它往往在新产品设计出来以前便给其设定一个价格。换句话说，宜家是以某一价格水平为标准去设计产品。

宜家有一套完善的价格矩阵，它可以帮助产品经理们给新产品制定一个合理的价格。这套价格矩阵包括3个价格等级（高、中、低）和4种基本款式（北欧、现代、乡村和年轻瑞典）。产品经理可把现在的产品线和价格填入价格矩阵相应的格子里，然后寻找空格，空格即为市场机会；然后针对这一市场机会调查竞争对手的情况，以确定新产品的成本，目标是要比竞争对手的价格低30%~50%，于是宜家产品的价格点便这样产生了。

挑选低成本的制造商

产品价格确定以后，宜家便需选择生产材料及做组装工作的制造商，目前宜家与55个国家的大约1800个供应商有联系。为最大限度地降低生产成本，宜家在过去数年中把从发展中国家的采购额由32%提高到了48%。为加强与各地供应商的关系，宜家在33个国家建立了43个贸易办事处。这些办事处还兼有监控产品质量和促进供应商之间良性竞争的责任，从而帮助宜家公司保持较低的产品成本。

挑选产品设计者

有了目标价格和合适的厂商之后，接下来便要开始产品设计工作。宜家采取内部招聘的方式来选择设计师和设计方案。

宜家的设计师们不仅要关注产品的造型和功能，还必须尽可能地关心产品所使用的材料。他们会仔细研究产品部件表面的功能，从而决定在使用资金最低的情况下使用何种原料、表面漆和组装技术，力求在每一个细节都做到成本最低化。

运输

在运输方面，宜家公司有这样的理念："我们不希望为所运输的空气支付费用。"为最大限度地利用集装箱的空间，宜家采用了平板式的包装方式，采用这一包装方式能够将每一集装箱的运输数量提高数倍。而今，宜家在运输中的平均填充率为75%左右，但仍不满足，希望能在未来进一步提高这一比率。为此，他们在不断优化产品设计，有时甚至会把产品中空气排挤出去，比如宜家生产的压缩包装枕头等。

方法实施要点

如今，逆向定价方法已广泛地使用开来。尤其是互联网技术的不断发展，更是为消费者从"价格支持者"转变成"价格的确定者"提供了重要的技术支持。例如，priceline.com网站便是进行逆向定价的先行者。在该网站中，顾客可以先行提出打算为某特定物品或者服务支付的价格，比如顾客若想购买一辆汽车，可先将价格、车型、选购设备、取车日期以及愿意驱车前往完成交易的距离等信息输入。网站会通过各种渠道把这些信息传递给汽车生产厂家，厂家可根据这些信息设计令消费者满意的产品。

动态定价法

动态定价法颠覆了传统的定价方法，它将销售量视为企业可以控制的变量，而把价格交由市场去决定。

动态定价法适用于服务业、零售业以及其他市场生命周期短的产品的定价。

一、价格也是可以随时变动的

动态定价法最初由美国的美洲航空公司所采用，后由于其显著的效果而逐渐被航空、旅店、铁路等行业所广泛采用。而今正有越来越多的各行各业的企业充分认识到动态定价法的神奇力量，并有步骤地实施这一定价方法。

动态定价法的概念

动态定价法与传统的定价方式不同，它将销量视作自己可以控制的变量，而将价格交由市场去决定。换句话说，企业可通过不断调整产品或者服务的价格，来达到预期的销售量。举例来说，一家企业的销售计划是10天内销售出100件商品，平均每天销售10件。第一天，企业制定一个销售价格进行销售，当天工作结束后清查库存，如若销售量超过了10件，可对价格进行适当的上调，反之则要下调价格。这样每天都重复这一步骤，调整价格，然后在最后一天制定一个价格，以保证所有存货都能够销售一空。

如果企业拥有成熟的技术，完全可以每小时调整一次价格，从而使产品的价格无限接近最优状态。用最优的价格销售产品，能够在保证销售量不变的前提下，使销售利润达到最高水平。那么怎样才能得出最优价格呢？这就要求助于商品需求曲线了，而所谓的商品需求曲线是根据商品的不同价格对应不同的销量所估算出来的。一旦企业凭借长期的积累制定出了符合实际情况的需求曲线，那么最优价格的问题也就迎刃而解了。

动态定价法的技术前提

企业若想利用动态定价法，希望能用最优的价格销售产品，那么首先需要解决三大技术难题：

第一，快速收集数据的技术。企业采用最优的动态定价法需要大量实时的数据，不仅要有企业所有商品的价格和销售量的实时数据，还必须要有诸多外部因素的数据，比如竞争对手的价格、天气状况等，因为这些因素都会影响到企业的销售量。

第二，计算最优价格的技术。企业每种商品的最优价格既要能满足在产品生命周期之内获得最大收益的条件，又要能照顾到库存、需求等方面。毫无疑问，这将是一项非常繁杂的工程。因此，功能强大的计算软件以及管理此系统的专家组是必不可少的。

第三，快速传递信息的技术。计算出最优的价格以后，只有将其快速传递到市场上去，让消费者能够了解，动态定价法才能实现预想的效果。

二、美洲航空公司开创最优动态定价法

美洲航空公司是现在世界上最大的航空公司，早在20世纪80年代初期，它便首先使用了最优动态定价法。从某种程度上来说，这也为其确立如今的市场地位起到了一定的作用。而今动态定价法早已在航空业以及服务业中被广泛应用。

20世纪80年代初，美国航空业的竞争异常激烈，飞机经常不能满员。为了充分利用空余的座位，美洲航空公司考虑低价出售这部分座位的机票，于是便有了"浮动票价"的想法。为此，美洲航空公司成立了一支由400余名管理学家组成的队伍，负责开发和控制一套管理公司运营的信息系统。这套系统的最大特色就在于建立了一套动态定价系统，这个动态定价系统的作用从表面上看是频繁地变动机票的价格，而实际上却真实地反映了需求和供给的状况。在需求旺盛的时段而供给不足的时候，机票的价格会自然上涨；反之，在供过于求的情况下，会及时推出低价票，以吸引消费者，理想的状况是每一个座位都能够实现最大的边际效应。

这种定价系统的投入应用，取得了良好的经济效果。美洲航空公司的竞争对手们不得不纷纷效仿，这样一来，原来几家服务高级但空运率低的航空公司最终只能无奈地关门大吉。

这种定价方法的推广和运用，使企业最大限度地获得了利润；对于消费者来说，这种定价方法比死板的价格固定的定价方法更加公平。这似乎对当事双方都有利，但总有人感到不满。比如一位艺术家就曾列举了动态定价法的三大"罪状"：其一，飞机上再也没有空余的座位了，这使他每次出门乘飞机时，都被困在一个小小的位子上；其二，机票的价格不固定，乘客通常只有到了售票员递出机票的时候，才知道自己究竟应该付出多少钱；其三，这种定价方法"谋杀"了几家高质服务的航空公司。瞧，你不可能让所有人满意，但是这有什么关系呢？如今这一定价方法正被越来越普遍地运用，这已经证明了它的成功。

方法实施要点

对付采用最优动态定价法的对手，企业可采用防御的策略，具体方法主要有两个，即政府定价和产品差异化。政府定价即政府强行规定商品的价格，这样一来，对手的动态定价法就无从实施。然而政府定价只能施加于某些领域，对于这些领域之外的行业，企业只能考虑采用产品差异化的策略了，即通过差异化的手段，努力提高产品的附加价值，使消费者难以从价格的角度对商品进行评判。如果政府定价和产品差异化都不能够有效地抑制竞争对手，那么企业所能采取的策略就只能是退出市场或者效仿了。

价格调整策略

企业应随着市场环境的变化，对产品的价格进行适当的调整。

企业进行产品价格调整，必须首先考虑消费者的反应。只有顺应消费者需求的价格调整，才能取得良好的市场效果。

一、价格调整，营销竞争的重要手段

企业对产品的价格进行调整，出于各种各样的目的，可能是产品生命周期中企业目标发生变化的结果，可能是对竞争对手价格变动的反应，也可能是为了创造不同的顾客价格区隔，或者只是企业为了在短期内进行价格促销。

在营销组合的所有决策行为中，价格调整策略最有可能遭到竞争对手的激烈回应。一般来说，企业都十分关注竞争对手的价格，尤其是在总需求价格无弹性的成熟市场上。此外，企业常常还会因为顾客的差异和市场形势的变化来调整他们的基础价格。

企业对产品的定价从来都不能是一劳永逸的。随着市场营销环境的风起云涌，企业必须对现行的价格予以适当地调整。调整产品价格的动力可能来源于企业内部，也可能来源于企业外部。倘若企业依据自身的产品或者成本优势，率先对价格进行调整，把价格调整当作一种市场竞争的利器，这就称为主动调整价格；倘若企业对产品价格的调整，只是为了回应竞争对手的价格调整策略，则属被动调整价格行为。然而，无论是主动调整价格，还是被动调整价格，其外在的形式都无外乎提价策略与降价策略两种。

1. 提价策略

毫无疑问，提高产品的售价会增加单位产品的利润率，但同时它也会造成许多负面的影响，如消费者的不满、同行的指责、经销商的抱怨，甚至是政府的干预，势必会降低产品的市场竞争力。即便如此，现实的市场中还是存在许多提价现象。那么企业采取提价策略的原因到底是什么呢？归纳起来，主要有以下几点：

（1）应付产品成本增加，降低成本压力。这是企业采取提价策略的主要原因。产品成本的增加可能是由原材料价格的上涨、生产及管理费用的提高等原因所引起的。企业为了维持原先的利润率，只能提高产品的售价。

（2）为了转移通货膨胀的压力，减少企业损失。在通货膨胀的条件下，企业若维持产品的原价，其利润率实际上是在不断减少的。为减少损失，企业只能采取提价策略，将通货膨胀的压力转嫁到中间商和消费者身上。

（3）利用消费者心理，创造优质效应。消费者通常都有"价高质优"的心理定式。企业可以利用消费者的这一心理特征，通过涨价营造名牌形象。对于那些贵重商品、革新产品以及规模受限制产量有限的产品，优质效应表现得尤为明显。

（4）产品供不应求，遏制过度消费。当某种产品处于供不应求的情况下，企业可以通过提价策略来获得高额利润，在遏制过度消费、缓解市场压力的同时，为扩大生产积累资金。

企业在采用提价策略时，应尽可能多地采用间接提价，从而把提价的负面影响降到最低程度，最好使提价不影响销售量，并能被潜在的消费者所接受和认可。同时，企业应通过各种渠道向顾客解释提价的原因，并配合各种营销活动，帮助顾客寻找节约的途径，以减少消费者的不满，维护企业形象。

2. 降价策略

企业采取降价策略的原因，主要有以下几点：

（1）通过降价来开拓新市场。一些潜在的消费者由于其自身消费水平的限制，无法成为某种产品的现实购买者。为了发掘这部分消费者，在不影响原顾客的前提下，企业可采用降价的策略。为了保证降价的成功，企业还应以产品改进策略相配合。

（2）生产能力过剩，产品供过于求。如果企业无法通过产品改进、加强促销等手段来扭转这一情况，就必须考虑采取降价的策略来扩大销售量。

（3）成本降低，使降价成为可能。先进技术的引进以及企业管理水平的提高，使单位产品成本下降。这种情况下，企业就具备了降低售价的条件。

（4）与中间商建立良好关系。中间商以较低的价格购进产品，不仅可以减少自身的资金占用，还为产品的大量销售提供了一定的条件。因此，企业降价有利于同中间商建立良好的关系。

（5）政治、法律环境以及经济形势的变化，要求企业必须降价。政府为了平抑物价、保护需求、鼓励消费、遏制垄断利润，通过政策和法令来迫使企业对产品进行降价；在通货紧缩的经济形势下，或者在市场疲软、经济萧条的时期，产品的价格也应随之下降。

企业采取降价策略最直截了当的方式就是将产品的目录价格和标价绝对下调，但这种降价方式并不多见。企业更多的是采取各种折扣的形式来降低价格，比如赠送样品和优惠券、有奖销售、给中间商提取推销奖金、分期付款、送货上门、提高产品质量、改进产品性能、增加产品用途等。

二、西南航空公司的低价策略

20世纪90年代，美国经济陷入到衰退期，这也极大地影响到了航空业的发展。1991、1992两年之内，美国航空业的累计亏损总额就达到了惊人的180亿美元。其中，曾经不可一世的TWA、大陆、西北三家航空公司更是因为经营不善而不得不宣告破产。然而，就是在这一浓重的萧瑟气氛中，名不见经传的西南航空公司却在1992年取得了营业收入增长25%的佳绩。西南航空公司的成功令人侧目，而这一切都源于其采用的低价策略。

二战之后，美国步入了经济发展的快车道。1962年，美国国民的人均收入达到了2579美元。生活水平的提高，使人们对交通工具有了更高的要求。而飞机以其快速、舒适的特点受到了人们的广泛青睐，航空业也因此获得了高速发展。

20世纪60年代中期，美国国内开辟了7条定期航线，但当时的大型航空公司却不屑于开展国内短途业务，把目光都集中于利润更高的跨洋长途业务。而美国广阔的疆域以及国内短途商务旅行的日益频繁却使得短途运输也成为了有利可图的市场机会。西南航空公司的创始人敏锐地发现了这一市场机会，开始在大公司的夹缝中求生存。

20世纪70年代，西南航空公司把资源、精力集中于得克萨斯州的短途航班上，采取低价策略以争取更多的乘客，很快便在得克萨斯州的航空市场上占据了主导地位。西南航空公司的成绩引起大型航空公司们的注意，它们对西南航空公司进行了激烈的反击，期望把这一个巨人丛中的矮子一举从市场上消灭。然而，它们的如意算盘打错了。在西南航空公司的低价策略面前，它们的业务没有丝毫的竞争力。如西南航空公司在休斯敦至达拉斯航线上的单程票价是 57 美元，而其他航空公司的票价平均为 79 美元。要知道，在使用价值相差无多的情况下，商品的价格是吸引消费者的决定因素，而这正是西南航空公司在 80 年代获得大发展的原因所在。

当然，西南航空公司的低价策略绝不是在无视运营成本的基础上作出的。如果是那样的话，它不可能维持那么长时间，而且还有可能受到法院的调查。事实上，西南航空公司能够采取低价策略，正是建立在降低运营成本的前提下的。比如，在 80 年代，西南航空公司每英里运营成本不足 10 美分，而美国航空业的平均水平为 15 美元。西南航空公司是如何做到这一点的呢？

事实上，西南航空公司自从选择了这一细分市场之后，就意识到了低价格策略是打赢这场战争的关键所在。为此，西南航空公司采取了多种措施以降低运营成本：首先，在机型的选择上，公司选用了更加节省燃油的波音 737 型。这不仅节约了油钱，而且使公司在人员培训、维修、保养、零部件采购等方面只执行一个标准，能够节省培训费和维修费。其次，由于员工的努力，西南航空公司创造了世界航空界最短的航班轮转时间。一般航空公司需要 1 个小时才能完成航班轮转，而西南航空公司只需 15 分钟。此外，西南航空公司针对短途运输的特点，在顾客服务上，只为顾客提供花生和饮料，而不提供用餐服务等。

> **方法实施要点**
>
> 主动调价的企业应充分考虑主要竞争对手会做出的反应。虽然全面而透彻地了解竞争对手对价格调整将会做出的反应几乎是不可能的，但倘若企业不在此作出努力，将无法保证价格调整策略的成功实施，至少将不会取得预期的效果。
>
> 如果企业的所有竞争者都有着大体相同的行为特征，企业可针对一个典型的竞争对手进行分析就可以了；倘若企业的竞争对手们在企业规模、市场份额、经营风格等方面有着明显的差异，企业则必须对每种类型的竞争对手都作详细的分析。企业在对竞争对手进行分析时，关键是要弄清楚竞争对手的营销目的是什么。如果竞争对手的营销目的是实现企业长期的最大利润，那么它往往不会对本企业的调价策略做出针锋相对的反应，而会在其他方面作出努力，如加强宣传、提高产品质量和服务水平等；倘若竞争对手的营销目标是提高市场占有率，那么它就会对本企业的价格调整战略做出针锋相对的回应。
>
> 总而言之，企业在具体实践中应多搜集竞争对手的情报，模仿竞争对手的立场、观点、方法思考问题。然后，在对竞争对手细致分析的基础上，确定价格调整的幅度和时机。

促销组合策略制定法

营销的成功不仅要有一流的产品、合理的价格、畅通的销售渠道，一流的促销同样必不可少。促销策划已然成为现代营销的关键。

促销可以帮助一个企业区别其产品、说服其购买者，并把更多的信息引入购买决策过程中来。

一、促销组合策略，营销成功与否的关键之一

现代企业仅拥有一流的产品、具有竞争力的价格和畅通的销售渠道还是不足以创造辉煌成绩的，促销策划已成为现代营销的关键。

促销活动的4种形式

促销活动包括广告、公共关系、人员促销和销售促进4种类型。在研究4种类型的优化组合之前，我们有必要先来简单地了解这4种促销形式的定义。

（1）广告。指法人、公民或者其他经济组织为推销商品、服务或者观念，通过各种媒介形式向公众发布的有关信息。大众传播媒介刊播的经济信息和各种服务信息，凡收取费用或者报酬的，均被视为广告。

（2）公共关系。著名公共关系专家格鲁尼各教授给公共关系下的定义为：公共关系是一个组织与相关公众之间的传播管理。

（3）人员促销。即营销人员以促成销售为目的，通过与客户的口头沟通来说服和帮助顾客购买产品或服务的过程。

（4）销售促进。美国市场营销学会对销售促进的定位为：除人员促销、广告和公共关系之外的用以增进消费者购买和交易效益的那些促销活动，如陈列、展览会、规则的非周期性发生的销售努力。

这4种类型各有优缺点，如广告促销具有公开性、普遍性和表现力，但其成本较高，且只能单向沟通；公共关系促销具有可信性、戏剧性和覆盖面广的优点，但见效慢；人员促销具有针对性、人情味、说服力也较强，但其接触的范围有限，且成本高昂；销售促进避免了见效慢的缺点，且具有刺激性，但遗憾的是其作用通常较为短暂。

促销组合策略的类型

通过上文叙述，我们知道，无论哪种形式的促销活动都不是尽善尽美的，如果仅开展一种形式的促销活动，势必不能达到预期的促销效果。也正因为如此，现实中很少有单独开展某一类型的营销活动的情形，而通常是运用促销组合，把广告、公共关系、人员促销和销售促进有机结合起来，以期实现更好的整体效果。这种促销组合通常有两种类型：一种是单一促销，一种是整体促销。

单一促销，是指对4种类型的促销策略分别进行策划，使每一类型促销策略的实施都具有相对的完整性和独立性，能够充分发挥各促销策略的特点和优势。当然，这里的单一促销并不是绝对的单一促销，否则也不能被称为促销组合了。各促销策略在实施时，也应在一定程度上考虑与其他促销策略的配合。单一促销策略是整体促销策划的基础。我们可以将整体策划看作是一台机器，而每一种促销策略都是这台机器的重要组成部分，每一种促销策略的实施质量都会影响整个促销策划的质量。

整体促销，是指对广告促销、公共关系促销、销售促进和人员促销进行优化配合，以实现最优的促销效果。这些配合包括：主次配合、主题配合、创意配合、进程配合、媒介配合、内容配合、目标配合等。总之，要将促销策略在战略、策略等各个方面进行有机结合，切忌各自为战、相互割裂。

二、法国白兰地开发美国市场

长期以来，进入美国市场，一直是法国白兰地生产厂家的一个心愿。白兰地名声在外，按理说这个心愿不应难以实现，然而事实却并非如此。美国在20世纪20年代颁布禁酒法令，把白兰地拒之国门之外。禁酒法令取消以后，第二次世界大战的烽火却已开始在欧洲蔓延，白兰地进军美国市场的雄心壮志被烧成灰烬。第二次世界大战以后，白兰地见时机已经成熟，重新鼓足勇气，决定开拓美国市场。为此，市场策划人员立即着手分析市场形势：虽说美国是世界上最大的市场，但其竞争同样最为激烈。白兰地想在这片新大陆上一炮而红，常规方法似乎指望不上，唯有出奇，方能引起轰动。在这一思路的指导下，策划人员制定了令人拍案的促销方案。

当时，美国总统艾森豪威尔的67岁寿诞在即，策划人员自然而然地将这一事件作为了整个促销方案的突破口。在艾森豪威尔总统寿诞的前一个月，白兰地生产商便通过《美国之音》、《时代周刊》等权威媒体向美国人民散布消息：为了表达法国人民对美国人民的情谊，为了向艾森豪威尔总统表达敬意，法国将选赠两桶极为珍贵的、窖藏达67年之久的白兰地酒做寿诞贺礼。这两桶酒将用专机送往美国,为此,白兰地公司还付出了巨额的保险费,而且装有白兰地酒的酒桶也是法国艺术家的精心之作。

这个消息在美国民众中引起了轰动。人们对此议论纷纷,对那两桶珍贵的白兰地更是翘首以盼。以至于在艾森豪威尔总统寿辰当天,为了观看赠酒仪式的盛况转播,华盛顿居然出现了万人空巷的场面。与此同时,关于白兰地酒的各种新闻报道、专题特写、新闻照片等也都挤满了各大报纸的版面。

就在美国民众津津乐道于赠酒事件的时候,白兰地针对美国市场的独特包装的产品也悄然摆上了各大零售网点的柜台,促销员开始繁忙地应对热情的美国顾客的各种各样的问题。为鼓励美国顾客购买,每一位购买者还将收到来自法国的特殊的礼品。一时间,白兰地成为了美国最炙手可热的酒类。

就这样,法国名酒白兰地昂首踏上了美国人的餐桌,延续了半个世纪的美国梦终于成真。

方法实施要点

企业在进行促销形式以及促销组合策略的选择时,通常会受到以下几种因素的影响:

（1）产品因素。首先,从产品类型来看,产品具有技术性强、价格高、批量大、风险大等特点,顾客在购买时通常需要经过研究、审批等手续。针对这类产品的促销组合策略应以人员促销为主,配合公共关系和销售促进,广告相对少用。其次,从产品价格来看,高价格的产品由于使用风险大,应以公共关系和人员促销为主,而低价格的产品应以广告和销售促进为主。此外,在产品生命周期的不同阶段,也应采取不同的促销组合策略。

（2）市场因素。市场因素有许多种,其中对促销组合策略影响最大的有这样几种:其一,市场规模与集中性。对于市场规模小且相对集中的市场,应以人员促销为主;对于规模大且比较分散的市场而言,应多采用广告、公共关系和销售促进。其二,购买者的类型。对组织购买者,应以人员促销为主,以公共关系和广告为辅;对个人或家庭消费者,应以广告和公共关系为主,辅之以销售促进;对中间商,应以人员促销为主,配合使用销售促进。其三,消费者的购买决策阶段。消费者的购买决策有知晓、了解、喜爱、信任、购买5个阶段。在知晓阶段,应以广告和公共关系为主;在了解阶段,主要选择广告、公共关系和人员促销;在信任阶段,重点使用人员促销;在购买阶段,主要采用人员促销和销售促进。此外,企业还应注意竞争对手的促销攻势,分析彼此的实力,选择采用针锋相对抑或是避其锋芒的促销组合。

（3）时机因素。任何商品都有销售时机,即在特殊的季节或者特殊的日期更易引起人们的重视。在销售时机内,企业应努力掀起促销热潮,促销组合策略应以广告和销售促进为主;而在其他的时间,即非销售时机里,则应以公共关系和人员促销为主。

（4）渠道因素。企业若以中间商为主进行产品的分销,则应以广告和公共关系为主,为中间商营造良好的销售环境,并辅之以中间商促进,提高中间商的积极性;若以直销等非流通渠道的销售方式为主,则应以公共关系、人员促销、销售促进为重点。

广告促销策略

广告是传播商品信息的主要工具,也是消费者作出购买决策的重要依据。

广告是企业竞争的主要手段之一。

一、让消费者无处可逃

毫不夸张地说,我们生活在一个广告的海洋里,广告无处不在,报纸上、电视里、收音机里、墙上、路上……简直无孔不入。但是什么是广告呢？"现代广告之父"阿伯特·莱斯克曾将其定义为"印在纸上的推销术",这个定义显然只适用于现代化媒体出现之前的时代。我们可以这样来理解广告:它是一种沟通的手段,是一种以人们的注意和信任为预期回报的投资。

广告的作用

对于广告的作用,我们可以从市场、企业和消费者3个层面来进行分析。

(1)从市场层面来看,广告是传播商品信息的主要工具。市场是买卖双方相互联系、相互作用的总表现。而买卖双方的沟通需要依靠商品流通来实现,商品流通由商品交易流通、商品货物流通和商品信息流通3部分构成。其中商品信息流通便主要靠广告信息渠道来传播。

(2)从企业层面来看,广告是企业竞争的主要手段之一。这一点我们可以从企业庞大的广告费用支出上看出端倪。如今"没有广告就没有市场,没有广告就没有名牌"的观念早已深入人心。广告还能够对产品进行恰当的定位,从而为自己争取一定的市场份额。例如七喜汽水在面世之初,面临可口可乐和百事可乐两大超级竞争对手,为在夹缝中求得生存,打出了"七喜——非可乐"的广告,起到了标新立异的作用,为自己"创造"了一个新的市场。结果当年七喜汽水的销售量就提高了10%。此外,广告还能起到宣传企业文化的作用。比如在当今市场上,许多中国产品在广告中炫耀自己的洋出身或者洋伙伴,而四川长虹却打出了"以产业报国、民族昌盛为己任"的广告语,给人以深刻的印象。

(3)从消费者的角度来看,通过广告,消费者能够了解自己所需要产品的信息,为自己作出购买决策提供依据。

广告的定位

所谓广告的定位,即寻找并宣传商品中有别于竞争对手的特点,在消费者的心中树立该商品的独特形象。广告定位包括:

(1)广告目标定位。广告目标就是指在特定的时期内对特定的观众所完成的特定的传播任务。广告目标的定位要与产品的定位保持一致。比如福特公司对其一款产品的定位是"静悄悄的福特",于是整个广告活动便围绕"静悄悄"做文章,宣传福特汽车安静舒适、没有噪音干扰的特点。

(2)广告对象定位。广告的发布和传播要考虑到广告的受众,必须使目标受众能够全面地接触到广告。

(3)广告区域的定位。广告区域包括地方性、区域性、全国性以及国际性等类别。不同的类别适用不同的广告覆盖方法,如全面覆盖、渐进覆盖和轮番覆盖等。

(4)广告概念定位。所谓广告概念,特指广告所强调的商品特性、信息传递方法、技巧和具体步骤等。

(5)广告媒体定位。广告媒体的选择,要适合商品的特性,要与目标受众的接受偏好相一致。

二、万宝路香烟广告

在香烟的王国里,品牌多如牛毛,但万宝路无疑是其中最响亮的名字。即便是在控烟浪潮汹涌澎湃的今天,万宝路依然能够在世界最著名品牌的排行榜中名列前茅。试问:万宝路何以塑造如此响当当的品牌?答案就是广告的威力无限。

万宝路香烟出自于世界最大的烟草企业菲利普·莫里斯公司。20世纪20年代,由于一战的冲击,许多青年深感受伤,唯有借助于爵士乐与香烟来驱散这种创伤。时髦女郎们更是及时行乐主义的推波助澜者,她们享受醉生梦死的感觉。在这一背景下,女性烟民的数量激增。为此,莫里斯公司将万宝路香烟定位为女性香烟,并将广告语定为"温和如五月"。然而事实证明,这一定位并不高明,从20世纪20年代一直到20世纪50年代,万宝路始终默默无闻。随着女性烟民的锐减,令男性烟民望而却步的万宝路香烟面临越来越严峻的危机,亟待转型。

这时,一代广告大师李奥·贝纳受托为万宝路做广告策划,他认为万宝路品牌应洗尽铅华,塑造一个男子汉的形象,因此重塑品牌的首要任务就是选择一个具有男子汉气概的形象代言人。起初,李奥·贝纳曾考虑过登山者、马车夫、潜水员、伐木人等形象,最终还是锁定了目光深邃、皮肤粗糙、粗犷豪放的西部牛仔。1954年,万宝路的西部牛仔广告形象面世：牛仔袖管高高卷起，袒露多毛的手臂，指间夹着一支烟雾缭绕的万宝路香烟，胯下骑着高头大马，驰骋在辽阔的美国西部大草原上。广告大获成功，次年便使万宝路跻身全美十大香烟品牌。从此以后，万宝路香烟的销量一路猛蹿，1975年摘下美国卷烟销量的桂冠，20世纪80年代中期更是成为了全球烟草行业的领导品牌。

1987年，美国的《福布斯》杂志曾对1546个万宝路香烟的拥趸进行了调查，结果显示：万宝路香烟之所以令如此多的烟民着迷，并不是因为它与其他品牌香烟之间微乎其微的产品上的差异，而在于其广告中所蕴含的男子汉气概令人难以抗拒。叼起万宝路香烟，把自己想象成坚毅的西部牛仔，这让烟民们拥有美妙的满足感和优越感。

方法实施要点

广告流程中的广告策划可分为以下6个步骤：

1. 商品市场选择

在正式策划广告之前，广告主首先要了解企业的整个市场运营计划以及消费者市场的调查情况，据此来确定广告的定位。这一阶段包括3个主要因素：一是市场分析，了解消费者的需求，以此来制定广告目标，防止销售政策错误，避免时间和金钱的浪费；二是消费者调查分析，目的在于了解消费市场的增长空间，分析是否能够创造新的消费需求，是否有新的销售机会；三是确定市场目标，在分析企业的生产能力、销售能力和资金能力的基础上，确定广告是以全部消费者为对象，还是以特定阶层、特定地区的消费者为对象。

2. 产品分析

处于不同生命周期阶段的产品，通常对应着不同类型的消费者。比如产品导入期的消费者通常属于高阶层，或者是对新产品、流行产品具有购买欲望的人；而产品衰退期的购买者常具有保守、消极的特点。因此，在产品的不同生命周期阶段，应采取不同的广告策略。

3. 成本与预算的估计

常用的广告费用确定方法有这样4种：①百分率法。即将一定期间内的销售额或者盈余额的一定比率作为广告费用。②销售单位法。即确定每一单位产品的广告费，再乘以销售数量，得出总的广告费用。比如，一件上衣的广告费用定为5元，一年共销售出这种上衣10万件，那么该上衣的年广告费就为5×10万=50万元。③邮购法。即根据因广告而增加的询问和订货的人数确定广告的效果，然后找出广告费与广告效果之间的合理关系，以归纳的方式算出广告费用。④目的完成法。先确定一个营销目标，然后考虑完成这一目标所必需的广告活动和范围，算出广告费用。

4. 广告媒体的选择

广告媒体的选择通常取决于以下3个因素：

（1）市场因素。消费者总是依靠个人的品位来选择适合的媒体。一般来说，教育程度较高的人会较多地接触印刷媒体，而教育程度低的人则偏重于电波媒体。因此，企业应根据目标顾客的特点选择合适的媒体。不同特性的商品也适用不同的媒体，比如个人用品和工业用品广告的媒体策略完全不同，因此企业还应按照商品特性来考虑媒体。此外，商品的销售范围也是一个重要的因素。如果商品仅在特定区域销售，企业便应选择针对该区域的媒体，以免造成无效的传播。

（2）媒体方面的因素。企业应考虑媒体量的价值，如报纸的发行量、电视的收视率、广播的收听率等，以确定广告传播的效果；同时，还应考虑媒体的接触层次，分析其类型，看其是否与产品的消费者类型相符。除此之外，媒体的成本费用也是企业所应重点考虑的。

（3）广告主方面的因素。广告主方面的因素包括广告主销售方法的特征、广告主的促销战略、广告主的经济能力和广告预算的分配等。

5. 消费者分析

消费者是广告的诉求对象，是广告效果的决定因素。对消费者的分析应从消费者动机、消费者购买行为模式、消费者态度以及消费者行为受社会环境影响因素等4个方面来着手。

6. 广告的企划

对上述5个方面进行细致的分析以后，便可着手进行广告的企划与制作。

销售促进策略

销售促进通过各种短期诱因刺激消费者直接购买本品牌的产品,是决胜售点的"临门一脚"。销售促进可带来短期的销售刺激和市场效果。

一、商家决胜售点的"临门一脚"

销售促进是指企业利用各种各样的短期诱因,鼓励消费者购买企业的产品或者服务的促销活动。它常以广告、心理诱惑、鼓动消费者信心来达到短期内提升销售量的目的。

销售促进的类型

促销的诉求对象有3种,即消费者、分销渠道和内部员工。这3种对象便对应了3种销售促进的类型:

(1)面对消费者的销售促进。对消费者进行消费促进主要是为了达到下面一种或者几种目标:①吸引普通消费者加入购买顾客群;②从竞争对手那里争取顾客;③提高现有顾客的购买数量与购买频次;④培养消费者的消费习惯;⑤配合广告活动,提高品牌形象。

(2)面对分销渠道的销售促进。它包括对中间商的销售促进和对零售商的销售促进,目的在于:①促进新产品的销售;②拓宽、深化销售渠道,提高商品的市场占有率;③加强与中间商的联系或者调整双方的关系。

(3)面对企业内部的销售促进。针对企业促销员的销售促进,这样做的好处是:①培养相互竞争的氛围,增强员工的工作积极性;②提升产品的销售业绩,获得更多的促销收益;③提高内部员工的素质,树立企业的良好形象。

销售促进的工具

使用合适的工具,可以使销售促进工作事半功倍。按照销售促进对象的不同可将工具分为以下两类:

(1)针对中间商的销售促进工具。中间商是产品销售通路中的一个重要环节,是企业将产品推向消费者的重要平台。针对他们的销售促进工具有:

①合作广告。即由企业出钱,通过合作或者协助的方式与中间商合做广告,一般是通过企业向经销商提供设备来进行各种宣传活动。比如,宝洁公司就经常为经销商提供大电视、音响、投影仪等设备用于产品的销售促进活动。

②中间商销售竞赛。企业采用一定的激励手段,鼓励中间商在规定的期限内完成更多的销售额。这样做不仅可以刺激经销商加大进货和分销的力度,还能够加强与中间商的联系。

③中间商的培训与教育。企业推出新产品或者改进产品型号、功能时,就有必要对经销商进行培训,进行产品教育,以利于产品的销售和维护。

④商业折扣。为促进中间商对产品的购买,企业可在特定的期限给予中间商一定的特价折扣。

⑤企业刊物的发行。企业可定期对中间商发行内部刊物,借此传递企业信息,使经销商了解企业的经营理念、产品动态和经营状况,并保持和加强与经销商的联系。

⑥业务会议。即企业定期举办订货会、产品上市发布会、技术交流会、产品展销会等,并邀请中间商参加,借此传递产品信息,加强双向沟通。

(2)针对消费者的销售促进工具。消费者是产品的最终使用对象,是企业的"衣食父母"。企业一切销售促进活动的根本目的就是促进消费者的购买。针对消费者的销售促进工具有以下几种:

①免费样品派送。当企业有新产品或者改良产品推向市场时,为鼓励消费者试用,提高产品的知名度和美誉度,企业可采用这种方法,从而迅速提高产品的市场覆盖率。

②优惠促销。企业通过采取各种形式的活动给予消费者优惠,从而引起消费者的购买欲望。优惠促销主要包括:有奖促销、优惠券促销、退费优惠、集点优惠和会员制促销等5种形式。

③赠品促销。以免费的诱因来拉近品牌与消费者之间的距离。赠品促销有付费赠品促销和免费赠品促销两种类型。

④消费者价格优惠。在商品原价的基础上打折销售,这是一种非常普遍的销售促进工具,是企业开拓市场、获得合理利润的有效手段。

二、可口可乐的销售促进策略

可口可乐对销售促进活动非常重视,认为广告为消费者提供了购买的理由,而销售促进活动为消费者提供了购买的刺激。它将销售促进活动看作是提高产品的市场占有率和行业渗透的重要手段。

1. 针对消费者的销售促进

面对消费者的销售促进活动,目的在于诱导和促使消费者直接购买本品牌产品,是决胜售点的"临门一脚"。可口可乐的面对消费者的销售促进方法主要有以下几种:

(1)免费品尝。在新产品上市或者产品进入一个新的市场时,免费品尝可以给消费者提供试用产品的时间,有利于提高产品的知名度和美誉度,缩短新产品进入市场的机会。例如,可口可乐的"醒目"系列产品初登陆某市时,在各大商场、超市等人流量大的地方开展免费品尝活动,迅速在消费者心中建立起了鲜明的品牌形象,产生了良好的市场效果。

(2)特价销售。特价销售常在产品销售旺季或者某一特定日期里运用。如2002年春节,可口可乐通过超市渠道在某市开展了"限时限量特价销售"活动,即从超市人流量最大的购买高峰时间开始,每天限定2个小时的活动时间,针对PET1.5升和2.25升的系列产品展开特价销售活动,取得了良好的促销效果。

(3)加量不加价。即产品的售价不变,而容量却有所增加,这实际上也是一种优惠销售活动。如可口可乐将1.25升和2升PET包装容量的产品分别增加到1.5升和2.5升,而产品的售价却没有改变。

(4)联合销售促进。即与其他生产厂商或产品的经销商合作,共同进行广告及推广产品的行为。如可口可乐曾与方正电脑合作,共同推出"可口可乐—方正电脑动感互联你我他"的大型联合销售促进活动。在这次活动中,消费者只要购买可口可乐的产品就有机会赢取方正电脑。两大品牌的合作,不仅降低了各自的销售促进成本,还产生了1+1>2的倍增效应。此外,可口可乐还曾与多家大型超市联合举办销售促进活动,同样取得了良好的效果。

2. 针对经销商的销售促进

即可口可乐针对其分销组织的销售促进活动,主要包括针对批发商和零售商的销售促进活动,其目的在于鼓励经销商更多地进货或者开展某种特别的销售活动。可口可乐针对经销商的销售促进活动,主要采取价格优惠与折扣的方式,在特定的情况下还会给予经销商短期赊销的支持。此外,可口可乐经常举办销售及生动化竞赛、免费旅游、季度抽奖等活动,以提高经销商的积极性。

方法实施要点

一般来说,销售促进策略的步骤包括明确目标、选择工具、制订方案、预试方案、实施和控制方案以及效果评估等。

(1)明确销售促进的目标。从根本上说,销售促进目标是由企业的基本市场营销目标衍生出来的。从这个角度讲,销售促进目标也应因目标市场的不同而有所差异。

(2)选择销售促进工具。促销工具有很多种,不同的销售促进工具可以用来实现不同的目标,企业甚至还可按照实际的需要开发新的促销工具。总而言之,企业在选择销售促进工具时,应综合考虑市场类型、销售促进目标、竞争情况以及每一种销售促进工具的成本效益等因素。

(3)制定销售促进方案。选择促销工具之后,并不意味着企业马上便可付诸实施,实际上企业还需作出一些附加的决策以制定和阐明一个完整的销售促进方案。这些附加的决策包括诱因的大小、参与者的条件、促销媒体的分配、促销时间的长短、促销时机的选择、促销总预算等。

（4）销售促进方案的预试。即便是销售促进方案的制定具有良好的经验基础，但为保险起见，仍应利用测试来确认所选用的工具是否恰当、实施途径的效率是否令人满意。面对消费者的销售促进方案最易于进行测试，邀请若干消费者对不同的优惠方法进行评价和评分，或者在有限的区域内进行试用性测试，都可以收到比较好的测试效果。

（5）实施和控制销售促进方案。在分析测试结果的基础上，改进销售促进方案，并制订方案实施的计划。计划的内容包括：开始的计划工作、材料的邮寄和分送、广告的准备工作、销售现场的陈列、推销人员的选拔、预期存货的生产、分销商配额、销售促进活动的时间安排等。同时，还要制定一个销售促进控制方案，以应对可能发生的意外情况，确保整个销售促进活动的圆满实施。

（6）销售促进结果的评价。销售促进结果的评价方法有很多种，评价的程序也因市场的不同而有所差异。通常企业可以通过产品市场占有率的变动情况、销售绩效的变动情况来评价销售促进的效果。

分销渠道决策法

分销渠道所承担的弥合生产者与消费者之间的空间和信息差距的职能将长期存在。
设计优秀的分销渠道，将会给企业带来竞争优势，成为企业核心竞争力的重要来源。

一、渠道稳固则营销畅通

所谓分销渠道就是指产品由生产者向最终消费者转移的途径或者环节，它是各种中间商以及实体分销机构的集合。分销渠道贯穿整个产品流通的过程，生产者出售产品是渠道的起点，消费者购进产品是渠道的终点。

渠道关系，即生产者与中间商之间的合作关系。按照不同的标准，可将这些关系划分为不同的类型。

1. 按照合作的紧密程度划分

按照生产者与中间商合作的紧密程度划分，可将渠道关系分为合作关系、合伙关系和分销规划3类。这3类合作的紧密程度依次增加。

（1）合作关系。生产者与中间商之间发生一般性的接触，在这种关系中，生产商是主体，它只考虑自身的利润，不考虑分销商的生存状态。当生产者处于强势地位，中间商分散且规模较小时，这种合作关系更为常见。

（2）合伙关系。生产者和中间商之间存在一定的程度的互助关系，双方在市场信息、客户资源、技术支持、市场份额等方面开展密切合作，以期达到共赢的效果。在这种关系中，生产者和中间商地位平等，并结成了联盟。

（3）分销规划。生产者和中间商之间关系紧密，往往通过联盟甚至是互相持股的方式来增加对对方的影响力。生产者的营销部门内设有分销规划部，同分销商共同规划营销目标，协商制订促销计划，共同谋划品牌的管理与发展。这种合作关系只有在彼此信任对方、长期合作的前提下才能够结成。

2. 按照合作方式划分

按照企业对渠道的控制程度，可将渠道关系划分为以下3种类型：

（1）公司型。即由一家公司拥有并统一管理若干生产企业、批发和零售机构，从而实现控制若干层次甚至是整体分销渠道的垂直管理渠道系统。公司系统有两种形成或者经营系统，一种是由生产企业控制若干家生产单位、商业机构所形成的工商一体化公司系统；另一种是由商业企业所拥有和统一控制若干家生产单位和商业机构所形成的商工一体化经营方式。

（2）管理型。即一些大型的生产企业在管理上处于支配地位的前提下，以不改变渠道内成员所有权关系的方式，建立管理型的垂直渠道系统。在管理型系统的运行中，生产企业负责建立一个统一的管理中心，通过这个中心与分销成员在促销策略、库存管理、定价与成本控制、商品展示、购销活动等方面协商并形成一个统一的规划。此外，为了稳定和发展渠道内各成员之间的合作关系，有必要的话，生产企业还应在资金融通、技术咨询和管理协助等方面给渠道内成员提供帮助和支持。

（3）合同型。合同型系统是指不同层次的生产企业的销售企业，以契约为基础建立的一种关系较为紧密的联营分销系统。这种类型的渠道关系主要有3种形式，即特许经营、自愿连锁和零售店合作社。

二、康师傅的渠道策略

在中国大陆，康师傅堪称食品饮料界的一艘航空母舰。其方便面产品一直稳居"销售量第一"的宝座，且遥遥领先于同类产品，冰红茶、冰绿茶是茶饮料领域内公认的第一品牌，以"3+2"夹心饼为代表的糕饼类产品则保持着第二名的市场占有率。康师傅登陆大陆市场短短十几年间便取得如此成就，这当然与其产品定位准确清晰、广告策划大气、产品领先策略等密不可分，但尤为业内人士所称道的却是其无所不至的渠道策略，也正是其密布城乡的销售网点保证了产品良好的市场占有率。

康师傅的渠道管理

康师傅的渠道主要有两种类型，一种是直营，一种是经销。直营占主导地位，即通过办事处、营业所等机构直接将产品铺向终端。在部分地区采取经销的方式，即通过中间经销商发展终端网点。

与两类渠道相对应，康师傅的业务人员也分为两种，分别是直营业代和经销业代。直营业代又有进一步的细分，有专门负责商场、超市等大卖场的，也有专门负责零售店管理的。而经销业代则主要负责经销商的开发、管理和维护。

合理的组织结构和严密的分工，保证了康师傅渠道管理的高效。每一个销售网点都有专人专职负责，管理起来有条不紊，即便有人员更替，也能迅速接轨。康师傅的渠道管理人员不仅担负着发展新的渠道成员的任务，更重要的是对现有网点的维护和提升。以康师傅负责零售店的业务人员为例，他们平均每天拜访30个零售网点，随身携带的宝贝有两个：一块抹布、一扎海报。一旦发现零售店内的康师傅产品上有灰尘，立即用抹布抹去，并把陈列不齐的产品码放整齐。这些细节动作通常会赢得零售店经营者的好感，而业务员借此便可提出有利于企业的建议，比如在零售店张贴康师傅新广告，将康师傅的产品调整到显眼位置等。此外，只要零售店经营者愿意，康师傅可免费提供漂亮的门头喷绘，当然喷绘中少不了要印有康师傅的广告。

康师傅与经销商的关系

康师傅非常重视与经销商的关系，将经销商视作自己的物流环节中的中间仓储中心。当经销商销售不畅时，康师傅会想尽办法帮助经销商进行渠道疏通，如协助投放广告、策划促销活动等。除此之外，康师傅的业务人员会经常性地帮助经销商开发新网点和维护老网点，并按照进货额度和铺货率对经销商进行奖励，激励经销商全力投入，销售更多的产品。久而久之，康师傅持续的付出，换回了经销商的积极性和信心，他们习惯性地销售和主推康师傅产品。

当然，对中间经销商的管理也并不是一味地激励，康师傅在价格等方面的控制非常严格，经销商的活动一旦违背了康师傅的宗旨，必将会受到严厉的惩罚。这一点康师傅绝不手软，即便是经销商退出渠道系统也在所不惜。这样做一方面维护了康师傅产品一贯的形象，另一方面也维护了其他经销商的利益。毫无疑问，康师傅的渠道策略是极为成功的，它所苦心经营的铜墙铁壁般的网络力量常常让竞争对手望而兴叹。

方法实施要点

企业在选择分销渠道时,要综合考虑渠道目标和各种限制因素或影响因素,而主要的制约因素包括:

(1)市场因素。主要包括两个方面:其一,目标市场的大小。如果目标市场范围较大,分销渠道层级要多一些;反之则应少一些。其二,目标顾客的集中程度。如果顾客分散,宜采用层级多且宽度大的分销渠道;反之,则应采取层级少且宽度小的分销渠道。

(2)产品因素。产品的特性也是渠道选择的重要影响因素。比如,易毁或者易腐烂的产品,为避免拖延时间,宜采取直接销售或者渠道层级较少的分销渠道;对于技术性复杂、需要安装及维修服务的产品,宜采取直接销售,反之,则应选用间接销售。

(3)企业自身因素。如果企业的实力很强,有足够的人、财、物力去建立自己的分销网络,可以实行直接销售;反之,应选择间接销售。如果企业的管理能力较强且营销经验丰富,不妨选择筹建自己的分销网络;反之,则应借助于中间商。如果企业希望控制分销渠道,应选择层级少的分销渠道;反之,可选择层级多的渠道。

(4)中间商特性。执行不同任务的市场营销中间机构都有其优缺点。企业必须了解各种中间商的特性,并据此制定具有针对性的渠道策略。一般来说,中间商在执行运输、广告、信用条件、退货特权、人员训练、送货频率等方面都有不同的特性和要求。

(5)政治法律因素。政府制定的专卖制度、反垄断法、进出口规定、税法以及税收政策、价格政策等都会影响到企业对分销渠道的选择。比如,政府对烟酒实行专卖制度,企业就只能选择合法的分销渠道。

第五章

市场营销策略

营销 4Ps 组合分析法

4Ps 理论对影响营销活动的 4 种基本要素进行分析，并形成有效的组合，有利于企业实现更大的利润。

卢泰宏教授曾说过，在营销的历史上，没有比 P 字游戏的影响面更大的了。而 4Ps 组合正是 P 字游戏的开始。

一、最经典的营销理论和营销方法

1953 年，尼尔·博登首先创造了"营销组合"一词。他认为市场需求在很大程度上受到"营销变量"或者"营销因素"的影响，企业若想得到良好的市场反应，就必须对这些"营销变量"或"营销因素"进行有效的组合，从而使企业获得最大的利润。当时博登提出的"营销变量"有十几个之多，后经补充和完善，各种要素总数达到了数十个。为方便营销人员更好地运用营销组合理论，20 世纪 60 年美国著名的营销学家杰罗姆·麦卡锡将这些要素归纳为 4 类，即产品（Product）、价格（Price）、地点（Place）和促销（Promotion），其中的"地点"在现代教科书上被"渠道"所代替。这便是著名的 4Ps 组合。

4Ps 组合策略是以生产者为出发点的，但是这并不意味着 4Ps 组合策略完全忽视消费者的需求。事实上企业在实施 4Ps 组合策略之前，先要认真地进行营销研究，即先进行大量的市场调查，在调查的基础上进行市场分析；然后划分细分市场，对产品进行市场定位。由此可知，4Ps 组合策略要求生产企业能够去生产消费者所需要的产品。

企业在进行详细的营销研究之后，便要着手进行营销组合的规划，必须使产品、价格、渠道和促销的组合既能够满足消费者的需求，又能适应企业既定的营销目标。具体到产品策略上，企业要对生产哪种或哪些产品、如何管理这些产品、对失败产品是否应该放弃等问题进行决策，产品的品牌定位和包装也属产品策略范畴；价格策略包括价格调整、产品定价、销售条件和折扣等内容，其中新产品的定价问题尤其需要企业予以重点关注；渠道策略，就是选择将产品快速送达消费者手中的物品流通方式的策略，为此，还需要企业制定中间商策略；4Ps 组合中的促销策略，绝不仅指有奖销售等促销手段，它实际上是指企业利用各种信息载体与目标市场进行沟通的传播活动，包括广告、人员推销、公共关系等内容。一般来说，当产品进入生命周期的后期，各种促销活动也应随之加强。

二、联通 CDMA 发展新用户时的 4Ps 组合策略

从 2002 年 1 月份 CDMA 网络（以下简称 C 网）正式运营以来，中国联通一直在努力发展新用户。为达到预期的营销目标，中国联通不惜采取了"手机贴补"的营销策略。虽然这一营销策略的实施确实为中国联通赢得许多新用户，但同时它也为中国联通的财务和运营带来了巨大的风险，因此"手机贴补"营销策略注定不会是一个长远的办法。为解决这一问题，中国联通在仔细的市场研究的基础上，制定了如下营销组合策略：

提高服务质量，增加产品价值

中国联通应重点解决 C 网的网络不稳定的缺点，在网络覆盖不到的区域进行网络广度覆盖工作；在重点市场进行深度覆盖工作，着重加强了市区商场、写字楼以及地下停车场等区域的覆盖工作。此外，中国联通还应加强与其他运营商之间互通互联的关系，从而保证 C 网用户能够正常接听和拨打外网电话。

统计显示，手机用户对数据服务的需求正呈快速上升的趋势，而对数据功能的支持是 CDMA 技术的优势之所在。为此，中国联通应重点推广功能强大且内容丰富的数据业务。在推广该项业务时，中国联通应精心策划，保证业务的精品性，同时在计费和服务上也要给予足够的支持。

中国联通还应加强对客服工作的重视程度，协调市场、技术、业务等部门来共同支持客户服务工作，以期大幅提高其客户服务水平。通过客户服务工作，中国联通能够了解到客户对竞争对手的评价，这对中国联通的服务水平的提高也能够起到促进作用。

价格制定合理且保持稳定

中国联通在制定资费水平时，既要考虑到消费者的接受程度，又要保证精品网的价格形象。且价格制定以后，中国联通应在很大程度上保证价格的稳定。因为价格稳定策略一方面能够避免价格战的发生，另一方面能够把消费者的目光从价格上转移到产品质量上。

此外，中国联通还可以推出预付费业务，努力去争取低端用户。但要注意将预付费价格同中国移动以及中国联通的 GSM 业务区别开来，同时要高于小灵通的资费水平。

对于数据增值业务，可采取低价渗透的方式去吸引用户。当然价格的制定还应以成本为基础，不要因利润太低而打击供应商的积极性。

拓展营销渠道，并加强直销力度

中国联通的分销渠道主要有营业厅、第三方代理、中国联通员工直销等 3 种方式。中国联通应尽力壮大现有的分销渠道，并积极开拓新的渠道。例如，现有的营业厅偏少，应在繁华地段增设联通营业厅和 CDMA 专卖店。此外，中国联通还可与大型商场、超市、娱乐中心等建立分销合作伙伴关系，以开拓新的分销渠道。

由于员工直销存在对象面窄、操作难度大等缺点，因此这一分销渠道一直没有得到足够的重视。实际上，这一渠道不仅可以与用户直接对话，加强其对中国联通的了解，而且事实证明，通过这一渠道所发展的用户其 ARPU 值（每用户平均贡献的电信业务收入值）较高。因此，如能将员工直销这一渠道做好，对 C 网目标的实现将会起到非常大的作用。

加强宣传力度，采取多种促销方式

中国联通可通过各种渠道强化宣传，突出 C 网的优点，以期增加用户对 CDMA 的认知和理解。在促销方式上，中国联通大可在不违背竞争规则的情况下，采用多种新的促销方式，以引起消费者的购买欲望，达到促进产品销售的目的。

总而言之，中国联通若想扩大销售额，占有更多的市场份额，在 4Ps 组合策略的指导下，对产品、价格、渠道、促销等进行调整和优化，无疑是一个不错的选择。

方法实施要点

企业在具体应用 4Ps 组合策略时，应注意不要将产品、价格、渠道和促销这 4 个组合要素相互割裂起来对待，这样无益于组合优势的获得。事实上，这 4 个组合要素是紧密相连的，一种要素的变动往往会引起其他要素的变动，一种要素的重点实施也需要其他要素的密切配合。

> 比如，如果企业以价格要素作为主要的竞争策略，其他三大营销要素也必须支持攻击性的价格策略，如促销活动应以"低价、超低价"作为诉求主题。而在非价格的竞争上，产品和促销策略的应用就显得尤为重要。例如，若产品采取高价策略，促销活动就应努力塑造产品高质量的形象。另外，企业还要注意一个重要的现象，就是价格策略往往不会改变供求曲线，而非价格竞争却常常能够改变供求曲线。

4C 和 4R 营销

4C 营销从消费者的角度考虑问题，更重视顾客的满意，是 4P 营销在新形势下的发展和延伸。

4R 营销纠正了 4C 理论一味追求顾客满意的理念，强调企业与顾客之间应互相合作，建立起双赢的关系，是关系营销的理论基础。

一、让消费者成为营销的中心

20 世纪 90 年代，美国学者劳朋特教授从消费者的角度出发，提出了一种与 4P 相对应的 4C 理论，4C 的 4 个组合要素分别是消费者的需求（Consumer needs）、消费者愿意付出的成本（Cost）、购买的便利性（Convenience）和沟通（Communication）。这一理论一经推出，就立即在工商界以及营销传播界引起了巨大的反响，并为整合营销传播的出现奠定了基础。

虽然从消费者的角度出发要顺应时代发展的趋势，但是顾客的需求也需要有一个合理性的问题。例如，顾客总是想要产品的价格越来越低，如果企业一味地去迎合顾客的需求，必然要付出沉重的代价。因此，理想状态下企业与顾客之间的关系绝不应是一方无限地去满足另一方，而应是双赢的关系。而 4C 理论片面地强调顾客的需求，没有体现出企业所更应遵循的双赢原则。针对这一问题，著名的整合营销大师唐·E.舒尔茨提出了 4R 营销新理论，该理论的 4 个营销要素分别为：关联（Relevancy）、反应（Response）、关系（Relationship）、回报（Reward），侧重于要求企业同顾客建立有别于传统关系的新型关系。这一理论体现和落实了关系营销的思想。

4C 理论的内容

4C 理论以消费者的需求为导向，这一点在它的 4 个组合要素中有淋漓尽致的体现：

（1）消费者的需求。即企业首先要了解、研究和分析消费者的真正需求是什么，而不是首先考虑在现有条件下企业能够生产什么。

（2）消费者愿意付出的成本。企业要去研究消费者愿意为产品付出多少钱，而不是首先去给产品定价，即向消费者要多少钱。

（3）消费者购买的便利性。企业应首先考虑如何在交易过程中给消费者提供更多的便利，而不是首先去选择对自身有利的销售渠道。

（4）与消费者进行沟通。强调以消费者为中心进行营销沟通是非常重要的。通过这种沟通，可以把企业的内外营销不断进行整合，最终将消费者和企业的利益无形地整合在一起。

4R 理论的内容

4R 理论的最大特点是以竞争为导向，在一个新的层次上概括了营销的新框架，其侧重点是企业与客户的互动和共赢。其内容主要包括以下几个方面：

（1）与客户建立关联。企业若想获得一个长期而稳定的市场，提高目标顾客的忠诚度是必不可少的。然而在同质化竞争日趋激烈的市场上，顾客的忠诚度是会变化的，他们往往会不断尝试不同企业的产品。为解决这一问题，企业只能通过某种有效的方式在需求、业务等方面与顾客建立关联，并形成一种互助、互求、互需的关系。

（2）提高市场反应速度。对企业而言，当前最现实的问题不是如何制订、实施和控制计划，而是要随时倾听顾客的心声，了解顾客需求的变化，并迅速做出反应，只有这样才能够使顾客感到满意。

（3）重视关系营销。在竞争激烈的当今市场环境下，关系营销正发挥着越来越重要的作用，市场竞争的关键点已转变为如何与顾客建立长期而稳固的关系。为此，企业应将交易看作是一种责任，将营销工作的重点从管理营销组合转变为管理客户关系上来。

（4）回报是营销根本价值的体现。对企业而言，市场营销的根本价值就在于其能为企业带来短期或长期的收入和利润。企业应追求市场回报，并将市场回报视作企业进一步发展的源泉。

二、宝洁用 4C 打造"美发店中店"

2001年8月，宝洁（中国）的第一家美发店中店在北京朝阳门的华普超市开业。店内集中陈列了宝洁旗下的飘柔、海飞丝、潘婷、沙萱、润妍等五大品牌的洗、护发产品，还专门安排了职业的美发顾问接受顾客有关洗、护发的咨询。这一举动在当时引起了人们的关注和好奇，因为美发店中店在中国还是第一次出现。那么宝洁是基于什么理念推出以及如何经营美发店中店的呢？答案就是营销4C理论。

消费者的需求

消费者对洗、护发产品的需求，从本质上来看，并不是产品的本身，而是它能够为消费者提供美的价值。如今的消费者已不再是为了卫生而洗发，他们更愿意为了美而洗、护发。他们希望能够了解更多的美发知识，希望所用的产品最适合自己的发质，希望购物过程是一种享受。也许他们不得不为这些需求多支付一些费用，但是在他们看来这点费用远算不上什么负担。

宝洁公司察觉到了现代消费者的深层次的需求，尝试着把洗、护发产品当作一种高档美容化妆产品来卖。为此，它在商场里设置专区，在超市里设专柜，设计专门的组合型货架和展台，集中展示公司旗下的全线洗、护发产品，并配以精美的灯饰和电脑咨询设备。除此之外，专业美容顾问还会帮助顾客挑选最适合他们的产品，使消费者在店内得到的不仅是产品，更有美的价值的服务。

消费者成本

正确的定价方法，应该以消费者为满足自身需要所愿意支付的成本为依据。在这种定价方法下，产品的价格应该既处在消费者可接受的范围之内，又能够让企业有所盈余，使买卖双方都感到满意。

在宝洁的美发店中店里，各种洗、护发产品的销售价格并没有提升，消费者不需要支付更多的价格就能够享受到更多服务，得到更高的价值；集中陈列全线洗、护发产品的方式，也使消费者避免了在鳞次栉比的货架间搜寻产品的辛苦；专业美发顾问的咨询服务，降低消费者购买风险的同时还使消费者借此增加了一些美发知识和技巧。在宝洁的美发店中店里，消费者会有物超所值的感觉。而对宝洁来说，由于美发店中店吸引了众多的消费者，也使其获得较好的经济效益。

消费者便利

宝洁经过深入的市场调查，发现很多的消费者喜欢集中选购同一品牌的产品。根据消费者的这一消费习惯，美发店中店把洗、护、染等按品牌形象集中陈列，大大缩短了消费者购物所花费的时间和精力。实际销售状况证明，这种集中陈列同一品牌产品的做法深受消费者的欢迎。

与消费者沟通

美发店中店与一般的促销展台不同，它为商家和顾客之间的互动交流创造了良好的环境和条件。店内虽然也有广告演示和宣传资料，但消费者并不是被动的接受者，他们通过专门的电脑咨询设备或者向专业美发顾问寻求帮助，选择适合自己发质的产品。

国内消费者长期以来一直把洗、护发产品看作是日常消费品，在商场里，洗、护发产品也常和家庭日用必备品摆放在一起。而在欧美国家，把洗、护发用品定位为高档美容产品的理念其实已经形成，类似美发店中店的经营模式也不再是新鲜事物。这次，宝洁首先在国内开设美容店中店，它与消费者的沟通其实已经超越了产品本身的意义，更起到了引领时尚的作用。

> **方法实施要点**
>
> 　　与传统的 4P 相比，4C 显然更为适应现在的市场环境。但不可否认，从企业的营销实践和市场发展的趋势来看，4C 除了上文曾提到过的过于强调顾客需求的缺点以外，还有如下不足之处：
> 　　（1）4C 在本质上是 4P 的转化和发展，然其理论更多地体现出的是被动地适应顾客的需求。而在当今市场环境下，企业若想获得稳定和持久的市场，需要从更高的层次上与消费者建立新型的关系，如双赢关系、互动关系等。
> 　　（2）4C 所倡导的是顾客导向，然市场经济要求企业要以竞争为导向。与顾客导向相比，竞争导向不仅看到了顾客的需求，也注意到了竞争对手的动作。企业以竞争为导向，便能够审视自己在竞争中的优、劣势，从而采取适当的策略，在竞争中谋得发展。
> 　　（3）随着 4C 理论在营销活动中的广泛应用，经过一段时间的运作与发展，虽然会对市场营销的进步起到推动作用，但它也势必会使企业的营销在一个更高的层次上同一化，使企业营销上毫无个性和特色，从而也难以形成营销优势。
> 　　4R 是在 4P 基础上的一种创新和发展，是在新形势下对 4C 的一种改善。它要求企业不仅去积极地适应顾客的需求，而且主动地去创造需求，通过关联、关系、反应等形式与顾客建立起独特的关系，把企业和顾客联系在一起，从而形成一种竞争优势。

7P 服务营销

　　服务营销是企业经营管理深化的内在要求，是企业在新的市场形势下获得竞争优势的新要素。

　　服务营销有利于企业保持并维护现有的顾客，实现长远的利益。

一、让顾客感觉受到重视

　　从 20 世纪 80 年代后期开始，营销学者们在服务营销组合上达成了较为一致的意见：在传统的 4P 营销组合的基础上加入了 3 个组合要素，即人员（People）、有形展示（Physical Evidence）和服务过程（Process），形成了 7P 服务营销。

　　7P 服务营销的内容

　　7P 服务营销的提出和被广泛应用，使服务营销的理论研究开始扩展到内部市场营销、服务企业文化、员工满意、顾客满意、顾客忠诚等领域。

　　（1）产品。对于服务营销而言，产品所涵盖的内容包括服务范围、服务质量、服务水准等方面。此外，品牌保证、售后服务也是服务营销必须要注意的。

　　（2）价格。价格是区别一项服务与另一项服务的重要标准。而价格与质量的关系，无疑是消费者要重点考虑的方面。

　　（3）渠道。提供服务者的所在地以及其地缘的可达性，也是服务营销的重要因素。

　　（4）促销。服务营销的促销包括广告、人员推销、销售促进等方式，以及各种市场沟通方式如公关等。

　　（5）人。这里所指的人，扮演着传递与接受服务的角色，换句话说，也就是指公司的服务人员与顾客。服务人员对服务业来说至关重要。事实上，服务人员在顾客眼里就是服务产品的一部分，服务人员的表现完全能够决定顾客对服务质量的认知与喜好。因此，公司应充分重视对服务人员的培训，时时跟踪他们的表现。此外，企业还应重视顾客与顾客的关系，因为在服务业中，一位顾客对产品质量的认知往往会对其他顾客产生重要影响。比如餐厅中某位食客对服务的评价，就会对其他食客产生重要影响。企业应注意在顾客的相互影响方面进行质量控制。

（6）有形展示。有形展示所包含的内容包括实体环境、提供服务时所需要的装备以及其他一些实体性线索，如航空公司所使用的标志、干洗店为洗好的衣服加上包装等。绝大多数的服务企业都有有形展示，没有有形展示的"纯服务业"极少。因此，有形展示也会影响消费者对一家服务营销公司的评价。

（7）服务过程。服务的递送过程对服务业公司而言也是非常重要的环节。表情愉悦、专注和耐心的服务员往往可以抚平消费者在不得不排队时所表现出的焦躁情绪，也可以在技术出现问题时缓解消费者的抱怨和不满。当然，服务人员的良好态度也并不是万能的。若想使服务过程切实让消费者感到满意，服务业公司还必须在整个服务体系的运作策略和服务方法的采用、服务过程中机械化的应用、咨询与服务的流动、订约与待候制度等方面多做改善。

二、德国慕尼黑机场的服务营销

慕尼黑机场是德国的第二大机场。虽然在规模上慕尼黑机场比不上伦敦的希思罗机场和法兰克福的机场，但优越的地理位置以及高效周到的服务，还是使其旅客吞吐量的增长速度在所有欧洲机场中独占鳌头。而今，慕尼黑机场正逐步成为欧洲大型航空枢纽机场。现在，就让我们来领略一下慕尼黑机场备受旅客称赞的服务营销吧！

世界最快的服务速度

衡量航空枢纽机场效率的最重要的指标就是 MCT（飞机最短换乘时间）。慕尼黑机场不管是国内航线还是国际航线，其 MCT 均为 30 分钟。这一速度在世界上也是首屈一指的。慕尼黑机场实现这一速度可并不容易，为此他们进行了很多努力：

（1）与航空公司合作。为提高服务速度，慕尼黑机场决定筹建第二航站楼。为此他们与德国汉莎航空公司进行了合作，其中前者出资 60%，后者出资 40%。机场和航空公司合作经营航站楼，这在世界上是非常罕见的。但是它的效果如何呢？我们不妨引用慕尼黑机场的总经理兼 CEO 夏埃尔·卡克勒的原话来回答这个问题，他是这样说的："正是因为二者的合作，才实现了可观的效率性。"

（2）采用先进的计算机管理系统。先进的计算机管理系统是慕尼黑机场实现最快服务速度的另一个关键因素。例如，机场的中央控制中心可以从这个计算机管理系统中方便地获知在慕尼黑过境换乘飞机的旅客数量，根据这一信息，指令飞机停靠在便于旅客走向换乘航班的登机入口。机场的中央控制中心内不仅聚集着进行飞行管理的人们，地面服务、旅店和货物管理等部门的负责人也汇聚在这里。他们常常在确认飞行信息的同时，立即安排开展货物装卸、燃料补充等地面业务的准备活动。旅客数量等信息还会被传递到出入境管理处和负责安全保卫的国家派驻机构，以方便他们及时做好迎接旅客的准备。

（3）快速的行李装卸。飞机抵达后，所有被托运到的行李立即被送上全长 40 千米的传送带上，在传送带上一面接受 X 光安全检查，一面移动。如果安检顺利的话，装卸行李的全部时间不会超过 7 分钟。慕尼黑机场的行李处理效率是 1.5 万件/小时，每件行李都会经过包裹控制中心系统的检查。一旦发现混入其他飞机的行李，会立即将其送至重新确认的检查点，两分钟以后再次送上传送带。

值得一提的是，负责为慕尼黑机场管理计算机信息系统的是德国的西门子公司。这样，机场、航空公司和信息系统公司三者之间强强联合，形成了一个高速、高效运转的系统。

全面周到的服务

慕尼黑机场的服务绝不仅仅体现在效率方面，服务的全面性和周到性也同样为人所称道。从机场开业起，慕尼黑机场便在机场内陆续开设了时装店、化妆品店、餐厅、超市，甚至还建立了可以进行心脏手术的医院，还有教堂，真是一应俱全。在只有接受安全检查的旅客才能进入的控制区内，商店的货品也非常齐全。一般的机场在控制区内出售的商品以酒类、香水等免税商品为主，而在慕尼黑机场的控制区内，旅客可以购买到高级品牌的西装、包袋、皮鞋等商品，基本上同街上的商店没有什么区别。全面周到的服务不仅赢得了旅客的欢迎，慕尼黑机场也从中得到了实惠。2004年，在机场6.54亿欧元的营业额中，来自商业贸易的收入占到了不小的比例。

由于慕尼黑机场地处郊区，要进入市区主要是通过铁路。虽然每10分钟就有一班火车，但从机场到市区仍需花费45分钟。为方便旅客，慕尼黑机场已制定了开通磁悬浮列车的规划。该规划一旦成为现实，届时从机场到市中心将仅需10分钟。

慕尼黑机场因优质的服务而在欧洲声誉日隆，在同行中也颇受推崇。许多欧洲乃至亚洲国家的机场都纷纷到慕尼黑机场取经，学习其先进的经营管理经验。为此，慕尼黑机场开辟了一项咨询业务，专门向他国机场输出经营管理知识，而今这项业务已然成为慕尼黑机场新的利润增长点。

方法实施要点

为了有效地利用7P服务营销，提升市场竞争能力，企业应基于自身的固有特点，在服务市场细分、服务产品差异化、有形化、标准化以及服务品牌、公关等问题上加大研究力度，并据此制定和实施合理的服务营销策略，以保证企业实现预期的竞争目标。

（1）服务市场细分。市场细分是服务业企业首先要面对的问题。企业只有在市场细分的基础上选定目标市场，并有针对性地开展营销组合策略，才有可能获取良好的收益。

（2）服务的差异化。实施差异化，可以避免与竞争对手的正面交锋，并形成自己的独特的竞争优势。服务差异化可从以下3个方面来实施：①选定独特的服务项目。在仔细调查和研究服务市场的基础上，结合自身的优势，创造性地开发服务项目，满足一部分消费者个性化的需求。②服务传递差异化。采取与其他企业所不同的传递手段，将服务迅速而有效地传递给消费者。③独特形象的塑造。运用独特的象征物、符号、名称来为企业塑造一个独特的形象。

（3）服务的有形化。服务的有形化主要包括以下3个方面的内容：①服务产品的有形化。服务产品的有形化主要有两种形式，一是通过服务设施等硬件技术，实现服务的自动化和规范化，从而保证服务质量的始终如一；二是利用各种显示服务的票据如票券、牌卡等，区分服务质量，变无形服务为有形服务，从而增强消费者对服务的感知能力。②服务环境的有形化。服务环境就是企业为消费者提供服务的场所及其氛围，服务环境虽不是构成服务产品的核心要素，但优良的服务环境无疑会提升消费者的满意度，增加服务产品的价值，使消费者对服务产品留有深刻的印象。③服务提供者的有形化。服务的提供者即企业的服务人员，毋庸置疑，服务业内服务人员的表现足以决定服务产品的质量。因此，企业非常有必要对服务人员的言行举止进行标准化的培训，从而使其所提供的服务与企业的服务目标相一致。

（4）服务的标准化。对服务产品标准化的具体做法主要有以下几条：①改进服务设施的设计质量，使服务程序合理化；②制定针对消费者的合理的规章制度，以规范消费者接受服务的行为，使之与企业的服务理念相吻合；③明码标价，对不同档次、不同质量的服务制定不同层次的价格；④对服务人员的衣着、言行进行统一的规划，努力做到整齐划一。

（5）服务品牌的塑造。服务品牌就是企业的服务产品独特的名称、符号、象征或设计等，它的组成要素包括品牌名称、展示品牌的标识语、颜色、图案、制服、设备等。塑造优良的服务品牌是企业提高规模经济效益的一项重要举措。

（6）服务公关。服务公关是指企业为增进公众对企业认识、理解和支持，为树立企业良好的形象而进行的一系列服务营销活动。其目的在于促进服务产品的销售、提高服务产品的市场竞争能力。

关系营销

"公司不是在创造购买,而是要建立各种关系。"

"营销就是建立、保持和加强与顾客以及其他合作者的关系,以此使各方面的利益得到满足和融合。这个过程是通过信任和承诺来实现的。"

"关系营销就是获得、建立和维持与产业用户紧密的长期关系。"

一、致力于构建"忠诚"的关系营销

与传统的交易营销相比,关系营销的实质是企业在交易的基础上与各相关个人和组织建立非交易的关系,并以此来保证交易关系的持续、稳定和发展。

从本质上看,关系营销具有如下特征:

（1）双向沟通：关系营销认为,沟通是双向的而非单向的,只有充分地交流和信息共享,才能使企业获得各利益相关者的认同和支持。

（2）合作：通常情况下,有两种关系,一种是对立,一种是合作。只有在合作的前提下,才会有双赢的可能性。

（3）双赢：关系营销希望通过合作增加关系各方的利益,一方获得利益不能以损害他方利益为前提。

（4）亲密：关系能否稳定发展,情感因素具有重要的作用。故而,关系营销不仅重视物质利益上的互惠互利,也要使关系各方获得情感上的满足。

（5）控制：为了掌握关系的动态变化,关系营销要求建立专门的部门去跟踪顾客、供应商、分销商的态度,一旦发现不稳定因素以及影响共赢的因素,能够及时采取有效的应对措施。同时,有效而及时的信息反馈,也有利于企业实时掌握市场的需求,并依此改进产品和营销策略。

二、马狮百货集团的全面关系营销

马狮百货集团是英国最大的跨国零售集团,它在世界各地有200多家连锁店,其"圣米高"品牌的产品在30多个国家畅销。马狮百货集团的盈利能力更为人所称道,它不仅是英国国内盈利能力最强的零售集团,而且若以每平方英尺的销售额计算,在世界所有零售商中,它的盈利能力也是首屈一指。马狮百货集团之所以取得如此巨大的成功,不能不说关系营销在其中起到了重要的作用。

立足顾客的"真正需求",建立与顾客间的稳固关系

关系营销倡导企业与顾客建立一种长期的、稳固的、相互信任的关系。其实质就是要求企业深入研究顾客,竭尽全力满足顾客的真正需求,以达到使顾客满意的结果。马狮百货集团很早就明白了这一点。早在20世纪30年代,当时马狮集团的顾客以普通劳工阶层为主,他们的购买力不是很强,但是却渴望得到质量优越的产品。马狮集团敏锐地意识到这一点,于是,把自己的经营宗旨由"为顾客提供零售服务"转变为"为目标顾客提供其有能力购买的高品质商品"。

虽然准确地把握了顾客的真正需求,找到了与顾客建立良好关系的一个契机,但是,物美而价廉的商品在当时的市场上并不存在。为此,马狮集团建立起自己的设计队伍,与生产厂家合作,一起设计或者重新设计各种产品,然后把生产这些产品的相关标准详细定下来,让制造商依循制造,这样就保证了产品的质量。在生产过程中,马狮集团实行的是以顾客能够接受的价格来确定成本,而不是相反。为此,马狮集团把大量的资金投入到产品的设计和开发,通过各种方式降低生产成本和经营成本,而只进行少量的宣传,这样就保证了高质量产品的价格能够被顾客所承受。

除此之外,马狮集团还采用了"不问因由"的退款政策,使得顾客觉得在马狮集团购物

是有保障的,而且对物有所值不抱任何怀疑态度。

通过上述种种方法,马狮集团自然而然地受到了顾客的青睐,不知不觉中就与顾客建立了长期信任的关系,业绩自然也不断攀升。

"同谋共事",与供应商建立合作关系

作为零售企业,要想有效地满足顾客的需求,供应商的协调配合至关重要。马狮集团把自身与供应商之间的关系视为"同谋共事"的伙伴,并站在对方的角度考虑,努力维护对方的利益。

前面提到,马狮集团为了给顾客提供物美价廉的商品,给供应商指定了详细的生产和采购标准。为了实现这些标准,马狮集团也尽可能地给供应商提供帮助。比如,如果马狮集团用相对其他渠道更为低廉的价格从某个供应商那里采购到商品,就会把节约出来的资金转让给供应商,作为其改善商品品质的投入。这样一来,在价格不变的情况下,商品的品质得到了保证和提高,从而吸引更多的顾客来购买。销量的增加使马狮集团和供应商都得到了实际利益,从而进一步稳固了伙伴关系。

我们可以从马狮集团与供应商合作时间的长度上看出这种关系的稳定程度:最早与马狮集团建立合作关系的供应商,至今合作关系已经维持了一个多世纪;合作关系超过50年的企业也有60家以上,超过30年的则不少于100家。

真心关怀,与员工建立良好的关系

无论什么企业,内部关系的好坏都将直接影响发展。马狮集团向来把员工看作是最宝贵的资产,认为员工是企业获得成功的关键因素。马狮集团把建立与员工的相互信赖关系、激发员工的工作热情和潜力作为管理的重要任务。在人事管理上,马狮集团不仅为员工提供周详的培训、平等而优厚的福利待遇,更重要的是做到了真心关心每一位员工。比如,一位员工的父亲突然在美国病逝,第二天,公司就给他订好了赴美的机票,更给了他足够的善后费用;一位女员工未婚先孕,另外还要照顾老母亲,以至于持续两年没有上班,公司仍然照常发工资给她等。

马狮集团把关心员工作为公司的重要原则,不因管理层的更替而有所变化。这种对员工真心的关怀,自然也换回了员工热情的回报,这是马狮集团取得巨大成功的最稳固的基石。

方法实施要点

关系营销致力于与关键客户建立起长期稳定的业务关系。为此,企业需要掌握几条具体而实用的策略:

(1)设立顾客关系管理机构:即建立专门的机构,对客户关系管理人员进行专业的培训,使其具有专业水准、对客户负责,以便妥善而及时地处理所有可能出现的问题,维持好企业与客户之间的良好关系。建立高效的管理机构是关系营销取得成效的组织保证。

(2)个人联系:即通过销售人员与客户进行密切交流以增进友情、强化关系。通过个人联系开展关系营销容易使企业过分依赖与客户频繁接触的销售人员,所以,运用该策略时应注意适时将企业联系建立在个人联系之上。

(3)频繁营销规划:即老客户营销规划,指通过设计规划向老客户、大客户进行某种形式的奖励,以加强和客户之间的关系。

(4)俱乐部营销规划:即建立顾客俱乐部,吸收购买一定数量产品或支付会费的顾客为会员。受邀请的顾客往往会在名誉、地位上得到满足,因此,该方法对顾客极富吸引力。而且,企业也可以通过该方法赢得市场占有率和顾客忠诚度,还可以提高企业的美誉度。

(5)顾客化营销:即根据每个顾客不同的需求制造产品并开展相应的营销活动。实施顾客化营销需要企业高度重视科学研究、技术发展、设备更新和产品开发,完善顾客档案,加强与顾客之间的联系,设置合理的售后服务网点等。

(6)退出管理:"退出"意指顾客不再购买企业的产品和服务或者终止与企业之间的业务关系。退出管理就是研究顾客退出的原因,并引以为戒,改善产品和服务。

深度营销

深度营销对消费者隐性需求的重视超过了对显性需求的重视。这使得它能够更深入地理解顾客，同时赢得顾客对企业的理解和支持。

深度营销希望顾客能够参与到企业的营销管理中来，给予顾客无微不至的关怀，以期与顾客建立长期稳固的合作伙伴关系。毫无疑问，这为企业的营销活动提供了新思路。

一、关注消费者的隐性需求

深度营销就是指以增进消费者对企业的理解和支持为目的，将企业营销的侧重点从关心消费者的显性需求转变到关心消费者的隐性需求上来。深度营销是一种新型的营销模式，它倡导邀请消费者参与到企业的营销管理中来，给顾客提供无微不至的关怀，从而与顾客建立一种长期稳固的合作伙伴关系。深度营销强调要将对顾客的关怀融入整个营销过程中来，甚至在产品生命周期的每一个阶段都要有充分的体现。

深度营销的特点

深度营销作为一种更富人性化的营销模式和营销观念，其市场特点主要体现在以下几个方面：

（1）从大局着眼，整体竞争观念强。深度营销理念处处体现出大局观，侧重于对企业的营销活动进行持久、长期的战略规划，反对因短期收益而损坏长期利益。

（2）注重市场的区位优势，强调目标市场的深耕细作。市场竞争日趋激烈，产品差异化愈发明显。深度营销强调市场的区位优势，倡导集中力量占领目标市场，并对细分市场进行深耕细作，以构筑强大的防护壁垒，从而实现企业的中长期利益。

（3）全程控制，为市场发展提供持久动力。与其他营销方式相比，深度营销的最大特点在于其倡导全方位、多角度地进行目标市场的开发、运作和维护，体现的是一种厂商的互动、沟通与协作，从而实现企业营销活动的全程控制和突破。

深度营销的适用对象

深度营销的运营成本、团队打造、营销管理等方面都要比其他的营销方式更为复杂。也正是因为如此，深度营销并不适用于所有类型的企业。总的来说，深度营销较为适合下述企业：

（1）成长型企业。这种类型的企业在资金、分销网络、管理等方面的条件还不成熟，而其选择深度营销，进行产品区隔和市场细分，能够有效地整合资源，建立起自己的"根据地"，为企业进一步的发展奠定基础。

（2）成熟型的企业。这种类型的企业，品牌的积累、资金的流转以及市场的运作都已比较完善，市场占有率也处于稳定状态。在这种背景下，企业若想获得进一步的发展，就有必要进行深度营销，深挖市场潜力，从而实现企业的战略转型和营销方略全方位的突破。

（3）高附加值的企业。传统行业的市场竞争已可以用"惨烈"来形容，其企业利润和操作空间已越来越狭小，深度营销并不适合这种行业。而高附加值的企业不一样，与传统行业相比，拥有更大的市场利润空间。因此，它有能力通过深度营销来培养自己的核心顾客群，且可通过深度分销，强化终端销售网络。

二、雪洋食品的深度营销

雪洋食品是河南省著名的绿色食品生产企业，曾被河南省人民政府评为"河南省方便面行业十强企业"。然而，近年来由于市场竞争日趋激烈、原材料大幅涨价等原因，企业的生产经营一度陷入困顿。为摆脱这一状况，获得滚动式的发展，雪洋食品决定采取深度营销策略，建立强势区域市场。具体来说，雪洋食品采取了如下营销策略：

（1）选择市场。雪洋食品把企业的销售半径由 500 千米压缩为 300 千米，对企业的各细分市场进行仔细的分析和判断，对于没有发展潜力且长期处于亏损状态的细分市场予以捆绑销售或者是自负盈亏；对于有发展潜力的细分市场，尤其是企业的成熟市场，采取深耕细作的策略，以巩固和提高企业在这些市场中的地位。通过整合客户，使企业没有了"流血的伤口"，而在优良细分市场上的深耕细作，加快了企业发展的步伐。

（2）优化产品策略。在详细的市场调查的基础之上，雪洋食品对企业旗下的产品进行调整，完善了产品结构，明晰了产品定位，把高档产品（利润产品）、中档产品（微利产品）、低档产品（无利上量产品）三者的比例确定为2：3：5，并将此比例的达成情况与业绩考核挂钩。通过调整产品策略，使企业的营销人员在市场推广的工作中牢记自己以及产品的使命，从而使企业的产品日臻完美，表现出应有的市场活力。

（3）终端网络建设。雪洋食品采取渠道下沉的策略，对选定的细分市场进行深度分销，强化终端的市场拉力，并有条件、有步骤地通过分销商争取终端零售商。渠道下沉和终端网络建设，使雪洋食品更加贴近市场，提高了其市场反应速度，更加贴近消费者，从而能更好地满足消费者的需求。

（4）合理分配资金。从通路、促销、人员等方面进行合理的预算，然后分配企业的资金资源，以期使企业的市场推广能够持久且有力。合理分配资金，使企业的资金"好钢用在刀刃上"，使企业费用的支出明确、合理、有效，有效地保障了企业的各项费用不再被截流和滥用。

（5）加强与经销商的关系。通过召开茶话会、培训会、座谈会等方式，加强与各级经销商的全方位、互动式的沟通，切实站在经销商的角度去考虑问题，为经销商的发展出谋划策，尽力提高经销商的经营素质和赢利能力；通过加强与经销商的关系，加强厂商之间的情感联系，使厂商关系亲如一家，这也促使雪洋食品走上了持久发展的新路子。

通过实施深度营销策略，雪洋食品优化了企业资源，巩固了战略要地，并使企业、经销商、营销员达到了"共赢"，从而成功实现了转型，迈上了正确的发展轨道。

方法实施要点

企业导入深度营销模式的一般流程为：

（1）选择目标市场。企业要选择市场潜力大、自身有相对竞争优势、适合进行深耕细作的细分市场为目标市场。

（2）市场调查。通过市场调查，了解目标市场各方面的详细信息，并据此建立区域市场数据库，以指导企业今后的市场决策。此外，深度营销还强调深入的市场调查能够起到培养和历练营销队伍、深化客户关系、洞察市场机会及危机的作用，因此，有必要使市场调查成为营销人员的一项日常的基本工作内容。

（3）市场分析、策略制定。在市场调查的基础上，对市场的总体情况、消费者、竞争对手及各级渠道进行详细的分析，以判断和把握区域市场的特点和发展趋势；然后根据分析结果，结合企业自身的特点，制定出恰当的营销策略。

（4）建立区域营销管理平台。为更好地进行区域市场的开发和改造工作，企业应尽快建立起区域营销管理平台。该平台由营销副总、咨询专家、大区经理、区域经理、业务骨干所组成，集中资源、统一指挥，从而协调实现重点突破。

（5）区域市场的启动、发展和巩固。区域营销管理平台建立后，应尽快制订工作计划，然后按部就班地付诸实施。一般来说，企业应先在区域内选择和确定核心客户，然后同核心客户一起建立终端销售网络；接着，集中企业的营销资源，打击主要竞争对手，并不断加深与客户的关系，最终掌握终端；最后，企业协调各级销售网络，向区域市场的第一位置发起有力冲击。

（6）滚动复制和推广。在区域市场上取得成功以后，企业应总结经验和教训，形成一个成功的模式，并将这一模式在其他的细分市场上进行复制和推广。

绿色营销

随着社会的发展，消费者日益认识到，环境的污染最终会严重地影响到自己的生活方式和生活质量。为此他们迫切地期望生产者能多注意环境问题，尽力去降低对环境的污染，提高环境质量。

绿色营销体现了企业以消费者的利益为中心，建立人与自然和谐统一的机制，代表了企业发展的未来方向。

一、强调人与自然和谐统一的营销模式

随着现代工业文明的到来，人类社会也进入了一个发展怪圈：在经济高速增长的同时，生存环境却在不断地恶化；温室效应、水土流失、资源面临枯竭、生物多样性减少等种种环境问题的出现，也标志着自然对人类的报复已经开始了。在此背景下，广大消费者们终于醒悟了，他们已经意识到环境的恶化最终会严重地影响到自己的生活质量和生活方式。为此，他们要求企业生产和销售对环境无害或者害处小的绿色产品，以减少危害环境的消费，绿色营销应运而生。

绿色营销的含义

绿色营销是在绿色消费的驱动下产生的，是指企业以环境保护观念为经营哲学，将绿色文化作为价值观念，以可持续发展理论为指导，以消费者的绿色消费为中心和出发点的一种营销策略。

对于绿色营销的基本内涵，我们可以从以下4个方面来理解：第一，绿色营销的观念是"绿色"的。绿色营销以节约资源、能源和保护环境为中心，强调环境污染的防治、资源的充分利用、新型能源的开发和再生资源的利用。第二，绿色营销企业所属的产业是"绿色"的，绿色营销所生产的产品是"绿色"的。绿色营销企业及其所属的产业都应具有节约能源、利用新型能源或者促进资源再生利用等特点。第三，绿色营销强调的是企业服务。该服务不仅针对客户，更注重对整个社会的服务；考虑的不仅是短期的，更是长期的。最后，绿色营销强调对大自然的保护，要求企业在产品的设计、材料的采用、生产技术的选择、包装方式的确立、废物的处置、营销策略的应用直至消费的过程等，都必须注意对环境的保护，即在营销过程的每一环节都要注意"绿色"形象的树立。

实施绿色营销的必要性

绿色营销体现了企业以消费者利益为中心，建立人与自然协调统一的机制，代表了企业发展的未来方向。企业发展和实施绿色营销是非常必要的，这是因为：

（1）适应了环境与发展相协调的战略。企业若想在未来的社会中获得稳定的发展，就必须自觉地约束自身的行为，尊重自然规律，走人口、经济、社会、环境和资源相互促进和协调的可持续发展道路。而企业之所以开展绿色营销，正是为了顺应这一趋势。

（2）顺应了消费者"环保回归"的潮流。而今，消费者基本上已无生存之虞，主要消费需求已转到健康、安全、舒适和协调发展上来。同时，消费者从社会道德和社会责任感的角度出发，自觉不自觉地承担起了保护自身生存环境的责任。于是，以崇尚自然、返璞归真、适度消费、减少环境破坏等为特征的新型绿色消费已成为一种潮流，而绿色营销无疑顺应了这一潮流。

（3）有助于企业树立良好的形象。企业通过绿色营销，可以把自身利益融入到消费者和社会的利益中去，从而提升企业的整体形象。

（4）有助于企业追求合理的经济效益。绿色营销可以促进企业优化资源配置，提高资源的使用效率。同时，随着消费者绿色意识的增强，购买绿色产品成为时尚和趋势。这也有利于企业扩大市场占有率，从而获得更多的经济效益。

二、富顿公司和本田汽车的绿色营销

美国自由女神像翻新时，现场剩下的 200 吨废料给政府出了难题。就在这时，一位名叫斯塔克的人自告奋勇地承包了这个差事。当别人对他的决定幸灾乐祸的时候，斯塔克却开始对废料进行分类处理，把废钢铸成了纪念币，废铅、铝制成了纪念尺，水泥的碎块也整理成了小石碑，朽木和泥土被装进玲珑透明的小盒子里，然后把这些东西当作宝贵的纪念品出售。斯塔克获得了巨大的成功，这些原本一文不值甚至无法处理的垃圾都成了抢手货。200 吨垃圾很快便销售一空，斯塔克由此大赚了一笔。

斯塔克的故事令美国富顿公司的董事长乔治·富顿颇受启发，他发现纽约市每天都在生产大量的垃圾。这些垃圾不仅没有被利用，还在污染环境，成为公害。能不能变废为宝呢？乔治·富顿潜心研究这个问题，经过专家的指点和多次的实验，终于得出了一个肯定的答案：可以利用压缩机把混合有焦油的垃圾压成硬块，稍做加工后，这些硬块便可作为建筑材料。

比斯塔克更高明的是，富顿不仅看到了商机，更懂得这样做的重要意义。为此他成立了环境净化公司，大力宣传公司对净化纽约环境所做的努力，赢得了民众的肯定，提高了公司的声誉，同时也受到了政府减免税收的鼓励。在这一良好的背景下，富顿公司立即着手研制垃圾处理机，并将它安置在垃圾处理工场，又在垃圾处理工场区域设置了 10 个垃圾处理站。然后，公司与每一个区域内的家庭签订了合同。合同要求每个家庭每个月支付 10 美元的垃圾处理费给富顿公司，所有的垃圾富顿公司全包了。因为有前期的宣传所建立起的良好声誉，合同的事没有引起居民的任何异议。他们都乐于付给富顿公司 10 美元，因为他们相信这样做对自己也非常有好处。就这样，富顿公司不仅每月可以收到一笔可观的垃圾处理费，还可以用这些白得的原料生产产品，供应给材料市场。可以说富顿公司在做的是一个无本万利的生意，更重要的是公司的声誉一直不错。是什么给公司带来这么大的好运？乔治·富顿会告诉你："是绿色营销，你必须有绿色营销的意识。"

汽车的销售与植树本是一对相互矛盾的事情，因为汽车尾气所造成的空气污染对绿树没有任何益处，继而会影响整个城市的环境。然而，日本横滨本田汽车业主青木勤社长却将这两件互相矛盾的事情结合起来，别出心裁地导演了因汽车销售而绿化街道的"本田妙案"，使本田汽车一时出尽风头。

青木勤社长在一次遭遇交通堵塞时，目睹多如牛毛的汽车，想到这无数汽车排放的尾气对城市环境所造成的恶劣影响，心中甚为不安，进而突发灵感："不能只顾卖车，应当通过卖车来促进城市绿化。"于是，青木勤立即定下了一个方针："今后每卖一部车，便在街上种一棵纪念树。"

这个方针得到了落实，本田公司每年都从汽车销售利润中取出一部分来，用做植树费用，从而美化环境。本田公司的做法也赢得了消费者的欢迎，他们中间形成了一种观念："同样是买汽车，何不买绿化街道的本田汽车？"结果本田汽车的销售量一路猛增，青木勤社长也因此而名声大振，成为汽车行业内的风云人物。

本田汽车采取"你买我汽车，我为你种树"的销售方法，把汽车的销售和城市的绿化巧妙结合起来，顺应了人们对"降低污染、绿化环境"的期望，从而大获成功。这可算是绿色营销的成功实施。

方法实施要点

企业开展绿色营销是大势所趋，一个完整的绿色营销过程由许多步骤及相应的策略所组成，具体如下：

（1）树立绿色营销观念。企业实施绿色营销，首先便要树立绿色营销观念，即在开展营销活动时，不可只盯着企业利益、消费者利益，更要重视公众利益和对环境的影响，在生产经营过程中，切实把环境保护意识贯穿于产品的生产和销售的各个环节中。此外，企业还应积极参与环境整治活动，提高企业的环保标准和环保水平，以树立企业的绿色形象。

（2）收集绿色信息。绿色营销企业必须建立起有效、快捷的情报信息网络，以捕捉绿色信息。

所谓的绿色信息包括：绿色资源信息、绿色生产信息、绿色法规信息、绿色经济信息、绿色技术信息等。企业把这些绿色信息加以综合处理，从而为企业绿色营销的具体实施提供线索和行动依据。

（3）研发绿色产品，树立绿色品牌。所谓的绿色产品就是指从生产、使用到回收处理的整个过程中，对环境的污染都很小或者符合有关规定的、有利于资源再生的产品。绿色产品主要包括两大类别：其一是纯天然产品，另一种是无公害产品。绿色产品开发出来后，还应配合强大的宣传策略，以树立产品的绿色形象。

（4）制定绿色价格。在制定绿色产品价格时，应将开展绿色营销过程的环境成分内在化，在价格上反映资源和环境的价值。因此，一般来说，绿色产品的价格应略高于同类产品的价格，以促进绿色企业的发展。当然，制定该定价也应综合分析产品成本、市场需求、市场竞争以及消费者的承受能力等要素，以免对产品的销售造成负面影响。

（5）开辟绿色销售渠道。选择销售渠道是企业营销的关键所在，对于绿色营销也不例外。企业需精心挑选有良好公众形象和较高信誉的、对绿色产品有深刻认识的代理商、批发商和零售商，并利用中间商的网络，迅速推广绿色产品；若有必要，还可以设立绿色系列连锁店、绿色产品专卖店等，以提高产品的覆盖面。

文化营销

文化是影响购买决策的最基本因素。

将文化因素引入企业的营销活动中，可以使产品超越物质上的意义而成为某种精神的象征，从而提升和丰富产品价值。

一、与消费者进行深层次的交流

所谓的文化营销实质上是指企业充分运用文化的力量来实现企业战略目标的市场营销活动，即在营销活动的各个环节中都积极主动地进行文化渗透，提高文化含量，以文化做媒介，与顾客及社会公众之间建立起全新的利益共同体关系。其含义主要有4点：其一，企业须借助或者适应于特殊的环境文化，以开展营销活动；其二，企业在制定营销战略时，应充分考虑文化因素；其三，市场营销组合应体现文化因素，并独具特色；其四，企业应构筑起企业的文化内涵。

文化营销的基本特征

（1）时代性。每一个时代都有其独特的文化特征，文化营销只有在不断追随和适应时代的变化中汲取时代精神的精华，才能够把握社会需求和市场机会，抢占市场制高点，否则只能被市场所淘汰。

（2）区域性。不同的国家、民族、区域都有其独特的文化，营销方式应尊重和适应地区间文化差异，形成区域性的特点，也只有这样才能做好不同文化之间的交流，消除障碍，实现文化营销。

（3）开放性。文化营销由于致力于一种理念的构建，因此具有极大的开放性。一方面，它能够产生强大的文化辐射力，提升其他营销方式的品位；另一方面，文化营销又能吸收其他营销活动的思想精华，使自己永葆创新活力。

（4）导向性。文化营销的导向性主要体现在两个方面：第一，用文化的理念来规范和引导营销活动，和消费者乃至社会进行深层次的沟通；第二，对某种消费观念、消费行为进行引导，从而改变消费者的态度、行为甚至是生活观念和生活方式。

文化营销的功能

（1）增值功能。文化营销是追求真善美的营销活动，很有可能使得产品超越了物质上的意义而成为某种精神的象征，从而在精神方面提升和丰富了产品的价值。

（2）提升功能。即通过文化来提高和升华企业的社会形象，从而使消费者更加信赖某一产品和服务。

（3）调试功能。跨文化的营销活动常常会因为种族、宗教、语言、风俗等因素的差异而产生"梗阻"，造成经营的失败。而文化营销可以运用各种手段来消除或者减少这种文化障碍。如企业针对目标市场的文化环境特点，制定出自己的营销思维；用自觉性的文化理念来协调和沟通与目标市场之间的文化屏障等。

（4）差别化功能。文化范畴内如知识、情感、习俗、道德等方面都能为产品或者服务创造出独特的风格或品位，以凸显产品和服务的个性魅力。

二、洞宾酒，成功源于文化营销

作为一家并不知名的区域白酒，洞宾酒在短时间内实现了销售上的奇迹：一个县级样板市场运作销售量突破了1000万瓶，区域市场的占有率更是高达95%；2004年10月接到了中国台湾、韩国、马来西亚等地市场的大量订单。洞宾酒何以得到市场的如此厚爱？毫无疑问，文化营销在其中起到了至关重要的作用。

挖掘产品文化内涵

白酒作为一种情感类消费品，消费者所关注的不仅是瓶子里的产品，更重要的是瓶子外的东西，即产品的文化魅力。这一点是众多白酒厂家的共识。许多在市场上风生水起的白酒产品，也正是得益于文化内涵的独特演绎。如金六福倾力打造"福"文化，剑南春则卖力演绎"大唐华章"，孔府家则因"家"文化红透半边天。那么对于洞宾酒而言，需要挖掘什么样的文化内涵呢？

洞宾酒其名来源于吕洞宾，历史上的吕洞宾是道教中传真教的创始人，然若以道家文化作为洞宾文化的核心，却不足以引起人们的共鸣。因为调查显示，提到道教，人们首先想到的是老子，而不是吕洞宾。所以，若将洞宾酒与道教靠得太紧，不利于市场的开拓。实际上，吕洞宾使人们印象深刻的，不是他的道教身份，也不是他的神仙传说，而是诸多乐善好施、助人为乐的故事。所以，归根结底，洞宾文化应归于"善"文化。基于此，洞宾酒的核心理念被定为"以善结缘"，并将"善结天下缘"作为洞宾品牌的口号。

产品设计，体现文化特色

以洞宾文化为指导，洞宾酒的标志被确定为一个变形的、简明的"吕"字；在产品包装上，厂家一改以往杂乱无章、毫无特色的包装风格，统一采用葫芦为瓶形。古色古香的葫芦使得洞宾酒更具内涵，也把洞宾文化发挥到了极致。事实证明，葫芦形酒瓶深受消费者喜爱，甚至有些不喝酒的消费者为了收藏葫芦瓶而买酒。

在产品度数的选择上，厂家决定把洞宾酒定为"低度白酒专家"。这一方面是因为低度白酒是白酒消费的大势所趋；另一方面低度比高度白酒更有益于身体健康，有利于树立起洞宾酒关爱他人的友善形象。除此之外，厂家还在洞宾酒的包装上打上了"洞宾爱心提示：过量饮酒有损健康"的醒目文字，使洞宾酒更富人情味。

加强产品文化传播

为了丰富洞宾酒的品牌内涵，厂家特意编制了洞宾故事连环画，放在包装里，或者在餐馆、促销点派发，便于人们更多地了解洞宾文化。故事着力塑造吕洞宾"乐于助人"及身为"酒仙"的形象。市场实践证明，这些故事对建立品牌形象和促进销售都取得了非常好的效果。一位消费者在看了连环画后，说道："我现在才知道吕洞宾本来就是酒仙，而且吕洞宾做了很多好事，这也使我对洞宾酒多了一层好感。"

将文化作为市场推广的排头兵

洞宾酒知名度打响以后，厂家开始着力于市场推广。在产品上市当天，厂家开展了声势浩大的品酒大会及现场幸运答题抽奖活动；现场身着葫芦卡通装的促销人员来来往往，向行人招手致意；吕洞宾的巨幅画像悬挂在大厦上，吸引无数行人纷纷参与。

针对餐饮市场，厂家推出了"100家形象餐饮店"计划，为这些餐饮店制作了统一的店头广告、门帘、桌布、葫芦筷筒、葫芦酒坛、产品海报等，使顾客走进餐饮店，就如同进入了一个洞宾的世界。

经过这一系列的文化营销活动，洞宾酒最终取得了巨大的成功，从而也证明了文化营销的巨大魅力和力量。

> **方法实施要点**
>
> 实施文化营销绝不是纸上谈兵，在实际操作中无疑会遇到许多困难，下述三点尤其需要认真对待：
>
> 1. 因地制宜，适应市场文化环境
>
> 企业实施文化营销所面临的市场环境非常复杂，尤其是社会环境更是难以把握。在实际的营销活动特别是跨国营销活动中，企业的营销者常常只关注企业的投资、财务、人事等，而忽略了更为重要的目标市场特殊的文化背景和文化因素，从而严重阻碍了企业业务的开展。因此，要跨越这道无形的文化壁垒，就要在具体实施营销活动之前，综合地考虑目标市场的文化环境因素，使企业适应该市场的文化环境。
>
> 2. 大势所趋，重组企业文化营销战略
>
> 重组企业文化战略，企业至少应做到两点：首先，企业在制定总体营销战略目标的时候，必须建立起文化子目标。例如，若企业的总体战略目标定为提高市场占有率或者获取更高的利润额，那么子目标中至少应包括扩大企业文化影响力或企业品牌文化的顾客感召力等。其次，企业在细分市场时，可多考虑文化因素。传统的市场变量为地理、人口、心理、行为、收益这5类，而随着知识经济的到来，文化也应跻身于市场变量之列。如书籍、网上服务、计算机软硬件等方面，企业可以将文化变量中的消费者受教育程度作为市场细分的因素之一。
>
> 3. 文化渗透市场营销组合
>
> 企业的市场营销组合由4个策略子系统构成，分别是产品策略、渠道策略、价格策略及促销策略。而今，随着全球市场营销网络信息化进程的大大加快，知识化、网络化将会成为未来市场营销活动的主题。为此，企业应在4个策略的子系统中加强文化营销，以适应时代的发展。

比附营销

比附营销通过与行业内知名的品牌建立某种内在的联系，借名牌之光，使自己的品牌迅速在消费者心中占据牢固的地位，实现提高品牌认知度的目的。

比附营销尤其适用于品牌的成长初期，是品牌迅速发展的一条捷径。

一、攀强者关系

比附营销实际上就是一种攀附名牌的定位策略。企业可以通过各种方式与同行中的知名品牌建立某种内在的联系，借助名牌的影响力，迅速在消费者心中占据一个牢固的位置。

比附营销并不意味着一定要与知名品牌亦步亦趋。事实上，还有一种对立法则可供有意采取比附营销的企业选择。所谓对立法则，就是在充分认识市场领袖优、劣势的基础之上，着力将对方的弱势转化为自己的优势，从而形成与领袖对峙之势。简而言之，就是不要努力去做得更好，而是要尽力变成不同。

比附营销的提出是基于这样的理念：市场有相当一部分人愿意购买第一品牌的产品，但也总有人不愿意购买第一品牌的产品。希望成为第二品牌的企业可将这些不愿意购买第一品牌产品的消费者作为自己的目标顾客，研究他们的需求特点，尽力迎合他们的愿望，从而巩固和发展自己的市场地位。

总而言之，比附营销是一种行之有效的营销方法。采用这种营销方法的企业虽不是市场的领导者，却能够有效地将市场领导者的影响力为自己所用，是一种快速提高品牌知名度和

开拓市场的捷径。

二、蒙牛比附伊利

1999年初,蒙牛乳制品公司凭借1300万元的投入资金开始市场运作,当年便实现了0.44亿元的销售额。及至2002年,蒙牛的销售额已经飙升至21亿元。短短3年间,蒙牛销售额增长了近50倍,在中国乳制品行业内,由刚开始的1116位上升为第4位,创造了一个乳制品企业的成长奇迹。有人戏称这种"蒙牛现象"叫作"西部企业、深圳速度"。回首蒙牛创造的发展奇迹,可总结许多成功的经验。然不可否认,比附营销才是蒙牛成功的最重要原因,蒙牛对比附营销的娴熟应用堪称经典。

蒙牛从一开始,就与伊利联系在一起,例如蒙牛在它的第一块广告牌上这样写着:"做内蒙古的第二品牌";在宣传册上,有这样的宣传语:"千里草原,腾起伊利集团、蒙牛乳业……我们为内蒙古喝彩";在冰淇淋的包装上,蒙牛打上了这样的标语:"为民族工业争气,向伊利学习"。当时伊利早已是乳制品领域内响当当的品牌,蒙牛巧借伊利的名声,不仅在无形中打出了自己的品牌,提高了品牌的认知度,而且也摆出了谦逊的姿态,赢得了良好的口碑。

蒙牛与伊利有着深层次的渊源。其实,包括牛根生在内的蒙牛八大创业元老和90%的中层干部都来自于伊利。当时,伊利内有400人集体出走,创立了现在的蒙牛。蒙牛的创业者自己也承认,如果没有伊利多年的培养,就不可能有今天的蒙牛。因为有这层关系,蒙牛从迈入市场开始,就没有把自己定位为市场份额的侵略者,而是市场的建设者,尽自己最大的努力去做大行业蛋糕。蒙牛老总牛根生说过这样的话:"提倡全民喝奶,但不一定要喝蒙牛奶,只要喝牛奶就行。"

与此同时,蒙牛还提出了创建"中国乳都"的设想。因为呼和浩特的奶源质量在全国首屈一指,人均的牛奶拥有量也是全国第一,是名副其实的"中国乳都"。2001年6月,蒙牛在呼和浩特市的主要街道密集投放灯箱广告,广告的主题是"我们共同的品牌,中国乳都·呼和浩特"。从此以后,"中国乳都"的名称一炮而响,媒体以及政府的官员纷纷引用,得到广泛的认可。

蒙牛做大市场蛋糕的口号及其实际行动,打消了伊利对蒙牛的抵触情绪。如果说刚开始伊利还对400人的出走耿耿于怀的话,而如今它早已经将蒙牛视作值得尊重的竞争对手了。两家企业都密切地关注着对方的销售曲线,但双方都严格遵守市场的游戏规则,使竞争在一个健康有序的范围内进行。蒙牛获得了惊人的发展,在它的追赶下,伊利也以每年超过100%的速度增长。而这一切都是与蒙牛聪明的营销策略分不开的。

方法实施要点

比附营销实际上是一种攀附名牌的定位,是一种迅速提升品牌认知度的营销方法。这种营销方法的实施,有如下3种形式可供选择:

(1)只做第二,不做出头鸟。正视自己的市场地位,并坦然承认自己的弱者地位,这可以给消费者留下谦虚谨慎、诚实稳重的印象;同时,还迎合了消费者同情弱者的心理,使品牌得以深入消费者的内心,赢得更多忠诚的顾客。

(2)与强势品牌并驾齐驱,分庭抗礼。采用这一比附营销形式的企业,也是首先承认领导品牌的强势地位,自叹不如,但是在某一特定的区域或者某一领域内,自己却有实力与领导品牌分庭抗礼,从而给人以强烈的印象。比如,内蒙古的宁城老窖曾打出这样的广告语:"宁城老窖——塞外茅台"。

(3)群体比附。即借助群体的声望和模糊数学的手法,声称自己是某一"高级俱乐部"的成员,从而提高自己的地位形象。比如,有些企业宣称自己是"十大驰名商标企业"之一,是行业内"三强企业"之一,是"50家实力最强企业"之一,是"消费者最信得过品牌"之一等。例如,美国的克莱斯勒汽车公司曾宣称自己是美国的三大汽车巨头之一。毫无疑问,前面两位是通用汽车和福特汽车,与它们相提并论,使消费者感到克莱斯勒汽车也算是著名的品牌了,从而起到了非常好的市场效果。

逆向营销

在理想的逆向营销模式下，消费者的决策完全处于主动状态，排除了过多宣传的干扰，超越了现有产品或者服务的限制，使消费问题得以在更高的层面上解决。

逆向营销从根本上改变了企业内各职能部门各自为政的状况，它以消费者为核心和基础，使营销活动贯穿于从产品设计到产品销售的整个过程。

一、让顾客来主导一切

逆向营销认为营销应以顾客的需求为起点，倡导"由顾客主导一切"，由消费者自己提出产品设想、构思或者参与到产品的设计中来，最终就成品与自己设想的吻合程度来决定是否购买产品。这样在交易过程中，消费者的决策占据了完全主导的地位，不受购物环境的影响，超越了现有产品或服务的限制，排除了过多宣传和信息的干扰，从而使消费问题在更高的层面上得以解决。

"现代营销之父"菲利普·科特勒在《营销新论》一书中，把逆向营销分为以下6个要素：

（1）逆向产品设计。即消费者自己设计或者参与设计个性化的产品，并由制造商将消费者参与设计的产品制造出来。如今，消费者在网络的帮助下，已经可以设计自己喜爱的牛仔裤、化妆品和电脑；相信在不久的将来，还有可能设计自己心仪的汽车甚至是房子。

（2）逆向定价。即消费者的角色由"价格的接受者"转变为"价格的制定者"。美国的Priceline.com所开展的业务就是这方面的经典案例。比如倘若顾客想购买一辆轿车，就可以事先在网上设定好价格、车型、选购设备，确定取车的日期，以及自己愿意前往完成交易的距离。只需付给网站少量的保证金，网站便保证将这一信息传达给合适的制造商。这样，到了指定的日期，消费者就可以得到自己心仪的轿车了。

（3）逆向广告。在逆向营销模式下，消费者甚至在广告传播中占据主动地位。他可以主动地决定自己希望看到的广告，而不是像现在这样受到许多无孔不入的垃圾广告的侵扰。如今在网络上，这一理想的模式已经实现，比如亚马逊书店网站的客户就可以享受"点播"广告的服务。

（4）逆向推广。即消费者可以通过网站等营销中介向厂商索要折价券或者促销商品，可以通过这些机构与厂商讨价还价，还可以索取免费的试用品等。这些营销中介机构会在不泄漏消费者个人信息的情况下，把消费者的要求转达给各厂商。

（5）逆向通路。逆向营销认为传统的销售通路并没有给消费者足够的便利，虽然如今许多普通的商品简直可以说是唾手可得，但仍有改进的余地。传统的营销模式，是千方百计地把消费者往产品展示厅吸引；而在逆向营销模式下，厂商要想办法把产品展示间搬到消费者的家中，让后者享受最大的便利。当然现在看来，只有通过无所不能的网络才能实现这一完美的设想。

（6）逆向细分。消费者可以利用在线回答问卷的方式，将自己的喜好以及个性特征传达给企业。企业可以根据这些信息，进行市场细分，并为不同的细分市场提供恰当的产品或者服务。

二、联想集团的逆向营销

作为国内IT行业的"大哥大"，联想集团的营销活动屡有惊人之举，从赞助奥运会到2999元的笔记本电脑，每一个大手笔都令人震撼。然而，对于营销专业人员来说，联想集团最"地动山摇"的动作却是2004年下半年的逆向营销。

国内有不少企业都同时拥有外设和PC两条生产线，也常进行两种产品的联合促销活动。大多数企业都采用买PC送打印机的模式，联想从前也是这么做的。然而，这一次联想却来了一个180度的大转变：买打印机送PC！这种不按常理出牌的举动，令竞争对手倍感意外，同时也手足无措，联想的产品一时成了市场上抢手的香饽饽。

联想集团的这次营销活动不是草率为之，也不是刻意为了标新立异，而是在缜密的市场调研的基础上作出的决定。市场调研显示，国内市场上确实存在着这样的消费者群体，他们对打印机的要求颇高，对 PC 的要求则相对较低，是彩色激光打印机的最大用户群体。联想看重的就是这一市场需求。逆向营销的本质就在于，让顾客成为营销活动的主导，要求企业千方百计去适应顾客各种各样的需求。而"对 PC 要求不高，对打印机有独特要求"，这正是顾客需求的直观体现。

同时，联想还发现了多功能一体机的市场需求。有这一需求的多是一些中小企业和新进入市场的企业。这些企业的办公条件通常较为简陋，不仅没有 IT 设备，甚至连复印机、传真机这样的必备办公设备都很缺乏，它们期望一次性添齐所有设备，同时能享受到优惠。为此，联想推出了一体化的产品，目标是通过逆向营销模式，使产品的销售额增长 50%。

这种逆向营销模式的实施，必然要以企业内部各职能部门的大整合为前提。实际上，联想在很早以前就已经开始做这方面的工作。据联想内部人员透露：早在 2002 年，联想内部就开始整合打印机、PC、笔记本、服务器等部门的资源，促使各业务以一个整体的姿态面对顾客。当各业务的顾客产生重合时，联想就会主动给顾客提供一个整体解决方案，其中还包括后续服务的安排计划。

通过这样一系列的努力，联想的逆向营销得以圆满地实施，在满足了许多消费者不易被人察觉的特殊需求的同时，也实现了自己的营销目标。

方法实施要点

那么，企业该如何进行逆向营销呢？

（1）逆向营销的实施必然要建立在高度信息化的数据库、先进的生产技术以及高水平的营销管理的基础之上。逆向营销的服务对象应是高度文明的消费者群体。

（2）逆向营销对厂商的要求甚高。要将消费者所提出的需求和设想转变成实际的产品或者服务，并令消费者感到满意，这需要企业付出艰辛的努力。为此，企业必须首先深入了解消费者的心理和行为，在此基础上充分调动高超的科学技术水平，合理制定企业资源计划，加强对价值链各环节的控制和管理，努力为顾客创造一种更为友好的条件和环境，以配合消费者在营销全过程中的主动运作。

（3）逆向营销的成功与否在很大程度上取决于消费者与企业之间互动的效率以及流畅程度。在这个过程中，倘若消费者有不成熟的举动，企业的任务是通过发展各种产品来帮助消费者纠正错误，启发他们去认知各种消费问题，最终通过互动手段来确保逆向营销各环节的畅通无阻。

合作营销

合作营销，可使合作各方实现优势互补，增强彼此市场开拓、渗透以及竞争的能力。

企业与经销商、供应商甚至是竞争对手相合作，可产生协同效应，创造 1+1>2 的效果，实现合作双方的双赢，并能更好地满足消费者的需求。

一、互惠互利的合作营销

1966 年埃德勒在《哈佛商业评论》上发表了一篇名为《共生营销》的文章。所谓的共生营销即由两个或者两个以上的企业联合起来共同开发一个营销机会，此可看作是合作营销理论的雏形。随着时代的发展、产品生命周期的日益缩短、研发费用的不断攀升以及国际贸易保护主义的抬头，合作营销已成为越来越多的企业开展营销活动的重要手段之一。

合作营销的概念及特征

所谓合作营销，即两个或者两个以上的企业为达到资源的优势互补，增强市场开拓、渗透与竞争能力，联合起来共同开发和利用市场机会的行为。其特征主要有以下几点：

（1）以建设性的伙伴关系为核心。传统营销既要考虑满足消费者的需求，又要想法设防遏制竞争对手，将市场导向和竞争导向相结合，属营销—竞争导向；而合作营销是营销—合作导向，即企业通过与供应商、经销商甚至是竞争对手合作，更好地满足消费者的需求。由此可见，合作营销的核心便是建设性的伙伴关系，而这种伙伴关系的建立必然要以合作双方的核心能力的差异性和互补性为基础。这种互补会使双方产生协同效应，创造出 1+1>2 的效果。

（2）在合作中，各合作方保持主体独立性。合作营销所倡导的合作并不是在企业整体层面上的共同运作，而是各合作方部分职能（如研发、市场、仓储等）的跨组织合作。因此，与合资、合并、收购等方式相比，合作营销只是企业间一种比较松散的合作方式。

（3）合作营销的范围相当广泛。一家企业可以根据实际需要与多家企业建立合作关系，而不论这些企业是否与自己处于同一行业、同一地域或者同一产业链。

合作营销的形式

合作营销的形式可以简单地归纳为以下 3 种：

（1）水平合作。即两个或者两个以上的企业在某一特定的营销活动内容中的平行合作。一般来说，这种合作只能在同行业的企业中开展，如各合作方在新产品研发、产品广告、促销以及营销渠道等方面进行通力合作。

（2）垂直合作。即企业分别承担某一营销活动，最终形成组合优势。如丹麦的诺沃公司是生产胰岛素和酶的小企业，具有一定的生产和技术优势，但营销能力薄弱。为此，诺沃公司与美国的施贵宝公司合作，由后者负责北美市场的销售活动。二者实现了优势互补，取得了很好的效果。

（3）交叉合作。又称为全方位合作或者全面合作，是上述两种合作方式的综合。

二、安利与 NBA 的合作营销

自从姚明以状元身份加入 NBA 以后，NBA 俨然成为最受年轻人喜爱的体育赛事，它在中国的影响力也达到了前所未有的高度。对于这一点，安利显然有充分的认识，并适时向 NBA 伸出了橄榄枝。2005 年 8 月底，双方的合作营销正式揭开了序幕。

合作"少年 NBA"赛事

2005 年 8 月 29 日，前休斯敦火箭队的球星罗伯·里特来到北京，成为 NBA 与安利就"少年 NBA"赛事达成合作协议的见证人。"少年 NBA"是一项跨年度体育赛事，目的是在 3 个月之内为中国超过 10 万名的 11～14 岁的学生提供参赛机会。根据合作协议，安利同时开启了体育营销计划：随赛事的开展，将纽崔莱的品牌传遍中国的大江南北。

与此同时，安利纽崔莱还以 NBA 中国市场合作伙伴的身份，在一些城市推出"安利纽崔莱家庭篮球技巧挑战赛"和"安利纽崔莱系列营养讲座"等，将参与人群进一步扩大，进一步提升了此次合作营销的影响力。

通过这些活动，安利纽崔莱品牌实现了非常好的广告效果。一位资深营销专家曾这样评价："这样的合作营销所起到的宣传效果是一般广告所不能比拟的，因为一般的广告很难渗透到每一个基层城市，且所需费用巨大。而通过持续 3 个月的篮球赛事，纽崔莱无疑会被众多消费者频繁地触及，其品牌认知度乃至品牌美誉度都会有大幅提升。"不仅如此，由于这是一个以少年为主体的赛事，安利纽崔莱的品牌影响力自然而然地从成年消费者直接延伸到年轻人的心中。从长远来看，这将会对安利未来的发展起到积极的影响。

以 NBA 为主题，开展市场推广活动

在"少年 NBA"赛事之外，安利兼顾成年人市场，在中国以 NBA 为主题开展了一系列的市场推广活动，且在中央电视台以及各地方台播放 NBA 赛事的间隙做广告宣传。另外，安利还选用了身为中国国家男子篮球队主力并已进入 NBA 打球的易建联作为纽崔莱产品新的形象代言人，进一步加强了纽崔莱与篮球的关系，用安利自己的话说："纽崔莱从此与篮球这一具有超人气和商业价值的大众体育项目结缘了。"

通过这次合作,安利进一步强化了其纽崔莱品牌健康、阳光的形象,提高了品牌的知名度和美誉度;同时NBA也借助安利的力量顺利开展了赛事,提升了在中国市场的影响力。二者各得其所,堪称是跨行业合作营销的典型案例。

方法实施要点

合作营销有方式灵活、层次较多的特性,故而供需企业在实行合作营销的时候常有从低到高多种形式。美国营销大师菲利普·科特勒认为:供需双方的合作可以采取合伙、合作及分销规划3种形式。而针对我们的现实情况,企业宜采取会员制、销售代理制与制造承包制及联营公司等形式。

1. 会员制

会员制是合作营销方式中比较初级的一种企业联盟形式。各合作方通过协议形成一种俱乐部式的联系进行运作。成员之间互相信任、互相帮助、遵守共同的游戏规则,最终实现共同发展。这种形式又可以分为4种情形,分别是:制造商与经销商之间的联合;批发商与零售商之间的联合;制造商与零售商之间的联合;零售商之间的联合。

2. 销售代理制与制造承包制

销售代理制与制造承包制这二者的概念是相对的又是密不可分的。通常在签订销售代理制合同的同时,还应签订制造承包制的合同。供方企业利用的是需方企业的销售网络优势,而需方企业则借助于供方企业的生产制造优势。

3. 联营公司

所谓的联营公司,就是供需双方企业通过各种方式按照法律程序所形成的联合经营体制。组建联营公司后,供需双方企业在利益上更趋于一致,更具备了共担风险、利益均沾的特性。

体验营销

消费者在消费时是兼具理性和感性的,消费者在消费前、消费中和消费后的体验,将是研究消费者行为与企业品牌经营的关键。

体验营销通过看、听、用、参与的手段,充分调动消费者的感官、情感、思考、行动和关联等感性因素和理性因素,给许多行业和业务带来新气象。

一、给消费者美妙的体验

如今的消费者购买产品已不仅仅关注其传统的用途,而将其视作是诉说自己观点的"语言"。换句话说,消费者所看重的已非商品本身,而是附加在商品上的象征意义。例如,一件衣服,即使面料成本很低,但倘若有新颖的设计、创意的广告、动感的促销,就会给其贴上典雅、开放、大方、青春的标签,使消费者心向往之。随着这种体验演变为可供销售的商品,"体验式消费"已然开始席卷全球产业,为此,体验营销应运而生。

体验营销的含义及特点

体验营销是指从消费者的感官、情感、思考、行动、关联等5个方面来重新定义、设计营销的思考方式。这种思考突破了传统的"理性消费者"的假设,认为消费者在消费时兼具理性和感性,研究消费者在整个消费过程中的体验才是企业营销活动的关键所在。

体验营销的特点主要有以下几个方面:

(1)重视消费者的体验。消费者的体验来源于生活中所遭遇过的一些经历。因此企业应注重与消费者的沟通,通过沟通挖掘消费者内心深处的渴望,然后站在顾客体验的角度上去审视自己的产品或服务。

（2）以体验为导向，设计、生产、销售产品。举例来说，当咖啡被当作货物贩卖的时候，一磅可以卖 300 元；当咖啡被包装成商品销售的时候，一杯就可以卖 20 元；当咖啡在咖啡店出售的时候，加入了服务因素，一杯可以卖到几十块到 100 块；然而，当把咖啡与香醇、美好的体验结合起来，一杯甚至可以卖到几百块。

（3）方法和工具有多种来源。有五花八门的体验，也有种类繁多的体验营销方法和工具，而且这些工具和方法与传统的营销又大不相同。

体验式营销的设计

体验营销的标准设计应以消费者为中心，一切都围绕着消费者来进行。在设计的时候，应把握人性，努力把人的敏感性激发出来，引领消费者在设定的程序里完成各种体验，并实现共鸣。体验营销的标准设计通常包括 5 个方面，即感官、情感、思考、行为、关联。

企业应站在消费者的角度上，以感官、情感、思考、行为、关联等 5 个关键点为支撑进行设计，根据不同地区的特性以及终端的销售环境设计不同的体验诉求，努力把消费者见物所思、见景生情都把握住。当然，还须强调品牌的整体理念，定位、系统都必须讲究一致性，只有这样才能使品牌资产得以维持和增值。

二、星巴克的体验营销

《情感营销》一书曾这样下定义："体验是企业和顾客交流感官刺激、信息和情感的要点的集合。"这样的交流可能发生于零售环境中，发生于产品或者服务的销售过程中，发生于售后服务的跟进中，发生于顾客的社会交往以及活动中。总而言之，体验存在于企业与客户接触的时时刻刻。星巴克深味体验营销的精髓，把体验营销的精髓发挥得淋漓尽致，堪称体验营销实践者的楷模。

无可挑剔的品质

星巴克创立于 1971 年，本是美国西雅图的一间小咖啡屋，历经 30 余年的发展，至今已然成为国际最著名的咖啡连锁店品牌。星巴克的成长是一个奇迹，而对产品质量精益求精的追求则是创造奇迹的基础。

星巴克期望采购全世界最好的优质高原咖啡豆，制成口感最佳的咖啡产品，提供给每一位光临星巴克的顾客。为此，星巴克成立了专门的采购队伍。这些采购人员常年旅行于印尼、东非和拉丁美洲一带，与当地的咖啡种植者和出口商深入交流、沟通，以买到最好的咖啡豆。此外，星巴克所供应的咖啡品种繁多，既有原味的，也有速溶的，有意大利口味的，也有拉美口味的，顾客可根据自己的喜好任意挑选。

底蕴深厚的星巴克文化

星巴克有着深厚的文化底蕴，这皆源于其对品味的不懈追求；给顾客提供最舒适、最优雅的场所，这也是星巴克独特魅力之所在，同时也充分体现了体验营销的威力。事实上，星巴克也确实是以"体验营销"的方式带领消费者体验其塑造的文化。

"星巴克"一名来源于美国古典冒险小说《大白鲨》。小说的主人公便是一名叫作星巴克的大副，这位大副幽默而乐观，爱喝咖啡。星巴克的徽标中有一个年轻的双尾海神的形象，荷马史诗《奥德赛》中描述了这一海神如何将水手引诱至水中，让他们在销魂的声音中快乐地死去。星巴克富有传奇色彩的名称以及神秘的徽标，很容易在顾客的头脑中留下深刻的印象，并使顾客由好奇而转变为好感。这种联想式的体验，也是众多星巴克忠实顾客的钟爱之处。

星巴克对所有的雇员都进行严格而完整的训练，对于咖啡知识以及制作咖啡饮料的方法，都有一致的标准。这就使所有光临星巴克的顾客，不仅能够品尝到最纯正的咖啡，更能够与雇员产生良好的互动。

星巴克咖啡连锁店内还有一个传统而独特的做法，就是在细节处体现精致，给顾客以余味无穷的体验。比如，星巴克把店内的许多小东西，如杯子、杯垫、袋装咖啡豆等都包装得像小礼品一样精致，每天用不同的艺术字体展示当天主推的产品等。从这些小的细节之处，便可体现星巴克的精心构思和匠心独运，给顾客以美的体验。常常有顾客对这些小杯子、杯垫爱不释手，带回家去留做纪念。这些不在市场上销售的赠品也是顾客偏爱星巴克的原因之一。

星巴克吸引消费者的因素很多，内部独特而优雅的人文环境便是其中之一。星巴克店内的桌椅都是木质的，再加上清雅的音乐、考究的咖啡制作器具，为顾客营造了一种典雅、悠闲的氛围。另外，星巴克充分利用了网络技术，顾客可以直接通过互联网预定咖啡，这样当顾客踏进星巴克后，不用等待，便可立即喝到自己想喝的咖啡。而且星巴克还把无线宽带上网技术引入店内，使顾客在品尝咖啡之余，可悠闲地使用智能手机、掌上电脑以及其他手提设备接入宽带内容及服务；店内还备有各种流行的国内外报纸杂志，可供顾客翻阅。这些又使顾客对星巴克的印象中多了一种时尚、尖端的因素，使顾客在星巴克内可获得不同于别处的特殊体验。

星巴克的所有连锁店都设有顾客意见卡，还在顾客关系部开通了热线电话，以随时听取顾客的意见，并尽快给顾客满意的答复。总而言之，星巴克力求在与顾客接触的任何时刻，都要将其独特的文化特色深入人心。

方法实施要点

体验营销主要是利用传统文化、现代科技、艺术和大自然等方式来更好地满足消费者情感体验、审美体验、教育体验等多种体验，给人们带来强烈的心灵震撼，从而实现销售的目的。一般来说，体验营销的实施模式有以下几种：

（1）情感模式。一般来说，消费者在购买商品的过程中，对那些符合心意、满足实际需要的产品会产生积极的情绪和情感。这种情绪和情感能够增强消费者的购买欲望，促进购买行为的发生。体验营销要努力抓住这个基本点，找到消费活动中导致消费者情感变化的关键因素，掌握消费者消费态度的形成和变化规律，从而使企业在营销活动中采取有效的心理方法，促进产品的销售。

（2）节日模式。每个民族都有传统节日，这些节日在丰富人们精神生活、调整生活节奏的同时，还会无形地影响到人们的消费行为。企业若能抓住这一契机，推出"应景"的产品和服务，给消费者以更地道、更美好的体验，势必会大大增加产品或服务的销售量。

（3）文化模式。针对企业的产品或服务以及消费者心理的特点，利用某种文化，营造一种独特的社会文化氛围，从而有效地影响消费者的消费观念，使其自觉地向与文化相关的产品或服务靠近，促进消费行为的发生。长此以往，这样甚至会培养一种消费习惯，形成一种消费传统。

（4）美化模式。美是人们生活中的一种重要价值尺度，不同的人因其生活环境和背景的不同，对美的要求也大不相同。这种不同的要求在消费行为中也有反映。一般来说，人们在消费行为中求美的动机有两种：一种是该产品本身存在美的价值。如产品的外包装精美漂亮、造型流畅等，购买这类产品，能够使消费者体验到美感，满足其对美的需求。另一种是商品能够为消费者创造美和美感。

（5）个性模式。为了满足消费者个性化的需求，企业可开辟一条双向沟通的渠道，在一定程度上使消费者参与到产品的设计中来。这样可以使消费者产生成就感，继而提高其对产品和品牌忠诚度，增进产品的销售。

（6）服务模式。现代社会逐渐由出售实物的时代，转变到出售实物、服务、文化综合体的时代。注重服务水平的提高，有助于提高企业以及产品的美誉度，继而促进消费。海尔的服务模式便是一个很好的例子。有位福建顾客在购买海尔冰箱后出现了故障，便向海尔的售后服务部打了电话，希望公司能在半个月内派人上门维修。没想到，第二天就有一位海尔服务人员连夜乘飞机赶来，一小时之内就排除了障碍。

品牌营销

品牌不仅是企业或者产品的标识代号，还是企业综合实力的展现，是企业无形资产的承载物。

产品是工厂所生产的东西，品牌是消费者所购买的东西。

一、将品牌的长远发展作为营销活动的目的

随着我国加入世界贸易组织，经济全球化的步伐正日益临近，国内的企业所面临的市场环境必将变得更为复杂和严峻。而要在如此激烈的市场竞争中占得先机，企业的品牌营销战略就必须适应新的市场形势。

产品竞争通常会经历产量竞争、质量竞争、价格竞争、服务竞争以及品牌竞争等几个阶段。其中前4种竞争是品牌竞争过程的前期，也是品牌竞争的基础。从这方面来讲，若想做好品牌营销，以下几个方面切不可等闲视之：

（1）质量可靠。任何一个具有恒久旺盛生命力的产品，其根源都在于其具有稳定的、可靠的质量。上文也提到了，质量是品牌的基础。倘若产品或服务的质量不能让消费者满意，其优良的品牌形象是无论如何也树立不起来的。

（2）诚信至上。倘若品牌失去了诚信，就必然行之不远。有些百年老店的品牌形象能够历久弥新，而有些红极一时的品牌却常常辉煌不了三五年，其中的原因，除了产品属性和生命周期因素之外，更为重要的是前者脚踏实地、以诚信为本，后者靠华而不实的广告吹嘘和概念炒作起家。时间是检验诚信的标尺。坚持诚信至上，企业以及产品才能在激烈的市场竞争中屹立不倒。

（3）准确定位。营销大师菲利普·科特勒曾说过："市场定位是整个市场营销的灵魂所在。"诚如此言，所有成功的品牌都有一个共同的特征，那就是品牌的功能与消费者的心理需求相适应，并且品牌的定位能将这一信息准确地传达给消费者。市场定位并不是要对产品本身采取什么行动，而是针对现有产品的创造性思维，是对潜在消费者的心理采取的行动。也就是说，企业提炼出对目标顾客最有吸引力的优势竞争点，并通过一定的渠道传达给消费者，使其转化为消费者的心理认识。这是品牌营销的关键环节。

（4）个性鲜明。一个真正品牌的诉求点，一定要在充分体现独特个性的基础上，力求单一和准确。单一可以赢得目标顾客的忠诚度和偏爱，而准确则可以提高品牌的诚信度，成为品牌营销的着力支点。总而言之，个性鲜明的诉求更容易得到消费者的认同，品牌形象也能随之迅速建立起来。

（5）巧妙传播。整合营销传播的先驱之一舒尔茨曾说过：在同质化的市场竞争中，唯有巧妙的传播能够创造差异化的品牌竞争优势。而巧妙的传播却并不容易做到，它和独特的产品设计、合理的表现形式、优秀的广告创意、适当的传播媒体、最佳的投入时机以及完美的促销组合是密不可分的。

二、惠州雷士的品牌营销

照明电器市场在表面上看来竞争不如彩电、空调等产品那般惨烈，但实际上在内部早已暗流涌动。在这种背景下，国内照明电器巨头惠州雷士积极迎合市场竞争的发展规律，用品牌营销大行其道，取得了令人羡慕的营销业绩。

与一般的商品相比，照明电器有其一些特殊性，其光源类产品应归属于快速消费品类别，而电子灯具类产品则属于耐用工业品。这一特性决定了传统的一店多品牌销售模式不能更专业、更优质地服务于顾客，而且也不利于品牌的建设。雷士很早就意识到了这一点，它开始尝试将家电商品的品牌专卖店嫁接到照明行业中来。经过周密的调查、细致的踩点，雷士将自己的第一家品牌专卖店设在了沈阳。如果说刚开始的时候，雷士还在为是否开专卖店而犹豫不决的话，如今它早已吃下了定心丸。专卖店不仅提升了企业的销售业绩，提升了产品的品牌形象，更重要的是，它为顾客提供了更周到、更专业的服务，赢得了顾客的好评。这正是许多企业梦寐以求而不可得的。尝到了甜头的雷士，在短短几年间，已在全国发展了33个办事处，建立了600余家专卖店。

随着专卖店的遍布全国，雷士的品牌知名度、美誉度以及顾客对品牌的认同度都有大幅

提升。靠着自己的努力和执着，靠着自己的实力，雷士赢得了一块金字招牌。回首看看，雷士的成功绝非偶然，其创造的营销模式具有如下特点：其一，制定明确的品牌目标。基于自己的实力以及市场的现实状况，雷士对品牌进行了明确的定位，并提出了"争行业第一、创世界品牌"的品牌目标。其二，强化对加盟商的管理。为保证加盟商的形象、服务等整齐划一，雷士专门建立了科学、完善、细致、周密的管理体系。其三，更多地考虑加盟商的利益。"加盟商的赢利是企业发展的动力"，这是雷士一以贯之的观点。为此，雷士为加盟店提供多种支持，确保其赢利，而加盟商的赢利也为雷士引来了更多的投资。于是雷士品牌便像滚雪球一样，快速扩张起来了。

雷士成功之前，国内照明电器市场虽竞争激烈，但并没有强势的品牌，这正成为了雷士发展的一个契机。事实证明，雷士抓住了这个机会，通过专卖店的形式，迅速树立起了良好的品牌形象。同时，雷士利用整合传播将品牌所代表的"光环境专家"的灯饰文化品牌内涵深植人心，实现了预期的营销目标。

方法实施要点

树立良好的品牌形象犹如攀登高山，不能一蹴而就，只能通过一步步的积累才能不断提高，最终达到光辉的顶峰。当然，这也绝不意味着实施品牌战略就要埋头苦干、闭门造车，也应有所侧重，也应讲究方式方法。下面我们便来介绍几条实施品牌营销的秘诀：

（1）进行整合营销传播。酒香也怕巷子深，好的产品、好的企业，如若不加以传播，自然也无从塑造其品牌形象。尤其是在当今这样一个媒体社会中，传播的支持在品牌建立的各个阶段都非常重要。而在错综复杂的媒体社会中，仅靠一种途径进行传播显然是远远不够的，企业必须进行品牌营销传播。只有这样才能够扩大传播的覆盖面，增强传播的影响深度。

（2）好的创意是成功的开始。研究发现，只有当品牌传播引起人们的广泛关注，并且当关注度达到一定程度时，才能由量变而质变，引起人们的认知购买反应。所以，传播的首要目标便是引起目标顾客的注意。倘若不能做到这一点，传播则无异于做无用功。而要引起目标顾客的注意，激起目标顾客的购买反应，就少不了好的创意。所以说，好的创意是品牌营销成功的开始。

（3）扩大和加深公众对品牌文化及其内涵的了解。精神和文化的力量是无形且影响深远的。企业可借用精神和文化的力量来陶冶、影响和规范员工的行为，使员工和企业能够自觉地站在市场和消费者的角度来考虑问题，从而不断提高服务水平和品位，形成别具特色的服务文化。这种服务文化会提高公众对企业文化的认知，促进企业知名度和美誉度的提升，从而为企业实施品牌扩张和品牌战略夯实基础。

（4）提升顾客的满意度，培养顾客忠诚度。在市场竞争激烈的当今时代，消费者对品牌的满意度已然成为影响企业发展进步的重要因素。只有当消费者对品牌的满意度达到了一定水平，他们才会保持对品牌的忠诚度，并主动宣传企业，使企业具有良好的口碑。而还需注意的是，消费者的满意度不仅来源于产品的质量，有时产品的售后服务、维修、保障等方面也会对消费者的满意度产生更为重要的影响。因此，企业若想提升顾客的满意度，就必须不断提高产品质量和服务质量，争取在营销的各个环节都能够达到顾客的满意要求，提升消费者对品牌的信任和依赖，使其形成对品牌的忠诚。而消费者对品牌的忠诚一旦形成，就不容易动摇，企业的业绩也便有了保障。

第六章

营销执行与管理

年度营销计划制订法

营销战略只是一个方向或者目标，倘若没有一个切实可行的营销计划，那么它只能是空中楼阁。

营销计划的制订必须要能贯彻和落实企业发展战略的意图。倘若自行其是，甚至与营销战略背道而驰，则必然会丧失基础、迷失方向，给企业带来负面影响。

一、制订切实可行的营销计划

年度营销计划的制订对企业发展而言至关重要。当然，营销计划的制订也应以企业发展战略为依据，贯彻和落实企业发展战略的意图。如若不然，就会导致营销计划与企业发展战略的冲突，造成企业发展中的"南辕北辙"或者运行中的政令不一。也就是说，营销计划的制订也应有所依据、有所规制。

每个企业的年度营销计划都有自己的格式，但几乎所有的年度营销计划都具有一些固定的要素。现在，我们把这些通用的要素列出来，以期对年度营销计划能有一个整体的把握和认识。

1. 年度营销计划摘要

每一个年度营销计划都必须有一个简明扼要的摘要，对整个计划的内容进行高度的概括。这样做的目的是为了方便高层管理者对年度营销计划的审阅。

2. 营销分析

这部分的内容包括以下几个方面：

（1）行业分析。行业分析有助于企业识别市场的长期趋势和短期变化。另外，由于每一个市场都会受到竞争对手、顾客、技术和销售增长率等因素的影响而发生变化，也就是说市场都是动态的，因此行业的吸引力也总是变化的。这就要求行业分析还应能够识别用来评估行业吸引力的要素。

（2）销售分析。即对各品牌的销售记录进行深入的研究，目的是去发现隐藏在总体数字之后的重要信息。

（3）竞争对手分析。竞争总是不可避免的，对竞争对手的分析也是必不可少的。对竞争对手进行分析便要对竞争对手的生产能力和销售水平进行研究，并与自身的情况进行比较；预测其发展趋势，并将其作为企业制订营销计划的重要参考。

（4）顾客分析。企业营销活动应以顾客为中心，这就决定了顾客分析至关重要的作用。

通过顾客分析，企业应能回答这样的问题：企业的顾客是谁？顾客如何做出购买行为？为什么做出相应的购买行为？

（5）市场潜力分析。市场的潜力对企业而言是非常重要的因素。它决定了企业在可预期的未来最多能够实现多大幅度的增长，同时它也会对企业进行资源分配起到非常重要的影响。

（6）销售预测。行业和产品的销售预测至关重要，它对管理者的决策和财务预算都有不容忽视的影响。

3. 营销策略选择

营销分析之后，便需制定营销策略。一般来说，营销策略包含3个部分的内容：其一，营销目标，即营销该向何处去；其二，具体的营销策略，即企业应如何去实现营销目标；其三，营销计划，即回答企业要做什么、怎么做、按照什么样的顺序去做。

4. 其他内容

完整的年度营销计划还应包括财务文件、管理和控制及应变计划等3个方面的内容。其中财务文件就是对整个计划的财务支出和可能获得的收益进行预算，这个文件是整个计划得以批准的关键；监督和控制部分，主要是说明市场调查的类型以及其他完成目标进展的信息；应变计划也是比较重要的组成部分，它通常是先前考虑过后因某种原因而放弃掉的战略，可以做情况突变时的应急策略。

二、麦当劳的1990年度营销计划摘要

1. 市场营销状况

在这一部分，麦当劳罗列了一些与市场、产品、竞争、分销等有关的客观资料，并做了如下形式的表格。

麦当劳公司的销售状况表				
	1986	1987	1988	1989
市场销售总规模	—	—	—	—
麦当劳销售额	—	—	—	—
麦当劳市场占有率	—	—	—	—

在这一部分，麦当劳还分析了将会面临的市场状况，其中有利因素有：快餐食品市场在缓慢增长、儿童对幸福快餐的需求仍在不断增加、公司新产品麦克德尔特三明治成功上市、海外扩张进展顺利；不利因素有：竞争对手的扩张势头不减、海外销售网点的建立不能促进国内销售的增长等。

此外，麦当劳还对竞争对手的状况进行了分析，并制作了各竞争品牌市场占有率发展趋势表：

各品牌市场占有率发展趋势				
	1986	1987	1988	1989
麦当劳	—	—	—	—
伯格王	—	—	—	—
文帝	—	—	—	—
哈帝	—	—	—	—
肯德基	—	—	—	—
塔科销售网	—	—	—	—

2. 问题与机会分析

麦当劳发现自己面临的问题包括：顾客对麦当劳的新产品有不同的评价；麦当劳销售网络的拓展遭遇瓶颈；对手表现出咄咄逼人的竞争势头；成年顾客对麦当劳的促销活动并不满意；

麦当劳产品和服务的质量都有下降的趋势。

除却这些问题,麦当劳还是发现了一些机会,比如:市场调查显示,顾客对麦当劳将要推出的一种小果子面包非常欢迎;麦当劳的地区合作伙伴以及特许经营加盟者的营销能力令人放心;麦当劳先期投放市场的各种沙拉产品都获得了成功。

3. 营销目标和行动方案

拟定的营销目标是:销售额超过120亿美元、毛利达到43亿美元、毛利率36%、净利13亿美元、市场占有率25.5%。

为实现这一目标,麦当劳制定了这样的行动方案:①加强对儿童市场的促销,提高麦当劳对儿童的吸引力;②针对成年人市场,每半年组织一次促销性游戏,培养成年顾客的忠诚度;③努力增加销售网点,尤其是在非传统开店的区域。

4. 营销策略

麦当劳的营销策略分为广告宣传、促销、公关等方面:

(1)广告宣传活动。麦当劳决定加大广告投入,费用额可为对手的3~4倍。广告主要强调两个方面:一是儿童导向的,安排在儿童表演节目中播出;另一个是成人导向的,在晚上或者周末的电视节目中播出。

(2)促销活动。促销活动主要强调两点:一是店内促销。继续向市场隆重介绍幸福快餐,并有计划地逐日稍作更新;另外将儿童游乐场的门票价格下降55%,促进各销售网点的门票销售。二是店堂陈设。在店内设置适当的旗帜,招贴的设计也应更为合理。

(3)公关活动。主要有三大公关活动:一是继续对全美范围内的体育比赛提供支持;二是使每一个销售网点的罗纳德·麦克唐纳的露面次数加倍;三是与批评麦当劳缺乏营养的文章展开辩论。

5. 营销计划的执行和控制

麦当劳年度营销计划的最后一部分是计划的执行进度和费用的预算等控制项目。具体如下表所示:

活动项目	关键日期	数量和次数	费用
1月			
儿童节目广告	全月	—	—
游戏促销广告	全月	—	—
促销展览	1月2日	—	—
新幸福快餐论坛	1月25日	—	—
市场研究竞赛	1月28日	—	—
促销大奖赛	全月	—	—
2月			
儿童节目广告	全月	—	—
游戏促销广告	全月	—	—
麦当劳高校、全美明星篮球赛	2月25日	—	—
新幸福快餐论坛	2月25日	—	—
促销大奖赛	全月	—	—
3月			
儿童节目广告	全月	—	—
游戏促销广告	全月	—	—
麦当劳网球赛	3月15日	—	—
对地区合作团体提供素材	3月15日	—	—
新幸福快餐论坛	3月25日	—	—
促销大奖赛	全月	—	—

> **方法实施要点**
>
> 企业在制订营销计划时，可能会在不知不觉中犯一些错误或者因考虑不周全而忽视一些重要的要素。
>
> （1）制订计划的进度应适中。年度营销计划的制订若进度太慢，不免有拖沓之嫌，让人觉得没完没了；如果进度太快，则让人感到太过仓促，考虑不周全，实际上进度太快的年度营销计划确实更容易导致重大失误。总而言之，企业应在保证质量的基础之上，控制好年度营销计划的制订进度。
>
> （2）谁来制订营销计划。很多企业内设有专门进行战略规划的团队，营销计划的制订是他们的职责之一。这些人制订出来的年度营销计划常常会引起管理者的不满，因为管理者认为专门的团队所制订出来的计划完全来自于数据，没有任何实际的经验可言，且对这些人的市场感知存在疑问。这样便容易使计划的制订者和执行者之间产生敌对情绪，不利于计划的实施。解决这一问题的最好办法就是让管理者更多地参与到计划的制订中来，让管理者在员工的帮助下制订年度营销计划。
>
> （3）计划的长度要适中。一般来说，企业的年度营销计划应控制在20～30页的范围之内。
>
> （4）各职能部门的认同。有的企业认为年度营销计划是企业营销部门的事情。实际上，各职能部门的支持和认同是年度营销计划得以成功实施的前提条件。例如营销计划中若有一项提高产品质量的要求，如果没有生产部门的配合，这项要求显然无法实现。
>
> （5）将计划视作待推销的产品。计划编制完成后并不能立即付诸实施。它需要高层管理者的审阅，有时候还需风险投资伙伴点头，换句话说它需要得到强有力的支持。这是年度营销计划能否实施的决定因素。

营销组织构建法

营销组织是企业开展营销活动的基础。

营销组织的构建务必要适应市场环境对营销部门职责的要求。

一、使营销组织结构适应市场的需要

随着市场竞争的日趋激烈，买方市场的特征使得营销部门的重要性进一步凸现，营销部门的角色也随着信息技术的发展正在发生着变化。传统意义上的营销部门起到纽带和桥梁的作用，其任务是了解顾客的需求，并将需求信息反馈给企业的其他职能部门。而今，网络和通信技术被广泛地应用，企业内的每一个职能部门都具备了直接与消费者联系的条件，营销部门已不是唯一与顾客发生关系的部门了。这一新的情况也赋予营销部门以新的内涵，要求营销部门将所有针对顾客的工作整合成一个整体，最终完成对顾客的价值交付。而营销组织的状况是营销部门开展工作的基础，这便要求企业营销组织的构建务必要适应营销部门责任的变化。

营销组织的设计不是企业高层管理者拍脑袋决定的，它必须能够满足市场的需要，必须要遵循一定的原则。一般来说，应遵循的基本原则主要有以下几点：

1. 与企业的经营战略相适应

当企业确定了一项战略并期待这项战略能够起到良好的效果时，它便会审视自己的组织结构，并判断其能否适应经营战略的要求，是否有助于经营战略的实现并获得预期的竞争优势。这便是所谓的"战略决定结构"原则。

2. 与企业的规模相适应

企业的规模也是影响组织设计的重要因素。一般来说，不同规模的企业所采用的组织结构有较大的差异。比如：小型企业的管理层次较少，大型企业则较多；小型企业的分权程度较低，而大型企业则较高；小型企业技术和职能的专业化程度较低，而大型企业则相反等。

3. 与技术／应用系统的水平相适应

研究表明，如果企业采用的技术属常规技术，且已经比较成熟了，那么这个企业的组织结构便会比较机械；反之，如果企业的技术属于不确定因素较大的非常规技术，那么这个企业的组织结构一般会保留一些弹性。

4. 随经营环境的变化而变化

"唯一不变的就是变化"这句话是对变幻莫测的市场环境最好的写照。任何一家有抱负的企业都不能无视这种变化，也不能奢望"以不变应万变"而取得成功。对于企业的营销组织结构也是如此，它应当顺应环境的要求而改变。

5. 考虑营销人员的素质情况

营销人员的素质也是组织设计的重要影响因素。遗憾的是，这一点并没有引起大多数企业的充分重视，结果出现了许多本不该出现的严重问题。具体来说，营销人员的素质对组织结构的影响主要有这样几点：①集权与分权。若营销人员的管理知识全面、经验丰富且职业道德良好，企业便可适当地分权；反之，则不宜分权。②管理幅度的大小。如果管理者的专业水平、领导经验、组织能力较强，则应适当扩大其管理幅度；反之，则要缩小其管理幅度，以保证管理的有效性。③部门设置的形式。若采用事业部制则要求事业部经理具备比较全面的领导能力；若采用矩阵制，项目经理的负责人应有较高的威望和良好的人际关系，以适应其责多权少的特点。

二、联想集团的组织结构发展历程

联想集团于20世纪90年代初期成立，在10余年的发展历程中，共经历了4次比较大的战略发展阶段。随着企业战略目标的改变，营销组织结构也进行了适当的调整，有效地促进了战略目标的实现。

1. 介入PC业务

20世纪90年代初期，联想自主研发了联想汉卡，主营业务逐渐向个人电脑制造方向转移。联想注重对PC业务的品牌投入，并最终造就了联想PC业务的成功，而PC产品的成功反过来又提升了联想的品牌形象。在这一阶段，联想的组织结构如下图所示：

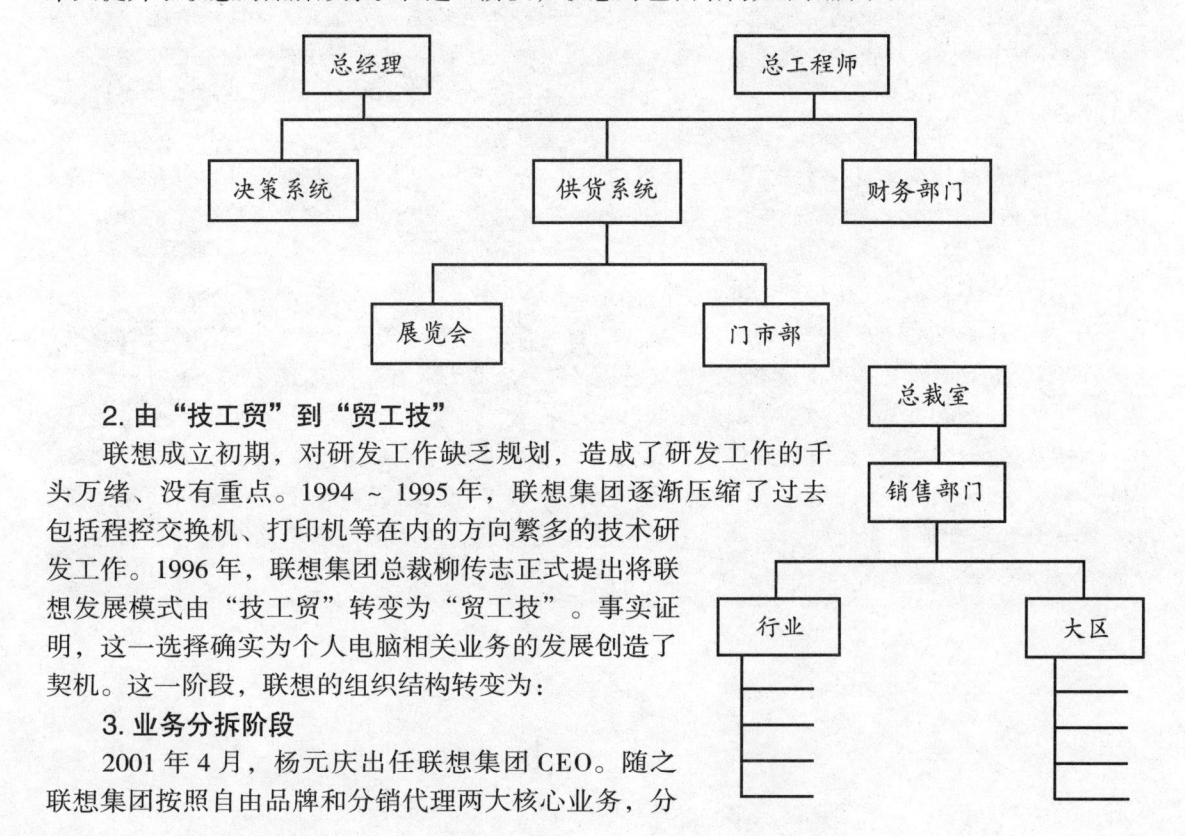

2. 由"技工贸"到"贸工技"

联想成立初期，对研发工作缺乏规划，造成了研发工作的千头万绪、没有重点。1994～1995年，联想集团逐渐压缩了过去包括程控交换机、打印机等在内的方向繁多的技术研发工作。1996年，联想集团总裁柳传志正式提出将联想发展模式由"技工贸"转变为"贸工技"。事实证明，这一选择确实为个人电脑相关业务的发展创造了契机。这一阶段，联想的组织结构转变为：

3. 业务分拆阶段

2001年4月，杨元庆出任联想集团CEO。随之联想集团按照自由品牌和分销代理两大核心业务，分拆为新联想集团和神州数码。然后，联想集团设计了3个层次的产品业务链，第一层次是能够为企业贡献现金流的台式电脑、笔记本和主板机业务；第二层次是增长业务，包括服务器、手持设备以及外设等业务；第三层次是支撑企业未来发展的服务类业务，包括信息运营、IT服务等。这一阶段，联想的组织结构为右图所示：

CEO 杨元庆下设：消费IT业务、手持设备、信息运营、企业IT、IT服务、部件合同制造

4. Lenovo阶段

2004年，联想集团对核心业务进行重新规划，确立了如下组织结构：

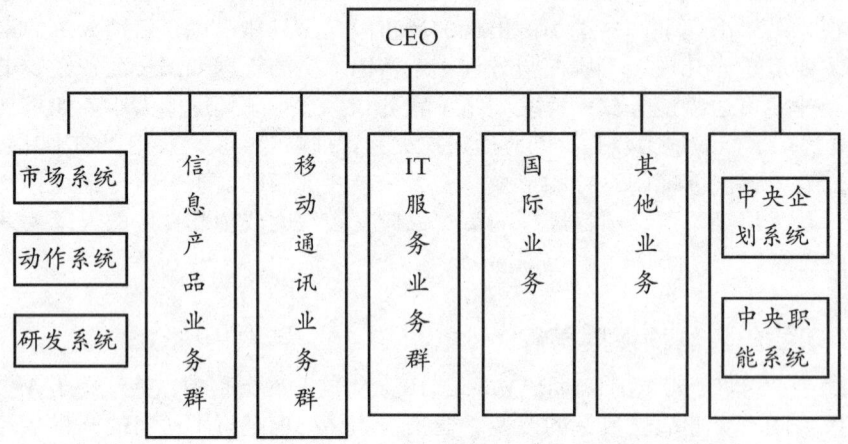

CEO下设：市场系统、动作系统、研发系统、信息产品业务群、移动通讯业务群、IT服务业务群、国际业务、其他业务、中央企划系统、中央职能系统

联想的组织变革经历了上述4个阶段，每一次变革都是为了顺应不同的战略发展阶段。事实证明，这种变革对企业的发展起到了很好的促进作用。

方法实施要点

企业在具体进行营销组织设置的时候，不可能做到尽善尽美，总会有一些瑕疵存在。

（1）营销组织的设置不利于企业经营战略的推行。一般来说，为保证企业经营战略被有效执行，企业应确定策略性、统筹性和辅助性3方面的管理职能。这3种职能为企业经营战略的有效执行提供了必要的保障，应在营销组织的设置中有所体现。

（2）组织结构的设置未能随企业规模的变化而作适当的调整。有些公司在快速发展的过程中规模不断扩张，但营销组织结构的设置却未能顺应这种变化，造成管理的混乱和营销的无力。

（3）营销系统的总部与分支机构职责不明确，使总部无法对支部进行有效的领导。

（4）对营销人员素质状况的考虑欠缺。营销人员的素质状况对组织结构的设计也有着重要的影响。遗憾的是这一点并没有得到企业普遍的重视，因此导致的失败案例并不鲜见。

（5）营销组织设置对经营环境的变化缺乏敏感。许多企业在市场上打拼多年，营销战略随着竞争环境的变化而不断调整，但对于内部的营销体系却总是置之不理，使其依然停留在传统模式下，大大制约了企业的市场拓展和经营业绩的提高。幸运的是，如何按照市场竞争需要改革企业的组织模式、如何通过营销组织的调整提高运营效率等问题已经被很多企业关注。

营销人员绩效考核法

绩效考核的目的在于使员工的行为与企业的期望相一致。

绩效考核措施如同管理者手中的方向盘，企业注重哪方面的考核，员工就会向哪方面努力。

一、使员工行为与企业期望相吻合

企业可根据现实的市场环境和自身的特点，制定正确的战略目标以及营销计划。但战略目标以及营销计划的实施归根结底还需要由人来完成，因此营销部门工作人员的积极性和创造性是企业能否获得营销竞争力的关键因素。而要充分调动营销人员的积极性，合理的考核制度是必不可少的。

营销人员绩效考核的意义

在买方市场下，营销被视为企业的生命，营销的成功与否事关企业的生存和发展，而营销目标最终要依靠营销人员来实现，因此打造一支强有力的营销队伍便成为了企业的首要任务，营销人员绩效考核的作用和意义重大。具体来说，营销人员绩效考核的主要作用有：

（1）通过对营销人员的绩效考核，可监控营销业绩的完成情况，督促营销人员按时、按量甚至超额完成销售任务，有利于提高企业的整体销售业绩。

（2）绩效考核还可以用来检验营销人员的工作目标是否与公司的战略目标一致。

（3）有利于企业基础信息工作的建立。企业在对营销人员进行绩效考核的过程中，需要搜集相关信息、制作报表、汇总工作，在客观上促进了基础信息工作的建立。

（4）为薪酬设计和职称评定提供客观依据。绩效考核是一项严肃、客观的工作，要根据客户的反馈、同事的评价以及营销人员的实际表现来进行评价。评价结果也应能反映真实的状况，从而为薪酬设计以及职称的评定提供令人信服的依据。

总而言之，事在人为，人的积极性的调动是每一位企业管理者最为关心的问题。而绩效考核作为与人的积极性关系最为密切的工作，其重要性是显而易见的：业绩考核标准是否合理，考核过程是否公平、公正，都将直接影响一线营销人员的积极性，而最终会对企业的经营效益产生重大影响。

营销人员绩效考核的类别

营销人员绩效考核按照不同的标准可划分为不同的类型，如以时间为标准，可分为年度、季度和月度考核、平时考核和专项考核；以考核方式为标准，可分为封闭式考核和开放式考核等。但不论是何种类型的考核，都遵从大致的考核程序，也就是自下而上的考核程序，具体如下：

（1）制定考核指标体系和方法。人力资源部征集各管理部门、业务部门的意见，并经高层管理人员批准后，正式确定完整的绩效考评体系和方法；将考核流程公示，组织相关人员参与培训，并根据考核的要求，及时发放考核评价表。

（2）营销人员自我评价。营销人员根据考核体系的要求，以本人的业绩和工作行为为依据逐项进行自我评分，并及时将表格或报告上交给自己的直接主管。

（3）营销主管评价。营销主管组织同事、客户以及其他部门的评价者，以员工的工作实绩和行为事实为基础，客观地对员工进行评价，并在规定的时间内将考核的结果上报营销部门或直接提交人力资源部。

（4）人力资源部对考核结果进行审核和汇总。人力资源部对考核的过程和量化的指标进行审核，确保考核的公平公正，并汇总出考核结果。

（5）将考核结果反馈给营销人员。由营销主管将考核结果反馈给营销人员，最好采取面谈的方式，同员工一起商讨改进方法。若员工对考核结果不认同，可直接向人力资源部提出申诉，并由人力资源部核实后进行最终考核。

（6）考核结果存档。对于季度或者月度的考核，营销部门可仅向人力资源部提供考评分数汇总表，考核表在本部门存档；至于年度考核，应将考评表和考核分数汇总表一并送至人力资源部，由人力资源部存档。

（7）报主管总经理签核。人力资源部负责对年终考核结果作出分类统计分析，并呈送主管总经理签核。

二、A公司营销人员绩效考核法

A公司成立于2000年，属商业贸易公司，主营业务是批发、零售煤炭，兼做煤炭相关产品及化工产品。成立之初，该公司的业务流程相对简单，人员也较少，公司的总经理可以将所有营销人员的工作都了解得很详细，工作做得好能够及时进行表扬，工作做得不好也能及时发现并督促其改正。所以公司对营销人员的绩效考核体系也一直没有做得非常完善。

2004年，公司的规模开始扩大，营销人员也开始增加。这时候营销部门内出现了一些工作协调不及时、工作效率低下的问题。为此总经理没少费心，但总是不见成效，以至于到最后，营销部门的问题影响了整个公司整体营运效率和发展速度。直到这个时候，总经理才意识到营销部门的管理需要改进，在绩效考核方面要有所作为，不能工作多少一个样、工作好坏一个样，让员工们养成吃大锅饭的习惯。于是，A公司开始了第一次针对营销部门的绩效考核。

这一次在绩效考核方面所做的主要工作是建立了预算和控制体系，把员工的个人绩效与薪酬挂钩。具体是这样：公司把经营吨数作为业务量的数量指标，即取消营销人员的固定工资，按一吨煤一元钱计算，所有的经营费用如差旅费、通讯费、招待费等全都包括在这一元钱里面。营销部门销售多少万吨煤，就实领多少万元钱，然后再在营销部门内部进一步的划分。这种考核方法刚开始应用的时候，颇受营销员工的欢迎。他们的工作积极性提高了许多，所有员工都积极与客户联系，内部也注意团结协作、提高效率。结果在这种考核方法实施的前3个月，公司的销售业绩连创新高，不仅公司的利润上去了，营销员工的个人收入也平均提高了10%。

但是没过多久，问题就出现了。原来初时公司为显示公平，对物流部门和采购部门也实行了一元钱一吨煤的绩效考核措施。如今采购人员认为煤炭是国家的基础资源，受到国家的严格控制，在资源紧缺时采购工作难以开展，所以与其他部门同样的待遇是不公平的；而物流人员则声称铁路运输常常会出现紧张的情况，发运工作不好做；销售人员也抱怨销售工作不好做。公司是一个有机整体，各部门共同努力才能实现最终的营销目标，如今各部门都怨声载道，势必会给企业的整体业绩造成负面的影响。鉴于此，公司不得不寻求新的绩效措施，即能解决营销部门问题，同时也不使其他部门有怨言，结果发现个体定价法最能满足这个要求。

公司按照在某一特定的期间内各部门工作的难度和工作量给各部门分配薪酬总额。比如，在煤炭资源比较紧张、采购部门需要付出更多努力的时候，采购部门就拿薪酬总额的40%，其他由物流部门与营销部门分摊；当铁路运输紧张的时候，物流部门的工作难度和工作量加大，这时物流部门就多分摊一些薪酬；当煤炭资源充足、营销工作困难的时候，营销部门就多拿一些薪酬。然后，各部门在这样的薪酬分配基础上，再根据细化的指标，将薪酬分配到每一位员工手中。

这样一来，公司各部门的员工都没有抱怨了，营销部门的员工们也觉得这项考核体系公平合理。各部门齐心协力地工作，营销部门的工作也得到了有力的支持，员工们的工作积极性和工作效率比以前提高了不少。结果这项考核体系实行了一年，公司的效益提高了14%。和其他部门差不多，营销员工的收入也提高了20%左右。可以预见，在以后的年度里，公司、营销部门和其他部门的收益仍会持续增加。

> **方法实施要点**
> 对营销部门进行有效和公正的考核,需要建立有效的考核指标,认真、谨慎地做好规划。同时,考核指标也应兼顾全面、完整、适用的客观要求。具体来说,常用的考核指标主要有以下几种:
> (1)业绩指标。营销人员最主要的工作职责就是完成营销业绩,所以业绩指标自然也就成了营销人员的主要考核指标。业绩指标一般用计划完成率来表示,即营销人员的实际业务量与目标或者预期的业绩量的比例。
> (2)团队指标。一般情况下,营销人员不是一个人在战斗,他需要和其他的员工组成一个团队,相互配合、相互协作来完成预定计划。这样一个团队的业绩和内部的协调性将最终影响整个公司的业绩,因此团队的业绩完成率应该占到营销人员一定的考核内容,这就是所谓的团队指标。
> (3)客户信息系统建立指标。这项考核指标应注重整个考核过程,由专人监督和维护,以定量的方式进行,考核的周期可适当缩短。
> (4)工作态度和学习能力。为督促和鼓励员工进步、向上,树立积极的工作态度,企业可将工作态度和学习能力纳入考核体系,以期实现企业与员工共赢的目的。

营销人员薪酬设计法

优秀的营销人员薪酬设计方案,能够确保企业的最佳人力资源供应,实现劳资关系的和谐以及企业的均衡发展。

毋庸置疑,薪酬方面的制度是最能影响员工工作积极性和工作成果的!

一、薪酬设计,实现公司战略的重要工具

在确定营销人员的薪酬时,需考虑多方面的因素。这些因素有的属于企业的内部因素,有的则是外部因素。其中企业的内部因素包括与企业相关的各种因素,如企业的远景、文化、财务状况、薪酬政策等;也包括有关员工个人的因素,如工作能力、态度、所从事的岗位、职责等。内部因素是企业可以控制的,而外部因素则是企业难以通过自身的能力影响的,这些因素包括:有关薪酬的法律法规、经济环境、劳动力的供应情况、平均薪酬水平等。

营销人员薪资水平的确定

通过前文介绍我们已经了解,营销人员的薪酬设计受到许多因素的影响。这些因素中,企业的内部因素是确定营销人员薪资水平的内因,是更为重要的因素。企业应对这些因素加以综合考虑,并在此基础上制定企业营销人员的整体薪酬水平。

制定营销人员的整体薪酬水平之后,企业便要对营销系统内的每一工作岗位进行评价并对工作价值进行分析,确定每一个工作岗位的职责、权利、任职人员需要的工作技能、资历水平等,并结合每一具体任职者的工作表现、工作量等来制定每一员工的薪酬水平。

营销人员薪酬结构的确定

员工的薪酬主要由基本薪资与绩效薪资两部分组成。不同的薪酬结构适合不同工作岗位的营销人员,也有着不同的稳定性。一般来说,薪酬的结构模型有这样3种:其一是高弹性的薪酬结构,即基本薪资的比例较小,绩效薪资的比例较大。这种薪酬结构对员工的激励性很强,薪酬与员工的业绩密切联系,但由于收入的波动较大,容易使员工产生不安全感。其二是调和性薪酬结构,即绩效薪酬以及基本薪资所占的比例都较为合理。这种薪酬结构对员工有一定的激励性和安全感,然要实施调和性薪酬结构,要求企业必须首先设计科学合理的薪酬系统。其三是高稳定性薪酬结构,即绩效薪酬比例很小,而基本薪资比例很大。这种薪酬结构使员工的收入波动很小,员工的安全感很强,但由于这种薪酬结构缺乏激励性,容

易导致员工的懒惰。

二、某公司营销人员薪酬设计体系

等级薪酬体系

薪酬体系的3个等级系列：

（1）行政文员系列。分为初级文员、中级文员、高级文员3个层级。

（2）市场运营系列。分为初级市场运营员、中级市场运营员、高级市场运营员3个层级。

（3）主管系列。分为初级主管、中级主管和高级主管3个层次。

等级薪酬体系的薪酬构成：

（1）基本工资。根据工作评价确定每一个工作或者职位的相对价值，并将其归入相应的职位等级中，以保证职位等级薪酬体系在公司内部的公平性。同时，在薪酬调查的基础上，确保本公司的薪资水平不低于社会同行业的平均水平，按月支付。在以下4种情况下，公司可对基本工资进行相应的调整：①晋升，根据员工晋升后职位的职能职级支付基本工资；②晋等，按员工晋升至的职等职级支付基本工资；③晋级，按员工晋升至的职级支付基本工资；④调整工资率，即根据社会零售物价指数、公司经济效益和地区差异调整基本工资额。具体按公司的薪资管理制度规定执行。

（2）月度奖金。根据员工的月度考核结果发放月度奖金，额度一般为月基本薪资的25%～40%，具体比例经公司进行业绩修正后确定。

（3）年度奖金。根据员工的年度工作绩效考核结果支付年度奖金。公司年度奖金采取以部门为单位的形式，根据各部门在本年度业绩贡献度为标准进行支付。部门内部年度奖金的分配由部门经理决定。

（4）法定福利与保险。福利与保险的项目和水平以国家、地区以及公司的有关规定为准。可根据企业的经济效益以及人力资本的支付限度，在一定条件下追加部分企业福利。

（5）总经理特别奖。对有特殊贡献的员工发放特别奖，金额视其贡献大小，参照公司的相关规定确定。

等级薪酬体系设计表

营销部门的所有员工，按其工作的性质可分为3个职等、19个职级。各系列在等级体系中的分配如下：

经理系列：

（1）初级经理：四职等07职级至三职等13职级（7个级别）。

（2）中级经理：二职等13职级至二职等16职级（4个级别）。

（3）高级经理：一职等16职级至一职等19职级（4个级别）。

市场营运系列：

（1）初级市场运营员：五职等04职级至四职等10职级（7个级别）。

（2）中级市场运营员：三职等10职级至三职等13职级（4个级别）。

（3）高级市场运营员：二职等13职级至二职等16职级（4个级别）。

行政文员系列：

（1）初级行政文员：六职等01职级至五职等07职级（7个级别）。

（2）中级行政文员：四职等07职级至四职等10职级（4个级别）。

（3）高级行政文员：三职等10职级至三职等13职级（4个级别）。

> **方法实施要点**
>
> 营销人员的薪酬设计可分为6个步骤，具体程序为：
>
> （1）拟定付酬原则与薪酬策略。可综合考虑企业文化价值观、公司战略、人力资源政策以及企业员工人性分析结果等因素制定付酬原则与薪酬策略。
>
> （2）工作设计与分析。对工作岗位进行设计，并对职位进行描述和作工作说明。

（3）岗位评价。岗位评价的任务包括：确定付酬因素、确定基准岗位、将其他岗位与基准岗位进行比较分析并进行岗位排序。

（4）薪酬水平测定。即对本行业、本地区竞争对手的薪资状况进行分析，并结合企业自身的支付能力，确立基本的工资水平。

（5）薪酬结构设计。确定薪酬中所包含的薪酬形式及其比例，对于经理人员以及专业技术人员应使其报酬中具有相当比例的中长期收入。

（6）薪酬制度的管理和控制。包括员工薪酬的升降与调整、薪酬设计的成本控制、付酬的方式等内容。

销售人员管理法

销售人员管理是销售管理的重要内容和核心所在。

只有训练有素的销售人员才能给予顾客良好的服务印象。

一、锻造销售队伍

销售人员是销售活动的执行载体，是销售活动中最富有创造力的因素。这也决定了销售人员管理是销售管理中的经典内容和核心所在。销售人员管理的内涵颇为丰富，其中重要的内容包括组建销售队伍、训练销售人员、激励销售人员、销售人员薪酬的确定、销售人员费用的管理以及销售人员的行动管理等。

销售人员的招聘

成熟的企业通常每年都会进行销售人员的招聘，以满足企业业务经营的需要。销售人员的招聘一般要经历以下3个环节：

（1）制订招聘计划。

（2）选择招聘途径。

（3）对应征人员的甄选。

销售人员培训

可供企业选择的培训方法很多，常用的有：①讲授法，这种方法较为经济，因此被广泛应用，此法尤其适用于提供明确资料的情况，可为新员工以后的自我训练夯实基础；②小组讨论法，即由讲师和小组长领导讨论，讨论内容由讲师确定，小组讨论人员不宜太多，可允许一部分人员旁听；③实例研究法，即就某一实例引导受训人寻找解决之法，可培养受训人的思考意识和方法；④角色扮演法，设置一场景，让受训人处于销售员的位置，以培养其随机应变的能力；⑤自我进修法，即放任新员工进行自我进修，除非销售人员已有一定实务经验，且具有积极向上、自我改进的欲望，否则该法的效果并不值得信赖。企业可根据自身的实际情况，选择合适的培训方法。

销售人员的激励

具体分类及其激励措施，如下表所示：

类别	特点	需要	激励方法/激励因素
追求舒适者	年龄较大、收入较高	安全、尊严、成就感	安排挑战性工作、给予一定的自由和权威、使其参与目标的设置
追求机会者	收入较低	认可、适当的收入、安全	薪金、销售竞赛、沟通
追求发展者	年轻、教育程度高、有适当收入	个人发展、提升计划	良好的培训

销售人员薪酬

销售人员的薪酬方案不是固定不变的，而是随着企业、产品、市场状况的变化而变化，但总的来说，无外乎3种基本方案和两种辅助制度。

（1）销售人员的基本薪酬方案。3种基本薪酬方案为纯佣金制、固定薪酬制度和混合型薪酬制度。在纯佣金制中，销售人员的薪酬完全由销售额、回款额或者销售利润来衡量。固定薪酬制度就是所谓的计时制，即无论销售人员的销售额多少，都可以在固定的工作期间内获得固定的薪酬。混合型薪酬制度既能够保证销售人员的基本生活稳定，又能够起到激励销售人员的作用。混合薪酬制度又可以进一步细分为工资加佣金制度、工资加奖金制度、佣金加奖金制度、工资加佣金再加奖金制度4种类型。

（2）辅助薪酬制度。辅助薪酬制度包括特殊奖励制度和股票期权制度两种形式。其中特殊奖励制度就是当销售人员的业绩达到一定标准时，如超额完成任务、控制销售费用、赢得更多新客户等，给予销售人员规定薪酬以外的奖励。这种奖励可分为钱财奖励和非钱财奖励两种。股票期权制度，就是给予销售人员在未来以低于市场价格的现行价格来购买企业股票的权利。倘若股票价格上涨，销售人员可通过股票价格的差异来获得收益；如果股票价格下降，销售人员就不能获得收益。

销售人员的个人行动管理

对销售行动的管理，并不意味着束缚销售人员的手脚，只是销售目标管理与效率管理的辅助工具及做法。也就是说，销售行动管理的终极目标是销售目标和销售效率，至于行动的内容，不必过分拘泥于形式。

二、IBM公司的"苦行僧"式培训

销售人员培训是销售人员管理的一项重要内容，良好的培训效果将会在产品的销售量、企业的形象以及顾客满意度等方面产生积极的影响；反之，则会造成一定的负面影响。因此，销售人员培训工作向来深受各家公司的重视。一些知名企业也在实践中摸索出了一套适合自己的销售人员培训模式，例如惠普公司的向日葵计划、海尔的"海豚式升迁"等。其中，IBM公司的"苦行僧"式培训颇为引人注目。

追求卓越是IBM公司企业文化的一项重要内容，这一点在销售人员培训方面有着淋漓尽致的体现。具体来说，IBM公司绝不容许任何一名未经培训或者培训不合格的销售人员投入到销售工作中。IBM公司认为这样不仅会对公司的形象和信用产生负面的影响，还有可能使一个有潜力的销售人员就此夭折。所以，IBM公司的销售人员培训工作总是资金充足、计划周密且结构合理。

新加入IBM公司的销售人员通常会首先接受为期12个月的初步培训，主要采用现场实习和课堂讲授相结合的教学方法。整个培训过程，75%的时间在各地的分公司进行，25%的时间在总公司的教育中心进行。

首先进行的是有关IBM公司经营理念和经营方针的培训，包括IBM公司的销售政策、市场营销实践、计算机概念以及IBM公司的产品介绍等；接下来，这些销售新员工将要学习基本的销售技能和技巧，了解公司的销售支持系统并学会利用这个系统。掌握了扎实的理论基础之后，学员将会被送到一线市场，在那里他们将会看到所学知识的具体应用，这也是所谓的"现场实习"。"现场实习"以后，学员们又将开始一段长时间的理论学习，这将是一段令人"心力交瘁"的学习历程。学员们的学习时间是早上8点到晚上6点，而繁重的课后作业则常常使学员们忙碌到后半夜。这一阶段的培训目的不仅是要进一步夯实学员的理论基础，更是要使学员明白这样一个道理：在竞争激烈的商界，只有最努力的人才能赢得最后的成功。这段魔鬼训练之后，接下来的培训要求学员必须充分发挥自己的主观能动性，要求学员张扬自己的个性，用自己的知识和魅力去征服客户。因为商业世界本来就是一个自我表现的世界，学员必须在正式踏入这个世界之前就做好适应这个世界的准备。

在IBM公司销售人员培训的整个过程中，最具特色的就要算是阿姆斯特朗案例练习了。这是一种假设的由饭店网络、海洋运输、零售批发、制造业和体育用品等部门组成的，具有复杂的国际间业务联系的系统练习，其中涉及到的角色有工程师、财务经理、市场营销人员、经营管理人员、总部执行人员等。这样角色将由培训教员实际扮演，力求创造一个逼真的环境。在这个案例练习中，学员将亲身体验做一回销售人员，对上述各种角色进行错综复杂的拜访，调动自己所学的所有知识和技巧去完成销售任务。通过这个练习，学员会对自己将来所从事的工作有一个更为深入的理解，并积累一些实际运用所学知识和技巧的经验。

IBM公司的销售人员培训历时长且强度大，学员得以在激烈的竞争环境中迅速成长。虽然每天长达14～15个小时的学习会让一些人感到吃不消，但是鉴于培训内容的实用性和重要性，很少有学员会抱怨，几乎每一位参加培训的人都能顺利地完成学业。而这些人一旦进入一线市场，就如同鱼儿回归大海，处理问题游刃有余，推动IBM公司的销售业绩不断发展。

方法实施要点

很多公司销售人员管理的出发点是方便管理、便于执行，而很少能够站在销售人员的角度来考虑问题，制定相应的灵活的薪酬、责权以及行为规范等管理制度。这是典型的官僚本位主义。毫无疑问，这丝毫无助于管理效率的提升，更不利于企业的长远发展。与之相反，更应提倡基于人本精神的销售人员管理策略。

1. 薪酬设计体现人本精神

正确的做法是：对积极主动、自律性强、善于单打独斗的销售人员采取提成制，并综合考虑各个销售区域的不同特点，制定不同的提成比率，这样可以激发此类销售人员争强好胜、奋发图强的特点；对素质高、谋划能力强、追求稳定生活的销售人员则应采取年薪制，稳定其心理，发挥其擅长谋划的优势。

2. 管理方式体现人本精神

企业的管理层应更多地站在个体销售人员的角度去考虑问题，对能谋善断、积极主动、能独当一面的销售人员采取放权式管理，对头脑简单或者不值得信赖的员工采取集权式管理。只有这样才能最大限度地利用企业的人力资源，而不造成生产经营的混乱。

总而言之，企业应放弃"官僚本位"思想，以人为本，根据销售人员的不同特点、不同水平量体裁衣，制定不同的薪资考核方式和管理方式，这样才能大幅提高销售人员的效能。

销售业务管理法

销售业务管理的目的是使企业的经营策略在销售活动中得到贯彻和执行。

销售业务是销售管理的载体。

一、使企业的经营策略在销售活动中得到体现

销售业务是企业经营策略在销售活动中的具体体现。销售业务管理的任务主要包括这样几方面的内容：设计销售组织；开展市场调查，研究市场需求的特点和趋势，进行销售预测；根据企业的内外部环境制订销售计划以及具体实施策略；搜集顾客资料，分析和管理客户；赊销管理；分析和评估销售业绩；对销售预算进行分解等。

销售组织设计

常见销售组织模式有以下几种类型：

（1）区域型的组织模式。设置一个负责企业全部销售活动的销售经理，然后按照地区划分销售区域，每一销售区域设置一名区域经理，区域经理领导若干销售人员开展销售活动。

这一类型的销售组织模式适用于产品类型单一或相近且顾客分布区域广阔的企业。

（2）产品型组织模式。根据产品的类别来构建的组织模式，通常在销售总经理之下设置若干产品经理，产品经理下按区域设置地区经理以及相应的销售人员。

产品型组织模式适用于这样的企业：经营的产品种类较多，且产品间的差异较大；客户分属于不同的行业，且行业的差距较大。

（3）职能型组织模式。根据不同的销售活动来构建的组织模式，销售总经理下设零售商管理经理、电话销售经理、销售部经理等。这种销售组织模式适用于规模较大的公司，大型公司由于销售队伍庞大，不易协调不同的销售职能，较多地采用这种模式。

（4）顾客型的组织模式。根据顾客的类型来构建的组织模式，这种模式在销售总经理之下设置针对不同类型顾客的顾客经理，顾客经理下再设置区域经理以及销售人员。

适用这种销售组织模式的企业具有这样的特点：主要客户采购的产品在总销售量中占有较大的比例；主要客户的经销网点分散，但却集中采购，比如连锁超市等。

销售预测和销售计划

销售预测是企业在某段时间内，在既定的条件下，对销售额的一种推算。销售预测具有非常重要的意义，它是企业制订销售计划的基础，是企业量化销售过程的前提。销售预测的过程如下：

（1）明确销售预测的目标。企业进行销售预测的目标无外乎 3 种：其一是为企业进入某一新的市场提供依据；其二是实现对现金的控制；其三是用于对个人销售配额的设定。企业在进行销售预测之前，首先要明确自己进行销售预测的目标是哪一种，确定的目标将被如何使用。

（2）进行初步预测。运用一定的预测方法进行初步的预测。

（3）根据内部因素调整预测。销售预测的工作需要耗费一定的时间，在这段时间内企业内部的营销战略可能会有变动，或许有新产品推出，价格策略、促销费用安排、销售渠道等都有可能发生变化。企业应根据这些变化对销售预测进行调整。

（4）根据外部因素调整预测。市场瞬息万变，企业在进行销售预测调整时也应将外部因素考虑在内。这些外部因素包括：一般的经济环境是否发生了变化，行业里是否有新的竞争对手进入，主要竞争对手的营销策略是否发生了变化等。

（5）将预测与目标相对比。销售预测完成后，要将企业营销预测结果与企业的销售目标相比较，看看二者是否一致。若预测值低于目标，企业便须考虑降低目标值，或者采取进一步的措施保证原定目标能够被实现。

销售预算

销售预算实际上是企业的一个财务计划，它对企业实现每一个销售目标所需付出的代价进行了详细的规划，为企业销售利润的实现提供了保证。

销售预算与销售计划一样也是在销售预测之后编制的，都要以销售预测为依据。销售预测确定以后，销售目标也会随之确定；接着这个销售目标便会被分解成各个层次的子目标，完成各个子目标的销售费用也被确定下来。销售费用便是销售预算的主要对象，意指在销售过程中发生的为实现销售收入所支付的各项费用，如市场调研费、公关费、广告费、储存费、包装费、运输费、信息处理费、用户培训费、销售人员酬劳等。

二、麦德龙的消费业务管理

德国批发商麦德龙公司始创于 1964 年。在较短的时间内，它以崭新的理念和管理方式在世界范围内取得了令人瞩目的成绩，并入选《财富》500 强企业。1995 年，麦德龙公司进入中国市场，很快便开设多家分店，取得了不俗的销售业绩，这也同样得益于麦德龙公司的销售管理模式。那么，麦德龙的销售业务管理到底有什么特别之处呢？

明确目标客户，主动接近客户

任何一家企业都不能满足市场的所有需求，它必须瞄准某一消费群体，并竭尽全力为之服务。对于这个道理，麦德龙深以为然，它意识到：如果不明确地限定自己的目标顾客，让所有的顾客都来，不仅会增加自己的运行成本、提高管理难度，更重要的是无法为顾客提供优质的服务。在麦德龙看来，顾客可以分为两种，一种是一瓶一瓶购买可乐的，一种是一箱一箱购买可乐的，而自己所要服务的是后者。具体来说，麦德龙主要针对专业客户，如中小型零售商、酒店、餐饮业、工厂、企事业单位、政府等。麦德龙对客户的管理实行不收费的会员制，并建立了客户的信息管理系统。

限定了目标客户以后,麦德龙开始分析并迎合他们的需求,在店铺内增加他们喜欢的商品,移去他们不需要的商品,优化麦德龙的商品结构。一般超级市场需要 40 万种商品去满足顾客的需要,而麦德龙只需 15 万种就足够了。

一般的零售机构会打开大门等待顾客上门,而麦德龙却选择了更为主动的方式。它给每一家分店都配备了客户咨询员,这些咨询员每天都会出去拜访客户,了解客户的需要,并根据客户距离麦德龙商店的远近进行分类,针对不同类别的客户,制定相应的服务策略;另外,麦德龙还为客户提供咨询服务,除定期派发资料之外,还成立了专门的"客户顾问组",负责对客户的购物结构进行分析,同客户讨论,以帮助客户做好生意。

运用高效的信息管理系统,提高顾客满意度

麦德龙拥有自己的软件开发公司,它的主要任务就是为麦德龙设计开发适合其管理体制的信息管理系统。在先进的信息管理系统的帮助下,麦德龙能够全面掌握商品进、销、存的动态,将存货控制在合理的范围内。一旦商品的数量低于安全库存,电脑就会自动产生订单,并向订货单位发出订货通知,从而保证了商品的持续供应和低成本经营。

麦德龙的信息管理系统不仅能够反映销售状况,还详尽记录了各类客户的采购信息。据此可预测出客户的需求动态以及发展趋势,使麦德龙公司能够及时调整商品结构和经营策略,满足客户的需求。

方法实施要点

企业在具体进行销售业务管理时,要注意这样几方面的问题:

(1)选择适合自己的组织模式。组织模式的设计受到企业人力资源、财务状况、产品特性、消费者以及竞争对手等因素的影响,不同的企业具有不同的特性。所以企业不能全盘照搬别的企业的模式,可以将其作为参考,而更应根据自己的实力和营销战略量力而行,精心排兵布阵,以期用最小的管理成本获得最大的收益。

(2)注意对销售预测进行控制。销售预测不应是固定不变的,因为企业的内外环境无时无刻不在发生着变化。应根据这种变化调整销售目标,或者采取某些措施来保证原定销售目标的实现。另外,企业还有必要建立一套反馈制度,总结经验和教训,以利于以后更好地进行销售预测。

(3)销售计划不等于销售额计划。很多企业容易把销售额计划当作是销售计划的全部,这就以偏概全了。销售计划一定要能够实现企业的经营方针、经营目标,符合企业的发展计划、利益计划、损失计划和资产负债计划等。这就要求销售计划应包括更为丰富的内容,当然其中心还是销售额计划。

销售通路管理法

企业的销售渠道是一种复杂的构成,需对其进行有效的管理,方能发挥其最大功效。

销售通路是销售管理的落脚点。

一、建立稳固通畅的销售通道

渠道对企业的重要性毋庸置疑,尤其是在当下这样一个竞争激烈的市场环境之下,渠道的重要性更进一步的凸现,甚至有人提出了"渠道为王"的说法,从中可见人们对渠道的重视程度。企业的销售渠道是一种复杂的构成,需对其进行有效的管理,方能发挥其最大功效。所谓销售通路管理便是对企业的分销渠道成员进行协调和控制的过程。

通路的构成及其类型

企业确定产品策略之后,便需选择销售通路进入市场。销售通路主要包括两种类型,一种是批发中间商,一种是零售中间商。中间商的选择是企业销售目标能否成功的关键因素之

一，它是企业产品的监护人，是商品运动的监护人。中间商按不同的标准可划分为不同的类型，常用的标准有：组织形式、经营区域、经营的品种以及范围等。

（1）批发商的类型。批发商的类型主要有3种：即商人批发商、经纪人和代理商、制造商销售办事处。其中商人批发商是指那些自己购买商品，然后再把自己拥有所有权的商品批发给商业企业的批发商。商人批发商是最常见的批发商类型。经纪人和代理商从事的是购买、销售抑或是二者兼有的洽商工作。它与商人批发商最大的不同在于，它并不需要取得产品的所有权，起到的只是中间人的作用，也即促成产品的交易，并借此赚取佣金作为报酬。制造商销售办事处是企业销售部门下属的一个机构。

（2）零售商的类型。与批发商相比，零售商更是种类繁多，新组织形式层出不穷。我们可以将这些变化多端的零售商简单地归纳为3种类型，即商店零售商、无门市零售商以及零售机构。其中商店零售商是指具有实际的店面、从事商品零售活动的企业，它主要包括8类，分别是：专用品商店、百货商店、超级市场、方便商店、超级商店以及联合商店和特级商场、折扣商店、仓储商店、产品陈列室推销店等；无门市零售商是指没有实际的产品交易场所的一种零售形式，如网上书店等；零售机构多是指从事产品直销的企业，如安利、雅芳等。

通路管理的内容

通路管理包括3个方面的内容：

（1）挑选渠道成员。企业在完成渠道设计以后，要根据自己的销售特点以及营销目标，吸引合适的经销商充实到自己的销售渠道中来。企业在挑选渠道成员时，不仅要重"量"，更要重"质"。销售渠道过窄或者经销商数量太少是不利于企业实现对市场的覆盖，而不加区别地引进渠道成员，则有可能会对企业的品牌形象造成负面的影响，比如高档品牌便不宜于进入低端零售渠道。总而言之，"质"、"量"并举才是企业挑选渠道成员的正确做法。

一般来说，企业选择渠道成员时所考虑的因素有这样几点：①分销商的经营范围。企业应选择与销售区域同企业的目标销售地区相一致且销售对象是企业所希望的潜在顾客的分销商建立合作关系。②分销商的产品政策。考察经销商的产品种类及组合情况，首先，企业要了解分销商的供货来源；其次，要看经销商的产品组合是竞争产品还是促销产品。一般来说企业不宜选用经营竞争产品的经销商，但如果企业的竞争力很强，选择也无妨。③分销商的地理区位优势，即选择占有位置优势的中间商。④分销商的产品知识。企业应根据产品的特点选择有经验的中间商，这有利于企业迅速地打通市场。⑤预期合作程度。企业应根据产品销售的实际需要，选择与中间商合作的具体方式，然后再选择最理想的合作伙伴。⑥经销商的财务状况以及管理水平。经销商的财务状况决定了经销商能否预付货款以及按时结算，而其管理水平则关系着其营销的成败。因此这两方面也应引起企业的高度重视。⑦分销商的促销政策及其技术。分销商推销产品的方式及其运用促销手段的能力，直接影响了其销售规模。因此对于这一点，企业也应予以充分的重视。⑧分销商的综合服务能力。企业所选择的分销商，其综合服务水平至少应能满足产品销售所需要的服务。

（2）激励渠道成员并处理好和渠道成员的关系。渠道建立起来后，并不意味着企业从此便可高枕无忧，市场竞争如此激烈，渠道成员随时有可能倒向竞争对手一边。为避免出现这种情况，企业应加强与渠道成员的联系，与之建立起合作共赢的关系，并运用适当的方式激励渠道成员去完成更高的销售目标。

在对渠道成员进行激励时，企业应避免出现激励过分和激励不足这两种情况。所谓激励过分，便是指对分销商的激励超过了其应得的水平，其后果是企业的利润下降；而激励不足则是另一种极端，最终会因中间商的消极而使产品的销售量降低。

（3）对渠道成员的工作进行评估和调整。企业除了要对渠道成员进行选择与激励之外，还应对他们的工作业绩进行评估。倘若渠道成员的绩效低于既定的标准，企业便需考虑可能的补救办法。

评估对象有很多，如销售绩效、财务绩效、分销商的忠诚度、分销商的增长、分销商的竞争、顾客满意度等。

二、娃哈哈的销售通道管理

娃哈哈的销售通道非常适合中国的国情，这一点可从天南海北中国大陆境内几乎每一个零售店都有娃哈哈产品销售中窥豹一斑。甚至有人说在过去15年内,娃哈哈是让所有中国人都掏钱购买过的3种品牌中的一种。取得这样的成就,与娃哈哈独特的销售通道管理方法是分不开的。

与经销商建立联销体制度

娃哈哈销售通道建设的重点在于发展经销商。它在全国31个省市选择了1000余家具有先进理念、经济实力雄厚、能够独当一面的经销商作为通道成员,组成了几乎能够覆盖中国每一个乡镇的厂商联合销售体系。娃哈哈采用联销体制和保证金制度,不仅最大限度地杜绝了坏账和呆账,使娃哈哈的资产结构更趋合理、流动性更强,也使各经销商具有了主人翁精神,积极性得到提高。联销体制和保证金制使娃哈哈和众多经销商形成了密不可分的整体,避免了单个企业在竞争激烈的市场上单打独斗,大大增强了娃哈哈系列产品在市场上的竞争力。

建立稳定高效的销售体系

在联销体的基础上,娃哈哈又发展了二批商营销网络,逐步编织了以封闭式蜘蛛网态为主的销售体系。这种销售体系的建立,一方面加强了娃哈哈产品的市场渗透能力;另一方面也提高了经销商对市场的控制能力,达到了布局合理、深度分销、加强送货能力、提高服务意识、控制窜货的销售效果。通过这种销售体系,娃哈哈的新产品在出厂一周内便可遍布全国各地数十万家零售店,与全国各地的消费者见面。

与经销商共建品牌

依靠联销体制度,娃哈哈凝聚了成千上万大小经销商的力量共建品牌。为此,娃哈哈实行销售区域责任制,明确了经销商的责任和义务,采取各种措施使经销商真正体会到了"市场是大家的,品牌是厂商共有的,利益是共同的",从而促使经销商变被动为主动,积极配合企业共同做品牌的长远战略规划,大大提高了娃哈哈经营管理能力和市场拓展能力。

通过上述销售通道管理措施,娃哈哈创造了一个又一个奇迹,在产品见货率、陈列面以及终端销售热情等方面,即便是与可口可乐、百事可乐等公司相比也毫不逊色。要知道娃哈哈仅有千余名销售人员,不似可口可乐、百事可乐动辄数万人的销售大军。所以,有人说娃哈哈是中国销售通路做得最好的企业,这样的赞誉并非空穴来风。

方法实施要点

通路冲突主要有两类,一类是垂直通路冲突,是由零售商规模壮大后,生产商直接与零售商交易所引发的冲突;另一类是水平通路冲突,是由经销商所主导的一类冲突模式,其中尤以经销商的"越区销售"最为常见。

企业解决通路冲突的常用方法主要有以下几种:

(1)建立超级目标。即使所有通道成员为了实现一个单个成员不可能达到的超级目标而共同努力。建立超级目标并不是一件容易实现的事情,通常只有当通路一直受到威胁、共同实现超级目标有助于解决通路冲突时,才有必要建立超级目标。

(2)沟通和劝说。为渠道成员创造沟通的机会,就各自的功能、对顾客的不同理解等方面深入交流,以使各方达成谅解,成为一个利益共同体,为了共同的超级目标而努力。

(3)法律诉讼或者仲裁。如果沟通、协商、谈判都不足以解决问题,提请仲裁甚至是付诸法律也不失为一种办法。

营销业务流程规划法

要提高顾客价值,企业必须从"本位主义思考模式"转向以业务流程为导向进行思考。正确的业务流程是企业营销目标实现的一个基本保障。

一、从提高顾客价值的角度设计营销业务流程

迈克尔·波特教授的"价值链"模型将企业的经营活动看成是一条链。这条链由基本活

动与辅助活动两部分组成，其中每一部分又由若干环节所组成，如基本活动包括原材料储运、生产制造、产成品储运、营销与销售、售后服务等。迈克尔·波特认为，在向顾客提供产品或服务的过程中，基本活动的各个环节应紧密衔接，只有这样才能使物流和信息流通行顺畅；每个环节在向下一个环节过渡时都要强调对顾客的增值，确保各项活动所实现的价值高于该项活动所需的费用。

业务流程的概念便是基于这一理论提出的。它要求企业要从如何完成顾客订单、如何开发新产品或者如何实施营销计划的角度去考虑问题，而不是局限于各个职能部门的分工界限。在有必要的时候，甚至要彻底打破职能部门之间的界限，从而强调整个业务流程的产出。而这就需要正确的业务流程规划方法。

时代的发展，要求企业营销活动必须以客户服务为中心。在此基础上可将企业的营销工作分成以下几大模块，每一模块内又可细分出若干不同的业务流程：

（1）理解市场和客户。这一步是营销工作的起始，包括日常市场信息的收集、处理和共享以及市场调研两大流程。

（2）新产品的开发。新产品的开发应以顾客的需求为依据、以市场为导向，包括新产品需求计划编制、新产品开发可行性研究、新产品开发总体规划、新产品设计与开发、新产品试制与验证、新产品开发总结与回顾、新产品开发项目更改、新产品定价、新产品上市等流程。

（3）市场与销售管理。这一模块包括年度营销计划以及月度营销计划的编制与控制、销售预测、渠道设计、订单管理、样品申领以及发放和监控、价格调整、销售折扣政策的制定与执行、经销商的选择与评估、经销商档案的建立与管理、经销商伙伴关系的建立、价格体系的维护、传播计划的制订及控制、分公司传播费用的申请及其审批和结算、服务供应商的选择以及战略伙伴的建立与维护、经销商退货处理等流程。

（4）提供产品与服务。这一模块所包含的流程有：月度生产计划的制订、采购计划的编制以及跟踪、供应商战略伙伴的建立、内部订单交付、仓库管理、运输外包方的选择等。

（5）售后服务。毫无疑问，售后服务也已成为产品的一部分，因此这一模块同样至关重要。它包括客户退货处理、服务费用的结算、回访与服务质量的监控、服务中心经营计划的编制与管理、客户投诉的处理、客户服务关系管理、顾客满意度调查、服务网点的设立、服务网点的监控和评估等流程。

（6）财务与成本管理。赢得利润是企业营销工作乃至生产经营的主要目标之一。除了扩大销售额之外，成本的控制也是赢得利润的手段之一。这一模块包括年度预算的编制、预算控制与调整、资金管理、服务采购招标审价、费用控制、总公司与分公司之间的对账、分公司与经销商之间的对账、应收账款管理以及信用额度审批等流程。

这便是企业营销工作的主要业务流程，这些流程的设立和实施必将为企业营销目标的实现提供一个有力的支撑。

二、错误的业务流程所带来的问题

这是一家专门生产工业设备的制造商。众所周知，工业设备非常复杂，顾客经常会根据自己的需要提出一些特殊的要求。顾客就是上帝，满足顾客的特殊需求是厂商的天职。然而对于这家厂商来说，问题远没有想象得那么简单，顾客稍微提出一些附加的条件就足以让它忙得焦头烂额。为什么会这样呢？是因为它的技术水平不够吗，还是它的生产能力薄弱？其实都不是。那么原因到底是什么呢？我们不妨来看看这家厂商处理顾客订单的整个过程。

附有顾客特殊需要的订单首先被转到一位客户服务代表手里，客户服务代表立即将其转交给产品设计师。产品设计师对这种订单向来是深恶痛绝的，因为他的任务是开发和设计新产品，并从中获得相应的报酬，而花费宝贵的时间去修改早已定形的设计不能给他带来任何直接的好处。因此他总是能拖则拖，实在拖不过才敷衍着修改一下。接下来，客户服务代表又会在工艺工程师处碰到钉子，后者也不愿意修改它的产品生产系统，因为这同样不能给他带来任何好处，再说为什么要听一个客户服务代表的指挥呢？同样的情况还会出现在生产工序员身上，因为他也不希望自己早已制定好的生产程序安排有哪怕一丝一毫的改动。就这样，顾客的"一纸请求"牵动了与产品有关的所有的人员。更糟糕的是，这些人中除了专职负责倾听和反馈顾客需求的售后服务代表以外，其他人都在不同程度地抵制客户的要求。最终的结果是，顾客的需求根本无法得到满足。

每一份附有顾客特殊需求的订单都会在企业内掀起轩然大波，消耗掉大量的生产资源。这家厂商曾对此进行过专门的计算。一般来说，完成这样的一个订单其实只需要3天的时间，而实际上却往往要花上一个月！那么其他时间用在什么地方了呢？答案很简单，听起来也很荒唐，但是这确实是实情：全部用在没完没了地争吵和扯皮上了。

为什么会出现这样不可理喻的情况呢？我们不妨从头来看：企业的目标和市场计划制订出来以后，企业高层会把目标分解到各个部门，由各个部门来分头完成；各部门各司其职，领导定期或者不定期进行检查。这是典型的职能性组织结构。诚然这种组织结构有其优点，但也造成了部门本位主义，是出现上述问题的根源所在。因此，要改变这种不健康的状况，企业必须改变企业的整个业务流程，使各部门都从如何完成顾客订单、如何开发新产品和如何实施计划的角度考虑问题，部门之间不应设置鸿沟。在有必要的情况下，甚至要人为地打破部门之间的界限，去更好地满足顾客的需求，只有这样企业才能焕发生机。

方法实施要点

企业流程设计完毕，在付诸实施的时候，应注意以下几个方面的问题：

（1）企业不应追求把每一个流程都做得尽善尽美，实际上这是根本无法做到的，也是不经济的。更为现实的目标是挑选出对企业当前和未来一段时间内的发展起到关键作用的流程，针对这些关键的流程进行改善和跟进。

（2）制定出科学合理的业务流程方案只是万里长征的第一步，企业要明白，更重要的任务是分层次、分步骤地将这一方案付诸实施。为此，企业有必要成立一个专门的管理变革团队，制定出详细的行动方案，包括对执行的计划以及资源的要求等，以保证实现业务流程的平稳过渡。这一点尤其要引起企业的重视，因为事实证明，大部分流程变革失败的企业都在转变促成这一环节出现了问题。

（3）不要对业务流程抱有一劳永逸的想法，这是非常危险的。市场在不断变化，竞争环境也在不断变化，僵化的、不思进取的流程注定要被淘汰。因此，企业应对关键业务流程的顺序、要求以及考核内容定期进行调整，以使整个业务流程常变常新、永葆活力。

年度计划控制法

实施年度计划控制法，可对年度计划实时监控，及时发现问题、解决问题，并对年度计划进行修正和调整，使年度计划保持持续的推动力。

年度计划控制法的实施，有助于发现企业潜在的问题并妥善处理，防止出现更大的损失。

一、使年度计划顺应外部环境的变化

企业的内外部环境总是处在不断变化的状态之中，没有人可以对这种变化趋势作出丝毫不差的预测。从这方面来说，在年度营销计划执行的过程中出现意外情况几乎是不可避免的。因此企业必须行使控制职能，以确保营销目标的实现。退一步说，即便是没有任何意外情况出现，为了防患于未然，为了改进年度营销计划，企业也非常有必要加强对年度营销计划的控制。

年度计划主要是对销售额、市场份额、费用率等指标进行控制，具体内容如下：

1. 销售分析

即衡量和评估计划销售情况和实际销售情况之间的差异。分析工具主要有以下两种：

（1）销售差距分析。这种方法主要是用来衡量各种内外部因素对营销差距的形成所起到的作用。例如，一家企业计划销售产品5000单位，每单位售价100元，计划销售额为50万元。然到了计划期末，企业发现只销售了4000单位产品，且售价仅为75元，实际销售额为30元，销售差距为20万元，为计划销售额的40%。现在我们便来分析一下，销售差距中有多少是由价格因素造成的，又有多少是由销售量因素造成的。具体计算公式如下：

由价格因素所造成的差距额为：（100-75）×4000=10万，占总差距额的50%；

由销售量因素所造成的差额为：（5000-4000）×100=10万，占总差距额的50%。

由此可见，价格因素和销售量因素所造成的影响旗鼓相当。企业应追查为什么销售量和价格会与计划产生如此大的差距，并据此改善自己制订计划的方法。

（2）地区销售量分析。这种方法主要是来确定导致销售差距的具体产品和地区。例如，一家企业分别在A、B、C三个地区进行销售，其中计划在A地销售2000单位产品、B地销售3000单位产品、C地销售1000单位产品。而实际上这三地的销售额分别是：A地1200单位、B地3300单位、C地800单位。很明显，B地超额完成了10%，C地只完成了80%，A地却有40%的任务没有完成。毫无疑问，企业应加强对A地的调查，了解是什么原因造成了A地销售的失常：是销售员怠工所致？是因为新的竞争对手进入？抑或是该地区的国民生产总值下降，消费者购买不足？要找到问题的根源，并采取针对性的措施。

2. 市场占有率分析

销售分析并不能全面地反映企业的市场竞争能力，只有市场份额这一指标才能够揭示企业同其竞争对手在市场竞争中的相互关系。衡量市场份额的指标主要有3个，分别是：①总市场占有率，即企业的销售额占全行业的销售额的比重。②服务市场占有率，所谓服务市场便是指所有愿意且有能力购买企业产品的消费者。而服务市场份额则是指企业的销售额占其所服务市场的总销售额的比率。③相对市场占有率，即企业的销售额相对其最大竞争对手的百分比。相对市场占有率超过100%便说明企业处于市场的领导者地位，低于100%便说明企业与市场领导者还存有差距。相对市场占有率提高，则说明企业的发展速度超过了市场领导者的发展速度。

我们可以综合考虑以下4个要素来更为全面和客观地分析市场占有率，即总市场占有率 = 顾客渗透率 × 顾客忠诚度 × 顾客选择性 × 价格选择性。其中，顾客渗透率是指从本企业购买某种产品的顾客占购买该产品的所有顾客的百分比；顾客忠诚度是指从本企业购买的产品占这些顾客在其他企业所购买的同类产品的百分比；顾客选择性是指本企业的一般顾客购买量相对于其他企业的一般顾客购买量的百分比；价格选择性是指本企业的平均价格与所有其他企业平均价格的百分比。

3. 营销费用率分析

所谓营销费用率分析，便是分析营销费用同销售额之比。一般来说，企业的营销费用支出包括销售队伍支出、广告费用、促销费用、市场调研费用、销售管理费用5种。每一种对销售额的比率都应控制在一定的范围之内，以确保企业在达到销售计划指标的过程中营销费用没有超支。若费用率的变化不大，处于安全的范围之内，则不必采取任何措施；若变化幅度过大，以至接近甚至是超过了控制上线，就必须采取有效的措施。

二、格兰仕亡羊补牢

格兰仕依靠成本领先战略和刚性价格战这两大利器，一度在世界微波炉市场上风光无限，在国内市场上更是占据了七成以上的市场份额。然而，风光之后，格兰仕的销售却遭遇了低潮。对于这种情况，格兰仕及时进行了调查分析并采取了措施，以期起到亡羊补牢的效果。

原来是消费者对微波炉的认同标准发生了趋势性的变化：随着收入水平的提高，价格的敏感性已经逐渐降低。从前消费者的购买心理是：买一台微波炉，能减少家务劳动就可以了。而格兰仕提供的产品不仅为生活带来了莫大的便利、经久耐用，且价格仅为300～500元，这对消费者而言实在是物超所值了。而如今，随着钱包的膨胀，人们对生活质量的要求也越来越高。就微波炉而言，技术先进性、工业设计、个性化功能等日益超越价格成为决定购买行为的重要指标。

在以上市场分析的基础上，格兰仕意识到要实现原定的营销计划，必须在战略战术上作相应的调整。为此，格兰仕加大了在技术研发上的投入，更加关注新技术的应用和新产品的开发，使产品能更加符合消费时尚。同时，格兰仕加强了广告宣传，加重了对技术进步、高科技新品的宣传，取得了良好的效果，销售状况也得以好转。

> **方法实施要点**
>
> 年度计划控制的中心是目标管理，它包括4个步骤：
>
> （1）建立目标。企业应在年度计划中建立月份或者季度目标，目标的设置应综合考虑各种因素，尤其是不同月度或季度的市场状况。
>
> （2）绩效衡量。即企业的高层管理者不断将实际成果与预期成果相比较，了解年度计划在市场上的执行成绩。
>
> （3）绩效诊断。如实际成果严重偏离了预期成果，企业就必须辨别并深入分析造成这种偏差的原因。
>
> （4）改正行动。根据找到的原因，及时采取纠正措施，努力弥合执行实绩与目标之间的缺口。

盈利能力控制法

企业必须衡量不同产品、地区、顾客群、贸易渠道和订货量的盈利率。这些信息将成为管理者决定哪些产品或营销活动应该扩大、哪些应该收缩甚至取消的依据。

盈利能力控制是企业确保营销目标实现的基本手段之一。

一、保持强大的盈利能力

盈利能力控制是用来测定不同产品、不同销售区域、不同渠道、不同顾客群体以及不同订货规模盈利能力的方法。这些测定所得的信息对企业非常重要，它们将成为管理层决定哪些产品或者哪些营销活动应该被扩大、收缩或者取消的依据。

营销盈利率分析的步骤

营销盈利率分析是实施盈利能力控制的前提，其主要分为以下3个步骤：

（1）确定功能性的费用。企业的营销活动通常由销售、广告、包装、运输、促销、回款等活动组成，每一项活动都需要一定的资金支持。营销盈利率分析的第一步便是确定这每一项活动所引起的具体费用支出。

（2）将功能性的费用分配给各营销实体。企业的零售渠道通常不止一种，这一步的任务便是根据各种渠道的特点以及各渠道的实际销售状况，分配功能性费用。例如，广告费用可以按照不同渠道所投放的广告数进行分配。

（3）为每一个营销实体编制一份损益表。企业可为每一种销售渠道编制一份损益表，以了解企业各个销售渠道的盈利状况。

选择最佳的调整措施

通过营销盈利率分析，企业可以了解不同渠道、产品、地区或者其他市场营销实体的相对盈利能力。根据分析结果，对于现有各个零售渠道，企业可能采取的策略无外乎这样5种：其一，给予盈利率较差的渠道更多的促销帮助；其二，减少盈利率较差渠道的销售访问次数和广告次数，以降低成本；其三，不从整体上放弃某种渠道，只将这些渠道中最差的零售单位剔除出去；其四，对小额的订货收取特别费用；最后，不采取任何措施。

对于那些处于亏损状态或者基本不盈利的营销实体，企业也不宜简单地采取放弃战略。在作出决策之前，至少应该考虑这样几个问题：其一，这些营销实体的未来趋势如何。如果前途光明，那么暂时的亏损是可以接受的。其二，消费者在多大的程度上是根据零售商店的类型对不同品牌进行选择的。如果商店的类型只是一个微不足道的因素，企业还应将重点放到产品或品牌上来。其三，基于各种渠道所判定的企业营销战略是不是最佳的。给这 3 个问题以明确的答案，有助于企业从上述五种策略中选择出最适合自己的一种。

二、雀巢遭遇财务危机

雀巢是一家拥有百余年历史的著名企业，它非常受人尊敬，但这并不意味着它不会犯错。事实上，像其他所有企业一样，雀巢也曾遭遇过失误和挫折，甚至多次面临致命的风险和困境，发生在第一次世界大战前后的财务危机便是其中之一。

第一次世界大战的爆发，对于大多数人来说无疑是一个噩耗。然而作为一家经营食品、饮料的企业，雀巢产品的需求并没有受到严重的影响，只是战争所带来的运输困难使其进出口贸易受到了阻碍。这就使在某些地区，牛奶成了紧俏商品。雀巢认为这是一个巨大的商机，于是在美国、澳大利亚等地陆续建立了一批工厂，以满足当地市场的需求。为此，雀巢欠下了大笔的借款。众所周知，第一次世界大战并没有持续多久。战争结束后，政府不再大宗采购罐装牛奶，消费者的需求也发生了显著的变化。雀巢不得不顺应这种变化，改变自己的产品策略，为此它需要投入大量资金改造生产线。1920 年，雀巢发现发展中国家是潜力巨大的市场，于是开始在巴西等发展中国家投资建厂。至此，雀巢在全球拥有了 80 多家生产工厂、300 多家分销处和代理处，而与此同时，雀巢的负债总额也上升至 8500 万瑞士法郎。

当然，如果经营形势能够一如既往地平稳发展，8500 万瑞士法郎的债务对于雀巢来说并不是不能承受的重担。然而事情总是不遂人愿。1921 年 1 月，世界性的经济危机使宏观环境恶化，汇率波动，原料价格飞涨，更有人在股市中散布雀巢将不再分红的谣言。这一切最终促使雀巢的股票市值在一年之内跌了近 50%。

惨重的损失终于使雀巢的决策者猛醒，高筑的债台促使他们必须去做一些事情。痛定思痛，为挽救危局，雀巢的决策者做了这样两件事情：第一，果断地关闭闲置的工厂，停止亏损产品的生产；第二，变革组织形式，放弃家族式管理的传统，聘请财务方面的奇才达普勒为公司的总经理。

达普勒走马上任时，雀巢的银行贷款总额已高达 2.93 亿瑞士法郎，而股票市值的跌势依然不减。雀巢在全球各地的分公司大多在亏损经营，其中尤以美国的分公司损失最大。面对这一问题，达普勒给出了这样的对策：各地分公司自主经营、自负盈亏，总公司不再为各分公司还债。这一招起到立竿见影的效果。各分公司努力提高利润，积极偿还贷款，在不到一年的时间之内，就使雀巢的负债总额下降至 5447.7 万瑞士法郎。到 1925 年，雀巢终于还清了贷款。达普勒的第二招是整顿美国市场，回归欧洲市场。雀巢清理和整顿了众多原料供应不足和交通不畅的美国工厂，重新将精力集中于欧洲市场。在这两项措施的帮助下，雀巢终于在 1929 年之前恢复了元气。

通过这次财务危机，雀巢总结了三点教训：其一，根据自己的实力选择市场，盲目地扩张只会拖垮自己；其二，让专业人士来管理公司；最为重要的是第三点，即要懂得盈利控制，良好的财务状况才是企业长期发展的基本所在。

方法实施要点

像其他信息工具一样，营销盈利率分析既可以指导营销人员的行为，也有可能把他们引入到歧途中去。这取决于营销人员对这一方法局限性的理解程度。此外，在营销成本分析上，企业还应将全部营销成本区分为直接成本、可追溯的共同成本、不可追溯的共同成本 3 种类型来具体进行分析，而不是囫囵作为一个整体进行分析。这便需要先对这 3 个概念进行区分。

直接成本是指直接分配给引进这些费用的营销实体的成本。比如，针对一种产品所做的广告，广告费便是该项产品利润分析中的一项直接成本。其他的一些直接成本项目还有销售佣金、推销人员的工资和差旅费等。可追溯的共同成本是指只能间接地按照一定基础分配给营销实体的成本，比如固定成本等。而不可追溯的共同成本则是指高度主观地分配给营销实体的成本，如维护和提高企业的品牌形象所支出的成本、管理层的工资、税金、利息和其他管理费用等。

对于这3种成本，应将直接成本纳入到营销成本分析中来是不容置疑的，将可追溯的成本包括进来也是可以理解的，而争议的焦点在于是否应将不可追溯的成本分摊给营销实体。认为应当分摊的人的理由是：要确定真实的盈利率，必须将所有的成本都分摊进去。这些人的论点被称为全部成本法。

鉴于全部成本法，建议企业对作业成本会计加以留意。所谓作业是指企业为提供一定量的产品或者劳务所消耗的人力、技术、原材料、方法和环境等的集合体。作业成本会计在计算产品成本时，首先将各个作业进行归集，除了直接成本归集于产品之外，其他成本按作业产生的原因归集到不同的成本库中；然后根据作业产生原因制定不同的标准，将成本库中的费用分摊给各个营销实体。

效率控制法

无论是什么工作，效率都非常重要。营销自然也不例外。

效率控制的目的在于提高人员推销、广告、销售促进和分销等市场营销活动的效率。

一、提高营销工作的效率

倘若盈利能力分析显示出企业的若干产品、地区或者市场所贡献的利润很少，甚至是处于亏损状态，那么，企业就更有必要对这些产品、地区或者市场作进一步的分析，以期找到更有效率的方法来管理营销人员、广告、促销和分销工作了。

1. 销售人员效率

企业各级销售经理要通过记录下述关键指标，来评价和衡量自己所掌握的区域内销售人员的效率。这些关键指标有：

（1）每个销售人员平均每天的销售访问次数。
（2）销售访问的平均耗时。
（3）销售访问的平均收益。
（4）销售访问的平均成本。
（5）销售访问的订货百分比。
（6）每一期赢得的新的顾客数。
（7）每一期损失的顾客数。
（8）销售队伍成本占总销售额的百分比。

利用上述指标进行分析，营销经理往往可以发现一些以往被忽视的问题，如销售人员的每天访问次数太少、每次访问耗时过长、访问成本居高不下、订单签订率不高等。如果针对这些问题，企业采用一些措施去切实提高销售人员的效率，通常会取得很多实质性的改进。

2. 广告效率

毫无疑问，广告的效果是显而易见的，然要衡量广告对企业所带来的确切收益却几乎是一个无法完成的任务。但是作为营销经理，下面这些统计资料还是必须要掌握的：

（1）不同的媒体类型和媒体工具每接触千名读者所花费的广告成本。
（2）注意、联想或者阅读印刷广告的人在其受众中所占的百分比。
（3）顾客对广告的内容和效果的意见。
（4）广告前后顾客对产品的态度有何改变。
（5）由广告而引发的询问次数。
（6）每次调查所耗费的平均成本。

如广告效率不尽如人意，营销管理人员可采取若干措施来对广告效率加以改进，这些措施包括做好产品定位、明确广告目标、预先测试广告信息、在计算机的指导下选择广告媒体、广告发布后进行效果测定等。

3. 促销效率

促销的方法有很多种，为提高促销的效率，营销人员应对每一项促销活动的成本以及对销售的影响作详细的记录，包括以下几个方面：

（1）优惠销售占总销售额的百分比。
（2）每单位销售额中所包含的商品陈列成本。
（3）赠券回收的百分比。
（4）一次现场的演示所引发的咨询次数。

促销人员可对不同促销活动的结果进行比较和分析，了解各种促销活动的优缺点，然后向产品经理建议最有效的促销措施。

4. 分销效率

管理层有必要对企业的存货水准、仓库的位置以及运输的方式进行调查、研究和改进，以期达到最佳的配置并寻找到最佳的运输方式和途径，从而提高分销效率。衡量企业分销效率的指标主要有以下几种：

（1）物流成本与销售额比例。
（2）订单发送正确率。
（3）准时送货的百分比。
（4）开票错误的次数。

总而言之，企业营销人员务必要努力减少库存，同时加速周转。

二、华为的效率控制措施

华为是国内领先的电信网络解决方案供应商，其产品和解决方案涵盖移动、核心网、网络、电信增值业务和终端等领域，并在全球建立了100多个分支机构，营销和服务网络遍及全球。像华为这样一个机构庞大的公司，如果不制定有效的管理措施来保证各部门的办事效率，势必会造成资源的极大浪费。也正因为如此，华为公司从上到下都非常重视效率控制，在市场销售方面更是做了大量的工作，以期通过效率的提升，来使企业实现快速、稳定的发展。

销售队伍效率控制

销售人员是一线市场的核心要素，只有销售人员的工作效率提高，产品的市场占有力度才会得以增强。华为公司对此深以为然，他们不仅要求各级销售经理认真记录反映本地区销售队伍效率的几项关键指标，还为销售人员量身定做了一个提高工作效率、实现自我管理的法宝，这就是填写工作日志。

填写工作日志是华为公司的一项重要管理手段。企业内行政人员和研发人员每半小时便需填写一次，而销售人员由工作性质所决定，每天工作结束前填写一次工作日志。工作日志的内容包括：当天的工作目标是什么、完成情况如何、有何心得体会、如未完成目标原因何在等。虽然工作日志在客观上加大了销售人员的工作量，但它所起到的作用却是巨大的：首先，帮助员工设立明确的目标。工作日志实质上是把员工的长远目标细化到了每一天、每一个工作阶段甚至是每一小时，这会使员工的工作更有针对性、目标更明确，有利于员工加强自我管理。其次，有利于新员工的成长。销售新员工大多是刚走出校门的大学生，基本上没有什么销售经验，通过填写工作日志，有利于他们及时总结经验和教训，快速地融入市场。其三，有利于上下沟通。华为的工作日志还是领导与员工交流的一个重要工具。透过工作日志，领导能够清楚地看到员工的成长轨迹，在员工欠缺的方面予以具体的指导和帮助。

广告效率控制

迄今为止，华为除了在专业性的刊物上做宣传以外，很少有其他形式的广告。但随着国际化道路越走越远，品牌形象的建设也逐渐引起管理层的注意，在对待广告的态度上也有了明显的转变。华为每投资一个广告，宣传部门都会统计应该统计的信息，如消费者对广告的内容和有效性的意见、由广告所引发的咨询次数等。然后在统计资料的基础之上，宣传部门会有计划地改进广告投资方式，以提高广告效率，如在一次做广告前选择最适合自己的媒体等。
促销效率控制
华为是一家生产大型通信设备的厂商，由这一特性所限，华为的促销手段显得较为单一。为了改善促销效率，华为的促销人员认真统计了这样几方面的资料：优惠销售所占的百分比、每单位销售额所包含的陈列成本、演示所引起的询问次数等。同时，促销经理根据促销活动的实际表现，制定针对性的改善措施，以提高促销效率。

> **方法实施要点**
> 效率控制的目的在于提高人员推销、广告、销售促进和分销等市场营销活动的效率，为此市场营销经理务必要重视若干关键比率，这些比率表明了上述市场营销组合因素的有效性以及应该如何引进某些资料以改进执行状况。

战略控制法

随着时间的推移，企业必须对营销战略进行缜密的评价，以使其总能与现实的营销环境相适应。

营销审计通过对一个企业或者一个业务单位在某段时期内的营销活动进行全方位的检查，确定可能存在的威胁和机会，并制订行动计划，提供企业的营销业绩。

一、确保营销战略与营销环境相适应

市场营销战略是企业根据自己的营销目标，在特定的环境中，按照总体策划过程所拟定的可能采用的一连串的行动方案。营销战略一经制定便会对企业的营销活动起到指引的作用。然而，企业的内外部环境变化很快，企业曾经制定的目标、策略、方案等往往跟不上这种变化，变得不合时宜，战略的失控便不可避免地在战略实施过程中出现。为应对这一状况，营销经理便需通过不断地评审和信息反馈，对原战略不断进行修正，以确保企业的目标、政策、战略和措施与现实的市场营销环境相适应，这便是战略控制。市场营销审计是企业进行营销战略控制的主要工具之一。

营销审计是指对一个企业或者一个业务单位的市场营销环境、目标、战略、组织、方法、程序和业务等方面做综合的、系统的、独立的和定期性的检查，以确定可能存在的威胁和各项可能的机会，并提出行动计划，以期提高企业的营销业绩。市场营销审计由以下6个部分组成：

1. 市场营销环境审计

毫无疑问，营销战略必须在分析人口、经济、生态、技术、政治、文化等宏观因素的基础上制定。这些宏观环境因素并不是固定不变的，因此原先制定的市场营销战略也必须相应地作出改变，也就是说要通过市场营销审计来进行修订。

市场营销环境的审计不应仅限于宏观环境因素，中观以及微观上的因素也应引起重视，比如市场的规模、市场增长率、顾客与潜在顾客对企业的评价、竞争对手的目标及其战略、竞争对手的优势和劣势、市场占有率、供应商的推销方式、经销商的贸易渠道等。

2. 市场营销战略审计

市场营销战略审计的任务包括这些方面：企业是否以市场为导向来确定自己的任务、目标并设计自己的企业形象；企业的竞争地位是否与自己的任务和目标相一致；营销战略的制定是否与产品生命周期、竞争对手战略相适应；是否按照科学的方法来进行市场细分并选择最佳的目标市场；是否合理地配置营销资源、确定合适的市场营销组合；企业形象、公共关系、市场定位等方面的战略是否卓有成效等。

3. 市场营销组织审计

对市场营销组织的审计，主要是为了评价营销组织在执行市场营销战略方面的组织保证程度及其对市场营销环境的应变能力。对营销组织的审计，主要考虑5个方面的问题：其一，现在的组织结构是否合理；其二，竞争对手的组织结构是否有借鉴之处；其三，未来的组织结构建设可采用何种方式；其四，组织结构的功能、效率如何；其五，组织各部门之间的联系效率是否需要加强。

4. 市场营销系统审计

市场营销系统审计包括4个方面：营销信息系统审计、营销计划系统审计、营销控制系统审计和新产品开发系统审计。

5. 市场营销效率审计

市场营销效率审计是在企业利润分析和成本分析的基础上，审核企业的不同产品、不同市场、不同地区以及不同分销渠道的盈利能力；审核进入或退出、扩大或缩小某一具体业务对盈利能力的影响；审核市场销售支出情况及其收益；审核销售队伍的效率、广告效率、促销效率和分销效率等。

6. 市场营销功能审计

市场营销功能审计主要是针对企业市场营销的组合因素包括产品、价格、渠道和促销等4个方面的审计。

二、英特尔果断进行营销战略转移

英特尔是存储芯片的开拓者，早在20世纪70年代，正是得益于英特尔在存储芯片上的不断创新，计算机产业才发生了革命性的演进。当时，英特尔公司在存储器市场上一枝独秀，几乎垄断了整个市场。然而从20世纪80年代开始，日本公司仿佛一下子从地下冒出来。它们凭借超大的投入和惊人的效率，迅速吞噬着存储器市场的份额，使英特尔感受到了严重的威胁。

时任英特尔公司CEO的安德鲁·格罗夫倍感压力，他分析英特尔有这样几种战略选择：一是通过技术升级、资本及人才收购等策略同日本公司正面交锋，以期保住自己的市场地位；二是与日本公司协商，共同分享市场；三是退出市场，寻找新的商机。格罗夫做出了令所有员工都大吃一惊的决定：退出市场！他认为英特尔的产品难以同日本公司所制造的高性能、低价位、大规模生产的产品相抗衡。遏制失败的唯一策略，就是营销战略转移！

对于一个长期占据市场龙头地位的公司来说，这样的决定确实令人难以接受。董事会陷入了没完没了地争吵，整整持续了数月！最终，天平还是倒向了格罗夫。他承诺自己会承担这次大胆的战略转移可能造成的所有风险，这让董事会的官僚们闭上了嘴巴。

格罗夫很快寻找到了新的目标，那就是微处理器。从1985年秋天开始，在格罗夫的领导下，英特尔集中资源全力开发微处理器产品。大约经历了1年的努力，英特尔推出了跨世纪的386微处理器，一举引爆市场。在386面世的当年，英特尔就实现了29亿美元的销售额，公司股票市值增长了30%。从前那个"存储器之王"消失了，而更为强大的微处理器帝国却诞生了。营销战略的转移，使英特尔获得了新生。

方法实施要点

市场营销战略的重要性毋庸置疑，是从整体上和全局上来考虑问题。战略控制所注意的也是控制未来，即控制企业营销活动的发展趋势，控制尚未发生的事情。这就决定了战略控制必须要根据最新的情况重新估计计划及其进展，因此其难度也较大。诚然市场营销审计是进行战略控制的一个有效的手段和方法，但国内大多数企业还没有建立一套规范的控制系统，所谓营销审计只能解决一些临时性的问题。国际上的一些知名企业，其市场营销审计的体系已颇为成熟。国内企业可充分借鉴其经验，根据自己的特点，进一步完善战略控制体系，使其切实发挥作用。

还有一点必须予以强调，营销审计最重要的作用在于"防患于未然"。因此，营销审计绝不能等到企业出现危机或者重大问题时才进行，那样便失去了意义。此外，企业最好请外部的机构或人员来对自己进行营销审计。这样不仅可以得到一个更客观、独立的审计结果，而且外部机构或人员由于专业、经验丰富和时间比较集中，所以其审计工作的效率也较高。

下 篇

必读的经典营销书

《销售圣经》

◎ 简介

杰弗里·吉特默,当之无愧的销售天才。积极乐观且幽默的性格魅力与其30年来在销售领域的亲身经历,使得他成为一个智慧而富有人气的销售艺术大师。

尽管杰弗里·吉特默强调销售是一门严谨的科学而不是艺术,但他所极力宣扬的诚恳笃实的销售态度、机智灵活的应变方式、巧夺天工的语言技巧,无一不堪称销售世界的经典艺术。

1992年,身为普利策奖得主和报纸出版人的马克·埃思里奇决定:支持他的好友杰弗里·吉特默在《夏洛特商报》上开设栏目《销售方略》,让他将自己新颖而有效的销售理论通过栏目进行推广。自此,杰弗里·吉特默在销售领域声名鹊起。《销售方略》专栏很快就被推广到达拉斯、亚特兰大、普林斯顿等著名商业城市,在规模宏大的销售队伍中掀起了争相学习的狂潮。

随着进一步的实践和总结,杰弗里·吉特莫在销售领域的造诣越加完备和深厚。他非凡的销售能力,使得可口可乐、西门子、希尔顿、先达等蜚声世界的国际公司也经常邀请他主持销售会议和演讲,对公司的员工进行有创意的项目培训。他所主持的专栏《销售方略》也在美国和欧洲的85家商业报纸同步登载,每周的读者达到350多万人。

依据自己30多年来在销售和销售咨询两方面积累的实践经验,杰弗里·吉特默从1993年8月开始昼夜奋战,策划出书。在几位朋友的帮助下,他在北卡罗来纳的海滨山区和南卡罗莱纳的希尔顿海德岛各苦战一个星期,花了700多个小时完成这本营销学巨著——《销售圣经》。

这是一套全新的销售理论,它将指给你一条通向理想目标的正确路径,教会你如何拥有独特的创意、奇妙的思想和高超的技巧,使你免于碰壁,让你的销售能力迅速提高,赢得顾客的忠诚。

《销售圣经》诞生已经进入第二个10年,但它始终是每个销售人员必备的宝典,也是销售人员最应该拥有的书籍之一。精彩的案例分析、幽默的工作方式、细微的情景处理不断地影响和改变着管理、销售人员的职业观念,为千百万销售人员提高业绩立下了汗马功劳。

◎ 原书目录

规则、秘密、乐趣
准备好让潜在客户惊呼
请允许自我介绍
作一次精彩的产品介绍
决绝、成交和跟进……获得"是"
叹息和敌人
国王万岁:顾客

福音书

网络建立……通过协会获得成功

先知和利润

提高你的收入

我能否听到一声"阿门"

◎ 思想精华

著名销售大师杰弗里·吉特默的精华思想概括如下：

* 规则、秘密、乐趣。对于一个合格的销售人员，诚恳、勤奋、自信、好学和容忍是最基本的秉性。突破自己身上的种种性格缺陷（自己给自己套上的精神枷锁），是做好销售工作的先决条件。把销售当作一门科学，培养自己专业的销售精神！

* 准备好让潜在客户惊呼。专而全的产品知识、精心的个人设计、自信的心理状态、机智的场景应变、对客户高度的洞察力、准确而有力度的语言，这些都能使你在庞大的销售人员队伍中脱颖而出。

* 请允许自我介绍。简明、扼要、强势、有趣地进行自我推荐。努力增加与顾客的信息互动。刺激潜在顾客的思考，获得顾客的信息反馈。谦恭、大方、委婉和幽默地进行陌生拜访。

* 作一次精彩的产品介绍。建立良好的互相信任的带有很强感情色彩的关系。

* 拒绝、成交和跟进……获得"是"。微笑着接受拒绝，洞察拒绝的真正原因。投其所好，对症下药，步步为营向成交靠近。灵活机智地应用销售工具。

* 叹息和敌人。以诚恳的态度稳中求胜，向顾客多维度地展示你是完全值得他信赖的人。在竞争对手面前，永远保持一颗冷静的心（不能中伤对手，要去了解他、警惕他）。

* 国王万岁：顾客。你必须用100%的服务精神服务于你的顾客（是具体的行动，比如你可以在1小时之内让顾客的投诉得到完美的答复）。如果你彻底征服了一个客户，那你就获得了一个不错的潜在顾客群。

* 福音书。销售会议上的精神补充、有效的销售信件、认真地倾听和观察，能使你获得意外的收获。

* 网络建立……通过协会获得成功。鼓起勇气，为自己拓展一个良好的关系网，它将成为你销售事业走向成功的助推器。

* 先知和利润。告诉你一个成功的销售行业领导者必须具备的素质（非凡的勇气、开放的思维、以身作则的作风等）。新型的销售人员，首先应该有专业而丰富的产品知识；其次是能够帮助顾客有效地购买东西，而不是卖给顾客东西。

* 提高你的收入。努力转动自己身上的每一个"火力点"（态度、知识、目标、交际、洞察力、勇气和毅力），向更大的潜在顾客群发起"总攻"。

* 我能否听到一声"阿门"。抱有一颗平和的心。生活中不停的抱怨并不是我们所面临的真正困难。

◎ 核心内容

1. 规则、秘密、乐趣

⊙规则记

有一句古话叫作"一失足成千古恨"，这充分说明失败从开始就埋下了一粒恶劣的种子。同理可知，成功也是一样的。没有一个远离失败的开端，就必然不能有一个理想的结果。

如果你想成为销售行业中成功的典范，如果你想让自己的人生价值在销售领域中得到实现，就必须明白什么才是值得你真正遵循的法则。

（1）持之以恒，相信自己（积极、自信、坚持）。

（2）学而不倦，付诸实践（掌握全面的知识且学以致用）。

（3）察言观色，观其所需（倾听、观察，了解顾客所需）。
（4）万事俱备，才借东风（做了充分的准备，才去接触潜在顾客）。
（5）心之所诚，动之以情（以诚恳的心态去帮助顾客，而不是只为佣金和提成）。
（6）巧言妙语，趣味横生（好的谈话技巧，会有意想不到的收获）。
（7）力射全局，柳暗花明（关注有力度的问题，获得新的顾客信息）。
（8）一击千里，天道酬勤（顽强地跟进，是走向成交的关键）。
（9）一言既出，驷马难追（言出必行，提供完美的客户服务）。
（10）大将风范，众望所归（不中伤竞争对手，赢得顾客满意，因为他可以带来新的客源）。

⊙ 秘密记

美好的生活从美好的梦想开始，不敢想象和做梦的人是没有未来的。然而，只会梦想的人也注定会失败。在理想与现实之间，只有通过不懈的奋斗去探索、去发现、去挣扎，才能找到那座神奇的桥梁，获得财富和荣誉。如果作为销售人员的你也这么认为，那么请谨记其中的奥妙。

（1）想你所想，必能成真（坚定的信心是成功的一半，写一份个人宣言并坚决执行）。
（2）你并不需要梵·高（法国杰出的印象派画家）般的天才（销售是一项完全可以通过学习掌握的本领）。
（3）把自己顾虑的不利因素都当作是懦弱的借口（去掉头脑中的精神枷锁，将注意力集中在问题的关键点上——停止你的抱怨，对顾客多做了解，直到获得答案）。
（4）明白顾客所需（诚恳的态度，良好的职业道德，优秀的产品，助人为乐的热情，尊重人格，兑现承诺）。
（5）寻找成交的热键（令顾客最为触动的关键点——需要你的观察和推理才能获得）。
（6）最好的销售不是产品和金钱的交易，而是信任和友谊。
（7）让顾客喜欢你（你的产品和人格），一个老顾客就代表着会有很多新顾客。
（8）"擒贼先擒王"，抓住核心人物（最好的销售方法从 CEO 开始，直接给他感兴趣的信息）。

⊙ 乐趣记

幽默是一种非常棒的生活习惯，是人与人之间的润滑剂，它可以使你在很多未知情况下避免被拒绝，少一些尴尬。

如果在销售过程中，你能让心存戒备的顾客笑逐颜开，那你就有能力让他们购买你的产品。
（1）开场的幽默能给大家营造一种愉快的气氛。
（2）注意对象和时机（不是每个人都喜欢笑声，巧妙地插入）。
（3）避开顾客的忌讳（有人忌讳宗教或者政治话题）。
（4）幽默能把更多的问题变成成交的机会。如果你的幽默巧妙而得当，那么成交的机会会增加很多。

2. 准备好让潜在客户惊呼

⊙ 惊呼记

在浩浩荡荡的销售人员队伍中，你能否成功立足，能否赢得广大的顾客和荣誉，完全取决于你是否具备脱颖而出的能力。

（1）态度（积极、充分准备、守诺、诚恳）。
（2）性格（耐心、细心、勤快、开朗、大方、大胆、尽可能地幽默）。
（3）销售精神（顽强、创新、吸引力、技巧、学识、慧眼）。

只有逐项制订细致的计划，坚决贯彻于行动，才能促使自己的整体实力在同行中鹤立鸡群。

⊙ 问题记

提问，是你和顾客交流的关键。如果你处在较为被动的位置，一个有效的问题就象征着一次有利的转机。

（1）根据预想，事先设计问题、预备答案。
（2）问题应该是开放性的，类似两难推理（不能用"是"或"不是"回答，而是需要陈述）。

（3）循序渐进。
（4）问题需要有力度，简单明了（不能让顾客感到啰唆和厌烦）。
（5）刺激顾客的思维转变（让他考虑接受新的事物）。
（6）激起顾客的回忆（没有会厌恶自己的听众，而且可以获得顾客更多的信息）。
（7）避免陈旧、俗套的问题（耳目一新的感觉更具吸引力）。
（8）向顾客的工作状况转移，逐渐切入正题。

得力的问题可以迅速地拉近与顾客之间的关系，从而察觉顾客的实际需求，为自己进一步的销售奠定良好的基础。还等什么？用你的心去销售吧！

⊙ 力量记

让顾客行动，你才能卖出你的东西。如果他觉察不到你的产品和服务具有出众、可信、明了、经济等优势，又怎么会有成交的兴趣呢？所以，你必须激励他、说服他。

（1）强调产品能给他们带来什么，而不是句句不离产品本身（如果你卖汽车，就强调它的尊贵、安全、舒适）。
（2）站在顾客使用的角度（这样才能给他们信心和踏实感）。
（3）一个有力的陈述（强调他们所需要的你都能给）。

影响和引导顾客的思维倾向，设计有力的提问，你就会有一种无形的力量，进而留住顾客。

3. 请允许自我介绍

⊙ 拜访记

自我介绍的实质就是推销自己。聪明地向别人推销自己，发布自己的信息，可以给自己带来一个广阔的演绎天地（销售人员最为需要）。

（1）他人介绍，首次见面。简明扼要地告诉他（或她）你是谁、在哪里工作、做什么（但这个过程需要有创意）。

你给他的问题，不能只用"是"或"不是"就可以回答，用探究性的问题刺激他的思考，从而获得一些他的信息。

弄清他的需要之前，不必暴露自己的真实意图。

展示你的干练、果断等优点（第一印象尤为重要）。

（2）自我引荐。完成一张出色的自我推荐表（要求简短扼要、富有创意、了解对方信息、引发对方思考、展示优势），需要25次以上的实际运用。

恰当的递送方法。

稳步推进与顾客的关系（巧妙地联系和跟进、设计单独的会见等）。

如果有一个介绍人，你与潜在顾客的沟通会更加有效。

（3）陌生拜访。只有学会绕过障碍（某些场合标示的"谢绝推销"、进入大楼时保安的阻止等情况）才能离目标更近一些。

找到决策者（只有这样，才能使你的销售工作切入正题）。

开场白非常重要（让大家在轻松中开始，但你的问题必须有力度）。

对自己强调拜访只是为了享受乐趣（让自己不附带任何压力，有置之死地而后生的感觉）。

委婉地让对方意识到你可以帮助他做些什么（任务真正开始）。

4. 作一次精彩的产品介绍

⊙ 介绍记

销售人员们简单而机械地复述，是一种很差劲的介绍方式。试想，如果有两个人，一个是你信赖的朋友而另一个是陌生人，他们分别给你阐述同一件事情，你的理解和好心情会更倾向于哪一个呢？当然是前者。相同的道理，在潜在顾客之间加上友谊的色彩，会给你的介绍增添更多的方便和趣味。

（1）幽默的开始（这不是每一个人都能天生拥有的资质，所以应该慎用或者因人而异）。

（2）人们都有喜欢谈论自己的偏好，所以你必须注意倾听（察言观色，这样才有可能拉近你与顾客的关系）。

（3）让顾客感觉到你对他很了解（这完全取决于你先前的准备）。

（4）态度要友好、真诚，找寻大家共同喜好的话题，避免销售台词（给顾客制造一个乐于谈话的心情）。

除此之外，让消费者拥有信心（对自己、对销售人员、对产品等）才是迈向成交至关重要的一步棋。请你注意以下几点：

（1）要让顾客对你很有信心，首先是给自己十足的信心（对自己、对产品）。

（2）清楚回答潜在顾客的每一个问题（关于产品的、公司的），显示你过硬的专业素养。

（3）举出一个对自己满意的老顾客的名字（潜在顾客所熟悉的）或者其他的第三方（满意顾客的名单）为证。

（4）不中伤或者贬低竞争对手（这点可以显示你的职业道德水准）。

（5）沉着，稳重（谁都不喜欢毛毛躁躁的人）。

（6）完备的书面材料（这样显得比较专业和正式）。

（7）关注顾客的顾虑，让他感觉你是在帮他，并不是看中了他兜里的钞票。

（8）留一点重头戏在后面（这在顾客最矛盾的时刻显得尤为管用）。

如果你的销售对象是一个团体，则应附加几点：

（1）扩大交流面（尽量多认识在场的人）。

（2）事先掌握这个团体的基本情况（包括它的历史、成员和最大的优势、劣势等）。

（3）突击核心人物（只有与权力人物沟通，才有实际性的效果）。

（4）创造互动（给他们主人翁的感觉）。

（5）动用智能化的辅助工具（不能否认，电脑的演示比起你的说辞更为有效）。

（6）整体的会场气氛尤为重要（激发顾客团队里的活跃因素）。事实证明，一个好的开始就是成功的一半。

5. 拒绝、成交和跟进……获得"是"

⊙拒绝记

人跟人之间以及物与物之间的差别，决定了世界上没有100%的默契。并不是你想要的就是我能给的，也不是我想买的价格恰是你想卖的价格，所以拒绝和讨价还价是不可避免的。作为推销自己产品的销售人员，被拒绝的情况丝毫不能幸免。但做出积极的预防未必不是一件好事。

（1）预测每一个客户可能的拒绝，设计对应的答案。

（2）准备有一定吸引力的辅助工具支持你。

（3）与伙伴交流经验，事先演练。

（4）争取一个老顾客的有力推荐。

（5）在最大可能范围内，给顾客一个试验的机会。

然而，当你精心的准备和满腔激动地说辞依然在顾客那里碰壁时，你又该如何度过此关、化险为夷呢？

（1）事实上，真正的拒绝很少，每一个拒绝的背后都有顾客们自己的原因。

（2）保持镇定，他可能只是拒绝你的说辞，并不是真正拒绝你和你的产品。

（3）通过初步的交流捕捉顾客拒绝的真正原因，如同医生给病人看病要找出病源一样。

（4）反思自己是否在哪个环节出了错（没有自信、缺少专业化知识、缺乏可靠的辅助工具等）。

（5）找出顾客顾虑的实际问题，并努力帮助他解决。

（6）如果你的产品他真的需要，那就向他证明选择这个产品是没错的（说服他忘掉价格、作同类对比）。

（7）向他提出假设成交的有关问题，并进一步解决。

（8）交易成功后，给顾客一个足以让他信赖的承诺（书面材料，留下公司电话和你的个人电话，征询送货时间、地点和要求）。

虽然此类技巧会在适当的时候助你一臂之力，但销售的最高境界其实就是没有技巧。敞开心胸，就当顾客只是生活中认识、结交的新朋友，通过建立良好的信任关系来人性化地达成生意。

⊙成交记

大多数事情发生之前都会有一种征兆，销售也不例外。走向成交的第一步，就是销售人员要学会识别顾客的购买信息。

（1）如果顾客问及货物的问题（有无新货、交货方式等），你就要注意顾客是需要这个东西的。

（2）如果涉及到产品的价格问题，就证明顾客正在考虑自己的经济承受能力。

（3）如果提及公司和你的个人问题，就表明他还没有对你完全信任。

（4）如果问及产品的专业特性或者质量问题，请注意，你述说的态度一定要客观（几乎没有一件产品可以说是完美的）。

（5）如果是询问以前的销售情况和老顾客的反应，你就得机智地向他证明（比如，老顾客的来信）你的产品不错。

（6）如果与你聊起关于售后服务的话题，你就应该知道他需要一个可靠的承诺。

注意：自然地将销售目的贯穿于谈话之中，不能显山露水，否则顾客会认为你不实在。

⊙跟进记

如同一场战争的末期，如果没有尾随追击，你就不能大获全胜。销售人员如果没有一套有组织的跟进系统，就无法做成一笔生意。

（1）确定顾客的信息（设置联系方式、备忘录）。

（2）设计自己的跟进方式（信件、下次拜访、熟人推荐等）和跟进工具等。

（3）创造机会，邀请潜在顾客参观你的公司或者一起参加音乐会等。

（4）适可而止，以免贴得太紧，使他心生厌烦。

（5）利用一些与顾客有关的东西，提高你在他的视线里出现的频率（送给他一些有用的资料，请他参加一个很有意义的商务活动等）。

（6）如果是电话或者信件联系，需懂得给对方设置一点小悬念（给他说一个他感兴趣的问题，但是保留重点）。

记住：在这个过程中离不开的，是你的大胆、耐心和坚持。

6. 叹息和敌人

⊙悲叹记

市场瞬息万变，指的就是市场的不确定性。销售作为一种经济手段，同样也必须面对顾客的不确定性。如何应付这种不确定性呢？这就要求销售人员必须拥有足够的冷静和客观。否则，就像很多自以为是的销售人员在销售过程中实际上一窍不通一样。

（1）没有事先的精心计划，随意进行销售活动。

（2）懒惰、没有强烈的意愿和对销售成功的渴望，也没有掌握全面的产品知识。

（3）一旦受到顾客的冷落或者拒绝就不知所措，不能随机应变。

（4）缺乏积极的态度和忍耐力，以为销售只是一个瞬间的交易动作。

（5）呆板和冷漠，使得顾客与之无法轻松相处。

（6）关键时刻不愿接受他人帮助，让自己孤立无援。

（7）错置顾客的位置，以为自己是绝对的被动者，把销售当作是对顾客的祈求。

（8）急于求成，只想赶紧做成一笔生意，使得顾客心生疑虑。

（9）隐瞒或者欺骗顾客，提供不能满足对方需求的产品。

（10）轻浮的态度使顾客觉得得不到应有的尊重。

（11）缺乏为顾客服务的真诚，脑袋中只琢磨着提成和佣金。

（12）以为偶尔的送货迟到或服务粗心是可以原谅的。

如果是因为你没有尽力或者粗心大意而造成自己销售的失败，那么你必须为此付出代价和承担责任。

⊙ 竞争记

市场是有限的，所以竞争是必须且激烈的。要在市场上保住自己的地盘，唯一的方式就是在激烈的竞争中胜过自己的竞争对手。即使共存，竞争也不能避免。这就是市场的残酷性。

（1）比较自己与竞争对手在市场中的实力和地位，客观分析各自的优劣势。

（2）弄清自己与竞争对手的生意对象有无现存冲突，是他销售的触角伸到你的客户跟前，还是你销售的触角伸到了他的客户跟前。

（3）如果你是销售领导，提防对手挖走自己的员工。

（4）掌握对手的销售状况和基本的信息（对员工的要求、产品价格、销售目标等）。

（5）时刻关注对手，学习他们的优势，突击他们的劣势。

（6）尊重对手，保持良好的职业道德和专业素养。培养自己的软实力。

良性的竞争，是学习、是全力以赴，是在某一件事情上比别人做得更好，是促使大家共同进步的一种强大动力，而不是斗争、诋毁和消灭。

7. 国王万岁：顾客

⊙ 客服记

尽管你已经成功地做成了一笔生意，但是请不要得意忘形——某种程度上说，一件产品的售后服务比一件产品本身的商业价值更大。现代人更多讲究的是享受你优良的服务，而不只是产品的卓越性能。

有调查显示，顾客的愤愤不平更多的是因为他们的权益得不到销售人员的真诚维护。比如说：在销售产品的过程中，销售人员对顾客有欺骗或者隐瞒的行为；对顾客的质疑和不满有置之不理的行为；销售人员有时不能信守承诺。

要知道，一个满意的顾客所做的正面宣传只不过是一个愤怒的顾客所做的负面宣传的 1/20 左右。所以，为了你的销售业绩保持良好的势头，你必须掌握完美的客服秘诀。

（1）如果你是销售公司的领导，那你必须为客户服务设立专项费用。

（2）如果你是销售公司的领导，就必须对你的员工进行良好的培训和激励。

（3）如果你们是销售团队，必须各负其责，不能推卸责任。

（4）如果想完美地解决问题，事先必须设想可能发生的各种情况，及早预想答案。

（5）记住，客户服务的起点就定在 100% 满意度。

（6）认真倾听，必须理解顾客面临的真正问题。

（7）关注你的竞争对手，看看他们是怎么做的。

（8）微笑着接受顾客投诉，不能抱怨。

（9）寻找一种轻松的谈话方式，让顾客的心情保持放松。

（10）提高你的反应速度，如果顾客有所投诉，他希望的是现在就得到答案，而不是明天或后天。

（11）问题解决以后，要对你的顾客继续跟进，确保类似问题不会再次发生。

（12）凡是事先说过的，你一律要做到，不能食言。

尽管每一个行业中公司的产品和服务领域不同，但敬业、守诺、诚恳的销售精神对所有的销售人员来说都是必须具备的。如果你没有能力使一位不满的顾客变得满意，那就是说顾客正在迅速地流到你的竞争对手那里去。接下来，粗心大意的你面对的将是市场的丧失和失业。

8. 福音书

⊙ 沟通记

（1）销售人员会议。公司的销售目标是和销售人员的实际工作息息相关的，连接它们的最好方式就是举行销售人员会议。公司可以利用销售人员会议更好地激励和充实员工，从而更好地实现销售目标。销售人员可以在销售人员会议上受益多多：

员工可以互相沟通、分享信息、积累经验。

解决关于产品专业知识方面的一些问题，以此更好地服务于顾客。

接受公司的进一步专业培训，掌握更多的销售策略。

获得公司提供的更多机会。

给你一个愉快的心情，增强下一步销售产品时的自信。

值得注意的是，销售会议的现场气氛应该是轻松的、自由的、时间得当的（会议放在早晨，时间不能太长）。

（2）倾听和观察。倾听，是许多专业的销售人员最欠缺的基本功。他们只顾着思考如何将自己的产品送到顾客的怀中，而忘记了汲取顾客反馈的信息。

倾听能够避免因为自己的主观判断而说错话。

倾听可以获得你并未掌握的资料（顾客的），所以不要轻易打断对方说话。

细心的观察，可以捕捉到顾客的基本类型：快速浏览顾客的办公室环境；注意顾客细微的表情，但不能让对方发现；记住他的言语特点（比如，喜欢询问，或是喜欢述说）。

倾听和观察的主要目的是尽力地去理解顾客，了解顾客的心理状态。

⊙ **展览记**

各式各样的大型销售会——全行业的盛会，不是天天都可以看到的。到会的人们如果没有某种需求，谁也不会浪费自己宝贵的工作时间。与会者中间既包含着和你有过生意来往的老顾客，也隐藏着许多你的潜在顾客，所以你的举动必须行之有效，没有时间可以让你坐在茶桌前猜测和浪费。

首先要明白这是你的销售生涯中难得的中奖机会，你必须提早有一个精心的准备。在会场上，每一步必须做什么，一定要有条理地记在心里。

恰当安排自己的生活，拉近与主流社会层的距离。这样，了解他们的机会就会更多。比如，和他们住在同一个档次和类型的酒店，在同一个餐区进餐等。

摸清活动的基本内容，这样才不会打断自己事先的计划。

如果你的公司是以参展团队的形式出现，那么你和你的同事必须各司其职。紧密的合作是凝聚你们销售能力的唯一有效方式。

留意任何一个机会，将你的推销巧妙地渗透在你的言语之中（不是说销售员的用语），随时准备谈成一笔生意。

表现出你的干练和坚决。谁也不会喜欢和一个木讷、迟钝的人握手成交。

把握尺度。任何事情都不能过于张扬，那样别人会觉得你是有意吸引人们的注意，以为你不够沉着和可靠。

尽量扩大你的接触面，用你的职业眼光对到会者进行客观的过滤（弄清潜在顾客的真正需求）。毕竟你的销售是针对一些重点对象的，而不能撒一张大网来妄想捕住所有的鱼——你得选择更有可能成为自己顾客的。当然，与其他人可以成为朋友，因为这对你没有丝毫坏处。

会后，设计跟进方案（围绕着跟进方式、一举多得的提问、辅助的销售工具、如何见面等方面展开）。

所有的步骤都要求你有足够的细心和勤快。

9. 网络建立……通过协会获得成功

⊙ **搭网记**

归根到底，没有销售，就没有购买；没有购买，就不会有商品和市场的存在。

良好的销售应该是极其主动的，搭建一个宽广、长久、稳定的顾客群，对于一个销售人员来说无疑是非常重要的。通过下面的途径，可以给你搭建一个足以促进你销售事业的网络。

（1）只有你想增加销售、想扩展商业联系、想从他人处学到更多的商业知识、想成为一个活跃而富裕的人，你才能拥有更多的销售机会。

（2）调整出充分的精力，经常参加一些适合自己的活动（商会、公益活动等），并且在人群中明智地表现自己。

（3）事前做好足够的准备，不能迟到。

（4）向众人展示一个积极、乐观、热情、礼貌的你。没有人爱听一些抱怨和懊恼的话，欢欢喜喜的人可以带给别人轻松舒畅的心情。

（5）在会场上时刻保持头脑的清醒，不能因为一些无关紧要的消遣而忘记了自己的使命，尤其是不能在这个关键时候喝酒。

（6）如果直觉告诉你，他是一个潜在的顾客，你一定要在销售之外找到他感兴趣的方面，而且要铭记，然后试图与他建立一些可行的联系。

（7）用你心灵的眼睛去搜索任何对你可能有用的信息，并且及时跟进处理。

（8）不要开口就是与你的产品销售有关的说辞，那样会引起众人的厌烦。

（9）不要奢望每一个熟悉的人都会和你做成生意，但是他可能会给你带来生意。

（10）不是说你认识了很多人，就等于你已经拥有一个庞大的潜在顾客群，你要让很多人都认识你，并且对你有着较深的良好印象。

（11）给自己制造一些意外的收获，比如，经常在晚饭后去公园里走动，或者乘电梯的时候和某些有潜力的人（也许就是潜在顾客）搭话等。

扩大自己的潜在顾客范围，就是给自己创造更多销售的机会、给自己走向成功的可能。

10. 先知和利润

⊙ **领导记**

一个不想当将军的士兵不是好士兵。同样，一个销售员如果不想做"世界上最棒的销售员"，那他就不是一个优秀的销售员。当然，要成为一个销售行业的领导者，不仅仅要靠苦思冥想，它还需要有独立而富有魅力的性格和付出切实、高效的行动。

普通职员和领导者最基本的区别：前者只需严格律己和充分激发自己的各种能力；而后者除激励自己之外，还要以行动给自己的员工提供导向（态度、专业知识、激情等）。

增强勇气和胆量。乔治·巴顿曾经说："我从来不会让恐惧影响我的判断。"可见，畏畏缩缩和保守，是一个人成为领袖最大的障碍。销售人员就好比是在战斗的士兵，他们不可能只待在自己熟悉的战场上作战，勇气和胆量可以促使他们尽快地适应各种战斗。尤其对一个决策者来说，这更加重要。

以身作则，同甘共苦。你只有与自己的员工共同营造有趣的工作环境，共同分享经验和技巧，共同处理顾客的棘手问题，才可能使你的销售队伍成为一个优秀的团队，你的领导能力才能不断加强。

⊙ **趋势记**

传统销售人员无非是通过一系列的销售技巧而促成一种商品交易。这在人们越发聪明和警惕的现在，已经显得有些过时。那么，怎样的方式才是有效的呢？

具备丰富而且深入的产品知识，积累充足的解决顾客问题的实际经验。用事实说话，胜过1000句巧妙的推荐。

不要存在隐瞒或欺骗顾客的侥幸心理，拿出你的真诚，乐于帮助他，使顾客不再觉得你只是想一味地从他身上索取。

将与顾客的关系处理得很融洽。如果你的产品和服务使他满意，那就可能使他的朋友们也很满意。这源于一个顾客最主要的力量，也就是口碑的力量。

话有三说，巧者为妙。在与顾客的交往中，学会不要使自己的语言充斥着浓烈的商业意味，而是委婉一些。比如说"难道您不乐意拥有一个能帮助您的礼物吗"这样的说法肯定胜于"您难道不想买"。任何人都想听让人感觉舒服的话。你能对顾客的这种心理视若无睹吗？

如果可能的话，请尽量显示出你的幽默，因为有趣的谈话是最富有感染力的。

你想取得销售业绩的胜利吗？那就请进行充分的准备，在那些自以为是的家伙（同行）

面前，打几场漂亮的胜仗，做一个新一代出色的销售人员。

11. 提高你的收入
⊙数字记

人类的生理构成决定了人们的身体和精神既具有很好的弹性，同时也存在着先天的弱点（比如，懒惰和侥幸心理）。如果你想有一份理想的销售成绩摆在自己的面前，你就必须克服这些坏事的弱点，努力做到以下几点：

（1）比较自己每月的销售业绩和自己理想的目标，差距可以给自己足够的压力。

（2）态度是一个成功人士的关键，经常反思自己：是否真正尽力，是否对自己的顾客有100%的诚恳，顾客是否感受得到。

（3）出色的销售应该建立在与顾客良好的感情和互相信任的基础之上。你要明白，你是在用一种专业的眼光帮助顾客购买东西，而不是在向顾客卖东西。

（4）如果你没有一个广阔的顾客群，那么对于一些潜在顾客经常聚会的场合或活动（行业协会、商会、俱乐部之类），你还是应该多多光临。

（5）在任何一个存在潜在顾客的环境，你都必须让自己给别人留下一个深刻的印象，你的言行举止最好都能给他们以思考。

（6）你所掌握的专业知识必须足够精辟和全面，对于顾客的任何一个问题，你必须都能够给出让顾客满意的解释。

（7）在与顾客的谈话切入正题之前，你必须已经对他的各方面的信息掌握透彻，因为这关系到你们的谈话会朝哪个方向发展（良好或者糟糕）。

（8）对于还没有成交的顾客来说，你顽强的跟进和聪明的纠缠才是最终成交的关键。

（9）你必须时刻清楚自己的销售正处在哪一个环节，这样才能确定你下一步怎样做才是最正确的。

（10）时刻保持一种专业的洞察力，说不定刚刚与你擦肩而过的人就是你的后备客源。

如果你在进行销售工作的过程中，能够非常好地做到上面这些，那么，请记住，一个很棒的良性循环才刚刚开始。

12. 我能否听到一声"阿门"
⊙出埃及记

停止你的抱怨，给自己一颗很平和的心。想那些可以使你微笑的人或事情，放弃偏见，先去试着和潜在顾客们成为朋友，这才是成交的前提条件。

学会给自己的大脑放假。最好的办法就是在前一天晚上休息的时候，将自己的目标和需要完成的事情清楚地罗列出来，以此释放大脑中的一切压力。轻松的睡眠之后，一个思维清晰而又有条理的大脑会帮助你出色地完成任务。

感谢。每个人都应该心存感激——对帮助你的人、启迪你的人、和你做生意的人。

二

《销售巨人》

◎ 简介

"收场白之父"J·道格拉斯·爱德华曾经说道：成功的销售人员在他尝试5次的基础上才会说出收场白，并且收场白技巧应用得越多，他就越会成功。

但是他没有想到有人会提出并且证实收场白技巧在大订单销售中无用武之地的观点。这个与前者迥然不同的观点由全球权威的销售咨询、培训和研究机构——Huthwaite公司的创始人兼首任总裁尼尔·雷克汉姆提出，并被推广。

尼尔·雷克汉姆成功开发的新型销售理论——SPIN销售模式，不仅颠覆了这个观点，而且对于大订单销售会谈的整个环节，他带领同事都作了全新的阐述。

SPIN销售模式是尼尔·雷克汉姆与他的同事花了10年的工夫、对35000个销售过程进行分析、研究了27家知名公司及116个可以对销售行为产生影响的因素才得来的，可谓工程浩大。不过，正因为他们这种辛勤开垦销售新天地的姿态，SPIN销售模式才受到越来越多的大公司的青睐，由此奠定了尼尔·雷克汉姆在全球销售研究领域的泰斗地位。

SPIN销售模式对于一个销售人员来说，实用性是其最大优点之一。它并非是单纯的理论研究，它所包含的每一步都渗透了大量事实作为读者领会的依据。

《销售巨人》一书由麦格劳—希尔教育出版集团出版。该书的核心内容是SPIN Selling的4大类型问题，其他部分则紧紧围绕着这种提问模式一层层展开。从如何接触客户、怎样向客户提问及如何开发客户需求一直到销售会谈收场，它都作了全方位的解释和说明。总体上说，SPIN就是一种促成大订单销售的有力工具。

对于从事大订单销售的经理及广大销售人员来说，这已经是一项足以决定销售生涯成败的专业技能，因此必须掌握。

到目前为止，世界上许多知名高校都已设有该理论的课程。在全球500强企业中也至少有一半将该书作为它们销售人员必读的指导书籍。

◎ 原书目录

销售行为和成功销售
晋级承诺和收场白技巧
大订单中的客户需求调查
SPIN的提问模式
大订单销售中的能力证实
能力证实中的异议防范

初步接触
理论转化为实践
SPIN 有效性的评估
运用的态度倾向
实践手册的使用说明
重温 SPIN 的模式
自我测试
销售会谈的 4 个阶段
SPIN 发挥效力的基石
注重买方的需求
背景问题
难点问题
暗示问题
需求—效益问题
能力证实
SPIN 技能锐化
己欲施人

◎ 思想精华

当传统销售模式和方法在越来越多的大订单销售中毫无用武之地时，SPIN 销售模式诞生了。它的出现彻底地改变了销售本身、销售管理及销售培训等 3 个相互关联的领域，其生命力不容小视。它的创立者尼尔·雷克汉姆在《销售巨人》一书中对此作了详细讨论。

* 销售行为和成功销售。通过实践观察引出影响成功销售的根本因素——SPIN（它是一种向客户提问的技巧和开发潜在客户需求的工具，主要特点是非常适用于大订单销售）模式。它对传统针对小订单的销售技巧给予一定的客观批判。

* 晋级承诺和收场白技巧。作者打破了以往销售研究的环节、顺序，并没有简单地从接触客户、跟进等环节入手，而是拣了销售的末尾阶段作为研究的入口。因此，这节内容不容读者小视。

* 大订单中的客户需求调查。任何一笔销售，最基础的工作就是先期的客户调查。大订单销售亦不例外，且与小订单销售中的客户需求调查存在一定区别。

* SPIN 的提问模式。SPIN 主要讲述用来开发客户需求的 4 种提问模式，即背景问题提问、难点问题提问、暗示问题提问和需求问题提问。

* 大订单销售中的能力证实。以 Huthwaite 公司的实际销售情况为例，分析能力证实阶段在整个销售过程中发挥的重要作用和容易存在的问题。

* 能力证实中的异议防范。基于上一章的内容，阐述作者对客户异议与众不同的观点：异议处理固然重要，但更重要的是销售人员对异议的防范，这才是能力证实中的明智之举。

* 初步接触。仅仅这一步，大订单销售和小订单销售的不同之处就显露无遗。面对大笔订单，销售人员完全不必大张旗鼓地应用那些接触技巧，因为这步并非大家想象的那么重要。

* 理论转化为实践。再好的销售研究成果也必须圆满地转化为实际操作。只有这样，它才能对你的销售产生实际的指导意义。

* SPIN 有效性的评估。这章内容可以帮助许多销售主管走出一个误区——销售额的增长意味着 SPIN 有效性的发挥。这个错误观点，忽略了影响销售额的其他市场因素，譬如，竞争对手的退出、新产品的引进等因素。

* 运用的态度倾向。其目的在于通过测试告诉广大销售人员，只有你所从事的订单销售类型才是决定收场白技巧有效性的关键因素。

* 实践手册的使用说明。如果前面章节是战略分析，从这章开始将是进行布置和实战。

＊重温 SPIN 的模式。对于 SPIN 模式，不但要了解它的起源和 4 种提问类型的内涵，还必须掌握它在实际应用中技巧的灵活性。

　　＊自我测试。通过测试考察销售人员对 SPIN 模式的理解程度，有助于加强他们对 SPIN 精华的吸收。

　　＊销售会谈的 4 个阶段。分别讲解销售会谈中 4 个阶段的具体步骤，并对它们在整个销售过程中的作用加以明晰。

　　＊SPIN 发挥效力的基石。客观分析 SPIN 模式在实际应用中的优势和劣势，并指出正确实现 SPIN 模式最关键的一步——成功的策划。

　　＊注重买方的需求。重点强调销售人员如何辨识客户购买的信号和问题，并鼓励销售人员在大订单销售中积极开发和揭示客户的明确需求。

　　＊背景问题。这是 SIPN 模式实质性内容的开始。提问背景问题的关键在于销售人员与买方约见之前的准备和揭示客户难题（客户真正遇到了什么样的问题）的能力。

　　＊难点问题。这个提问方向，主要将理解和开发客户难题或隐含需求作为与客户交谈的核心。

　　＊暗示问题。它主张销售人员在与客户交谈中强化客户难题的紧迫程度，从而使买方意识向购买靠近或转化。值得注意的是，你若不能将它合理应用，效果将是反面的。

　　＊需求—效益问题。这一点在传统销售中也是极为重要的。它的主要目的是突出销售人员所提供的产品或服务的价值和吸引力，激发客户更强的购买意识。

　　＊能力证实。它会告诉你能力证实的方法和实际应用中的具体步骤，且同样强调在临阵时候灵活性也是关键。

　　＊SPIN 技能锐化。这里提供了可以使你的 SPIN 技能提高的 3 大要素：以买方立场为出发点，重视策划，定期自我检查。

　　＊已欲施人。向销售人员介绍除 SPIN 模式之外有利于增强销售技能的途径，正所谓"集思广益"。

◎ 核心内容

1. 销售行为和成功销售

　　传统销售模式在指导大多数企业获取利润的同时，也将其隐藏的缺陷慢慢暴露出来。作者在开篇交代的某著名公司的销售困境就证明了这一点。尽管这个公司的销售副总裁极力否认作者通过调查和研究得来的初步结果，但这至少证明传统销售模式对企业进一步发展已产生束缚。

　　⊙传统销售模式

　　本书主要讨论销售人员面临大订单销售时，怎样做才能走出开篇提到的那个公司的困境。要了解传统销售方式为什么在这个问题上遭受失败，首先得弄清传统销售的步骤。

　　（1）与客户初步接触。其目的是寻找可以和客户发生利益关系的途径，以利益诱惑促成交易。可惜，这个方法只适合小订单销售。

　　（2）向客户提问。这是传统销售最讲究的技巧重点，它实际操作的前提是仔细观察。

　　（3）利益宣讲。其本质是以特点为客户创造价值，但在大订单销售的实际应用中，这一点完全失效。

　　（4）异议处理。在小订单销售中，因为涉及利益不大，还勉强可以运用一些技巧进行修正和遮掩。但在大订单销售中，亡羊补牢的办法根本无济于事。

　　（5）收场白技巧。在大订单销售中，客户面对着大额支出所要承担的风险。如果你不改弦更张，这些技巧只能使你错失良机。

　　总之，要做小生意，这些传统销售技巧还能发挥作用；倘若面对大订单销售，那只能另寻高明模式。

⊙ 大订单销售和小订单销售的比较

传统销售模式为何只能适用于小订单销售而不能促成大订单交易的成功呢？了解这个问题，必须先得从两者的差异下手。

（1）大订单销售和小订单销售的特点差异。大订单销售往往要耗去大量时间，且客户心理在这段时间内波动幅度很大；再者，大订单的决策者和参与者并非同一些人。而小订单销售不会这样。

（2）两者销售技巧有差异。大订单销售需要让客户能够完全感觉到其购买价值。而在小订单销售中，客户并非把利益看得最重，因此，各式各样的技巧都可能起到作用。

（3）两者关系准则差异。小订单销售往往是一锤子的买卖，销售人员与客户的关系不特别重要。但在大订单销售中，销售人员与客户的关系非常重要。

（4）两者决策失误风险差异。在小订单销售中，就算购买失误，客户也不会太在意。然而在大订单销售中，客户会步步留心、处处在意。

因为两种规模交易所负载的价值不同，所以销售人员必须随着客户态度的转变而改变销售技巧。

⊙ 销售4步

尽管大订单销售和小订单销售各个方面都存在差异，但二者在客观上都遵循以下4个步骤：

（1）初步接触。这是销售的开始阶段，销售人员正在寻找发生利益关系的途径。

（2）需求调查。这是真正的准备阶段，主要为了确定和验证客户。

（3）能力证实。这是走向实质交易的第一步，目的是通过展现销售人员的能力，获取客户信任和对产品或服务的满意。

（4）晋级承诺。这是交易最关键的一步。如果你能获取客户当场承诺或一系列的认可，那么就说明你销售成功。

这是任何销售普遍经历的4个会谈阶段，各个阶段在整个会谈过程中有着不可替代的作用。当然，在实际销售中，具体每一步都要根据生意性质而做出相应的延伸或改变。

在这4步里，应用最广泛的技巧在于销售人员如何向客户提问。对于大订单销售来说，交易成功与否与销售人员所提问题的开放或封闭几乎无关。经过大量事实证明和学者们的研究，最终有一种全新的提问方式被开发出来——SPIN提问技巧。

它的核心是"SPIN"提问顺序。如果你想销售成功，那么你向客户提出的所有问题都必须遵循这一顺序：背景问题（任务是揭示客户难题）——难点问题（任务是理解和开发客户难题或隐含需求）——暗示问题（任务是强化客户难题的紧迫程度）——需求—效益问题（任务是以价值为吸引力，激发客户潜在购买欲望）。

本章主要目的是向广大读者引出SIPN销售模式。

2. 晋级承诺和收场白技巧

传统销售对收场白技巧的重视程度，在很多专业书籍的长篇大论中，你都可以获得答案。各式各样的标准技巧，听起来好像益处都非常大，但真正在大订单销售中创造价值的能有多少，就不得而知了。

⊙ 收场白及现有研究成果

这一小节主要向读者介绍了收场白的定义。它是作者在传统观念的基础上完善而来的：收场白是销售人员使用的一种行为方式，旨在暗示和恳求一个购买承诺，以便于买方在下一个陈述中接受或拒绝这个承诺。

作为一个销售人员，只有掌握多种收场白技巧并在订单销售过程中经常使用，才可能向交易成功一步一步地靠近。

⊙ 收场白的研究

尽管我们强调收场白技巧在整个订单销售中都曾起到良好的作用，但我们不得不承认一个事实——在大订单销售的过程中，收场白技巧将会让你丧失越来越多的生意。至于为何，请看以下原因：

大量事例考察证明这一点。作者针对190笔生意的销售过程进行研究，发现频繁使用收场白的销售的成功概率比收场白使用率低的销售的成功概率低了许多。

传统销售可能夸大了收场白的作用，因为促使销售业绩提高的也可能是其他方面的原因。很多研究公司只是将研究对象定为小订单销售和低值产品销售时，才得出"收场白可以大大提高销售额"的结论。事实上，收场白还能导致大订单销售和高值产品销售的成交概率的降低。

⊙**收场白与客户的精明程度**

除了价格因素，还有没有其他因素会对"收场白随着决策规模的增加而逐渐失效"这一结论产生影响呢？

经过大量的跟踪调查，研究人员发现：销售人员面对的客户越是精明，收场白技巧往往越是苍白无力。尤其是许多专业采购人员、代理商及资深决策人等类型的客户，你越是向他们施展收场白技巧，生意越失败。

这一点，值得销售人员谨记！

⊙**收场白与售后服务的满意程度**

大订单销售不仅指一次性大的规模，而且还包含长远、持续的生意（这次买了，下次还在这里买）。

下面这个调查旨在说明收场白与客户对售后服务的满意程度之间的关系，实质就是收场白技巧对"回头生意"有何影响。

调查者——某零售连锁店的培训主管及其同事。调查对象——145名顾客。调查方法——确定顾客对已经购买货物的满意程度，评估他们再来此地购买的可能性，调查结果以10为单位。调查结果如下图所示。

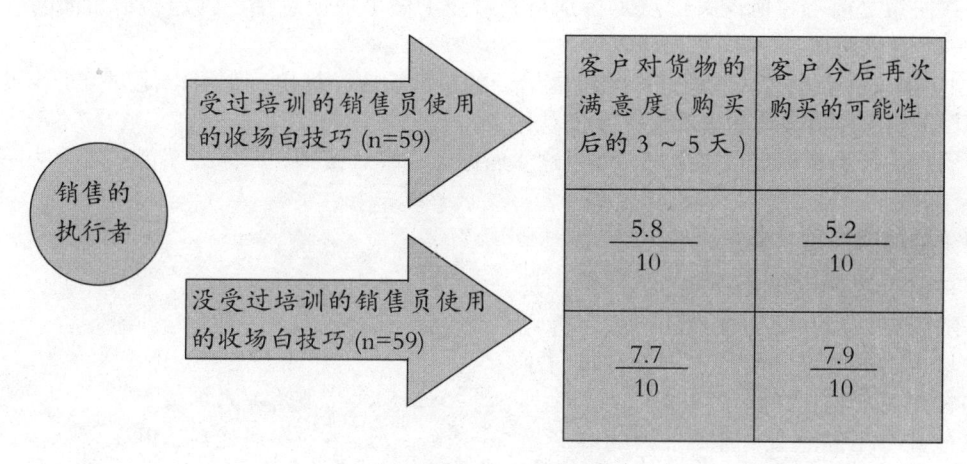

销售的执行者		客户对货物的满意度（购买后的3~5天）	客户今后再次购买的可能性
	受过培训的销售员使用的收场白技巧 (n=59)	5.8/10	5.2/10
	没受过培训的销售员使用的收场白技巧 (n=59)	7.7/10	7.9/10

收场白与客户满意度之间的关系

上图显示，在这两个问题上，接受过收场白培训的销售人员获得的客户满意度都比较低。作者认为：导致这种结果出现的最大可能就是销售人员曾通过施展收场白技巧来给顾客造成一定压力，从而推动他们购买。尽管目前还不能完全确定事实就是这样，但这仍然值得销售人员借鉴。

⊙**收场白技巧的研究结论**

针对收场白技巧，作者经过长时间跨行业的研究，最终得出以下3点结论：对于大订单的销售，收场白技巧有害无益；传统工业用品行业，收场白技巧应用泛滥；而小商品和服务行业，收场白技巧还很缺乏。

⊙**销售拜访目标的分解**

怎样的收场白才算应用成功呢？我们必须分情况讨论：小订单销售中，显然拿到订单就是成功，没有拿到就是不成功。然而在大订单销售中，判断标准则并非如此简单、明确。在大多数大订单销售中，双方的交易结果往往是介于签单和拒绝之间，很难以订单有没有签订作为收场白成功与否的标准。

这个时候,我们只能利用目标分解的方法来衡量收场白应用是否成功。根据生意进展程度,我们把可能出现的结果分为4种。

(1)订单成交。在大订单销售中,以这种方式结束的销售并不多见。

(2)进展晋级。即客户开始产生一定的兴趣,比如他同意参加你的产品展示会、试用你的产品或接受了你一些他开始并不认同的意见等,这些都会使生意顺利朝成功靠近。

(3)暂时中断。可能客户一时没有具体购买方案支持会谈继续下去,因此被迫中断。这时,你必须坚信生意会走向成功,并且最好帮助客户理清头绪。

(4)无法成交。如果客户主动拒绝你销售的主要目标,那就表示销售失败。

正确认识进展晋级和暂时中断之间的区别和各自实质,对于提高销售人员在大订单销售中应用收场白的能力大有帮助。

销售人员设定拜访目标,一定要大胆、务实,仅仅满足于以达到暂时中断或建立泛泛关系为目标的想法都是极其错误的。

⊙ **获得晋级承诺的4个方法**

争取客户的晋级承诺,是销售走向成功的关键。凡成功的销售人员,往往都与他们在以下4个方面的努力有关。

(1)需求调查和能力证实。需求调查主要是为了"对症下药",如果没有这一步作为销售工作最坚实的基础,生意十有八九会失败,所以这一步尤为关键。

(2)检查关键点。关键一般都涉及交易的核心内容。销售人员在收场白中应该巧妙地与客户建立互动,回忆一下在前面的谈话中是否遗漏了什么关键内容。

(3)总结利益。大订单销售会谈经常需要持续很长时间,谈话内容广泛而复杂。销售人员如果在决策之前不将所谈关键点(特别是利益点)做个快速总结,肯定会给后面的决策环节留下一个巨大障碍。

(4)提议一个承诺。判断客户当前能给予的最大响应,提出一个可以促进会谈晋级的承诺。其目的是为赢得客户明确的进一步的认同。

不管你的拜访目标定得有多好,如果这4点你无法有效做到,那你的销售定然无法完成。

3. 大订单中的客户需求调查

客户需求调查是开展销售的第一步,是基础。随着交易额和交易规模的扩大,客户需求也呈现出许多不同的特点。大订单与小订单的客户需求相比,除了决策时间长之外还有其他几个不同之处:需要多人的参考意见;决策中掺杂的感情因素少,需求表现非常理性;承担的风险大,因此极为谨慎等。

在研究大订单客户购买行为时,需求被这样定义:买方表达的一种需要和关注,以能让卖方满意的方式陈述出来。

⊙ **怎样挖掘客户需求**

借助图例说明开发客户需求的基本步骤,相信你定能一目了然。

⊙ **隐含需求和明确需求**

为了更好地挖掘客户需求,通常我们根据不同阶段把需求划分成隐含需求和明确需求两种类型。

(1)隐含需求。其主要表现在客户对难点、困难或不满的陈述。在大订单交易中,隐含需求无法预示成功。相反,隐含需求比较适合在小订单销售中多多开发。

(2)明确需求。其主要表现在客户对愿望和需求的详细陈述。明确需求不但同隐含需求

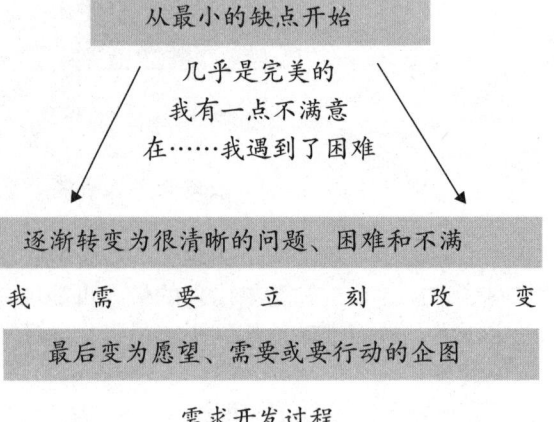

```
        从最小的缺点开始
       ↙              ↘
   几乎是完美的
   我有一点不满意
   在……我遇到了困难
       ↓
   逐渐转变为很清晰的问题、困难和不满
       ↓
   我 需 要 立 刻 改 变
       ↓
   最后变为愿望、需要或要行动的企图
```

需求开发过程

一样与小订单销售是否成功有着密切关系,而且还能在大订单销售中预示成功与否。
  ⊙价值等式
  我们通常用价值等式来说明和解决需求迫切程度和问题排除成本之间的关系。

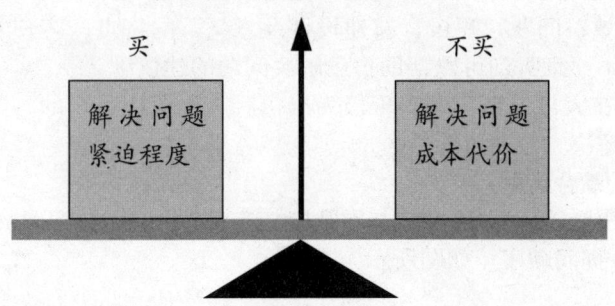

"问题大到需要购买了吗"

买　　　　　不买

解决问题　　　解决问题
紧迫程度　　　成本代价

价格等式:如果解决问题的紧迫程度超过了解决问题的成本代价,那么这就是一个成功的销售。

  ⊙大订单销售的成功信号
  对于销售人员来说,购买信号这个概念再熟悉不过了。在销售会谈接近尾声时,如果客户有意,那么辨别并领会购买信号是销售人员完成这笔生意最关键的一步。
  在大订单销售中,隐含需求已经不能如同在小订单销售中那样成为准确的购买信号。除了依靠提问,销售人员更重要的是要会观察客户的言行举止,力图发现隐含需求并将它们开发、转化为明确需求。

4.SPIN 的提问模式

第 4 章主要讲述 SPIN 提问模式的 4 种问题类型。它们是针对上一章"如何发现隐含需求并把它们转化为明确需求"这个问题展开的。
  ⊙背景问题
  背景问题的实质是:它的目的并非从中获利,而是巧妙地打消客户的戒备心理,从而拉近销售人员和客户之间的距离。
  收集和了解关于客户现状的各种信息和背景数据,提出相关问题,看上去只是生意会谈最基本的开始,好像与交易的最后拍定没有多大关联,但事实证明,在许多会谈中,背景问题出现的频率相当高。尤其是一些缺乏经验的销售人员,常常因为不能恰当地提出背景问题而屡遭挫折。
  但也要记得:慎用!尤其是别让客户感到厌烦。
  ⊙难点问题
  所有难点问题都有一个共同点,那就是通过不断地针对难点、困难和不满进行提问,刺激客户的隐含需求膨胀并使之流露出来。
  对客户来说,相比较背景问题,他可能对难点问题更感兴趣,因为这涉及到了他自身的困难和利益。如果你的难点问题可以命中客户的困难或麻烦,那很可能整个销售都会出现一个大的转机。
  在大订单销售中,难点问题就没有在小订单销售中表现得那么突出或重要。随着交易规模的扩大,影响会谈进程的因素也呈现出多样化与复杂化。比如风险问题、成本问题等威力更强的问题会让难点问题淡出有效提问之列。不过,它们所提供的许多基本资料对于销售人员开发客户需求、生意的展开仍然具有积极意义。
  ⊙暗示问题
  暗示问题的实质:强化客户难题的紧迫程度,从而加剧买方意识向购买靠近或转化。暗示问题在小订单销售中通常不用，但在某些行业（高科技产品）的大订单销售中比较常见。

在实际应用中，暗示问题的难度要远远大于前两种问题类型。它通常需要销售人员把握一个合适的度，否则，它所发挥的可能是强烈的负面作用。

⊙ **需求—效益问题**

这类问题的共同点是尽量向客户传递为他解决问题的积极因素，通过价值吸引来争取客户。正因为需求—效益问题"积极、有建设性及意义"的特点，客户才很少拒绝销售人员。试想一下，又有谁不愿意听到可以帮助自己解决问题的建议呢？

这种提问方式在大订单销售中表现极为出色。它不但让客户的心里感到舒服，而且还大大增加了客户接受解决方案的可能性。

⊙ **SPIN 提问的综合运用**

至此，我们对 SPIN 提问方法已经基本掌握。接下来我们需要学习的就是它们的综合应用。首先必须明白 SPIN 提问顺序（如图所示）。

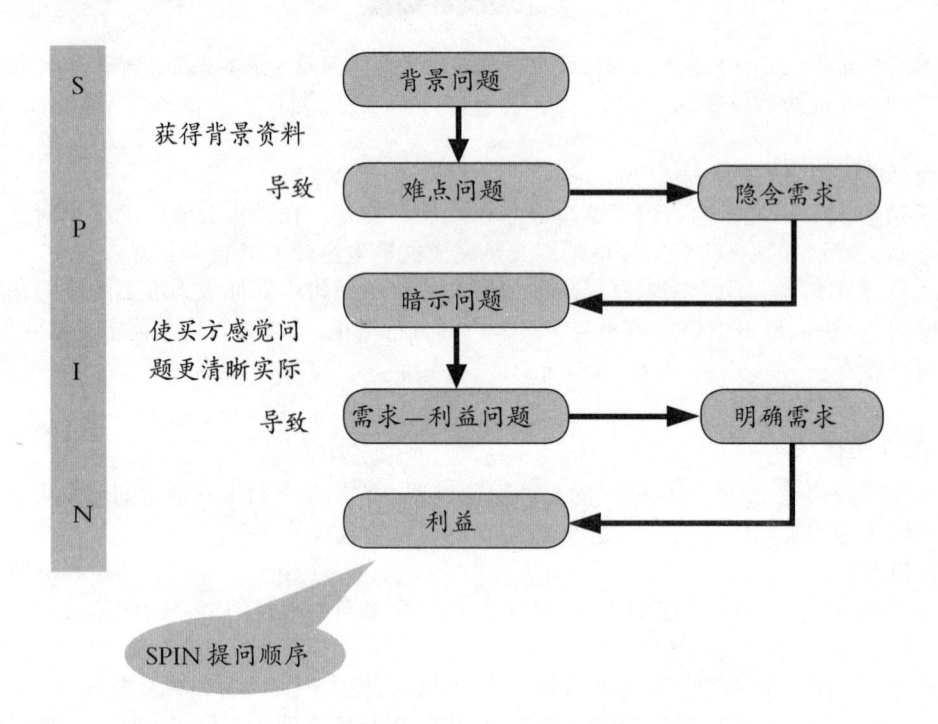

```
S  获得背景资料         背景问题
                         ↓
   导致              难点问题 ──→ 隐含需求
P                        ↓          │
                      暗示问题 ←────┘
I  使买方感觉问         ↓
   题更清晰实际
                   需求—利益问题 ──→ 明确需求
   导致                  ↓          │
N                      利益   ←─────┘
```

（SPIN 提问顺序）

为了更有效地提问 SPIN 问题，在具体应用时，还必须注意以下几点。

（1）根据客户问题的难点制定周密的谈判策略。

（2）设想客户遭遇的困境，以客户最大的难题策划暗示问题。

（3）不能忘记需求—效益问题的使用，因为它确实简单有效。但是不能过早使用，不能在自己毫无答案的方面使用。

（4）最后，再次强调隐含需求的辨识和转化——它离不开仔细的策划。

总之，对任何一个肯努力、有耐心的销售人员来说，有效使用 SPIN 提问方式是做好需求调查最有力的方法。

5. 大订单销售中的能力证实

销售人员对客户需求有了深入的了解之后，必须做的就是能力证实。换句话说就是，销售人员必须展示出与其他商家的最大不同，且这些不同之处对客户要有足够的吸引力。特征（产品或服务的事实、数据和信息）和利益（本书定义包括两种类型：A 类型是产品或服务如何帮助客户，它在下文将被称为"优点"；B 类型是产品或服务如何满足客户的明确需求，下文将保留"利益"这个名称）是最早也是最基本的能力证实的方法。

区别特征、优点和利益在能力证实环节非常重要，因为它们各有妙用，如下表所示。

行为	定义	影响	
		小订单销售	大订单销售
特征	描述事实、数据和产品特点	轻微的正面影响	中立或轻微负面影响
优点 (A类型利益)	表明产品、服务或其他的特征如何使用或如何帮助客户	正面	轻微正面
利益 (B类型利益)	表明产品或服务如何满足客户表达出来的明确需求	极其正面	极其正面

销售人员只有明确特征、优点和利益三者之间的区别以及它们在大订单销售中的作用大小，才能在能力证实中始终保持清晰的思路。

本章最后提出的3点建议（不要过早地在销售会谈中进行能力证实、优点陈述的慎用及对待新产品销售需要慎重）可以帮助销售人员有效地推进大订单销售中的能力证实。

6. 能力证实中的异议防范

传统销售认为，异议的产生大都来自客户，并且他们将处理客户异议当作创造良好客户关系、推进销售会谈晋级的一个重点。但本章告诉你的将是与之完全不同的说法。作者尼尔·雷克汉姆认为：

（1）异议主要产生于销售人员，而并非客户。也就是说，销售人员对待异议的态度应该处在主动位置且采取预防，而非将自己置于被动位置只想如何处理或克服。

（2）销售技巧熟练的人员受到的异议要比新手少一些，因为他们学会了异议防范。

（3）如果某个小组销售水平一般，那么往往有一个成员在每个单位时间内收到的异议是其他成员的10倍左右。

（4）事实上，异议处理并不是传统销售重点强调的技巧。真正的异议处理就是防范，而防范主要取决于准备工作是否做得足够充分。

如果我们要对以上观点作进一步的说明或解释，就必须回到特征、优点及利益的陈述上进行讨论。

⊙特征陈述和价格异议

特征陈述的本质是通过大量罗列产品功能来强化客户的敏感度，从而增强客户的购买欲望。但研究人员在很多销售案例中发现：这种方法对廉价货物的销售有用，真正销售高价产品时，它并不管用。直到大量研究之后，他们才得出这个现象的真相：销售人员利用太多的特征陈述回应价格异议，结果适得其反。

⊙优点陈述和价值异议

优点陈述往往会导致价值异议的出现。为什么呢？我们试想一下，如果卖方没有对买方需求进行有效开发就提供了解决方案，那买方在解决麻烦的价值与成本这个问题上会做何考虑呢？当然会产生"不值"的感觉。因此，销售人员每讲一个优点，客户就产生一个价值异议。

对价值异议处理的最好办法依然是防范，就是销售人员不给客户留下产生异议的余地。最好的治本之策应该是：围绕客户难点扩大难点价值（暗示这个难点的危害性有多大），并让客户感觉到解决这个难点的最大价值。这样你进行优点陈述时，客户异议便会大大减少。异议越少，销售就越容易成功。

⊙利益陈述和客户承诺

无论异议产生于销售人员和客户中的哪一方，销售人员应该做的都是静心寻找起因。但这样仍然显得过于麻烦，因为你应付异议还是基于处理而非防范。

利益是能够直接激发客户兴趣的，毕竟这是任何经济活动的根本。展现给客户的利益越多，客户的积极承诺就越多。在利益陈述这个小环节上，如何防范客户异议呢？如果你想做到最好，那么就请你发挥你的聪明和机智，利用巧妙的提问，将客户需求最大限度地开发出来，然后告诉他你将给他带来意想不到的好处（也就是利益）。就这么简单，应对客户异议并不复杂。

要想利益陈述做得好，前提是特征陈述和优点陈述无懈可击。

7. 初步接触

尽管有证据表明，多数人对初步阶段接触的注意远远少于后面其他几个阶段。但作为销售会谈的开始，它仍然有以下 3 点值得销售人员了解：

（1）第一印象，比如衣着。毕竟这不会给你带来坏处。

（2）传统开场白。传统开场白只能在小订单销售中发挥作用，大订单销售并非它的用武之地。

（3）销售会谈的开启技巧。成功人士通用的一点是明确会谈目的，并且一定让客户在初步阶段满意。这点也是判断初步接触是否成功的标准。

销售人员应该注意，初步接触阶段并非会谈的核心部分，因此无须在如何开场的问题上耗费过多的精力和时间。

8. 理论转化为实践

任何优秀的观念或理论，如果我们只是侃侃而谈而不能将它们付之于实践，那它们便没有任何存在意义。因此，我们必须将书本中的建议和以往经验融会贯通，真正地去实践这些技巧，并且利用它们创造价值。

⊙ 提升技能的 4 个黄金法则

很多人在接受、学习知识时，表现出了非凡的行动能力。但是他们面对如何把理论知识转化为实践能力这个问题时，却显得手足无措、力不从心，最终影响了自身技能方面的提升。克服这一点，通常需要遵循如下 4 个基本法则。

（1）法则 1：一次实践一种行为。从一种行为开始实践，力图做到专而精；否则，就是博而不精。

（2）法则 2：一种新的行为至少试 3 次。你只有将一种新行为方法尝试至少 3 次，你才能客观认识它的有效性。

（3）法则 3：先数量后质量。勤奋练习，自然会有质的变化。

（4）法则 4：在安全的情况下实践，强调的是后果。只有在不会产生严重后果的前提下，你才可以利用这次机会实践它。

如果你想要提升你的技能，耐心和毅力就成为关键。没有人因为浮躁、急于求成而取得长远进步。

⊙ 销售会谈总结

销售人员将理论知识付诸实践之前，最好能如下文这样对以前所学重点作一个回顾总结。

销售会谈的 4 个阶段包括初步接触（为会谈做预热准备）、需求调查（根据相关信息，开发客户需求）、能力证实（证明你所提供的决策的价值）及晋级承诺（获得进一步的许可，推进销售）。

（1）初步接触。在这一步，没有最好的、固定的策略，只有灵活的应对方式。

（2）需求调查研究。重点是提出 SPIN 提问模式。

（3）能力证实。传统的证实方式在大订单销售中已基本失效。因此最好的方式是表明你有足够的能力满足客户需求。

（4）晋级承诺。提出获得客户承诺最有效的方法——以客户为中心、突出利益及恰当的承诺方式。

以上都是关于销售的核心内容，销售人员必须铭记。

除此之外，销售人员在实践中还应该注意 SPIN 技巧应用的 4 个要点，也可以说是 SPIN 的特点：重视需求调查阶段；开发需求必须遵循 SPIN 提问顺序；突出产品解决问题的能力；以诚相待，精心策划。

其实，SPIN 的力量就来自它这 4 个与众不同的特点。

9. SPIN 有效性的评估

任何先进的理论或模型，都必须进行评估。就像你说一棵树年代久远，你就必须推断它的具体年龄一样。SPIN 理论也不例外。

在很长一段时间内，对于 SPIN 有效性的评估都处在茫然阶段，直到摩托罗拉公司在它的加拿大通讯部门测试获得成功。

事实证明，SPIN 在提高销售人员技能、增加订单数量及销售额方面有着不同寻常的作用。尽管它也像其他事物一样必然存在缺陷，但这并不能妨碍它给我们带来益处。

为了完善 SPIN 理论，新的评估工具如同时间的前进一样，直到现在也不曾停止。

10. 实践手册的使用说明

学习并未停止，因为我们不能停止实践。世界上任何理论的实践步骤基本都是相同的，SPIN 的实践也不例外。要想做好一件事情，首先的任务是计划，接着才是展开实际行动。没有计划的工作，就如同没有首领的羊群一样一片散漫；但是同样，没有行动，计划也就失去了意义。那么，销售人员该如何制订一项成功的计划呢？又该如何展开呢？下面给出几点友好提醒。

（1）必须明白 SPIN 告诉你什么以及你怎样领会它的观点、概念和其他知识点。

（2）将脑子里面的知识和自己的现实情况相结合，力图实现理论向现实的转化。

（3）要心态平稳地推进工作进度。心浮气躁只能使你丢三落四、得不偿失。

（4）重视基本专业知识和基本销售技巧。中国有句名言"不积跬步，无以至千里"，说的就是这个道理。

（5）对于还没有彻底掌握的薄弱知识和销售环节，你应该反复学习和练习。熟能生巧的道理，谁都明白。

如果以上提醒你都能很好地注意一下，那 SPIN 对你的帮助定然不可小视。

11. 重温 SPIN 的模式

SPIN 模式虽然在前面已经进行过详细讨论，但这里仍然需要补充一些新发现和促进我们进步的方法，以便我们更好地掌握 SPIN 技能。

这些补充内容主要是将 SPIN 提问中的 4 大类型做了细小分解，开展细节讨论。

12. 自我测试

就算你已经掌握了 SPIN 模式和技巧，但那些程式化的条条框框能否被你完全领会呢？相信你无从得知。因此，你必须不断地进行自我测试，让所有的知识点都在脑海中放电影式地一遍遍重现。

在测试中，如果遇到错误，你应及时纠正、引以为戒；如果测试过关，那就更是加强了你对 SPIN 培训的消化和吸收。总之，不管难易程度如何，这些测试都可以使你的销售知识和技巧得到有力的磨炼，并使你加深对它们的认识。除此之外，它还有助于你对 SPIN 整体操作能力的提高。

13. SPIN 发挥效力的基石

SPIN 的两面性：好的一点是大量的事实证明它在大订单销售中可以起到举足轻重的作用，麻烦的是它的实际操作太过困难。但无论怎样，我们都不能因为困难而轻易放弃一个能够大大增加销售量的方法。坚持！世上没有什么事可以一蹴而就。

⊙ **策划——SPIN 最重要的一课**

策划建立在计划之上，它比计划更加详细和周密。要成功制定一项策划，必须解决以下 3 个问题：

（1）基础定位。你以什么作为整个销售的基础？以产品或服务本身，还是以它的优点、特征或利益？在现代经济环境中，明智的销售人员只会选择产品能解决的问题作为销售基础。

（2）想法定位。其包括你的内容（什么将是你与客户会谈的重点）与沟通方式（冒着讲述的危险还是采取主动提问的方式）。

（3）初步试验。实践不可能一开始就将所有销售环节都赋以 SPIN 观念，让其主导整个销售会谈。这样有着极大的盲目性和风险性。因此，先进行单个产品或服务的试验，以其试验效果判定 SPIN 策划是否已经完善且可以执行，这才是稳重的革新之道。

以上 3 点做得越好，策划就越显完美，SPIN 的效力也才越大。

14. 注重买方的需求

需求是一切交易存在的基础，没有需求，销售也根本不会存在。能否发现并开发客户需求，直接决定着客户对你所提供的产品的态度。人的复杂性决定了需求的复杂性。要想做好需求开发阶段的工作，必然离不开价值等式（上文已讲过它的基本内容）的作用。

⊙ **价值等式和大订单销售**

注重买方需求，最主要的是需要销售人员能站在买方的角度体会、揣摩他们的消费心理。只有这样，才能真正地制定出行之有效的策略。

在大订单销售中，只有客户感觉到问题的严重程度（解决问题的紧迫程度）大于解决问题的成本代价时，他才会选择购买。反之，他则认为无须购买。销售人员清楚了这点，接下来就必须意识到是什么影响了客户感受到的问题严重程度。

对于同样以获取利润为最大目的的买方来说，让他焦虑不安的无非是客户的流失、竞争力的下降、品质无法保证、工作效率低下、各种职能反应迟缓等影响利益的因素。要促成价值等式朝着购买的方向倾斜，就必须利用难点问题和暗示问题强化这些负面因素的影响。这种方法可以应付客户流露出来的明确需求，最重要的一点是，它是开发隐含需求最有效的方法。

在大订单销售中，仅仅满足于客户的基本需求，定是一个不算成功的销售人员所为。而成功的销售人员则知道利用上面的方法再结合这种开发需求的功能策略（通过提问技巧建立许多小需求，最后集中在一起，构成强度很大的需求），开发出超越买方基本需求的大需求。这个时候即使客户面对很大的成本支付，也乐意接受销售人员提供的产品或服务。

15. SPIN 类型问题的规划

4 大类型问题的基本内容在 SPIN 的提问模式一节中已作阐述。这里主要就它们如何规划展开讨论。

16. 背景问题

背景问题的酝酿并非我们想象的那样简单，选择有效的背景问题仍然需要我们遵守一些基本的准则来进行周密的规划。以下是有关规划的注意事项。

（1）提问之前，尽可能多地掌握客户的实际信息。

（2）问题求精不求多。仅有几个好的背景问题，同样能够从客户那里获得所需信息。

（3）明确自己要帮助客户解决的问题是什么，这样才能加强问题的针对性。

（4）尽量使自己的提问能够和客户最关心的问题相联系，但需学会扩大问题的范围。

（5）提问时机值得注意。在不同时间和谈话环境里，同一个问题会产生截然不同的效果。

（6）给客户创造更多的发言机会，这样自己便可以有空隙思考，理清思路。

成功的销售人员是不会坚持 SPIN 提问模式一成不变的，他们会根据实际情况对这些注意事项作出相应的延伸或转变。

17. 难点问题

难点问题提问在整个开发需求过程中的主要任务是寻找关于客户现状的难题、困难或不满，并对它们进行阐明，从而让双方对隐含需求的理解逐渐明朗化。销售人员要想在这一点上取得理想的效果，最好能做到下面几点：

（1）要认识到难点问题其实比背景问题更容易被客户接受。

（2）提问难点问题需要充分准备，尤其是先向客户问几个有效的背景问题——它们是难点问题的厚实的铺垫。

（3）学会把握恰当的时机，谨慎地提问具有高风险的难点问题。因为一旦做不好，就很有可能惹怒客户。

出色的提问能力并非一日而成，它需要你在实践中多次磨炼、总结。

⊙暗示问题

暗示问题是通过指出可能的隐含需求来强化客户麻烦的紧迫程度。在成功的大订单销售中，它们的功劳可能最大，但其挑战性也最大。怎样规划一个促使买方下决心解决难点的暗示问题呢？答案请看下文：

只有在会谈之前进行精密的思考，才能准备出有效的暗示问题。

如果你能掌握足够的专业知识，不但客户所述难题你能理解，而且你还能引导客户发现新的难题。

事先想到每一个暗示问题涉及尽可能多的难题。

一定要让客户的注意力集中在你能完美解决的问题上，否则他将怀疑你的能力。

关于提问时机，仍然强调选择低风险区域，避免高风险区域。

如果能将许多小难点进行有机串联，那将是一个严重的难点。这当然也是你的商机。

使用暗示问题仍然强调灵活性，在某些情况下可以考虑适当地穿插背景问题和难点问题。

⊙需求—效益问题

需求—效益问题与前3种类型问题相比较，明显具有一大优势：销售人员将它们提出不会有任何为难，因为它们只是为了给客户展现利益。尽管在大订单销售中，由于规模庞大、内容复杂的关系使销售人员很难想出完美的对策，但我们可以尽力使其"完美"。为此，以下几个方面的努力必不可少：

（1）站在客户的角度，开掘你的产品或服务能够带来的最大收益。换句话说，就是考虑能解决客户的哪些问题及能解决到什么程度。

（2）确认是否所有的难题都已开发。难题开发越到位，客户越能够接受你的解决方案。

（3）开发你的解决方案的附带利益。这样可以强化客户购买的意图。

（4）你所要表现的收益，一定要与客户难点紧密相连。这种做法既有暗示客户难点给他造成损失的作用，又能增强他解决问题的决心。

如果你的努力已经无懈可击，很可能就有客户内部人员站在你这边，帮助你向他的伙伴们推荐你的产品或服务。

18. 超越基本点的能力证实和新产品或服务上市的能力证实

关于能力证实的基本方法和异议防范在前面已经作过介绍，这里主要讨论一些特殊的、能够促使能力证实走向完善的方法和其他内容。

客户很可能提出关于你能力的异议。如果没有能力，要么你承认自己无法完全满足他的要求，要么利用需求—效益问题增强你的能力、价值；如果你拥有解决难题的能力，那你就去证实它，在关键的时候甚至可以出示证据。

绝大部分的销售人员在新产品或服务上市的能力证实中都表现平平甚至很差。关键原因是销售人员的注意力集中在产品介绍上，忽略了利用提问环节与客户进行沟通。这点值得后来者借鉴。

19.SPIN 技能锐化

学习 SPIN 技能就像你在销售环节的提问一样，也存在一定风险，因为没有人能保证它绝对具有奇妙的力量。也许它对你帮助很小甚至一无是处。当然，你完全可以通过你的努力（做到以下 3 点）避免这种风险，获得它的益处。

（1）以客户为中心，并尽量理解他。你不妨试着站在他的角度，设身处地地体会他的难处，朋友似的帮助他解决问题。这样的做法很可能带给你更多的喜悦。

（2）准备充分，精心策划。面对销售会谈，只有"知己知彼"，你才可能"百战不殆"。会谈的步骤与进度、如何与客户沟通（是提问还是陈述）以及运用什么样的辅助工具等问题，都是这个阶段应该考虑的。

（3）始终保持一颗反省的心。定期作自我检查和反省是计划执行中销售人员必须具备的一种品质。防止遗漏、弥补失误对你有益无害。

这 3 点，通常被销售培训人员称为"SPIN 技能提升的三大基石"。

20. 己欲施人

SPIN 技能的要诀如果确实被你掌握，那你自然就能享受到它不同寻常的力量。但聪明的人应该明白，世上没有什么唯一——它并非你提高销售的唯一帮手。只看着一棵果树的人，是会经常吃不到果子的。

值得信赖的上司或者师长、一群讨人喜欢的工作伙伴，还有那些为无数个知名企业培训员工的专业公司等，他们都能带给你用之不竭的销售技巧和非凡的智慧。

总之，只要你勤学好问，在哪里获得启示和帮助并不重要，重要的是，你的销售成绩真的提高，你的客户非常忠诚，你距离成功越来越近。

三

《世界上最伟大的推销员》

◎ **简介**

与其说此书是讲述如何塑造一个世界上最伟大的推销员,还不如说这是一本伟大的书。

任何一本销售类书籍都不可能与此书相提并论。作者独特的构思、细腻而富有才气的笔风、鼓舞人心的主题选择,无一不为此书的出类拔萃增添了动人的风景。

作者奥格·曼狄诺,著书14部,销量总共超过2500万册,其影响遍及世界各地。他在励志方面书籍上的成就,为他赢得了成千上万来自各行各业的人们的盛赞。他的书中,处处散发着打动人心的神奇力量。

细心品读,你会发现此书不只教你如何成为一个伟大的推销员,更重要的是它能带给你关于生命的思考。它的启示,面对的几乎是整个世界。在他看来,技巧只是妄想糊弄上帝的伎俩,而那些神示般的良言益语才真正是一个人走向成功之岸的航标和规则。

爱和感激始终贯穿全书。它向人们所提倡的"爱自己、爱别人、爱世界万物"和"倍怀感激"的生活观念,无论是从行为上还是从道德和精神上,都能给读者带来安慰、鼓舞和行动的力量。

这是一本深邃的智慧之书。朋友!夜幕降临到入睡的空闲里时,请拿着它躺在温暖的灯光下慢慢读来,你定能感觉自己的灵魂仿佛是邂逅了百年不遇的甘霖而受益终生。

◎ **原书目录**

羊皮卷的故事
羊皮卷的实践
羊皮卷的启示

◎ **思想精华**

如果有人问你世界上最高明的销售技巧是什么,请记得回答:仁爱。

* 羊皮卷的故事。海菲老人对老仆人伊拉玛娓娓的讲述,道出了人们成功的奥妙。

* 羊皮卷的实践。通过工作记录的方式,一步一步地将羊皮卷上的箴言付诸于实践。重点强调了实践中必须遵守的法则。

* 羊皮卷的启示。这一部分将羊皮卷的内容做了推广和升华——不止推销这个行业,任何生命的存在过程中,都应该谨记羊皮卷的教诲。

◎ 核心内容

1. 羊皮卷的故事

⊙ 第一章

年老的海菲拖着步子,行走在流光溢彩的大厦之间。岁月在他曾经年少轻狂的心上刻下供晚年回忆的斑痕,满屋的金币并没有使他纯净的心灵散发出因腐烂而产生的怪味儿。

海菲永远知道,在他充满奋斗的一生里,老仆人伊拉玛的忠诚和伙计们的任劳任怨是他最为巨大的财富。金银财宝、翡翠玉珠,都将轻如尘埃,甚至宛如没入心灵之海的细沙,在时间海浪的冲刷下再也不会呈现于他的生命之岸上。

⊙ 第二章

目睹着显赫一时的商业王国就此在海菲的嘱咐中荡然无存,感伤和沉重剧烈地扣着老仆人伊拉玛忠实的心。只有在大理石阶梯后面的房子里,在阳光映照的紫色的花瓶上,在海菲饱经沧桑的脸上盛开着生命最后、最为灿烂的笑容。

灰尘在塔楼的缝隙里随着斑驳的阳光悠悠起舞,海菲从一个香柏木制成的小箱子里,轻轻地捧出了足以成就他一生的东西——几张破旧的羊皮卷。海菲说,它们陈旧的躯体上负载着成功和生命的秘密。

微风从遥远的东方徐徐吹来,带着湖水和沙漠的味道。记忆随风飘过了海菲的眼际,将一幕幕令人毕生难忘的往事轻轻拈来……

⊙ 第三章

丽莎的少女之爱将少年海菲从骆驼的旁边带进一个需要忍受孤独和鼓起勇气的新生活。柏萨罗老人娓娓而道的箴言,宛如一把启迪生命的钥匙,将少年海菲坚强、充满渴望的灵魂从现实的牢笼中释放出来:"孩子,多想想它。只要决心成功,失败就永远不会把你击垮。"

⊙ 第四章

落魄的少年海菲又一次看见丽莎对他期望的眼神,又一次感到柏萨罗老人在他肩上轻轻按着的双手。于是,他鼓起勇气踏过在寒冷中披着霜衣的甘草地,再一次进入这个荒僻的小镇。"我拒绝与退缩和失败为伍。"他对自己说。

在伯利恒冰冷的夜色中,海菲将珍爱的红袍子为一个初来人世的婴儿充满柔情地披上。这是他伟大的同情和爱,尽管他自己并不知道。高高的夜空显得空旷而寂寥,一颗只属于他的星星已悬在他的上空且始终追随于他。

⊙ 第五章

夜色依然笼罩在去往耶路撒冷的路上,他需要为自己热心而善良的举动编排一个谎言吗?

柏萨罗老人倚靠在帆布床上,微微地合着双眼,仿佛一个已入化境的修行者。海菲的讲述让柏萨罗老人舒心地笑了:"没错,孩子,你是没有赚到钱,可你也并没有失败。"那颗炫亮的星星将永挂在无边的天际,为海菲指示着前进的方向。

⊙ 第六章

柏萨罗老人虚弱的笑容告诉海菲:他要走了。香杉做的木箱子是他留给海菲唯一的东西——价值连城的秘密。

海菲在告别的泪水中明白:他的生命才刚刚开始;从开始到结束,只有奋斗才会成就一生。

柏萨罗老人说:"过去的,就不能再频频回头。你要到遥远的大马士革去,你是鸟儿,那里就是你飞翔的天空;你是鱼,那里就是你畅游的海域。还有那神的旨意,将为你创造一切。但是你不能告诉他人。

"再见吧!孩子,我将微笑着与你挥别……"

⊙ 第七章

陌生而繁华的大马士革城,熙熙攘攘的集市、交易场上的喧哗声,这一切使少年海菲再次陷入惶恐不安。

在一个叫"莫沙"的小旅馆,海菲躺在单薄的床上,无望的泪水肆无忌惮地漫延在他疲惫的脸上。睡着吧!经过的只是一个短暂的夜晚,明媚的清晨很快就会来到,人群很快就会充满无限的热情。"只要有决心成功,失败就永远不会把我击垮。"多么有力量的箴言。

海菲终于醒了,对失败的恐惧心情早已不见踪影。"哦!羊皮卷,我就此将你展开,学习你深沉的智慧和高尚的品格。我要学那独自勇敢地从窗户飞到床边的小鸟,以它的勇敢成就我伟大的人生。"

⊙第八章　羊皮卷之一

不愿失败,唯有以美好的开始远离失败。少年海菲铭记着羊皮卷的教诲。无论多么艰难的道路,都是自己选择的,难道不该无怨无悔?再多的艰辛与失望,也饱含着生的机遇和希望。数不胜数的同伴纷纷畏缩、胆怯和承认自己的失败,我则不会。因为我有跨越海洋成功到达梦想彼岸的航海图。

每一天,我都将重新获得生命。过去的失败和坎坷只是不能合我舞步的曲子,让它远去吧!曾经的任性、偏见和无知都将会被我的成熟、公正和无私所取代。

我要不断练习羊皮卷上的说法,让我的行动被巧妙的心灵指挥着,在每一个时刻我都显得精神饱满。奋斗将成为我一生的宗旨。我定能破茧而出,吞下成功的种子。

⊙第九章　羊皮卷之二

海菲听到羊皮卷中一个古老的声音在说:"万物都在用各自的歌声赞美这神奇的世界,难道你不情愿加入这唱着赞美诗的行列?"我当然愿意,我会记住这个永恒的秘密,我会发自内心地热爱生活中的一切。因为,爱是一切成功的最大秘密。

我要戒掉急躁和冷漠,平静面对他们的反对、怀疑和敌视。伟大的太阳不正是用它的温暖感召了寒冷中的万物吗?我愿意接受美好的事物,因为它们带给我光明、快乐和新生;我也愿意接受不幸的事情,因为它们教会我沉着、坚毅和感恩。

我会像柏萨罗老人那样遵照羊皮卷上的话语行动。我用我真诚的笑容赞美,赞美小鸟和土地给我带来生活的灵感;赞美人们指引我走向智慧。我将在每一次的相逢和离去时,深深祝福。在伟大的爱里,我将获得你在自己心里为我留下的路径,被你信任和青睐。我最棒的货物,你再也不会拒绝。

⊙第十章　羊皮卷之三

成功,像那生长在皑皑雪山最高处的千年莲花。为了将这洁白而高贵的花朵戴在心爱的姑娘发间,我必须忘记身后的悬崖峭壁,勇敢向前。跌倒的沮丧和身体的疲惫,简直是病人再次遭遇的恶魔,它们会把我拖进生命的低谷。

我坚持不懈,要做一个摘取千年雪莲的登山者。我的成功在高耸的山顶,它在绵延纵横的崇山峻岭间,释放着世界上最奇异耀眼的光彩。这光彩是深情的召唤、对我的信任,我怎么能辜负它满腔的期待呢?就如同水手不能辜负远方的期待,蜜蜂不能辜负鲜花的期待那样。

攀爬的我,身体灵活矫健,步伐踏实有力,目光坚定热情。山顶傲然挺立的雪莲,是我梦中的丽莎。相信我,我正在向你靠拢——向成功靠拢。

⊙第十一章　羊皮卷之四

我是自然界最伟大的高山,而非伏地而生的草芥。

对于自信成功的人来说,像动物一样容易满足就好比给正常人喝下烈性毒药。我的生命刚刚才开始,不能如早春的嫩芽那般轻易夭折。

我要按自己的心灵地图前行,顺着别人的路只能将自己赶进死胡同。我不能模仿别人,模仿别人就是复制一个失败的原型。但我会虚心请教和学习,求同存异。我的货物和我,都将是稀缺无比的。物以稀为贵,所以我们身价百倍。

骄傲是一种慢性毒药,它会抹杀我的激情、信心和温和。所以,我绝不容纳。

良好的礼仪和态度,是我最吸引别人的美德。我的言辞字斟句酌、风趣恰当,人们都乐意我向他们不断地推荐我的新货物。

我需要一个和谐的家庭,这是我永久的精神支柱。它将赐予我更强大的力量,使我专心迎接所有竞争者的挑战。

⊙第十二章　羊皮卷之五

我不能成为糟糕的、被命运捉弄的羔羊。我不能让时间从眼角偷偷溜走，让生命在手指间陨落。

昨天发生的一切，纵使回忆千万次，也只是泼出门外的水，难以复回。站在今天的刑场上，考虑明天的死亡是一件非常愚蠢的事情。

太阳的光芒，只属于今天。只有今天，才是永恒的。我的喜悦、我的幸运、我的成功，它们的种子都只适合在今天这个日子种植、发芽和成长。然后，我才能在明天用双手举起饱满的花蕾。

对于已经拥有的，我在今天要加倍爱惜，因为明天可能就要面临悲伤的离别。亲人、朋友，今天是最美丽的日子，我与你们在一起的那一分一秒都是甜美的。它的价值可以因为我们的珍惜而延及一生。那一分一秒流失的，仿佛都是我忠诚的顾客；那一分一秒堆积的，仿佛都是我滞销的货物。

⊙第十三章　羊皮卷之六

我坚信一朵枯萎的花儿，能赐予我一颗成功的果实。我感叹时光流逝，但绝不郁郁沉沉；我经历悲欢离合，但绝不性情无常。

我的情绪由自己控制。我用积极和热情对抗消极和沉默，用反省和警惕对抗惰性和放纵。别人的心思也将逃不过我的法眼。我无需对他感到陌生和茫然，一面之交也能获得他很多秘密。而秘密就是宝贵的财富。

恶意的命运拿我毫无办法，我将成为自己的主人，成为世界上最伟大的推销员。

⊙第十四章　羊皮卷之七

无论寒暑春秋，风总是微微吹着，从不间断。春时，染绿田野；冬时，扫尽大地。

无论苦辣酸甜，我总习惯笑着，从不间断。苦时，化解悲伤；乐时，犹如甘露。

我微笑着，在未知的路上前进。人类最终会走到怎样的尽头，都无从可知。难道我还要因为这些琐碎的小事而懊恼不安吗？

我微笑着，面对别人的冒犯。"一切都会成为过去。"此话已经深入我的骨髓，让我永远保持着困境中也能挣扎站起的坚强。

我微笑着，点缀世界。我用充满激情的歌声点亮黑夜里的生活，让那些不幸和悲伤成为明天的快乐果。

我微笑着，那云彩是我天空的本色。乌云弥漫并不是我的面目，我的眼睛是蓝蓝的云朵，我用我的目光来善待别人，不让他们皱起额头的纹路。

虽然我的本意是想从他们那里换取什么，但我并没有欺骗的意图。只有他们接受货物时的笑声和快乐，才会让我真正感觉自己的成功和伟大。

⊙第十五章　羊皮卷之八

春风，吹绿了麦田。这些居于泥土的麦子，生根、发芽、披起绿油油的"头发"。它们在农人的关怀中、在甜美的养分中成长，直到六月浑身挂满了金黄。

为什么我不能如这伟大的麦子，在岁月的风吹雨打中使自己身价百倍呢？难道我要成为一颗平庸的麦粒，被送进饲料厂？或是在坚硬、冰冷的石盘下被碾得粉碎？不，我生命的尊严不允许这样受到践踏，我无法忽视我选择的权利。

我将选择由低到高的目标，一个、两个……在失败、无知、无望的黑色土壤中艰难生长。大自然给麦粒提供着必需的养分和力量，我则要塑造自己完美的品行和高贵的心灵，使自己成为世界上最耀眼的花朵、结出最饱满的果实。我将说到做到，绝不含糊和畏惧。

羊皮卷上的教诲，将成全我美好的生活。我将让美好也伴随着无处不见的阳光，传播到每一位聆听者的心田；我的解说和计划定能使所有人耳目一新。

⊙第十六章　羊皮卷之九

萤火虫会在寂静的夜里挥动着自己微小的翅膀，发出亮丽的光芒；而云雀，也只有振翅而起，才能占据无垠的天空。它们都是出色的精灵，将空洞的梦想在行动之中转化为现实。

我紧紧握着羊皮卷，制订了我创造财富的计划，幻想着丽莎的父亲不再因为我的贫穷而拒绝女儿成为我的妻子，我已经看见了自己获得"世界上最伟大的推销员"的称号……

想象永远都是美丽的，冷峻的现实却给我当头一棒。我恍然醒悟——我必须像那黑暗中的萤火虫、苍穹里挥动翅膀的云雀一样行动。否则，一切的计划和幻想都会苍白无力。

⊙第十七章　羊皮卷之十

尽管我自信会成为世界上最伟大的推销员，但我仍然只是在无边的荒野里寻觅的一只小羊羔：夜色会使我看不见东西，风雨会将我淋湿致病，凶猛的动物会将我撕咬，还有我天生的惰性和贪婪，会让我模样丑陋。万能的主，只有在您的指引下，我才能逐一克服这些困难、才能走向成功和幸福。

主啊！我需要足够健康的生命，好让我去实现梦想和目标。

物质的充足并不能填满我的心灵，我还需要快乐、充实和被信任。

您曾告诫我，只有用爱心善待一切生灵，只有在困境中学会虔诚，只有懂得牙齿和利爪并不是战胜狮子和猛禽的最大力量，才会在它们的支持下得以胜利和兴旺。

告诉我，这个虔诚的推销员，是什么导致他失败，他把成功的那粒种子掉在了哪座大山深处，以此给我指引方向，好让我感受到那顶桂冠召唤的力量。

给我勇气，责骂自己的疑虑和懦弱！把我扔进黑暗中吧！让我去习惯恐惧、克服恐惧，获取精神能源和悲伤时的乐观。

请教诲我，斥责我。使我将不良的习惯清除掉，使我在冷漠中发现，朋友的情谊远胜过陌生和仇恨。

如果您看见我孤零零的，如同冬天里挂在树上的一片叶子，请让春天的和风信守承诺吹过我的身旁，让我感受您与它仁慈的胸怀。

请让我擦亮我的眼睛，看着自己的身躯焕然一新，帮助我了解您认为对的一切。

⊙第十八章

神奇的羊皮卷，依然没有碰到冥冥之中的传人。3年的等待让海菲显得更加苍老。他的身体虚弱，眼力也不太好了。他总是孤独地躺在花园里的椅子上，微微闭着眼睛。

陌生人的到来，在伊拉玛疲惫的眼里值得警惕。然而，海菲老人是个极其善良的人。他耐心地听着这个名叫保罗的陌生人讲起他曲折而悲惨的故事。这个故事发生在罗马。

在耶路撒冷，一个叫史蒂芬的耶稣门徒在保罗的作证下被犹太法庭处死……由于年轻的狂热，保罗跟随着寺院僧侣疯狂地迫害耶稣门徒……耶稣复活，给了保罗教训。保罗开始相信并追随耶稣，但他的宣扬无人相信，他自己且被怀疑者们追杀、迫害。一天，在圣殿里，耶稣给了他神示："去找那个世界上最伟大的推销员，如果你想把我的话传给世人，就要向他虚心请教……"

海菲老人被这传奇的情节深深震撼。他的眼睛陡然一亮，要保罗"告诉我耶稣的事情"。

伟大的耶稣，以他的神迹和教义感召了许多在不幸中挣扎的人，然而却被迫害致死。他的复活、他被钉死在十字架上时被鲜血浸染的红袍和他那看待生命的态度，都是怎样的感人肺腑……

海菲老人接过那件溅满鲜血的袍子，袍子上绣着的标记使他禁不住双手颤抖，心中一阵剧烈的翻腾——那两个标记竟然是托勒作坊的星星和柏萨罗的圆圈。

亲爱的朋友啊！还记得在伯利恒的一个寒冷山洞里，少年海菲曾为一个刚到人世的婴儿柔情地披上一件红色的袍子吗？

"那天晚上，天空中有一颗最明亮的星星。"海菲老人与保罗紧紧相拥，老泪纵横。

2. 羊皮卷的实践

羊皮卷的故事就此宣告结束。是否它已让你干渴的心灵犹如甘霖滋润？是否你黯淡的眼神猛然一亮，你旧时的梦想如烈火般熊熊点燃？答案若是肯定的。我并不见得会如何替你高兴，因为羊皮卷带给你的远不止这些一时的情感、小冲动。除非你是真的愿意接受这些啰唆的计划，并且踏踏实实地执行它。

⊙第十九章

假如今天是你生命的最后一天，你是否乐意执行这些不倦的教诲？是否会将身上所有的恶习统统改掉？是否仍然只是坐在那儿梦着明天自个儿多么伟大？别介意我这直接的问候，你必须明白，羊皮卷并不只是推销员的良药，它适合任何一个乐意追求人生价值的人。

你的未来究竟是什么样子？别怕，我将给你行动的法则，你只需想着自己要什么，并记录下你从此之后的执行日记。保持这良好的习惯，将你的决心、毅力和勇气凝聚成不平凡的气质和力量。

不能自欺欺人，伤害自身的人格。你渴望成功，且乐意执行。然后，你会发现自己的才智即使是世界上最伟大的智能工具也无可比拟。

⊙第二十章

每当夜深人静，你应该握一支笔，轻轻地翻阅羊皮卷的故事。听它里面吟唱的舒暖人心的歌谣，宛如黑暗中划亮夜空的星星在你平淡的心情里熠熠闪光。

生命已是充满不幸和悲伤，快乐成为世界上最为奢侈的东西。你没有理由再将有生之年蹉跎，只有热情和活力才能为你找到最后的归宿。每个人身上都存在着卑劣的恶习，每个人都曾感觉到独自行走在漫长旅途上的孤单。可羊皮卷是我们忠实的朋友啊，它总是不偏不倚说着真理般的话。也许只是那么一个长宽不足 30 厘米的小册子，就能陪着你改过自新、躲过挫折、抗击灾难、收获财富，最终走向理想的生活，获得幸福。

⊙第二十一章

每个人都是上帝咬过一口的苹果。谁都无法成为完美的人，但是从来只有美德才能将无数张相似的脸庞区分。美国第一任总统——伟大的华盛顿将军以其平静、自信和超强的自控能力将自己定格在美元票面上；还有为追求人类平等而奋斗一生、最后英勇献身的第 16 届总统亚伯拉罕·林肯，他的爱、包容和顽强，足以拯救一个分裂的民族和震撼人类的心灵……

美德就像一棵美丽迷人的大树，它的叶子能够挡住无数罪恶的风沙。人人都应该种下这样一颗梦的种子，并精心养育、保佑它健康成长。博学多才的伟人本杰明·富兰克林曾给自己定下除掉恶习的 13 个方法，并坚持执行，使自己最终成为一个近乎完美的人。

给自己一个培养美德去掉恶习的妙方吧！写下它，执行它，以它的名义去摘取自己人生的桂冠。

⊙第二十二章

还记得羊皮卷之二中"我要用全身心的爱来迎接今天"吗？赞美和宽容，使人变得真正强大。只有以坚持和节制来锻炼自己的身体，以智慧和知识来充实大脑，才能证明对自己是真爱而非纵容。

依据心中那些守护灵魂的原则，完成每天的工作。让羊皮卷的旨意在你劳累的脑中再过 3 遍，看看自己的表现是否让自己满意。不要怀疑你的进步，因为"努力＝进步"这个公式极为简单，你只需扪心自问。

柏萨罗老人的话永远值得你我共勉："只要决心成功，失败就永远不会把你击垮。"

⊙第二十三章

我们共同在荒漠里徒步前行。有太多的伙伴由于筋疲力尽、失意、无望，结果就躺在那干燥的沙土上不停地抱怨、哭泣，以至于最后他们因生命之水干涸而亡。你难道乐意成为茫茫沙漠里的一堆白骨吗？

能够在长途跋涉中发现绿洲的行者，绝不是只顾哀叹和忧愁的人。

正如希姆斯的箴言：要想成功并不难，只要我们辛勤耕耘、坚忍不拔、抱定信念、永不回头。

如果在接连 5 个星期的每一天，你都保持着阅读 3 次的好习惯、完全领会羊皮卷之三的魔力，那还有什么能让你对明天的道路感到恐惧和忧愁呢？

⊙第二十四章

水从来没想到自己可以滴穿岩石，它只是在默默地重复着做。结果，柔弱的它居然战胜了坚硬的岩石。因为它从不为昨天的成绩沾沾自喜，也不为一时挫折倍感沮丧，所以它滴穿了更厚的岩石。

奇迹总是独一无二的，如同你的举世无双。在羊皮卷之四里，藏着这个伟大的秘密，你是否发现了它具体的藏身之处？它藏在你取得成功时不骄不躁的心态内，藏在你仪态出色、风度翩翩的举手投足之间，藏在你不与他人苟同的性格里，藏在你勇敢追求卓越的热情里。

如果你锐利的目光能将它一眼洞穿，那么请牢记它、执行它，让这些优秀的秉性彻底地附载于你身上，它终将赐予你辉煌的光圈。

⊙第二十五章

生命犹如盛开在枝头的花朵，如果不能让自己大多数的时间里闭于花蕾积蓄力量，那盛开的一幕将永不可能呈现。

请在作为花蕾的时候，为自己的气质点缀高贵的颜色、自己的身形塑造出优美的骨架，让睡梦中的胚胎在清晨的绽放中潇洒地迎接春风。你这一贯的美丽，会让你即使在陌生人的眼中，也能获得幸运之神的青睐。

就当这灿烂的时日极其有限，每分每秒都重于黄金白银。如果我索性破罐子破摔，冷眼看着生命的伤口流走大量的血液，或是藏在阴暗的角落里瑟瑟发抖，像个死囚犯一样等待判决，这都只能证明我的生命一开始就是个错误、我在这个世界是多余的。即使我真的离去，也只是证明自己如同被虫子噬坏的朽木，毫无存在价值。

如果我的生命和前途是这样暗淡无光、倍感龌龊，那一定是恶习占了我的生活的上风，我对羊皮卷的怠慢给自己带来了应有的惩罚。

⊙第二十六章

我们都是各自驾着一叶扁舟、跨越生命之海的流浪水手。无边的蓝色笼罩整个海际，风雨和海浪时不时地袭击着我们。于是，有人操作失误被海风卷走，有人心浮气躁被浪花吞没。只有少数的一些智者，他们历经艰险，最后安然无恙到达了自己理想的旅游胜地。

对于海神发出的死难要求，盲目的抗争和决斗最容易致自己于死地。你必须学会成熟和谦和。要揣摩海神的脾气，寻找安全的航行季节和时间；要从同伴们那里学习他们的高超技巧，熟练地掌握驾驶的本领。

任何的心绪不定都是错误的指南针，可能把你带入死神的境地。只有你使自己的心灵变成一弯平静的海滩，现实中那片草木繁盛、阳光普照的海滩才会变成大自然最温暖的怀抱，等着你的到来。

⊙第二十七章

英国著名作家兰姆曾说："在任何市场上，一声笑抵过100声呻吟"。此时，你是否感觉到笑的力量？

如果你敢于嘲笑世界，讽刺人们的庸俗忙碌，那么这足以证明你的自信、高贵和强大；

如果你敢于嘲笑收获，厌恶自己的洋洋得意，那么这足以证明你的谦逊、豁达和进取；

如果你敢于嘲笑窘迫，坚信自己的时来运转，那么这足以证明你的勇敢、坚毅和顽强；

如果你可以对着陌生人真诚微笑，那么别人就会铭记你的热情和善良；

如果你可以对着疲惫的自己微笑，那么生命能够感觉你的平静和祥和；

如果你可以对着结束的生命微笑，那么世界上永恒的将是你的从容。

如果你已将以上内容都深刻领会，那么请你翻开自己的成功日记，看看这些隐藏在微笑背后的优秀性格特点你已具备多少。

⊙第二十八章

世上没有什么路永远平坦、笔直、没有岔路的搅扰。我们总是行走在路上，总是经过数不清的路口，总是在寻找进入自己梦想世界的入口。

随随便便作出选择的人，都将被命运之神以枷锁紧紧套牢，像羊群一样被驱赶着走向最后的屠宰场。只有那些重视自己的价值、毫无轻视生命之意的人，才将被赐予心灵地图，被带进磨炼的土地上。

然而，这并不代表这部分人的圆满，因为生命的进化要求淘汰的程序永远要运转下去。

只有深深扎根在这块磨炼的土地上的人，才会拥有足够的力量冲刺自己的目标，不断地打破自己，才能终究成为羊皮卷之八预言的那样："我要再接再厉，让世人惊叹我的伟大。"而那些萎缩的、轻浮的则只能流入庸碌的人群之中。

⊙第二十九章

现实和梦想永远只有一步之遥。说起来，这应该算是个人生秘密。

如果你没有将设想过很多次的计划付诸行动，你就永远不可能知道这个秘密。也许，它与你仅仅一纸之隔。只因为你无法克服懒惰和拖延的坏习惯，所以成功与你擦肩而过。

就像鸟儿如果懒得振翅，仅凭大自然的风力，根本无法飞上蔚蓝宽广的天空；

就像蝴蝶如果懒得早起，一直睡到太阳暴晒，那清晨四处流溢的花香定与它无缘；

就像星星如果懒得眨眼，只是呆呆地躺在天际，那么它就不可能领会到夜色的魅力……

即使你有非常完美的获得财富的计划，但倘若你只是痴人说梦、无视自己心灵的惶恐不安，拒绝按照羊皮卷之九的旨意行事，那么你就尽管做无数个美梦吧！在任何一个清晨醒来，你都会发现自己仍然只是从前那个逊色、穷困的小推销员。

⊙第三十章

祈祷吧，朋友！上帝依然健在，你的虔诚将赢得上帝无数次的神示。

技巧和手段永远都只是人类小小的伎俩，它们都是在上帝的注视中被我们自以为是地运用。

不要祈求那些小恩小惠和自私的奢望。你要祈求内心的安宁、众人的愉快以及世界的和平；祈求冥冥之神引导你、帮助你，指给你前方的路。

3. 羊皮卷的启示

⊙第三十一章　我永远不再自怜自贱

自强者自立。这个道理亘古不变。

如果你畏缩低迷、自怜自贱，总是用谎言为自己狡辩，那你就和向别人行骗的坏蛋没有什么两样。所以，你必须自强自立。

如果你低头哀泣、自怜自贱，只想以徒劳的眼泪和诉说来博取别人的同情和帮助，那你的双脚就是作为摆设的拐杖。所以，你必须自强自立。

如果你三天打鱼、两天晒网，使生命虚无缥缈，因懒惰而蹉跎，那你就会永远身在冰冷的冬天，毫无春天可言。所以，你必须自强自立。

如果你相信羊皮卷中的箴言，做到自强自立，那你短暂的低落就是转机，你的悲痛也会成为过去，你的未来将充满神奇。

⊙第三十二章　面对黎明，我不再茫然

人最可悲的并非想要的东西得不到，而是根本不知道自己想要什么。

羊皮卷带给你新的生活——阳光和微笑，困境和牢笼将不再属于你。如同一条小溪里的鱼，大海赐予它宽广和快乐。

羊皮卷带给你新的生活——方向和归属，沮丧和茫然将不再属于你。如同一个虔诚的朝圣者，已经看见了自己的圣地。

相信自己，相信黑夜早已成为过去，黎明已在你的城堡之外。打开你的心扉，铭记你的计划和目标，迎接它！

⊙第三十三章　我永远沐浴在热情的光影中

没有任何一个伟大的胜利可以缺少热情，就像沙漠中的旅行者不能离开水一样。

热情是世界上最大的财富，只有它才能帮助人们克服人生的磨难，给人生以希望。

真正的热情是长久的渴望和思考，一时的冲动是过眼云烟，毫无所用。只有坚持它一天、一年、一生，养成骨子里的习惯，它才能如同牵引机一样将你带入美好的生活。

真正的热情有无边的魔力和灵性，所以，你将拥有别人不能拥有的。

⊙第三十四章　我不再难以与人相处

即使你信奉上帝，上帝也只会告诉你怎么做，而不会给你什么。成功的桂冠，早已放在人生的领奖台上。除非你明白靠近的方法，否则它只与别人有缘。

现在的你是拥有神奇的力量还是芸芸众生中的一员，完全取决于你是否遵守羊皮卷中智慧老人的细则。

你在别人的心中放下希望的种子，别人便还你美丽的花朵；

你对陌生人也能给以真诚的微笑，他就分你一半他的阳光；

你怨天尤人的满腹牢骚倘若结束，世界就给你一片晴朗的天空。

反之，

你给别人苦瓜脸，他便给你紧皱的眉头；

你无视别人，就只能得到别人的背影；

你愤怒地责骂大地，大地便以同样的愤怒回应你。

总之，成功并非要求你处处伟大、次次牺牲，它本身只是一些微不足道的善意、微笑和职责。

⊙第三十五章 在每一次困境中，我将寻找成功的萌芽

灾难和成功相辅相成，才使世界完整。花朵不经历风雨寒霜，便不能成为饱满的果实。

如果现实将你深埋在失败的土壤中，难道你就会因气血受阻而甘愿夭折？告诉你，坚强的种子从来就不会放弃发芽的机会。我们既然不能把昨天的创伤抹去，那就应该用新生的皮肤覆盖旧日的瘢痕。

困难摧毁的只是喜爱享受的懦弱者，而在困苦中坚持寻找成功萌芽的勇者才将站得更高、走得更远。伟大的转机永远都藏在这个苦涩的瞬间，只有顽强才会换来满庭芬芳。

⊙第三十六章 做任何事情，我将尽最大努力

成功就像雨后天空中的彩虹那般美丽，像天使手中托盘上的酒那般香醇。但如果你不能全心全意地伸出你的双手，这些迷人的东西就会成为别人指尖上的玉扳指。

任何事情，需要的是尽力。留下余地，那就会成为失败者蜗居的角落。

任何事情，需要的是尽力。真正的高下，只有在所有参赛的人拼尽全力的情况下，才能定出分晓。

无论你从事什么样的工作，你都必须学会热爱它，努力达到的要永远比目标多一些。否则，失去了自觉性，你就是现实的奴隶，你的身心都被捆绑，你的付出都成煎熬。如此，何来罕见的成绩？

⊙第三十七章 我将全力以赴完成手边的任务

自古行军布阵，必然恪守"宁肯备而不战，也不能战而无备"的战前准备精神。人生和推销，亦是如此。

如果你想在安乐窝中构建未来的美丽天堂，而灵魂仍在没有归宿地游荡，徒劳等待着好梦成真，那唯一的结局就是竹篮打水一场空、一事无成。

灵感、机遇和幸运，通常只会邂逅那些孜孜不倦的人。小的积累往往会造成质变。如果从人生一开始，你就没有一个深思熟虑的计划和行动而好高骛远，那唯一让人们肯定的是，幸福定不会降临于你。即使幸福正好砸在你迟钝的头上，你也没有能力挽留它，就像一个懒汉不能挽留他美丽的妻子一样。

所以，用你的勤奋，在有限的时间里搭建一个稳固的平台，等待着命运之神的降落吧！

⊙第三十八章 我不再于空等中期待机会之神的拥抱

幸运之神犹如汪洋大海中成群的大鱼，在你的视线里游来游去。你难道打算持钩等待，希望鱼儿自己上钩吗？或是，你面对茫茫大漠，打算不用自己的双脚，而让风沙将你送到一片绿洲吗？

时间飞逝，光阴荏苒，可能就是在你频频回首之中或弹指间，生命已去大半。命运之神在它的小屋子内苦苦等待你很久，最终甩手而去。智慧的人应该是积极的，展开双臂、敞开胸怀拥抱未来。

热衷于推销的朋友！无所不能的羊皮卷永远不会教你坐在舒适的家里等着顾客自己送上门来的。它只会教你跟进、拜访，以真诚的心去换取梦想的财富。

⊙第三十九章　我将在每晚反省自己的行为

生活之书从不允许随意改写已有的内容，如同生命不能从头再过——所有的遗憾和错误只能下不为例。谁也不能保证一生不犯错误，重要的是不再犯同类的错误或者懂得避免和预防错误。所以，我们需要反省。

反省性的思考可以像用水清洗污垢一样清洗人的性格和心灵。在每一个夜幕悄悄降临之时，我们应该像倒影带一样回忆今天的言行举止，看看是否如羊皮卷告诉我们的那般智慧。

在此之中，我们客观地看到自己，并学习经验，以此使明天的成就远远超过今天的收获。

⊙第四十章　通过祈祷，我永远与万能的主息息相通

这个时代，仍然存在着疾病和灾难；前进的路上，仍然存在遍地的荆棘。阳光不可能永远照耀着宽广的大地，我仍然会遭遇黑暗和寒冷。

尽管如此，我仍然拥有无穷无尽的希望，只要我可以虔诚地扪心祈祷。

面对坎坷时，能够坚强、忍耐；

面对抗议时，能够无畏、包容；

面对忧虑时，能够乐观、积极；

面对成功时，能够谦逊，甚至卑微。

生命是世界送给每个人最美的礼物，我将对这盛开的花朵倍加爱护、珍惜，并履行它伟大的职责。当它回报给我丰硕的果实时，我将倍怀感激！

四

《就这样成为销售冠军》

◎ 简介

像任何其他技能一样,销售能力也可以被训练出来并不断精益求精。这是享誉全球的销售大师汤姆·霍普金斯对销售能力的精辟论断。这一论断结束了数以万计彷徨在销售领域的人们被动、无奈的局面,给在失败线上挣扎的销售人员以巨大的鼓励,使他们具有了走向成功、成为冠军销售员的信心。

本书集合了汤姆·霍普金斯与其伙伴劳拉·拉曼(顶级的销售健将,为帮助更多有上进心的销售员及公司获得成功,她于1989年创办了经理人培训咨询公司)多年来在销售行业的实践经验和潜心体会,深刻地阐述了关于销售的各种问题。它为有志于销售行业的广大人士描绘出业绩不再是问题、收入越来越丰厚的辉煌前景。

在内容、形式上,它打破了以往规矩的、没有趣味的教条化叙述方式,以故事的形式,通过主人公一步一步的销售训练,向更多的人展示着冠军销售员成功的秘密。这种新颖的表达方式为读者的接受与领会带来了极大的方便和愉快。

本书的细节处理也别具一格。它不但透过许多情景告诉人们每一步精细的销售技巧,还借助史蒂夫的工作日记将核心内容突出,使得读者的脑海里有更深的印象。

同样生活在这个竞争激烈的时代,为什么别人可以在一天之内创造你一生的财富?差距为何如此之大?如果你是一个整天为没有业绩而愁眉苦脸的销售员,那么你想知道其中的奥妙之处吗?请让你的阅读来告诉你最终的答案!

◎ 原书目录

冠军销售员的身心
冠军销售员的训练
冠军销售员为什么会讨人喜欢
冠军销售员的声音
冠军销售员的形象
善意诱导的必要性及其艺术
理解不同个性
用直觉解读他人
剖析销售
组建人际关系网
获得尽可能多的约见机会

克服恐惧被拒绝的心理
精彩的问候
需求鉴定
排除竞争
强有力的展示
异议预防
成交戒律
战胜最后的异议
追踪现实和对追踪的恐惧
推荐的竞争优势
冠军销售员对未来的展望
时间安排
冠军销售员的自我分析

◎ 思想精华

不是每个人都能成为销售冠军，除非你按照汤姆·霍普金斯和劳拉·拉曼所说的开始做起：

＊冠军销售员的身心。健康乐观的身心、顽强的毅力，是冠军销售员必备的基础。

＊冠军销售员的训练。有效安排工作时间，排除后顾之忧；针对产品和客户做好充分的准备，掌握丰富的产品知识和客户信息；不放过任何培训或提高能力的机会。通过这3方面培养销售员的综合能力。

＊冠军销售员为什么会讨人喜欢。以言语谈吐之间的激情和热情感染顾客、拉近与顾客的心理距离；避免消极或不文明的肢体语言，消除顾客混乱或不安的信息。总之，怀有一颗真诚的心，就能讨得顾客的喜欢。

＊冠军销售员的声音。冠军销售员在与顾客交谈的声音处理上，像完成其他的销售环节一样拥有艺术性的技巧，它传达给顾客专业、激情、信任等有利信息。

＊冠军销售员的形象。冠军销售员不仅要具备足够的内在素质，还要对自己向客户呈现的外部形象进行合理修饰。成功的形象会大大减少与顾客沟通的阻力。

＊善意诱导的必要性及其艺术。销售员对顾客的善意诱导，是整个销售环节的关键。只有这样，销售人员才能使顾客接受新的产品知识、帮助顾客完成选择。

＊理解不同个性。很多失败的销售员，往往不能根据顾客的特点来调整自己的销售风格。而冠军销售员则知道为什么他喜欢这样的，而她又喜欢那样的。

＊用直觉解读他人。这告诉销售人员，在仔细观察的基础上，解读顾客的非言语表现，可以获得更多的顾客信息。

＊剖析销售。解析销售活动的规律和程序，探究顾客的需求、心理，为销售员制定正确的实施步骤明确思路。

＊组建人际关系网。销售员没有关系网，就是没有客源，就没有生意可做。组建宽广而稳固的人际关系网，需要你的技巧和勇气。

＊获得尽可能多的约见机会。与顾客约见，等于成倍增加成功的可能。绝妙的追踪技术和大胆的拜访是增大与顾客约见机会的两大法宝。

＊克服恐惧被拒绝的心理。战战兢兢的结果就是被拒绝或者失败。只有大量的情景练习，才能使销售员克服恐惧心理、树立良好的信心，去挑战不可知的工作或任务。

＊精彩的问候。它将教会你怎样完成一个美丽的开始，让顾客产生对你的信任和喜悦，接受你进一步的陈述和善意诱导。

＊需求鉴定。如果你不能准确了解顾客的需求，再有力的产品介绍和销售技巧也是苍白、徒劳的。所以，鉴定顾客的需求是销售员的首要任务。

＊排除竞争。没有竞争就没有市场，而只有排除竞争才能长久立足。

＊强有力的展示。常言道"打蛇打七寸"，只有在顾客面前突出他所需要的（产品、态度、心理满足），才能打消他的疑惑，坚定他的购买意向。

＊异议预防。顾客提出异议虽然是在销售完成之后，但绝对不容忽视。销售员早期精心准备，是基本可以做到防患于未然的。

＊成交戒律。销售员一切的努力就为等待这个关键时刻，沉着和小心谨慎同样显得重要。关于购买信号的问题，是本部分的重中之重。

＊战胜最后的异议。一个出色的销售员，会以采取预防措施和保持乐观心态为每一次销售画上完美的句号。

＊追踪现实和对追踪的恐惧。论证销售员对潜在客户的跟进在整个销售环节的重要性，介绍基本的跟进方式。

＊推荐的竞争优势。与其他的宣传方式相比，顾客满意、产品的口碑是最为有力、有效的。

＊冠军销售员对未来的展望。美好的事业都是从美好的计划开始的，之后则始终伴随着计划者不断的客观计算和不懈的执行。

＊时间安排。强调科学利用时间对销售人员的重要性及其方法。

＊冠军销售员的自我分析。任何一个行业，所有成功的人，都是由自身勤恳的生活态度与无比顽强的信心共同造就的。

◎ 核心内容

1. 冠军销售员的身心

一个人能否取得职业上的成功，关键取决于他的精神面貌。这包括：性格、心态、精神食粮和身体的健康状况。对于冠军销售员，更为如此。在现代高节奏的生活中，从来没有听说有人因为精神萎靡不振、体弱多病而在激烈的竞争中大获全胜。

有心理学家曾经指出：人体心理中的积极性因素是一切活动能力的来源。但另有研究表明，在正常人每天产生的1万个没有丝毫根由的念头中，至少半数倾向消极方面。可见，这两者是极其矛盾的。销售人员只有通过极其有效的自我调剂、积极的心理暗示，才能拥有满腔的自信和热情，对顾客的购买行为产生良性引导和鼓励。

冠军销售人员通常是这样做的：每天起床的第一件事就是进行3次有意识的积极的心理暗示，告诉自己"今天是一个伟大的开始"。我们的心灵需要补充这样的精神食粮，每次也不过5分钟而已。

作家罗兰曾说过："运动的好处除了强身之外，更是使一个人精神保持清新的最佳途径。"时刻面临着遭受拒绝、销售定额多、经济变化和工作强度大等压力的销售人员，应该养成积极锻炼的习惯来释放这些压力，从而拥有持久的精神和清醒的头脑，迎接新挑战。生物学更加印证了这一点：早晨的运动可以给我们一个好心情去开始一天的工作，更重要的是它具有降低血压、稳定血糖、减少骨折和预防心脏病的作用。对于这点，冠军销售员通常都会做得很好。

如果你想提高自己的销售业绩，获得"冠军销售员"的光荣称号，只以上几点并不够，你还必须铭记其他方面：

（1）维生素、矿物质和水是你必不可少的营养元素。

（2）再好的机器也需要休息，你必须保证8小时有质量的睡眠，以获得充沛的精力。

（3）必须通过你的兴趣爱好（比如下象棋、欣赏古典音乐等）扩展心智，增强你的学习能力。

（4）最后，万事万物，贵在持之以恒。

2. 冠军销售员的训练

有一句古话叫"玉不琢，不成器，人不学，不知道"。汤姆·霍普金斯坚信，像其他任何技能一样，销售能力也可以训练出来并不断精益求精。销售人员不是诗人，不需要天生的神经质或精神异常，而是需要经过系统的销售训练来掌握各种各样的销售技巧，从而由一名普通的销售员变成一名杰出的销售冠军。

要想具备一个冠军销售员的优秀品质，在千差万别的客户面前将销售艺术演绎得淋漓尽致，关键在于把美好愿望付诸切实有效的行动。

（1）试想销售环节中最让你恐惧的一幕，然后克服它。如果碰到一件较棘手的工作，那么就"先除之而后快"，清除这一销售障碍。但是，请注意你的精力和时间。

（2）约见顾客之前，进行充分的准备。准备内容包括：本产品的性能和优势、顾客的需要、顾客的个人信息、设想拜访的情景、万一遭到顾客拒绝时应该采取怎样的挽救措施等方面。准备越充分，销售成功的概率就越大。这正应了一个反映战争前夕军队准备工作的兵法策略："知己知彼，百战不殆"。

（3）市场在变化，顾客也在变化，为了应对这种销售局势，你必须不断给自己"充电"。接受更先进的专项培训，广泛阅读专业书籍，与伙伴分享实践过程中的销售经验等，这些都可以让你朝"冠军销售员"的称号逐渐靠近。

3. 冠军销售员为什么会讨人喜欢

不能否认，没有人喜欢和迟钝、木讷、毫无趣味的人进行各方面的信息交流，除非学生被迫听从老师的教训。虽然我们的销售人员不是严肃的老师，客户也不是学生，但客户仍然比较偏心于处世积极、性格开朗、待人和蔼的销售人员——冠军销售员。到底这些冠军销售员是通过什么样的方式来讨取客户喜欢的呢？看完下面这个著名的试验结果，你将会得到完美的答案。

1968年，美国心理学家艾伯特·梅拉宾经过大量的实验得出了一个公式：信息交流总效果的55%来自于身体各部位的姿态和动作，38%来自于音调，而只有7%来自于语言交流。这个结论在销售人员与客户的接触、交流中同样适用。

销售人员给客户留下的主要印象，是他在介绍产品、提供参考分析包括售后服务等过程中不经意间暴露出来的，尤其是表情和动作。一个普通的销售人员需要怎样，才能如冠军销售员那样赢得客户欢心呢？

（1）热情和激情是最容易感染别人的。它可以通过你真诚的微笑、柔和而又坚定的目光、赞同式的微微点头、笔直的坐姿、手指优美的弧线比画等举止，把你充满活力的心跳传达给需要你帮助的客户，使顾客信任你、赞赏你。

（2）假如你双臂在胸前交叉怀抱或是双手插在口袋与客户进行交流，那他一定对这种不礼貌的销售行为表示反感，更不用说购买你的产品了。所以，你必须克服不文明或消极的习惯，让肢体语言传达给客户一些好的信息。

（3）再一次强调：诚恳！诚恳！你是真正地愿意帮助他，还是只瞅着他兜里的钱，生物直觉会让他一眼识破。

4. 冠军销售员的声音

艾伯特·梅拉宾的试验告诉我们，除表情和动作之外，声音是人与人之间传递信息的第两大途径。客户可以通过你的声音判断出你对自己的职业是否充满激情，你对自己的销售是否拥有信心，你对这笔生意是否在乎。这些信息都直接影响客户对你的销售行为的态度。

音频、音调发音和变化，共同组成声音。冠军销售员在说话时的声音处理上，像完成其他的销售环节一样运用着艺术性的技巧。

（1）上扬、热情的语调比起单调的声音来，更能流露出他的自信和希望。

（2）清晰的发音和肯定的语气，更能突出他的专业和诚实。

（3）结束语的降调，确认他对自己的阐述非常满意，他坚信他们会成交。

事实上，初次踏入销售行业的很多新人，在接触客户的过程中，心理一直处于紧张和恐惧的状态。他们手忙脚乱地应付着客户的各种询问和质疑，根本顾及不到声音这个层次。要消除这种情况，除了寻找有效的方式放松之外，就是不断地练习（比如，利用录音机录音进行情景试验）。

5. 冠军销售员的形象

"人靠衣装马靠鞍"这一俗语强调的是：对一个人进行直观判断时，外部形象在整体印象中占据很大的分量。冠军销售员不仅要具备足够的内在素质，还要对自己向客户呈现的外部形象进行合理修饰。

（1）正规、得体的职业装，并没有因为时装潮流的冲击而显得不合时宜。通常，大人会这样教育小孩不要对人产生等级之念："你不应该以貌取人！"但不能否认的是，现实生活中，陌生的人们往往是以这种方式互相进行判别的。

（2）树立成功形象的建议：时新的职业装或颜色鲜艳的夹克能给人以权威的感觉；鞋子的庄重可以显示你的细心；整洁、成熟的发型可增强你的可信度；淡淡的香水可以营造一点气氛；稳健的步伐体现你的工作效率等。记住，适可而止！

（3）握手是传达信息的好机会。以微笑的表情、稍弯的肘部有力地与客户握手，可显示你的自信和充沛精力，拉近与客户的距离。

在树立个人形象的过程中，应多征求朋友或同事的意见，集思广益。

6. 善意诱导的必要性及其艺术

市场上的产品极其繁杂。一般情况下，客户只明白自己生活的某一方面遇到了麻烦，需要以购买的方式向市场求救。至于具体需要什么性能、什么价位、什么型号的产品或服务，他们大多无从知道。销售人员的出现就可以解决客户茫然无措的问题——通过善意诱导，为客户作出正确决策提供新知识，帮助客户完成选择。

话有三说，巧者为妙。销售人员的诱导方式，是整个销售环节的关键。能否让客户在交流之后作出积极的选择，就看销售人员驾驭语言、善意诱导的技巧如何。这与医生对病人运用心理诱导、科学诊断然后设计治疗程序是同样的道理。

（1）假设性的措辞能帮助你处于主动的地位，对你顺利地进入潜在顾客的心中有积极的作用。一定要相信自己销售会顺利，你可以问出类似下面这样的问题："如果您乐意的话，就将我们下次见面的时间定在……好吗？"或者"假如明天之前决定购买的话，可以享受8折优惠，您考虑一下？"

（2）其他建设性的语言也可以刺激潜在顾客的积极思考。比如："一旦您成为我们的客户，我们将为您提供……"

当然，语言的巧妙运用，首先需要销售人员对交流的环境和谈话的语言环境做到正确地领会；其次，销售人员必须重视自己谈话的底气和语气。

7. 理解不同个性

销售训练中的技巧和方法，都只是销售员促进销售的普遍手段。事实上，面对具体的客户对象，销售员必须擅长判断对方的性格类型，根据对方的个性特点来调整自己的销售策略。只有做到因人而异，对症下药，才能取得事半功倍的效果。

基于几百年来人们不断探悉人类性格构成的成果，根据个性差异，人们通常把人分成以下4种类型。销售人员必须针对不同个性类型进行不同的销售。

（1）当你遇到果断型性格（冷静、控制欲望强、好胜心强、时间观念强烈、没有耐心、固执）的人，你的陈述或解说必须言简意赅，清楚地告诉他，如果购买会给他带来很多的好处或优势。

（2）当你遇到直觉型性格（外向、忠诚、优柔寡断、时间感不强、与人交好）的人，你需要展示你热情、温和可信的人格魅力，舒适的情感比其他任何策略都有说服力。

（3）当你遇到幻想型性格（矜持、寡言、独立工作能力强、爱好阅读、不爱冒险、逻辑推理能力强）的人，你必须为你的销售进行冗长细致的陈述，给他提供大量的统计信息，以便他通过推理作出选择。

（4）当你遇到热情型性格（直率、具有创造力、喜欢被众人簇拥、果断、做事容易出格、情绪化）的人，你需要为你们的交流创造很多互动机会，热情的他会更加喜欢释放和参与。

此类分法，对于性格迥异的人类来说，并不非常准确，它往往是通过夸大某些特点来进行归类的。所以，具体情况，你还必须客观对待。

8. 用直觉解读他人

尽管人的直觉带有许多幻想成分，但它的产生依然是由于依赖于对客观事物的印象，才在某一时刻突然出现在脑际。客户虽然没有观察和分析到销售人员的言谈举止，但却能对销售人员形成心理上的判断，这就是客户的直觉作用。同样，销售人员可以凭借自己的直觉，通过解读顾客的非言语表现，对顾客的内心想法进行揣摩或了解。如果你愿意作出这种细致的精力投资，那你将获得丰厚的回报。

这里介绍几种常见的肢体语言及其含义。

（1）避开目光——表示心思没放在这里。
（2）微笑——表示感觉良好。
（3）上身前倾——表示有兴趣。
（4）低头——表示没有自信、紧张。
（5）手掌摊开——表示开放、诚实。
（6）搓手——表示算计某事对自己有利。
（7）摩挲脖子——表示灰心丧气、疲劳。

如果你养成了解读客户肢体语言的好习惯，你将拥有非凡的洞察力。

9. 剖析销售

唯物主义认知论告诉我们，万事万物均有规律可循。销售行为亦不例外。冠军销售员往往能有意识地找寻销售规律、掌握销售程序。与顾客交流时，他们清楚每一步应该怎么走，并能为每一个销售环节预备可行的推进方法，以此取得更佳的交流效果，提高工作效率。这种人性的、互动的销售程序是依据人的心理特性而建立的。它能更好地帮助顾客理解、接受新事物和新理念，所以，顾客通常都会欢迎销售人员以这种方式向他们介绍产品。

（1）以礼貌的态度和诚恳的心去认识他们。
（2）能很好地领会他们的需求。
（3）给他们以热情而专业的产品介绍。
（4）提供良好的售后服务。

如果你能够切实体会顾客的需要，那你就会明白怎样的销售程序才是适合此次销售行为的。

10. 组建人际关系网

经济越是发达，商品交易就越是频繁。这个规律促使销售人员的队伍不断壮大，销售行业的竞争日渐激烈。很多销售人员，就喜欢以这种现象解释他们失败的原因——最困难的事，就是每天无法找到足够的顾客来推销自己的商品。

每一个人都应该相信，在市场上，顾客总是比销售人员多出很多倍的。正如同你必须相信，医生不可能比病号多。没有客源或者缺乏客源，只能说明你没有一个出色的人际关系网，你的社交能力极为差劲。

事实证明，优秀的销售员总是时刻在为组建人际关系网而努力，并且亲身实践着从前辈身上学到的经验。

（1）随时随地准备与周围的人建立关系，并积极地向他们传播产品知识。

（2）借助朋友和亲戚的推荐，扩大交际圈。

（3）经常参加社区活动、俱乐部活动及其他商业活动，从这些公众场合找到更多有用的客户信息。

（4）经常运用"三步法则"，潜意识里把周围三步之内的人都当作客户对象，且主动与他们打招呼、交好。

事实上，很多新手有意地执行这些扩展人际的条例，在开始阶段定然伴随着不适、害羞和恐惧等不良感觉。而重要的是，你需要克服不良感觉，坚持这种做法。习惯之后你会发现，这种挑战带给你的将是更多的欣喜。

11. 获得尽可能多的约见机会

为了提高自己的销售业绩，销售员必须掌握高超的"侦查"技术，不断发现新的顾客，与顾客进行约见、交流，做成一笔笔的生意。虽然现代的通信技术可以使销售员通过邮件、电话的方式接触到顾客，然而有研究表明，人与人之间最佳的交流方式却是面对面的信息沟通。由此得以引出销售过程中极其重要的另外一个环节——销售员与顾客的约见。我们可以想象一下，约见顾客就如同一个具有过滤作用的程序，约见之前混合着各种可能（拒绝、失败等），而约见之后胜算的把握就大了许多，消极因素也去掉很多。与顾客的约见机会越多，就意味着这笔生意的成交率越大。为此，销售员必须通过各种努力获得尽可能多的约见机会，以取得实质性的销售进展。

（1）通过冒昧的电话，直接告诉对方可能会感兴趣的信息。但效果不是非常好。

（2）寻找与自己有着某种联系的清晰目标，从他们的理解中获得支持。

（3）直接接近决策者。虽然过程中会有一些障碍，但应该学会巧妙地绕过障碍物（比如决策者的助手）；见到对方首脑要开门见山，因为大多数决策者都没有耐心听取一个销售人员啰嗦的陈述。

（4）接线员至关重要。打电话时，能否得到那头接线员的青睐，直接影响着你能否获得有价值的信息。

（5）如果知道决策者的名字，那就鼓起勇气，很自信地告诉接线员你要找这个人。这样，他会认为你是决策者一个很重要的老熟人。

一旦约见成功，销售员必须在精心准备（从着装到产品内容）后，大方、得体地准时赴约。

12. 克服恐惧被拒绝的心理

大家知道，心理力量对人的行为具有绝对的主导作用。著名意大利诗人但丁有句名言：走自己的路，让别人去说吧。他伟大的心灵受着自己信仰的主使，别人的非议或评价都显得微不足道，所以他创作出《神曲》。可见，成功者永远都不会是战战兢兢的胆小鬼。

能登山之高峰者，必不惧路之险恶；能跨江之激流者，定不畏水之湍急。若想得到"冠军销售员"的荣誉称号和丰厚的收益，同样必须克服内心的惧怕和紧张，通过一些科学的训练，达到销售技巧运用的稳定、娴熟。

（1）大量的情景演示训练（每个礼拜10%的时间）必不可少，这是克服恐惧、解决销售难题的最好方法。

（2）想想那些伟大的、先苦后甜的人物，然后给自己永不言弃的精神和不畏艰难的勇气，去克服每一个销售障碍。

每一个梦想成功的销售员都必须铭记：没有人生来就具备成功的条件——圆熟的技能和巧妙的陈述，这只能用自己的汗水来换取。

13. 精彩的问候

以令人信服的精神面貌出现在顾客面前，使顾客的焦虑感减少，给顾客一种轻松自在的交流气氛，打好互相信任的基础，这就是一个销售员通过对顾客的问候所要达到的效果。

（1）销售员给顾客的第一件礼物应该是真诚的微笑，只有这样，顾客才有可能乐意接受最后的"礼物"。

（2）对待顾客不只需要注意力集中，目光中还必须带着你的自信和兴趣。

（3）手掌展开、掌心微微向上，有力地与顾客握手，但不能捏疼别人。

（4）热情地向顾客介绍自己，但要自然，比如用上扬的声调告诉他你的名字："我叫汤姆·霍普金斯。见到你非常高兴。"

（5）利用一个问题，让顾客轻松地谈谈自己，比如提起他最为得意的事，这样，他自然会提供更多关于自己的信息给你。

（6）挖掘共同话题，创造默契。

（7）对他的优点表示赞扬，但要适度；否则，别人会觉得你这人虚伪。

打好以上细微的铺垫，便可以转入正题了。当顾客对你说出"好"的时候，你便可以体验到一个精彩的问候的力量是多么巨大。

14. 需求鉴定

希腊著名哲学家、教育家苏格拉底主张以讨论问题的方式与人交谈，从而一步一步引导出正确的结论。这种方法被后人称为"苏格拉底方法"或"产婆术"。

如果你在对顾客的真正需求不甚了解的情况下，盲目地急于陈述自己产品的性能，那最大的结果就是顾客无法接受你的介绍和帮助。尽管你的产品很棒，但因为不能很好地解决他所面临的问题，所以你前功尽弃、销售失败。因此你必须学会正确鉴定顾客的需求。具体的方式是怎样呢？苏格拉底已经告诉你该怎么行事：采用提问式的方法推进与顾客的交流，使顾客积极地参与你的介绍，接受你的鼓励，从而帮助你跨越销售环节中最困难的障碍，找到问题的解决办法或方案。

这种做法的优势在于，让顾客更有信心、更主动地向购买靠近。它截然不同于销售员一厢情愿的灌输，给顾客以主动的感觉。

需求鉴定的任务，不仅是辨别顾客已经意识到的需求，刺激顾客还没意识到的需求，而且还必须促使顾客心理上产生紧迫感，让他想买。

（1）询问他以前用过的产品和当前产品最大的优劣势分别是什么，是什么让他决定购买你的产品，他对你的产品最感兴趣的地方在哪儿等。

（2）不仅要给顾客提供有用的信息，更重要的是关注顾客感兴趣的。比如，刺探他对价格的态度，让他知道你有着最好的售后服务等。要知道，对顾客每一点细小的探知，都有助于你最终得到他肯定的回答。

15. 排除竞争

排除对手，就是成全自己、让自己离成功更靠近一步。在销售人员向顾客展示自己的产品时，顾客很可能已经开始与市场上的同类产品进行暗自比较。面对这种情况，你能视而不见、避而不谈吗？不行。但是你必须采取欲擒故纵的策略，大方地给顾客作出详细介绍和比较，从而打消顾客的疑惑。假如你没有这样做，反而说竞争对手的坏话、只顾强调自己的产品如何得好，那你就等着顾客将你扫地出门吧！

竞争是残酷的，时间就是你在竞争中占据优势的资本。冠军销售员一致认为：最好的销售就是让顾客立即购买。拖延意味着这笔生意很可能被你优秀的竞争对手随后抢去。所以，需要再次强调和强化顾客的紧迫感。价格是这个环节中最有效的武器，如果你能为顾客做出有效的算计，钞票的节省会让顾客为之动心。

从顾客身上得到的任何信息，都将是你参与竞争的法宝，不容忽视。只要将它们有条理地汇集起来并加以利用，再强的竞争对手也休想夺走你美味的蛋糕。

16. 强有力的展示

病人承受身心的折磨而向医生求救时,医生总是经过仔细地检查给出极为有效的治疗,从而使病人恢复健康。销售员在帮助顾客解决麻烦时,同样需要学习医生的治疗手段。训练有素的销售员知道,一味地向顾客强调产品,就像不合格的医生一味地提醒病人的病情一样极其无聊甚至有害;只有从"治疗疾病"的角度(这样对病人的康复最为有利)来为顾客考虑(怎样对顾客更有利),才会出色地完成产品展示,掌握顾客最乐意接受的销售方式。

强有力展示的另外一个关键是有效地向顾客传递简练、可信度高和具有充分价值的信息,必须让顾客感觉到:他的利益,你是放在第一位的。同时,影响展示效果的还有以下几点技巧。

(1)尽量使你陈述信息的节奏与顾客的语言习惯保持一致,过快或过慢都可能不能让顾客很好地领会你的意思,甚至会使他厌烦。

(2)言语吐字要尽量含蓄、得当,具有轻松的气息或人情味儿,但需要有力度和激情;避免僵硬、拘束的词汇和疲软的语气,要做到既可以感染顾客、赢得顾客的尊重,又能轻松交流信息。

(3)尽量制造更多情景互动,让顾客积极参与讨论和产品试验,加深顾客的印象。

(4)必须避免常犯的错误,如急于求成导致顾客的不信任、忽略了销售过程中的某部分人、语言陈旧呆板等。

(5)最后一点,诚实可靠最为重要,你的职业道德可能决定了顾客对你产品的态度。

展示环节是整个销售过程中最核心的部分。它直接决定着顾客对下一环节的交流是否还有兴趣。

17. 异议预防

一般情况下,顾客对产品所关心的事项,总会在销售人员忙于陈述的时候突然提出。如果销售人员事先没有预料到这个问题,那他匆忙的解释可能并不能使顾客满意。所以,冠军销售员总会提前着手准备、分析种种假设的问题,并将解决方案贯穿在自己的展示中,做到防患于未然。

而且,顾客虽然在倾听你的讲述,接受你的知识,但他的心里始终会有自己的盘算。如果他的想法是以直接提问的方式流露出来,你还可以通过解释来进行扭转或更正;如果只是隐藏在他的一个小动作里,你就必须留意,洞察他还未说出口的关心事项,在接下来的陈述中,有针对性地解决他的后顾之忧。

18. 成交戒律

销售员不辞辛苦地进行准备、约见顾客,就是为了等待最后成交的一刻。那么,如何才能让你的销售活动顺利展开,且不至在最后关键时刻因为你的某些不当而使成交与你失之交臂呢?医生明明清楚手术的每一个程序,但如果太过紧张,就可能导致手术失败,危及病人生命安全。所以,销售员保证成交顺利的最好办法就是,通过情景演练克服心中的紧张和恐惧。

此外,足够的耐心也必不可少。因为一个人在作出某些选择时,大脑往往需要消耗时间搞清利弊。

这两点都是销售员在明确接收到顾客的购买信号之后所必须注意的。顾客的购买信号,一般是他觉得对产品的型号、质量、价格都比较满意之后才会做出。它直接或间接向销售员表露顾客的购买意向,并试探着去涉及成交的其他条件。它或者是顾客直接的话语,或者是肢体语言的暗示。总之,需要销售员随时随地的关注。差劲的成交者往往是在这点上表现得过于疏忽,于是导致虽然成交但顾客仍然对这次服务表示不满。

19. 战胜最后的异议

当你与顾客最后的成交手续办完时,你觉得自己终于可以松口气了。但是,像某些历史剧的旁白一样，"其实事情还远远没有结束……"。有些顾客为了确定自己眼光没错，总会向你提出异议。服务顾客是你的宗旨，所以你不能不耐烦，你必须运用平日训练所得的知识灵活地战胜这些异议。伟大的销售人员会经常以下面这些方法为此次销售画上完美的句号。

（1）他们会认为这是顾客感兴趣的表现，首先对顾客表示理解，然后以丰富的经验（早已收集过这些常见的异议，并做了准备）去解决异议。

（2）他们可能将顾客的疑问进行巧妙地处理："很乐意为您讲得再详细点……"

（3）他们会引导顾客重新获得"嗯，是很划算"的感觉（包括回想策略和分摊策略）。

销售人员要克服顾客在成交后提出的异议，同样需要销售前期善意诱导的艺术，真诚地帮助顾客，使顾客觉得这样的购买不但非常有益、有价值，而且还能带来快乐。

20. 追踪现实和对追踪的恐惧

不管是你经由推荐建立新的销售关系还是维护已有的客户关系，持续的追踪都是极其必要的。如果客户得到了你的推荐但仍然没有回应，你就必须运用高超的追踪技巧，去捕获潜在的机会；或者你能经常与已成交过的客户保持联系，并且表示你乐意为他们提供出乎预料的服务。这两者都将显示出你具有优秀的职业道德、专业人士的风范。

（1）电话因为它的便捷和互动而成为销售人员追踪的最好方式。

（2）坚持，才能享受追踪的良好效果。半途而废，就是给竞争对手送去机会。

（3）写感谢信，是一种比较优雅的方式。获得顾客的称赞，是销售良性循环的开始。顾客的口碑是对你最好的宣传。

（4）为了防止新顾客的不满或抱怨，你的展示一定要带来愉快的交流气氛。还须记住，苏格拉底教给你的提问方法，能让你清楚地了解顾客的偏好。

（5）在任何时候，恐惧心理都是一个恶贼。你只有将它赶跑，才能拥有自己想要的东西或结果。

21. 推荐的竞争优势

无论是一个企业还是一个销售员，没有什么比很多人知道他们更为重要。企业和销售人员都需要源源不断的顾客来支持他们，所以，宣传尤为重要。比起在报纸上占据整个版面、在街头树立巨幅的广告牌、在网上制作精明的广告语，顾客的任何口头推荐都将是更为经济、更为有效的宣传方式。

虽然不是每个人都会购买你的产品，但他们的关系网将会为你带来大量的有此需求的人——潜在顾客或顾客。当然，这需要你的诚恳和不懈努力。

（1）完成一次交易时，告诉顾客："很乐意为你和你的朋友继续服务。"

（2）通过恳请老顾客，获得一份推荐名单；展开新一轮的追踪和拜访，提供优质服务。

22. 冠军销售员对未来的展望

奇迹往往只青睐于那些有所准备的人，无数人士的成功都验证了这个观点。只有学会制定目标、清晰地界定方向与能力并且坚持执行下去，你才会取得出类拔萃的成绩，成为顶尖级的销售人士。一个伟大的冠军销售员一定是一个伟大的目标设置者。你应该做到以下几点：

（1）写下清晰的并且在时间上、数量上都是可以度量的目标计划。

（2）你的所有目标并非天马行空的想象，而是有现实根据的。

（3）单位时间段内的计划任务必须完成。

（4）努力让你的数字增长。销售日记上的数字（清晰地显示着你与潜在顾客达成交易的几率），是最有说服力的回报，它将促使你不断寻求挑战。没有什么可以阻碍你向更远更美好的未来展望，怕的只是你没有一颗顽强的心。

23. 时间安排

时间是一切事物存在的前提，如果你做到合理利用，将收到事半功倍的效果；反之，只能丧失机会、业绩和成功。销售人员明智地安排时间，不但可以免去许多不必要的麻烦，还可以获得精神上的充实，有效地提高销售业绩。

合理地安排时间，需要做到以下几点。

（1）制订详细的计划（时间、区域、任务以及每月计划一览表）。

（2）随身携带计划工具（确保带着电话目录）。

（3）确保办公环境的整洁。

（4）只有你的顾客量完全能够保证你的目标收入时，你才不必花大量的时间去寻找新客源。

井井有条的时间配置，使全新的生活从你认真执行的那一刻开始。

24. 冠军销售员的自我分析

冠军销售员总是如同一个喜欢挑战的将军。战场上没有永远胜利的将军，销售行业也没有次次获胜的销售员。战败的将军通常会反省自己的指挥艺术，以求下次力挫敌人；偶尔受挫的冠军销售员同样会客观评估和思考自己的不足，以建立更加稳固的顾客基础。

事实证明，许多进步都蕴藏在对过去的反思中。销售日志不仅是销售员的进步标尺，每一次约见都会上升一个刻度，它还充当着为销售员发现销售问题、寻找新客户的有效追踪系统。

任何一个行业，所有成功的人，都是由自身勤恳的生活态度与无比顽强的信心共同造就的。

五

《营销管理》

◎ 简介

人类社会在 21 世纪进入了新经济时代。对于数以万计的企业和其他组织来说，这种新经济不但带来了新的发展契机，也带来了严峻的挑战。毫无疑问，谁能够对市场上出现的新情况做出快速、正确的反应，谁就能成为未来商业环境中的佼佼者。

自从 1910 年，威斯康星大学的拉尔夫·巴特勒在人们长期研究、思考市场问题的基础上提出市场营销学，该学科就在日益变化的市场和频繁的实践中迅速成长。在这个问题上，谁也无法说谁的理论成熟或者完美。市场营销是经济、管理学中最具有动态性的一个领域，环境不断变化，它的内容也不断变化。因此，"适应"是一种营销理论或模式得到的最好评价。

当代市场学权威、美国西北大学教授菲利普·科特勒博士所著的《营销管理》，就是当代市场最游刃有余的适应者。它纵观世界经济局势，批判传统营销模式，对新世纪的营销作了精辟独到的阐述。面对大众市场的逐步瓦解，很多营销者陷入迷茫。相信这位营销"圣经"的作者一定可以为这些"迷途的羔羊"带来新的启示。

《营销管理》一书的首版在 1967 年版，作者对它的完善和修订工作一直没有停止。除了细致的理论知识，该书还集中介绍了营销学中大量的经典案例，以供读者学习时参考。

菲利普·科特勒在 1981 年与其胞弟——实战派营销大师米尔顿·科特勒在美国华盛顿共同成立了科特勒咨询集团，该集团是目前营销战略领域最大的、服务最广的全球顶尖咨询公司之一。

《科特勒营销新论》是菲利普·科特勒教授的另一本经典之作。该书由他和迪派克·詹恩教授（美国西北大学凯洛格管理学院院长）及苏维·麦森喜教授（泰国曼谷大学沙升企管研究所营销学教授）合作完成。

◎ 原书目录

21 世纪的营销
建立客户满意、价值和关系
赢得市场：制订市场导向的战略计划
收集信息和测量市场要求
扫描营销环境
分析消费者市场和购买行为
分析企业市场和企业购买行为
参与竞争

辨认市场细分和选择目标市场

在产品生命周期中定位市场供应品

开发新的产品

设计全球市场提供物

管理产品线和品牌

设计与管理服务

设计定价战略与方案

管理营销渠道

管理零售、批发和市场后勤

管理整合营销传播

管理广告、销售促进和公共关系

管理销售力量

管理直接营销和在线营销

管理整体营销努力

◎ 思想精华

企业如何在新世纪的市场环境中开展营销活动，是"现代营销学之父"菲利普·科特勒研究工作的重点之一。在《营销管理》一书中，他对该问题作了全面而深入的探讨。

* 21世纪的营销。该书结合当今商业环境，对营销的主要要素作了新的描述，并对未来营销作了展望。

* 建立客户满意、价值和关系。新世纪的营销必须以顾客为核心，只有顾客满意才能促使价值实现最大化。因而如何取悦和挽留顾客是公司定位营销战略的一大标准。

* 赢得市场：制订市场导向的战略计划。战略计划犹如航船的航标，它比眼前利益更重要。因此，制订以市场为导向的战略计划并在关键领域开展活动是公司正确完成业务选择和组织、公司健康成长的先决条件。

* 收集信息和测量市场要求。收集市场信息、调查和定位顾客需求是公司产品设计与产品营销的首要基础。没有它们的各种数据支持，营销无从谈起。

* 扫描营销环境。在整个社会范围内，审视可能影响营销的关键因素，并设计与之相应的对策，以克服长久的威胁、获得成功机会。

* 分析消费者市场和购买行为。研究顾客的消费行为和心理，是营销规划人员区别不同消费群、制定相应营销策略、让顾客满意的前提条件。

* 分析企业市场和企业购买行为。许多企业面对的买方并不只是个体顾客，它还包括各种各样购买原材料的企业和其他组织。研究这些组织的采购原理仍是它们努力适应市场的一部分。

* 参与竞争。竞争是公司寻求进步的最大动力。忽视它的存在，公司将完全丧失生命力。

* 辨认市场细分和选择目标市场。顾客的差异性决定公司必须识别价值最大的细分市场。利用高效的服务分别赢得目标市场里各个细分的顾客群，是公司对市场最明智的态度。

* 在产品生命周期中定位市场供应品。随着先进制造技术的普及，产品在市场上的生命周期越来越短，公司采取何种方式来适应这种趋势呢？最好的办法是运用产品差别化及产品定位。

* 开发新的产品。没有人喜欢一成不变的东西。公司没有新产品的开发，仅靠吃老本就是自取灭亡。

* 设计全球市场提供物。经济全球化促使更多公司在全球范围内拓展市场，而这个过程仍然需要进行目标市场选择并且还要学会"因地制宜"。

* 管理产品线和品牌。如何树立顾客忠诚是这个环节解决的问题。

* 设计与管理服务。服务已经作为无形商品和传统产品并肩齐坐，因此服务的设计与管理和产品的设计与管理同等重要。

* 设计定价战略与方案。价格作为传统4P营销中的一个重要组成部分，在今天仍然发挥着巨大的作用。

＊管理营销渠道。在当今商品市场上，如果没有营销渠道的存在，随之交易也不会存在，价值将无法在各市场要素之间传递。

＊管理零售、批发和市场后勤。因为这3方面对应的客户性质截然不同，因此，它们的营销战略各成一体。

＊管理整合营销传播。最有效的传播方式就是整合各个职能部门和传播工具，有效的沟通可以使它们产生更大的爆发力。

＊管理广告、销售促进和公共关系。尽管广告方案在推动产品或服务向顾客靠拢的过程中有巨大作用，但最好的广告却是关于产品或品牌的口碑。

＊管理销售力量。任何销售力量的目的应该只有一个：取悦顾客。

＊管理直接营销和在线营销。网络技术的成熟使公司的营销方式多样化，管理方式也随之多样化。

＊管理整体营销努力。建立以顾客为导向的营销组织，是公司在新的商业环境中必须作出的选择。

◎ 核心内容

1.21世纪的营销

当今世界文化环境和商业环境急剧变化，企业营销既面临难得的机遇，也面临着巨大的挑战。能否适应业务全球化的趋势，能否实现科技的迅速进步，能否在更加开放的市场上站住脚跟，是营销在21世纪面对的3大主要问题。

为了适应日益变化的经济环境和消费者需求多元化的新形势，营销人员必须将以下几点作为成功的必备要素来看待。

（1）摸清市场和消费者需求，才可能开展营销。当今营销人员不仅要会调查需求，更重要的是学会管理需求。只有在市场上具备一定的主动性，公司才可能从策划、产品设计到销售等环节都在同行业占据优势地位。

（2）选择市场。任何事情之间的匹配，都不是以大、多或广为标准，而是合适。企业产品设计、营销等活动只有通过选择目标市场、针对类型顾客群体，为他们创造利益和价值，才能为企业获得生存之道。

（3）选择多元化的价值流通渠道。基于社会科学进步，人与人之间的沟通方式和信息传播途径发生了前所未有的改变。对营销来说，这应该是一种契机。

（4）组织观念多元化。单一的企业运营观念，根本无力在市场上游刃有余。从生产流程、产品本身、库存到营销、交易及服务，每个阶段无疑都需要与其特性相适应的管理态度。

新世纪，新营销。事实上，我们对营销需要重新认识的并不仅仅是这些。其他内容，下文将逐一进行揭示和说明。

2.建立客户满意、价值和关系

企业的首要任务是创造顾客，这是"现代管理学之父"彼得·德鲁克在30多年前作出的著名论断。只可惜在这几十年，众多企业被丰厚的短暂利益所迷惑，哪里顾得上考虑长远的回报。

但凡杰出的管理学者及营销学者，他们都坚信：价值能否实现最大化，关键取决于顾客。甚至可以这样断言：企业营销收益完全决定于他们对总顾客价值和总顾客成本之间的评估以及与竞争者之间的差别化。如果在这两点上做不到，营销者就根本无从确定完善的产品的上市方案。

要维持公司长久的盈利能力，最好的办法就是树立顾客忠诚度，避免顾客流失，尤其是价值最大的那部分顾客。吸引新顾客虽然是企业发展壮大不可缺少的部分，但其成本巨大且不一定取得良好效果。因此，建立企业与顾客之间强烈的品牌感情才是保持营销成功的明智之举。

当然，留住顾客的根本是必须让顾客满意。如果你的产品和服务只会让顾客充满抱怨和牢骚，那从何来谈销售业绩和公司利润？做好这点，企业必须在自身管理上注意以下两点：

（1）现代企业的核心业务类别繁杂，流程环节颇多，较为松散的传统管理模式无法保证它们的高效运转。那么，要实现价值在企业、合作伙伴及顾客之间的有效传递，企业必须创建一个全新的营销网络，加强各要素之间的合作。

（2）影响顾客满意度的直接因素就是产品或服务的质量问题，只有产品或服务在特色和品质两方面都出色，市场上的各种需求才可能得到最大满足。因此，企业积极开展质量评估活动、坚决执行全面质量管理计划，当属刻不容缓。

总之，企业的一切出发点只有放在顾客身上，才会获得持久的盈利能力。

3. 赢得市场：制订市场导向的战略计划

如果一个企业由于不能适应不断变化的市场环境而无法在战略和业务上做出快速的反应，那么这肯定是一个失败的企业，至少是不太成功。再试想一下，倘若营销活动没有计划，那又将是一个怎样的交易场面？

这样的状况只因为缺少一种意识，这种意识就是秩序。只有营销规划人员有序地展开调查，有序地组织设计，有序地执行，营销工作才能够顺利完成。这些步骤综合起来就是营销计划。

相应地，营销计划只有在公司战略计划的指导之下才能有效制订。企业没有战略方针，就无法选择和组织业务，无法克服在它的领域不断出现的各种障碍，最终只能以失败告终。因此，你必须理解战略计划的重要性。

（1）它能帮助企业塑造并不断调整业务或产品，为企业带来更多发展机会和更大利润空间。

（2）它能帮助企业处理好与市场各要素（包括市场目标、科学技术和资源等）之间的平衡关系。

（3）它能帮助企业内部实现有序运转。

除此之外，它可以清晰各个管理层面和各个业务的具体战略计划，为每个业务确定任务、分析形势优劣和提高竞争力，安排业务活动的资源和收集反馈信息。企业有了它的存在，就如帆船有了方向。

企业战略计划主要通过定义公司使命、建立战略业务单位和为每个战略业务单位安排资源3个方面的工作来实现，它必须以市场为导向。营销大师科特勒认为：战略的正确性比它是否能立即盈利更重要。

4. 收集信息和测量市场需求

信息就是企业的生命之源。收集信息等于企业在集合生命要素，培养生命力。

现在，面对营销全球化、顾客购买新焦点的出现及非价格竞争因素增长的新趋势，营销信息尤其重要。营销信息系统就诞生在这种新趋势的要求下。它通过完成以下4个方面的工作，来对各种各样的信息进行评估、过滤和开发。

（1）建立一个从订单到收款循环和销售报告的内部系统。

（2）给营销经理提供有助于营销发展的新信息。

（3）创建信息数据库，总结营销成果，分析营销前景。

（4）帮助和支持营销者分析复杂的相关信息，并积极促使它们向实践转化。

第三个方面实质就是营销调研系统。它开展工作的方法和工具都呈现出多元化。但无论你选择什么样的调研方法和调研工具，它的运行程序都遵守这个规律：首先确定调研课题，其次是制订计划，再次是收集信息，最后是通过信息分析得出结论。

一个具有科学性、创造性、思考性、调研方法多样性、共存性（数据和模型）的调研系统，通过成本—收益分析得出的结论，定能够帮助管理层理性认识市场，发现新的市场机会。

对于企业确定目标市场来说，工作进行到这一步，仍不能松懈。还有一点必须要完成的就是衡量这些市场机会背后的利润空间。换句话说，就是需要测量市场需求和公司需求。前者是为了预测某种产品在一定条件下顾客愿意购买的总数量，而后者是为了了解公司尽最大努力所能争取的市场份额。经过两个参数的衡量，管理层就可以判定哪一块市场作为目标市场所遇到的风险更小。

5. 扫描营销环境

时势造英雄，这句话我们每个人都见过许多次。我们都知道，它强调的是环境对人的重要性。在市场竞争激烈、风云多变的现代社会，各个经济领域都英雄辈出。尽管各自的经历、行业有所不同，但在这点上他们却出奇的一致：深深懂得抓住社会环境带给他们的机会。

当今社会变迁无时无刻、无处不在，大到政治格局、科学技术、经济环境、文化环境及自然环境，小至人口年龄、受教育程度及家庭结构等因素都不断呈现出新的趋势。而这些趋势总是对市场环境产生或大或小的影响。试想如果营销人员忽略不顾，可以吗？让我们看看那些曾经因此而遭受挫折的巨人吧：汽车巨头通用、IBM公司和西尔斯百货公司等世界知名企业。

在当前环境中，对市场影响最大的莫过于文化。核心的文化价值和亚文化价值曾一度造成主流市场和非主流市场之间的明显界限。

除此之外，人文环境中的人口因素，经济环境中的财富，收入与分配因素，自然环境中的资源因素和受污染因素，技术领域的创新与更替因素，政治环境中的不安定因素和法律因素都是需要营销管理层时刻注意的环境变量。企业只有善于在这些变量中发现新趋势，寻找新机会，才可能在越来越艰难的商业环境中生存下去。

6. 分析消费者市场和购买行为

如果你对一个人毫无所知，你能否对他有所判断？当然不能。为什么？因为没有依据。对营销者来说，也是同样道理。如果对消费者心理和行为没有任何了解，他们就无法预测顾客行踪，无法拿出促使顾客满意的方案。因此，研究消费者市场和消费者行为是一项在制订营销计划之前必须完成的工作。

影响消费者行为的因素主要有4大类，它们分别为文化因素、社会因素、个人因素及个人心理因素。为了彻底了解消费者购买过程的每个详细步骤，营销人员必须对4大类因素进行深入分析和探讨，而并非只是笼统的归类。

购买决策过程

消费者购买决策主要分5个阶段完成。如下图所示：

问题认识 → 信息收集 → 对可供选择方案评价 → 购买决策 → 购买行为

7. 分析企业市场和企业购买行为

市场上的购买行为并非只发生在个体顾客身上，参与消费的还有组织。它们必须不断购进生产设备、技术及原材料等必需品来保证自己的生产计划顺利完成。因此，营销者对影响组织购买者决策的因素进行研究，是企业追求利益最大化的必然。

组织购买是各种正规组织为了满足购买产品和劳务的需要，在可供选择的品牌与供应者之间进行识别、评价和挑选的决策过程。这是韦伯斯特和温德对组织购买的定义，这个定义透露了以下几个重要信息：

（1）市场上的组织需求。这应该是相对于消费者市场而言的。组织需求的根源是消费者市场的需求，如果没有消费者市场，企业市场也就不会存在。然而，企业市场的营销者在分析组织需求时必须掌握它们之间的区别。

（2）组织采购是一个系统的过程。因为采购规模及其后果、影响的关系，组织采购往往要比个体顾客采购程序复杂很多。个体顾客的决策过程只有5个阶段，而组织采购的决策过程则有问题识别、总需求说明、产品规格、寻杂货供应商、征求供应建议书、供应商选择、常规订购的手续规定及绩效评价等8个阶段。

（3）关于组织采购决策。个体消费的决策者通常都是消费者个人，而组织采购的决策者必须是由组织批准者、决策者、购买者、控制者、发起者及使用者等相关人员组成的采购中心。因此，企业市场的营销者只有对购买组织的目标、政策、传统作风及部门结构有深入了解，才可能明确采购者的决策过程。

在以后，组织采购者的采购方式会越来越先进，所以企业市场的营销者绝对不能满足于现有的营销能力。如果对企业市场和企业购买行为的分析没有深度或者缺少新发现，则他们很可能无法立足于这个环境。

8. 参与竞争

有句很有意思的话叫作"敌人才是自己最好的朋友"。人一旦失去与对手的竞争，很可能就变得慵懒、落后和不求上进。企业也是一样。

企业营销者不但要参与竞争，更重要的是需要管理竞争。增强企业竞争力，并非有观念就行，它更需要企业制订强有力的竞争措施并坚决执行。管理竞争有5方面的问题需要企业营销者努力解决：

（1）确定竞争者。识别竞争者不那么简单。企业很容易知道自己的明确竞争者，比如说奔驰把宝马当作主要竞争者。然而，潜在的竞争者存在范围广泛且很难辨识，有时甚至是跨行业的，它可能突然对你造成威胁。比如，一家绿色食品制造公司也许会成为生物技术公司的竞争对手。

（2）确定竞争目标、制定竞争战略及分析当前优劣势。这是明确竞争者之后企业必须当即展开的活动。战略主要解决企业即将进入哪一个特定市场的问题。竞争动力和竞争目的是什么、长期愿望和当前利益是否冲突，这3个问题的答案构成竞争目标。而辨别竞争者的特点、优势和劣势及反应模式，则是企业制定具体竞争措施的必要前提。

（3）创建竞争情报系统。该系统主要通过收集、估计和分析战略群体的数据资料，为营销管理层制定竞争战略提供情报支持。

（4）在竞争中的战略定位。你是领导者、挑战者、追随者，还是补缺者？只有正确定位自身，企业才能实现一定时间段内的利润最大化。

（5）选择竞争导向。企业不能为了竞争而竞争，市场份额和业绩只是表象，利润才是本质。是否同时给予顾客和竞争者恰当的注意，是衡量企业能否健康发展的标准之一。

科特勒认为：没有竞争的企业往往会成为绩效差的企业，只有敢向竞争对手挑战、不畏困难的企业才会成为市场的领航者。

9. 辨认市场细分和选择目标市场

顾客需求不同决定市场类型繁多。一家电器企业不可能满足所有电器市场上的顾客需要。因此，企业需要准确找到属于自己的那一片天地，否则面对茫茫市场，一定手足无措。

综合了解不同社会变量（地理因素、人文因素、心理因素、行为因素、经济因素、环境因素等）对顾客的影响程度之后，企业应该根据消费者特征和消费者反应进行市场细分，从而增加公司营销的精确性。

企业对细分市场的评估是最关键的一步，这决定着目标营销的方向。只有评估客观、正确，企业才能把目标对准其最有利的细分市场（确定目标市场）。

在确定目标市场后，企业营销者必须为各个目标市场制定严格、精确的市场进入计划。同时，对各个细分市场之间的关系要予以重视。这样做的目的是寻找发展规模经济和制造大范围营销的机会。

10. 在产品生命周期中定位市场供应品

科特勒认为：企业不应该去考察产品的生命周期，而应该考察市场的生命周期。

现代制造技术和信息的开放，使得产品的特征和益处很难长时间在市场上保持优势，因此企业只能对它们的产品或服务进行差别化。企业为了保持在竞争上的现有优势，就必须赋予该产品或服务新的亮点和增加新价值。

尽管企业努力使它们的市场供应品不断地更新换代，以此来吸引对价值敏感的顾客，但这些供应品仍然会经历购买者兴趣和要求此时起彼时伏的阶段。面对市场环境的变化，竞争者一轮接一轮的围攻，企业只能被动修改其原有的营销计划，力求使融入了新元素的计划能够适应新阶段的消费者需求。

绝大多数的产品在其产品生命周期内都要在市场上经历4个阶段，且每个阶段都要求营销者拿出与之相适应的营销战略。

（1）导入阶段。产品初入市场，阻力比较大，因此企业收获不大。在此阶段，有快速撇脂、缓慢撇脂、快速渗透和缓慢渗透4种导入战略可供营销者选择。

（2）成长阶段。产品成长阶段的标志是销售额和利润快速增大。这时，大多数企业为了开拓新的细分市场和分销渠道，不断地尝试产品改进和更新，并且在价格上作出适当调整。

（3）成熟阶段。一旦销售增长缓慢且利润稳定，产品就进入了成熟阶段。此时，企业通常都热衷于放弃弱势产品，改进或开发获利能力比较强的产品，争取新顾客和现有营销组合（价格、分销、广告、打折扣、销售人员及服务等5种要素）的改进。

（4）衰退阶段。这是任何产品都免不了的结局，销售要么停止，要么很长时间持续在一个低水平上。因为没有可能恢复往日销售，所以绝大多数企业选择终结这一产品。但也有例外：如果不给企业带来负利润，营销者可能将它和其他产品搭配，暂时保留它。

以上所讲，都是大多数企业传统的营销策略。现在，让我们返回科特勒的观点：企业不应该去考察产品的生命周期，而应该考察市场的生命周期。这位营销大师提倡企业主动认识和预测市场的新形势，他并不赞同以上被动的适应。

11. 开发新的产品

任何企业因循守旧，都会导致破产的悲剧。进步和发展不仅需要技术和管理观念的革新，还需要产品的革新。产品革新可能是改进旧产品，但它更强调新产品开发。

要开发新产品，企业的环境、理念、组织结构、技术等各方面现状都可能不能满足要求，因此企业必须克服现有障碍，为它的诞生创造条件。在准备过程中，组织者有3点必须注意：

（1）确定未来的顾客群（主要包括"谁"和"有多少"两个问题）。评估该生产计划的可行性。

（2）吸引营销人员的积极参与。没有什么其他理由，只因为他们是最熟悉市场的。

（3）成立专门负责该产品计划的组织。该组织必须独立、高效，只有这样，才能保证新产品的构思得到彻底的贯彻。

直接涉及计划实质内容的有创意产生、创意筛选、概念发展与测试、营销战略发展、商业分析、产品开发、市场试销和商品化这8个环节（也称为开发过程的8个阶段）。对于这8个步骤，必须实行严格控制，尤其是以下3个是重中之重。

（1）创意是该项计划的根本。创意筛选决定着这个"新"到底有多大吸引力。

（2）市场测试（不管是消费品市场测试还是企业市场测试）和商业分析，都是为了验证该创意的可行性和能够取得的利润回报。

（3）关于营销。该产品一旦商品化，接下来的任务几乎全由营销人员承担。而这也是决定该产品成功打入市场获得高利润的关键一步。做好这一步，要求营销者必须根据早期消费者的线索或信息深入了解消费者采用的全过程，分析影响消费者购买的各个因素和制订最大限度完善的营销计划。

目前，许多营销者把产品的目标用户定为早期采用者和大用户。

12. 设计全球市场提供物

经济全球化的大趋势要求企业必须打破地域与文化等因素的限制，充分利用技术、原材料以及客户等资源优势，寻找更多、更大的发展契机。

虽然开展国际化经营成为企业获取更大生存空间的一种有效理念和趋势，可当你真正决定进入国外市场时，仍然有许多需要慎重讨论和研究的问题。

（1）商业环境的不稳定性。很多社会负面现象在不同的国家和地域恶劣的程度不一样。比如，你有意把你的建筑生意扩展到巴勒斯坦或伊拉克的某些地区，那你就必须克服战争可能造成的伤害。

（2）市场选择。是进入这个国家还是进入那个国家，或是同时进入几个国家？根据已经成功将业务国际化的那些企业的经验，选择全球市场应按3个标准排序：市场吸引力、竞争优势和风险。

（3）进入方式。一旦企业决定向异国市场出售其产品，那么它就必须考虑采取何种方式进入该市场才能取得最佳效果。按照企业涉及的战略深度，一般有5种进入方式：间接出口、直接出口、许可证贸易、合资和直接投资。

（4）营销方案。相比本国营销，主要是加强灵活性和因地制宜策略的运用。

（5）管理方式。小规模的出口销售一般以建立出口部的方式进行管理；如果一家公司的业务已经涉及好几个异国市场且拥有了合资企业，那么最好的决策营销组织就是国际事业部；而业务全面国际化的企业则是一个全球组织，地域影响几乎不存在。

值得一提的是，现代科学技术（尤其是运输行业和网络）是促进市场国际化的最大功臣。

13. 管理产品线和品牌

无论是实体产品还是一种解决问题的方案，只要是能够提供给市场用来满足需求的东西都可以称其为产品。不管是在传统营销中还是新型营销中，产品始终都是营销组合中最重要的因素。

按照消费动机由基本需要向各种欲望的递升，产品通常呈现出5个层次，即基础产品、期望产品、附加产品、消费系统和潜在产品。在当前市场上，企业之间的竞争主要集中在附加层次。

随着企业业务范围和产品种类的扩大，产品组合（销售者给市场提供一组产品，包括产品线和产品项目，实质是产品品种搭配）成为企业满足更广泛需求的一种有力手段。它往往由数条产品线构成。营销者可以根据当前销售额、利润和其他市场特征来调整它的宽度（不同产品线的数目）、长度（产品项目总数）、深度（产品线中的每一种产品有多少品种）和相容度（各条产品线之间的关联程度）。但是这个过程需要营销者作出精密的分析。

品牌是企业在产品方面上升到一个高度和知名度的标志。它具有吸引广大顾客和赢得顾客高度忠诚的威力。它的生命周期长度可能是企业内任何一种产品都无法比拟的。品牌管理的目的是为了保证企业的品牌权益，它应该属于公司的资产管理，是营销人员拓展产品寿命价值的有力工具。

然而，要想把某商品品牌化，以下5点挑战是营销管理层面临的主要问题：

（1）关于品牌化决策。总体说，品牌化是商品发展的一种趋势，但也有例外。比如，有些商品在树立品牌之后又退回到无品牌的状态。

（2）品牌使用者决策。其实质是到底是采取产品制造品牌还是分销商或私人品牌。

（3）品牌名称决策。此举目的是选择合适的品牌名称，以便产品在市场上获得独特的识别和影响力。

（4）品牌战略决策。通常企业可以在产品线扩展、品牌延伸、多品牌、新品牌和合作品牌5种战略类型中作出与自身条件相符的选择。

（5）品牌重新定位决策。这根据现有品牌在市场上的运行状况而定。一旦现有品牌不能适应市场，企业则必须重新定位。

品牌建设并非一朝一夕的事，它需要很长一段时间，而且代价高昂。因此，它是产品战略中极其重要的一个课题。

14. 设计与管理服务

要想设计与管理服务，必须先对服务的定义作深刻了解：服务是一方能够向另一方提供的基本上是无形利益的任何活动，并且不导致任何所有权的产生。它的产生可能与某种有形产品联系在一起，也可能毫无关系。

虽然服务与产品同属商品，但两者甚有区别：无形是服务的首要特点；服务的产生和消费无法分离，而实体产品则不是；前者因为无形，所以具有很强的可变性和易消失性，而后者一直呈现着稳定的性状。服务正是由于以上主要特点，才使它的设计方案和营销方案与实体产品有很大差别。

现代服务业的营销法赶不上制造业，和服务不稳定的特性有很大关联。因此，如何利用各种途径将无形的服务转化为看得见的服务是现代营销者最主要的任务。其他任务还有：增加服务的效率；提高服务质量和标准化程度；根据市场需求调节服务供给。

实现服务差别化是企业参与激烈竞争必不可少的一种手段。在这点上，和实体产品相同。营销者进行服务差别化应该针对3个方面：

（1）提供物。其重点是加强服务创新，尽量让竞争者在短期内无法模仿。

（2）交付方式。服务交付主要通过人和环境实现。拥有好的服务人员和舒畅的物质环境是其主要优势。

（3）形象。形象核心是品牌，因此，塑造有意义的、个性的品牌是其根本。

企业服务营销战略所强调的营销组合不但包括传统4P，它还需要加进人（People）、实体证明(Physical evidence)及过程(Process)这3个要素。

服务营销战略是服务公司的核心战略，同时也是以产品为基础的企业提高顾客忠诚度的重要战略。

15. 设计定价战略与方案

消费者对商品要素最敏感的无非是价格，从传统营销到现代新的消费品营销，这种状况一直没变。从这里就能看到定价战略对企业的重要性。

当一个新产品问世准备投入市场时，企业首先面临的就是为该产品制定决策、进行价格定位。整个工作可分为6步完成。

（1）选择定价目标。企业需要利用提供物完成一个什么样的任务（生存，最大当期利润，最高当期收入，最大市场份额，最高销售成长，最大市场撇脂，产品——质量领先），这是营销者在这个环节必须回答的问题。

（2）确定需求。价格往往是根据需求来表现它的弹性的，需求又是市场对价格的反应。两者既相互刺激又能相互制约。

（3）估计成本。成本是营销者制定价格的底线。它不仅指生产成本，还指包装、营销等后期成本。

（4）分析竞争者的成本、价格和提供物。价格本身是一种竞争手段，因此了解对方的价格方案，对于营销者设定价格战略有很大参考价值。

（5）选择定价方法。营销者通过3个标准（产品成本；竞争者的价格；顾客评估独特的产品特点）之一（或一个以上）来选择定价方法。

（6）选定最终价格。在确定产品价格范围之后，营销者将引进其他因素（比如，顾客心理作用、该地域消费者的收入水平等）选定最终价格。

企业定价战略设计且执行之后并不意味着产品价格设定工作结束，营销者还必须根据市场反馈对现有战略作出进一步的修改，以赢得更多顾客。

16. 管理营销渠道

在当今社会，生产者为了将产品顺利地传递给顾客、获取利润，往往需要一些中间商、代理商及运输企业的协助，否则产品很可能无法在市场流通，产品价值也不能实现。由此，便引出了营销渠道的概念：促使产品或服务顺利地被使用或消费的一整套相互依存的组织。

营销渠道是营销的命脉，它决定产品或服务接近顾客的程度。因此，营销渠道管理是保证组织正常运行的一件大事。营销渠道管理经历两大阶段：

（1）渠道设计。分析市场需求和顾客对渠道服务产出（批量大小、等候时间、空间便利、产品品种和服务支持）的接受度，确定目标服务产出水平（渠道目标）。通过这3方面要素（商业中间机构类型、中间机构的数目、每个渠道成员的条件及其相互责任）决定最终的主渠道。主渠道和其他渠道成员必须经过营销者在经济性、可控制性和适应性3方面的评估，否则，企业会承受巨大的渠道风险。

但主渠道并非时时都容易执行，有些情况下，营销者还得借助其他的非常规渠道。

（2）渠道管理。渠道设计好之后，必须着手执行。这包括对中间商的选择及协商、内部人员培训、管理体制的完善、评价等任务。

渠道管理的主要内容涉及广泛：根据特性鉴定出好的中间商；对企业旗下的分销商和经销商进行计划、培训；为中间商制订一定的激励措施；对渠道成员进行阶段性评价；随时弥补渠道缺陷、处理渠道矛盾等。

渠道和渠道之间毫不相关的很少。大多数情况下，它们之间往往存在或多或少的矛盾，即渠道冲突，这些冲突有时还表现为竞争。解决渠道冲突最好的办法是渠道成员之间建立合作。

此外，营销者必须重视营销渠道连续和偶尔发生剧烈变化的特性，清楚认识它们的变化趋势。

17. 管理零售、批发和市场后勤

当前激烈的竞争并没有让零售行业的商家们好过，和大多数产品一样，零售店没有逃脱产生——成长——壮大——衰退的历史规律。为了适应行业内部的竞争，零售商只能将以往的"特色"方式换为"强化服务"的方式，从而展开新的角逐，专业商店、百货商店、超级市场、便利店、折扣商店、廉价零售商、超级商店及样品目录陈列室等各种形式的零售商几乎都没有例外。

零售商在新的市场条件下，在其目标市场、产品品种、服务、定价、促销和地点等问题上都制订了新的决策——新的营销计划形成。在这点上，批发商与零售商达成一致。商业批发商、经纪人和代理商、制造商和零售商的分部及其他诸如农产品集货商和拍卖商、批发商都积极开展市场、产品、服务、价格、促销及地点等方面的探索，并以此提高服务质量，为渠道增加价值。

由于制造商和批发商之间的矛盾越来越激化（批发商没有尽力推销制造商的产品，批发商对市场情报反应迟钝，批发商抑制存货，批发商从制造商那里拿取高额费用，直销使批发商受到零售商和制造商的排挤等），未来批发商的前途一点都不乐观。不过，现在仍然有个别批发商通过有效的服务改革而获得成功。

无论是制造、零售还是批发，本质都是为顾客创造价值、传递价值。营销学者们为了更加系统地描述这个价值过程，特别提出了"市场后勤"的观点：指对原材料和最终产品从原

点向使用点转移，以满足顾客需要，并从中获利的实物流通的计划、实施和控制。

市场后勤解决的主要问题是寻找最好方式实现价值传递。这个过程需要各个市场成员之间的协作——通过建立由信息技术支持的整合后勤系统来实现。

18. 管理整合营销传播

当传统营销传播不再满足市场运行的要求和顾客需求时，整合营销传播应运而生。整合营销传播主要通过广告、销售促进、公共关系与宣传、人员推销和直接销售等5种主要传播工具的有效组合，强化了各个利害关系人之间互惠互利的原则。

整合营销传播，要求营销者必须明确每一种传播工具的优势和劣势，实现各种营销资源的优化配置。它主要经历8个开发步骤：

（1）确定目标受众（目标顾客和购买组织）。其目的是对受众进行印象分析，了解企业现在的状况。

（2）确定传播目标。营销者根据它们所期望的受众反应定位传播目标，实质是尽最大努力能取得的良好效果。

（3）设计信息。寻找最能够引起受众注意、兴趣、欲望甚至行动的有效信息，以此投入实践。不过，在现实中几乎没有如此理想的信息能够促使消费者经历这个全过程。

（4）选择传播渠道。营销传播者必须选择合适的传播渠道，否则经过传播的信息可能无效。

（5）编制传播总预算。通常情况下，促销费用越高，企业占有的市场份额越大。但大多数企业会把这当成一种投资而不是代价来加以控制。

（6）营销传播组合决策。确定市场类型和引导购买的方式，讨论产品的生命周期和企业在市场上的位置。

（7）衡量传播结果。通过受众信息反馈了解此项促销计划的实际效果，且对现有计划作进一步的完善。

（8）管理整合营销传播。市场多元化和传播工具多元化要求企业整合营销传播。

整合营销传播使各种职能机构、传播工具及各种信息得到了前所未有的协作与融合。它对营销活动进行全方位的指导，因此，对企业的产品销售产生了巨大的推动作用。

19. 管理广告、销售促进和公共关系

放眼街头商铺、各个媒体和互联网，广告犹如潮水般泛滥在我们的生活中。商家打出广告无非只有一个目的，即宣传其产品或服务、创意，招揽顾客。

一套完整的广告方案需要营销者和广告人员至少在5个方面作出努力：

（1）明确广告目标。广告目标必须建立在市场战略和产品战略的框架之下。它的目标一般是刺激消费者尽可能多地使用该品牌或产品。

（2）制订广告预算。营销学者主张通过在众多市场要素上建立的广告开支模型制定预算（要求增加广告预算），而约翰·利特尔教授建议预算人员通过适应控制模型来确定广告预算。

（3）拟定广告信息。信息必须能够体现一个明确的销售主题，且极具感染力。

（4）选择媒体。本质是寻找成本最低、效益最佳的传播途径。

（5）效果评价。能够判断一个广告计划是否成功的方法就是衡量广告效果。广告效果包括传播效果和销售效果。

虽然广告能提高产品或品牌知名度，扩大销售量，但它仍然有一些特殊的性状需要营销者明白，比如，它受环境影响大、对获得新顾客效果并不好、可能带来负面影响等。

销售促进和公共关系也是刺激消费者购买的有力工具。前者和广告一样强调目标、制订、工具、执行和评估等环节，其核心还是产品；后者则是以关系为核心，强调与消费者和社会的互动。

公共关系对产品或品牌形象的潜在影响有时甚至超过广告和销售促进，这也印证了营销

大师科特勒说的一句话：顾客的满意是最好的广告。

20. 管理销售力量

任何企业如果离开了优秀的销售队伍，即使管理和制度非常完美，也难成大器。销售人员在企业与消费者之间充当着桥梁的角色。

管理销售力量的主要任务是解决如何设计、管理销售队伍这个问题。

（1）销售队伍设计。确定销售队伍必须达到的目标、组织销售队伍以良好姿态进入市场、考虑队伍的规模和报酬这3个方面的工作是设计阶段的主要内容。

销售队伍的结构并非是一成不变的，它需要企业营销高层根据市场情况的变化，作出及时合理的调整。

（2）营销队伍管理。销售队伍设计结束后，管理阶段开始执行计划。从招聘和挑选销售代表到培训销售代表，再到销售代表的激励与监督以及最后的评价，这个过程直接决定着销售队伍面貌。

销售人员培训是队伍管理的重点。销售人员的推销技巧、谈判和关系营销的能力能否得到开发和强化，关键是看他们接受培训的效果。

在推销（包括推销技巧、谈判和关系营销3个方面）中，精于市场分析和懂得客户管理是它们共同的基础。最成功的谈判是双方互惠互利。而关系营销饱含智慧，它强调买卖双方关系的长远性。

21. 管理直接营销和在线营销

没有网络技术的支持，直接营销和在线营销规模不会发展得如此之快。现在，越来越多的企业开始提供直销服务，新型的信息载体逐渐代替了早期的中介机构。

作为一种趋势，直接营销以它的快捷性和灵活性给销售人员增加了更多的销售可能；同时，它的隐秘性使竞争者难以探听到直销人员的计划和策略。这种益处在很长时间内并不能为众多企业或营销组织所重视，但渐渐有所改变。

随着直接营销地位的上升，营销者对它的认识也越来越完善。在长期积累中营销者发现：数据库是一种最有力的直销工具，它丰富的顾客信息为企业作各种决策提供了客观、全面的数据支持。

直接与顾客接触并建立长期关系是直销的最大特点。邮寄营销、目录营销、电话营销、杂志等广泛的渠道形式，再加上直接营销者对营销目标、价格等要素的精心策划，往往能够获得丰厚的利润回报。

在线营销对电子技术和网络技术的依赖巨大，甚至可以说，没有这两种力量，在线营销阵营便会顷刻崩溃。

因此，很多企业已经开始通过实践整合来提高直接营销和在线营销在传播营销组合中的地位，开发它们更大的潜在价值。但它们在规范化、透明度等方面的缺陷，也值得营销者深思、克服。

22. 管理整体营销努力

经济全球化、政策放宽、新技术更替频繁、大众市场的没落等环境变化，都要求企业对自身的组合结构、业务范围和营销方式进行改革。因循守旧只能在未来市场上坐以待毙，尤其是营销组织和活动，在这个趋势中将接受新的洗礼与考验。

现代营销组织从简单的销售部门演变成今天复杂的营销公司，其形式也呈现多样化。比如，某些企业主张市场细分管理，还有企业根据职能特征来构建组织，进行地区化管理的企业也有。

传统营销组织倡导的以产品为中心的营销模式已经成为过去。新的商业环境要求现代营销组织必须以客户为核心并加强内外部的合作，通过互惠互利的合作方式创造价值、传递价值。

一个有效的组织，应该要求它的营销、研究与开发、工程、采购、制造、营运、财务、会计和信贷各个部门制定出与现代营销相符合的部门战略计划，而且执行得当。"以客户为中心"反映在组织运营上就是"以营销为中心"，因为后者是实现前者的途径或方式。开展营销导向型的战略计划，是企业从产品和销售驱动真正向市场和顾客驱动转变的必然。

　　实际操作中，各项营销活动的进行离不开营销部门强有力的监督、评价和控制。不管是年度计划控制（保证组织实现年度计划中所制定的销售、利润及其他目标）还是盈利率控制（寻求、衡量和控制不同的产品、地区、顾客群、销售渠道、订单等的盈利率），效率控制（提高销售队伍、广告、销售促进和分销的效率）和战略控制（利用营销效益评核和营销审计完成战略方法评价），都是为了使组织战略中的各个计划更好地完成。

　　此外，道德和社会责任是企业营销活动不可忽略的问题。任何一个优秀企业都不会只把公司效益当作衡量实践活动的标准。它们不只为自己，还为顾客权益和社会进步而贡献力量。

六

《水平营销》

◎ 简介

1899年，美国专利局局长查尔斯·H.迪尤尔宣称："任何能被发明的东西都已经被发明了。"在当时人们认为他的断言是一派胡言，但是今天的产品开发商和营销商可能感觉到，每件产品已经被发明以及改良了。

看一看商店里各式各样的荞麦产品，还有什么样的荞麦产品没有被开发和出售呢？市场营销专家菲利普·科特勒认为，导致这个问题的原因是商人进行产品开发时采取了一种垂直的思维方式。换句话说，他们设定好产品的种类，然后将这个种类再细分为若干子种类来满足和吸引消费者。

最近几年，科特勒提出了一种叫作"水平营销"的方法。根据以下书摘的观点，水平营销的目标不是要占有一部分市场，而是要创造一个完整的新市场。

在以下的书摘中，科特勒和特里亚斯·德贝斯告诉市场营销商如何学会利用水平思维进行营销，并列举了很多成功的案例证明水平思维在营销中起到的重要作用。

菲利普·科特勒被誉为"现代营销学之父"，现任职于美国西北大学凯洛格管理研究生院。他的营销学著作《营销管理》已经再版过12次。他还创作了《市场营销原则》、《市场营销案例》和《科特勒谈营销学》等著作，并在核心营销学杂志上发表过上百篇文章。

特里亚斯·德贝斯是西班牙萨尔维蒂利翁巴特国际营销顾问公司的创始人之一，同时担任西班牙最知名的埃萨德商业学校的教授。他最新出版的著作是《好运气：让幸运来敲门》。

◎ 原书目录

市场的演变与动态竞争

水平营销是纵向营销的必要补充

水平营销过程的定义

市场层面的水平营销

产品层面的水平营销

营销组合层面的水平营销

实施水平营销

◎ 思想精华

在消费市场中，相同质量的产品已经饱和，消费者已经对广告信息以及传统的纵向营销方式（强调市场分割和品牌增值）具有很强的免疫力。但是还有一种更好的营销方式可以对消费者产生影响，创造出不曾有的新产品和市场，从而真正赢得竞争优势。这种营销方式源自一种完全不同的思维方式——水平营销思维。水平营销通过全新的营销方式产生新的创意，是对传统营销方法的补充。纵向营销帮助我们迅速发现可以开发的产品子类别，但是水平营销可以帮助营销商开发一种拥有更多新顾客的新产品。你不必担心你的产品或服务在饱和市场中只占有很小的份额，你会发现自己已经成为新市场的龙头企业。

◎ 核心内容

1. 市场的演变与动态竞争

今天，大量的新产品在营销过程中遭遇滑铁卢。仅仅20年前，销售新产品比现在容易很多。因为随着产品种类的激增，消费者可选择的余地太多了。今天有足够的产品满足每个消费者的需求。

各个公司还在继续分割市场，但是最终结果是市场变得狭小以至于没有利润空间。

进一步分析市场可以发现以下问题：

（1）包装商品的销售大都由巨型公司和跨国公司掌控，如沃尔玛特和宜家超市。销售商拥有货架并决定销售哪种商品。

（2）品牌多而生产商少。市场的每个部分都由几个主要品牌占据，生产商发现，创造更多的品牌会打压竞争者。

（3）产品的生命周期大大缩短。品牌之间就像是在开展一场军备竞赛，新的品牌出现后，其他竞争者会立即推出新的品牌，依次循环。

（4）更换比维修更便宜。新产品更新更加迅速，使用更加简单，价格更加合理。人们广泛接受产品可丢弃的观念，鼓励了新产品的不断问世。

（5）数字科技产生了大量的新类别产品和服务，包括因特网、全球定位系统以及个人计算机等。

（6）商标和专利注册不断增长。

（7）产品种类的数量激增。

（8）市场高度分割。公司在寻找差别化创意过程中发现和创造了更多的市场，导致了市场高度分割。

（9）广告饱和度不断增加。媒体的分割使产品发布更加复杂，使产品更难以接触消费者。

（10）赢得消费者信赖更加困难。消费者更加挑剔，不再轻易理会商业宣传。新奇可能是唯一可以吸引他们眼球的因素。

今天的市场营销要面临市场分割、饱和以及大量新奇产品的挑战。但是最近出现的商业概念是出自一种与过去无止境的纵向分割完全不同的创新过程。利用这种创新过程，荞麦不再是一种早餐食品，而是能够随身携带的零食。

⊙ 传统营销思维

为了理解水平营销如何改变你的营销，首先你必须了解传统营销手段的优点和缺点。市场营销必须从了解消费者的需求和估算应如何满足这些需求开始。但是很多制造商忽视了消费者的需求，而只重视产品销售。

只有了解到消费者的需求，才能决定谁是目标。市场被定义为在一定条件下购买或可能购买你的产品或服务以满足一定需要的人或公司。例如，酸奶酪市场可能是任何年龄超过1岁（儿童开始食用酸奶酪的年龄）并且食用早餐、甜点或零食的人。

定义需求和产品种类很重要，但是也会造成一些问题。通过为你的产品定义需求和种类，你必然会忽视那些不需要你的产品或服务的消费者。

设想一下，我们正处在酸奶酪开始商业化生产的前些年。通常，市场随着第一个品牌的诞生而出现，同时会产生分类。这个产品种类会有现有和潜在的市场。如果有人意识到这种商机，则竞争者出现。生产这个产品种类的前两个企业会占有75%的市场份额，只留给后来的进入者25%的份额。

如果你是第三个或更晚的进入者，你会选择市场上的某一个子群体或消费者，直接将产品推销给他们。通常你会强调产品的一个突出特点——这就是你的定位，它允许你分割和占有市场。不要试图占据整个市场，否则到头来你只是获得很小的市场份额。你必须分割市场并且占有该市场分割部分的大部分份额。还有一个好处是，通过瞄准某一特定的市场需求，你可以满足一个客户群体的需求，他们可能会消费更多的酸奶酪。分割会产生两种影响：分割市场和扩大市场规模。

当然，在公司持续分割市场同时，市场被不断分割并且趋于饱和。市场被分割后给新产品留下的空间很小，这也成为制约公司发展的关键因素。

另一个你可以采取的营销策略是"定位市场"。定位同分割互相联系。在酸奶酪的案例中，一些公司将自己的品牌定位为更加健康、新鲜或天然。选择一个特点并加以突出会使你的品牌具有特殊的品质，更能引起消费者注意。它能够帮助你在混杂的市场中立足；但另一方面，它也会使你对产品或概念创新失去洞察力。

⊙ 既定市场衍生的创新

另一种创新可以通过产品调整进行。基于产品调整的创新包括改变现有产品或服务的特性，可增加或减少这种特性。

（1）果汁。降低含糖量，增加果汁含量，不进行浓缩，增加维生素含量。

（2）清洁剂。增加漂白性，增加脂肪酸浓缩度，不含香味，减少泡沫或增加泡沫。

（3）银行业。月息支付，免除使用费用，增加服务机构，使用训练有素的员工。

（4）快递业。更快的邮递速度，增加最大邮递重量，更诚信的担保。

你能通过改变产品尺寸进行创新，例如通过使用大包装或按照个人需要设定产品尺寸进行销售。在这个案例中，你不能改变产品或服务，只能改变体积、密度或出架频率。另一种可能的创新是通过改变包装，如巧克力的包装采用各种各样的盒子，从简装到精装不等。

另一种改变是基于外形设计的。产品、容器或包装和尺寸是一样的，但是对设计或外观进行了修改。汽车公司可以推出具有不同内部装饰的同款车，雪橇制造商可以改变雪橇的颜色。这种改变可以使产品引人注意。还有的创新是增加产品的成分，如饼干可以加入糖、巧克力或桂肉。

所有这些创新有同一个特点：尽管它们包含对产品和服务的持续改变，但是没有触及本质。这种创新发生在相互竞争的产品类别中，创新的方法针对的是现有的市场。这些创新并不能创造新的产品种类或新市场。最终结果是市场被不断分割，各个公司只能占据整个市场的很小份额。

2. 水平营销是纵向营销的必要补充

水平营销包括选择一种产品以及充分地改造这种产品以满足新的需求或新的消费者。其优势是完全开辟新的市场，而不仅仅是抓住现有市场的某个部分。

纵向营销和水平营销相辅相成，都不可或缺。实际上，水平营销的完全发展不能离开纵向营销，因为在一种新的产品种类发现之前会产生更多的产品种类。

纵向营销过程迫使你首先要定义市场。纵向营销利用市场的定义来取得竞争优势，创新要在这个定义范围内进行。水平营销的目的是寻求一种扩张，通过满足在定义市场的早期被遗弃的一种或多种的需求、用途或目标市场等要素来实现。

水平营销要求你对产品进行重要的改变。当你从事于水平营销时，你需要通过增加除非改变产品才能实现的需求、用途或目标市场来重新构造你的产品。简单而言，水平营销要利用一种更具煽动性和飞跃性的创新过程来实施。

水平营销的创新产生新的产品种类或子种类。它通过4种方式实现：

（1）一种水平产品可以通过创造新的产品种类或子类别重建市场。例如，索尼公司的随身听沃克曼的发布重新构建了电子产品市场，它吸引了几百万年轻的潜在消费者成为个人视听产品的消费者。

（2）它可以减少现有市场上其他产品的销售额。例如，芭比娃娃是一种水平思维创造的产品，已经占有了娃娃市场的巨大份额。它是以"成人娃娃"的定义嵌插娃娃市场的，结果是这种新类别的产品风靡世界。至今芭比娃娃仍然是该种类的龙头产品。

（3）水平产品往往在不损害其他产品销售额的情况下产生销售额。例如，荞麦条没有减少早餐荞麦食品的消费量，反而扩大了荞麦的销售机会。

（4）一种水平产品可能带动几种产品种类产生销售额。荞麦条产品可以对巧克力、盐类零食和其他食品种类销售产生积极影响。

3. 水平营销过程的定义

水平营销是一个工作过程，当被应用在现有产品或服务时，它会产生创新性的产品和服务，从而满足新的需求、用途或目标市场。水平营销最终导致了新种类或产品的产生。

水平营销是一种创新过程。创新思维分为3步：
(1) 选择一个中心点，可以是一种产品或服务。
(2) 进行水平位移从而产生促进作用。水平位移是发生在逻辑思考顺序中间的中断。
(3) 找到一个填补的方式。

⊙ 建立连接

下面举个例子。将"鲜花"作为产品的中心点，关于鲜花的逻辑思考顺序是"花要凋谢"，在这个顺序上产生的水平位移是"花永远不凋谢"。然后我们在新的概念和原先的中心点之间建立联系。在这个案例中，我们要询问自己：在何种情况下花永远不会凋谢？如果花是由布、丝绸或塑料做成的就不会凋谢。我们就建立起一个新的概念——"人造花"。这就是创新。创新是将两个没有显著联系的观念联系起来的结果。

⊙ 如何应用这个过程

如果你想应用水平营销，最基本的要求是你必须了解每个步骤。如果你正在思考何为中心点，你必须准备创造一个位移。如果你正在思考一个可能的位移，你必须意识到你正在创造一个促进因素；如果你正在建立一个联系，你必须明白你正在改变这个促进因素从而使其富有逻辑性。

将这一过程应用于真正的生活中，下面就是其如何起作用的。首先，选择一个进行营销的产品或服务。创造性思维从上而下以及从具体到一般而起作用。它是归纳性的，并非演绎性的。一旦你选择了一种产品或服务，利用纵向营销的策划将其分解、剖析，然后你就会看到其整体景象。

水平营销的基础是创造一个间隙，没有间隙就没有水平营销。这个间隙需要你去跳跃。但这很难做到，因为我们已经接受了逻辑性思维的教育。如果你考虑替换、颠倒、结合、扩大、淘汰或重新排序你的产品或服务，则意味着你正在水平思考。

例如，在情人节送玫瑰给爱人。这里可能存在一些水平营销创意。
（1）替换法：赠送柠檬。
（2）颠倒法：在一年中的每天送玫瑰，但是情人节除外。
（3）结合法：在情人节送玫瑰和其他东西。
（4）扩大法：在情人节赠送很多玫瑰或仅仅1朵玫瑰（向上或向下扩大）。
（5）淘汰法：情人节不送玫瑰。
（6）重新排序：情人节时爱人送你玫瑰。

⊙ 建立联系

创造间隙的目标是找到一个填补的方式。例如，有人建议你在迪斯科舞厅销售爆米花。当你想到一对情侣会在迪斯科舞后购买爆米花时，你意识到你不容易被人发现。然后你想到可以在爆米花上撒一些荧光盐。你设想到他们吃了爆米花后会感到口渴，他们就会买饮料喝。现在我们解决了这个间隙。爆米花公司可以劝说迪斯科舞厅免费提供爆米花，然后1杯饮品的利润足以弥补2千克爆米花的成本。

当然，不是每个间隙都可以被联系起来，也不是每个创意都能成功。你只需要几个好的创意就足够了。

4. 市场层面的水平营销

通过采用一个简单的技术，你便可以应用位于市场层面的水平营销知识。改变一个因素最为简单和有效的技术是替换。市场层面包括一种产品或服务进行竞争的几个方面的因素。这些因素是需求、目标和时机。最后一个因素包含有地点、时间、形势和经验。

替换一个因素到另外一个因素很简单，你所做的就是替换市场的一个因素到另一个被抛弃的因素。你也可以改变你产品的目标市场。这应该是你目前产品的非潜在目标市场，这些消费者并不是对现有产品有需求，而是随时可能购买产品。

其他的创意包括改变产品的使用时间和使用环境。时机和形势往往同某种特定的商品相联系。圣诞节、年终聚会和庆典活动时要消费香槟，而白酒只有在特殊餐会时饮用；万圣节要食用糖果，而生日要享用蛋糕。当其他产品强势进入市场时，你可以利用经验选择商机。例如，一家重要的广播电台为乘坐公用交通工具的人打造了一档 30 分钟的新闻节目，否则这些人会听音乐。其他商家，例如书商和语言磁带学习开发商也会进入这一市场。

在大多数案例中，你必须提炼出商品的某些特点。你要意识到要排除的因素，这些因素往往将产品限定在其原始特点上。要通过排除或改变这些特点来精炼商品。例如，一家法国奶酪公司想让儿童食用更多奶酪。但存在的障碍是儿童发现奶酪没有甜味或吃起来没有乐趣。这个奶酪生产商将其制成甜味奶酪，并且做成儿童喜欢的棒棒糖式样。

5. 产品层面的水平营销

在产品层面实施水平营销，你必须选择 6 种方法之一进行水平位移。以下就是每种方法的详细介绍。

（1）替换法。替换法包括排除产品的一个或几个要素并且对产品加以改变。例如，你可以将"教授教学生"替换为"学生教学生"。学生依次地准备课程，每天由一个学生向其他学生讲述课程，教授只担任主持人。思考一下，当有人将手表上添加电池时或者将硬糖果加上木棒制作棒棒糖时会发生什么。

（2）联系法。联系法包括向产品或服务添加一个或几个要素，并保留其他要素。例如，电动助力车是通过电池驱动，然后通过脚蹬充电，结果在中国销售了 100 万台。思考一下向领带添加"有趣"要素时会发生什么，那就是带有迪士尼和华纳卡通形象的领带系列产品的产生。

（3）颠倒法。颠倒法包括颠倒或否定产品或服务的一个要素。例如，将熟比萨颠倒成生的比萨，这种冷冻主食已经风靡世界。

（4）淘汰法。淘汰法包括淘汰产品或服务中包含的一个要素。例如，电话去掉电话线成为无绳电话，香水去掉瓶子变成家用香烛；在世界上的一些地方，由于摩托车无法停放导致了可折叠车辆的出现；胶卷需要冲洗导致了宝丽来相纸和数码相机的出现。

（5）扩大法。扩大法包括向下或向上扩大一个产品或服务的一个或几个要素，或者设想出一种理想的产品或服务。双人自行车是个很好的例子，微型汽车用于拥挤的地区，抛弃型隐形眼镜来自于眼镜每天都可以抛弃的想法。

（6）重新排序。重新排序包括改变几个产品或服务的顺序或次序。例如，他们可能需要向消费者传递广告信息导致许可销售的出现。其他案例包括微波爆米花和公共场所的公用洗手液。

这些例子都包括寻找一个新的环境（例如适用于城市拥挤地区的微型汽车）或选取一个积极的事物。

6. 营销组合层面的水平营销

将其他市场营销组合要素（价格、地点和促销）作为水平位移的中心点意味着要偏离现有的产品或服务发布方式，但是你不能更改产品或服务的本质，以及产品或服务覆盖的需求、目标或环境。

在多数案例中，组合层面的水平营销位移将导致产生产品或服务的子类别或一种创新性的商业规则，而并非产生一种新的生意或产品种类。

你可以利用水平营销使你的营销组合多样化，将其他销售概念应用到你的产品或服务上。

例如，咖啡销售机运用信用卡概念销售咖啡，你可以存钱到咖啡消费卡上，然后刷卡消费；收费站允许你使用电子装置通过收费站，不必再寻找零钱——你的账户支付通过收费站费用。注意在各个案例中，支付系统和产品都不是新的。唯一的创新是利用现有的方式对现有的产品进行支付，与传统的支付方式有根本区别。

改变销售的案例比比皆是。例如，房地产公司在商业街或城市商业区销售房屋，书商如亚马逊公司在网络上销售图书。最后，公司使用信息传递的方式销售产品。例如，电信巨头利用电视广告获得更多的小商机。

7. 实施水平营销

为了成功地实施水平营销，你必须了解以下重要原则。

（1）公司要发展和繁荣必须进行创新。很多新产品遭遇失败是由于忽视了市场调查和计划。导致创新危机的原因源自传统的创新过程。大多数新产品仅仅是市场现有产品的新版本，如新的口味、尺寸或包装。这属于分割或纵向营销思维。

（2）纵向营销思维的重复使用导致了市场高度分割，以至于市场没有产生利润的空间。营销人员需要利用可以产生新产品种类或新市场的思维创造新产品或服务。这种策略是一种水平思维，尽管风险很大，但是收益却是可观的。

（3）水平营销思维利用一种特别的框架或过程，任何人都可以学习，并可以与纵向市场相结合成为创新型公司文化的一部分。

（4）水平营销思维可能会自发或自觉地产生。它需要将多种创意结合在一起，例如"食品＋时间"或"无线电话＋相机"。创新型公司如索尼和3M已经创造了一种让水平思维者集思广益的企业文化。你也可以这样做。

但一个创新型公司并不是拥有一些可以自发地获得新创意的疯狂创新人员。它的特点体现在几个体系中：一个观念市场、一个资本市场和一个智力市场。

如果公司拥有一个积极寻求、收集和评估新观念的体系，则拥有一个观念市场。这样的公司会任命一位高层经理来管理一个由公司各部门高级代表组成的创意评估委员会。这个委员会定期举行会议，对员工、供应商、经销商和销售商提供的创意进行评估。他们会设立相关体系对最具吸引力的创意进行评估。

为了保证水平营销的有效性，你必须有一套采纳创意并按照水平营销过程运作的有效体系。例如，如果智囊团有了新的创意，下一步就要通过上文谈到的具体和共有的位移方法将各个建议关联起来。这个水平营销框架会把创意产生变为一种正常的活动。公司必须建立专项基金保证创意评估以及培训具有水平思维的员工，必须雇佣智囊人员开发最好的创意。

水平营销过程的第一步"进行水平位移"可以由个人完成。选择上面的3个层面中的一个并将上述6个方法中的任何几个应用到其中。

下一步，召开水平营销会议，听取有关联系两者的位移方法和思维。这个工作会议需要与会者运用分析方法和纵向思维。会后，你就会知道哪些意见应该放弃，哪些可以使用。被放弃的意见应该存档留待未来使用。这些被放弃的意见可能会在一定时机下起到作用，等时机一到，就可以直接采纳。

将可行的意见投入到正常的产品开发过程中——从最初创意到概念检验、原形检验，再到市场检验，最后进行市场发布。这样，你就可以将自己定位成新产品种类或市场的领导者，而不是现有市场环境下的一个普通参与者。

七

《体验营销》

◎ 简介

该书正如其后文所提倡的体验精神一样,在同类书籍中堪称一个绝伦的创意。

虽然内容是关于如何树立企业品牌,但它所倡导的观点和方法归根到底都是基于深入的心理学知识。5大战略体验模块的划分(感官、情感、思考、行动和关联),在很大程度上印证了美国著名人本主义心理学家马斯洛的需求层次理论。所以,尽管它是营销领域的前卫之作,许多思路超前且理想,但体验营销的基本框架和方法仍具有坚实的科学依据。

作者伯尔尼·H·施密特,美国康奈尔大学心理学博士,是哥伦比亚大学商学院国际品牌管理中心创立者兼主任。他长期致力于企业和品牌标志、国际营销和战略营销、企业宣传和产品定位方面的研究。先前曾与亚历克斯·西蒙森合著了利用美学效应为公司创造竞争优势的《营销美学》。后来又广泛研究了霍华德、莱曼和霍布瑞克等营销大师们开创性的精华理论,结合自己在哥伦比亚商学院多年的教学研究,推出了这本《体验营销》。他经常出席各种各样的营销和管理研讨大会,发表了许多重要的演讲。除此之外,他还担任上海中欧商学院市场营销系主任之职,曾多次参与指导中国企业的大型营销活动。

《体验营销》超越了传统营销僵化的思维,闪现着一流的营销思路,值得企业中高层管理者、品牌管理人员和广大营销人员阅读和研究。

◎ 原书目录

从特色和益处到顾客体验
体验营销的幅度和范围
顾客体验管理框架
感官营销
情感营销
思考营销
行为营销
关联营销
混合式体验和全面营销
体验营销的战略问题
打造体验导向型组织

◎ 思想精华

当今时代，消费者需求的不再只是简单的产品或服务，他们要的是体验。未来营销将是体验营销。

* 从特色和益处到顾客体验。传统的特色和益处营销被体验营销所取代。通过两种营销观念的对比，探究新型营销的必然性和特点。

* 体验营销的幅度和范围。从宏观角度阐述，体验营销不仅是企业和顾客之间体验互动的新型营销观念，它还作为一种极具生命力的商业模式贯穿于市场中的各个行业，对当今世界经济方式的影响巨大。

* 顾客体验管理框架。基于人的大脑构造和心理活动的复杂特性，体验呈现出5种不同的类型。这种区分在很大程度上决定了每一种类型的体验都具有独特的结构和流程。

* 感官营销。主要站在体验类型为感官体验这一角度，阐述了管理者设计其营销战略时以顾客的感觉体系为切入点及其主要思路。

* 情感营销。在营销中渗透情感是最容易打动顾客的。无处不在的媒介可以帮助企业让顾客得到这种体验。

* 思考营销。依据人们对已有事物反复思考的偏好，企业利用各类宣传活动刺激人们的这种习惯，促使人们的思维不断创新。这样就能达到让消费者重新认识企业的效果，从而带动营销。

* 行为营销。企业从消费者的各个方面（身体、生活方式、与人互动、长期行为模式等）为消费者创造体验机会。由此他们可以获得自我认识和价值观，为企业策划营销活动提供了必要的依据。

* 关联营销。它的基础不再拘泥于个人感官、情感、认知和行动的范畴，而是已经扩展到他人、社会团体、社会文化等更广、更为抽象的社会层次。对于创造消费者和品牌社会意义之间的关联关系，它起着直接的作用。

* 混合式体验和全面营销。作为体验营销的5种基础模块，产品给消费者带来的体验不仅仅只属于其中一块。管理人员往往在具体策划营销战略时，需要连同考虑其他模块，建立"全面体验"。在此之中，混合式体验最为常见。

* 体验营销的战略问题。本章主要分析企业如何根据特定目标选择战略体验模块，以及在此模块下品牌打造的实施步骤。

* 打造体验导向型组织。新时代的企业将核心都放在消费者身上，使消费者满意成为企业产品或服务的宗旨。传统营销的特色和益处原理，已不能适应企业在不断改革中的生存。打造体验导向型的企业组织成为必然。

◎ 核心内容

1. 从特色和益处到顾客体验

21世纪信息技术的不断改进、消费者认知能力的迅速提高、市场竞争的日益惨烈，都要求企业必须在这个改革大潮中重新界定企业核心，更新企业的组织和运营方式，以争取最大的资产和优势，增强竞争力。

以"功能、特色和益处"为核心原理的传统营销，在体验营销的崛起中，将逐渐地退出企业的战略艺术舞台。市场上的理性交易，也在消费者越来越注重个人体验的消费过程中染上了浓重的人性色彩。顾客体验正在成为企业营销关注的焦点。这种全新的营销观念将企业和品牌与消费者的生活方式紧密地联系起来，为消费者拓展了更为广阔的消费环境，为企业赢得了更为巨大的生存空间。

下面详细地阐述体验营销的几个主要特征：

（1）顾客体验是根本。顾客在消费经历中的感受，是企业营销的着眼点。体验使顾客被激发出来的心灵感觉，取代了传统消费带来的单纯满足。

（2）设计消费情景。为强化消费者的场景体验，企业不再坚持传统的产品类别和竞争范围，而是从消费场景的气氛出发来设计与之适应的产品。这些产品的价值，是通过在消费环节给顾客和与顾客相关的环境和人物造成特定的联系来实现的。站在消费者的角度，此类产品不但解决了生活上的某些麻烦，更重要的是给他们带来了精神上的融洽或愉快。

（3）顾客既是理性的又是感性的。企业通常认为消费者是极为理性的，在选择消费时，他们往往要求自己作出理性的决策。但不能否认的是，拥有丰富的情感、思想的消费者，也会寻找梦幻般的感觉和乐趣，也会受到感情驱使进行决策来满足自己的精神需求。在注重人性释放的今天，这对营销管理者来说具有重大意义。

（4）折中的工具和方法。今天的体验营销者，如果继续按照传统营销定量的、规律的、分析性强的方法，将根本无法应对顾客体验的需求。体验营销的工具和方法较之传统的必须要更具灵活性、探测性等，面对不同的对象要同样奏效，不能充满教条主义。

以上4点，是体验营销截然区别于传统营销的关键部分。事实上，体验营销所带来的企业营销策略的改变，并不止这些。比如，体验营销在新产品的品牌塑造方面提供了一种新方法——动态的体验模式（它不仅通过名称、图案和标语来标示产品，还依靠向顾客提供体验机会来扩大品牌影响力）。

2. 体验营销的幅度和范围

体验营销就像一股让企业和顾客关系变好的春风，开始吹到更多样、更广泛的行业。了解顾客体验成为营销管理层迫切需要研究的课题。许多实施品牌全球化战略的大型企业，都在争相开掘和培养体验营销带给它们的新力量（品牌复苏、树立形象、扩大竞争中的产品差异化、促进创新和获得顾客青睐等方面），以扩大其整体优势。

体验营销的力量和影响十分巨大（至少使传统营销不再独占营销的中心地位），主要体现在它在很多行业的应用。

（1）交通运输领域。其最典型的当属体验营销在汽车行业的应用，不同的汽车企业对产品进行了不同的体验定位。

（2）技术产品领域。就信息产品来说，虽然频繁的性能更新不能说是体验营销的表现，但产品设计和营销的切入点却都是定在顾客的感受和体验上。它能带给你更多的功能，但更重要的是它能带给你一种全新的生活。

（3）工业产品领域。以英特尔典型的识别营销为例：过去他们给装进计算机的每一块芯片都打上"Intel Inside"作为标志；后来，又推出了那4声独具特色的音符作为他们的"听觉标语"。这些方法都成功地通过影响人们的感官而获得更多的顾客。

（4）餐饮领域。这个比较常见，某些饮料和食品的宣传方式（不管是文字口号或画面）都在努力激起顾客遥远的回忆或梦幻般的联想。

（5）新闻娱乐及其他服务业。为了赢得顾客，它们也积极营造能够体现人性化和不同体验的环境和氛围。

3. 顾客体验管理框架

你的产品或服务怎样才能赢得顾客的感激？又怎样才可以获得顾客的忠诚并让他心甘情愿付出相应的代价？这两个问题的答案能直接揭示一个企业的生存状况。企业生存的唯一手段就是：创造有价值的顾客体验。正如同彼得·德鲁克的断言那样："创造顾客是商业行为唯一有效的目标。"

⊙**体验营销的战略基础：战略体验模块**

体验是顾客个体对一些刺激做出的反应。既然是反应，就不是自发产生，而是被诱发出来的。通常可以根据体验的总体特性把它们划分成5种不同类型。每一种体验类型，都具备自身的特点。我们必须了解顾客体验的5种类型，因为它们是体验营销框架的基础。

（1）感官。通过刺激人体的各个感觉器官来创造体验。比如，音乐通过诉诸于听觉带给顾客一种感官体验。

（2）情感。利用人们内心的感觉和丰富的情感创造体验。比如，一个奶粉的广告，它通过一个年轻妈妈抱着孩子微笑的温馨画面，强化了其产品的价值和意义。

（3）思考。利用人们大脑认知和思考的能力创造体验。比如，某些提供绿色食品的企业通过对烟雾笼罩的天空的质问"你的颜色哪里去了"，让人们联想到很多关于自然和健康的话题。

（4）行动。利用人们的身体和生活方式创造体验。比如，一个宣传体育用品的广告，画面播放的是一个肌肉结实、目光坚毅的小伙子和一个巨大的卡通怪物在搏斗。它就是通过影响身体体验向顾客展示着一种英雄般的做事方式，与顾客达成一定的互动。

（5）关联。此类型除了包含上面4个类型的营销之外，还涉及他人个人理想、社会文化等第三方面的元素。关联营销在很多不同的领域内都有所表现，大至机车制造、小至内衣行业，都可能影响着顾客向一种非主流社会系统（一种亚文化、一个小组织）靠近，从而形成一个有着共同品牌偏好的群体。

◎体验营销的实施工具：体验媒介

一个匠人要创造自己构造的东西，必须拥有相应的工具。那么，营销管理层要具体实现战略性感官、情感、思考、行动和关联模式营销计划，就必须获得实施工具——体验媒介。具体的战略体验模块必须具备与之对应的体验媒介，只有这样，企业或产品的体验形象才能得到准确定位。因此，我们必须全面地掌握体验媒介的分类与特征。

（1）广告。5种不同战略体验模块中的任何一种，都可以在广告的演绎之下为顾客呈上丰盛的体验大餐。企业利用广告传递体验信息，成功地挽回或塑造了品牌形象的例子数不胜数：美国的伊卡璐洗发露、豪华手表制造商 Patek Philippe 等，都曾上演过广告的好戏。

（2）目录杂志。比起其他的体验媒介，它具有以下特点：既有产品介绍和价格，又配以艺术图片与相关的一些小文章。

（3）年报。其是一种比较常见的企业宣传方式。但在一些创意天才的操作下，也可以成为出色的体验工具。

（4）视觉（语言）标志，包括名称、徽标和标志。其主要用来区别企业特征，但也能创造感官、情感、思想、行动和关联体验。

（5）产品本身。其主要通过产品设计、包装、产品展示和作为卖点的品牌个性来创造体验。这在很大程度上是产品设计风格多元化带来的结果。

（6）联合品牌塑造。活动营销和赞助、建立联盟或合作伙伴关系、专利许可、在电影中展示产品和联合营销活动是联合品牌塑造的几种最常见的方式，它们都可以进行5种战略体验的创造。

（7）空间环境。其主要是指提供体验的环境和场所，比如建筑、厂房、公共场所及其他的交易场所。体验环境通常能够给顾客留下全方位的整体印象。一个企业的办公环境就很容易让人感受到这个企业的文化氛围。

（8）网络和电子媒体。先进的网络技术，可以通过构造虚拟空间为顾客提供最为理想的体验平台。它可以彻底改变人们以往的交流和交易体验，丰富的内容几乎可以涵盖人们所有的体验和信息要求。

4. 感官营销

传统的营销学，很容易将消费者的"审美需求"和"体验需求"两种概念混淆起来。实际上这是一种误解。在本书作者与亚历克斯·西蒙森合著的《营销美学》中，他们曾经重点强调感官营销（基于消费者的审美需求）对管理者制订品牌战略所产生的积极影响。实际上，"审美需求"只是消费者"体验需求"中的一种。因此，企业应该广泛关注所有体验营销的结果，而不只是感官体验。

其实，感官体验不但有助于企业创造或者标志品牌，它还可以作为一种企业实施战略和战术的强大工具给消费者带来激励和增加价值。

◎感官营销的战略目标

要利用感官体验的方式进行营销，首先必须明确营销活动的战略方向，有方向才能达到目的。在对各种营销因素衡量之后,企业可以通过感官营销实现自身和产品在市场上的差异化、刺激消费者购买的欲望并为消费者传递价值。

（1）使用感官营销实现差异化。这点要求企业营销的执行方式必须有独特之处。无论是产品设计、传播还是零售场所,只有比其以往的传统标准更加灵活、新颖,才能创造足够的感官吸引力。

（2）使用感官营销激励消费者。这一环节直接关系到感官营销的作用能否实现。了解感官刺激过程、把握刺激程度,是其核心点。

（3）使用感官营销为消费者提供价值。感官营销给消费者提供的价值,主要是通过感染消费者而实现的。感官营销的3个战略目标,可以通过感官营销的独特方式共同受益,并不具有排他性。

⊙ 用于实现感官影响力的 S-P-C 模型

为了我们更容易了解感官影响力的产生原理,我们通常借助 S-P-C 模型（见下图）来加以说明。因为它可以通过刺激、过程和结果的演化过程,明确展示感官营销的奥妙之处。

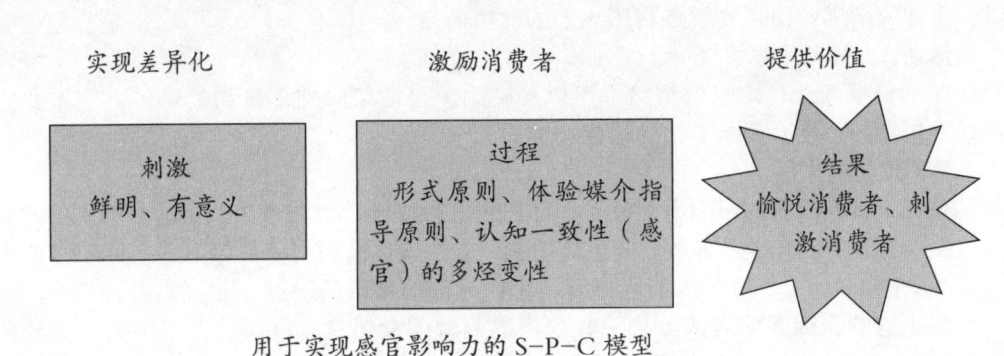

实现差异化　　　　激励消费者　　　　提供价值

刺激	过程	结果
鲜明、有意义	形式原则、体验媒介指导原则、认知一致性（感官）的多烃变性	愉悦消费者、刺激消费者

用于实现感官影响力的 S-P-C 模型

正如上图所示,营销管理层执行感官营销战略时必须明确：为了实现产品差异化、创造感官体验,必须用什么样的刺激方式；经过怎样的过程,才能激励消费者；感官吸引力带来怎样的结果,才能给消费者创造价值。

5. 情感营销

心理学中的行为主义学派通过大量的实验告诉人们：生物在骨子里都是快乐的寻求者。所以寻求快乐、避免痛苦、创造良好的感觉是人们生活的核心原则。消费者在消费时,这种心理倾向亦不例外,他们总是努力找到好的感觉、避免坏的感觉。企业在设计营销策略时,如果能很好地利用消费者的这种心理常态,让消费者产生一种持久的良好感觉,那企业就可以成功地塑造自己的品牌。

情感营销以消费者的感觉为切入点,通过创造有效的情感体验来争取共鸣。但情感体验的强弱程度都不大相同,所以,只有对心情和情绪（见情感类型图所示）作出详细的了解,企业

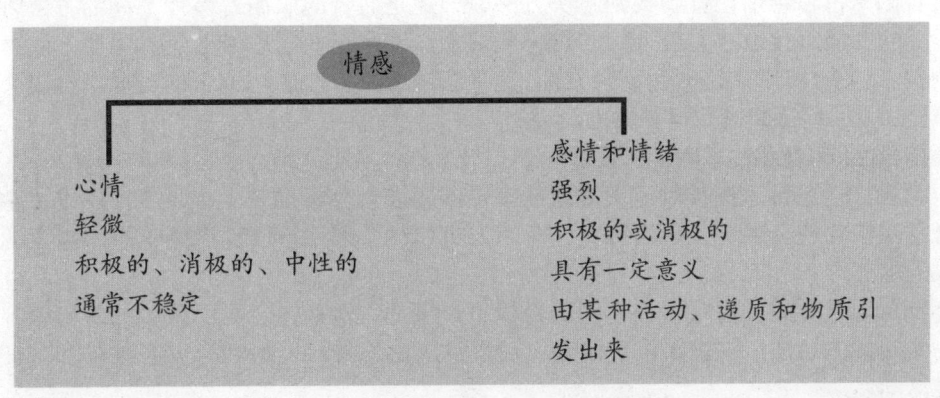

```
                    情感
         ┌───────────┴───────────┐
        心情                   感情和情绪
        轻微                    强烈
        积极的、消极的、中性的    积极的或消极的
        通常不稳定              具有一定意义
                              由某种活动、递质和物质引
                              发出来
```

情感类型图

情感营销战略才能顺利实施。

⊙ 心情和情绪

两者相比较，前者的不确定性远远大于后者。很多时候，心情的变化连本人都不能料及。也许别人的一份小礼物，也许一段糟糕的音乐，都有可能将你的心情完全改变。所以，它还具有很大的偶然性。

而情绪则不同，它是种强烈的、明显被某种事物刺激的情感状态。生气、嫉妒、羡慕是再常见不过的情绪。仔细考察，你会发现它们都有明显的刺激源。换句话说，这些情绪都是被激发的，而非自然产生的。这点值得企业营销管理者注意、思考。

情绪通常分为两大类：

（1）基本情绪。不管是积极的快乐情绪还是消极的生气、厌恶、悲伤情绪，反映在面部，人们的表情都是极其相似的（受地域和文化差异影响不大）。人们情感世界的基础就是基本情绪。

（2）复合情绪。这是种比较复杂的情绪，很可能与一定的社会背景、文化倾向等因素有关。最典型的就是人们的怀旧情绪，那种留恋、渴望而又无法触及的感情最能影响人们的行为。所以，企业的情感营销主要就是利用人们的此类情绪。

⊙ 活动、递质和物体情绪

这是一种抽象化、广义的情绪，可以理解为复合情绪向外部事物的延伸。它主要依据人们对某一事物的态度来判断事物的情绪类型。

⊙ 情感广告的作用

尽管几十秒的广告的影响力远没有一部优秀电影那样让消费者久久难忘，但它的效果也并不是很多人想象的那样微乎其微。要想让情感广告的表现极为出色，以下3个标准必须达到：

（1）充分的耐心。这是人们在做任何事情时都须强调的一点。在现实中，某个产品能否与一些积极的刺激因素配对或者与一些消极的刺激因素配对（这就是巴甫洛夫的"经典条件反射"），它的可能性并不能确定和实验中相差无几。但是，如果你想获得成功，就必须不断地做着尝试。重复的效果可能就是使人们由熟悉变成喜欢。所以，耐心是经典条件反射所必需的。

（2）优秀的广告制作人。广告不是简单的"生产"，它在某些程度上，需要诗人的灵感和艺术细胞。一般的广告制作人，可以掌握很牢固的制作功底，但不一定具备这种智慧性的东西。所以，要想情感广告有效地让人们体验到涉及品牌的情感暗示，就必须聘请一个优秀的制作人。

（3）让广告成为消费的参照标准。情感广告可能直接描述真正消费产品时的感觉或者情形，也可能只是通过与之相关的暗示，激发消费者的想象力，让他们预期享受体验。然后你可以直接提供他们做此事的机会或场景，从而获得新的消费群体。

6. 思考营销

心理学家基尔福特通过研究证明：人们的思考通常分为发散性和收敛性两种模式。但不管是前者的"将思维细化直到找到解决方法"，还是后者的"循着多种不同的方法将怪思维泛化"，它都能直接地左右着人们的行为或习惯。许多企业的思考营销，本质上就是鼓励和激发消费者创造性地思考公司及其品牌。这种营销思路曾经成功地帮助吉尼斯健康公司、苹果电脑公司及一些服装商获得新的生命力。

⊙ 指导性和联想性的思考营销活动

根据发散性思维（擅长对定义严谨的理性问题进行分析推理）和收敛性思维（主要体现在思考的灵活和创新上）各自的特点，营销人员往往会采用不同性质的信息来激发顾客的不同方式的思考。

不同的思维方式，通常是在不同的环境下产生的。例如，奇异、秀丽的环境很容易让人产生一个奇妙的想法——进入沉思阶段，而平静、熟悉的环境最适合安心准备和求证的收敛性思维活动。

为了激发消费者对面前选择的思考（收敛性思维），营销人员需要对明确的问题和任务进行指导。这样的思考营销活动属于指导性思考营销活动。

普遍地利用抽象、一般概念和新颖的视觉形象，能够激发人们的发散性思维。这类的思考营销活动属于联想性思考营销活动。

7. 行为营销

行为营销战略的定义：创造各种各样的体验机会（身体体验、长期行为模式体验、生活方式体验及与人互动的体验），使消费者的消费欲望得到激发。

本章详细介绍了以下3个成功的行动营销案例：

（1）旨在改变男士剃须时身体体验的吉列锋速3（吉列公司的剃须产品）。

（2）关注某种具体生活方式变化的奶牛胡须案例（由Bozell Worldwide公司发起，美国牛奶生产商、国会和农业部联合举办的一场教育性质的行动营销活动）。

（3）从广泛的生活方式和互动两方面诠释行动营销的玛莎·斯图尔特生活品牌（玛莎·斯图尔特本人是生活图书、杂志和电视节目新潮流的引导者、推动美国生活方式的代表者，她成功主办了《玛莎·斯图尔特生活》杂志）。

⊙**行动体验**

在传统的营销活动中，行动体验这一概念并没有引起重视。虽然营销人员也试图去影响、分类或预测消费者的行为和生活方式，但究竟体验式行动具有哪些品质，营销人员很可能无从了解。行动体验还包括消费者身体体验和与人互动的技巧。

（1）身体体验。身体体验无处不在，个人日常生活的任何一个情景可能就是一个体验的过程。因为身体能够感知外界，所以人体是一个丰富的体验源。不过，由于这种体验与个人私生活的强烈关联性，营销人员对相关产品的敏感度要有所把握。只有提供合适的产品、刺激和环境，营销人员才能恰当地营销这种身体体验。

另外，人的非语言行为（指一定的机械行为），也可以在信息交流中传达出一种影响效果。譬如，销售员点头这个动作，就能不经意地影响消费者的态度和购物行为。同时，肢体语言强烈的暗示作用也不能忽视。肢体语言是人类在漫长的进化过程中逐渐形成的一种默契行为。人们通过对肢体语言的阅读和理解，行为上很可能将发生一些改变。比如，讲话时如果配合一定的手势或强烈的语调，就会对听者产生一些细微的影响。

（2）生活方式。人们在活动、兴趣和观念的习惯性表现，决定着人们的生活模式。每一种生活方式都要求市场上必须存在与其相适应的、展示自己独特品位的产品品牌。所以，营销人员必须以高度敏感的触角不断关注消费者生活方式的走向，从而使自己的企业品牌能够与消费者紧紧地捆绑在一起。为了给消费者创造更多的体验价值，营销人员必须使用一些技巧（鼓励不假思索地开始行动、利用榜样式的人物和借用社会规范的作用）提倡和鼓励消费者获得最有效的生活方式。

（3）与人互动。组成社会的各个因素彼此有着千丝万缕的联系，因此互动是维持各种社会联系必不可少的纽带。与身体体验和生活方式体验相比较，互动不可能存在于一个狭隘的范围之内，它往往需要一定的社会背景和条件。在实际生活中，除了自身的信仰、态度和意图可以影响人的行为之外，外界社会规范和参照群体的信仰同样可以产生一些作用。

8. 关联营销

关联营销所表现的范畴，要比个人感官、情感、认知和行动所表现的范畴广得多。一个品牌中渗透着怎样的社会和文化背景，消费者又如何获得超越个人感情、个性的广泛体验，这在一些成功的关联营销案例中都有充分的展现。

（1）给消费者带来强烈归属感的美国哈雷机车，就以参照群体感情作为关联营销活动起点，以它自由独立的象征精神吸引了千百万摩托车爱好者。

（2）弗兰克林·柯维公司完全运用关联营销战略来推广自己的产品和服务，它取得一系列巨大成功的根本原因就是确定产品和服务宗旨为"帮助人们找到高层次的、富有朝气的生活体验"。

（3）美国休闲服装设计品牌汤米·希尔费格，也是通过轻松、画面迷人的广告给消费者带来富有诗意的归属感，求得与顾客更高层次的心灵沟通。

◉ **关联营销和社会影响**

在他人存在对个体思想及行为的影响中，不管存在是真实的、想象的还是暗含的，都会促使消费者个体在购买和使用品牌的过程中与他人、与群体，甚至与社会文化产生联系。这是关联营销的本质，也是关联营销对社会的凝聚作用的体现。

◉ **社会分类和社会身份**

大量事实表明，为了使关联营销活动在贯彻体验战略中有效地展开，营销人员必须要对消费者进行用户类型界定。而界定的根据就是他(她)的某一种或几种特征。作为一种"原型"，这种按某一种或几种特征进行的描述性分类，直接地刺激了消费者提高自己的社会身份意识。随之，也就提高了他们自我认知的能力。企业完全可以利用社会群体成员之间的关联扩大自身影响。以下是几种常见的分类形式：

（1）"我们"和"他们"之间的对照。消费者行为除了涉及自身需求之外，还受社会特殊性的影响。这两个因素共同决定认同的存在。这种认同除了针对自身，还包括与其他群体的对照。"我们"和"他们"现象就是基于群体之间对照而产生的。

（2）血缘关系。血缘是一切社会关系的原始基础。存在血缘关系的人之间往往会感到格外地亲近、团结和信任。这种自然规律为企业的关联营销提供了很大的活动空间。

（3）社会角色。一个儿童消费者往往会感到与其他儿童消费者有很大的类同性。这充分说明，除血缘关系之外，由于一些自然因素的影响，个体之间的关系也可以通过社会角色形成更加抽象化、广义化的类型和形式。

◉ **跨文化价值观**

要设计成功的关联营销活动，必须具备它的先决条件——充分理解参照群体规范，因为关联营销往往更适合于具有普遍性的集体主义者而非个人主义者（当然，也有侧重于具体价值观的例外情况）。这是由两者之间的价值观或文化差异所决定的。所以，营销人员一定要保持对文化差异的高度敏感。

学习和参照以色列心理学家沙龙·施瓦茨的价值观理论，可以更好地掌握如何确保可共容价值观符合营销要求。

◉ **寻求认同的需求**

人们总是希望自己的观念或者行为在别处得到认证，这是因为他人在自我形成的过程中起着很重要的影响作用。寻求认同甚至可以追溯到生物的本性。马斯洛的"需求层次论"可以详细解释这一点。

9. 混合式体验和全面营销

感官、情感、思考、行动和关联，这5种营销模块的工具、概念、技巧以及应用方法，在前面几章都作了区别性的介绍。如果管理人员决定采用某种模块，就必须注意模块的战略目标和准则。它们作为体验营销的基础，虽然各成体系，但最终将用来支撑和构建体验营销的终极目标——"全面体验"，所以还必须从宏观角度把握它们的整体性。

◉ **全面体验的经典案例**

（1）新甲壳虫汽车。1993年，在美国大众累计亏损大约11亿美元的危急时刻，公司主席费尔南德·皮切力排众议，以一款新甲壳虫车型力挽狂澜，重振了大众汽车昔日的辉煌。这是一个极为经典的全面体验营销案例。

新车的设计理念涵盖了体验营销的5种基础体验模块。曲线优美的车型、淡淡的怀旧情绪、幽默的思考（想想车还是小的好）、大胆的实践以及对和平与爱情年代的象征，这5种角度的体验精彩糅合，上演了一幕无可比拟的营销大戏。

（2）资生堂的5S商店。5S商店以其与众不同的经营理念，为消费者带来了非常自然的全面体验。

场馆浓厚的艺术氛围、优美怡人的温馨环境、恰到好处的服务方式无一不与女性顾客的价值观和生活方式通融交汇。进入 5S 商店，悦耳的音乐、淡淡的幽香、清新自然的画面，一切使你如入仙境、身心荡漾。这种难以想象的享受就是 5S 商店的全面体验模式所带来的完美效果。

⊙**混合式体验及其建立方法**

顾名思义，混合式体验包含了至少两个战略体验模块的体验模式，它是在全面体验的过程中逐渐衍生出来的。

由于感官、情感和思考体验模块是基于个体消费者的感官感受、情感需要和思维创造，而后两者行动和关联体验模块总与群体参与有关，所以前三者归为个体体验，后两者归为共同体验。

混合式体验有以下 3 个基本类型或方式：

（1）感官与情感混合模式、感官与思考混合模式以及情感与思考混合模式共同构成个体体验的混合。

（2）个体体验中的感官模块、情感模块和思考模块与共同体验中的行动模块和意义广泛的关联模块（社会文化模块）共同组成个体体验和共同体验的混合。

（3）个体的行动模块和关联模块组合成共同体验的混合模型。

值得关注的是，由两个（或两个以上）体验模块组成的混合式体验，它的混合作用往往大于两个单个模块作用相加之和。这是因为不同模块之间的相互作用在融合过程中生出了全新的体验感受。

构建混合式体验模式，首先必须弄清和遵循体验的自然次序和宣传目标的优先顺序。这个法则不但适合效果层次模型，还适合体验之轮。因为这两种构建方法原理有着异曲同工之妙。下面是建立混合式体验的方法和要领：

（1）遵循感官——情感——思考——行动——关联的体验次序。

（2）肯定战略体验模块的相互联系，把它们看成一个整体。

（3）结点可以根据需要增加，体验之轮的顺序也可以根据需要改变。

在应用体验之轮时，如何为两个（或两个以上）体验模块找到合适的结点成为建立混合式体验的关键。

10. 体验营销的战略问题

建立体验营销战略，消费者体验和竞争方面的思考尤为重要，这是基础性的东西。如果只从企业内部因素孤立地看待问题，只能导致战略最终失败。所以，战略决策者需要一些特定目标的指引，才能作出战略体验模块的选择及制订其应用方针。

⊙**战略体验模块的选择**

选择体验模块，必须先从影响营销的 3 个主要因素出发，分别分析其优劣程度，然后再决定采用哪一个战略体验模块。

（1）首先，应该确定消费群，然后了解产品的哪个方面（感官、情感、思考、行动和关联）最容易博得消费者的喜欢和爱好。

（2）其次，要摸清竞争对手采用的是哪个模块以及实施效果如何。

（3）最后，要从整个行业的发展趋势和方向着眼，不能让企业脱离社会潮流；此外，还要注意寻找可供借鉴的先行者。

一旦选择了某个体验模块，与之相关的概念就要迅速调整，战略实施的具体决策、方针和步骤都要随之确定，以求营销战略的顺利运行。

⊙**关于体验矩阵的战略问题**

这个问题实际上讨论的是：要建立一个合理的战略模块，体验营销的决策者应该从哪里入手。

目标顾客的喜好、行为方式、价值倾向、文化背景，企业品牌的知名度、产品的样式和性能，竞争对手和合作者及行业趋势，这3个方面几乎囊括了企业内外部所有情况，所以战略制订者必须充分了解。

为了科学地规划一个体验式营销战略，体验营销人员就必须利用体验矩阵，依据5种模块的各自特点，调节战略体验模块和体验媒介的关系，以求二者搭配合理。

⊙ **企业品牌和亚品牌塑造**

企业管理者在构架品牌战略问题上，某种程度内是面临一个主次矛盾的。通常情况下，一般的知名大企业都会有自己的体验标志，但企业产品同样需要单独的品牌体验标志。注重打造企业体验标志，就很可能造成对产品独立性的忽略。而一旦塑造出知名、成熟的单项产品品牌标志，企业的体验品牌就可能被迫放弃。要化解这一矛盾，企业就必须从市场和企业内部的优劣势上进行严格的权衡。

⊙ **新产品、品牌延伸和合作战略**

现代企业，不管是开发新产品、延伸品牌还是跨行寻找合作伙伴，都不可能秉着传统的"新特色，新益处，新技术"的目的改善产品。它们任何的新营销方式，其实只为一个理想目标——全方位创造和扩大消费者体验（可以寻找新的体验途径，也可以开掘原有体验的深度）。

⊙ **全球体验的品牌塑造**

体验品牌全球化面临的最大问题是，企业如何克服地域、民族和国家明显的文化价值观的差异。生活在不同文化气氛中的人，他们的体验方式、中意的体验类型、处理具体体验的态度、体验媒介的影响力都大不同，所以企业在自身形象管理、广告和消费者行为调查方面得花血本。

企业在体验品牌全球化过程中，对消费者善意而巧妙的引导是非常必要的。如果产品与消费者之间的文化沟壑难以克服，那就需要重新调整营销策略。人们常说的"克服不能适应的，适应不能克服的"，此时就是解决问题的金玉良言——施行本地化的特殊战略。

11. 打造体验导向型组织

企业走什么样的路子，关键还是人的问题、组织队伍的问题。如果企业管理组织层是典型的保守类型，那本书中所讲述的体验营销战略制订得再漂亮也是纸上谈兵。本章重点解释体验导向型组织的构建和优势特点。

⊙ **"激情"文化**

文化对一个企业就像灵魂对一具肉体那样重要。组织文化则是企业文化的主导部分。现在企业界普遍贯穿的"日神式"理性模式和"酒神式"感性模式，是两种最具代表的文化类型。但是，"日神式"的理性思维在给企业带来和谐、有序的同时，却显得迂腐、缺乏与时俱进的精神，抑制了企业新的创造力；"酒神式"的感性思维在指导企业计划实施时，能给人激情和活力，然而很容易导致分歧和团队分裂。

新的体验导向型组织，要克服传统思维的局限性，吸收众家之长。传统的两种组织类型相比较，激情式组织更能够适合体验营销的开展。因为体验营销活动需要的是营销人员的积极、热情和主动，而非行动迟缓、战战兢兢。激情组织在这一点上，尽显它的魅力。

⊙ **体验导向型组织要点**

打造体验导向型营销组织，需要特别领会以下几点。

（1）在从传统营销向体验营销的转变中，必须增大传播的有效性。这直接关系到营销策略的实施效果。

（2）激情文化尤为重要，它是一种勇敢的精神。将它渗透于组织之中，体验营销人员就敢想、敢做、敢于挣脱束缚。

（3）正是由于体验营销人员专业的破旧立新的精神，企业才不会被故步自封的旧观念绊住脚步，才能不断有新的生命力注入（通用汽车公司的辉煌可以充分证明这点）。

（4）经常性的全方位探讨和接触顾客全方位的视角（高瞻远瞩），都能够增加企业创造更多体验的可能性。

（5）工作环境能准确地反映出公司的经营理念和团队精神。整洁、干净、有很强自然气息的工作环境不但能给员工一个舒畅的心情、使错误减少，而且能刺激上至管理者下至普通员工的想象，激发易枯竭的创造力。

（6）必须突破传统营销教育理论，努力使员工获得创意能力。体验营销虽然离不开对市场要素的理性分析，但它更需要丰富的经验、创造性的思维和发自内心的热情。

（7）体验营销的实施离不开体验媒介和外部资源的配合。它除了有效促使体验传播之外，还可以弥补自身某些环节的薄弱（关于合作伙伴）。

建立体验导向型组织，并不是构建一个特定的组织结构和规定成条的执行方法。它主要以一种先进的理念形式存在。事实上，在今天的商业环境中，纯粹的体验导向型组织还没有诞生。绝大多数组织仍然是被动地接受市场导向，体验营销对于它们来说仍然陌生。尽管如此，我们仍然需要努力探求体验营销的奥妙，迎接体验营销时代的到来。那个时候，企业将会经常推出突破性的产品、活动，消费者则拥有更美妙的享受。

八

《关系营销》

◎ 简介

20世纪70年代、80年代和90年代，经济由公司主导型转向消费者主导型成为这一时期最显著的变化之一。第二次世界大战后，美国的经济在公司不断生产消费者急需的产品过程中繁荣起来。经济发展给公司带来了巨大的满足感。这些公司认为只要将产品摆到货架上顾客就会购买。汽车工业就是在这种满足感中发展起来的。汽车公司只注重利用样式来差别化自己的产品，从来不顾及消费者的需求。但是当日本汽车进入美国市场时，它们并不考虑自己能够生产什么样的汽车，只思考顾客需要什么样的汽车。

本质上，日本的汽车公司认识到这是个消费者的时代。在《关系营销》一书中，里吉斯·麦克纳将对这个阶段进行详细介绍。

麦克纳是来自硅谷的一位营销顾问，他认为科技产品市场需要新的营销方法才能进一步发展。

第一步就是要减少对用广告吸引消费者的依赖。麦克纳第一个认识到，对于大多数商品而言，营销者不能仅依靠广告获得消费者青睐。

具体而言，麦克纳劝导公司转变主导型营销为市场主导型，简明扼要地阐述了生意取得成功的基本方法：以消费者为主导。以消费者为主导意味着让消费者引导你的决策。例如，当消费者主导汽车公司生产时，结果就是小型优质节油型汽车的问世。

正如麦克纳在《关系营销》中谈到的那样，消费者主导将对公司的产品、市场和定位决策作出指导，并指导公司制订出有效的策略。

里吉斯·麦克纳就读于他家乡宾夕法尼亚州匹兹堡市的迪尤肯大学，1962年毕业后前往硅谷工作。他曾经在多家科技公司市场营销部工作（包括担任过国家半导体公司市场服务部经理），1970年开办自己的公司麦克纳集团。在过去的30年中，麦克纳公司先后为一系列的著名高科技公司提供服务，如苹果电脑、英特尔集团、基因技术公司、美国在线、莲花公司和微软公司。

《关系营销》是麦克纳创作的第三本著作，前两本是《创新时代的行销策略》和《小公司如何打败巨人企业》。麦克纳还创作了《实时营销》，最近创作了《被解雇是最好的事情》等。

◎ 原书目录

新的市场营销主题
从消费者开始
产品定位

市场定位
公司定位
策略

◎ 思想精华

旧的营销方法不再起作用。那种通过发明产品、进行市场调查，然后用广告宣传吸引顾客的时代已经远去。

不幸的是，大多数公司没有意识到市场如何变化。科技的进步产生了大量产品，无论怎样进行广告宣传，立足市场都变得更加困难。

里吉斯·麦克纳是来自硅谷的一位智者，为我们提供了一个更好的营销方法。他认为市场营销不是一个功能，而是一种做生意的方式。它的作用不是愚弄消费者去购买，而是将他们同产品研发过程结合到一起，从而向他们提供真正需要的产品，以及通过与消费者的关系向他们提供顶尖的服务。

麦克纳谈到了两家高科技公司格鲁科和帕普科，这两家公司在处理消费者维修要求时采取了完全不同的方式。

帕普科公司的接待员不懂得如何处理维修请求，所以消费者只能等待她的答复。当她找到解决方式拿起电话时，她告诉消费者必须支付维修费用以及替代品的押金。

几天后，这位消费者收到了寄来的替代品，但是没有如何安装的说明书。几周后，维修好的部件被寄回，但是没有提到将临时替代品寄回。然后这位消费者接到一封态度不友好的催款信，看起来消费者应该是货到付款。

格鲁科公司认为取悦消费者应该是生意之道，采取了完全不同的方式。接待员认真地处理维修要求，并且在 24 小时内向消费者寄去替代品，当然，免费使用。除此之外，邮寄包裹中包括一份要求寄回旧部件的说明书，甚至还有回邮邮戳和胶带。

对于帕普科公司，市场营销意味着销售产品并收敛钱财。格鲁科公司把生意看作是一个通过提供优质服务和优质产品解决消费者问题的机会，并且让消费者参与到产品创新过程中。

你会同哪一家公司做生意？以下的书摘告诉你如何成为格鲁科那样的公司，这种公司属于消费者时代。

◎ 核心内容

20 世纪 90 年代，科技主导转变了市场，也影响到每个消费者。成千上万的产品要用到微处理器，每个办公桌上都安装电脑，每个公司都是科技公司。

当然，科技主导市场意味着市场会迅速变化。这也意味着消费者有更多的选择。在 1985 年和 1989 年之间，市场上出现的新产品数量的增长速度达到 60%。在这个杂乱和不断变化的市场中，每个人都发现做销售很困难。

这也是之所以传统的营销理论（获取创意、进行市场调查、开发产品、市场测试以及最终进入市场）不再起作用的原因。这种方式对消费者的需求反应迟钝，它也不会有效地将你的产品同其他产品进行差别化。未来的市场实践将是那些运用市场主导策略者的天下，他们会与消费者的需求协调一致。以下将向你介绍如何做到这些。

1. 新的市场营销主题

过去的规则不再起作用，经理们所要面对的新型和不断变化的市场环境已经超出了其控制范围。

例如，产品扩散到市场每个角落；全球竞争无处不在；行业间的区别趋于模糊；产品周期循环加快；销售渠道不断变动；大量的广告信息使消费者感到困惑；传统的预测方式没有给予有效的指导。销售如何才能取得成功？

取得出众的市场位置的方式就是同客户建立起一种基于诚信、快速反应和高质量的销售关系。以下 5 个主题构成了 20 世纪 90 年代市场营销的新定义。

⊙ 市场营销就像登月

发展最为迅猛的产业营销就像是发射火箭到月球。目标一直在移动，市场也在一刻不停地动荡。营销者就像宇航员，必须追随环境不断调整航线。遗失市场就像是遗失月球，意味着你可能与其擦肩而过，毫无收获。

让我们进一步用这个类比进行解释。就像月球和地球同时对火箭施加重力，你的公司和市场也会同时对消费者的消费方式施加影响。公司可以控制某些力量；市场控制其他力量，这些必须受到重视和适应。公司可以控制的力量有以下一些：

（1）产品。是否具有竞争力？你能否通过完美的服务给予支持？

（2）技术。你是否拥有开发全新产品的领先技术？

（3）财政资源。你是否有足够的资金开发和推销新产品？

（4）时机把握。机遇的大门打开和关闭得很快，你能否在最合适的时机推出产品？

（5）服务和支持。服务是市场营销的重要方面。你能否为你的产品提供足够支持？

（6）人力。这是成功最重要的因素。你是否拥有工程、营销、销售和管理方面的高级人才？

市场的"重力"也会影响你的产品；它们帮助引入产品以及在消费者心目中进行定位。市场控制的力量有以下几个：

（1）策略性的顾客关系。顾客能否帮助你定义新产品和服务？大客户能否帮助你推出新产品？例如，微软的兴起是因为 IBM 采用 DOS 作为其个人电脑的操作系统。

（2）市场基础。来自市场的基础性支持，即零售商、经销商、财务分析员、卖主、商业记者等是成功的关键。IBM 花费 1 亿美元广告宣传 PCjr 低端电脑，但是这种产品失败了，因为 IBM 没有赢得市场基础性支持。同样的案例还有苹果的 Lisa 电脑、莲花公司的 Symphony 软件和可口可乐的新可乐产品。

（3）担心、不确定和怀疑。如果消费者担心你不会持久，或者认为你不会或不能支持产品线，你就会失败。

（4）竞争。竞争者的新产品可以使你的产品一夜之间过时。

（5）社会趋势。社会环境可以成为产品发展的动力。例如，对艾滋病治疗的需求迫使公司进行研究。

这些重力一直在变化。成功的营销者会一直估量外部力量，从而更好地应对变化。

⊙ 创造一个市场

营销的真正目标是拥有市场。大多数营销者只有一个分享市场的观点，他们只认识到一个现有的市场，然后通过广告、营销、价格和销售策略赢得一点市场。

利用创造市场策略的经理人像企业家一样思考，他们开辟新领域并敢于冒险。例如苹果公司，它认识到打败 IBM 公司是天方夜谭，因此决定发展一种更易于操作的全新电脑。它忽视了行业标准，开发出一种全新操作系统，完全摆脱了 IBM 的控制。麦金托什机实现了开发和服务新市场的目标，至今苹果公司仍然是该行业产值最高的公司之一。

⊙ 创造是个过程，不是推销策略

IBM 的 PCjr 产品遭受惨败告诉我们，广告和推销只是营销等式中的一部分。广告可以稳固市场地位，但是不能创造市场。

只有同客户、供应商、销售商以及任何有影响力的人建立起坚固的关系，公司才能永久立足市场。这意味着公司，特别是科技公司，必须以市场为导向，不能以营销为导向。营销导向的公司使用诡计、花招和推销赢得顾客；市场导向的公司同消费者和市场本身开展对话。

得克萨斯州有句话说得好："他穿着牛仔衣但不是牛仔。"这是对生意的最好类比。这意味着你必须把精力集中到形象背后的本质因素上，否则无法生存。如果你产品过硬、客户关系良好，形象问题自不用担心。

⊙ 营销是以质取胜，并非以量取胜

商人喜欢数字。然而在新市场上，数字不再可靠。那些相信数字的人很少成功。

米奇·考波尔是莲花公司 1-2-3 系统的开发者，他在麻省理工斯隆学院读书时，曾写过一份市场计划。他的这份计划最终得分是 B 而不是 A，原因是他没有进行任何统计调查。

在这个案例中，米奇要比他的教授更高明。统计数字向他提供了什么信息？也许是没有人想要他的产品。毕竟在 20 世纪 70 年代末，几乎没有机构拥有个人电脑。考波尔推算最终商业机构会购置小型电脑，于是他的软件就会有用途。

考波尔的想法属于定性分析类型。他与市场上的人进行交谈，努力了解他们的需求。他发现了趋势和洞察了市场。就像所有出色的市场营销者那样，考波尔了解了市场环境以及所有市场推动力量。

另一方面，定量的方法往往忽视诸如社会趋势和商业关系这样的市场力量。例如，1978 年有 6 个公司预测到 1985 年整个市场上的个人电脑需求为 20 亿台，但实际那一年市场需求达到了 250 亿台。如果苹果或康柏公司听信预言家的预测，它们就不会采取什么行动。相反，它们看到了需求，并推动了整个市场。

⊙ 市场营销是每个人的职责

市场营销是与消费者和那些处在行业基础地位的人建立和维系关系。这意味着从销售员到工程师和生产工人都必须将自己视为营销者。

瑞迪尤斯是一家生产计算机图形显示系统的公司。该公司赢得的巨额生意来自于一次工厂参观。产品的整个生产流程集中于保证质量、可靠性和快速传输性能上，这给一位潜在客户留下了深刻印象。于是该客户立即更换了供应商。因此我们可以说制造本身也是营销的一部分。

2. 从消费者开始

对产品或服务定位要从消费者开始，最重要的是消费者如何评价你的产品以及竞争者的产品。

在过去，差别化你自己的产品更加容易。传统上讲，一个公司可能想让自己的产品被看作是质优价廉，随后就会提出一个概括这些信息的口号；最终采用广告和推销的方式，直到消费者了解这个口号以及公司。

艾威斯和赫兹两家租车公司之间的竞争就是一个传统市场定位的案例。艾威斯想在消费者心中建立一种奋斗型公司的形象，其口号是"我们更加努力"。通过广告（包括折扣和赠送礼物）吸引了很多顾客，艾威斯公司自此生意兴隆。

但是在今天这个多变的以及处于动态的市场中，这种公司主导的商业活动不起作用。优利系统公司花费百万美元开展了一场营销活动，但是没有阻止它市场地位的下滑。

因为今天的第一不能保证明天还是第一，而消费者主导的方法采取动态定位，所以这样会更好一些。动态定位包括 3 个连锁步骤：

（1）产品定位。一个公司首先要确定它的产品如何适应市场。是将重点放在低价、高质上，还是先进技术上？它如何分割市场？先进的技术和产品质量是需要考虑的重要无形因素，因为只有这些因素才能符合消费者理念。

（2）市场定位。产品必须在同所有行业基础建立的良好关系帮助下赢得信誉。任何行业中 10% 的人会影响到其他 90% 的人，因此要努力赢得少数仲裁者的钟爱。

（3）公司定位。公司也需要定位自己，最好的方式是在财政上取得成功。如果一家公司始终盈利，那么它过去的错误可以宽恕，产品弱势也会被宽容。

下面我们将对每个步骤进行详细叙述。

3. 产品定位

每年都有成千上万种新产品进入市场，仅美国就有超过 2 万家软件开发公司。向消费者介绍产品、进行广告推销以及等待财源滚滚进入腰包很容易，但是在拥挤的市场上这些不起作用。因此公司必须设法将自己的产品同其他产品进行差别化。为了进行强势定位，要注意以下几个概念。

（1）了解趋势和动态。记住公司无法控制的"重力"因素。它们对许多营销者提出了革命性问题：任何一家公司都不能通过自己定位产品，而应由市场定位产品。

（2）重视无形因素。立足于专利销售产品的公司会遇到一些麻烦，而那些立足于质量、可靠性、技术领先以及良好财政状况的公司会做得更好。

（3）为特殊群体打造产品。不要试图打造适合所有人的产品。要找到市场补缺，并在这块市场补缺中比别人做得更好。

（4）学会对待成功与失败。大多数公司不分析为什么他们的产品遭遇失败。

（5）懂得营销主导和市场主导的区别。这种区别具体表现是：例如半导体公司的两条不同产品线的销售经理以完全不同的方式营销。其中一位经理将80%的精力用在拜访顾客和收集反馈意见上，另一位经理坐在办公桌上记录备忘、策划宣传和推销方案。第一位经理采取市场主导方式，取得巨大成功；第二位经理采取营销主导方式，导致产品销售降到最低点。

（6）大胆试验。很难提前确定你进行的产品定位会有什么样的市场反应。除此之外，没有一种新产品可以很好地适应市场。因此你需要重视市场，并不断调整策略。

⊙ **技术优势与无形因素**

将你的销售放在技术优势上（宣传产品出众的技术规格）会受到某些限制。一家科技公司很难取得超过6个月的技术优势。除此之外，消费者不会在乎电脑A比电脑B快5毫微秒，他们宁可选择速度较慢但是服务更好的电脑。

你必须将其他因素构建到公司的定位中，例如质量、可靠性和服务。虽然这些无形因素可能无法给产品本身带来区别，但是确实比技术优势更能提升定位层次。

4. 市场定位

这是定位的第二个阶段，让市场对你的产品做出反应。尽管你不能直接控制市场力量，但你能学会使用市场杠杆为你的产品进行定位。

信誉是市场定位的关键。特别是技术公司，必须重视信誉。技术是与未来的联系，因此客户需要确信他们有需求时你可以满足他们。

为了消除购买者的担忧，你必须为新奇的产品提供安全的保障。怎么操作呢？通过信誉建立稳定和领先的形象。

⊙ **建立信誉**

传统的营销者通过广告建立信誉，但是今天的消费者被广告淹没，他们不相信广告。他们更多地通过朋友介绍、专家推荐或有学识的销售者推广来熟悉你的产品或服务。

广告应该是最后一种营销手段，而不是最初的手段；只能利用其巩固产品的定位，不能建立定位。

你可以通过以下方式建立信誉：

（1）推论法。同现有领导市场的公司联系起来会迅速建立信誉。MIPS电脑起初是个无名小辈，直到数字设备公司选用MIPS的RISC处理器作为工作平台后才为人所知。同样，天腾公司向花旗银行出售了一台电脑，潜在客户会得出一个结论："如果花旗银行相信天腾公司，我们也可以。"

（2）参考法。消费者往往根据可信赖的建议购买商品。任何与公司或商品有联系的人都会起到参考作用，赢得分析家、零售商、记者，当然还有消费者信赖是很重要的事情。

（3）证明法。消费者很注重你的业绩。如果你的市场份额增加，你的利润提高，更多零售商销售你的产品，你开发新的产品或同其他强大的竞争对手抗衡，消费者将会敬佩你的实力和头脑。没有这些业绩作证明，定位是空谈。

⊙ **利用口碑**

口碑是消费者消费时重要的参考因素。口碑推荐比任何广告或营销手段都令人信服。因此你要想方设法让大家谈论你的产品和公司。可以从以下几个方面入手：

（1）消费者。通过召开消费者座谈会、商业展示会、技术会议、训练项目以及联席会议同消费者接触。在产品发布之前认真地选择消费者试用产品，通过使用测试产品，排除产品缺陷以及尽快得到顾客反馈。如果你能赢得这些早期试用产品顾客的青睐，他们会把产品的优点迅速告诉其他人。

（2）销售链。培训可以同客户建立良好关系的人，包括销售代表、分销商和其他可以将产品推向市场的人。正如哈佛大学的特德·莱维特所言，"你最后才接触到顾客。"在此之前，你需要所有可以为你摇旗呐喊的中间人的帮助。

（3）行业观察家。所有的行业，特别是迅速发展的行业里有很多分析家、顾问、预言家、未来学家等，他们专门从事搜集和发布信息，或者在会议上进行演讲。他们通过口碑传递方式得到信息，例如参观工厂、参加分析家会议以及同任何与该行业有联系的人进行交谈。

苹果公司赢得了行业观察家的支持。这些观察家被苹果电脑公司早期的反文化型理念所吸引。当苹果公司举步维艰时，人们会为苹果公司的产品写一些真实而建设性的文章，并提出意见。他们已经是苹果公司的爱好者，不愿意看到它的失败。

（4）媒体。商业和技术媒体的90%以上重大新闻故事来自于同权威人士的谈话。记者很少根据发布会内容写新闻评论，因此你需要直接同他们交谈。你的目标是：赢得记者和其他流行创造者们对你产品的信赖。

如果想得到记者的支持，就要帮助他们实现一个目标：为他们的读者创造一个正常的秩序。不仅教给他们应该怎样介绍你的产品和公司，还要学会介绍整个行业。切记一定要像对待最好的客户一样对待记者。

5. 公司定位

假如你想使自己的产品在市场上有个巩固的定位，你必须努力创造独特的公司定位。

如果你在产品定位和市场定位上取得了成功，公司定位也就水到渠成，因为最重要的因素是财政状况的成功。缺少了这一因素，其他的东西就没有意义。没有人愿意为一家前途暗淡的公司长期奉献。

即使是大公司也是如此。例如，一位生产经理要求一家拥有10亿资产的供应商解释该公司季度亏损的原因。他为什么会担忧呢？因为任何亏损都意味着员工、生产线和服务的裁减。

⊙ 银弹

有时你可以利用一种或两种关键产品创造出良好的公司定位，这种关键性产品被称为"银弹"。如果你依靠这些产品赢得较高的认可度，你就能创造一个好名声，并依靠这个名声提升弱势产品的形象。

最强大的公司会将"银弹"产品和"普通香草"产品一起开发，这样才能获得最大的利润。例如，施乐公司主要通过销售复印机赚钱，但是它的新型出版设备受到媒体客户的欢迎。虽然在短期内这种产品不会赚到很多钱，但是它帮助施乐巩固了其在技术领域的领先地位，获得了可以开发任何先进产品的好名声。

形象良好的公司应该意味着以下几点：

（1）更快的市场渗透力。
（2）更好地进入市场和获得技术信息的能力。
（3）更低的销售成本。
（4）更高的价格。
（5）更好的招聘。
（6）更忠诚的员工。
（7）更高的价格盈利比率。

6. 策略

开发一种定位策略从两个步骤入手：了解公司和市场。但是这并不能直接产生一个公式化的竞争策略；这只是帮助你走上一条通向成功之路。

⊙ 知识营销

想难倒你的朋友吗？只需问个简单的问题："你从事什么生意？"有人问了在硅谷生意刚刚起步的 7 个人，得到了 7 个不同答案。有人从产品应用方面看待公司，有人从技术方面看待公司，还有人从市场的位置看待公司，诸如此类等。

半导体公司、得克萨斯工具、英特尔以及国家半导体公司在 20 世纪 70 年代初期进入消费电子产品产业。几个公司都遭遇失败，因为没有一家公司适合制造手表、计算器和游戏机。休利特·帕卡德公司进入计算器市场时获得成功，因为它的计算器服务于工程师这一传统的消费群体。同其他公司不同，惠普公司也知道它应该从事什么生意。

进行一次"内部审核"是了解你公司的最好方式。问自己以下问题：

（1）你从事什么生意？
（2）你公司的基础是什么？
（3）描述一下你的市场。是什么使它能够运作？谁是主要参与者？
（4）描述一下你公司的技术、财务和文化实力以及劣势。你的客户如何看待你的公司？
（5）谁是你的竞争对手？他们的优势和劣势是什么？
（6）你产品的竞争力是什么？你如何加强它的竞争力？
（7）在下一年里你的主要目标和时间表是什么？
（8）你如何分割你的市场？在每个分割部分取得成功的主要因素是什么？
（9）每个分割部分重要的趋势是什么？
（10）你的价格策略是什么？
（11）你的销售策略是什么？你如何制成每个市场分割部分？
（12）服务对你公司的重要程度是多少？你的服务策略是什么？
（13）为了巩固你在市场上的领先地位，你必须做出什么改变？
（14）公司用于支撑每个市场分割部分的资源比率是多少？这些资源是否足够？

这些问题不是简单的事实和统计数字。它们可以为公司提供重要的信息和见解。让你公司所有高级人员对这些问题进行回答，他们可能会揭示出各部门或员工之间对这些问题看法上的矛盾。

⊙ 经验营销

你不能凭空发展一种定位策略，这也是"外部审核"的重要性所在。传统的市场调查和统计分析不是好的办法。

一方面，调查未来的产品是不可能的；另一方面，统计数字不能让你像直接同客户谈话那样更好地了解他们；而且统计只能反映出历史，不能勾画趋势。最后，每天的建议是不同的。

正如苹果公司的约翰·斯库利所说："没有一个伟大的营销决定是根据定量数据确定的。"

那么你要做些什么？走出办公室，到市场去。在这个电子交流的时代，面对面的交流比过去更加重要。这就是为什么让经理们走出厂房到市场去是最好的调查方法。

一个数字控制设备制造商通过实地市场调查发现，工人们使用这种设备时感到困难。为什么呢？因为他们更习惯操作旋钮而不是按钮。制造商立即用旋钮替代了按钮，这使得工人感到高兴，巩固了公司在市场上的地位。数字信息能够暴露出这些问题吗？

除了观察外，你需要与拥有专业知识的人进行交流。这类人可能包括消费者、销售商、专家、财务分析家和记者。询问的问题可以是以下一些：

（1）在这些产品中，你最喜欢哪一个？为什么？
（2）你认为市场会向哪里发展？最重要的趋势是什么？
（3）你对 XYZ 技术的看法是什么？与 ABC 技术比较，其优势和劣势是什么？
（4）你认为哪家公司是正在冉冉升起的行业之星？为什么？

（5）当你购买这类产品时，影响你购买决定的因素是什么？这类产品的价位或实用性如何？

（6）你认为这类市场限制发展的主要因素是什么？

（7）你认为谁是该行业的龙头老大？

（8）我们的公司为你提供了你需要的技术、支持和服务吗？

这种审核不是一次就能完成的，公司必须不时地监视生意环境，从而发现消费者观念的变化。工程师和高级经理以及营销人员应该定期与消费者以及该行业其他权威人士进行接洽。

⊙ **确定一个策略**

在你挖掘出你的公司和市场的所有信息后，你应该确定进行产品定位的策略。这不意味着你需要写一个营销计划，它们通常会被遗忘在书架上积累尘土。相反，要定期开会研究策略，从而确定策略已经有效地实施，并且要分析它的影响以及不断按需要调整。

定位会议的目的是确定一个定位并决定如何实现。记住，定位比起提出一个新的口号要做的事情更多。你可能采取激进的方式完全改变公司方向，以新的市场分割部分为目标，或者完全改变产品。

计划会见6~10个来自公司不同部门的人。这种自由式的会议包括3个步骤，每个步骤持续1个小时或1天。

（1）输入。人们分享各自对公司的分析意见（来自"内部审核"），寻找出模式和联系以及考察出更好的做事方式。

考虑所有类型的关系：销售与工程之间的关系如何？目前产品与未来产品的关系如何？软件程序与操作系统的关系如何？公司与供应商的关系如何；你可以发现能够利用并取得优势的关系。平静地面对结果。

（2）分析。将你的想法写到黑板上，列出困难、竞争对手和环境因素；思考你的产品在市场上的优势和劣势。你的产品的特点是什么？与竞争者相比你的销售力量如何？你公司的声望如何？然后把这些因素联系起来考虑，看一看你能利用的优势以及对手的弱势。

（3）合成。用于处理这些意见。你要整合人们的所有意见，以及联系你的优势，从而形成一个条理分明的计划。你要在满足所有这些要素后再考虑攻守。如果你有顿悟的感觉，不要感到惊讶，这是常有的事情。透过这些杂乱无章的资料，一个清晰的未来计划将呈现在你面前。

康纬克斯电脑按照这个过程工作成为了赢家。该公司计划将新开发的一种高质电脑打入由数码设备公司VAX品牌以及其他电脑品牌把持的超小型电脑市场。康纬克斯知道，无论他们的电脑如何好，都很难在市场立足。

该公司进行了一次外部审核，发现了一个有趣的现象。市场对VAX一类的超小型电脑需求很大，但是人们不满足于它们缓慢的运算速度以及难以处理非常复杂的问题。此外，人们不会花费500万美元购买一台超级电脑。还有，超级电脑可使用的软件很少。

定位会议揭露了市场上的巨大缺口，康纬克斯公司准备填补这一缺口。它们的电脑比VAX电脑速度快20倍，可以运行所有同类软件，但是价格只是超级电脑的1/4。

康纬克斯决定不把他们的电脑定位为一种超级VAX电脑，而是一种小型的超级电脑。这样不必同其他50个生产商竞争，只需要面对3~4个竞争对手。

看一看定位会议做了些什么？康纬克斯的技术没有改变，但是这次会议改变了它的营销计划。

其实康纬克斯没有什么惊奇之举，任何公司都可以采用同样的方法。

九

《4R营销》

◎ 简介

　　对于任何一个沉浸在传统4P营销中的企业或个人来说,4R营销绝对是个新颖的概念。打开这本出自营销大师艾略特·艾登伯格之手的《4R营销》，你绝对会大吃一惊。因为你不敢相信，竟然有人能够彻底颠覆新经济时代权威的4P营销模式。紧接着，你会废寝忘食地捧着它，贪婪地从中攫取思想精华。

　　有位跨国公司执行总裁，曾经说过这么一句极为风趣的话：我知道有一半的广告费是浪费掉了的，但不知道是哪一半。不过，在《4R营销》中，作者会给我们一个答案。

　　世界经济经历了数次大的变革：从手工经济到规模经济、从传统经济到以新型信息技术为基础的新经济等等，但现在面临的却是有史以来最为复杂的新变革，甚至可以称作经济革命。营销随之命运极尽曲折，历经此起彼伏的各种考验和挑战。旧的不去，新的不来，经济转型的影响，已经渗透在营销的各个环节中。

　　当曾被奉为经典的4P营销在新的经济转型中风光不再、失效的时候，代表着时代趋势的4R营销却正在后经济的劲浪中走向营销界绝对主力的位置。此书从各个层面、各个角度深入剖析了旧经济和新经济的发展历程，在企业如同幻影般的变化中抽丝剥茧地揭示了4P营销失效的根本原因。作者艾略特·艾登伯格不但对旧传统作了深刻反省，更重要的是他开创性地阐述了全新的4R营销模式崛起的必然性和进行了详细的论述。

　　以关系营销为核心的4R理论，主要从4个全新的营销组合要素关联(Relativity)、反应(Reaction)、关系(Relation)和回报(Retribution)进行探讨和讲解。它重在通过完善品牌管理，建立顾客忠诚。

◎ 原书目录

　　从旧经济到新经济，再到后经济
　　营销失效
　　顾客权利的提升
　　4P的失败
　　后经济的诞生
　　欲望细分
　　五区间营销
　　4R策略
　　合作营销的工具

外包营销的出现
百年营销

◎ 思想精华

从20世纪到21世纪，世界经济共经历了旧经济、新经济和后经济3个阶段。4R营销为后经济环境中的企业指明了道路。

* 从旧经济到新经济，再到后经济。强调后经济时代的特点及其到来的必然性。

* 营销失效。后经济时代到来、消费者需求的变化促使传统经济的营销方式正在一步一步走向没落。其实，这也透视出世界经济新走向。

* 顾客权力的提升。20世纪60年代到80年代，此起彼伏的社会思潮及信息技术的突飞猛进，促使市场权力向顾客手中逐渐转移。

* 4P的失败。其实，传统营销的没落不能说是失败，只是它的使命完成了。社会进步和变化使人性得到前所未有的释放，顾客的关注更加倾向于个人体验了，产品本身已经不再那么重要。所以，以产品为核心的传统4P营销已跟不上市场需求的变化。

* 后经济的诞生。以顾客体验为核心的后经济需要一种全新的营销方式（强调灵敏度和人性化程度）。

* 欲望细分。这其实是一个新型的营销模型，基础是新经济时代客户关系营销（CRM）的诞生。它的实质是营销重点从满足消费者基本需要过渡到满足和刺激消费者心理需求（欲望）的转变。欲望细分可以看作是实施新营销思维的基础、前提，因为它的主要功能是界定消费群。

* 五区间营销。不同的社会层面，决定了顾客的消费能力和消费类型具有很大区别。作为专门获取利润的营销商家，发现利润回报率较高的消费群尤为重要。本章为营销人员提供了识别有效顾客的绝佳方法。

* 4R策略。本章重点阐述4R策略原理。

* 合作营销的工具、技巧和结构。营销者必须利用互动降低成本、扩大品牌的影响面。

* 外包营销的出现。这种营销现象的本质思想由来已久，自从交易存在，它就存在。外包营销的基本思维是以他人的专业和专长弥补自身在许多消费环节中的无效性。

* 百年营销。纵论市场营销学的发展历程，从多个角度看到营销在市场和人们生活两方面存在的奥妙，包括它的角色、功能和影响以及对它的展望。

◎ 核心内容

1. 从旧经济到新经济，再到后经济

在新兴的信息技术诞生之前，世界范围内的商业运作一直处在旧经济时代。营销的核心集中在产品本身和一定的服务上。生产规模和效率直接影响着企业利润，能否在市场、行业中占有较大份额成为衡量企业是否成功的标准。

20世纪末，随着高新信息技术的迅速发展，商品交易中的流通速度和企业准确满足消费者需要成为新经济时代的主要经济特征。这一时期，追求技术领先成为企业获取利润最得意的途径。但这次太过理想化（忽略了真正的价值来源，信息和网络媒体本身并不能增值）的互联网经济狂潮，在市场上只横行了不足10年的时间，就在高涨的价值泡沫（电子商务交易风风火火，但信息价值不能增加，企业对于从何处何时获得利润一头雾水）消失中日薄西山。

在新经济末期，曾经一贯坚持大品牌战略的商家打破了传统的以产品本身为核心的经营模式，并试图建立以良好客户关系为中心的新模式。但长期以来一直依赖价格优势获取顾客青睐的习惯，导致它们的打算并不如意。

与新经济相比，后经济的到来稳稳当当。2001~2006年，大量的知识借着网络技术渗透到经济中，使传统经济逐渐地转变成越来越人性化的知识经济。真正建立企业与客户关系，

需要的是高水准的优质服务（知识是服务的支柱），这也是后经济时代的要求。况且，良好的客户关系并不是企业发展的最重要答案。企业生存的关键是如何运用知识和技术不断地为顾客带来满足和独特的体验。这才是后经济最重要的特征。

2. 营销失效

新经济的衰退并没能阻止世界经济的前进。但隐藏于频繁商品交易背后的消费变化、购物媒介工具（比如 bot）的泛滥，让企业的利润空间很快缩小。社会和经济两方面的剧烈变动，让传统营销很难甚至无法在市场上发挥作用——营销失效。其症状如下所述：

（1）顾客流失严重，忠诚不再。大量的顾客流失，迫使企业采取一些非正常措施（比如：经常降价）来保持年度销售额的增长。事实上，这对企业来说是一种恶性循环。

（2）企业顾此失彼，品牌弱化。企业为了增加销售额，盲目加开店面。可能因为这个地方市场已经饱和，商家不得不进行品牌促销，结果降低了企业长期的品牌价值。

此外，满足消费者同类需求的产品随处可见，购买的便捷性也会产生弱化消费者品牌忠诚的作用。

（3）营销队伍混乱，不稳定。企业除了面临顾客流失，还因为市场和商业模式的波动，必须面对员工和投资者的不断流动。这种不稳定是企业执行营销策略的严重阻碍。

（4）广告成本巨大，效果甚微。这是由于营销的很多基本法则都已丧失，单凭广告根本无法激发消费者的购买欲望。

（5）企业越发依赖价格促销。原本只是辅助的营销手段，现在被迫成为刺激消费者购买的主要方式。这种方式短期可能很有效，但长期只能把企业拖向营销低谷甚至破产。因为降价丝毫不能在竞争者面前展现优势，这样的手段谁都可以采取。

（6）产品生命缩短，贬值加速。这主要是因为技术更新的加速。某些商品，营销人员甚至来不及进行整体营销规划就被瞬间淘汰。

（7）利润空间缩小，企业"贫血"。越来越多的销售渠道出现（包括实体店面和网络站点），将有限的需求薄膜扯得更薄；再加之技术因素的驱使，促使产品的价格猛跌。最终企业利润只能萎缩。

任何企业的愿望就是不断增加利润，因此营销失效对他们来说是场灾难。尽管企业陷入这个困境呈现出很多症状，但究其根本原因却都大体相似。分析如下：

企业的目光还集中在利用先进技术对产品或服务的创造上。它们一心一意为满足消费者需要，但对于消费者需求的内在变化却察觉甚微。这是传统营销走向失败的第一步。

大部分传统营销，无法在商品交易过程中增加产品或服务的价值，而传播过程又需要花费成本，结果导致产品或服务的价格持续下降，最后必然使企业利润受损。比如：在新经济到来之时，B2C（企业对消费者，企业业务通道之一）的载体——网络，不但没有成为产品或信息增值的因素，反而因为它采用低价格和免费进入的交易模式，加速了价值丧失，伤害了企业盈利能力。

企业要走出营销失效的尴尬境地，重点还是开发和寻找新的资产增值工具。在后经济时代，只有与顾客建立全新的营销关系，才可能创建崭新的营销环境。企业在确定新的营销关系时，核心目标已不再是所要销售的东西，而是销售的对象。顾客类型将决定企业的销售方式和销售内容。而企业营销人员只有成为与顾客密切关联的一个部分，才可能获得他们的忠诚。

3. 顾客权力的提升

回首世界经济的历史，市场上商品交易主动权经历过两次大的转移。第一次在18世纪50年代的北美市场，原本掌握北美经济主动权的进口商，由于运输业和制造业进一步发展，不得不将市场主动权拱手让予产品制造商和生产商。这种情况一直持续到商店大规模产生的20世纪50年代。零售业的诞生及迅速发展，使零售商直接拥有了广大"消费者"，成为市场权力的掌控者。而今天，以下几个主要原因将促使市场权力再次转移：

（1）来自人口的影响。一代人与另一代人的数量、价值观念、消费观念以及他们在社会中的地位都截然不同。所以，一代人在市场上的退出或进入，对市场局势的影响巨大。

（2）智慧型消费者的影响。这点源于现代人受教育程度的普遍提高。同祖辈们相比，他们更懂得选择。

（3）歪曲客户关系的影响。企业为了保持良好的客户关系，得经常忍受顾客对生活或商家任性的抱怨。

（4）卖方激烈竞争的影响。传统商店的过剩和新型零售商的进入，使得卖方市场竞争异常激烈。选择面的扩大，无形中提升了顾客权力。

（5）技术交流和普及的影响。其一，先进的技术淡化了生产者和消费者、专业和非专业之间的清晰界限；其二，网络让很多商家不得不在顾客面前恭候，以备其选择。

（6）品牌忠诚度弱化的影响。可互相替代的产品或服务之间的差异（产品或服务本身、价值主张）越来越小，品牌企业很难突破大众化的包装、技术及分销方法。所以，品牌已经不再是企业营销的王牌。

营销者或市场上优秀中介人的处境，我们已经看到。他们要保持自身在市场上的居中位置，就必须动作迅速，为顾客的消费过程寻找到新的增值途径。

4.4P 的失败

首先，必须明白 4P 的含义。它是传统营销四要素的合称。4P 分别是：价格（Price）、产品（Product）、渠道（Place）和促销（Promotion）。

4P 营销的定义可以用这样一个公式表达：

品牌价值 =（产品 + 渠道 + 促销）/ 价格

这个公式表明传统营销的本质：商品或服务从制造商流向消费者的过程，以及应该怎样管理。

4P 营销的失败，不仅仅是一次营销战略上的失败，也并非突然之间的失败。它因为有众多的失败因素，才导致那些对品牌有着深厚感情的顾客的流失。下面是我们逐个的考察分析。

产品方面的不当主要表现在：社会技术进步导致品牌模仿的泛滥和资源分离（最典型的是研究与开发分离。它造成品牌与顾客之间联系淡化，因为研究和设计人员很难把握这两者之间的度）；私人标签的出现削弱了品牌知名度，导致顾客把价格作为决定购买的标准。

接下来，我们看到渠道因素对 4P 营销的不利影响：首先，产品的专业报告因为网络普及退出了消费者的视野，其实它仍然有必要存在，为消费者提供详细的专业知识。这无形中疏远了品牌和顾客的关系。其次，商品流通渠道的拓宽，扩展了消费者与产品的接触面。这种便捷让企业的品牌危机雪上加霜。

促销往往是在其他主要营销手段失灵的情况下使出的最后一招。在短时期内，它可能大大增加销售量，但眼光稍微放长一点看，它侵蚀了品牌价值。所以对采用这种营销方式的商家来说，这有点自杀的味道。

值得注意的是，导致促销产生的最直接原因是：广告失灵。街头虽然广告林立，但几乎找不到一个醒目、独特的品牌，区别性不大；即使广告能够吸引消费者注意，但设计人员的构思无法将消费意识从广告品牌引领到消费结果（购买行为）上，这样广告仍属徒劳；再者，从营销管理层到营销人员，忽视了广告效果并非一夜产生的特点。没有长久的耐心，只把广告当作被迫花费而非长期投资，这种观念自然不能让广告发挥巨大的作用。

最后一点，价格。价格是产品最直接、最外部的因素，也是消费者最敏感的因素。

品牌价值 = 资产 / 价格 =（渠道 + 产品 + 促销）/ 价格

通过上面的品牌公式我们可以看到，提高品牌价值有两种途径：增加资产和降低价格。因为大部分的同类商品品牌无法被明显区分，所以前者几乎行不通。再看后者，通过降低价格增加品牌价值，其根本是基于技术进步促使成本降低。而成本降低在很大程度上并不能人为控制，所以如果企业将竞争焦点由价值转变为价格，长期以来必然酿成营销失败。

总体上看，传统 4P 营销从定义到方式在市场上都处于被动阶段。它的整体反应显得迟钝、缺乏人性化，已经丧失了适应市场的能力。要改变这一局面，必须重新定义营销观念。

5. 后经济的诞生

任何一种经济形式的诞生都源于市场因素的转变，后经济的到来也毫不例外。

首先，婴儿潮时期出生的人在 2006～2020 年这段时间内将陆续退出市场。新旧更替，这是社会前进的基本规律。这代人直接参与和伴随了当代科学技术的产生和发展，以及他们的价值观念，在当今各个领域影响巨大。他们的退出，将给现有市场格局带来极大震动。

婴儿潮一代的退出，也就是一种社会价值观慢慢隐退。之后，新的价值观念占据市场主导位置。一系列相关联的结果便随之而生：传统的中介职业走向没落；大量资金注入风险投资；消费透支；整体消费能力下降。这些都是营销人员需要面对的难题。

先进的信息技术使整个市场增添了很多人性化的气氛。为个人服务、使顾客获得愉悦和满足，成为后经济的最大特色。但是，若要将品牌和顾客天衣无缝地结合在一起，企业在应对复杂的顾客期盼方面，还得做出非常大的努力。

持续的婴儿潮影响。这主要是考虑婴儿潮一代对高质量服务的需求增长对后经济的刺激作用。

在后经济时代，市场完全被一系列新的营销观念和技巧所推动。企业无须再祈求似的告诉消费者"我的产品特色是什么"，它们只需要意识到消费者"为什么购买或凭什么让他们购买"。品牌与顾客的关系更有意义、更有深度。市场成为买方市场。

6. 欲望细分

新经济时代诞生的客户关系营销（CRM），为后经济强化品牌与顾客关系提供了重要的基础。企业要使 B2C（企业对消费者，企业业务通道之一）取得成功，就必须通过预测消费者欲望得到"顾客要什么"的信息；再利用信息技术精心简化消费程序，为消费者创造更多的价值。

⊙ 如何运用欲望细分

传统的人口统计手段只能作为一个计算模型，而不能精确地把握顾客的购买心理过程。所以，早在 1960 年就出现的欲望细分理论，此时大派用场。它作为一种营销哲学和实践体系如何运用，我们主要从传统营销失败的原因着手分析。

（1）首先要消除类似于传统营销中营销人员的抵触心理。保持陈旧的观念，企业生命力肯定不能长久。

传统营销队伍中的官僚主义作风，极不利于新营销理论的推广、实践。

早期的营销心理学倾向于"行为"而非"态度"，其实质就是重营销手段轻营销内涵。实践欲望细分理论，必须克服这点。

传统营销忙于控制营销和广告成本，忽略了消费者需求的多样性。细分理论则可以弥补这个营销战略上的缺陷。

（2）欲望细分理论并非一蹴而就的商业工具，它需要企业长期研究，不断完善。

营销领域使用欲望细分好比医生识别病人的病型，它的目的是"对症下药"——界定消费者类型，设计与之匹配的营销策略。尽管不同行业、不同体系之间的欲望细分也存在一定差异，但其更多的还是共性。所以，欲望细分对于后经济的营销业来说，具有普遍性的指导意义。

⊙ VALS 欲望细分体系

所谓 VALS 就是价值观及生活方式。以此为依据，按照从保守到乐观的过渡顺序，消费者类型可以分为 8 类。

保守 → 乐观

当然，不可能将一个人完全归入某一类，这只是为了更好地深入研究消费者作的大体分类。除此之外，还可以根据其他标准进行划分。比如，我们面对有区域差异的消费群体时，

奋斗者	有信仰者	生产者	斗争者	满足者	显示者	成就者	经验者
关心受资源限制的	怀旧的忠诚的有道德的	保守的忠诚的有道德的	自我满足的实践负责一致的	偏好式样的需求不确定的	不满意的深思熟虑的成熟的	创新的复杂的积极的	成功的具有品牌意识的有目标的	有生机的冲动的有潮流意识的

就该采用地理细分来探究消费者需求。

关于欲望细分的其他补充，在本章有详细说明。

7. 五区间营销

后经济要求企业营销不再执行传统的"全面"策略，而应该根据消费者不同的特性来区别对待。充分选择最佳的顾客群，给他们以优质的营销服务，这样才能获得巨大的利润和成功。当然，这是一种比较理想的战略思维。识别真正有价值的顾客和制订适合他们的营销计划都并非轻而易举之事。传统的大众营销策略和新经济的一对一营销策略，都无法胜任。唯一的解决方法就是将关联性和目标定位完美结合的五区间管理。

⊙五区间管理

它是一种典型的区别性策略，利用细分的方法寻找最佳顾客，并保证最差顾客浪费企业资源的可能性最低。

在使用它时，除了铭记一般性的运用方法，还得注意特殊因素的影响。

⊙五区间营销

设计五区间营销策略，首先是采集消费者的有关数据，并按照销售额的多少进行由大到小的排列，再划分成5个平均区间，构成阶梯形的五区间图（图一）。

如图所示，创造最高销售额的消费者是区间Q1。很显然，它就是我们所说的最佳顾客群。依次往后，Q2，Q3，Q4，Q5则是越来越差的顾客群，他们的消费额呈迅速递减趋势。

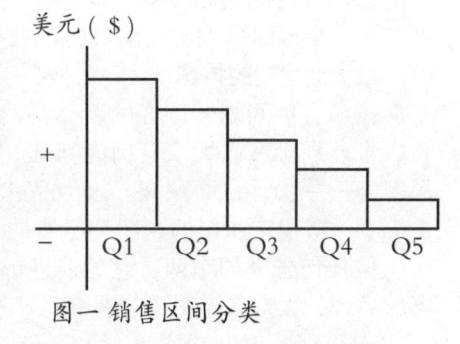

图一 销售区间分类

现实中，Q1的顾客往往创造了公司50%～80%的销售额（一个Q1顾客给企业带来的利润将近是一个普通顾客的3倍），而剩下的则归功于其他几个区间的共同创造。这个现象不由得使我们联想到经济学中惯用的80/20法则（意大利经济学家帕雷托提出）——结果、产出或报酬的80%取决于20%的原因、投入或努力。试想一下，当我们把销售目光放在Q4或Q5的时候，几乎没有利润，因为这点销售额还不够支付成本。比起将所有顾客一概而论，这种细分方法简单而又实用。

图二在销售区间分类图上添加了趋势线，表明了区间和销售额之间的关系。

图三中的虚线，显示出5个区间对企业利

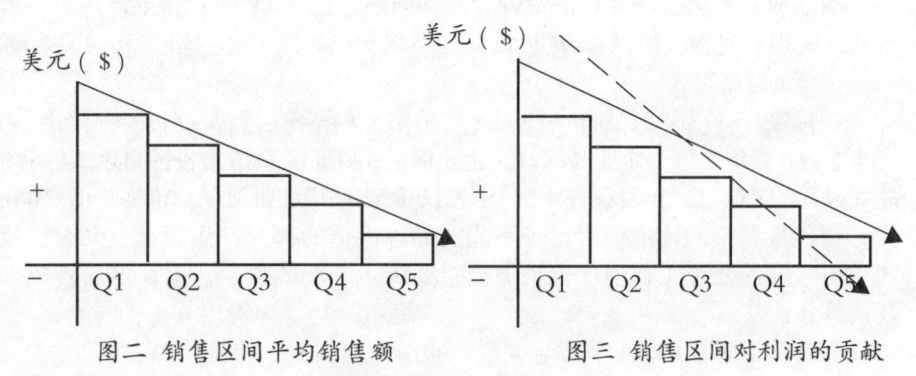

图二 销售区间平均销售额

图三 销售区间对利润的贡献

润的贡献程度。贡献最大的是 Q1，在图上可以看出它高于底线许多，而低于底线的 Q5 则给企业带来负利润。

如今大多数的企业营销都呈现出图四所描述的现状。水平的箭头线表示每个区间的营销费用。从 Q4 和 Q5 的阴影部分可以看出，与其他区间等量的营销支出已经不能从顾客那里获得利润，甚至还会出现净损失，阴影部分的支出白白浪费。

解决这一问题的方法（图五所示）就是：将这部分浪费的重置营销资源，投入到更好的环境去（Q1、Q2），为企业的最佳顾客服务。这样支配营销资源，可以合理地扩大企业的利润空间。

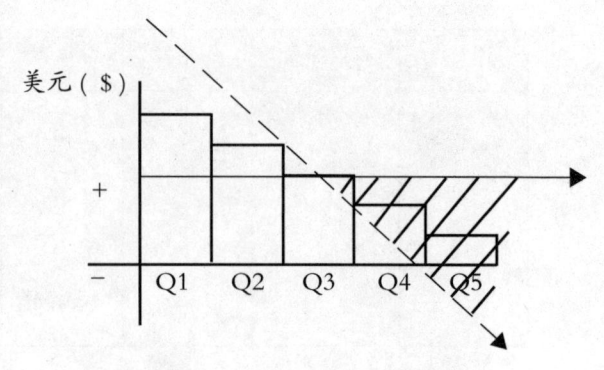

图四 销售区间典型营销费用

经过这一系列的图表比较，我们可以发现：Q1、Q2 顾客对于企业品牌有着绝对的影响力。所以，如何发展品牌与这些最佳顾客的关系成为营销的重中之重。至于 Q3 顾客，营销人员则要努力争取，他们可能就是最佳顾客的预备队伍。而 Q4 还没有给企业带来损失，可以忽略不计。最后，Q5 为企业带来负利润，营销策略要果断避开他们。

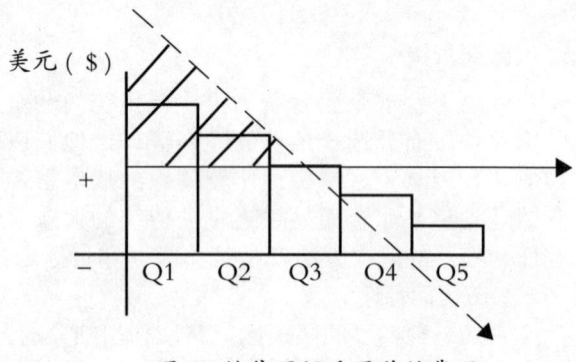

图五 销售区间重置营销费用

运用五区间营销管理，设计人员不能忽略它的时效性。随着市场各种信息的变动，顾客可能在 5 个区间呈现出不明显的流动状态。消费者组合改变，企业营销策略必须随之改变。

⊙ 大众营销的持续

按照五区间划分顾客的新型营销思路，现在尚属起步或者觉醒阶段。大多数企业的营销和广告计划仍然以大众营销为基础。大众营销所能吸引的只是中间顾客，它恰恰忽略了最佳顾客群——Q1 和 Q2 顾客。因为品牌和最有价值的顾客并没有建立起紧密的关系，所以我们丧失了一些应该获得的利润。这就是大众营销给现代企业留下的后遗症。

但任何先进的东西，它的前进都是必然。五区间营销策略终将帮助更多企业建立起响当当的品牌，大众营销只不过是一种小小的短期战术。

8.4 R 策略

我们从以上章节的叙述中已经得出传统营销将企业带入什么样的境地：顾客忠诚度大大降低；销售额增长难上加难；企业利润急剧下滑。面临着未来几年经济负增长和通货紧缩的剧变，企业必须改变以往的 4P 营销观念，重新调整企业结构，摒弃只重视短期销售额而不顾长期品牌权益的错误生存方式，以保证企业能经得起未来新经济环境的考验和挑战。

商品或服务从生产者到消费者的流动问题，已在 4P 时代得到解决；新经济阶段，又使技术和速度得到完善。所以，4R 担负着在品牌和顾客之间建立恰当利润关系的重任。

⊙ 新的营销等式

在传统营销等式（品牌价值 = 资产 / 价格 =（渠道 + 产品 + 促销）/ 价格）中，当市场无法在产品本身、渠道上区分企业品牌时，企业促销（降价）就成为慢性自杀式的营销策略。因为构筑品牌权益的基础已经不复存在（这个问题前面已经详细讲过），价格降低只能摧毁品牌价值。

当传统营销的构成因素已经不能对品牌价值的提升产生积极意义时，我们就要在营销等式中引入新的变量（在现代营销中最重要的 4 个新因素），重新定义营销含义。下面是新的营销等式：

品牌价值 =（关系 + 节省 + 关联 + 报酬）/ 价格

随着4R中任何一个因素的提高，企业的总资产就会提高，品牌价值也跟着提高。价格又随价值增长而上涨，最终使企业利润增加。以下几个题目是对这4个因素具体内容的分别阐述。

⊙第一个R：关系（Relationship）

在传统经济时代，营销的基础是消费者的需要（必需），营销者的任务就是让顾客知道他们的产品，然后完成一笔笔交易。但今天的营销绝不能还抱有这种观念。在后经济时代，企业与最佳顾客之间的关系就是营销的核心。有效、良好的客户关系意味着企业的业绩和未来。归根结底，这就是关于品牌价值的问题。至于如何在你和你的目标客户之间建立独特的关系，下面是最主要的两种方法或途径：

（1）服务。真正意义上的服务不只是传统的购物帮助：向顾客精确地提供商品位置，迅速、准确地结账，良好的服务态度等。当然，这些也非常重要。事实上的服务营销战略，还包含顾客与企业和品牌接触的所有过程。顾客的任何遭遇，都和企业的服务系统密切相关。

在后经济中，只有认真自我检查、更新思维方式和重新设计步骤全过程的服务，服务才可能成为企业有效的营销工具。

提高营销环节的服务质量是整个服务计划的重点。营销人员要提供优质的服务，机械式的礼貌和回答已经过时。顾客需要的是机智、有趣和人性化的交流和沟通。

完美的客户服务离不开企业与顾客的有效互动。在这点上，企业要保持绝对的主动，而不是等顾客有了问题找上门来。

营销人员应该在顾客开始使用产品时，就主动地询问使用情况并主动地传递一些与之相关的知识。而当顾客提出质疑和不解时，营销人员必须做出快捷、让顾客满意的反应。任何一点拖沓都有损企业与顾客良好关系的建立。

在4P时代，完成一次交易是营销的目的。但4R却完全不同——完成一次交易并不是最主要的，与价值顾客确保长期的关系才是最大的收获。

（2）经历。它是关系策略的第二大法宝。相比较其他的策略手段，这个新观点更需要心理学和生理学的支持。一个人如果曾在某个地方有过深刻的体验，那么当他再次提起这个地方时，那种体验一定会重新爬上心头。这主要是心理因素和记忆的作用。

买东西是同样的道理。独特的购物经历能完全激发顾客全面的意识，包括社会的、感官的和审美情趣等。这种记忆会让他们心头愉悦未尽，这次的体验会使他们经常怀念那种氛围。如果你可以给顾客这种绝妙的感觉，你的企业或生意还有什么理由不成功？

在商品越来越同类化的今天，要靠商品的独特性来区别于竞争者几乎不可能，因为先进的技术和开放的信息给了人们非常强的模仿能力。因此，消费者区别品牌的首要工具就是独一无二的经历。应该把它纳入企业的战略资产，让它成为关系策略的第二个核心能力。

在这个问题上，企业的任务就是通过洞察顾客的消费心理，为顾客创造经典的体验机会。经过这种方式确定的顾客关系，将是更深层次上的，它更加稳固，更能为企业带来竞争力。

⊙第二个R：节省（Retrenchment）

人们都知道守株待兔的故事：被动等待，最后一无所获。传统营销也有这个致命的弱点，只企图诱惑顾客从家里来到商场，而未考虑把商店、品牌或服务主动呈现在顾客面前。节省（节省被动消耗的资源）战略的实施是"水到渠成"。

（1）技术。互联网技术盛行完全可以帮助许多企业和品牌实施节省战略。尽管某些类型的企业并不适合虚拟市场上的电子商务，但至少可以将商品的相关信息进行跨时空的呈现。这样扩大与顾客接触的界面，获得更多被消费者认可或接受的机会，对企业销售额的扩大显然帮助不小。

技术作为节省战略的核心能力之一，本质上是减少了企业或品牌激起和获得顾客消费意识的障碍。它解决的基本上是传统营销中的渠道问题。

（2）便利。这主要关于产品或服务的传递速度和有效性。在很大程度上，它对技术有一定的依赖性。另外，它与关系战略中的服务有紧密的联系：优质的服务离不开便利的支持，便利又能体现服务的一个方面。顾客服务中心就是它们二者的结合点。

但对于传统消费品生产者和零售商来说，采纳"便利"往往需要忽略他们成形的基本零售框架，尤其零售商不愿意因为"便利"而损害他们的中介利益，所以可能需要一段时间来化解这些矛盾。

节省战略可以拉进品牌与顾客之间的距离，使它们的关系更为融洽。尽管它对企业控制成本和建设规模经济也有益，但主要还是基于消费者日益高标准的需求。

⊙第三个 R：关联（Relevance）

企业要想在后经济时代取得成功，必须将关联战略作为处理品牌与顾客关系的重要措施。如何将品牌资产直接与顾客的购买动机相联系，这里便需要一种关联性来确定两者之间的接触点，然后企业才能在激烈的竞争中获得 Q2、Q3 的顾客。"专业"和"商品"是关联战略的两个核心能力。

（1）专业。专业是对任何一个企业或某类产品的营销人员最根本的要求，是他们的生命之源。例如，作为一个家电用品生产公司，你掌握着这个行业内最精华的思想和信息。那么在爱好家电用品的消费者心中，你定有一种行家的形象。这样一来，他们自然对你的生意特别关照。

专业在整个服务过程中表现得极为明显。营销人员在任何一个销售环节的言谈举止都反映着他们的职业水平。这里所讲的"专业"本身包含着传统产品内知识的向外拓展——即只是以产品为中心，向周围辐射相关思想和技巧。

（2）商品。在后经济时代，商品销售和采购部门不再像传统经济时那样混淆在一起，而是独立"作战"。所以，产品开发和销售必须由天天接触顾客的营销人员来完成。

一个营销概念如果想获得成功，营销人员必须将最佳顾客的欲望体现在产品组合中，否则他们就难以成为消费者想要的产品供给者。商品只有在了解顾客欲望的基础上精心搭配，才有能力打造出响亮的品牌。试想一个以"款式"商品战略为主的服装店，除了一整款的成套服装之外，如果再搭配美观的帽子、鞋袜、包等与之相关的商品，那么就更容易给你带来可观的销售额。只有能够为顾客增加价值的商品组合，才可以成为关联战略的一种核心能力。

总之，4R 中的关联战略代替 4P 中的产品战略，是后经济发展的必然。关联营销与产品营销比较，它更能将针对性转换成有效行为，这是整个战略过程的关键。

⊙第四个 R：报酬（Reward）

报酬战略的实质是企业如何回报顾客的问题。它需要从"品位"和"时间"两个方面分别进行阐述。

（1）品位。马斯洛的需求层次理论告诉我们，人的需求呈现着一个由低到高的层次。相应地，对需求的满足也会有一个高低层次。不同的品牌给消费者带来的心理满足是截然不同的，更不用说品牌与非品牌之间的差异。高档次品牌能让顾客产生"身份不一般"的感觉，低档次品牌则没有这种效果。为什么呢？其根本原因只是在不同品牌中品位利益的差异。

虽然上面主要是以经济条件的差异来说明品位问题，但社会中的各个阶层、各个群体都隐含着其独特的品位：青少年和老人不同，小资阶层和普通工人不同，西方和东方不同等。尽管品位问题在很大程度上与社会因素联系比较密切，但对于面向消费者的营销事业来说，认识它仍然十分重要，因为它就像为感谢顾客购买而附带在商品上的礼物一样。

（2）时间。时间战略与前面的节省战略有一点重合——都涉及到"便利"这层意思。但时间并非一定指便利。既然属于"报酬"战略，顾客肯定是战略实施对象。现代社会生活节奏日益加快，人们努力不再浪费时间，而是节省、合理支配时间。"时间就是生命"说的就是这点。因此，时间战略的根本形式就是节省顾客时间。

要做好这点，首先企业必须确立严格的观念；其次必须设定具体的节省方法和途径，且一定照办。比如，提供快递服务、设立快速缴费窗口、放置 ATM 柜员机等服务形式。最后一点将略微延伸"节省"的概念——尽量为顾客提供美妙的享受环境；让顾客心理轻松、快乐，也是一种很好的回报。这种"节省"方式，可以特别地促进品牌和顾客之间的联系，对有效地建立企业品牌价值有很巧妙的帮助。

⊙ 选择

如果你掌握了以上4R的8种核心能力，那你就能熟练地运用4R这种新的现代营销工具。它的不同定会为你带来营销事业的成功。选择它，没错！

9. 合作营销的特点和结构

4R营销所提倡的品牌战略，在实际中往往有很大的局限性。事实上，大多数人并非和所有的品牌都有关系，人们只习惯和与他们价值体系相同的品牌建立较密切的联系。品牌关系在顾客的生活中只占据微小的部分，所以企业无法在这种品牌关系下获得太多的利润。这样的境况对企业来说很是尴尬。那么，合作营销就是为解决这个问题而产生的。

⊙ 合作营销的特点

顾客参与。因为购买产品需要支出，所以顾客关注是免不了的。支出多少和产品的使用类型都影响顾客的关注程度（详细分析见原书）。产品技术含量的提高，需要人们了解与之相关的知识。参与程度高的往往是比较适合采用品牌战略的商品（比如电视、汽车等）。

对于那些经营高参与程度的产品或服务的企业来说，前几章所讲述的关于后经济的战略都非常实用。这一小节主要关于低参与程度的产品或服务的营销展开研究和讨论，得出解决方法：通过同类产品或品牌的相关性扩大顾客的参与程度；利用赞助营销的方式建立关联（通过赞助活动让低参与度的产品与对顾客有吸引力的产品产生联系）；联系其他品牌合作营销，进行相关性的创造。

（1）水平合作营销。这是不同于以往垂直合作营销的新型合作方式。建立方法是：首先确定哪些企业与你拥有共同的最佳顾客（同行竞争者除外）；接着排除与自己有着其他业务重合的企业，剩下的你们就可以联合开展合作营销。这样做的目的是，通过几个品牌联合、互补，扩大各自产品的相关性和参与程度，引起消费者的注意。

（2）销售方案。合作营销首先显示出的优势就是：通过几个品牌的联合进行优势互补，这样不但可以帮助企业节约成本，还能提供定制化的服务满足不同顾客的需求，客观上就把某些普通顾客变成最有价值的顾客。

（3）知识产权和合作营销。讨论这个问题主要是为防止合作伙伴之间的背信弃义、泄露商业机密和知识侵犯。这是良性合作营销的安全保证，企业之间确立合作关系时应该慎重对待。

⊙ 合作营销的结构

如果采取合作营销，必须通过获取最佳顾客的各种消费信号了解他们，这样才能制订出有意义的合作计划，最终实现与最佳顾客确立一种关联性很强的目标。以下为详细步骤，营销人员必须牢记以下几点：

（1）集中于Q1和Q2确定最佳顾客。顾客定位越准，合作越成功。

（2）通过定性研究决定消费场景。深入消费群，了解人们的购买原因及途径等，明确产品的使用情况（怎样使用、哪些同类产品被一同使用）。这个环节属于产品调研工作前的阶段。

（3）用定性研究验证结论。这主要是通过对最佳顾客的定性研究来验证上一环节得来的设想或者判断，这属于调研工作的论证阶段。

（4）设计理想的营销合作计划。基于调研结果起草初步合作计划，并评估合作品牌、分销商、零售商和顾客在该设想计划中所承担的利益和风险情况，并向诸方求证。

（5）讨论合作营销的前景、获得支持。这是合作营销实质性的一步，主要目的是确保自身与合作伙伴的触角达到所有的顾客。

（6）弱化合作效果。这是值得合作方注意的：不能因为企业联手而打乱了顾客原有的消费模式。那样，与顾客之间原有的良好关系就得从头做起。

（7）把合作营销安排法律化。之所以将合作法律化，既为了确保合作顺利展开，更为了保证各方公平，权益不受侵害。

（8）检查并不断地改进计划。因时而动，根据不断变化的市场信号，经常回顾计划的执行情况，并进行完善。

尽管现在企业的管理结构对后经济合作营销的展开存在一定阻碍，但随着营销在整个管理流程中地位的上升（组织结构重建必须得到营销控制顾客关系的保证），合作营销的条件和环境都将具备。

10. 外包营销的出现

后经济时代，人们的生活节奏日渐加快，消费者需要作出的决策也越来越多。怎样既更好地节省精力和金钱，还能迎合、满足消费者欲望呢？外包营销就能解决这一问题。

外包营销的实质：消费者不用亲自去做，只需将消费决策交给值得他们信赖的专业人员完成即可。比如，当你买房的时候，房地产公司为你推荐搬运工人和装修工人；当你无力管理庞大的财产时，专业的理财机构就可以帮你完成这个艰难的任务等，这些都体现着外包营销的内涵。

⊙ 外包营销的开始

后经济的各个领域，外包营销都在崛起。不管是酒店旅游业、房地产业还是汽车行业、化妆品行业，它都以一种全新的方式为企业营销提供着新的可能。外包营销是一种战略性的营销措施，它将彻底打破传统商业结构中的营销模式，为企业和消费者的直接交易提供了很多的机会。但在商品价格上，双方的磋商较之以往会显激烈。

⊙ 外包营销需要品牌

外包营销面对的同样是有品牌意识的顾客。报纸和杂志就是通过不断地向读者提供经过筛选的信息来积累它们的品牌资产。任何一个企业都应该站在买方的角度，加强与消费者的沟通，获得消费者的信任。这种信任就是最好的品牌资产。不过，目前企业想要通过外包营销达到这种效果，就必须在产品观念上作出很大改变——由满足顾客向取悦顾客转变。

事实上，并非任何一个企业都特别适合外包营销。外包营销往往更加适合中小企业的应用，这完全取决于它们本身灵活的结构以及快速定制计划的能力。至于外包营销对大企业的最终影响有多大，现在还呈现未知状态。

11. 百年营销

营销学诞生于 20 世纪初日渐成熟的经济学，它是基于市场在工业生产中的急剧膨胀。这一时期，生产者和消费者之间的中介地位在商品交易中作用越来越大，引起了整个经济社会的重视。营销学研究从此开始。时至今日，营销领域从产生、壮大到大发展已有百年。其中经典的管理思想不断涌现，所涉及的营销课题非常丰富。观其历史，方知其对市场经济的贡献之大。该书既对 20 世纪的营销理论发展作了简短回顾，又以新的视角向人们预测了它在后经济时代的趋势。

十

《营销全凭一张嘴》

◎ 简介

　　口头传播的作用已经越来越引起市场营销经理的关注。越来越多的公司意识到传言和推荐的巨大作用——第三方对某种产品或服务的赞扬所起到的作用要比产品销售人员做广告更有效。近年来，市场营销经理们还意识到他们能在多大程度上控制和影响这种口头传播的力度。因此，市场营销行业出现了一种全新的术语——"病毒性营销"。

　　伊曼纽尔·罗森，作家兼顾问，在其著作《营销全凭一张嘴》中创造性地使用了"口碑"一词，指导营销人员如何进行口碑营销。罗森是解释口碑如何起作用的第一人，他向读者提供了如何将口头传播转变为市场口碑的一整套措施和方法。通过研究，罗森发现，口碑运行于无形的网络之中，而网络的中枢则是那些位于中心位置的"施加影响者"和"意见领袖"。他还进一步指出，营销者应如何利用客户枢纽人物和因特网创建口碑，尤其是如何积极地向关键性客户"种"下新产品的好口碑。

　　伊曼纽尔·罗森最初在以色列从事广告撰写的工作，后来成为加利福尼亚尼勒斯软件公司的副总裁。他主要负责销售该公司的主打产品 EndNote——一种处理书目的软件。卖出自己在公司的股份后，罗森花了两年时间调研，并著成本书。现在，他是一位著名的顾问和演讲者。

◎ 原书目录

口碑现象
网络枢纽是关键
网络的规则
口碑是如何传播的
取胜于网络之中
刺激口碑：与网络枢纽合作
积极"播种"
新的"病毒性"营销
麦迪逊大街还管用吗
销售渠道里的口碑
九九归一

◎ 思想精华

现在的消费者普遍持怀疑态度，因为他们生活在一个信息泛滥的时代。这种现象造成的结果是：他们很可能会对你的营销团队制作的费用高昂的电视广告和宣传品置之不理。那么人们是如何决定买哪种汽车、选择什么时装，甚至买什么家用电器的呢？

* 对消费者具有重大说服作用的是口碑：朋友们的推荐以及市场上的传言。口碑能够使一本新书的销量攀升到榜首，把一部让人昏昏欲睡的电影变成票房冠军，或者可以让父母们在某玩具店门前排起长队为孩子购买玩具。口碑能够帮助你销售产品或服务——如果你知道如何创建口碑的话。你可以通过了解以下的内容学会如何创建口碑，这也正是这篇摘要的目的。

* 口碑是一个看不见的网络。你永远也看不到口碑是怎样从一个人身上跑到另一个人身上的，你也不必亲眼看到。你只要明白人类是需要与他人交流的，并找出人们是怎样开始交谈的就行。

* 口碑存在于上千个网络中。这些网络彼此松散地联系着。口碑可以从一个网络开始，但它可能在没有外力的作用下就不会继续传播到另一个网络中。你一会儿就会学到如何让口碑在网络中传播。

* 在每一个网络中都有一个核心人物。我们需要发掘并培养这个核心人物，这样，他（或她）才会将你的产品或服务推广出去。你将学到如何鉴别这些富有影响力的人并为己所用。

* 拥有一个优秀的产品，这点至关重要。如果你的产品没有竞争力，人家没有理由为它说好话。

* 必须在网络中"播种"。在网络中"播种"某种暗示后，人们才会传播口碑。你将会学到应该怎样和在哪里"播种"你的产品。

◎ 核心内容

1. 口碑现象

当今大多数市场营销都将注意力集中在如何利用广告影响个体消费者的购买行为上。但他们却忽视了一个事实：对许多产品来说，购买是社会活动的一部分。人们依靠朋友、亲人、同事这些"看不见的网络"，听从他们的推荐决定看什么电影或者到哪里度假，这就是所谓的"口碑"。

口碑始于最先使用产品的消费者的使用经历，如果你的产品没有给消费者愉快的使用经历，那就无济于事了。你应该让你的产品通过无形的网络自行推广，而不要将产品生硬地推给消费者。

⊙ 为什么"口碑"在今天的社会上显得如此重要

为什么"口碑"在市场销售中扮演了如此重要的角色？这里有 3 个原因：信息的干扰、怀疑的态度和与外界的联系性。

（1）消费者很难听说你的产品。消费者被包围在各种泛滥的信息中，每天还要被大量的广告所打扰。结果，许多消费者干脆把大众媒体传播的各种信息挡在自己生活之外，而宁愿听朋友推荐产品。

（2）消费者都持有怀疑态度。大众很少相信商家告诉他们的东西。最近的调查显示：只有 37% 的大众认为软件公司的广告"十分可信或比较可信"。其他行业的广告可信度就更低了。药品公司的广告只有 28% 的消费者表示可信，18% 的消费者认为可以相信汽车制造商，而相信保险公司的只有 16%。

（3）消费者之间有着彼此的联系。现在的消费者交换信息有了新的方法，因特网更增加了这种联系性。陌生人如今可以在各种论坛上分享信息，绝大部分是在你控制范围之外的。而这只是巨大变化的开始。Y 代，在 1979～1994 年出生的人，最喜欢根据口碑购物，其次是使用因特网。随着这一代人逐渐拥有购买力，口碑就越发显得重要。

⊙ **产品使用者和网络**

在传统意义上，市场营销人员根据消费者购买新产品或服务的可能性，将其分为5类。这5类分别是：革新者、最早使用产品的消费者、早期的大多数使用者、后期的大多数使用者和消费迟钝者。但是，现在懂得口碑作用的市场人员会超越这种传统观念而采用一种网络方法。

网络方法是用微观的方法看待这5类消费者。比如，还应该根据消费者的不同行业再将这5类消费者细分。举个例子，有两个人——一位中西部的零售商和一位硅谷的软件编程员——都在1999年买了掌上电脑。这位零售商应该被看作是最早使用该产品的消费者，因为他是他同行业的人中最早购买掌上电脑的；而从另一方面看，他的购买行为又是落后的，因为掌上电脑早已风靡于从事高科技产业的人群。最终，这位零售商在这个网络中就成为对产品未来销售最有影响力的消费者了。

⊙ **口碑对你的生意到底有多重要**

（1）产品的性质。有些产品，比如回形针，不管你怎么做都不会产生"口碑"的作用，因为这种产品没有特别的地方。真正创造"口碑"的是那些令人激动的产品，比如书籍和电影；创新型产品，比如网络浏览器和电脑程序；个人消费品，比如酒店、航空公司和汽车；复杂的产品，比如医疗器械；昂贵的产品，比如电脑和电器；引人注目的产品，比如衣服和手机。

（2）你所要打交道的人群。不同的消费者在谈论使用的产品时都有不同的方式。年轻人更社会化，更容易被同伴影响；而上年纪的人对他人的建议则表现出较小的依赖性。

（3）消费者之间彼此的联系性。你的顾客彼此间联系越紧密，你未来的销售业绩就越依靠他们的口碑——你对这些消费者就越应该开诚布公。如果你的顾客联系紧密，那么向他们提供质量上乘的服务和产品就至关重要，因为负面的口碑的传播速度比正面的快。

（4）市场营销的策略。你和竞争对手的市场营销策略可能会影响你对口碑的依赖程度。比如，百事签订合同成为某一学区唯一指定的软饮供应商，那么他们对口碑的需要程度就有所降低。

2. 网络枢纽是关键

有的人特别喜欢谈论自己喜欢的某些产品或服务，这些人就成为"口碑"传播中的"网络枢纽"性人物。研究者通常将他们称为"意见领袖"、"高级用户"或者"有影响力的人"。当然，你在任何字典上都找不到这些人的名字和地址。要识别这些人比租用一份邮信名单都难，但是对这些人群的关注能够给你带来巨大的回报。

找出这些"网络枢纽"性人物的第一步就是要清楚一点：这些人形形色色，他们拥有不同肤色、不同身份。总之，他们可以被分为4大类。

首先，这些"网络枢纽"性人物可以根据他们所能接触到的消费者的多少分类。"普通中枢"是指那些对某一类产品感兴趣的普通人群。"非常中枢"是指出版社、名人、分析师以及政客通过大众媒体单方面对愿意倾听他们的人群施加影响的人群。比如，奥普拉·温弗瑞（美国著名脱口秀主持人——译者注）每次为她的读书俱乐部推荐新书时，这本新书总能荣登畅销书名单。

"网络枢纽"性人物也可以通过他们的影响力根源来识别。有的人具有影响力是因为他们对某一领域有独到的见解，或至少能证明自己是该问题的专家。这些"专家中枢"可以成就一项产品的问世，也能够毁掉它。"社交中枢"指那些处在社交圈子的中心位置并受到同伴的信任的人群。

⊙ **接近普通中枢**

你可以先接近普通中枢，如果你知道到哪里并且怎样寻找他们的话。"ACTIVE"(6个单词的首字母缩写)或许会有帮助。"ACTIVE"分别代表着先行采用者(Ahead in adoption)，彼此联系的(Connected)，旅行者(Travelers)，渴望得到信息的(Information hungry)，畅所欲言的(Vocal)以及比其他人更容易暴露于媒体的(Exposed to the media)人群。

3. 网络的规则

这里有 10 条影响口碑在网络中运作的原理或规则：

（1）网络是隐形的。我们了解我们的朋友，还可以结交朋友的朋友。但是在网络中这种关系就变得更为复杂了。

（2）人们总和志同道合的人联系。科学家喜欢与科学家交谈，青少年喜欢和同伴聊天，等等。人们喜欢与志同道合的人建立联系的行为被称为"性近准则"。不幸的是，这个准则也是限制口碑传播的最大障碍。

（3）人以群分。如果这群人志同道合，对某些东西感兴趣，那么他们会结成小圈子。这些小圈子里的人们可能会一起尝试某种产品。对公司来说，好消息是，如果你的产品在某个小圈子内得到认可，那你的竞争对手就很难在其中立足。当然，反之也成立。看一下勃肯沙滩鞋的案例：在 20 世纪 70 年代，该品牌被一个小圈子购买试穿后，就开始风靡全球。

（4）口碑透过网络中的网结传播。我们不止属于一个小圈子或集团，这就使口碑传播成为可能。首先你要了解"6 级分离"理论或"小世界"理论。该理论简而言之就是你和另外一个陌生人之间的间隔不会超过 6 个人，任何人都能被联系上。我们与许多小圈子或集团有着千丝万缕的联系。

（5）信息受困于小圈子中。尽管两个圈子间应该是很容易取得联系的，但实际上并不是。试想一下，一名软件制造商已经在某所大学里卖出上百套可以帮助创建尾注的软件，但当他听说一位新顾客从未听说过此软件时，他很吃惊。这位顾客之所以不熟悉该软件是因为她是一位医学研究者，她平时所打交道的只与手术有关。

（6）网络中枢人物和联结者一起创造出"快捷方式"。如果你想在两个不同的小圈子中传播好的口碑，你需要知道有哪些人同时属于这两个圈子。大多数情况下，这些人一般是会计、银行家或拥有较好社区关系的律师。

（7）我们一般只和周遭的人交谈。地理效应仍在起作用，即使现在已经有了因特网。我们与他人的纽带关系一直以地理的相邻性为主。地理相邻性仍然是我们分享信息的主要因素。

（8）脆弱的纽带威力也惊人。你最好的朋友们可能和你获得同样的信息，因此他们不必告诉你最近的新闻。但是那些熟悉别的圈子的朋友却可能获得不同的信息，更可能成为你信息的来源。尽管你会认为你与别的圈子的关系并不密切，但当从那里获得信息时，其威力是巨大的。所以，请使你的联系多样化。

（9）因特网会培养脆弱的纽带关系。在互联网上维持一种脆弱的纽带关系比较容易。在互联网上可以十分轻易地向陌生人发送邮件，建立新的关系。比如说，大多数使用聊天室的人彼此根本不认识，他们之间只有一条脆弱的纽带。但是，这并不意味着他们之间就不交换信息。结果，现在信息的传播速度大大加快了。

（10）网络与市场交错。人们不止属于一个市场，他们与不同市场的消费者有各种关联。比如，一个店主卖电脑，而他在大学读书的女儿也要用电脑。他们不属于一个市场，彼此与其他圈子相联系。实际上，对某一个市场不满意的消费者可以轻而易举地将愤怒传播到另一个市场上。

⊙ 那又怎样

作为一名市场营销经理，意味着什么？这意味着如果你推向市场的产品值得被谈论，那么你的顾客很可能愿意传播它。有的人会告诉他的邻居、同事和朋友，而有的人还会告诉国外的朋友。这种本地与全球相结合的网络让口碑变得十分重要。如果你深谙此道，你很快就会懂得怎样刺激口碑的发展。

4. 口碑是如何传播的

你已经了解了口碑的整个体系，现在是时候考察口碑在这个体系中是怎样传播的了。解释这个问题的最佳案例就是：小说《冷山》是如何通过口碑的作用成为最畅销小说的。

出版商先印刷了 26000 册，在没有媒体关注的情况下销售情况良好。

本书的销售量就是由口碑推动的。一位教授通过一篇报纸评论知道此书后，就让他所在地的书店帮他留意，书一来就打电话给他。他和他的妻子都十分喜欢这本书，还买了3本赠送给他们的父母和一位朋友。这位教授还在亚马逊网站发表了一篇书评，并且参加过小组讨论会。他还将此书作为那个学期学生论文的可选择读物。有6名学生读过此书，5位又将其推荐给其他人。

而与此同时，另一位读者在《南方生活》杂志上也读到了一个书评，并购买此书。她说自己大概跟10个人说起过《冷山》这本书，她也在亚马逊网站写过书评。一名空姐说她很喜欢这本书，而且自己至少告诉过50个人。有了这些积极、正面的评价，《冷山》的销量一路攀升。

出版商也极力使这本书进入重要的网络枢纽人群的生活。出版商积极与各位作家联系，告诉他们出版了《冷山》这本书。此外，出版商还提前印制了4000多本书送给评论家、书商以及任何可能帮助创建良好口碑的人群。他们在正式发行前，让《冷山》的作者与书商、店员和购书者广泛接触了长达几个月的时间。所有的努力都没白费，单单《冷山》精装本就售出了160万册。

5. 取胜于网络之中

在期待产生好的口碑之前，你必须有好的产品和服务，因为即使有铺天盖地的广告或公关也很难将平庸的产品卖出。最好的口碑来自于产品本身的属性，这些就是"具有感染力的商品"，可以被分为6大类。

（1）唤起情感反应的商品。电影《女巫布莱尔》就是一个很好的例子。口碑的产生来自于电影营造的恐怖气氛。尤其是在它上映后的最初几周内，人们始终认为电影的胶片就是剧中的3名学生拍摄的。而对其他商品而言，当某个商品超出你的预期时，唤起的情感往往是兴奋之情。

（2）会自我宣传的商品。另一类"具有感染力的商品"就是能够自我宣传的商品。人们注意到这些产品，然后开始谈论它。拉杆式行李箱就是这样的产品。这种箱子刚开始是给飞行员通过机场时使用的。很快，其他的旅行者都想知道他们在哪里能买到同样方便实用的行李箱。

（3）会留下踪迹的商品。有的产品可以通过它们留下的踪迹进行自我宣传。比如，印刷机或某些软件在使用时，总会在设计的图片上留下一些信息——"我使用的是 Photoshop"等。

（4）那些越多人使用就越便利的商品。有一类产品，你向别人推荐的话，还会得到这些产品的回报。比如，电话、传真机和电邮软件，要想让这些产品尽其所用，消费者就不得不向其他人大力推荐。实时通信软件就属于这样的商品。如果只有你一个人拥有这种软件，那它无法体现其使用价值；如果你所有的朋友都下载并使用这种软件，那才能真正有用。

（5）彼此相容的商品。你的产品必须与用户已经拥有的商品相兼容。拿掌上电脑举例说明，人们的个人电脑已经有了一套程序，因此他们不希望使用掌上电脑时还要使用另一套复杂的程序。掌上电脑必须是个人电脑的延伸，而不是作为完全独立于个人电脑之外的机器存在。个人电脑与掌上电脑必须兼容。

（6）"其他的交给我们"的商品。照相机是在19世纪20年代发明问世的，但直到1888年柯达才使其真正流行起来。原因之一是他们在广告中招徕顾客的广告词："您只要按一下快门——剩下的由我们来做。"简单易用的柯达迎合了消费者图省事儿的心理。

⊙ 加速感染

有两件事情能够成功地创建良好的口碑。你需要有一种"具有感染力的"商品。但是这还不够。得到良好口碑的公司还要学会增加商品的感染力。每一种产品刚推出时，除了一些内部人士听说过外，都是无人知晓的，此时的口碑为零。听说过该产品的人和整个世界上还没有听说的人之间存在着巨大的鸿沟。产品生产者必须将产品推广到其他地方，该公司至少要有一个人专注于此事。

口碑传播绝非一件易事。你可能需要组建一支营销小团队跟进此事。有些时候，这意味着要抛开传统的营销方式，尝试一些新的方法。当一种叫作"Pictionary"的游戏面世时，制造商雇来演员装扮成艺术家的样子在公园和购物中心拿着说明挂图讲解。他们还在那里请路人一同参与游戏。公司跳开了传统的销售渠道——玩具商店，直接进入消费者网络的核心。

6. 刺激口碑：与网络枢纽合作

用口碑推广某种产品或服务的一种方法就是说服那些网络中枢中的"意见领袖"，让他们传播给其他人。但是问题在于，没有一种简便的方式能够识别出这些"意见领袖"。这里有一些小技巧可以教给你使用。一定要找那些显示出"ACTIVE"特征的个体：先行采用者，彼此联系的，旅行者，渴望得到信息的，畅所欲言的以及暴露于媒体中的人群。

有时"意见领袖"会主动找你询问信息。他们有时徘徊于你在贸易展览会的展台前或发电子邮件给你，询问最新的产品消息。有的"意见领袖"则需要在诸如贸易展览会和商业杂志的读者中寻找了。或者为你的产品做节目的主持人也可能是帮助你传播口碑的"候选人"。你也可以直接寻找草根式的网络枢纽性人物。同时，你还要注意网络之间的联系者：这些人可以穿梭于两个网络之间，为你的产品推广好的口碑。这些人通常都是客座教授、交流生或临时工。

你还可以通过调查研究找出网络枢纽人物。比如，你可以做一次社会经济调查，找出在一个特定的网络中，人们都会向谁咨询产品或服务的信息。你也可以向某个网络枢纽中的人们直接询问谁是网络枢纽人物，这种人往往是"如果你想买什么东西的话，一般会去咨询的人"。

一旦你找到了网络枢纽人物，你还需要留意他们，让公司里的每一个人注意他们。公司的数据库里应该有他们的姓名、电话号码、电邮地址以及他们影响力的来源和大小。适时地招揽你名单上的顾客至关重要。对于某个新产品或服务而言，在你的竞争对手之前赢得这些网络枢纽人物的支持是十分重要的。

口碑需要催化剂，要给网络枢纽人物一些可谈论的东西。比如，吉普车用户愿意参加吉普车俱乐部。他们参加那里的活动时就容易在圈子里激发他们之间的讨论。一定要给他们可足够谈论的话题，不要担心这会打扰网络枢纽人物，要一直让他们知道一些最新的产品情况。

7. 积极"播种"

明智的公司为了加速产品的推广速度会积极"播种"——在不同圈子的要点处为产品种下"种子单元"。"种子单元"实际上是你正在推销的产品或产品样品，你要把这些"种子单元"放到顾客的手中。你可以以折扣价、贷款、全价或免费的方式送出"种子单元"，但是所遵循的原则都是一样的：给各个圈子里的消费者直接使用产品的机会。你以这种方式种下的"种子"可以同时在不同的圈子里产生对产品的讨论。

一个成功的播种行动不应该只是将样品寄给一小撮人群，而应该送给处于各种网络的大多数个体。但是只有当这个圈子里的人们开始谈论你的产品时，播种才开始起作用。有选择性的播种是指找到各网络中与你的产品联系最紧密的人，向他们播种，让他们推广你的产品。

我们把诸如棒球卡片这样稀有的东西看得很有价值，当创建口碑时一定要牢记这点。但与此同时也不要过分封锁消息，你还应该让消费者有所期待。你可以采用的一个方法就是模仿"首映式"，让那些有幸被邀请使用产品的人们感觉自己是知晓内情的重要人物。

8. 新的"病毒性"营销

多年来，许多公司已经在鼓励消费者向他们的朋友或亲人推销产品。随着互联网的问世，销售技巧已经获得改进，并更名为"病毒式营销"。你可以双管齐下：既使用传统的"告诉亲朋好友"的策略，又使用互联网"病毒式营销"，扩大口碑的影响力。

你还要为你的顾客提供相关工具，好让口碑快速推广。一个有效的策略就是给消费者折扣券可供分发。对于像俱乐部一样的地方可以向介绍朋友来的顾客发放免费礼品。长途电话服务商 MCI 公司推出"网内互打"业务的宣传，就成功地让一千万用户从它的竞争对手那里转到了 MCI 公司。

如果你想在网上使用"病毒式营销"的方式，你必须遵守3个原则：

（1）让你的产品成为交流过程的一部分。如果你的产品能够融入两个人的交流中，那么"病毒式营销"就能起到很大的作用。这也是免费的电子邮件（Hotmail）之所以推广得这么快的原因。

（2）让你的消费者参与互动。许多开通网上销售业务的公司的运作模式与传统商业的并无二致。他们发现让消费者们在网上相互沟通效果很好。eBay（易趣）就是一个好例子。在eBay，卖方与买方可以讨价还价。

（3）让消费者加速传播好的口碑。你可能会给顾客某些便利或帮助，让他们为你传播好的口碑。你可以提前写好电邮信息，或设计一个带歌曲的网络卡片，这样，你的顾客就可以呈送给自己的朋友。切忌太直接，以免把顾客吓跑。

9. 麦迪逊大街还管用吗

广告宣传并没有终结，没有产品可以只靠口碑宣传。如果运用得当的话，广告宣传可以起到事半功倍的效果。不幸的是，不得当的广告也能毁掉口碑的效果。因此，你必须有一个能够刺激口碑宣传的广告策略。

广告可以让消费者们知道有一种产品已经投入市场了。平面广告能够有效地引起"意见领袖"的注意，它们往往会创建口碑。记住，"意见领袖"十分渴望信息，所以他们的阅读量会比平常人大。广告还能起到让消费者放心购买产品的作用。成功地销售10万册图书或软件的业绩可以使顾客开始谈论你的产品。

人们谈论商业广告的同时就是创建口碑的好时机，尤其是那些有创意的广告和可信的广告。

10. 销售渠道里的口碑

以前，口碑的唯一来源就是销售渠道，零售商告诉顾客什么产品是新出的。但是现在，零售商可能不再是为消费者提供商品信息的唯一来源了，虽然他们仍在其中起着举足轻重的作用。只要消费者和效应渠道之间能够保持互动和互信，口碑就可以产生。

通过传统式的方法创建对某种产品的口碑，就需要销售人员与消费者进行互动，并取得他们的信任。这种方法在充分重视名誉的专业性商店十分奏效，比如说书店或专业体育用品商店。

要想创建网上零售口碑，就要找有网上经验的合作者。比如，Amazon.com，它就为消费者提供了书评和建议；其他的网上零售商为消费者提供了相互聊天的场所，还为他们提供了产生口碑的论坛。通过某种渠道创建口碑的关键性策略是向在某个圈子里备受信任的转售商"播种"。

另一个创建口碑的策略就是限量销售。至少在初期，先造成产品短缺现象，只在购物中心的公共区域展示。你还可以来点儿神秘感。某公司向购买其玩具商品的顾客送出一张游戏卡片，必须等3张卡片都集齐了，顾客才知道这个游戏应该怎么玩。

11. 九九归一

你已经知道了口碑是什么、怎么创建口碑，现在我们来看一个公司成功开展口碑传播的例子。这种产品是"能量棒"，一种容易消化、低脂、美味、富含营养的零食棒，专为运动员设计的。这种产品是马拉松运动员布赖恩·马克斯韦尔在1983年发明的。自问世以来，该产品就面临许多市场挑战：能量棒没有立即成为街头巷尾的谈资，公司为创建口碑付出了巨大的努力。

体育运动是竞技性活动，因此能量棒承诺能够提升运动员的耐力和实力，这就是一个巨大的成功。公司在推出该产品之前已经做过大量的市场销售工作。一旦产品问世，人们就关注了起来。一有运动员吃能量棒时，其他运动员就问他那是什么？吃起来怎么样？这就是一个好的开端。

但是搞不同项目的运动员互相不太交往，所以公司开始同时向不同项目的运动员"播种"。他们在滑冰、自行车队和跑步运动员中间发放免费样品，为他们建立更好的口碑。美国自行车队在环法自行车比赛上吃能量棒，为该产品赢得了更多的口碑。如今，该公司一年出售价值1亿美元的能量棒。

十一

《登上忠诚的阶梯》

◎ 简介

一些有关商业方面的书籍以介绍革命性的商业观念或方法论为主,其中有些东西是人们以前闻所未闻的。然而,有些突破性的书籍则属于例外情况。这些商业书籍的贡献不是突破了智力的束缚,而是为商业人士提供了工具,帮助他们理解、接受和采取那些可能指引他们走向成功的心态和行为。通常,这些工具都很简单,而有效的框架结构则有利于使用者理清他们的思路。

《登上忠诚的阶梯》还引进了一种简单但有效的隐喻框架,这种框架通常用于管理客户关系。依据作者尼尔·拉斐尔和默里·拉斐尔(父子顾问组合)的观点,公司的目的就是要引入新客户,随后让他们登上忠诚的阶梯,使他们成为公司产品或服务的忠实拥趸。由于对公司及其产品的热爱,处于顶层阶梯的客户不仅购买你的产品或服务,也进行销售。通过技巧贴士、个人范例以及案例研究,拉斐尔父子向其读者说明了是什么让客户一步一步登上了忠诚阶梯的顶层。

尼尔·拉斐尔和默里·拉斐尔是拉斐尔市场营销公司的合伙创始人。

尼尔·拉斐尔创建了公司的数个分支机构,包括一个图书分公司(拉斐尔出版社)以及一个针对超市行业的年度营销会议(超市协会)。他毕业于斯沃斯莫尔学院和得克萨斯法学院,曾经是纽约市一家日用品贸易公司的总裁。他是数本著作的合著者,包括《艰难时代的艰难销售》以及《忠诚营销资源》。

拉斐尔市场营销董事会主席默里·拉斐尔,是在直销和广告领域的一位重要发言人和顾问。作为戈登·艾礼(大西洋城的一家购物中心)的开发者,他为4本杂志和1份电子时事通讯撰写月度专栏,即《拉斐尔报告》。他还创作或与别人合著了10本有关市场营销方面的著作。

◎ 原书目录

寻找潜在顾客并将他们拉进商店
用活泼的广告吸引潜在顾客
将浏览的人转变为忠实的购物者
客户为什么会离你而去?
倾听客户需要
让你最好的客户感觉到他们很重要
做你所承诺的……和更多的事情

承诺你所做到的
用特殊待遇奖励忠诚

◎ 思想精华

吸引顾客并令他们一次又一次的惠顾，是任何生意中的基本挑战。因为没有顾客就意味着你没有生意。

但是你如何让潜在顾客——那些徘徊在作者称其为"忠诚阶梯"最底层的人——攀登至阶梯的最顶层并成为你生意的狂热拥趸？

下面将告诉你如何去做。

* 你要学习销售、推销、直接邮寄广告、介绍产品、社团服务以及其他能够吸引潜在顾客并让他们走进你的商店或办公室大门的方法。一旦这些人进入你的生意并准备购买，他们就成了购物者——阶梯最下面的一个台阶。

* 你要研究如何不让购物者被态度恶劣的雇员或令人不适的环境吓走。你要学习如何让人们购物——并且再次购物——通过恭敬地对待他们、写感谢信以及倾听他们的需要。你的购物者抵达阶梯的再一个台阶时，就成为了客户。

* 你要学习如何运用特殊的促销手段、免费服务以及其他额外优待来回报你的客户。你要明白做到你所承诺的甚至更多事情的重要性。

* 你要真诚地对待你的客户。一贯的良好服务和额外的关注将你的客户提升至忠诚阶梯的又一个台阶：他们成了忠实的主顾。

* 你要为你最好的客户保留忠诚的计划和给予他们其他特殊待遇。对这些主顾进行奖励会将他们提升到阶梯的最后一层。他们成了你的拥趸，热情地向他们的朋友和同事介绍你。

但是重要的是，拥趸最初也只是被吸引并走进你公司的潜在顾客。

◎ 核心内容

1. 寻找潜在顾客并将他们拉进商店

为了吸引潜在顾客，你首先必须锁定他们。从向自己提问开始："我目前的主要客户大多数居住在哪里？"很可能，那就是你的潜在顾客居住的地方。

计算出居住在那个区域的家庭的总数量（邮局局长可以提供这个情况），将那一数字与你的客户数量进行比较，大概了解你的潜在顾客群的大小。例如，如果在那一地区有5000户家庭，而你拥有1000位客户，那么你就锁定4000位潜在顾客。

⊙ 将他们拉进商店

现在，你如何让那些潜在顾客走进你的商店呢？

首先，否定任何有关最多选择、最低价格的想法。那些方法可能适用于沃尔玛或是玩具反斗城，但它们不一定适用于你。

太多的选择意味着高额的存货成本和较低的利润；过低的价格将引起价格战，并且没有人能获胜——可能除了沃尔玛和玩具反斗城。

这里有其他一些方法将潜在顾客转变为购物者。

为潜在顾客在你商店的第一次购物创造一个主要的理由。例如，运用销售和推销技巧；以成本价或更低的价格提供他们感兴趣的东西；将它们像广告那样写出来——实际上那就是广告。

⊙ 成功 4 步骤

简单的"成功4步骤"可以吸引并留住顾客。作者预计，这4步骤可将你的业绩每年提高10个百分点。

原则：一天进行4项联系活动。

你可以通过电话、邮件、引荐或亲自拜访，以及任何你想要的组合方式进行这些联系活动（4

个通过电话，或 2 个通过邮件和 2 个通过电话，等等）。只要你能够坚持逐日进行这些联系，至于怎么做到的并不重要。

⊙ **勘查**

你都联系哪些人？从朋友和你熟知的人开始，可能就存在某些会使用你的产品或服务的人，但你从未向他们寻求业务。

为你的每日 4 项联系获取更多的联系对象，例如通过熟人、供应商或客户的介绍。金融分析师和保险代理商知道，寻求介绍要比给潜在顾客打电话实际上更有效。

最后，你平均每天接触 4 个新认识的人：同飞机的同乡旅客、午餐时你经介绍认识的人、售货员等，向他们散发你的商业名片。如果你忽略了这些联系人，你可能让潜在的客户从你身边溜走。

⊙ **建立忠诚**

不要仅对潜在顾客运用 4 步骤方法，它也是与现有客户保持联系的一条有效途径。

联系高端客户，告诉他们你的商店新进了一些产品——或仅仅表示感谢他们的惠顾。你的客户将记住你对他们的重视。

向现有客户征求潜在顾客的姓名。新客户的最佳来源就是现有的客户。保险代理商和金融策划师对这一点非常了解。

尝试直接投递广告。大多数潜在顾客居住在某个特定地区。向这一地区的每一个人分发广告，提出一项他们不会拒绝的建议——比如，提供免费礼物。直接投递广告是小型企业开展业务的最有效的工具之一。它让你能够接触到众多的但是目标明确的人们，从你试图吸引的潜在顾客到你要保持联系的忠实客户。

与客户打成一片。大多数成功的小企业主都与他们的社区打成一片。通过少年棒球联盟、学校、市民俱乐部、商业团体以及其他当地组织，你将结识潜在的客户并给他们留下印象。

强调培训和学习。每周和你的员工开会回顾有哪些新情况出现，并征求看法。员工是产生招引客户的创新想法的重要来源。

读、看、听。通过贸易期刊、贸易协会会议或涉及你生意领域的培训课程，或仅仅是通过与你所在行业的成功人士进行交谈，向他人学习经验。

进行日常工作的假日。当你旅游时，去类似的商店购物，从别人的经营中你能学到什么？

2. 用活泼的广告吸引潜在顾客

报纸广告和电台广告是吸引客户的重要途径。电视广告作为一种选择，价格高昂。

（1）报纸。在报纸广告中，你必须在读者浏览报纸的时候抓住他们的注意力。因此，标题是广告最重要的一部分。

为了吸引注意力，广告标题必须满足两个条件之一：承诺收益或勾起好奇心。例如，你经销的西装可能是涤纶和羊毛混纺的，所以在你的标题中，要将西装说成可以"长年穿着"。

至于好奇心，如果广告撰写者太过追求反而适得其反。不要使用与广告没有任何关系的言过其实的标题。一时之间，它可能会吸引客户，但是那不会长久。

标题之下就是正文了。这里的规则就简单了：开门见山，直奔主题；要以现在时态并运用短小的句子和段落来撰写广告；要令其活泼并让人感兴趣。

最后的提议：使用单词"赠送"，例如"买一赠一"，你肯定能够吸引读者以及客户的。

（2）电台。电台是一个适应性的行业。大多数电台专注于某一特定类型的音乐或形式。这对你是有帮助的，因为广播电台吸引的是具有相似兴趣的听众。所以，如果你想要寻找与现有客户具有相同特点的潜在顾客，你只要问那些客户他们在听什么电台就可以了。那就是你需要在上面播放广告的电台。而且，如果有可能的话，购买靠近新闻的时段。那是收听人数最多的时段。

在电台广告中，你需要尽早并经常性地做两件事情：确认你的产品并向听众承诺收益。

不要提及过多的产品，这样听众能够记住一些；避免不专业的语句；运用幽默。

（3）电视。由于有线频道的增多，电视变得更具竞争力，费用更低廉。像电台广告与报纸广告一样，你的电视广告应当迅速抓住观众的注意力。

首先，要展示你的产品以及它是如何运作的（例如，英菲尼迪就了解，平淡的图片是卖不出汽车的）。

其次，别聪明过了头。奇怪的视角容易让人产生混淆，虽然电视幽默经常产生轰动效果。

⊙ 运用推销手段

富有想象力的推销手段能够吸引成千上万的购物者走进你的商店。

南卡罗来纳州的"小猪店"零售超市，每年举行一次"玉米节"，包括吃玉米比赛以及评选每年的"玉米小姐"。

听上去很愚蠢？可能，但每年有5万名游客参加这项活动——在一个只有2500人的小镇。

当然，你没有必要举办吃东西比赛或是选美盛典。名人签名或是4小时抢购也能获得成功。赠送免费礼物或进行抽奖，会吸引更多的人。

3. 将浏览的人转变为忠实的购物者

购物者就是那些你说服其拜访你的店铺的潜在顾客。但是，他们还没有作出购物的决定。

人们为什么要购物？有两个基本原因：良好的感觉和解决问题。

你走进一家餐馆去享受一顿美食；你购买人身保险，以防发生意外时，你的配偶和孩子能获得保障。

如果你能给客户带来良好感觉或提供解决其问题的产品或服务，那么你就能够把东西卖出去，除非你把购物者吓跑了。

⊙ 令购物者感觉舒适

在购物者踏入店铺的最初8秒钟，他们会断定感觉是否舒适。无序或恶劣的购物环境以及态度恶劣或不能提供帮助的员工，肯定会妨碍购物者成为客户。

⊙ 建立客户忠诚

一位购物者来到一家大型食品商店的熟食柜台。尽管没有其他顾客在等候，但工作人员直到她拿到号码才为她服务。她买了需要的东西，但是永远不会再光顾这家商店。

购物者可能会买东西，但是那并不必然会令他（或她）成为客户。那购物者还会回来吗？有几种办法能确保一次性购物者成为一位忠实的客户。

（1）记住他们的姓名。在销售中，你要获取他们的姓名、地址、电话号码以及购买的物品，发现他们喜欢什么以及其他特征。

（2）致以感谢信。这是获取他们姓名的原因之一。感谢信会给购物者留下印象并推动他们成为有价值的客户。

（3）在购物时提供"减价"。例如，下次购物提供折扣。别担心损失金钱，最后你会成功的。

（4）询问他们的需求。坚持回复意见箱是询问客户所需的另一条途径。

（5）提供预先保证。当购物者走进商店时，他们应当看到在商店里的每一件商品上都有保证书。

4. 客户为什么会离开你

是否曾探究为什么某位曾经在你那里消费的客户不再光顾了？针对客户流失的原因已经进行了许多研究，并且他们都讲述了相同的故事。

（1）13%的客户离去是因为投诉没有得到处理。

（2）10%的客户离去是因为竞争。

（3）9%的客户离去是因为他们搬到了其他地方。

（4）68%的客户离去没有任何特殊原因。

换句话说，70%的客户没有任何特殊原因就不再光顾了。你相信吗？不，不相信。肯定存在某个原因或一系列原因才导致那些客户离去的。

（1）他们离去是因为你从未告诉过他们你很在意他们或他们对你很重要。

（2）他们离去是因为你从未说过"谢谢你"以及"欢迎下次光临"。
（3）他们离去是因为无论什么时候走进你的商店或公司，你的员工都太繁忙而不能去接待他们。
（4）他们离去是因为对账单存在疑问且被告知"计算机是那么处理的"。

客户不会"没有任何特殊原因"就离去。他们离去是因为你给了他们这样一个原因，他们离去是因为感觉不满意。他们通常不说什么，也从不抱怨，但是再也不会回来购物了。

5. 倾听客户需要

留住客户的最好方法就是倾听他们的需要。

确保你的销售人员花时间去倾听客户的需要而不是试着说服他们买东西。

通用电器最近进行了一次客户调查，以查明为什么销售额没有提升。结果引用率最高的一个回答是："你们的销售人员话太多了。"

⊙ 调查和焦点小组

另一种倾听客户需要的办法就是通过客户服务调查，例如在宾馆房间里的调查问卷。

或者尝试使用焦点小组。召集 10 ~ 15 个从年龄、种族背景、收入等方面代表某个横截面客户的人，要强调你更感兴趣的是他们不喜欢你公司的什么地方。试着发现你做错了什么是非常重要的，原因是：大多数客户不会抱怨——他们仅仅是离开。

⊙ 数据库

如今，技术让你能够为每位客户以及他们的采购行为建立完整的数据库。使用这些数据库去研究你的客户，探究交易情况，并发现问题所在。

数据库将向你显示哪些客户不在你的公司购物了。联系这些用户，并找出他们离去的原因。如果你倾听客户的需要，你可以为他们提供所要的东西，并且表示你很在乎他们。

6. 让你最好的客户感觉到他们很重要

要确保你最好的客户能够感觉到自己的重要性以及你对他们的谢意。作为你的忠实客户，他们应当得到这些。

按特殊方式对待他们将使他们到达忠诚阶梯的下一个台阶，成为优秀的客户，他们将成为一次又一次光顾你生意的主顾。

⊙ 奖励

有 10 种方法来表达你的谢意：

（1）提前通知。在第一时间告知他们有关特别供货、打折等的情况。这些是你的一级客户，要投递一级宣传单，并且要特别告诉他们，他们是第一个了解情况的——否则他们不会知道自己接受了特殊待遇。

（2）对他们特别优待。忘掉节假日。对于忠实客户，打折是不需要理由的，也不需按时间表进行。同样，一定要告诉他们，这是专为他们准备的。

（3）对于你通常收取少量服务费用的项目提供免费服务。不对他们收取礼物包装、隔夜送达或任何服务的费用。

（4）来自非竞争性商店的礼品券。各方都获利：客户很感谢这个礼物，其他商店感谢公司，而你建立了忠诚度。但是要让这些礼品券物有所值，给他们一张"满500减50"券不能算是礼物。

（5）不定期的免费礼物。例如，为你最好的客户送去一张意想不到的礼品券——不需任何条件，除非他们是良好的客户。

一家商店为他最佳客户中的 100 位提供了帆布购物袋，上面印着商店的名称。这样，等于是有 100 个移动广告牌在大街小巷为它作宣传。并且在许多情况下，当客户带着包袋走进商场时，他们总会买一些东西放进包里。

（6）所需即所得。隔夜送达、同日送货、特殊服务……没问题。攀登忠诚阶梯的客户永远是正确的。

（7）当他们需要你的时候，你能为之所用。有人忘了取走一条为参加当晚会议而修改的裤子？重新打开商场——即刻将一位客户转变为一位主顾。

（8）令你获益的"附赠"服务。例如，一家宾馆提供将旅客行李送上飞机的服务，这样赢回了一批忠实的主顾。

（9）他们知道我是谁。客户知道你在通过电脑与他们交流，但是公司称呼他们的姓名这仍然建立了忠诚度。

（10）忠诚计划。要建立拥有特殊收益的特别俱乐部，例如价格间断。客户忠实度越高，所获得的收益就越丰厚。

⊙ **赌场如何对待豪赌的人**

每6周一次，一辆豪华轿车将执行官斯坦·格兰勃从家中接走并送至芝加哥欧海尔国际机场。随后他乘坐飞机前往大西洋城并在豪华的赌场宾馆房间逗留数日。格兰勃的房间、航行、餐饮以及豪华轿车由他赌博的赌场全包——对忠诚客户的奖励。

赌场开设如何对待良好客户的全部商业课程。

首先，赌场了解他们的客户。他们知道那些挥金如土的人的名字、地址、习惯以及好恶。

其次，赌场已经准备好满足顶级客户的需要。他们进行了计算，除去豪华轿车、航行以及宾馆费用，他们仍将获得巨大利润。

赌场纵容他们的豪赌客户，你呢？对于你最忠诚的客户，你将怎么做？许多公司甚至不能确定最好的客户，更不用说为他们提供特别优待了。其他公司为下次购买行动提供例如打折和优待券的特殊待遇，但是他们对每个人都提供这样的好处，他们没有区分出豪赌的人。

⊙ **不要走得太远**

警示注意：仔细计算，了解给出了多少，以及什么时候停手。

在成本和收益之间必然存在联系，大西洋城克拉里奇赌场酒店的总裁罗伯特·雷尼森说："你们讨论的是关于轿车代理商的折扣或食品商店豌豆的打折或赌场的免费赌筹。"

7. 做你所承诺的……和更多的事情

客户成为主顾的首要原因就是你一贯能够履行承诺。

如果你许下了承诺，例如，在一定时间内完成维修工作，那么在最终期限之内就要完成；如果你承诺全镇最低价格，那么就要实行这个价格；如果你承诺了某项准确的预测，那么就要坚持它。

如果你遵守诺言，客户将继续光临，从主顾变成拥趸。

听起来很简单，但是每位客户都经历过公司违背诺言的事情。例如，宾馆所宣传的诱人价格，实际是"单人/双人间"。是的，价格说明印刷得很清晰，但是客户始终感觉他们支付了宾馆承诺价格的双倍。

⊙ **客户满意度**

一贯提供守诺服务或产品将为你带来主顾，但是你应当想客户所未想。目标要高于客户服务，目的是为了让客户满意。

例如，一位叫"兰兹"的客户打电话预订一件衬衫，衬衫被准时送到。这就是优良的客户服务。

一位叫"兰兹"的客户打电话要为她的弟弟预订一份礼物，但是她不知道她弟弟的尺码。工作人员建议说，可能她弟弟以前向他们预订过商品。于是她在电脑中搜索弟弟的资料并找到了之前的购买记录，其中包括尺码。这就是客户满意度。

8. 承诺你所做到的

一位广告公司会计经理正在拜访他最大的客户之一的工厂——一家酿酒厂。

他注意到有一些穿着橡胶衣服的人用流动蒸气清洗玻璃瓶。他打算以此作为广告宣传内容。但他被告知，这个做法无助于广告宣传，所有的酿酒厂都使用蒸气以确保玻璃瓶卫生、清洁。

然而，这位会计经理却创造出获得全国范围成功的广告语"我们使用流动蒸气清洁酒瓶"。虽然这位会计经理知道所有的酿酒厂都在做同样的事情，但是这没有关系——因为顾客不知道。

顺便提及，其他酿酒厂很快也播放广告声称他们也使用流动蒸气清洁酒瓶。顾客可能会认为他们是一些缺乏创意的模仿者。

让我们来看两个有关创建客户满意度的案例。

⊙ 快乐檀香山

作者之一——一位檀香山的定期游客，对他所住宾馆的服务感到不满意。

他致电卡哈拉·希尔顿酒店——另一家他经常入住的酒店，表示他对目前的住宿情况感到不满，并询问该酒店是否还有房间。酒店接线员回答说有房间，并补充说："我注意到您经常入住318房（作者从未注意过），那个房间现在已经有客人入住了，但是我们可以给您安排就在它正上方的一个房间。"她报出价格，随即作者就乘坐出租车前往该酒店了。

抵达酒店后，工作人员告知他出现了一个错误。他所订的房间附带阳台，因此费用较高。"但是我们给您提供一个较低的价格，那就是您所要支付的金额。"她说。

作者来到他的房间，发现一盘海岛什锦水果拼盘，还有经理的一张留言："很抱歉您的假期开始得不太顺利。但是从现在开始，您将拥有美好的时刻。"

每天，他的房间都会有一盘新鲜的什锦水果。

于是，作者成为卡哈拉·希尔顿的忠实顾客。

⊙ 冷的菜肴，热情的服务

作者之一和朋友一起去一家餐馆吃饭。其中两道菜不是很热，作者向服务小姐提出了这一点。服务小姐马上致歉并立刻重新加热了菜肴。这就是良好的服务。

这顿饭快要结束时，服务小姐说："很抱歉给您带来不便，我们为此提供免费的咖啡和甜点。"这就是客户满意度。

当然，作者也成了这家餐馆的忠实拥护者。

9. 用特殊待遇奖励忠诚

在忠诚阶梯的最后一层站立着公司的拥趸。

这些拥趸不仅仅是良好的客户或长期主顾，而且对你公司拥有如此深的印象，以至于他们向朋友和熟人推介你的公司和产品。

如果你遵循在此摘要中的建议，一直以新购物者的感谢信到免费礼物回报忠实客户，你已经为客户转变为拥趸做好了准备。

你可以通过奖励忠诚使得你的客户最终成为公司的拥趸，并为他们独立制订忠诚计划。

⊙ 忠诚计划

忠诚计划用特殊待遇来奖励客户的忠诚。该特殊待遇包括免费商品或服务、其他客户无法获得的特别出价，以及特殊权限。

奖励忠实的客户不再是什么新鲜事。印花收集计划或积分计划，其中每位购物顾客都可以拥有积分以兑换奖品，这些方法近年来在零售业中普遍运用。

随着美国航空公司飞行里程累积计划的出台，忠诚计划向前飞跃了一大步，该类计划首次得以运用于服务行业。其他的航空公司和酒店很快也推出了它们自己的累积计划。

在大多数情况下，忠诚计划围绕俱乐部建立。封闭式俱乐部是客户支付费用参加的忠诚俱乐部。例如，任何人都可以在沃尔玛购物，但是客户需要支付一笔年度费用以参加山姆会员店。

以下是两家不同公司提供给顾客的内容。

⊙ 喜来登酒店

从客户调查中，喜来登发现酒店俱乐部的一般关注度（免费房间、升舱、晚点退房）都排名于客户的优先选择——航空里程之后。

喜来登围绕航空里程创建了新的计划：

每年至少入住 2 天的客户，其所支付的订金，1 美元兑换两个航空里程；每年至少入住 4 天的客户，1 美元兑换 3 个航空里程。

在这个水平上，会员资格是免费的。支付 25 美元，客户从支付的订金中 1 美元兑换了 3 个航空里程，再加上特殊权限，例如升舱、快速入住和退房以及礼物奖励。

⊙ Dr.Oetker

Dr.Oetker，德国的一家烤制产品公司，也在客户调查的基础上制订它的计划。调查显示，大多数客户为老年人，许多潜在的新客户（年轻女人）不懂得如何烘焙。

解决方案成立：Dr.Oetker 烘焙俱乐部，目标会员为 18～38 岁带小孩的妇女。

支付 25 美元，会员资格包括以下一些：

（1）定期食谱。

（2）产品示例。

（3）莫凡比冰淇淋和假日旅店的旅游折扣。

（4）儿童食谱比赛。

（5）有关烘焙问题的"测试厨房"热线。

Dr.Oetker 烘焙俱乐部拥有 10 万名年轻的烘焙师会员。这些客户认真地进行他们的烘焙操作："测试厨房"热线每月接听电话约 700 个。

开放式俱乐部或对个人开放或应邀开放。例如，常旅客计划，通常面对个人开放；常住酒店客人的特别金卡俱乐部则仅应邀开放。

无论它们如何构造，所有的忠诚计划都有相同的目标：向客户提供挽留性质的特别待遇，这就保证了客户的再次惠顾。并且如果被问及推荐事项的话，这些客户将立刻想起你们公司来。

十二

《胜算——用智慧击垮竞争对手》

◎ 简介

撰写市场营销书籍的作者多如天上繁星,而盖伊·川崎则总是显得与众不同。不管是在探讨通过反抗推动改革(《革新家守则》)、开创一个新的公司(《创业的艺术》),还是这本书的击垮竞争对手的战略,无不显示出作者的热情和活力。当然,川崎从来不用"击垮竞争对手"这个词语。对川崎来说,这个词显得太沉重了。用川崎的话来说,你必须"将自己的竞争对手逼疯"!如果你的竞争对手碰巧是一个富有进攻性的大公司,而你又恰巧是一个刚起步的小公司的话,这样的形容才更有趣。正如他在这本书中指出的,每个公司都想对付一个强大的竞争者。

川崎的确有对付强大竞争对手的经验。他在20世纪80年代曾是苹果公司的一员,参与过对付并击败IBM的决策过程。在他的网站上,川崎写他一从商业学校毕业就到了苹果公司:"当我亲眼看到麦金塔电脑能做什么时,笼罩在我头上的乌云就都散开了,天使也开始歌唱。"

他的热情是有感染力的,因此他的书十分畅销。书中有许多具体做法——无数案例——支持他的观点。本田、通用电气、哈雷－戴维森、利维牛仔裤,这些只是《胜算——用智慧击垮竞争对手》中众多知名公司的一部分。你将会在本书中读到许多知名公司之间的竞争:诸如几维鸟国际航空公司与美国航空公司,哈莱尔的清洁配方409与宝洁,哈德瓦五金公司与家得宝家居连锁店。川崎的读者们同时也会读到富有智慧的一些故事,比如一个私立疗养院最后把自己变成了一个小城镇的故事。疗养院里配备了邮局、银行、图书馆、美容院、饮料店,甚至还有一名市长和市政府。

盖伊·川崎出生于夏威夷,在加利福尼亚大学洛杉矶分校取得了MBA学位。

他是原苹果计算机公司的雇员,在1984年主要负责新的麦金塔计算机的市场营销工作。他目前担任硅谷莉加拉奇技术风险投资公司首席执行官。他先后撰写过8本书,许多都是畅销书,其中包括《麦金托什之路》、《销售梦想》、《革新家守则》和近来出版的《创业的艺术》。

◎ 原书目录

万事之首:了解自己
第2步:了解客户
第3步:了解敌人
关注客户
致力于决定性环节
把客户变成义务宣传员

建立品牌忠诚度

小题大做

包装：竞争者的武器

及时行乐

要想获得成功，就不要墨守成规

◎ 思想精华

　　1984 年，盖伊·川崎是一位高层领导小组成员，负责击垮竞争对手。这个小组所采取的策略是尽可能地扰乱现有市场，为本公司产品创造有利条件。

　　苹果计算机公司当时只是一个刚起步的公司，川崎在其中从事的是软件"福音传播者"的工作。他要使开发商相信：如果苹果想生存，就必须为麦金托开发软件。这样也能使他们恨之入骨的竞争对手 IBM 垮台。

　　川崎和他的同事们每周都满怀激情地工作 90 个小时。就像十字军东征一样，他们试图改变世界，防止 IBM 控制整个市场。

　　为了干扰市场，他们创建了一个为非专业人士设计的界面，这是人们在此之前从未见过甚至从未想象过的；接下来，他们又开发了新型软件——台式印刷程序；第三步，他们又开始煽动顾客充当"福音传播者"——为他们公司销售产品。

　　虽然苹果公司并没有击垮 IBM，但是川崎和他的同事却成功地把"深蓝公司"给"逼疯"了，而且还赢得了大部分的计算机市场份额。

　　不仅川崎从中学到了不少，而且有些策略也可以被运用到你的事业当中。要创造自己的优势、削弱对方的力量需要有清晰、睿智的思维，胆量，艰辛的努力和不惜违反惯例的勇气。这意味着清楚地了解自己、竞争对手和顾客，你就可以为他们提供他们需要的东西——甚至是在他们想到之前。

　　你读完这篇摘要之后，就会学会如何干扰市场并增加自己的利润，工作起来一定也别有乐趣。

◎ 核心内容

1. 万事之首：了解自己

　　开始干扰你的竞争对手之前，应该先花点时间了解一下自己。

　　⊙ **基本问题**

　　开始提问：我们到底在经营什么？

　　大多数人对这个问题的回答都太浅显。比如，汉王认为自己在经营文字处理设备。如果它把自己的经营定义为提高生产率的活动，那么汉王现在有可能仍然很强大。

　　比如，本田就清楚自己不仅仅是经营汽车、摩托车、发动机或除草机的公司。它实际上是在从事引擎的生意，尤其擅长如何将燃料转换为动力。

　　你的公司在 5 年、10 年、20 年和 50 年后会是个什么样子？

　　大多数公司都鼠目寸光。然而，本田公司在 1959 年向美国市场推出了一种小型摩托车。27 年之后，该公司又向美国市场推出讴歌（Acura）系列汽车。这个过程是富有远见性的，而且需要耐心。

　　如果顾客不向你购买产品，那么他们向谁购买呢？

　　汉王可能以为它的竞争对手是像 NBI 这样的文字处理公司。但实际上，汉王真正的竞争对手是计算机和文字处理软件，而不是致力于开发文字处理器的公司。

　　⊙ **界定产品和服务**

　　这些问题能够帮助你了解你自己，并能为你指出你可能犯下的错误。

　　（1）你的产品或服务到底能够提供怎样的好处？

（2）顾客购买你的产品的最主要原因是什么？
（3）你的产品在市场上是怎样定位的？
（4）顾客使用产品的方式是否出乎你的意料？

本田又一次为我们提供了好的例证。该公司知道摩托车不仅仅被用于解决"行"的问题，对许多消费者而言，摩托车还代表着自由和乐趣，因此，本田将摩托车的市场定位于职业赛手和学生。

2. 第2步：了解客户

要了解顾客，你就必须走出去见一见他们。以下是你应该知道的。

谁在使用你的产品？膳魔师发明了一种新型烤架。该公司发现居家男人不再是家中烧烤的"大厨"了，女士也参加烧烤，并且她们对烤架有不同的要求。比如，她们不喜欢把装炭和装丙烷的箱子混在一起。（注意：使用者并不总是购买者。比方说，都是由父母为儿童购买玩具，所以玩具的包装外面总是写着大大的"教育类玩具"。）

顾客是如何使用你的某类产品的？膳魔师发现许多人会在小天井或阳台上烧烤。这一发现促使膳魔师生产出一种简洁而吸引顾客的产品样式。

法规或来自社会的压力会改变你的市场吗？膳魔师发现在美国的某些地区是不允许使用助燃燃料的，这个禁令使炭很难被点燃。膳魔师的解决方案就是：生产出一种高强度电烤架。

⊙ **怎样才能认识他们**

有许多方式可以让你认识你的顾客。

（1）专设团队。这就是膳魔师所做的。为了一个短期目标——比如研制一个新的烤架，他们会直接派出一支产品研发小组深入顾客。

（2）公司承诺。哈雷-戴维森摩托车公司承诺要了解它们所有的顾客。因此，每一个雇员都要到摩托车集会上与顾客一同驾驶摩托车。

（3）开放的渠道。通用电气通过"通用咨询中心"开辟了这条开放的渠道。该中心会回答或解决任何与通用产品有关的问题。

（4）科学方法。这种方法包括数据抽查、咨询会和顾客取样团体座谈会。虽然这些方法很有价值，但也不要过度迷恋科技。如果一个公司拥有超强的计算机调查功能，而对自己的顾客却没有感情的话，那么这个公司也不会长久存在的。

3. 第3步：了解敌人

沃尔玛的山姆·瓦尔顿经常在卡玛特（美国第二大百货连锁店）和价格会员店里漫步，并且手里拿着录音机，对定价和存货情况做记录。山姆知道该怎样采用观点——哪些点子值得盗来一用。同样重要的是，他也知道自己的竞争对手的优势在哪里。

你应该从山姆这里学到一招，从现在开始紧密观察竞争对手（包括刚起步的公司）。

要了解每一位竞争对手的情况：它的任务和目标是什么。不管它将自己看成是市场驱动型还是产品驱动型的公司，也不管对方是否把自己当成竞争对手。同时，还要了解对手的实力和弱点。

⊙ **了解竞争对手的方式**

你可以通过以下方法获得竞争智慧：

像山姆一样，走入竞争对手的商店。记下对手的商品种类和价格表，搜集各种信息。
成为一名消费者。购买竞争对手的产品或服务，看它售后服务以及后续的销售情况。
对竞争对手进行投资。购买一部分对手的股票。
与竞争对手的顾客进行对话。尽可能多地向对手的顾客学习。
广泛阅读你能找到的关于该行业和竞争对手的材料。
参加交易会和其他会议。你可以在这些会议上知道对手的战略方向。
浏览政府记录。政府部门会向社会公开征税、估值、专利与商标登记等信息，查找一下。

4. 关注客户

击垮你的竞争对手的最好方法就是让你的顾客高兴。要做到这一点，你就必须将注意力放在顾客的身上。如果你将注意力放在竞争对手身上的话，那么你就会被扯进一场"一报还一报"的战争中。这对取悦自己的顾客没有丝毫帮助。

⊙问该问的问题

盖伊·川崎在俄勒冈州的波特兰市发现了一家餐馆。这家餐馆的主人总是能够问出顾客的需求，并满足他们。这家餐馆名叫"无稽之谈"，餐馆里有一个供儿童玩耍的巨大游戏室，里面有 3 艘小船、1 列火车、1 个隧道等玩具。还有一个游戏场，只要你在这里驻足，就有一杯橙汁为您送上。这些地方都是孩子们快乐玩耍的地方。

为什么餐馆的主人霍莉·哈特把这块至少能放 20 张餐桌的地方用做游戏场？因为她注意到，带孩子的父母们在进餐时苦于还要照顾孩子而不得轻松。小孩子们会狼吞虎咽地吃几口饭，接着就在餐馆里乱跑。哈特自问："我怎么才能让一家人在餐馆的进餐经历更愉快呢？"从此，哈特的生意蒸蒸日上。

⊙提供富于想象力的解决方案

明尼苏达州的夕阳红疗养院问了该问的问题，从而得知人们希望疗养院是什么样的。他们知道疗养院中通常滋生着孤独、寂寞和无聊，于是他们把疗养院变成了一座小城。"城里"有古老的邮箱、邮局、银行、图书馆、美容院、理发店，甚至还有饮料店。住在疗养院里的人们自己选举"市长"和"市政委员会"，这些机构负责管理整个"城市"。

夕阳红疗养院还鼓励社区组织在"城里"召开各种会议，饮料店可以为居民们承办各种生日宴会。

对为什么顾客更喜欢夕阳红疗养院还有什么疑问吗？总之，要重视顾客，想出好的解决方案。

⊙提供一种完整产品

消费者购买东西的时候，都想着能够拆掉包装立马使用。你可以通过保证你所提供的每一种产品都是他们所需要的而使顾客得到满足。

比如，"正牌"油漆公司成功地卖出一种让消费者高兴的工具箱。这个工具箱里有滚动台、罩布、滚子、滚子盖儿和一个油漆刷。

5. 致力于决定性环节

1796 年，拿破仑率领的 35000 名士兵遭遇了拥有 60000 名士兵的奥地利和撒丁王国的部队。

拿破仑并没有直接进攻任何一支部队，但是却进攻了两支部队的交汇处。他攻下这个弱点，然后转向撒丁王国的部队，最终让撒丁王国部队投降。3 天后，奥地利部队也投降了。

在做生意的时候，也要学会分散对手力量、各个击破的招数。这能帮助你有效地利用自己的资源，减少对手对你的报复。小的胜利会使你变得十分自信。

⊙找到市场缺口

如果你能够了解自己的优势以及竞争对手的能力，你就能找到可开发的、富有潜力的市场缺口。请使用以下的方法。

（1）判定自己的产品以及对手产品最重要的要素是什么，包括售后服务和所提供的担保。

（2）画一幅和原书一样的图表，以供应产品的能力和顾客对它们的评估为基础，将产品的各要素画在图表上。

（3）找到接近上轴的要素和右轴上你的竞争对手所没有的要素的交叉点；这里就是你的市场缺口。

⊙提供可选择的产品或价值

另一个找出决定性攻击点的方法就是向市场领导者提供可选择性的产品。比方说，百事就小心地为可口可乐提供了一种可选择性的产品。如果你吃得太油腻，可以喝可口可乐；如果你感到忧郁，可以喝百事可乐。

最后，你可以用一种古老的方法创建决定点：增加你的产品或服务的价值。不要将价格压低（价格大战并不好），而要延长维修担保的时间、提高服务质量或是提供廉价的产品升级服务。

6. 把客户变成义务宣传员

让我们再次回到1984年，每个人都希望苹果公司能够退出市场。就连专家也认为麦金塔电脑注定要失败，因为它不能运转标准的MS-DOS操作系统。

但是这些人并没有预见到苹果能够召集起一帮情绪激动的、坚定的"福音传道者"。这些"福音传道者"无私地为苹果公司提供了精神和技术上的支持，向上百万名消费者推广了麦金塔电脑。这些早期使用产品的人们——"福音传道者"——让麦金塔一举成名。

⊙ **找一个理由**

"福音传道者"需要一个理由，他们必须有能使别人相信并购买产品的理由。这个理由可以是一个像麦金塔一样的产品、像"土星"（通用汽车公司的品牌）的公司，或者一套诸如环境保护主义者的信仰。

你的产品或服务是否可能成为一个很好的理由？让你的产品符合这些理由的特征。

（1）体现了一种先见之明。理由是一种彻底改变世界的方式——至少也能稍稍有影响。理由不仅仅是一个好办法，它还是一种召唤。

（2）占领高地。这是指通过改善生产力、整治环境而使世界变得更加美好。

（3）重新定义经历。它的影响是不可逆转的，就好像麦金塔是如何重新定义非专业人员设计计算机的概念一样。

（4）催化强烈的情感。你喜欢或憎恨某种产品或想法。

⊙ **找到合适的人群**

你一定要把好的产品定位于适合的人群。当苹果公司刚开始把麦金塔电脑推向市场时，它是针对高层管理人员的。但是那些穿着高级套装的人并没有对使用电脑表示热衷，向他们解释使用电脑就像是在解释阴天去钓鱼一样。此后，苹果公司又转向大众用户：秘书、临时工、艺术家、学生、实习生等。正是这些人最后让麦金塔走向成功的。

要找到那些愿意使用你的产品或服务的人，就要从现有的使用者着手。让他们承担更大的责任并不难，不要担心寻求不到他们的帮助。人们愿意帮助那些创造很棒的产品的公司，他们愿意与胜者为伍。

让他们尽可能地帮助你的公司。有的人愿意示范你的产品，有的人愿意写有关使用产品的经历，而有的人则愿意劝说朋友购买。就让他们各显神通吧！

最后，让产品到用户的手上——发放免费的样品或主动提供试用品。当W.L.戈尔首次将"滑动式牙线"推广到市场时，他向全美国所有的牙医诊所寄去了试用品。

⊙ **不要忘记员工**

你公司的所有员工都应该是"福音传道者"。毕竟，他们薪水的高低是与公司的成败息息相关的。

几维鸟国际航空公司的所有员工都把自己看成是销售人员，他们甚至要拜访当地的旅游公司，无偿地向他们宣传自己的公司。

7. 建立品牌忠诚度

关注顾客才是正确的做法。让顾客一次又一次地购买自己的产品也是一项重要的任务，因此要积极进取。

⊙ **将整个过程系统化**

建立忠诚的一个方法就是将整个过程系统化。"迪克"超级市场（在威斯康星州和伊利诺伊州拥有连锁店）将之变成了一门科学。

首先，迪克的员工定期梳理报纸、公用事业的新信息、商务部的文件以及其他信息。他们寻找新居民、新婚夫妇和新生人口的名字。

迪克名单上的每一个家庭都能收到一封迪克发出的信。比如，刚搬来的家庭会从迪克那里收到一封欢迎信，里面有一连3周的每周免费的购物券（一般可以免费买两种商品）。

几周之后，另一封附有更多购物券的信又来到这些家庭。1年以后，还会有更多。"如果能够让顾客来上6次，我们认为我们就可以将他们变成常客。"迪克的经理说。

⊙ 早点儿开始

机会越早抓住就越好。最佳西方酒店有一个为8～12岁的儿童开设的少年旅行者俱乐部。儿童们可以从俱乐部得到一本冒险日记以记录他们的旅程、一包教育性卡片、一本旅游杂志以及其他东西。

俱乐部会员或他们的父母在俱乐部花的每一分钱都可以换成积分，购买产品目录中的商品。"我们的目标是为最佳西方酒店培养下一代顾客。"经理汤姆·多尔蒂说道。

⊙ 瞄准市场空白

填补市场缺口基于产品的特征，而填补市场空白则基于市场上的特定顾客。

宝丽莱就瞄准了一个广阔的市场空白。他们通过一个名为"宝丽莱房地产摄影工作室"的项目吸引了不少房地产经纪人。参与者将在工作室中学习摄影的基本知识，以便更好地服务于顾客（为找房子的人拍摄房子的照片）。只要花10美元，这些经纪人们就能得到有关的摄影指导、一个相机和胶片、小册子、折扣以及其他特殊服务。

除了为这些经纪人提供随时能够使用的技艺之外，宝丽莱还会让他们体验自己新研发的产品。

⊙ 保护已建立起来的忠诚度

千万不要将你辛苦得来的忠诚丧失掉。聪明的公司会使用频繁的市场活动留住顾客的心。

拿《纽约时报》打个比方，它的一项订阅计划就是所有订阅《纽约时报》的顾客都能收到饭店以及其他服务业的折扣券。这一招就能保证让顾客一直订阅下去。

8. 小题大做

有时候，要击垮你的竞争对手并不用费多少力气。开创西尔斯—罗巴克大型零售连锁企业的理查德·西尔斯就是扰乱市场的高手。

在与竞争对手蒙哥马利公司的斗争中，西尔斯迈出了重要的一步。他调整了自己公司产品目录书的尺寸大小，使其比蒙哥马利公司的小。

当顾客把他们的产品目录堆在桌子上时，西尔斯的产品目录因为小，所以总是放在最上面。这就增加了顾客阅读西尔斯产品目录的机会。

你当然也可以将自己产品进行细微的改变，哪怕一点儿改变也能使其在顾客的脑海里留下记忆。但是要做到这一点，你必须进入他们的思想。

⊙ 解决令人头疼的问题

想想有哪些问题困扰着顾客，然后解决它。有的时候，这其实很简单。

明尼阿波利斯的塞瓦泰克汽车维修店就轻易解决了一个困扰顾客很久的问题：当你的汽车送去维修时，你该怎么办？

塞瓦泰克汽车维修店不是为您叫一辆出租车送您上下班，该维修店只在晚上取走要修的车，当晚进行细致的维修，在第二天早上6：30准时将车送回到您的停车道上。

⊙ 省钱

你还可以想想怎么为顾客省钱。有创意的公司会向顾客提供免费咨询电话、免费送货等为顾客省钱的服务。

如果你肯认真思考的话，还会有许多为顾客省钱的办法。比如，美瑞泰克电话公司推出了一种新型的呼叫等待业务。如果你定制该业务，你的电话上就有两种铃声：一种是本地电话铃声，另一种是长途铃声。难道你宁愿先接长途电话，然后才给今晚要举行的派对回电吗？

⊙ 练习题

回答这些问题可以帮助你了解怎样积"小"成"大"。

（1）什么使你的顾客可能经常地使用你的产品或服务？

（2）什么能够使你的顾客每次多用一些你的产品或服务？
（3）怎么才能让分销商多多地囤积你的产品？
（4）顾客使用你的产品的最愉快的经历是什么？
（5）你是怎样让你的产品变得有趣的？

9. 包装：竞争者的武器

正如以下事例所表明的，包装可以威吓你的竞争者——并获得更多利润。

L&F公司生产的一次性婴儿卫生清洁用品在市场上流行起来。这种卫生清洁用品的外包装是个大塑料盒子，孩子们可以把它当成大型积木玩耍，而父母则可以用它来装各种物品。

阿莫罗尔糖果公司有一种名叫"昆虫之城"的罐装糖果。这种罐子的盖子上打了孔，儿童把里面的糖果吃完以后就可以往里面装自己抓到的昆虫了。

有一家名叫"瑞德塑料容器制品"的英国公司为油漆制造者生产了一种装油漆的塑料容器。这种容器是方形的，可以很容易地堆放到墙根旁。而且，顾客也可以一眼就看出油漆的颜色，特别方便、实用。

为什么将包装作为竞争的武器？你想运用所有的机会让自己的商品得到顾客的关注。顾客可能下定决心："如果我买L&F的清洁产品的话，我的宝宝还可以玩它的包装盒；而买其他牌子的产品就不行了。"

10. 及时反击

如果你把该做的都做好了，而且你的竞争对手仅仅看一眼你公司的商标就会吓得发抖的话，那么你该发起进攻了。

⊙ 抓住机会

你有时候也会为自己竞争对手的顾客服务。1993年感恩节期间美国航空公司大罢工的时候，几维鸟国际航空公司就发起了进攻。它向旅行社发出1500多份传真，告诉他们几维鸟国际航空公司有班机。它甚至还打出标语，写着"欢迎美国航空公司的乘客"。

这些举动都是轻而易举的。几维鸟国际航空公司的市场销售主任说："我们自问，我们怎么才能利用这个情况，鼓励人们选择我们公司呢？"

加利福尼亚第一联美银行是另一个飞快抓住机遇的公司。安全太平洋银行与美国银行合并不久，安全太平洋银行就开始关闭部分办公场所。加利福尼亚第一联美银行趁机将对手赶出市场，向即将关闭的办公场所派驻办事员。他们告诉顾客可以将业务转到联美银行，同时可以享受1年的免费查账业务。在联美银行的努力下，他们赢得了1亿美元的储蓄业务。

⊙ 见招拆招

英国航空公司在1986年6月10日的促销活动中，推出了5200个免费座位。

维珍航空公司可不打算让英国航空公司独领风骚，所以就用大体字做了一个整页广告："让您用最少的钱飞往伦敦一直是维珍的宗旨，所以我们恳请您在6月10日那天乘坐英国航空公司的航班。"下面又附有一行小体字："至于在其他时间里，我们都衷心地盼望您能乘坐维珍航空公司的航班。维珍会给您最优质的服务和最低廉的价格。"

后来，每次媒体提及免费赠送活动的时候，都会提到维珍的策略。

⊙ 创造一个"节日"

利维·施特劳斯委托员工对休闲服装做一次调查。调查结果显示，81%的参加调查人群相信休闲服装能够鼓舞精神；47%的人认为方便工作，有利于提高生产率；还有46%的人说可以选择工作时穿休闲装是为这家公司工作的一个好理由。

"休闲服装日"在各个公司被接受，这使利维集团受益匪浅。紧接着，利维又展开了一场公共关系闪电战，这场"战争"至少爆出3000条新闻。

利维没有停滞不前：该公司又设置了免费热线电话，为公司如何实施休闲服装标准提供建议。它还为人力资源经理开发了一套"休闲服装日"的配备。

11. 要想获得成功，就不要墨守成规

你的竞争对手可能会墨守成规，但你不要。不要让什么臆想或惯例拖了你的后腿，就像约翰·切皮耶尔说得那样："按规则公平竞争，但是要避免循规蹈矩。"

抛弃世俗之见。美一银行和美国退休人员协会联合推出了一种信用卡。通常，银行都是根据信用记录或目前的收入情况发放信用卡的。如果，就像许多老年人一样，你一个条件都不具备，怎么办呢？美一银行决定按照资产净值发放信用卡，最终本卡的借款拖欠率低于平均水平。

抛弃通常的做法。弗吉尼亚的电子书稿自助图书馆创造了一种只读光盘存储器，可以提供数据记录以及其他信息。发明人埃德·列昂纳德在寻找好的员工时遇到了麻烦。直到他找到了纪律性强、受过良好教育的生产人员。他们能够高品质地完成工作，这些人就是僧侣。

抛弃传统的视角。加利福尼亚规定所有承包商都必须保证一年的售后服务。有一个装修屋顶的公司不是把这项法律视为麻烦，而是当成机遇。该公司在装完屋顶后的11个月中打电话给每一个顾客，询问他们是否有问题。这些电话就是售后服务的一部分，同时还能揽到新的生意。

十三

《市场领袖的法则》

◎ 简介

　　一本好的商务书籍为何优秀？首先就是这本书内容新鲜、观点新颖或者符合今天商务人士需要的新方法论；其次就是人们在直觉上或者经验中已经知道，但是还没有以汇总并且可以理解的方式进行总结，而这本书就是对此进行了组织或记录。

　　《市场领袖的法则》没有讲述革命性的新见解，而是在对有关今天的竞争世界以及消费者的需求与愿望上存在诸多直觉反应和观察意见。作者迈克尔·特里西和弗雷德·维尔斯马在这本畅销书中的聪明之处，就是将这些内容整理成一个简单却具有深刻见解的结构体系。

　　这个简单体系在文章开端提出了一个前提，那就是顾客购买他们的产品时，他们注重3种价值的其中一种：运营卓越、产品领先或者亲近顾客。作者称之为3种"价值法则"。

　　《市场领袖的法则》的论点就是成功的公司选择了这些价值法则之一并且在该价值法则上做得最好。这些公司将重点置于低廉价格、产品可靠性及便利性（运营卓越），行业中性能最佳的产品（产品领先），或者与顾客维持亲近关系，为顾客提供全部的解决方案（亲近顾客）。在极端关注一种价值法则的同时，公司还必须满足市场对于其他价值法则的期望。比如，亲近顾客型的公司必须能够以合理价格提供优质的产品或者服务。

　　除了这一价值体系，作者还在如何选择最适合公司的价值法则、如何实现该价值法则的问题上为读者提供了指导。

　　迈克尔·特里西在多伦多大学获得了工程学学士学位，并在麻省理工学院的斯隆管理学院获得了博士学位。特里西起先在麻省理工学院担任管理学教授，是 CSC Index 系统公司的合伙人。CSC Index 系统公司是一个国际性管理咨询公司。现在特里西担任 GE3 公司的首席战略家，这是一家由他本人成立的咨询公司。除了《市场领袖的法则》之外，特里西还撰写了2003年的畅销书《两位数增长》。

　　弗雷德·维尔斯马来自荷兰，在哈佛商学院获得了博士学位，是 CSC Index 系统公司的资深合作伙伴。他是客户战略集团公司的创始人、《市场领袖的法则》的续作《亲近顾客》以及《新市场领袖》的作者。

◎ 原书目录

　　顾客需要不同类型的价值
　　什么是价值法则？
　　运营卓越的法则：提供最佳总体成本
　　产品领先的法则：将发明转化成具有突破性的产品

亲近顾客的法则：成为顾客的伙伴
选择一项价值法则的三个步骤
注意：盲目模仿者正在窥视

◎ 思想精华

为什么有些公司能够比其他公司更好地服务顾客呢？比如，为什么在所有其他地方的价格上涨的同时，沃尔玛公司能够持续提供绝对最低价格？为什么1美元可以买到上好咖啡的地方是星巴克，而不是在机场的贩卖处——那里仍然出售罐装的速溶咖啡？为什么在购买一盒价值2.7美元螺丝钉的时候，你能够得到家得宝职员的耐心帮助，但是当你购买价值2700美元的电脑时却得不到IBM公司直购服务的帮助？

答案就是：集中焦点。市场领袖不会试图去满足每个人的所有要求。他们明白，不同顾客的侧重点不同。有的顾客注重价格和便利，有的顾客在寻求代表最新技术发展的产品，还有的顾客则是在寻求合作和解决方案。

针对顾客的"价值法则"：最佳成本、最佳产品或者最佳解决方案，市场领袖们就是那些已经选择在其中一项超越别人的人。事情并不像听起来这么容易，集中焦点就意味着要了解以下问题：

* 应该选择哪一项顾客价值法则。
* 如何围绕一项具体的顾客价值法则规划你的整个组织，同时还要在顾客价值法则的其余各项维持恰当的标准。
* 如何逐年提供更加出色的价值，避免丧失领先地位。

他们在自己选择的价值法则中做到了最好。你将了解他们是如何做到这一点的。你将学会如何将自己的公司发展成为行业里的市场领袖。

另外，你或许最终会理解为什么地极公司能够记住你最后一次的订单以及家庭成员的尺寸，而美国运通公司还在劝说你的加入——甚至你已经是他们10年的会员了。

◎ 核心内容

1. 顾客需要不同类型的价值

尽管各种各样的公司和行业有着不同的归纳数字，但是所有顾客都可以归类到仅有的3种不同类别中。

第一类顾客，最注重的价值就是产品性能。他们当然也有自己的心理价位，但是价格并非最重要的决定因素。

第二类顾客，最注重的价值就是个性化服务与建议。再说一次，价格是一个考虑因素（没有人想要多付钱），但是并非他们选择产品或者服务的动力。他们宁愿多付钱也要得到更好的关照。

第三类顾客，产品的成本是其首要考虑因素。总成本首先就是价格，但是并不意味着全部。顾客可不希望最初支付了低廉的价格，而因为不断修理，让他们在这件产品上长期花钱。总成本是指顾客在占用产品的所有时间内支付了多少钱。因此，产品质量的可靠性和产品的最初价格同样属于成本的组成部分。

总体而言，不同顾客眼中的价值代表着不同的事物。而商家的问题就是如何在满足所有顾客的价值期望上做到高人一等。

答案就是：不要做这样的尝试。

⊙ 竞争新法则

满足不同的顾客价值观则需要不同的运营过程、不同的优先考虑以及不同的资源。因此，无论公司有多大，对于一个公司而言，让运营和战略去满足一个以上的价值观，都是不可能做到的。选择一项价值法则，设计好你的公司，然后努力去满足这一项价值法则。

另一方面，你必须在剩余的两项价值法则上维持适当的水平，否则你所选择的价值法则就会受到妨碍。比如，你不能因为要在提供购买建议方面做到高人一等，就完全忽视产品性能。家得宝公司竭尽全力帮助顾客选择恰当的锤子，但是如果这把锤子两天之后就折断了，那么再有价值的建议都一文不值了。

同样，不考虑价格的话，最佳产品性能也会变得毫无意义。如果顾客买不起的话，世界上最高档的计算机就不会走下货架。

一旦你在某项价值法则上做得相当出色，你面临的一个危险就是容易躺在荣誉上休息。要保持领先地位，你必须在所选择的顾客价值法则上不断改进。

下面就是竞争的新法则：

致力于一项顾客价值法则，提供最佳商品。

设计好公司的整体运营，以实现上述的目标。

在其他价值法则上，维持适当标准。

每年都有新的改进。

⊙顾客价值法则：对比核心能力

将焦点置于一项顾客价值法则上，不同于将焦点置于核心能力上。两家公司能够以截然不同的方式运用同样的能力。

本田公司和百力通公司在小型发动机方面拥有同样的核心能力。百力通公司选择将重心放在开发最便宜的发动机方面，而本田公司则将焦点放在了提供创新产品上。这使本田公司从摩托车到汽车进而到发生器方面都打开了宽广的不同市场。

2. 什么是价值法则

一家公司满足顾客期望的能力被称为公司"价值法则"。三项价值法则对应着3种不同类型的顾客期望。市场领袖赢得竞争的方式就是将焦点对准三项价值法则中的一项：运营卓越、产品领先或亲近顾客。

（1）运营卓越。运营卓越的公司能够满足那些期望总体成本最佳的顾客。为了实现顾客的最佳总体成本，运营卓越的公司必须做到价格低廉、质量可靠、快捷便利。这些公司既不是产品或者服务的创新者，也没有和顾客培养一对一的亲近关系。

运营卓越型公司的关键力量在于他们的有效运营。它们的制造、运输和服务系统保持运行顺畅，确保快捷便利和价格低廉。麦当劳就是一家典型的运营卓越型公司。

（2）产品领先。产品领先型公司向顾客提供行业中性能最卓越的产品。他们不断创新，领导自己的行业建立并重新界定最新发展技术。与此同时，他们寻求提供具有竞争力的价格。

产品领先型公司的关键力量就是发明创造、产品发展以及市场开发。他们知道如何制造新产品，懂得如何销售新产品。拥有让创新产品适售的能力，是日本的产品领先型公司抢占统治地位的驱动力。索尼公司的创新产品包括随身听和便携式摄像机，实为产品领先型公司的典范。

（3）亲近顾客。亲近顾客型公司和顾客发展亲近关系，致力于为顾客的问题提供全面解决方案。个性化服务和建议是这一项价值法则的关键部分。

亲近顾客型公司没有最佳或者最高性能的产品，但是它会保证完全满足顾客的设想与需求。

陆路物流系统能够代替客户承担诸如仓储和货物管理这样的事务，这就是一个亲近顾客型公司的例证。

⊙运营模式

要成功地实现一项价值法则，你必须规划自己的公司，使所有内部工作——运营过程、商业结构、管理系统以及企业文化——并驾齐驱，重点实现所选择的顾客价值法则。

内部工作被称为"运行模式"，区别于任何一个价值法则。运营卓越型公司通过规划自己的运营，确保产品供应的可靠性以及无纠纷的客户服务。产品领先型公司运营系统的中心任务是发明创造（比如，摒弃官僚主义的程序，以鼓励发明创造）、产品发展和市场开发。亲近顾客型公司的运营过程就是给予职员迎合顾客需要与请求的自由裁量权以及执行解决方案的资源。

3. 运营卓越型公司的法则：提供最佳总体成本

运营卓越型公司为顾客提供一件东西：成本尽可能最低的产品。

对于传统式运营卓越型公司，最佳成本意味着最低价格——为了使销售价格更加低廉，要努力降低制造和配给的成本。今天，提供最低成本更加综合化。

⊙ 有形和无形成本

产品的总体成本不能在购买时单独计算，它必须包括产品使用期间顾客的支出。第二天就损坏的便宜货比起价格稍贵但是寿命达到1年的产品来说，成本更加昂贵。

维修缺陷产品或者购买新产品，耗费的不仅是顾客的金钱，还会耗费顾客的时间。尽管时间损失属于无形损失，但是也会增加产品的总体成本。顾客可能会感觉多花一点钱缩短购买时间或者不需要返回商店应该比较划算。

快捷便利——快速可靠的服务——也是与此相关的无形项目。顾客不会相信恼怒可以用降价加以弥补。

⊙ 交易环境

运营卓越型公司的顾客希望快捷便利地以最低价格购买到产品。所有内部程序和公司态度——运营模式——都应当配合提供无瑕疵的交易。例如，简化顾客的交易程序；减少购买产品或者服务的过程中浪费时间的程序，如填写表格。赫兹公司保证所有必需程序都在你选择汽车之前或者之后得到处理，结果就是：不再需要排队。

⊙ 垂直一体化 对比 实质一体化

供应和配送系统对于运营卓越型公司相当重要。亨利·福特通过垂直一体化确保效率，通过拥有产销全过程加以控制。

今天，公司一般不会自己做供应商，而是和供应商合作。这种供应关系的先行者就是沃尔玛公司及其主要供应商之一宝洁公司。产品在宝洁公司和沃尔玛公司之间的流动比许多公司内部部门之间还要顺畅，采购许可、接收通知和其他跨公司的烦琐手续都被剔除。结果就是：更加顺畅的配送、更加强大的质量可靠性以及更加低廉的价格。

4. 产品领先的法则：将发明创造转化为具有突破性的产品

产品领先型公司善于发明创造，他们为市场带来从未出现过的产品或者服务。随后，他们又会返回办公室，开始发明更好的东西。

产品性能是顾客对产品领先型公司期待的关键性要素。

性能能够以项目效用进行衡量，高性能的产品以最有效的方式完成职能。例如，索尼随身听没有提供最佳声效或者最佳外观，但是它让人们可以在户外活动如慢跑时欣赏音乐。

性能还可以按照满意度进行衡量。例如，斯瓦奇牌手表并没有比普通手表在报时方面更加出色，但是他们的设计让这种实用工具具有了时尚效果。

⊙ 想象力：梦想的目标

产品领先型公司应该如何运营呢？运营卓越型公司将重点放在运营程序上，而产品领先型公司将重点放在想象力上，随后他们才会担心定价或者配送的问题。在议程上占据首要位置的是：构思一种新颖的、性能更好的产品。

"做梦"这个词汇容易被误解，因为它的言外之意就是难以抓住，永远也不会实现。产品领先型公司剔除了这种空想的态度。他们对做梦不感兴趣，因为他们的兴趣在于产品。没有了将这些梦转化为现实的能力，做梦就毫无意义。

产品领先型公司通过设定有野心但是清晰的目标驾驭毫无目标的"做梦"。他们采用一种由右至左思考的方法。他们先想象出某件东西，然后反向进行工作，解决如何实现被想象出来的东西的问题。换句话说，产品领先型公司以一个幻想为开端，然后尝试将幻想变为现实。

⊙ 产品领先型公司的团队

具有设想以及将设想转化为现实的双重内涵才能是产品领先型公司团队的特点。但是这种复合型人才并不那么容易被发现。产品领先型公司到世界一流的大学寻求有技术能力的人才，他们既要有创造力还要多才多艺。他们必须能够进行团队合作。今天，创新不再是那些在昏暗实验室里工作的孤独发明人的领地。可制造并且适销的产品通常出自那些职能交叉性的团队之手，这些团队的成员具有天分但又各有特别之处。

要让这些人朝着新的发展方向前进，产品领先型公司的经理必须做到以下几点：

（1）将工作梳理成为一系列清晰的挑战。他们在成功之路上设置里程碑，这样职员们可以一路上拥有庆祝的目标。

（2）避免设置让人压抑的商业机构。沉重的官僚机构不会有助于发明创造。产品领先型公司将职员分散组成团队或者群体。

（3）在产品发展的稍后阶段，加强交互作用。产品领先型公司不会希望过晚发现一个工程师的设计无法制造或者并非顾客所需，因此要协调各个负责研究与发展、制造以及营销部门的力量，发现潜在问题。

5. 亲近顾客的法则：成为顾客的伙伴

亲近顾客型公司没有为他们的顾客提供最新的创新产品，他们也不会提供最低廉的价格。亲近顾客型公司在产品和价格之外为顾客的问题提供最佳的整体解决方案。结果是，比起那些更低廉的价格或者更优质的产品，这些解决方案为顾客提供的价值更高。例如，如果顾客不知道该如何有效地使用产品或者缺少该行业获得最佳效用所必需的技能，低廉价格或者技术先进的产品价值就会被削弱。

典型的亲近顾客型公司都会帮助顾客最大限度地利用他们的产品。

他们在开始阶段就提供从实践帮助到培训的一系列服务。亲近顾客型的零售商，比如家得宝公司和诺斯顿公司，拥有知识渊博并且乐于助人的销售人员。他们耐心地与顾客合作，确保购买能够满足顾客的需求和期望。

亲近顾客型的服务公司提供人性化服务解决方案和用户化产品，以满足特别的顾客需求。大东电报局就为那些小型企业客户提供远距离通信的特色服务，而这种服务客户无法从 MCI 公司得到。

⊙ **商业伙伴**

在可能的时候，亲近顾客型公司会进一步参与到顾客的商务活动之中。例如，考特公司为零售商制造苏打水，并贴上零售商自己的标签进行出售。同时，考特公司不仅提供饮料，还提供技术和经验帮助零售商管理、营销和出售贴有零售商标签的所有产品。

亲近顾客型公司的最亲近之举就是在顾客的商业活动的特定方面承担起个人责任。例如，巴克斯特公司为医院提供医疗设备。不是简单地在交易基础上出售设备，它还成为了一家医院的供应管理机构。巴克斯特全面负责该医院的财产清单和后勤工作，确保医院设备供应的可靠性和效率。

亲近顾客型公司取得成功的主要原因就是他们对顾客的事务全面了解，包括其商业流程。这些公司不仅是自己产品的制造专家，也是顾客在商业领域应用其产品的专家。例如，考特公司不仅知道如何制造和罐装苏打水，而且是超市管理方面的专家。

⊙ **亲近顾客型公司的团队**

亲近顾客型公司需要分散性组织，这些组织都是由颇具能力的职员组成的。这些公司的能力在于他们能够应对和调整自己的产品或者服务满足顾客需要，具有灵活性。

它的职员必须是多面手，能够在需要的时候随时投入工作。他们不仅仅是客户服务和销售人员。一个亲近顾客型公司想要取得成功，整个组织，包括所有的服务和产品机构，都必须协力应对顾客的反应。

6. 选择一项价值法则的 3 个步骤

哪一项价值法则最适合你的企业和顾客的期望呢？

要选择正确的价值法则，你必须回答 3 个问题。

（1）你的公司处于何种市场地位及其原因？这不仅是一个简单的竞争位置的问题。你可以抛开市场份额，看看在三项价值法则的每一项上，你处于何种地位。

你的顾客最关心哪个方面的价值？第二层次价值的重要性如何？在提供所有三项价值法则方面，你如何评价你的竞争对手？为什么你在每一项价值法则方面都落后于价值领先者？

（2）你的公司如何能够转变为市场领袖？在顾客认为最重要的方面和你的公司最具能力的方面之间，你必须做出权衡。

看一看你所在行业里的价值领袖。在他们已经取得领导地位所建立的运营系统上，你有可能与之一较高下吗？随着逐渐了解自己的运营能够实现哪一项价值法则，你的选择也就粗具雏形。

创新式地考虑你能够如何改变你的运营，以便在各个价值方面满足顾客的需要；然后列出一个简单的选择列表，表示出你在各个价值法则上的能力。

（3）我们应该选择哪一项法则？带着你制作的选择列表，把列表送给"虎队"——由执行高层组成的小型团队——进行评估。就是决定需要采用哪种运营系统，以满足每一项战略性选项。

如果运营体系按照所建议的价值法则步入正轨，你的公司所能实现的价值会比现在市场领袖所实现的价值更加出色吗？什么是这些价值法则的潜在市场？一个公司改变运营体系，借以适应潜在价值法则，需要多少成本？在这些价值领域，实现市场领先的关键因素是什么？

一旦"虎队"送回了他们的报告，就是管理高层作出最终决定的时刻。价值法则的选择是一项根本性的战略性抉择，会影响到你的公司的组织结构、管理体系、商业程序和企业文化。

只有通过明确地选择一项价值法则，你才能够超越平庸，成为市场领袖。

7. 注意：盲目模仿者正在窥视

当你已经到达顶峰的时候，当你已经成为市场领袖的时候，你就会成为竞争者瞄准的目标。如果你在自己的桂冠上沉睡，你就会被颠覆。原因就是：商业是一个盲目模仿者的世界。

任何事物都不会被独占，成功的产品、方法、技术和策略能够而且会被人抄袭。始终高人一筹的唯一办法就是不断提高自己的表现。你应该是自己最好的对手。

例如，如果你的公司是一家运营卓越型公司，那就要不断降低价格，创造无纠纷服务；如果你是一家亲近顾客型公司，那就要寻求比现在更好的解决方案给顾客；如果你是产品领先型公司，那就要努力淘汰自己的产品。

每一种类型价值法则的领袖都要面对不同挑战，这些挑战只有得到解决才能保持自己的领先地位。运营卓越依靠的是有效的体系，这些体系包括资产(比如信息系统、配送网络和设备)。运营卓越型公司所面临的挑战是集中精力为未来精炼适当的资产。

美国航空公司的高科技 SABRE 公司在简化航线标准运作程序方面取得了巨大成功，但是它没有注意其核心资产——飞机和中枢基础设施。与西南航空公司小规模的核心资产相比，这部分资产现在成了昂贵的枷锁。

产品领先型公司所要面对的挑战就是，了解曾经造就成功产品的顾客态度和愿望何时发生了改变。换句话说，用一种更完美、更有效的样式淘汰自己的产品或许还不够，此时必须放弃的是那些先前成功背后的假设。

例如，通用汽车公司一直在制造宽敞的大功率汽车方面成绩斐然。它带着更加宽敞和更大功率的发动机重返市场。然而，这种产品不再适合顾客的口味。在调转"航向"之前，通用汽车公司已经丧失了市场领先地位。现在，它正在逐步重返产品的领袖地位。

亲近顾客型公司面临同样的挑战，它们昨天的开创性服务会变成今天的标准式服务。如果每一家公司现在都在提供它们开创的同样服务，顾客就会寻求不一样的东西。和产品领先型公司类似，亲近顾客型公司必须意识到正在变化的顾客口味。

IBM 公司在给顾客提供服务方面是毋庸置疑的。但是当信息体系的责任从信息技术专家转向生产线管理人员和财务专管的时候，IBM 公司没有能力与他们沟通，因此新的客户就这样流失了。

十四

《长尾理论》

◎ 简介

2004年1月,当时作为《连线》杂志编辑的克里斯·安德森拜访了范·阿迪布(一家数字点唱机公司的首席执行官)。在他们交谈的过程中,克里斯·安德森对"非热门音乐的集合市场"产生了极大兴趣。

随后他对新兴数字娱乐业做了广泛调查研究,结果表明:大热门成为供给匮乏的产物。只在狭小的传统空间里寻求最大的业绩已成为错误的经商之道。利基市场(相对于大热门市场而言的长尾市场)正在迅速崛起。

为了对他的初期研究作进一步证实,克里斯·安德森开始在亚马逊和Netflix等知名公司的业绩单中寻找论证。其间,终于有一条重要线索被他揪出:尽管绝大多数零星销售收益可怜,但当许多零星销售聚合在一起时便形成了一笔让人瞠目结舌的收益。

此后,他信心十足、热情百倍地开始了关于这一发现的演讲。长期演讲过程中,不断的自我丰富加上Rhapsody等大公司提供的详细顾客消费数据支持,使克里斯·安德森正式投身于一条特殊需求曲线即"长尾分布曲线"的研究。

2004年10月,在Netflix首席执行官里德·黑斯廷斯的建议、帮助之下,克里斯·安德森将他几年的研究成果进行系统整理并定义为"长尾理论"。这个全新的经济学理论在《连线》公开发表。它主要阐述了在热门商品的利润越来越稀薄的今天,无数挣扎在生存线上的企业应该如何努力开发长尾市场,开辟新的利润天地。

长尾理论作为一种经济学理论,克里斯·安德森深深明白它还需要不断地完善。不久,他就对其使用范畴作了广泛拓展:比如像eBay(二手产品)以及汽车行业甚至各个不同的行业,都普遍存在长尾现象。长尾理论不但弥补了传统经济学对市场研究的遗漏,还对众多企业未来战略定位产生深远影响。

克里斯·安德森的长尾理论获得《商业周刊》"Best idea of 2005"奖项,并被《GQ》杂志称为"2006年最重要的创见"。

◎ 原书目录

长尾市场
大热门的兴衰起伏
长尾的3种力量
新生产者
新市场

新时尚的领军人
长尾经济学
货架争夺战
选择的天堂
利基文化
无限的荧屏
娱乐业之外
长尾法则

◎ 思想精华

当代社会，传播媒介和供求方式已经发生巨大改变。企业应该善于在新经济环境下寻找潜在的商机，而不该徘徊在早期的大热门市场。克里斯·安德森在他的《长尾理论》中描绘了长尾市场如何崛起，与传统大热门市场并肩的原理和过程。

* 长尾市场。新兴的互联网技术是造就长尾故事的大背景。虚拟的货架成本和大大降低的供需连接成本，使得商家可以看到一个可观的长尾市场。

* 长尾的3种力量。在长尾市场中调和"大规模"与"定制"矛盾的3个主要因素是：生产工具的普及，传媒工具的普及，供应与需求的合理匹配。

* 新市场。只有降低"集合器"的集合成本、普及传媒工具，越来越多的产品才能找到自己的市场。

* 新时尚的领军人。在信息的肩膀之上，群体智慧凝聚而成的"过滤器"有助于人们在长尾之中满足自己的需求，促进了产销结合。

* 长尾经济学。这种新型的经济学理论打破了以往的 80/20 经济法则。

* 货架争夺战。利用传统短头营销受物理因素的限制（比如，实物货架就受地理位置的限制），积极开发分散化需求的长尾，增大长尾策略通过在线商务超越传统短头营销的可能性。

* 选择的天堂。井然有序的组织选择、减少消费者的迷惑，可以让再长的尾也变丰厚。

* 利基文化。热门文化与小范围的利基文化并存，而且后者的影响日益上升。利基文化的意义在于消费者选择空间的扩大。

* 无限的荧屏。将互联网技术的变革与商业的变革充分融为一体，展示了长尾理论应用的广泛性和与以往商业变革所区别的特殊性。

* 长尾法则。从影响市场的主要因素着手，总结了繁荣长尾市场的商业秘诀。

◎ 核心内容

1. 长尾市场

对于大热门的广泛聚焦，使得销售量在销售榜上排名靠后的商品几乎无人问津。这就是在过去的一个世纪里人们看待市场的态度和方式。

然而，我们不妨注意一下从不引人注意的事情。我们关注某一类商品消费曲线的右端时，可以发现很多商品的消费情况并没有降至零点。尽管没有热门商品表现得那么突出，但由于这些非热门实在太多，因而这些很多的小需求也可以聚合成非常大的需求。依次往右看，这样的小长尾并没有结束。再往后，我们发现很多商品几乎在最专业、最庞大的商店可能都找不到了，但仍然有人需要它们。

如果我们可以将零散的非热门小需求有效地聚合在一起，那将是一个具有很大开发潜力的市场。这是长尾的真正意义所在。实际上，目前已有某些知名公司开始利用这一点。比如 Google，给它带来丰厚收益的不是大广告商，而恰恰是那些小广告商（广告的长尾）；还有 eBay，它大部分利润也来源于长尾生意——利基产品（比如明星们的经典随身物品和经过特别装饰的摩托车等）。

2. 大热门的兴衰起伏

19世纪前后，随着铁路、商用印刷、留声机等一大批新事物的出现，第一次流行文化大潮轰轰烈烈地爆发了。新闻和报纸这些威力无穷的文化载体将各个方向的人跨越时空地联系在一起，营造出一个视野无比宽阔的同步性社会。

20世纪20年代，无线电设备制造进入了广播行业。1922年，实现了长途电话网上的语音级和音频级传输。到1950年之后，电视取代了广播，大一统文化的终极传媒就此诞生。自此，电视定义了主流文化。但就是在20世纪90年代快要结束的时候，网络开始崭露头角并快速崛起。

2000年之后，迅速发展的网络文化在与传统文化的对抗中连连大胜，最典型的就是在音乐界的横行无忌。伴随着网络技术对传统媒介的冲击，越来越多的顾客不再追逐于传统的热门音乐市场。信息的便捷让他们的目光开始落在成千上万的亚流派上。音乐的大热门时代就此终结。

虽然大热门的余热对大众观念的影响仍在持续着，但越来越多的行业在逐渐多元化的交易活动中已经意识到：他们把商业的重心放在这些大赢家身上，实际上就扩大了他们与其他所有产品的裂痕，最终影响的还是他们的销售市场。

3. 长尾的3种力量

大量长尾现象向人们表明，在一个没有货架空间限制和其他供应瓶颈的时代，商家针对特定小市场提供产品和服务的做法，其经济吸引力完全可以和主流热点相媲美。无数个小市场上可以诞生出长尾。当长尾所提供的多样性能够被所有人关注和购买或者以其他的方式分享时，无限扩大的选择空间会带来一种巨大的经济和文化力量。

研究和观察长尾现象，我们可以发现长尾时代的6个主题：

（1）在任何市场中，利基产品都多于热门产品。

（2）凭借强大的网络媒介，获得这些利基产品的成本正在显著下降。现在，许多市场已经有能力供应空前丰富的产品。

（3）消费者需要一系列的"过滤器"手段把他们的需求推向长尾的后端。

（4）一旦有了空前丰富的品种和用来作出选择的过滤器，需求曲线就会扁平化。

（5）利基产品零星的小销量聚合起来，可以形成一个与大热门市场相抗衡的大市场。

（6）如果以上几点都能成为现实，需求曲线的天然形状就会显现出来，不受供给瓶颈、信息匮乏和有限货架空间的扭曲。

这6个主题都无法脱离一个前提条件，那就是要降低获得利基产品的成本。究其根本原因，通常与长尾的3种强大力量有关。

（1）生产工具的普及。现代科学技术的发展，促使生产者的队伍扩大了上千倍，专业和非专业不再有那么明显的鸿沟与界限。

（2）传媒工具的普及。互联网把每一个普通人都变成了传播者。

（3）连接供给与需求的匹配，将新产品介绍给消费者，推动需求沿着曲线向右移动。

3种力量中的每一种都能代表新兴长尾市场中一系列新的机会。

4. 新生产者

⊙ **生产工具的普及**

随着人类生存技巧的不断提高，现代社会的每个角落都可以看到各种各样的生产车间和制作工具。业余、轻松的生产者努力的结果，同主流、传统的生产者的热门结果一样可以争夺人们的注意力。这样的现象就像20世纪50年代广播电视推广了流行唱片一样。

⊙ **维基现象**

当今社会，人们的受教育程度迅速提高，所掌握的创作技能逐渐地趋于多元和成熟。社会创作不再是某一部分专家学者的专利，不再倡导权威。如果你拥有某方面丰富的知识和足够的兴趣，你就可以有效地组织广泛的群众，集思广益、纳容百家言，完成一件非同寻常的作品。

这种有组织的分散化创作，成为一种比传统的专业创作更加灵活、更加稳固的全新生产方式。

⊙ 集体生产的力量

在传统的生产过程中，一个产品或者一件创作的完成，很大程度上取决于个人或极少数人非凡的能力。但是现在，情况完全不同了，充分的沟通和良好的合作是生产者们走向成功的桥梁。这不只是表现在纯粹的商品生产上，一些倾向于兴趣和志愿的作品同样如此。

《维基百科全书》的整个创作过程就完美地体现了这一点——从自发撰稿、网站维护到内容更新等方面。

一个新的时代正阔步向我们走来——只要拥有了相应的生产工具，我们任何一个人都可能成为生产者。

⊙ 声誉经济

美国的著名社会心理学家亚伯拉罕·马斯洛在他的需求层次理论中指出：基于生理和社会两大方面的原因，人们的需要是有不同的层次的——生理需要、安全需要、归属和爱的需要、尊重需要、自我实现的需要，共5个由低级到高级的层次。

那么，所谓的声誉经济就是指：人们在实现了生理需要和安全需要之后，所渴求的是比较高级的尊重需要和自我实现的需要，即自我表现、娱乐、体验等心理需求。这样的心理需求所表现出来的长尾（指的不是以货币为驱使的热门的有偿行为），也是一种"经济"。它不是建立在需求曲线顶端（大热门）的传统货币驱使之下的，而是一种无偿的非货币驱使的行为。

⊙ 自我出版热

流行的出版文化开始影响着现代社会的每一个人。绝大多数的人都很希望自己笔下的作品也能与优秀的图书作品并肩陈列在各大图书市场上。即使自己的作品并不具备很高的商业价值，他也同样会喜欢。

书籍，从古至今都是一种很好的载体。即使某一本书无利可图，你也不要忘了它还有宣传的作用。你可以把一些非商业性质的书籍当成一种营销宣传的工具，向更多的人、更大的市场推广你的技术、服务等。那么，这样的新生产者就能在长尾市场中显得游刃有余（尽管你的产品排在需求曲线的末尾，但你能另外获得一些意外的效果）。

5. 新市场

⊙ 良好的集合器

利基商品中某一个甚至某一类商品，可能因为其在市场中的受青睐程度远远低于大热门商品，很难引起广泛的注意。但不能否认的是，在这个整体范围的市场内，它仍然是有人需要的。只是可能由于你碰不到它或它没碰到你而擦肩而过。

这种类型的产品其实所需要的是一个可以聚合的平台。只有将各类的利基产品有效地聚合起来，更多的消费者才方便去寻找、购买自己中意的东西。提供聚合利基产品平台的公司和服务，就是长尾集合器。

⊙ 从混合到纯数字

如果一个企业（扮演的是长尾集合器的角色）的经营范围内，既有实物商品，又有技术、服务等数字产品或无形产品（可以利用网络的搜索功能以及其他信息优势，交易模式一般是快递和邮件），那就可以称之为混合零售商。这样的商家，他们的经营模式要远远地胜于传统的商店，因为网络使他们的触角沿着长尾一直不断地前进着（可以伸到更广阔的市场）。

随着网络技术的进一步成熟，我们可以想象：一种新的零售模式诞生了——纯数字模式。在这个时候，商品成为简单的数字符号。彻底跨越物理限制的传播和交易的方式，使得它们的边际生产和销售成本（继续生产或销售一件产品所要注入的成本）几乎为零。这样它们可以向着长尾最远、最末的深处一直前进（可以去开掘最小的市场）。

当然，从传统的零售模式转向纯数字模式（更加有利于开发长尾），是一个循序渐进的过程。这样看来，我们并不能武断地给它们划分一个明确的界限。

⊙ 开拓长尾

在货物的集中化配送中，如果你能比其他商家占有更大的优势（也就是说货物传送成本方面已经很低、很合理），那么你作为一个明智的商家，下一步就应该考虑关于存货风险的问题。任何一个存货空间不仅是有限的，而且还必须时刻进行严格的管理和维护。这就要求不能为存在于自家货柜中的产品付出毫无必要的成本。最好的办法就是杜绝订单库存的滞后性和不确定性。

紧接着，你应该做的是扩大自己虚拟库存中产品的品种（衔接更多的大零售商，利用他们与生产商和销售商的关系，形成一个更加全面的商品菜单），努力开拓虚拟的销售模式。与有形货架相比，这种虚拟货架更能灵活、准确地给消费者送上他们需要的商品。

⊙ 即需即存

这是一种减少库存成本、降低库存风险的较为理想的方法。但是在复杂多变的市场环境中，这样做很可能使商家陷入商品上柜跟不上消费者需求的窘境。原因有二：一是突击的临时的、小规模生产的成本要高于大批量生产的成本，二是即需即存容易受到各种物理因素的限制。不过，即需即存的模式在开拓长尾市场的过程中仍然有一定的潜力可以挖掘。

⊙ 存货的消亡

在当今经济社会的某些领域，纯数字集合器（譬如，网上搞信息下载的公司）的某些零售行业，基本已经淘汰了实物的生产、库存和销售。这些商家的产品只是一些特殊的数字，根据消费者不同的需求，可以进行1次、2次、10次甚至是上亿次的复制和分享。最具有代表性的就是视频产品。

除此之外，在近年流行的服务行业中也可以观察到这种现象。

6. 新时尚的领军人

⊙ 群体智慧的力量

人们越来越开放的视野，让互相的评论和欣赏成为生活中相当重要的一顿大餐。你任何的言语和行为都可能影响着他人，比如看完一本书之后你随意的评论可能就是他人特意去购买的主要原因。

这样的口头传播和人们广泛的喜好在潜移默化地改变着人们的消费方式、价值判断以及整个市场的方向。

人们无意识地互相影响，其实是一个横接在商家供给和消费者需求之间的出色媒介。它可以很好地调节供给和需求之间的矛盾。

社会精英阶层的人们在整个社会范围内有着一定的导向作用，因为他们的消费和创作活动更能够引起普通人们的仰视。

⊙ 过滤器法则

市场的日益繁荣，顺应了消费者个人需求日渐增多和个人品位趋于独特的社会大趋势。

大热门流行的时代逐渐成为过去，这就迫使消费者必须从纷杂的利基商品中去寻找到自己的需求品。这种情况下，过滤器（帮助你在长尾中找到合适的产品的一大类工具）就能助你一臂之力。

好的过滤器可以有效地推动社会整体需求向长尾移动。它不但可以使消费者发现更具吸引力的新产品，而且还有利于社会资源的合理分配。

⊙ 客观看待长尾

长尾在很多的方面确实不如大热门有优势，这是一个不容置疑的事实。

只有市场存在一个良好的过滤器，长尾中所隐藏的噪音部分才能被模糊掉（这是过滤器的责任）。这样可以避免越趋向长尾产品质量的层次幅度越大给消费者带来的麻烦。

在庞大的长尾市场中，只有过滤器的功能特别强大，才能保证好的利基产品不会被噪音淹没。

7. 长尾经济学

⊙ 供给瓶颈如何扭曲市场

商家传统的产品供给都是以产品是否拥有巨大的商业价值为标准来衡量的，而整个市场的承载量往往是有限的，所以有大量遭受冷落的产品只能堆在市场的某一个小角落里。这样的现象可以称为市场供给的瓶颈。

当在传统的市场中没有立身之地，一部分产品就会在其他的渠道中找到自己的所属，从而客观上突破了传统市场，寻找到另外的小份额市场。

实际上，只要人们慢慢拥有无限的选择空间（对传统市场的拓展），对于传统市场供给的瓶颈就是可以克服的。

⊙ 80/20 法则

很久以来，帕累托法则（80/20 法则）成为众多商家衡量产品收益的重要指导方针。但人们普遍的解释（比如 20% 的产品可以带来 80% 的收益等）只注意到了差异化产品中的优势产品（即可以带来 80% 的收益的那 20% 的产品），而忽略了在差异化产品中的劣势产品也同样可以攫取丰厚的利润（即 80% 的产品获得 20% 的收益）。

长尾理论，在很大程度上弥补了 80/20 法则在利润获得过程中所遗漏的那一部分。长尾理论与 80/20 法则并不是对立的，长尾市场和传统的市场也不是对立的。可以这样说，它们只是整个社会市场的两个不同部分（热闹和冷僻）。

⊙ 更长的尾意味着更短的头

网络便捷的搜索功能，可以将更多的非畅销产品呈现在消费者的面前。而消费者选择的目光也不会只停留在原先品种有限的产品上，长尾产品在这个时候就很可能成为消费者所选择的对象。

有调查表明，如果一家公司既做网上零售也做目录营销，那么消费者在网上的购买行为更倾向于长尾产品。同样的产品、同样的价格，网上零售所得出的消费者需求曲线要比目录营销所得出的消费者需求曲线缓和许多（一部分消费者不再迷恋大热门产品，而是在少有人问津的产品里选择符合自己品位的）。

⊙ 提高需求还是转移需求

商家虚拟库存的无限扩大，可以刺激消费者的需求品位靠近非主流的产品。

当然，如果在大热门的产品中仍然存在可以满足自己的东西，消费者还会在自己的能力范围内去购买它们。

⊙ 长尾中的"微结构"

在长尾曲线中，我们可以看到，不管你怎样将它随意切断，被割裂的小部分各自仍然是长尾状的结构。就如同一个国家的行政层次一样，无论是一个国家还是一个省份或者一个小市县，它始终有着自高而低的官员制度。

长尾曲线中各个无限的段落都可以看作是长尾中的"微结构"。

⊙ 时间长尾

不同种类的产品在同一个市场上的较量，既有流行的也有落后的。这是在一个固定的时间点上产品需求状况的写照，是市场横向上的产品比较。但我们不能忽略的是，同一个产品在不同的时间段也有主流和非主流的差异——这就是区别于基本的需求曲线的时间长尾（纵向地看待市场）。

任何的大热门都能在时间的推移中落入长尾（成为冷门）。但网络技术的现代储存手段，随时可以把已经过时的某些冷门展现在有需要的消费者面前，甚至使它一跃成为"过时"的热门。这是一个很值得探究的奇怪现象。

爱因斯坦曾经将时间形象地表达为"空间的第四维"。

8. 货架争夺战

不管现在的虚拟货柜是怎样的方便和容量巨大，都不能否认货架在商品交易中的贡献。

再完美的商品，也只有巧妙地摆在事先设计得合理的货架上，才能向消费者展示它吸引人的一面。货架不仅是显示货物特性的一个平台，更是一个很优秀的商品推荐者（或者说销售机器）。

货架还可以成为销售商和生产商讨价还价的条件和资本。因为货架上的存放位置，能直接影响到商品的销量。

现代虚拟的产品供应页面能够如此丰富合理，在很大程度上得益于货架给商家们带来的启示。

9. 选择的天堂

⊙ 多样性并非一切

品种纷杂、质量不一的众多产品摆在消费者面前，虽然能给人们一个很大的选择空间，但也可能让消费者感到些许迷惑，让他们不能完全支配自己的消费意志。要解决这个问题，就需要有很好的过滤器（推荐系统、引导、一些参考消息等）来帮助消费者有效、有组织地进行选择。

⊙ 多样性经济学

商家给消费者提供更多选择，可以刺激、诱发他们更多的消费行为。

在面临巨大的选择空间时，消费者往往会思考他们到底想要什么并且表达他们的需求。这样还可以反作用于商家（比如，顾客定制、信息反馈等），刺激商家进一步创造更多产品，从而扩大整个产品交易市场。这就是多样性经济学意义之所在。

10. 利基文化

长尾理论揭示了商业市场的奥妙之处，它同样对文化市场作了深度探究和概括。随着物质的不断满足，消费者的精神文化需求将日益增长，这是社会健康发展的一个重要体现。所以，经济学研究和人们精神文化变迁息息相关。

与以往的大热门物质产品相对应的是被大多数消费者遵从的大众文化。既然大热门的物质产品已经开始动摇它在商业市场以往的霸主地位，那大众文化在文化市场中的"落地"也指日可待。

当今社会丰富的文化景象，使消费者已经不再迷恋风靡的流行文化，个人兴趣品位在他们的选择中已开始起着相当的作用。面对各种大市场（大众文化市场）、小市场（亚文化市场），他们可以进行自由选择。短头文化和长尾文化将长期并存，消费者的文化需求曲线传统的陡势开始趋于缓和。大众文化也不再那么盛行，长尾文化不再那么寂寞。

11. 无限的荧屏

新兴的网络视频技术已经对传统电视传媒构成了很大程度上的威胁。人们越来越多的意愿和爱好，需要一个更加广泛和巨大的文化选择空间。

⊙ 渠道长尾

虽然我们可以在数百个数字电视频道中自由选择自己所喜爱的节目，欣赏着五彩缤纷的电视画面，但仍然摆脱不了传统有线广播的技术瓶颈。根据主题事先编排的节目，依然像是摆在货架上的货物。与视频节目在其他各个领域渠道的影响比较，有线的电视渠道仍然受到很大限制，所以长尾力量对它的影响也将是巨大的。

事实上，电视业中原始的作品数量非常庞大。

由于技术瓶颈和一些过滤器的限制，我们能够在电视渠道中看到的视频节目是非常少的。

⊙ 更短、更快、更小

视频节目的时间限制将被彻底打破，不再拘泥于固定的时间编排和遵从传播渠道的意志。消费者可以根据自己的个人意愿进行自主化的选择。

作为一种文化产品，视频节目本身的丰富和传播渠道的逐渐开放将使得消费者朝着长尾转移。

12. 娱乐业之外

客观地说，长尾市场自人类的交易活动诞生之后就是存在的，但一直到了 20 世纪后半期音乐工业流行的时代才最终被人发现、重视和开掘。电视广播和唱片业的大起大落，清晰地展现着长尾市场在网络技术的支持之下，是如何迅速地成长和扩大的。

音乐工业就像一个突然被人们发现的核心点，它引领人们的视野一步步地靠近各个行业的长尾。事实上，长尾不光存在于娱乐业，在现有的各类产品市场中，都能看到长尾所带来的经济奇迹。

（1）零售业中的 eBay 快速突起（充分扩展自己的虚拟货架；扮演一个完美的集合器角色；克服物理限制；分散化存货）。

（2）厨房搅拌机市场上 KitchenAid 可以引领世界潮流（利用产品多样性，给消费者一个充分的选择空间；引导消费者趋向长尾）。

（3）玩具市场上的乐高公司非凡的创造力（经营重心由传统的目录销售转为网络销售；别出心裁，开发消费者长尾——在必要的限制内，允许消费者自行设计）。

（4）软件营销公司 Salesforce.Com（由马克·贝尼奥夫创立）2005 年起死回生（很多中小型企业不愿自己维护联系人管理软件，该公司选择开发这个长尾；编程成本的下降；充当软件行业中的集合器角色）。

（5）提供广告服务和信息搜寻的 Google 巧妙的长尾技巧（将搜索词与广告的衔接；使用便捷的软件降低连接市场的成本；利用自动服务软件连接第三方的广告内容）。

以上的经典案例都是长尾理论在其他行业的长尾市场中进行的完美演绎。它们证明：长尾理论反映的不是商业中的另类诀窍，它同传统经济学理论一样，也表达一种具有普遍性的社会生产方式。

13. 长尾法则

传统大热门市场，在我们社会生活中继续扮演着一个举足轻重的角色。那么，如何建设一个比较完善、健康的长尾市场呢？其关键在于两点：

（1）拥有一个完美的集合器（提供聚合利基产品的平台的公司和服务）。

（2）存在一个良好的过滤器（帮助你在长尾市场中找到合适的产品的一大类工具）。

由于受各种社会约束（比如某些社会制度）和时空的物理限制，第一点并不能实现得那么理想。而第二点由于有各种过滤技术的支持、调研手段的印证以及集合器的帮助，因此可以达到一个比较理想的状态。长尾市场在这样的条件之下，会慢慢迎来一个合理化的时代，消费者从中也能够获得最大限度的满足。

长尾法则主要从 3 个方面作出强调：降低成本，考虑小市场，摆脱控制。

法则 1：让更多的产品能在你的虚拟存货菜单上有条理地集中展现（数字存货）；使产品科学地分布于合作伙伴各个角落的仓库之中（实物分布）。

法则 2：开展与大众的互动，利用集体智慧。

法则 3：通过多种途径传播商品，因人而异。

法则 4：强调产品多样性，投各人所好。

法则 5：充分利用商品的价格弹性，因市场环境而异。

法则 6：提供良好的产品信息，以供消费者参考。

法则 7：减少产品所附载的人为排他性（储存空间丰富的情况下，增大对不同类产品的包容）。

法则 8：参考市场上已经应征的信息，利用市场过滤的功能。

法则 9：不能轻视免费的诱惑力，正所谓"退一步，进百步"。

在以上 9 个法则中，前 3 个是为降低成本，后 3 个属于摆脱控制，中间 3 个则出于对小市场的考虑。